KB088265

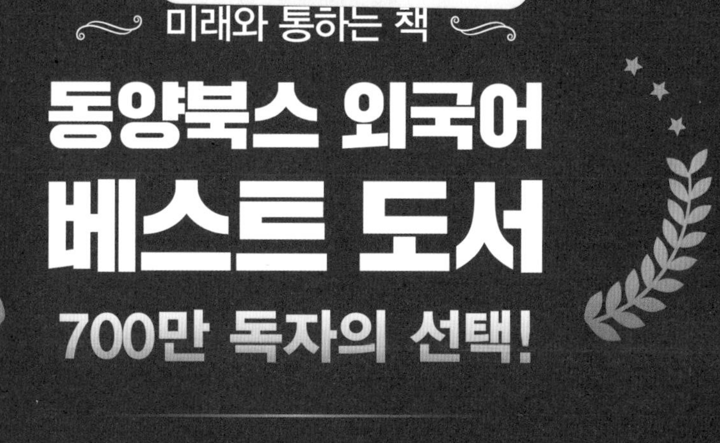
미래와 통하는 책
동양북스 외국어
베스트 도서
700만 독자의 선택!

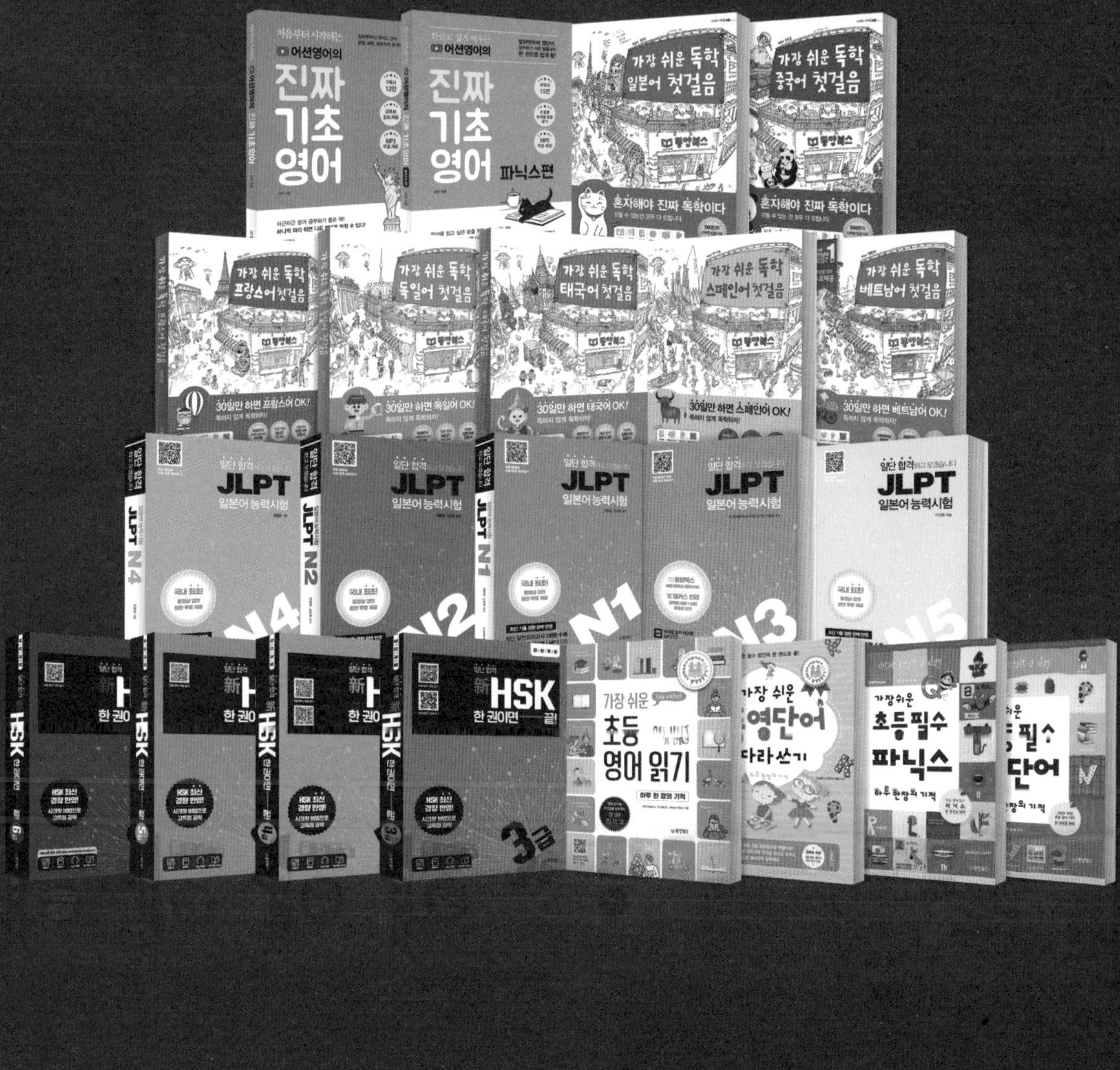

최신개정판

일단 합격 JLPT

실전 모의고사 N1

황요찬, 박영미, 오기노 신사쿠 지음

동양북스

일본어능력시험
일단 합격 JLPT 실전모의고사 N1

초판 인쇄 | 2024년 3월 25일
초판 발행 | 2024년 4월 5일

지은이 | 황요찬, 박영미, 오기노 신사쿠
발행인 | 김태웅
책임 편집 | 길혜진, 이서인
디자인 | 남은혜, 김지혜
마케팅 총괄 | 김철영
온라인 마케팅 | 김은진
제 작 | 현대순

발행처 | (주)동양북스
등 록 | 제 2014-000055호
주 소 | 서울시 마포구 동교로22길 14 (04030)
구입 문의 | 전화 (02)337-1737 팩스 (02)334-6624
내용 문의 | 전화 (02)337-1762 dybooks2@gmail.com

ISBN 979-11-7210-018-6 13730

머리말

JLPT시험은 2010년도에 개정되어 벌써 여러 번의 개정된 신유형 JLPT시험이 시행되었습니다. 수험생들도 처음에는 약간의 혼란을 겪었는데, 특히 기출문제를 볼 수 없다는 점이 더욱 혼란을 가중시킨 것 같습니다. 또한, 개정 전에는 시험이 끝난 후 기출문제를 공개하였으나 지금은 공개를 안하고 있어 기출문제를 보면서 정확한 유형을 파악하기 힘든 실정입니다. 필자도 전에는 기출문제를 구입해 유형 분석을 할 수 있었으나, 지금은 공식기출문제를 구할 수 없어 애를 먹던 중에, 이런 저런 방식으로 입수한 기출문제를 분석한 결과, 몇 가지 새로운 유형의 문제가 추가된 것은 사실이지만 이전 시험과 큰 차이가 없다는 것을 알게 되었습니다.

이 교재는 그 새로운 유형의 연습은 물론이고 기존 유형의 문제에도 대처할 수 있는 능력을 향상시키는 데 중점을 두고 만들었습니다. 특히 반드시 알아 두어야 할 단어와 한자, 필수문법 문제 등을 준비하여 실전시험에도 대비할 수 있는 문제 위주로 편집해 보았습니다.

평소 일본어 공부의 기본은 무엇보다 한자라고 생각하고 있습니다. 한자를 어느 정도 숙지하지 않고서는 각종 일본어 시험은 물론, 일본어 회화도 제대로 공부할 수 없습니다. 그래서 평소에는 한자를 중심으로 어휘 학습에 충분한 시간과 노력을 투자해 주기 바랍니다. 특히 각종 일본어 시험 자격증을 준비 중인 분들에게는, 여기에 더하여 많은 독해 학습을 권하고 싶습니다. 소설, 신문, 잡지, 만화 등 무엇이든 좋습니다. 어떤 상황에 어떤 분야의 문제가 나올지 모르니 평소 장르를 가리지 말고 두루두루 읽어 두어야 합니다. 이렇게 준비하면 어휘와 독해는 물론 청해 문제도 충분히 대비할 수 있을 것입니다.

평소에는 이렇게 일본어 공부를 하다 시험이 육박했을 때, 이 문제집으로 마지막 총정리를 해서 JLPT시험에서 좋은 성적을 거두자는 것이 이 교재의 궁극적인 목적입니다. 집에서 풀 때는 실전시험처럼 시간을 설정해 놓고 풀기 바랍니다. JLPT시험은 다른 시험에 비해 시간적 여유는 비교적 있는 편이지만, 특히 독해 문제 풀 때에는 더더욱 제한 시간에 신경쓰면서 풀기 바랍니다.

이 책을 만들기 위해 긴 시간을 필요로 했던만큼 이 교재로 학습한 분들의 일본어 학습에 꼭 도움이 되기를 진심으로 바랍니다.

저자 일동

JLPT(일본어 능력시험) 알아보기

❶ JLPT 개요

JLPT(Japanese-Language Proficiency Test)는 일본어를 모국어로 하지 않는 사람의 일본어 능력을 측정하고 인정하는 시험으로, 국제교류기금과 재단법인 일본국제교육지원협회가 주최하고 있습니다. 1984년부터 실시되고 있으며 다양화된 수험자와 수험 목적의 변화에 발맞춰 2010년부터 새로워진 일본어 능력시험이 연 2회(7월, 12월) 실시되고 있습니다.

❷ JLPT 레벨과 인정 기준

레벨	과목별 시간		인정 기준
	유형별	시간	
N1	언어지식(문자 · 어휘 · 문법) 독해	110분	기존시험 1급보다 다소 높은 레벨까지 측정 [읽기] 논리적으로 약간 복잡하고 추상도가 높은 문장 등을 읽고, 문장의 구성과 내용을 이해할 수 있으며 다양한 화제의 글을 읽고, 이야기의 흐름이나 상세한 표현의도를 이해할 수 있다. [듣기] 자연스러운 속도의 체계적 내용의 회화나 뉴스, 강의를 듣고, 내용의 흐름 및 등상인물의 관계나 내용의 논리구성 등을 상세히 이해하거나, 요지를 파악할 수 있다.
	청해	60분	
	계	170분	
N2	언어지식(문자 · 어휘 · 문법) 독해	105분	기존시험의 2급과 거의 같은 레벨 [읽기] 신문이나 잡지의 기사나 해설, 평이한 평론 등, 논지가 명쾌한 글을 읽고 문장의 내용을 이해할 수 있으며, 일반적인 화제에 관한 글을 읽고, 이야기의 흐름이나 표현의도를 이해할 수 있다. [듣기] 자연스러운 속도의 체계적 내용의 회화나 뉴스를 듣고, 내용의 흐름 및 등장인물의 관계를 이해하거나, 요지를 파악할 수 있다.
	청해	55분	
	계	160분	
N3	언어지식(문자 · 어휘)	100분	기존시험의 2급과 3급 사이에 해당하는 레벨(신설) [읽기] 일상적인 화제에 구체적인 내용을 나타내는 글을 읽고 이해할 수 있으며, 신문의 기사 제목 등에서 정보의 개요를 파악할 수 있다. 일상적인 장면에서 난이도가 약간 높은 문장을 바꿔 제시하며 요지를 이해할 수 있다. [듣기] 자연스러운 속도의 체계적 내용의 회화를 듣고, 이야기의 구체적인 내용을 등장인물의 관계 등과 함께 거의 이해할 수 있다.
	언어지식(문법) · 독해		
	청해	45분	
	계	145분	
N4	언어지식(문자 · 어휘)	80분	기존시험 3급과 거의 같은 레벨 [읽기] 기본적인 어휘나 한자로 쓰여진, 일상생활에서 흔하게 일어나는 화제의 글을 읽고 이해할 수 있다. [듣기] 일상적인 장면에서 다소 느린 속도의 회화라면 거의 내용을 이해할 수 있다.
	언어지식(문법) · 독해		
	청해	40분	
	계	120분	
N5	언어지식(문자 · 어휘)	60분	기존시험 4급과 거의 같은 레벨 [읽기] 히라가나나 가타카나, 일상생활에서 사용되는 기본적인 한자로 쓰여진 정형화된 어구나 글을 읽고 이해할 수 있다. [듣기] 일상생활에서 자주 접하는 장면에서 느리고 짧은 회화로부터 필요한 정보를 얻어낼 수 있다.
	언어지식(문법) · 독해		
	청해	35분	
	계	95분	

❸ JLPT 레벨과 인정 기준

레벨	득점 구분	인정 기준
N1	언어지식(문자 · 어휘 · 문법)	0~60
	독해	0~60
	청해	0~60
	종합득점	0~180
N2	언어지식(문자 · 어휘 · 문법)	0~60
	독해	0~60
	청해	0~60
	종합득점	0~180
N3	언어지식(문자 · 어휘 · 문법)	0~60
	독해	0~60
	청해	0~60
	종합득점	0~180
N4	언어지식(문자 · 어휘 · 문법) · 독해	0~120
	청해	0~60
	종합득점	0~180
N5	언어지식(문자 · 어휘 · 문법) · 독해	0~120
	청해	0~60
	종합득점	0~180

❹ 시험 결과 통지의 예

다음 예와 같이 ① '득점구분별 득점'과 득점구분별 득점을 합계한 ② '종합득점', 앞으로의 일본어 학습을 위한 ③ '참고정보'를 통지합니다. ③ '참고정보'는 합격/불합격 판정 대상이 아닙니다.

* 예 N3을 수험한 Y씨의 '합격/불합격 통지서'의 일부 성적 정보(실제 서식은 변경될 수 있습니다.)

① 득점 구분별 득점			② 종합 득점
언어지식 (문자 · 어휘 · 문법)	독해	청해	120/180
50/60	30/60	40/60	

③ 참고 정보	
문자 · 어휘	문법
A	C

A 매우 잘했음 (정답률 67% 이상)
B 잘했음 (정답률 34%이상 67% 미만)
C 그다지 잘하지 못했음 (정답률 34% 미만)

❺ JLPT 인정서 예시

日本語能力認定書

CERTIFICATE
JAPANESE-LANGUAGE PROFICIENCY

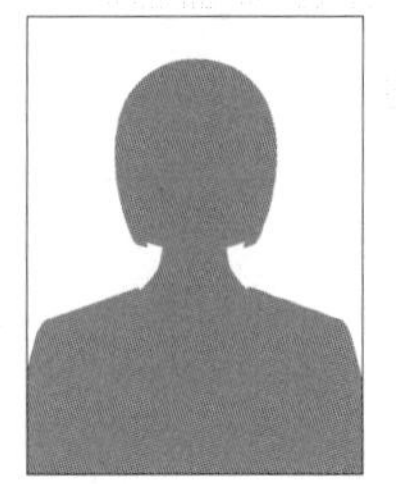

氏名
Name

生年月日(y/m/d)
Date of Birth

受験地　　韓国　　Korea
Test Site

上記の者は　　年　月に独立行政法人国際交流基金および公益財団法人日本国際教育支援協会が実施した日本語能力試験N1 レベルに合格したことを証明します。

年　月　日

This is to certify that the person named above has passed Level N1 of the Japanese-Language Proficiency Test given in December 20XX, jointly administered by the Japan Foundation and Japan Educational Exchanges and Services.

独立行政法人　国際交流基金
理事長　安藤裕康

Hiroyasu Ando
President
The Japan Foundation

公益財団法人　日本国際教育支援協会
理事長　井上正幸

Masayuki Inoue
President
Japan Educational
Exchanges and Services

차례

여기에 당신의 목표 점수를 적어 보세요!

JLPT N1 ______ 점 합격!

목표를 세우고 하루 하루 정진하면, 못 이룰 것이 없습니다. 처음의 마음 잊지 말고 이 점수를 마음 속에서 되뇌어 보세요. 합격하는 그날까지 힘내길 바랍니다!

실전모의고사 1회

N1

言語知識（文字・語彙・文法）・読解

（110分）

注意 Notes

1. 試験が始まるまで、この問題用紙を開けないでください。
   Do not open this question booklet until the test begins.
2. この問題用紙を持って帰ることはできません。
   Do not take this question booklet with you after the test.
3. 受験番号と名前を下の欄（らん）に、受験票と同じように書いてください。
   Write your examinee registration number and name clearly in each box below as written on your test voucher.
4. この問題用紙は、全部で31ページあります。
   This question booklet has 31 pages.
5. 問題には解答番号の 1 、 2 、 3 、… が付いています。解答は、解答用紙にある同じ番号のところにマークしてください。
   One of the row numbers 1 , 2 , 3 … is given for each question. Mark your answer in the same row of the answer sheet.

受験番号 Examinee Registration Number	

名前 Name	

問題1 ＿＿＿＿の言葉の読み方として最もよいものを、１・２・３・４から一つ選びなさい。

1 彼は問題が誇張されていると強く反論した。

1 かちょう　2 かじょう　3 こちょう　4 こじょう

2 女性の社会活動を阻む壁はまだ根強くある。

1 こばむ　2 おがむ　3 ちぢむ　4 はばむ

3 私は、遮るもののない真っ暗な空を見上げていた。

1 さえぎる　2 よこぎる　3 あやつる　4 こころみる

4 様々な分野のニュースを見ないと、最新情報に疎い人になりかねない。

1 うとい　2 あわい　3 もろい　4 きよい

5 お気に入りのセーターを乾燥機に放り込んだら縮んでしまった。

1 おがんで　2 はばんで　3 ちぢんで　4 かすんで

6 立春が過ぎても冬の名残があり、まだまだ寒さは厳しいです。

1 めいざん　2 めいごり　3 なざん　4 なごり

問題2 （　　　）に入れるのに最もよいものを、1・2・3・4から一つ選びなさい。

7 お手軽に（　　　）だけで、定番のたらこパスタをおうちで作ることができます。

1 うめる　2 あえる　3 くだす　4 かせぐ

8 彼女は歌手以外にもCMや映画に出演し、（　　　）にわたって活動している。

1 多能　2 多角　3 多方　4 多岐

9 近頃の不景気の原因については、専門家ですら意見は（　　　）である。

1 まちまち　2 ぼつぼつ　3 いやいや　4 ひらひら

10 今回の選挙で野党はわずかながら支持率が上がったが、〇〇党だけは（　　　）だった。

1 よこばい　2 ゆきちがい　3 おおまか　4 だいなし

11 誠に残念ではございますが、今回は採用を（　　　）ことになりました。

1 見定める　2 見極める　3 見受ける　4 見合わせる

12 部長は論理や正論のみで考えたり話したりする（　　　）っぽい人だ。

1 手際　2 理屈　3 辛抱　4 根気

13 それほど親しい間柄でもないのに（　　　）話を掛けてくる人がいる。

1 せわしなく　2 なれなれしく　3 とうとく　4 いちじるしく

問題３　＿＿＿＿の言葉に意味が最も近いものを、１・２・３・４から一つ選びなさい。

14 日本だけではなく、世界各地を異常気象が襲っている。じわじわとこの地球が傷んでいる。

1　きゅうげきに　2　だんだん　3　すみやかに　4　とつぜん

15 運動場の真ん中に、ぶかぶかのコートを着ている少年が立っていた。

1　おおきすぎる　2　ちいさすぎる　3　ながすぎる　4　みじかすぎる

16 あの子は周りのクラスメートと比べると、際立って目立つ様子を表していた。

1　とてつもなく　2　凄まじく　3　顕著に　4　きゃしゃに

17 うちの子は普段はおとなしいけど、たまに突拍子もないことを言い出すことがある。

1　衝撃的な　2　冷淡な　3　そっけない　4　なみはずれている

18 最近ブームになっているファストファッションは、最新の流行の服をリーズナブルな値段で売るのが特色と言える。

1　手軽な　2　手際な　3　手頃な　4　手回しな

19 仕事に打ち込んでいる人は責任感がありそうで魅力的に映ったりする。

1　ほかくする　2　しっこうする　3　ようしゃする　4　ぼっとうする

問題４　次の言葉の使い方として最もよいものを、１・２・３・４から一つ選びなさい。

20　凄まじい

1　凄まじい速さで襲う津波が、恐ろしくて仕方がない。

2　この作品が凄まじく落札されたという記事を目にした覚えがある。

3　演奏が終り、聴衆は凄まじい拍手をした。

4　私は彼の大きな声で凄まじく笑うことに魅力を感じた。

21　どもる

1　大人の場合、急にどもってしまうのは心的なストレスや精神的な不安などが原因になる。

2　他人のゴミをどもることはプライバシーの侵害にあたる不法行為になりうる。

3　急な変更等が生じ対応方法が分からなければ、上司の指導をどもった方が良い。

4　他人が失敗したときに、自分の優位性を誇示するようにどもったりする人がいる。

22　ほんのり

1　停電になった部屋は真夜中のようにほんのり暗くて、何も見えなかった。

2　新しい眼鏡を作ったら、字がほんのりと見えてきた。

3　部屋が暖まって、頬はほんのりと赤くなった。

4　学生時代の授業の内容を未だにほんのり覚えているなんて、まさにすばらしい。

23　したたか

1　会場は悪天候にも関わらずしたたかな人出で、身動きも取れないほど混雑していた。

2　彼はどんな圧力にもなかなか負けない、しぶとくてしたたかな人だ。

3　彼は相手に対する思いやりや優しさを感じられない、したたかな態度を取るときがある。

4　これは土地所有者になりすまして買主からしたたかな売買代金をだまし取った詐欺事件だ。

1회

24 いたわる

1　自分のことを母のようにいたわってくるあの子は、小犬のようにまつわりついて離れない。

2　貧困や飢餓に苦しんでいる子供たちはいたわるほどやせていた。

3　従業員に会社の経営理念などを浸透させるため、社内研修の後にいたわりを行う。

4　他人と比べて一喜一憂するよりは「自分なりに精一杯やればそれでいい」と自分をいたわる。

25 しくじる

1　このアプリをしくじると、驚くほどスマホのスピードがアップされる。

2　子供がいい人間関係を作るため、教師がしくじるべきことは何だろう。

3　この本でペットをしくじる際、絶対必要な７つのポイントが分かる。

4　仕事をしくじったくらいでそんなに自己嫌悪することはないと思う。

問題５　次の文の（　　　　）に入れるのに最もよいものを、１・２・３・４から一つ選びなさい。

26 このウイルスの感染者数及び死亡者数は（　　　　）増え続け、この１ヶ月で２倍になった。

1　日を追うごとに　　2　日を追うごとく
3　日を足すごとに　　4　日を足すごとく

27 彼は「いただきます」という（　　　　）、目の前の料理をがつがつ食べ始めた。

1　たとたん　　2　が早いか　　3　がはやるか　　4　のなんの

28 彼は俳優として活躍している（　　　　）、フランチャイズ経営にも力を入れている。

1　がてら　　2　こととて　　3　かたわら　　4　なりとも

29 彼は時々言わず（　　　　）のことを言って、回りの人を傷付ける。

1　まじき　　2　ばこそ　　3　べくもない　　4　もがな

30 私は海外に行くと、本場（　　　　）の雰囲気を楽しむために庶民的なお店を訪れてみる。

1　だけあって　　2　ならでは　　3　きって　　4　ごとき

31 あなたの頼みと（　　　　）何でも受け入れるから、気軽に話してください。

1　あると　　2　あったら　　3　あれば　　4　あるなら

32 彼女は見（　　　　）少年のように見える顔立ちをしている。

1　るによっては　　　2　ようによっては

3　られるによっては　　　4　せるによっては

33 弟は帰宅する（　　　　）、スーツのまま布団の中に入ってしまった。

1　たとたん　　2　であれ　　3　なり　　4　ながらに

34 あいにく田中は本日休みを取っております。私でよろしければ（　　　　）。

1　ご用件をお預かり致します　　　2　ご事情を頂戴致します

3　ご用件を承ります　　　4　ご事情をおいとまさせていただきます

35 申し訳ございませんが、ご希望には添いかねます。（　　　　）。

1　ご拝受くださると恐縮です　　　2　ご拝察いただくと嬉しいです

3　ご賢知くだされば幸甚です　　　4　ご賢察いただけると幸いです

問題6　次の文の＿＿★＿＿に入る最もよいものを、1・2・3・4から一つ選びなさい。

（問題例）

あそこで ＿＿＿＿ ＿＿＿＿ ＿＿★＿＿ ＿＿＿＿ は山田（やまだ）さんです。

1　テレビ　　2　見ている　　3　を　　4　人

（解答のしかた）

1　正しい文はこうです。

あそこで ＿＿＿＿ ＿＿＿＿ ＿＿★＿＿ ＿＿＿＿ は山田（やまだ）さんです。
1 テレビ　3 を　2 見ている　4 人

2　＿＿★＿＿　に入る番号を解答用紙にマークします。

（解答用紙）

（例）	①　●　③　④

36　不景気の ＿＿＿＿、＿＿＿＿ ＿＿★＿＿ ＿＿＿＿、酔いつぶれるまでお酒を飲んだりする人は減っているようだ。

1　バカ騒ぎをしたり　　2　せいか

3　かこつけて　　4　クリスマスに

37　その救急救命士は ＿＿＿＿ ＿＿★＿＿ ＿＿＿＿ ＿＿＿＿ 助けるため出発した。

1　ものとも　　2　風雨を　　3　せずに　　4　遭難した人を

38 A国との貿易摩擦は ＿＿＿＿ ＿＿＿＿ ＿★＿ ＿＿＿＿、解決の兆しが見え始めている。

1 はいかない　2 としても　3 収束とまで　4 直ちに

39 日本の ＿＿＿＿ ＿★＿ ＿＿＿＿ ＿＿＿＿ 外国人を感銘させないではおかない。

1 多くの　2 おもてなしの文化は

3 尽くせりの　4 至れり

40 この作品は、ストーリーの ＿＿＿＿ ＿★＿ ＿＿＿＿ ＿＿＿＿ 声も上がり続けている。

1 たたえる　2 言わずもがな　3 斬新さは　4 主演の演技を

問題７　次の文章を読んで、文章全体の趣旨を踏まえて、［41］から［44］の中に入る最もよいものを１・２・３・４から一つ選びなさい。

近年、日本が抱えている社会課題は経済、環境、社会、人口などと［41］、その中でも「子供の貧困問題」はその代表的な問題の一つである。

貧困には「絶対的な貧困」と「相対的貧困」の２種類があるが、日本社会が直面しているのは、国民の年間所得の約半分に満たない所得水準の状況にある「相対的貧困」で、特にひとり親家庭の貧困率が高くなっていることが分かった。ひとり親家庭は圧倒的に母子家庭の場合が多いが、育児と仕事の両立が難しいことで正規雇用に就きにくく、安定した収入を得られないことが、その原因だと思われる。

ひとり親家庭は親が子供と接する時間が短いため、子供が１人で食事を取ることが多く、栄養摂取が偏りがちなので、［42］。さらに親に宿題を見てもらえず、勉強をする習慣が身についてないので、進学率だけでなく、就業率などにも影響する。

このまま子供の貧困を放置すると、政府の税・社会保障の純負担などの財政負担も増加し、経済損失は約２.９兆円に達するそうだ。進学や就職への機会の減少は税金や社会保障の支払いの減少につながるからである。その為、親の収入の減少が子供世帯の貧困の原因になるこの悪循環を断ち切り、子供たちが生きる・育つ環境を改善するため、国や自治体、企業は様々な［43］。国は子供の貧困対策推進法に基づき、「子供の貧困対策の４つの柱」を発表した。親の所得向上のために就労の支援を行ったり、教育費負担の軽減などの内容で法整備を行っている。

学習や居場所を支援したり、無料の教育支援を行っている「NPO法人キッズドア」という支援団体もある。また地域住民や自治体が主体となり、無料または低額の食事を子供に提供する「子供の食堂」が全国に広がっている。キャリア支援プログラムを通じシングルマザーの就労支援を行ったりする企業もある。

子供の貧困を解決するのは、子供が健全で健やかに育ち、将来の日本の経済的な損失を減らすためにとても大事なのは言うまでもない。尚、国や地域だけでなく、子供たちの明るい未来のために自分にできることは何があるか、見つけていくのは **44** 。

41

1 多岐にわたるが
2 広範囲の至り
3 バラエティに富むけれども
4 多面的な分野で

42

1 心身の健康を維持しかねる
2 健やかな成長を祈りにくくなる結果を出す
3 健全な成長を阻害する要因になり得る
4 子供の健康促進を企てるのに邪魔になる

43

1 工面を考えなければならない
2 対策を講じなければならない
3 企みを見抜かなくてはいけない
4 改良を施さなくてはいけない

44

1 次の世代に役立つ手順だろう
2 大人にとって行われるべき尽力である
3 必ず満たすべきの必須条件だと言える
4 有意義なことではないだろうか

問題 8　次の(1)から(4)の文章を読んで、後の問いに対する答えとして最もよいものを、1・2・3・4から一つ選びなさい。

(1)

以下は、とある市役所から配布されたお知らせである。

泉団地停留所について

いつも市営バスをご利用いただき、誠にありがとうございます。 本市では、バスが停留所に停車した際に、横断歩道や交差点における通行を妨げる等の理由から、安全対策が必要であると国の指定を受けた停留所について移設等の処置を取り行っております。本市におきましては、泉団地停留所がその指定を受けており、安全確保のため停留所の移動に伴い、バスの乗降場所が変更になりますので、お知らせいたします。なお、停留所横の待合所につきましては、従来どおり継続してご利用いただけますが、バスの発車時刻の際には必ず停留所にてお待ちください。よろしくお願い申し上げます。

45 このお知らせは何を知らせているのか。

1　泉団地停留所がなくなること

2　泉団地停留所の場所が変わること

3　泉団地停留所横の待合所が使えなくなること

4　バスの時刻表が変更になること

(2)

最近「異性の友人も恋人もいない」という男女が増えていて、若者の恋愛離れが深刻になっているそうだ。結婚情報サービス「ハッピー・ネット」は、今年成人式を迎える男女各1000人を対象にアンケートを実施した。その結果によると、新成人の半分が異性との交際経験がなく、交際相手がほしいという人も約6割にとどまっていることが分かった。また結婚願望(注)に関しても、「結婚したくない」が約3割と過去最多になった。結婚については、「私は結婚できないと思ったことがある」「結婚しなくても生きていける」が、どちらも6割を超えた。最近の若者の結婚離れも、まさにこの恋愛離れからひもづけられると思われる。昔は「恋愛＝結婚」だったが、今は恋愛離れが進み、婚活もできなくなったのでは。

(注)結婚願望(けっこんがんぼう)：結婚をしたいと思っているかどうかという結婚に対する願望

46 このアンケート調査の結果に合わないものはどれか。

1　結婚のことを、半分あきらめている若者もかなり多いようだ。

2　今頃の若者は、昔にひきかえ結婚に対する興味をあまり持たなくなったようだ。

3　異性との交際が減ったのが、結婚率の低下の根本的な原因だ。

4　二十歳になる前に、異性との交際経験を持っている人の割合は2人に1人だった。

(3)

６歳児にチョコレートを与え、「今食べたら１つだけだけど、10分待てたらもう１つあげる」と言って一人にした場合、１００人の子供の３分の１が２つのチョコレートをもらったという実験結果の報告がある。自分をコントロールできた３分の１の子供は、その他の子供より今後の人生をうまく生きていけそうである。しかし、最近の同様の実験では、自分をコントロールすることよりも子供の経済水準が短期的報酬と長期的報酬への考え方に大きく影響を与えるという結果が出たという。６歳で将来の成功に関する可否が見えるという結論にしろ、親の経済状況が子供の将来に直接関係するという結論にしろ、こうした実験が子供の明るい将来のために幅広く活用されることを願いたい。

47 筆者が主張したいことはどれか。

1　子供の将来の成功のためには、自分をコントロールできなければならない。
2　子供の将来は全く予測不可能なので、実験の結果に一喜一憂すべきではない。
3　短期的報酬と長期的報酬への考え方は、親の経済状況による影響を受けることは必然である。
4　子供の判断や行動に関する実験は、子供の将来に役立つものでありたい。

(4)

以下は、とある区役所のホームページに掲載されたお知らせである。

マイナンバーカードの受領について

本区役所では、窓口での待ち時間の短縮と混雑緩和のため、マイナンバーカードの交付を予約制で実施することに致しました。予約がお済みでない方は、当日受領ができませんので、あらかじめご了承ください。

ご予約は、区のマイナンバーカードコールセンター、または、マイナンバーカード交付専用予約サイトにて受け付けております。

当日予約当日受領はできません。

マイナンバーカードコールセンターからの予約

03−8607−4639

時間：9：00〜17：00　(平日、第２日曜日、第４土曜日)

インターネットからの予約

マイナンバーカード交付専用予約サイト(外部リンク)からご予約ください。

時間：２４時間受付しております。

48 マイナンバーカードの受け取りついて、このお知らせは何を知らせているのか。

1　区役所窓口でマイナンバーカードを受け取る場合は、事前予約が必要なこと

2　予約すれば、予約当日でもマイナンバーカードの受け取りができること

3　区役所窓口での受け取りができなくなったこと

4　電話よりインターネットで予約したほうが早く受け取ることができること

問題9　次の(1)から(4)の文章を読んで、後の問いに対する答えとして最もよいものを、１・２・３・４から一つ選びなさい。

(1)

「薄味」という言葉の意味を勘違いしている人が日本人の中にも意外と多いらしい。先日、京都のある老舗京料理屋の女将さんが、薄味とは決して「薄い味」のことではない、そこのところを勘違いしてもらったら困ると言っていた。古来より日本の文化の発祥の地であり、洗練された美を重んじる京都では、素材そのものの味や姿形を大切にするが故に、現在の東京を中心とした関東地方の料理によく使われる砂糖の使用を極力控え、濃口醤油ではない薄口醤油を専ら用いるのだそうだ。そういえば、薄口醤油を減塩醤油だと勘違いしている人も少なくないようだ。薄口醤油は、醤油分が少ない一方で、塩分が多くなっている。しかし、見た目が普通の醤油に比べ、薄い色をしているため、ついついたくさん使ってしまい、むしろ減塩ではなく<u>増塩することになってしまう</u>。また、京都では、だしの取り方も東京都とは異なるという。かつおぶしでだしを取る際に、東京ではすぐにかつおぶしをお湯から取り出してしまうのに対し、京都ではじっくり時間をかけてだしを取るのだそうだ。そのため、京都の煮物や麺つゆは、はっきりとだしの味が感じられるのだという。つまり京都の料理は、醤油と砂糖の使用という観点では薄い味付けだが、塩とだしの使用という観点からは濃い味付けだといえるだろう。

49 増塩することになってしまうとあるが、なぜか。

1 薄口醤油は色が薄いため、普通の醤油より多めに使ってしまうため

2 薄口醤油と間違えて減塩醤油を使うため

3 砂糖の使用を控えようと濃口醤油を用いるため

4 濃口醤油は薄口醬油に比べ、薄い色をしているため

50 京都の料理について筆者の考えに近いものはどれか。

1 京都の料理は、薄口醬油を用いるため、確かに味の薄い料理である。

2 京都の料理は、薄い色をしているが、実は塩分が大量に含まれた料理である。

3 京都の料理は、素材本来の味と見た目を重要視するので、減塩醤油のみ使用する。

4 京都の料理は、見方によっては味付けが薄いとも濃いとも言える。

(2)

広島のある工業大学教授が、重度の障害によって思いを言葉で伝えられない人のための意思疎通支援装置「アイアシスト」という目の瞬きを感知する機械を開発した。

意思疎通支援装置は、重度の障害を持つ人のコミュニケーションに欠かせない用具であり、行政の補助対象商品でもあるが、これまで発売されていた装置は高額なものが多かった。しかし、今回開発された「アイアシスト」は、携帯電話でダウンロードすれば使用することができ、無料で一般に提供している。

携帯電話の画面に映る五十音表の上をカーソルが自動で動き、使用者が瞬きで文字を選び、五十音表の左下部分の内蔵カメラがその動きを感知する仕組みになっている。瞬きを毎秒数十枚の画像にすることで、意識的なものか無意識的なものかを判定することができ、その正確性を高めるために使用される専用の高性能カメラは不可欠なものであるため、これまでの意思疎通支援装置の値段は一般的に数十万～百万円以上してしまう。

さらにこの「アイアシスト」は、薄暗くても使用が可能で、設定画面で瞬きの判定の感度やカーソルの速度等も細かに設定が可能なので、個人の動きに合わせることもできる。

慣れるまでは少々時間と苦労を要するが、この「アイアシスト」によって新たな可能性が広がるだろう。

51 「アイアシスト」を開発した目的と考えられるものは何か。

1　視覚障害者の円滑なコミュニケーションを図るために開発した。

2　高齢者のコミュニケーションに欠かせないので開発した。

3　言語による会話や筆談の困難な方のために開発した。

4　従来の意思疎通支援装置は高額なものしかなかったので開発した。

52 この文章の内容に合うものはどれか。

1　「アイアシスト」は、高額で庶民には手が出せないようだ。

2　意思疎通支援装置は、日本で初めて開発された装置である。

3　意思疎通支援装置は、視覚障害者のリハビリを行うのに使われる。

4　「アイアシスト」は、障害の軽重によって微細な設定もできる。

(3)

日本人の通勤時間は他国に比べ、かなり長いほうだと言われている。都市部では、通勤時間が１時間を超えることはざらにある。郊外のベッドタウンに住みながら、平日は満員の通勤電車で会社に通い、休日に映画やスポーツ観戦、都心でショッピングを楽しむといった生活スタイルは、これまで日本の都市圏のスタンダードであったと言えるだろう。このような生活スタイルが定着したのは、鉄道網が発達し、都市と郊外の往来が便利になったからである。きっかけは、１９２３年の関東大震災にある。この時、東京や横浜を中心に脱線や線路の損壊などにより一時的に約７００キロにわたり路線が使用できなくなったことで、避難民は移動に大変苦労した。こうして大都市に密集して居住することのリスクが国民に知れ渡り、都市郊外に移住しようとする動きが拡大した。これを好機と見た鉄道各社は、郊外での生活の魅力を高め、列車の利用者を増やすため、路線を増やすと同時に郊外の開発事業に力を入れた。今まで何もなかった村に駅を建設し、温泉施設や商業施設などを誘致し、宅地開発を行った。特に鉄道各社は、一戸建て住宅に憧れを抱く庶民に都心よりも郊外のほうが割安で大きな家が手に入ると宣伝した。その頃、都市の人口過密による住宅不足や住居環境の悪化が深刻化してきたことも重なり、多くの日本人が郊外に住まいを求めるようになった。ところが、最近では郊外での生活スタイルに変化が訪れている。各地で郊外の高齢化や人口減などの問題が表面化したことに加え、２０１１年の東日本大震災の際に交通機関が止まり、多くの人が郊外にある自宅に帰れずじまいになったことを多くの国民がテレビを通じて間接的に体験したためである。テレワークの普及により必ず職場にいる必要がなくなった時代、私たちの生活スタイルは大きな転換期を迎えようとしているのかもしれない。

53 このような生活スタイルとあるが、本文に合うのはどれか。

1　勤務先から近い都心部に住み、徒歩や自転車などで通勤すること

2　職場から近い都心部に住み、公共交通機関で通勤すること

3　郊外の一戸建てに住み、郊外の勤務先に徒歩や自転車などで通勤すること

4　郊外の一戸建てに住み、都心部にある職場に公共交通機関で通勤すること

54 筆者は今後日本の生活スタイルについてどう予想しているか。

1　災害のリスクを考慮し、長時間の通勤を改め、多くの人が都心部に移住するようになる。

2　郊外の各地で高齢化や人口減などの問題が起きているため、都心部への移住が始まる。

3　テレワークの普及で職場に行かなくても仕事ができるため、郊外に住む人が増える。

4　働き方が変化したため、郊外か都心に住むだけではなく、新たな生活様式が生まれる。

(4)

2014年あるリクルート会社が新入社員2,243名を対象にアンケート調査を行ったところ、約90%以上の人が「出世したい」と答え、30歳での理想の年収は「500万円台」と答えたそうだ。出世というのは様々な形で、自分が目標とした役職に就くこと、転職してより年収の高い会社に入社すること、独立して会社を経営することなどいろいろな意味を持つ。

しかし、その反面出世したくないと思う人もいるらしい。恐らく出世とセットになっている「無用な苦労やストレスを抱えたくない」というのが原因かもしれない。また「役職に就くと、責任だけ高くなり、実際の給料は大して変わりもないのに、部下の管理で頭を悩ませるばかりか、ややもすればリストラの対象になる」という認識がある。

ところが大体、こういう意見を出したら批判が集まる。「こんな考え方の人間は契約社員や派遣社員として職位を落とすべきだ」「結局出世出来ない人の負け惜しみだ」「人として一人前になれない、根無し草のような根性だ」などなど。

しかし出世できる可能性のある人が出世したがらないのには別の理由がある。ただ出世のために働き蜂になって上司に休日ゴルフを強制させられ、社交辞令を言ったり、機嫌を取りたくない。そのゴルフの意味がただの親睦ではなく、会社の馴れ合いだったらなおさらだ。そういう集団に安易に同調したり、群れを組みたくないと思うのだ。無論、こういう考え方は出世が難しいかもしれないが、孤独を楽しみながら自分の生活観、人生観を大切にしたいのだ。このタイプの人はチームワークを重視して組織力を高めるように努力し、もっと現場主義の仕事をする傾向がある。組織を離れたときも自分の価値観に共鳴できる人と付き合い、愚痴も言わず溌剌として元気がよく、自分なりの哲学や信念に充実したがっている人が多い。

もちろん今の若い世代には「雇用が安定されていなかったり、年収が上がるという保証はない」といったもっと現実的な理由が大きいかもしれないが、どちらの生き方を選択するのは自分の自由であり、価値観によるものだ。社会的なポジションと自分のやりたいことがやれる環境、あなたならどの人生が幸せだと思いますか。

55 出世できる可能性のある人が出世したがらなければ、どんな生き方をするのか。

1 自分なりの価値観で、会社の同僚の交わりより、孤独を楽しむ。

2 会社への不満を隠し、自分の意見をむやみに表わさない。

3 自分の信念に沿って生き、引退後も新しい人間関係を築こうとする。

4 社会的な成功や地位より、組織や家庭のために犠牲する。

56 本文の内容と合っていないものはどれか。

1 世間で言えば、出世したくないという考え方は受け入れがたい。

2 出世したがらない理由は無理やり組織の体系に合わせたり、実利的な連中同士だけで固まったりしたくないからだ。

3 出世したがらない人は上司や同僚との付き合いが少なく、一人での時間を大切にする。

4 世の中はすべての人が出世を望んでいるわけではなく、自分の人生観に合わせて別の選択も可能である。

問題 10　次の文章を読んで、後の問いに対する答えとして最もよいものを、1・2・3・4から一つ選びなさい。

「神経質すぎ」、「気弱」……。幼い頃から何度言われたか、数えたくもない。両親は、そんな私に度胸をつけたいがために小学校の頃から私を一人でキャンプや海外ホームステイに行かせた。ところが、いくら頑張っても、私の「ガラスのハート」を強くすることにはいたらず、毎回ただへとへとに疲れて帰ってくるだけで何の収穫もなかった。しかし、大人になって転機が訪れた。テレビでHSPの特集が組まれたのだ。HSPとは、Highly Sensitive Personの略で、日本語では「とても繊細な人」や「とても敏感な人」と訳されることが多い。HSPは病気や障がいではなく、生まれ持った性格的な気質とされており、約５人に１人の割合で存在していると考えられている。HSPのチェックリストを初めて見た時、「私のことをそのまま表しているようだ」と思えるほど、私に当てはまるものが多かった。また、それと同時に自分が病気ではなく、同じような人がいることが分かってなんだかほっとしたのを覚えている。何よりありがたいのは、HSPという言葉が浸透することにより私への周囲の理解も以前に比べ、得やすくなったことだ。昔と違って今では本屋に行けば、棚にあふれんばかりのHSP 関連の本が並んでいる。私の神経質や気弱な性格を直してあげたいと思っていた両親も、その影響を大いに受けながら育った私自身も、その裏には丁寧さや優しさがあることに気づくことができた。そして、「私はHSPなので、こういうことはちょっと苦手なんです。」と人にはっきり言いやすくなった。それでも、まだまだ「HSPって何？」という反応が返ってくることも多々あるが、自分の特徴にちゃんとした名称があり、ネット上で調べれば容易に「私の取扱説明書」が出てくるので、以前に比べたら説明も楽になったものだ。その上、自分が疲れやすい原因と、その対処法が分かったことは大きな収穫だった。HSPの人は、大きな音やにおいなどの刺激に弱かったり、他人の顔色を必要以上に伺ってしまったりすることがある。今までは、その事実にすら気がつかず、平日普段通りに通勤して過ごすだけで、休日は起き上がれないほどぐったりしてしまうのは、周りに比べ体力がないのが原因だと思っていた。しかし、周りよりも刺激に敏感に反応したり、人とコミュニケーションをとる際に脳をフル回転させていることを考えると、休日の自分にも優しく接することができる。また、できるだけ刺激から避けるよう気をつけたり、頭を空っぽにして体を動かし、心身のバランスをとることで体調管理がうまくいくようになった。事実、こうして病気でもないのに名称をつけることに否定的な人もいる。「最近は何でもかんでも定義づけしすぎだ」という声も耳に入らなくはない。私も人を型に当てはめて分類しようとする考えには、あまり賛同できないし、できることなら皆が互いの個性を受け入れ、認め合えたらといいなと思う。しかし、私の場合、他人のことは認めることができても、自分のことは認めることはできなかった。自分の個性や価値が分からなかったからなのだが、こうして名称をつけてもらえたことで、自分で自分を客観的に理解することが可能になり、心の安定した生活と、自己肯定感を取り戻すことができたのだ。

57 筆者に訪れた転機とは何か。

1　HSPという難病について初めて知ったこと
2　自分がHSPであると気づけたこと
3　世の中にHSPの人がたくさん存在すると知ったこと
4　テレビでHSPが取り上げられたこと

58 病気でもないものに名称をつけることに関して、筆者の気持ちと合うものはどれか。

1　名称により人を型に当てはめるような考え方には賛同できない。
2　どんな特徴にせよ、名称により区別や分類せず、個性として尊重するべきである。
3　自分自身の特徴をよく知るために、時には名称があったほうがいいこともある。
4　互いにどんな特徴を持った人であるのか理解する上で、名称をつけるのは有効な方法である。

59 次のうち、本文の内容に合うのはどれか。

1　自分がHSPだと知り得たことで、自分という存在を好意的に受け止めることができた。
2　弱みだと思っていた自分の特徴が、実は強みであることに気づけた。
3　HSPだと公言するだけで、周囲が自分を理解してくれるようになり、気持ちが楽になった。
4　自分の気質を変えるために、運動により体力をつけることで、体調を崩しにくくなった。

問題 11　次のAとBは、それぞれ集中力について述べた文章である。AとBの両方を読んで、後の問いに対する答えとして最もよいものを、1・2・3・4から一つ選びなさい。

A

皆さんは、勉強しようとすると、集中力がなかなか続かないといったような経験をしたことはないだろうか。明日がテストで勉強しないといけないのは嫌でも分かっているのに、突然、机の整理を始めたり、部屋の掃除をしたりしてしまう。そのため、わざわざ自室ではない所に行き、勉強を試みたこともあったが、結局長くは続かなかった。意外にも私たちの脳は集中できるように作られていない。脳に占める本能や欲求に関わる部分が、私たちの行動へ非常に強大な影響力を及ぼすからである。つまり、「食べたい」や「寝たい」などのような本能が私たちの判断や行動に影響を及ぼし、今は勉強に集中しなければいけないと分かってはいるものの、ついついお菓子が食べたくなったり、ソファーに寝転びたくなったりしてしまうのである。こうした人間の特性を理解した上で、対処法を考えるのが賢明であろう。

B

集中力がなかなか続かないという話を友人にしたら、「ポモドーロ・テクニック」というものを紹介してくれた。時間の管理方法の一つで、タイマーを使用し、短時間の作業と休憩を何回も繰り返すことを言うのだそうだ。例えば、25分間作業を行い、その後5分休憩を取るというのを繰り返す。すると、不思議なことに彼の場合、2時間も集中力が続いたそうだ。この25分という時間は、人間が集中するのに最も適しているのだそうだ。そしてさらに、その作業時間で何を、どこまですべきなのかをあらかじめ決め、時間になったら、どこまでできたかを確認する。

そうすることで、達成感を味わうことができ、次の作業へのやる気アップにもつながるとも言われている。例えば、勉強の場合、２５分で１０の問題を解くと決め、どれだけできたかをチェックするのである。

60 集中できないことについて、AとBはどのようなことを述べているか。

1 Aは脳の働きがその要因の一部になっていることについて述べ、Bはその対処法の具体例について述べている。

2 Aは人間の長時間同一の作業をするのを避けたい本能について述べ、Bは作業にメリハリをつけることで作業効率が上がることについて述べている。

3 Aは本能のままに行きたいという人間本来の欲求について述べ、Bは人間の集中力には限界があることについて述べている。

4 Aは本能や欲求を自制することの難しさについて述べ、Bは集中力の維持には達成感が必要であることについて述べている。

61 集中力を保つ方法について、AとBはどのように述べているか。

1 Aは目移りするもののない場所で勉強するとよいと述べ、Bは２５分程度が勉強するのにはちょうどよいと述べている。

2 Aはお腹いっぱい食べないようにするとよいと述べ、Bはこまめに休憩をとるとよいと述べている。

3 Aは集中力が続かない理由を知るとよいと述べ、Bはタイマーで時間をしっかり管理するとよいと述べている。

4 Aは人間の特性を理解した上で方法を考えるとよいと述べ、Bは集中できる時間を考慮して勉強するとよいと述べている。

問題 12　次の文章を読んで、後の問いに対する答えとして最もよいものを、1・2・3・4から一つ選びなさい。

現代は、常にイノベーションが要求される時代である。既存の知識が日々更新され、それを習得することで新たな知識を生み出していく。このような知的活動の中で今最も注目されているのが、暗黙的な知識である。

暗黙的な知識とは、言い換えると、言語化されていない知識のことである。一流の仕事をしている人は、自分の頭の中で今起きていることを言語化せずに、暗黙的な知識により高度な仕事を行っているという。言語的な知識に対し、身体的な知識と呼ぶことができる。芸術家、職人、運動選手などは、それぞれの分野の身体的な知識を豊富に有している。

反対に、これに対して形式的な知識とは、言語によりマニュアル化された明示的な知識である。例えば、一人の職人の体に染みついた身体的な知識をその職人自身のものとしてのみにとどめるのではなく、仲間内で共有し、システムを構築することが①<u>創造的な組織のあり方</u>として必要になる。かつての師弟関係においては、熟練した技を持つ職人の身体的・暗黙的な知識は、職人本人から丁寧に教えてもらえるものではなく、現場で師匠の技を見て盗むというのが当然の過程であった。優れた技術を自分の目で見て、どこが重要なのか見抜き、自分の技として身に付けていく。この過程は、確かに主体的な学習だといえよう。ところが、このやり方には一つ弱点があり、学ぶ者の意欲や能力にかなりの部分を依存することになる。したがって、組織としてはこのシステムの安定的な運用が極めて困難だといえる。職人がたった一人の弟子にのみ自分の暗黙的な知識を伝授するようなことは、芸能の世界では十分ありえる。しかし、日々目まぐるしく変わる市場で結果が求められる現代のビジネスでは、②<u>一人一人が持っている暗黙的な知識を仲間で共有し、システムとしてスピード感のある運用が必要である</u>。

暗黙的な知識をシステム化する過程については、ホームベーカリーという商品の開発を例に取ると分かりやすい。熟練パン職人の練りの技能を学ぶために、ソフトウェアの開発担当者が職人とこれまでの経験を共有する。開発中の機械と熟練パン職人の生地の練り方がどう異なるのかに注目し、職人の言語化しにくい暗黙的な知識を何とか把握しようとする。そして、キーとなる職人の動きを言語化し、エンジニアたちとその動きを機械で実現できるのかを研究する。その結果、容器の内側に特殊なでこぼこをつける発想が生まれた。これにより、熟練パン職人の練りの動きの暗黙的な知識が実際に形になったのである。

62 ①創造的な組織のあり方とあるが、本文の中でこれと反対の意味を表している言葉は何か。

1　エンジニアたち
2　現代のビジネス
3　言語化、マニュアル化
4　師弟関係

63 ②一人一人が持っている暗黙的な知識を仲間で共有し、システムとしてスピード感のある運用が必要であるというが、なぜか。

1　職人がたった一人の弟子にのみ自分の暗黙的な知識を伝授するのが大切なため
2　現代のビジネスでは結果がすぐに求められるため
3　仲間で共有すると、組織として安定した運用が望みにくいため
4　共有すると、学ぶ者の意欲や能力にかなりの部分を依存するため

64 この文章で筆者が最も言いたいことは何か。

1　ホームベーカリーという商品の開発を通じて実際にパン作りにおける暗黙的な知識を形にすることができるようになった。
2　一流の仕事をしている人は、暗黙的な知識と共に身体的な知識や形式的な知識を豊かに有している。
3　常にイノベーションが要求される時代では、暗黙的な知識はシステム化して共有することが大切である。
4　優れた技術を自分の目で見て、どこが重要なのか見抜き、自分の技として身に付けていく過程こそが、暗黙的な知識の習得において重要である。

問題 13　右のページは県のホームページに書かれた全国旅行支援の案内である。下の問いに対する答えとして最もよいものを、１・２・３・４から一つ選びなさい。

65　田中さんは、妻、小学生の娘、１歳の息子と４人で夏休みに四国の温泉へ旅行に行こうと思っている。全国旅行支援を利用するつもりであるが、田中さんたちが全国旅行支援を利用した場合、宿泊費の割引額はいくらになるか。

［田中さんが宿泊予定のホテル］

ホテル名：ホテル道後
宿泊日数：２泊３日
プラン　：露天風呂付部屋、１泊２食付き
宿泊料金：大人　　　　　　　１人あたり 15,000円
　　　　　小児(小学生まで)　１人あたり　7,500円
　　　　　幼児(５歳まで)　　１人あたり　3,500円（ベッドのみの利用）

1　7,500円　　　　2　10,500円
3　15,000円　　　4　21,000円

66　パクさんは大学生である。冬休みに全国旅行支援を利用して、大学の友達と３人で旅行したいと思っている。全国旅行支援が適用されるのはどれか。

1　１月１日に２月11日から１泊２日の旅行を予約し、１月２日に情報を登録した場合
2　１月15日に１月20日から１泊２日の旅行を予約し、１月17日に情報を登録した場合
3　２月１日に２月10日から２泊３日の旅行を予約し、２月12日に情報を登録した場合
4　２月16日に２月29日から２泊３日の旅行を予約し、２月26日に情報を登録した場合

全国旅行支援のご案内

全国旅行支援は、下記手順により事前にご登録いただいた方に、1人1泊最大20%(最大7,000円)の補助が受けられます。全国旅行支援の対象・実施期間は諸事情により予告なく変更になることがあります。本キャンペーンをご利用いただく際は、下記の更新情報を随時ご確認ください。

■ 事前登録はこちらから

全国旅行支援適用の予約・販売対象期間
2024年1月10日(水)～2月29日(木)までに予約・販売された対象商品

全国旅行支援の情報登録期間
2024年1月10日(水)～1月31日(水)のご宿泊分については、
1月2日から旅行情報の登録が可
2024年2月1日(木)～2月29日(木)のご宿泊分については、
1月20日から旅行情報登録が可

全国旅行支援の対象期間
2024年1月10日(水)～2月29日(木)

※ 2024年3月1日(金)のチェックアウト分を含む
※ 1人あたり4,000円未満の宿泊は適用対象外
※ 1回の申込につき、最大5名まで同伴可
※ 予約日が、全国旅行支援の対象期間外の場合、適用対象外

○キャンペーン利用時の主な注意事項
・旅行情報の登録完了後、登録済みのメールアドレスにQRコードが送付されます。
・チェックイン時に宿泊施設にQRコードを提示しない場合は、全国旅行支援の適用とならず、旅費の割引が受けられません。
・ご家族など複数名でのご旅行の場合は、旅行情報の登録時に同行者の情報を入力しませんと、同行者様の割引が受けられません。
・QRコードの読み取りエラー、割引金額の間違いに備え、審査完了となるまでは領収書を保管してください。
・連泊の場合は、最初の1泊2日分(1人あたり7,000円が上限)のみ全国旅行支援の適用対象となります。

N1

聴解

(60分)

注 意 Notes

1. 試験が始まるまで、この問題用紙を開けないでください。
Do not open this question booklet until the test begins.

2. この問題用紙を持って帰ることはできません。
Do not take this question booklet with you after the test.

3. 受験番号と名前を下の欄(らん)に、受験票と同じように書いてください。
Write your examinee registration number and name clearly in each box below as written on your test voucher.

4. この問題用紙は、全部で12ページあります。
This question booklet has 12 pages.

5. この問題用紙にメモをとってもかまいません。
You may make notes in this question booklet.

受験番号 Examinee Registration Number	

名 前 Name	

問題 1

問題１では、まず質問を聞いてください。それから話を聞いて、問題用紙の１から４の中から、最もよいものを一つ選んでください。

例

1　駅前で４時５０分に

2　駅前で５時半に

3　映画館の前で４時５０分に

4　映画館の前で５時半に

1番

1　他の写真を検討する

2　別の写真を撮りに行く

3　写真に代わるイラストを依頼する

4　デザインを変更する

2番

1　４階で整理券を受け取る

2　住所を変更する

3　家で公共料金の請求書を探す

4　家に帰って自分で手続きをする

3番

1　健康診断の結果を待つ

2　健康診断の結果が出たら、別の用紙に作ってもらう

3　分割の手続のため、別の用紙に書類を作成する

4　入学金を急いで支払う

4番

1　毎日のメニューの種類を増やす

2　社員の要望を反映させたメニューを作る

3　健康を考えたメニューにする

4　テイクアウト専用のメニューを作る

5番(ばん)

1　数学(すうがく)

2　物理(ぶつり)

3　化学(かがく)

4　生物(せいぶつ)

問題 2

問題 2 では、まず質問を聞いてください。そのあと、問題用紙のせんたくしを読んでください。読む時間があります。それから話を聞いて、問題用紙の 1 から 4 の中から、最もよいものを一つ選んでください。

例

1　子連れ出勤に賛成で、大いに勧めるべきだ

2　市議会に、子供を連れてきてはいけない

3　条件付きで、子連れ出勤に賛成している

4　子供の世話は、全部母親に任せるべきだ

1番

1　指示する言い方が的確で具体的ではなかったこと

2　指示の文章の解釈に問題があったこと

3　抽象的なイラスト描きが苦手なこと

4　経験が邪魔して上手く描けないこと

2番

1　同時に治療できない時は、前歯からと決まっているから

2　歯医者が治療が簡単に済む方を勧めたから

3　奥歯治療で腫れたり痛んだりしたら話せないから

4　人の前で話す時に歯が黒いと恥ずかしいから

3番

1　最近の子どもたちの運動能力の低下を実感したこと

2　父が野球やサッカーを教えてくれたこと

3　都会には子どもが自由に遊べる場所がないと知ったこと

4　お客さんが子どもと一緒にジムに来たいと言ったこと

4番

1　スラッシュシスターズ以外の自社キャラクターが登場する

2　ゲームのキャラクターやステージの数が格段に増える

3　他社のゲームキャラクターが追加される

4　海外のユーザー向けに多言語に対応する

5番

1　父親のために作った料理を犬に与えたから

2　食べたらいけないものを犬に与えたから

3　必要以上に犬にドッグフードを与えたから

4　犬の食べ物以外のものを犬に与えたから

6番

1　恵まれた環境で生きたいという気持ち

2　様々な辛い体験や経験を克服すること

3　生き続けるという意志があること

4　自然に逆らわず毎日を楽しむこと

問題 3

問題 3 では、問題用紙に何も印刷されていません。この問題は、全体としてどんな内容かを聞く問題です。話の前に質問はありません。まず話を聞いてください。それから、質問とせんたくしを聞いて、１から４の中から、最もよいものを一つ選んでください。

— メモ —

問題 4

問題４では、問題用紙に何も印刷されていません。まず文を聞いてください。それから、それに対する返事を聞いて、１から３の中から、最もよいものを一つ選んでください。

— メモ —

問題 5

問題５では、長めの話を聞きます。この問題には練習はありません。
問題用紙にメモをとってもかまいません。

１番、２番

問題用紙に何も印刷されていません。まず話を聞いてください。それから、質問とせんたくしを聞いて、１から４の中から、最もよいものを一つ選んでください。

― メモ ―

3番

まず話を聞いてください。それから、二つの質問を聞いて、それぞれ問題用紙の1から4の中から、最もよいものを一つ選んでください。

質問1

1　通勤、通学用

2　長距離走行用

3　坂道利用

4　シニア用

質問2

1　通勤、通学用

2　長距離走行用

3　坂道利用

4　シニア用

실전모의고사 2회

N1

言語知識（文字・語彙・文法）・読解

（110分）

注　意
Notes

1. 試験が始まるまで、この問題用紙を開けないでください。
Do not open this question booklet until the test begins.

2. この問題用紙を持って帰ることはできません。
Do not take this question booklet with you after the test.

3. 受験番号と名前を下の欄（らん）に、受験票と同じように書いてください。
Write your examinee registration number and name clearly in each box below as written on your test voucher.

4. この問題用紙は、全部で33ページあります。
This question booklet has 33 pages.

5. 問題には解答番号の 1 、 2 、 3 、… が付いています。解答は、解答用紙にある同じ番号のところにマークしてください。
One of the row numbers 1, 2, 3 … is given for each question. Mark your answer in the same row of the answer sheet.

受験番号 Examinee Registration Number	

名 前 Name	

問題1　＿＿＿＿の言葉の読み方として最もよいものを、1・2・3・4から一つ選びなさい。

1　最近一人では処理しきれない仕事量を任されて、会社に行くのが<u>億劫</u>だ。

1　おっくう　2　おくくう　3　おっこう　4　おくこう

2　妻にシャツのほころびを<u>繕って</u>もらった。

1　よそおって　2　つくろって　3　はかって　4　ほうむって

3　彼はどんな困難にもめげない<u>逞しい</u>精神力を持った人だ。

1　たくましい　2　いさましい　3　あさましい　4　ねたましい

4　青少年施設等でのボランティアを<u>志す</u>大学生が増えている。

1　はげます　2　いやす　3　ほどこす　4　こころざす

5　人質の解放と引き換えのためには、犯人に<u>身代金</u>を渡さざるを得ない。

1　しんだいきん　2　しんみろきん　3　みのだいきん　4　みのしろきん

6　鍋の中のお湯が<u>沸騰</u>したら、麺を入れてください。

1　ことう　2　ひっとう　3　ふっとう　4　ふつどう

問題2 （　　　）に入れるのに最もよいものを、１・２・３・４から一つ選びなさい。

7 安全を考慮し、従来の住宅では考えられない強い基礎工事を施したことで、沈没の被害を（　　　）ことができました。

1　それる　　2　まぬがれる　　3　おさめる　　4　とげる

8 学校側は学内で発生した暴力問題を、お金で（　　　）とした。

1　もみけそう　　2　ぬかそう　　3　ついやそう　　4　ちぢめよう

9 花火が上がると、自然に上を向く。落ち込んでいる時でも（　　　）、顔を上げれば少しは気が晴れるような気がする。

1　かえりみず　　2　こころみず　　3　ふりかえず　　4　うつむかず

10 後輩の方が先に出世してしまい、先輩との関係が（　　　）になることもある。

1　どたばた　　2　だぶだぶ　　3　あべこべ　　4　ちやほや

11 いつも彼女の（　　　）や願望に付き合わされて、イライラはたまる一方だった。

1　きまぐれ　　2　かんだい　　3　きさく　　4　けんきょ

12 私たちの約２年間の世界一周旅行も、いよいよ終盤に（　　　）としている。

1　さしかかろう　　2　よみがえろう　　3　へりくだろう　　4　いたわろう

13 業務量は激増し、残業代も出ない割に責任だけ重く（　　　）きた。

1　あきなって　　2　のしかかって　　3　へりくだって　　4　はばかって

問題3　＿＿＿＿の言葉に意味が最も近いものを、1・2・3・4から一つ選びなさい。

14 彼女は周りの人からミスや欠点を指摘されると、すぐいじけた態度を取ってしまう。

1　すくんだ　　2　ちぢんだ　　3　あさましい　　4　めまぐるしい

2회

15 母親が有名人の娘は親のコネで人気ドラマの主演を務めることができた。

1　てぎわ　　2　てづる　　3　てぐち　　4　てうち

16 ここは日本らしい控えめな美徳が感じられる、奥ゆかしい雰囲気がありますね。

1　よそよそしい　　2　たどたどしい　　3　つつましい　　4　みすぼらしい

17 私も太田先生にならって、全力を尽くして臨床歯科医学の研究を世界に発信できるような教室を作っていきたいと考えている。

1　を手がけて　　2　をお手上げにして

3　を手回しにして　　4　を手本にして

18 被災地の住民たちは、政府が認識を変えればただちに解決できると訴え、誠意ある対応を求めた。

1　かならず　　2　すぐ　　3　いつかは　　4　じかに

19 強制節電でストレスを感じることなく、夏に親しみ、楽しみながら身の回りのむだをそぎおとしていこうではないか。

1　ちぢめて　　2　あらためて　　3　はぶいて　　4　こころがけて

問題４　次の言葉の使い方として最もよいものを、１・２・３・４から一つ選びなさい。

20 煩わしい

1　最近高い年金や保険料を納めているので、経済的に煩わしい。

2　煩わしい人間関係は苦手で、なるべく避けたい気分だ。

3　雑音に敏感な人は煩わしい子供の声や物音に苦情を言うかもしれない。

4　今年、鉄道内迷惑行為ランキングの最上位は「煩わしい会話やはしゃぎまわり」だそうだ。

21 しとやか

1　短気で怒りっぽい性格の人でも、訓練次第では毎日を心しとやかに過ごすことができるそうだ。

2　しとやかで不愛想な人は会話が苦手なので、無理してテンションを盛り上げようとしない方がいい。

3　自己主張が強くておてんばな彼女にしとやかさを求めるのは無理ではないだろうか。

4　しとやかな春の日差しに包まれて、春風が心地よい季節となりました。

22 おだてる

1　高額の商品を売るために、お客さんをおだてて買う気を引き出させる店員もいる。

2　カナダのナイアガラ滝を間近で見ると、その圧倒的な大自然をおだてることになる。

3　落ち込んでいる人を癒してあげたいと思っても、おだての言葉をかけるのは難しいものだ。

4　平等な子育てより、ヤル気スイッチを押して競争心をおだてた方がいいと言われている。

23 献立

1　８世紀のころに献立されたこの寺院は、古代日本の社会や文化を考究するための豊かな歴史情報の宝庫だ。

2　最近、大臣や知事は「法律の献立がそうなっているので…」という言い回しの表現をよく使う。

3　製造業の献立作業は細々とした部品を組み合わせたり、機械類が好きな人に向いている。

4　毎日の献立が一目瞭然で分かるように、カレンダー形式の表で作っておくと便利だ。

24 取り組み

1　取り組み預金にご興味をお持ちの方はぜひ、読売銀行にご相談ください。

2　電子レンジの正しい取り組みを理解して使えば火事になることはない。

3　自分の考えや物事に対して論評したり、他のWebサイトに対する情報などを公開したりする取り組みをブログという。

4　ビジネス会議の生産性を高めるためにやるべき取り組みを紹介します。

25 曰く

1　会社に大きな損失を与えたのには何の曰くの余地もない。

2　国会議員としてとてつもない発言をしたと追及され、曰くに追われた。

3　あんなに仲がよかった二人が別れたのには、何か曰くがありそうだ。

4　江國香織（えくにかおり）の小説を読んで、曰く難い感銘を受けた。

問題5　次の文の（　　　　）に入れるのに最もよいものを、１・２・３・４から一つ選びなさい。

26 私（　　　　）、学生時代はこんな惨めな有り様ではありませんでした。

1　こと　　2　とて　　3　なり　　4　もの

27 先程までとは（　　　　）かわって、藤原さんの表情は喜色満面だった。

1　たたいて　　2　とれて　　3　うって　　4　はずして

28 こんな状況になった以上、あなたの釈明があって（　　　　）と思います。

1　欠かせない　　2　やまない　　3　までだ　　4　しかるべきだ

29 新しい職場にうまく慣れぬ（　　　　）、とてつもない失礼を致しました。

1　からある　　2　こととて　　3　きわみ　　4　まじき

30 ３０ページ（　　　　）レポートをたった２時間で書くのはそもそも無理な話だ。

1　からなる　　2　にあって　　3　に足る　　4　ところを

31 今回会社と従業員との間で発生した労使紛争は法律（　　　　）解決を図りたいと思います。

1　にのっとって　　2　にひきかえ　　3　にもまして　　4　にかまけて

32 政治家（　　　　）ものは国民の幸福のために働くという覚悟が必要だ。

1　たりる　　2　なりの　　3　たる　　4　ならではの

33 給料（　　　）待遇（　　　）、本当に恵まれた環境で仕事していますね。

1　をとり / をとり　　2　といい / といい

3　というか / というか　　4　をもち / をもち

34 今回はお断りさせていただくことになりました。（　　　）お願い申し上げます。

1　何卒ご容赦のほど　　2　どうかご恐縮のほど

3　何卒ご査収ながら　　4　誠にご承諾のうえ

35 お客様には大変ご不便をお掛け致しますが、（　　　）お願い致します。

1　謹んでお受けすることを　　2　かねがね承っておることを

3　くれぐれもご自愛くださるよう　　4　あしからずご了承くださいますよう

問題6　次の文の＿＿★＿＿に入る最もよいものを、1・2・3・4から一つ選びなさい。

（問題例）

あそこで ＿＿＿＿ ＿＿＿＿ ＿＿★＿＿ ＿＿＿＿ は山田（やまだ）さんです。

1　テレビ　　2　見ている　　3　を　　4　人

（解答のしかた）

1　正しい文はこうです。

あそこで ＿＿＿＿ ＿＿＿＿ ＿＿★＿＿ ＿＿＿＿ は山田（やまだ）さんです。
1 テレビ　3 を　2 見ている　4 人

2　＿＿★＿＿　に入る番号を解答用紙にマークします。

（解答用紙）

（例）	①　●　③　④

36　新製品の展示会は札幌を ＿＿＿＿ ＿＿★＿＿ ＿＿＿＿ ＿＿＿＿ いく予定だ。

1　皮切り　　2　南下して　　3　順繰りに　　4　にして

37　相手の事情も知らないくせに ＿＿＿＿ ＿＿＿＿、＿＿★＿＿ ＿＿＿＿ 慎んだ方がいい。

1　差し出がましい　　2　など

3　行為は　　4　説教する

38 町を飲み込みそうな猛烈な大津波を経験した ＿＿＿＿ ＿＿＿＿ ＿★＿ ＿＿＿＿ しない。

1 時の恐怖や　2 ありゃ　3 といったら　4 恐ろしさ

39 この体操は ＿＿＿＿ ＿★＿ ＿＿＿＿ ＿＿＿＿ 関節と筋肉を柔軟にします。

1 体を　2 だけで　3 動かす　4 あべこべに

40 彼のプロポーズを受け入れた ＿＿＿＿ ＿＿＿＿ ＿★＿ ＿＿＿＿ 今はいい奥さんになれるか心配だ。

1 嬉しいの　2 にも　3 ものの　4 まして

2회

問題７　次の文章を読んで、文章全体の趣旨を踏まえて、41 から 44 の中に入る最もよいものを１・２・３・４から一つ選びなさい。

誰でもおごられるのは嬉しいものです。おごられ上手は愛され上手と言われていますが、あなたはどうでしょうか。周りには財布を持たずに飲みに行ったりする人もいるようですが、そこには何か技術があるようですね。

「おごられ上手」な人になるためには、 41 。

まず相手が選定した店や料理をほめながら、美味しそうに食べる。食事が終わって店を出たら、笑顔で「ごちそうさまでした」とお礼を言う。ここまでは普通のようですが、大事なのはこれからですね。それはご馳走された側も小さな誠意を見せることです。たとえば、払った金額が多めではなくても、 42 お礼の言葉を言ったり、次の機会に会ったとき、どんな小さなことでも自分の感謝の気持ちを伝えられるお礼のプレゼントを用意したりすることです。または、食後のコーヒーやお茶代などの少額をおごったり、翌日ご馳走した人に感謝のメールを送るのを忘れなかったら、あなたは「気が利く人だな」と思われやすいです。

したがって、「おごられ上手」な人になるためには、誰もがやっているお礼を言うばかりでなく、ご馳走してもらったことに対し、本当の嬉しい気持ちを表すことです。地位の高い人や経済力のある人がおごるのは当然だという考え方を止め、 43 と思ったら、かえってあなたへの好感度はアップできるでしょう。

ところが、「おごられ上手」な人になるにはこれだけではないと思います。おごる側に「この人にはおごってもいい」と思わせるようなことも欠かせないですね。例えば、食事をしながら相手の話に充分耳を傾けていたとか、相手の気持ちになって会話を進めたのかも大事です。

「金は天下の回り物」という言葉があります。ただのお金のやり取りに見えるかもしれませんが、そこには深い信頼関係が絡まれています。もし誰かにおごってもらいたい時は、 44 。

41

1　次の行動はやむを得ないと言われます

2　次の行動が欠かせないといいます

3　次の後始末が望まれるのは当たり前です

4　次の後始末が思い当たるはずです

42

1　かっきり　　2　きちんと　　3　きっかり　　4　ずばり

43

1　少額だけ自分で出したい

2　少額なら惜しまずに払う

3　金額は常に半分ずつ負担するものだ

4　金額の負担は少しながら分けたい

44

1　その相手から信用を得るようにひたすら努力しましょう

2　おごってもらえるようにモテましょう

3　まず信頼する誰かにおごってみましょう

4　おごってあげようという気持ちを持たせましょう

問題 8　次の(1)から(4)の文章を読んで、後の問いに対する答えとして最もよいものを、1・2・3・4から一つ選びなさい。

(1)

情報技術の発展によりITを上手く駆使できる人とそうでない人の間で獲得できる情報量の違い、「情報格差」が生まれているという。この情報格差は、ITとはまた別の側面からも生じているという。そのうちの一つが、日本に住みながら日本語が理解できない外国人が言語問題により情報にアクセスできないことである。国や自治体では、この格差を是正するために多言語による情報提供を行っている。例えば、2011年の東日本大震災の際にもインターネットなどを通じて多様な言語で情報が発信されてはいたが、ほとんどの外国人がどこから情報を得ればいいのか知らないことに問題がある。いくら多言語による情報を発信したとしても、相手に届かなければ全く意味のないことである。外国人にもしっかり情報が届くようになるためには、日頃から多言語による情報を発信するメディアの存在が広く認知される必要があるだろう。

45 この文章によると、多言語による情報提供の課題は何か。

1　IT音痴な人でも簡単に情報が得られるようにすること
2　どこにアクセスすれば情報が確実に得られるということを知らせること
3　英語や中国語などの主な言語に限らず、マイナーな言語にも対応させること
4　インターネットだけでなく、その他の方法でも情報を発信すること

(2)

もしあなたが地下鉄に乗っていて地震が起きたらどうするべきか。地下の揺れは地上の半分ぐらいであるが、とりあえず揺れが収まるのを待ちつつ、冷静に駅員の指示に従って動こう。最近では地下鉄でもネットがつながるようになっているし、そういった面でも電車やモノレールより安全であろう。出入口がふさがれたり、暗い地中に閉じ込められてパニックに陥る人が出口に殺到する波にのまれない限り、地上を歩くよりも安心である。ただ、停電で非常口への誘導灯がつかない場合もあるので、かさばらないペンシル型の懐中電灯を持ち歩くことにしよう。もしも自分が地下鉄に乗っていて地震にあったりしても、地下鉄は意外と安全なんだと言い聞かせて焦らず冷静に行動しよう。

46 これは何についての文章か。

1 地震が起きたとき、地下から地上への避難する仕方

2 地震のとき、地下鉄でのパニック発作を抑える方法

3 地下鉄で地震にあったときの心構え

4 地震が起きても地下は地上より安全だから心配はいらない

(3)

「読書ゼロ」が広がっている。文化庁の調査結果によると、「1か月に1冊も本を読まない」という日本人が2人に1人まで拡大しているという。勉強に勤しんでいるはずの大学生でも、書籍購入費用も減少し続けており、1日の平均読書時間がわずか26.9分で、1日の読書時間が「ゼロ」という大学生が40%近くに上るということも分かった。バイトや勉強に追われ、読書に時間が割けないという人もいるが、もっとも大きな原因としてはスマートフォンの登場が挙げられる。スマホの登場で読書の時間が奪われ、人々は本の代わりにスマホを手放せなくなった。読書は大脳の働きを活性化させる作用を持つといわれるが、手元のスマホで手軽にネットにつなぐことができ、かつ瞬時に膨大な量の情報を得られる今時、本をじっくりと時間をかけて読む意義はもうないと嘆く声も聞こえる。また、スマホの利用時間と読書時間との関係をみると、スマホの利用時間が1日平均30分未満の人の中で、読書時間が減少したと答えた人は7%だったのに対し、利用時間が1時間以上では32%にも上り、スマホ利用が長いほど読書時間が減る傾向がうかがえる。仕事や勉強の情報はネットで手軽かつ素早く検索して収集し、余暇時間は読書で過ごすというのはどうであろうか。

47 この文章の内容に合わないものはどれか。

1　ネットやスマホで閲覧できる情報量は急増しているのに対し、読書にかける費用は減りつつある。

2　近年、余暇に読書よりもネットサーフィンやゲームなどに時間を費やす人が増えているようだ。

3　通信機器の急速な発達で、パソコンやスマートフォンなどが読書の代替になりつつある。

4　インターネットに頼って情報を求めるより、書籍を媒介にするのが意義のある方法だと言える。

(4)

民間企業に籍を置く社員の発明の特許権はどちらに属するべきか。この権利をめぐる議論が白熱している。政府側は企業側や産業界の要望に応じて特許の権利を「会社のもの」と法律を改正したいが、労働団体や国民の世論は「社員のもの」と猛反発し、壁にぶつかっている。

日本の特許法は１８９９年に制定されたが、１９０９年の法律改正で社員の発明の特許権は「会社に属するもの」と定めた。ところが、社員の発明の奨励が産業発展の基盤や国際競争力の向上にもつながるという考えから、１９２１年の再改正で「社員に属するもの」と改正した。

企業側や産業界では、社員が会社側からの給料をもらい、かつ会社の設備を使って発明した場合の特許は「会社のもの」にするべきだとしている。だが、この産業界の主張には、社員の意欲をそぎかねない危うさも潜んでおり、働く意欲をそがれた社員から競争力は生まれないだろう。

48 この文章の筆者の主張に最も当てはまるものはどれか。

1 筆者は、社員がやる気を失うことを懸念している。

2 筆者は、日本の法律は改正するべきだと主張している。

3 筆者は、会社の設備を使った発明は会社のものだと主張している。

4 筆者は、発明の対価は会社に返すべきだと主張している。

問題９　次の（1）から（4）の文章を読んで、後の問いに対する答えとして最もよいものを、１・２・３・４から一つ選びなさい。

(1)

もしあなたが知り合いから、アフリカで飢餓に苦しむ人たちのための募金に協力してくれないかと頼まれたらどうするか。最初からノーとはっきり断ってしまえば、うしろめたさは多少残るかもしれないが、それで一応①今回の件は収まる。

ところが、募金に協力したとすると、今度は募金箱にいくら入れても、「もうちょっと募金できないのか」と言われるような「つらい」立場に立たされることになるかもしれない。

実は、日本を含めた先進国が今ある繁栄を手にした要因となった数々の経済活動による利益は、地球において人類全体が共有すべきである限りある資源を消費した結果であると見なすこともできる。このように考えてみると、各国の経済格差や飢餓の問題は、その共有すべき資源をある特定国だけが消費した代償として得られた経済活動による利益の独占に起因するもので、特定の地域にのみ存在する問題として考えるべきではないという考え方が妥当に感じられる。

世界中の資源を大量に消費している日本に住む国民としては、自分たちだけが高い生活水準を維持しつつ、世界に依然として蔓延している飢餓の問題を自分たちの問題ではないと言うことはできないはずである。②ボランティアにおいて経験する「つらさ」は、結局のところ、自分たちの行動結果が自分自身を苦しめているという、一種のパラドックスに根ざすものである。

49 ①<u>今回の件は収まる</u>とは、具体的にどういうことか。

1　知り合いとの金銭トラブルを避けられる。

2　飢餓の問題についてこれ以上に考えなくてよい。

3　募金をどうしようか悩む必要がなくなる。

4　生活費の心配をしなくて済む。

2회

50 ②<u>ボランティアにおいて経験する「つらさ」</u>とは、何か。

1　問題の根本的な原因は自分にもあるのではないかという感情に悩まされること

2　日々の生活も大変なのに、もっと募金してほしいと期待されること

3　ボランティア活動をする人があまりにも少ないため、苦労すること

4　経済的な事情からこれ以上ボランティア活動を続けられないこと

(2)

日本で海外旅行が一般化しはじめたのは１９７０年代からで、１９７２年には海外旅行者数が１００万人を突破した。今でこそ、日本人観光客のマナーの国際的評判はいいが、当時は海外旅行が一般化してからまだ歴史が浅く、旅行者としてのマナーがまだ身についていなかった。それゆえ日本人が大挙して海外を訪れるようになった時にひんしゅくを買うこともしばしばあった。

しかしそれは、日本人観光客のマナーの問題というよりは、当時の日本人の多くは外国の生活習慣を理解しておらず、日本の生活習慣をそのまま外国で当てはめようとしたのが原因だった。日本では当然のこととされていた一部の行為は、外国人の目には下品に見え、失礼に当ることもあった。最初の数年間は、ガイドが設備の使用方法や現地で守るべきマナーを説明するため、ホテルの部屋をいちいち回っていたという。

ところで最近は、外国人観光客の急増により、今度は邦人の方から外国人観光客の迷惑行為を非難する声が徐々に上がってくるようになり、さくら市は外国人観光客の迷惑行為を規制するためのマナー条例案を制定することにした。この条例案の狙いは、近年、市内で頻発している外国人客の迷惑行為を防止することにあるという。ただ、この条例はマナー向上への意識を高めることが目的であるため、違反者を処罰する罰則は設けないという。

さくら市で挙げている主な観光客の迷惑行為としては、泥酔して暴れることや、夜中の花火遊び、歩きながらの飲酒、無断撮影および盗撮などがある。しかしこの条例の対象は、外国人客のみではない。深夜（午前０時から日の出まで）にアルコールを提供する場合なども対象になるという。

生まれ育った環境の違いは大きい。ましてや国と国とのレベルになったら、そのギャップはますます大きくなっていくと思う。日本人の習慣が外国人のそれとはどう違うのかはっきりとらえ、現地の生活習慣を尊重することの重要性を正しく認識するべきだと思う。

51 ひんしゅくを買うこともしばしばあったとあるが、その理由として考えられるのは何か。

1　当時の日本人観光客はお金をたくさん使うので、どこの国に行っても現地の人に歓迎されていたから

2　当時の日本人のほとんどは基本的なマナーが身についていなく、現地の人との摩擦が絶えなかったから

3　当時の日本人の多くは、自分たちのマナーが外国でも通用すると思っていたから

4　当時の日本人観光客は品がなく、現地の人たちはそんな日本人のことを侮っていたから

52 この文章の内容に合うものはどれか。

1　日本で海外旅行が一般化されたころから、日本人のマナーに対する評判がよかった。

2　マナー条例案の目的は、外人客の迷惑行為の防止であり、日本各地に広がりつつある。

3　マナー条例案によると、ことわりなしに人の顔などをとることは控えるべきである。

4　マナー条例案には条例違反者に対する罰則が定めており、違反時には罰金を払わされる。

(3)

皆さんは点字とは何か知っていますか。視覚障がい者が指で触って読む文字のことを「点字」といいます。現在、世界中で使われている点字は、フランスのルイ・ブライユが16歳の時(１８２５年)に発明したもので、ブライユの点字を基に、日本でも日本語の点字を作る研究が進められ、1890年に盲学校教師である石川倉次(いしかわくらじ)が考案した点字が日本の点字として正式に採用されました。それ以来、１３０年以上にわたり日本の視覚障がい者は、その点字を使うことで読み書きをしてきたのです。

点字は、点筆という点字専用の道具を使い、点状になるように紙を押してへこませることで書くことができます。読むときは、その紙を裏返しにし、でこぼこ面を触ることで読むことができます。書くのは右からで、読むのは左からのため、書くときと読むときで文字が左右対称になるのが特徴です。

視覚障がい者同士は、会話で点字を左右対称に読み、暗号のようなやりとりもできるとも言われています。視覚障がい者は、視覚障がいのない私たちが知らないところで、このような優れた文字による表現の文化を築いてきたことには正直言って驚きを隠せません。

視覚障がいのない私たちは、普段から視覚障がい者を弱者とみて同情したり、サポートしたりしがちなところがあります。しかしこうやってみると、彼らは守るべき弱者ではなく、私たちはお互いに対等な関係にあるということが分かります。点字を私たちが普段使っている文字に翻訳すれば、日本人同士の相互異文化コミュニケーションにもなりえます。お互いの表現文化について知り、コミュニケーションを取ることで、対等な関係の上により豊かな文化を築き、共有していくことも可能ではないでしょうか。

53 点字の特徴として、正しいものはどれか。

1　書くときと読むときでは、文字の形が異なる。

2　書くときも読むときも紙の片面のみを使う。

3　書くときは紙を左側から使い、読むときは紙を右側から使う。

4　点字は誰にも知られたくない暗号を伝えるのに使用されている。

54 筆者の考えと合っているものはどれか。

1　視覚障がい者の独自の表現文化を守るために、積極的にサポートするべきだ。

2　視覚障がい者と視覚障がいのない者は、互いに尊重し合う対等な関係であるべきだ。

3　視覚障がいのない者は、点字を学び、点字でコミュニケーションを取るべきだ。

4　視覚障がい者の文化は、障がいのない私たちとは異なるので、対等な関係にはなれない。

(4)

２０代の女性の喫煙率や飲酒率は女性の中でもっとも高い。間接喫煙にも多く露出され、飲酒は週２回、５杯以上で高危険群にも含まれている。こんな健康習慣が一部女性に癌の発病の原因になっている。毎日アルコール１５g以上を飲んでいる女性は子宮頚がんの原因であるＨＰＶ（ヒトパピローマウイルス）が消えない可能性が高いと言われている。

尚、生活習慣は欧米化により、インスタント食品の摂取は増えているのに比べ、果物や野菜の摂取率が低いことも子宮頚がんの原因だという説明もある。女性の社会進出が増加するにつれ、それに伴う過労やストレスの解消法として、女性は飲酒や喫煙を楽しみ、それが２０代の癌の増加率に繋がっているのだ。喫煙の女性が癌になる危険性は非喫煙者に比べ1.5～2.3倍高いという。

ところで２０代の女性のがん検診受診率は非常に悪く、欧米では７０%～８０%を超えているのに、日本ではわずか３７%ぐらいだというので、検診受診の重要さをまだまだ理解していないようだ。

ＨＰＶ感染からがん発症まで平均１０年ぐらいかかると言われているが、定期的に検診を受けていれば子宮頚がんが発見されることはほとんどない。それにもかかわらず、毎年約10,０００人が発病し、そのうち約3,０００人が子宮頚がんで死亡している。子宮頚がんは、決して特別な病気ではなく、女性なら７6人のうち一人は生涯にかかる可能性があることを認識し、早期に発見できるようにする努力が求められる。

平均寿命が延び、少子化、晩婚化(注)、社会進出などとともに、女性のライフサイクルやライフスタイルが変化してきている。２０代の女性が健康でいるためには、大学や社会が動き、健康を実践する対策が必要だと言う声が高い。しかし女性自身も、自分の健康管理方法に気をつけ、子宮がんの検診においても正しい知識を持って自己管理するべきだと思う。

(注)晩婚化（ばんこんか）：初婚年齢が遅くなる現象

55 ２０代の女性が癌の発病につながらないためにはどうしたらいいか。

1　禁煙はもちろん、他の人のたばこの煙にさらされないように注意する。

2　大学や社会は若い女性が自分で健康の異常を自覚できるような教育を強化する。

3　大学や社会に健康管理のための費用の補助を求める。

4　癌に対する正しい知識を身に付けるために、常に情報を集める。

56 本文の要旨に合っていないものはどれか。

1　女性の社会進出が増加しているとともに、女性の生き方も変わりつつある。

2　２０代の女性は癌の検診率が低く、無防備の人が多い。

3　少子化が進み、結婚しない女性も増え、妊娠の回数が減少しているのも癌の発病の原因だ。

4　２０代の女性は癌を早期発見しようとする意識がまだまだ薄い。

問題 10　次の文章を読んで、後の問いに対する答えとして最もよいものを、1・2・3・4から一つ選びなさい。

人は「異なる価値観を持った人々と出会い、理解し合い、認め合うこと」によってよりよく学ぶことができると言えます。

日本語学校で学ぶ外国人にとっても、日本人との出会い・語らいは大きな学びにつながっていきます。「言葉は文化」であり、文化とはその社会をつくっている人々の考え方、物の見方だと言えます。教室というコミュニティを超え、外のコミュニティとつながっていってこそ「日本語学習」に意味が生まれるということを考えると、日本語学校は日本人・外国人が自由に交差する場であることが大切です。

留学生たちは教室での授業のほかに公民館に出かけての交流活動、放課後に行う地元の人々とのボランティア活動などを通して、日本人との触れ合いを愉(たの)しんでいます。また時には教室の中での授業に地元の人を招き、ビジター・セッションをおこないます。こうした接触場面を重視した日本語教育は「地元に根付いた日本語学校」であるがゆえに可能になると言えましょう。

一方、地元住民も日本語学校を通して、世界各国・地域から来た人々との出会い・語り合いを楽しみ、さまざまな気づきを与えてもらっています。あるお年寄りサークルメンバー（70歳から85歳）のMさんは「私は今年85歳ですが、台湾・韓国・ロシアの若い人とのビジター・セッションって、楽しいんですよね。若い人とこんなに楽しくおしゃべりができて、お互いに自分の国のことを相手に伝え合うってことができるなんて、幸せです。世界が広がりました。まだまだ人生長いんですから、これからもいろんな国の人と出会いたいんですよ」と目を輝かせながら話してくれました。

国を超え、世代を超え、職業を超え、思いを伝え合い、語り合い、そして学び合うということから「外国人と日本人が同じ＜住民・市民＞として相互に尊重し合い、よりよい人間関係を築くこと」が可能になってきます。これは日本人と外国人との交流である「国際交流」というより、むしろ人と人との交流・触れ合いである「人間交流」だと言えます。

以上のことを踏まえ、＜共に学び合う場＞としての日本語学校であるために、2つのことを提案します。

（1）日本語学校と自治体で連携を取り、地域住民の知見を授業に生かす方法を考える。また、公民館のイベントを共に企画・運営する機会をつくる。

（2）日本語学校と公民館が連携し、定住外国人の知見を活かす活動を考える。それは、定住外国人の自己実現、＜居場所＞づくりにもなる。

57 外のコミュニティとつながっていってこそとはどういう意味か。

1 日本語学校がある場所以外の都府県の日本人と交流すること
2 日本語学校の教室以外の場所で外国人留学生と接触すること
3 日本語学校がある場所以外の都府県の外国人移民と交流すること
4 日本語学校の教室以外の場所でいろいろな日本人と接触すること

58 日本人と外国人の交流はどのようなメリットがあると考えているか。

1 特にお年寄りには若い人との接触で健康で若返りに通じる機会となる。
2 外国人だけでなく、日本人にもいろいろな学びに通じるものがある。
3 日本人も外国人留学生と接触することによって、就労の場が増える。
4 留学生と日本人が交流することは地域の経済効果に貢献する結果になる。

59 筆者は日本語学校が「共に学び合う場」になるために何を提案しているか。

1 日本在住の外国人の日本での今後の就労に役立つように実践的な授業をすること
2 地域住民の知識を授業の活用する法案を探ること
3 地域住民との接触場面を増やすために、共同授業の企画すること
4 日本在住の外国人の生活を補助するために地域の自治体を運営すること

問題 11　次のAとBは、それぞれ別の新聞のコラムである。ＡとＢの両方を読んで、後の問いに対する答えとして最もよいものを、１・２・３・４から一つ選びなさい。

A

赤ちゃんは母乳で育てたいというママは多いと思います。赤ちゃんにとっても、お母さんと肌と肌が密着できて、安心できるでしょうし、母乳からは生きた細胞である免疫細胞がもらえます。アレルギーも予防できますし、顎の発達も促すことができます。

お母さんにとっても、子宮収縮を促し、産後の回復が早くなりますし、赤ちゃんとの愛着形成が進みます。また、ミルクを作る手間が省けますし、経済的にも、ミルク代が要らないので助かります。マタニティーブルーも軽減できますし、乳がんや卵巣がんなどにかかるリスクが軽減されます。

しかし、生まれてからミルクを１滴も与えず育てたという方は、母乳が早期から出て分泌過多となりますので、その辺も考慮しながら、自分たちに合った授乳方法を見つけましょう。

B

自分の赤ちゃんは母乳で育てたいと思っているママがほとんどでしょう。しかし母乳だと、飲んでいる量がわからず不安になったり、授乳間隔が短く、他人に長時間預けられないなどの問題も出てきます。また、母乳分泌が悪いと赤ちゃんの体重が増えなかったりもします。ママの方も、母乳だと、乳房、乳頭トラブルがおきることがあるので心配です。それに、自分の食べ物に気を使わないといけませんし、ビタミンDが不足しがちになります。

ミルクだと、パパにも授乳の機会が与えられて、子育てにかかわっているという喜びがわくでしょう。母乳の出が悪い方もおられるので、やはりその夫婦に合った授乳方法を見つけることが大切ですね。上手に母乳とミルクと組み合わせてみたらどうでしょうか。

60 ＡとＢは「授乳は母乳かミルクか」のテーマにどのような視点で述べているか。

1　Ａは母乳育児の母子への長所のみを挙げ、Ｂはミルク育児のメリットだけを強調している。

2　Ａはミルク育児の母子への短所を挙げつつ、Ｂは母乳育児の長所に焦点をあてている。

3　Ａは主に母乳育児の利点を挙げ、Ｂはその短所にも言及しミルク育児の利点も挙げている。

4　Ａは主にミルク育児の長所を挙げつつ、Ｂは主に母乳育児の短所のみに焦点をあてている。

61 ＡとＢは「授乳は母乳かミルクか」に関してどのように述べているか。

1　Ａは母乳育児のデメリットを挙げ、Ｂはそれのメリットを挙げているが両者とも混合授乳を勧めている。

2　Ａは母乳育児のメリットを挙げ、Ｂはそれを全面否定してミルク授乳を勧めている。

3　Ａは母乳育児の母子の心身へのメリットを挙げ、Ｂはそれのデメリットを挙げているが両者とも親子に合った授乳方法を見つけることを勧めている。

4　Ａは母乳を勧めるためにその注意点を挙げ、Ｂはそれを補いながらミルク授乳を組み合わせることを勧めている。

問題 12　次の文章を読んで、後の問いに対する答えとして最もよいものを、１・２・３・４から一つ選びなさい。

車の運転を自動で制御する技術の開発が進んでいる。高齢ドライバーの事故増加が懸念される中、「事故の軽減」と「高齢者の移動手段の確保」を両立させるため、ブレーキやアクセル、ハンドルの操作にソフトウェアが関与する「自動走行」技術への期待は高い。

しかし、多くの人がその技術を正確にイメージできているかと言えば、かなり不安である。用語や呼称の定義が不明確で、統一されていないからだ。

まず、私は「自動走行」と記したが、これは「自動運転」「自立走行」と表記されることも多い。ほぼ同じ意味で使われているものの、言葉から受けるイメージは微妙に異なる。

そもそも、自動走行（あるいは自動運転など）とはどの程度のレベルで、何がどう「自動」なのかも、正しく理解するのは難しい。

自動走行技術は、制御できる内容で段階分けされているのだが、人間が全く関与せずに走る「完全自動走行」は、「レベル５」と呼んだり、「レベル４」と呼ばれたりした。基準が複数あったためだ。

いずれにせよ、現状ではまだ「完全自動」のレベルに達してはおらず、今のところ「自動走行」とは、あくまで運転する人を補助・支援する機能に過ぎない。完全自動走行の実現にむけた途中の段階である。

「自動ブレーキ」についても誤解が多い。日本自動車連盟の調査によると、ほとんどの人が自動ブレーキを「知っている」としながら、内容を問うと「人がブレーキ操作を行わなくても障害物の前で停止する機能」などと、過大評価している人が少なくない。

だが、「自動ブレーキ」と通称されているものは、正確に言えば「衝突被害軽減制動制御装置」である。必ずしも衝突を回避できるものではなく、被害の軽減にとどまることが消費者に十分認識されていない。

自動走行技術が生活を便利にし、安全性を向上させていくことは間違いない。しかし現時点で装置を過信すると、運転者がブレーキを踏まずに事故に至るケースが続発しかねない。

消費者の理解を促進するにあたって、「わかりやすさ」は不可欠である。自動走行技術の現状を正確・簡潔に認識できる呼称を検討し、統一するべきだ。

「できること」と「できないこと」も消費者にはっきりと示す必要がある。特に高齢消費者に対しては、自動走行技術を搭載した車と従来の車の共通点と異なる点を丁寧に示し、過大な期待を抱かないような入念な説明が必要だろう。

(中略)

自動走行技術を発展させ、実用化するには、事故発生時の責任を明確にするための法整備など難題も多い。

そうした議論に消費者自身が参加するためにも、用語を統一して定義を明確にすることは重要だ。

62 文章中で筆者が述べている現状の車の「自動走行」の意味はどれか。

1 人間による操作の補助・支援をする機能で、走行のみ完全自動である。
2 人間による操作がなくても動くものだが、既に完全なものになった。
3 人間による操作の補助・支援をする機能で、完全なものではない。
4 人間による操作がなくても動くものだが、ほぼ完全なものである。

63 筆者は通称「自動ブレーキ」とはどのようなものだと述べているか。

1 障害物の前で必ず止まってくれる安全装置である。
2 自動で止まる装置だが、人の操作も適宜必要である。
3 周辺障害物と衝突した際、その被害を軽減してくれるものである。
4 人の視野では確認困難な障害物だけを回避するものである。

64 この文章で筆者が主張していることはどれか。

1　自動走行に関する用語や定義の違いは事故のもとになるので早急に統一するべきだ。

2　自動走行技術に対する消費者の理解を促進するために法整備を急ぐべきだ。

3　事故の軽減や高齢者の移動手段として自動走行を完璧にするべきだ。

4　消費者は「自動走行技術」に関して過度な期待をするのは危険である。

問題 13　右のページは、ある会社のビジネス文書である。下の問いに対する答えとして、最もよいものを1・2・3・4から一つ選びなさい。

65　この文書を受け取った会社はこの後どうするか。

1　不具合があった器具は処分して代替品を試用する。

2　代替品を確認後、前の器具を工場に返送する。

3　送料負担で前の器具をお客様センターに返送する。

4　不具合があった器具を代替商品と比較する。

66　この文書の内容に合っているものはどれか。

1　新製品を宣伝するのが主目的である。

2　新製品の案内とご愛顧のお礼である。

3　不具合のあった器具は製造中止である。

4　クレームに対するお詫び状である。

(株) ＭＩＹＡＢＩスポーツクラブ
購買部　佐藤　ひろし様

(株) 日本健康器具クリエイツ
お客様相談センター 川島 勉

2회

拝復
日ごろより弊社のヘルス機器をご愛用いただき厚く御礼申し上げます。
さて、このたびは「ルームウォーク５０」のご使用に際しまして、たいへん不快な想いをおかけしましたことを心よりお詫びいたします。

申し訳ありませんが、「ルームウォーク５０」モデルは在庫切れとなっておりますので、代替の商品として、新モデルの「ルームウォーク５５」をお届けいたしますので、ご査収くださいますようお願いいたします。

この商品は、従来の商品よりも０.５kg軽量になっており、組み立ても簡単になっております。さらに、床保護マットが付いております。ぜひ、貴スポーツクラブでご試用いただき、後日ご感想をいただければ幸いでございます。

なお、お手数をおかけいたしますが、代替品送付の包材をご利用いただき、お手もとの商品を受取人払いにて弊センター・三浦工場　飯田健次宛(名刺同封)にご返送くださいますようお願いいたします。

お送りいただいた商品を詳しく調査し、原因の究明にあたり、これからの商品の開発・製造・販売に生かす所存でおります。

また、私どもといたしましては、このたびのご指摘をお客様からの貴重なお声として真摯に受けとめ、今後とも製造上での品質管理はもちろんのこと、流通段階におきましてもさらに留意し、お客様により良い商品がお届けできるよう努力してまいります。

今後とも何卒、弊社商品をご愛顧賜りますようよろしくお願い申し上げます。

敬具

N1

聴解

(60分)

注　意 Notes

1. 試験が始まるまで、この問題用紙を開けないでください。
Do not open this question booklet until the test begins.

2. この問題用紙を持って帰ることはできません。
Do not take this question booklet with you after the test.

3. 受験番号と名前を下の欄（らん）に、受験票と同じように書いてください。
Write your examinee registration number and name clearly in each box below as written on your test voucher.

4. この問題用紙は、全部で12ページあります。
This question booklet has 12 pages.

5. この問題用紙にメモをとってもかまいません。
You may make notes in this question booklet.

受験番号 Examinee Registration Number	

名 前 Name	

問題 1

<ruby>問題<rt>もんだい</rt></ruby>1では、まず<ruby>質問<rt>しつもん</rt></ruby>を<ruby>聞<rt>き</rt></ruby>いてください。それから<ruby>話<rt>はなし</rt></ruby>を<ruby>聞<rt>き</rt></ruby>いて、<ruby>問題用紙<rt>もんだいようし</rt></ruby>の1から4の<ruby>中<rt>なか</rt></ruby>から、<ruby>最<rt>もっと</rt></ruby>もよいものを<ruby>一<rt>ひと</rt></ruby>つ<ruby>選<rt>えら</rt></ruby>んでください。

2회

例

1 <ruby>駅前<rt>えきまえ</rt></ruby>で4<ruby>時<rt>じ</rt></ruby>50<ruby>分<rt>ぶん</rt></ruby>に

2 <ruby>駅前<rt>えきまえ</rt></ruby>で5<ruby>時半<rt>じはん</rt></ruby>に

3 <ruby>映画館<rt>えいがかん</rt></ruby>の<ruby>前<rt>まえ</rt></ruby>で4<ruby>時<rt>じ</rt></ruby>50<ruby>分<rt>ぶん</rt></ruby>に

4 <ruby>映画館<rt>えいがかん</rt></ruby>の<ruby>前<rt>まえ</rt></ruby>で5<ruby>時半<rt>じはん</rt></ruby>に

1番

1　製品をサービスセンターに持って行く

2　もう一度コーヒーを入れてみる

3　新しい部品を送ってもらう

4　再度電話して修理をお願いする

2番

1　子供のモチベーションをあげるために工夫する

2　成績不振の根本的な理由を取り除くために、子供を見張る

3　何かを覚えるために書くという行動だけを繰り返さないように、注意を注ぐ

4　勉強の内容を頭に入れる訓練をする

3番(ばん)

1　アクティベーションキーを生成(せいせい)しなければなりません

2　アクティベーションキーを習得(しゅうとく)しなければなりません

3　家電量販店(かでんりょうはんてん)に行(い)って、アクティベーションキーを確認(かくにん)しなければなりません

4　家電量販店(かでんりょうはんてん)に行(い)って、アクティベーションキーを設定(せってい)しなければなりません

4番(ばん)

1　マグロの煮(に)つけを温(あたた)める

2　ようかんを切(き)ってデザートに出(だ)す

3　おばあちゃんに薬(くすり)を飲(の)ませる

4　洗濯物(せんたくもの)を取(と)り込(こ)む

5番

1　全部で110,000円払って、高級ワインをもらえる

2　全部で115,000円払って、カラオケを１時間ただで使える

3　全部で100,000円払って、カラオケでワインが飲める

4　全部で105,000円払って、一日２食ついている

<ruby>問題<rt>もんだい</rt></ruby>2

<ruby>問題<rt>もんだい</rt></ruby>2では、まず<ruby>質問<rt>しつもん</rt></ruby>を<ruby>聞<rt>き</rt></ruby>いてください。そのあと、<ruby>問題用紙<rt>もんだいようし</rt></ruby>のせんたくしを<ruby>読<rt>よ</rt></ruby>んでください。<ruby>読<rt>よ</rt></ruby>む<ruby>時間<rt>じかん</rt></ruby>があります。それから<ruby>話<rt>はなし</rt></ruby>を<ruby>聞<rt>き</rt></ruby>いて、<ruby>問題用紙<rt>もんだいようし</rt></ruby>の1から4の<ruby>中<rt>なか</rt></ruby>から、<ruby>最<rt>もっと</rt></ruby>もよいものを<ruby>一<rt>ひと</rt></ruby>つ<ruby>選<rt>えら</rt></ruby>んでください。

<ruby>例<rt>れい</rt></ruby>

1 <ruby>子連<rt>こづ</rt></ruby>れ<ruby>出勤<rt>しゅっきん</rt></ruby>に<ruby>賛成<rt>さんせい</rt></ruby>で、<ruby>大<rt>おお</rt></ruby>いに<ruby>勧<rt>すす</rt></ruby>めるべきだ

2 <ruby>市議会<rt>しぎかい</rt></ruby>に、<ruby>子供<rt>こども</rt></ruby>を<ruby>連<rt>つ</rt></ruby>れてきてはいけない

3 <ruby>条件付<rt>じょうけんつ</rt></ruby>きで、<ruby>子連<rt>こづ</rt></ruby>れ<ruby>出勤<rt>しゅっきん</rt></ruby>に<ruby>賛成<rt>さんせい</rt></ruby>している

4 <ruby>子供<rt>こども</rt></ruby>の<ruby>世話<rt>せわ</rt></ruby>は、<ruby>全部<rt>ぜんぶ</rt></ruby><ruby>母親<rt>ははおや</rt></ruby>に<ruby>任<rt>まか</rt></ruby>せるべきだ

1番

1　若い時は、一人の時間を大切にした方がよい

2　若い時はいろいろな人に会った方がよい

3　学生時代の友だちは意識してつくった方がよい

4　学生時代に、一生の友だちを見つけた方がよい

2番

1　男性の方がカット技術が勝っているから

2　女性よりも男性の方が優しい人が多いから

3　同性よりも異性の人の方が好きだから

4　女性を美しくしたいという熱意があるから

3番

1　医師がリハビリを一緒に楽しくやってくれたこと

2　医師がケガや治療方についてしっかり説明してくれたこと

3　医師が完璧な手術でケガを治してくれたこと

4　医師が手術後のリハビリまで様子を見に来てくれたこと

2회

4番

1　健康的な和風イメージ

2　季節感があるところ

3　メニューの斬新さ

4　ターゲット設定

5番

1　航空会社にホテル代を出してもらった

2　できるだけ早い飛行機を探した

3　他の国を経由する当日の飛行機に乗った

4　次の日の飛行機に乗った

6番

1　バスにキッズ専用のスペースを設けること

2　電車にキッズ専用車両を作ること

3　レストランのキッズゾーンを増やすこと

4　子供を優先する公共のルールを作ること

問題 3

問題３では、問題用紙に何も印刷されていません。この問題は、全体としてどんな内容かを聞く問題です。話の前に質問はありません。まず話を聞いてください。それから、質問とせんたくしを聞いて、１から４の中から、最もよいものを一つ選んでください。

― メモ ―

問題 4

問題４では、問題用紙に何も印刷されていません。まず文を聞いてください。それから、それに対する返事を聞いて、１から３の中から、最もよいものを一つ選んでください。

― メモ ―

問題 5

問題５では、長めの話を聞きます。この問題には練習はありません。
問題用紙にメモをとってもかまいません。

1番、2番

問題用紙に何も印刷されていません。まず話を聞いてください。それから、質問とせんたくしを聞いて、１から４の中から、最もよいものを一つ選んでください。

— メモ —

3番

まず話を聞いてください。それから、二つの質問を聞いて、それぞれ問題用紙の1から4の中から、最もよいものを一つ選んでください。

質問1

1　保冷材を使う

2　足を冷水につける

3　夏野菜をとる

4　除湿機能を使う

質問2

1　保冷材を使う

2　足を冷水につける

3　夏野菜をとる

4　除湿機能を使う

실전모의고사 3회

N1

言語知識（文字・語彙・文法）・読解

（110分）

注　意
Notes

1. 試験が始まるまで、この問題用紙を開けないでください。
Do not open this question booklet until the test begins.

2. この問題用紙を持って帰ることはできません。
Do not take this question booklet with you after the test.

3. 受験番号と名前を下の欄（らん）に、受験票と同じように書いてください。
Write your examinee registration number and name clearly in each box below as written on your test voucher.

4. この問題用紙は、全部で33ページあります。
This question booklet has 33 pages.

5. 問題には解答番号の 1 、 2 、 3 、… が付いています。解答は、解答用紙にある同じ番号のところにマークしてください。
One of the row numbers 1, 2, 3 … is given for each question. Mark your answer in the same row of the answer sheet.

受験番号 Examinee Registration Number	

名 前 Name	

問題1　＿＿＿＿の言葉の読み方として最もよいものを、1・2・3・4から一つ選びなさい。

1　人並み以上にすぐれた才能を持った、十年に一人の<u>逸材</u>だ。

1　じんざい　　2　にんざい　　3　いつざい　　4　じつざい

2　その<u>人質</u>事件で15人もの犠牲者が出た。

1　にんしつ　　2　じんしつ　　3　ひとしち　　4　ひとじち

3　選手全員、初優勝の喜びに<u>浸って</u>いる。

1　ひたって　　2　まさって　　3　こって　　4　おとって

4　<u>芳しい</u>香りに心が引かれたり、癒されたりする人もいる。

1　なやましい　　2　かんばしい　　3　いちじるしい　　4　うっとうしい

5　いつの時代も若者が使う流行語は<u>瞬く</u>間に廃れるものだ。

1　おもむく　　2　またたく　　3　あやうく　　4　ともかく

6　彼は建築業界の腐敗した実態を<u>暴露</u>した。

1　ぼうろ　　2　ぼうろう　　3　ばくろ　　4　ばくろう

問題2　(　　　)に入れるのに最もよいものを、1・2・3・4から一つ選びなさい。

7 世界的なエネルギー需給の緩和で、石油、天然ガスがかなり（　　　）いる。

1　くいちがって　2　だぶついて　3　いどんで　4　しいて

8 愛犬が首をかしげたり、私に手を乗せたりする（　　　）はもうかわいくてたまらない。

1　しかけ　2　しずく　3　しぐさ　4　しつけ

9 高齢者は舌や口周りの筋肉が低下して、食事中に（　　　）やすくなるそうだ。

1　むせ　2　さばき　3　くち　4　つわり

10 日本では、人の家に招待された時、話題がなくなったのが一つの目安だろうが、帰宅の頃合いを（　　　）のは難しい。

1　みならう　2　みはからう　3　みわたす　4　みのがす

11 （　　　）のいい写真を撮るためには構図を考えたり、彩度を調整したりする必要がある。

1　みあて　2　みあわせ　3　みばえ　4　みおさめ

12 彼は記者会見でも通訳なしに英語を聴き取りながら流暢に話せる、語学が（　　　）人だ。

1　堪能な　2　突飛な　3　寛大な　4　高慢な

13 祖父は、花壇や庭木の周りの雑草を、こまめに手で（　　　）のを日課にしている。

1　さらう　2　こだわる　3　むしる　4　そそぐ

問題3 ＿＿＿＿の言葉に意味が最も近いものを、1・2・3・4から一つ選びなさい。

14 新人賞を受賞したこともあって、確かに私はあの時うぬぼれていたかもしれない。

1 じこまんそくで　　2 じこあんじで

3 うちあがって　　4 おもいあがって

15 今年の春闘でも、賃上げをめぐる労使交渉が山場を迎えている。

1 重大な危機　　2 重大な局面　　3 重大な役割　　4 重大な結果

16 この花が行き渡るように咲き誇った草原は、あまねく鮮やかな色が広がった。

1 おおまか　　2 ひととおり

3 いたるところに　　4 あしからず

17 長引く不況の影響で、日本の中小企業は軒並み経営不振に陥っている。

1 深刻な　　2 一様に　　3 すでに　　4 はやくも

18 仕返ししたいと思ったこともあったが、今はその気持ちがすでに薄れてきた。

1 はんじょう　　2 ふくしゅう　　3 しくみ　　4 おんがえし

19 政府は、どこにいつごろ、どんな規模の町を造るのか、おおまかな構想だけでも被災地の住民に早く示すべきだ。

1 むちゃな　　2 だいたんな　　3 こまやかな　　4 大体の

問題４　次の言葉の使い方として最もよいものを、１・２・３・４から一つ選びなさい。

20 四六時中

1　長引く不況のなかで、百貨店の閉店ラッシュが四六時中本格化してきた。
2　今日のＤＮＡ鑑定は、以前と比べれば技術が向上し、精度も四六時中高まった。
3　今どきの若者は、路上でも電車でも四六時中携帯をのぞき込んでいる。
4　この料理は、見た目は作るのが難しそうですが、作り方は四六時中シンプルです。

21 お門違い

1　人にそんな無礼なことを要求するなんて、お門違いも甚だしい。
2　時と場合によっては、お門違いの服装をした人は常識知らずと思われやすい。
3　クラスメートの中に自分は何をしてもかわいいと言っている自信過剰なお門違いの女の子がいて困る。
4　次の画像を見ると、脳というのはいい加減なものでお門違いを起こしやすいものだというのが分かる。

22 すがる

1　北九州市は公害を克服し、「環境未来都市」に選ばれるほどの変化をすがった。
2　日本は諸外国に比べてドナーが少なく、患者は海外移植にすがるしかないという。
3　大手銀行では通常、返済が少しでもすがると、様々な措置を講じる。
4　多くの自動車メーカーは、エコカーの生産に相次いですがっている。

23 告げ口

1　生活が苦しく保険料を納められない人のために、保険料を告げ口する制度がある。

2　初めて日本に来た時、日本の風呂の熱さに告げ口したことがある。

3　教育現場の実情をしっかり告げ口し、それに見合う政策を進めなければならない。

4　どの職場にも、職員同士の会話を上司に告げ口する社員が少なからずいます。

24 込み入る

1　相手にあなたの込み入った事情をいちいち説明する必要はないと思う。

2　年末は仕事で込み入って、目が回るほど忙しい。

3　大事な試合に負けてしまい、涙が込み入ってきた。

4　この時期になると、帰省ラッシュで空港はとても込み入る。

25 有頂天

1　弟は念願の司法試験に合格して有頂天になっている。

2　自分の能力を過信していつも偉そうに発言している人のことを有頂天と言う。

3　自分の腕を自慢しながら有頂天になるのもいい加減にしてほしい。

4　老後の人生は小さなことにくよくよしないで有頂天に送りたい。

問題5　次の文の（　　　）に入れるのに最もよいものを、1・2・3・4から一つ選びなさい。

26 私としては「ふぐは他に比べ物がないほどうまいものだ」と断言して（　　　）。

1　極まり無い　　2　かなわない　　3　あるまい　　4　はばからない

27 あの有名人の発言は撤回や謝罪をしても、ネット上で大きな波紋を呼ぶことは想像（　　　）。

1　にはあたらない　　2　にかたくない

3　にはおよばない　　4　にたえない

28 普段から大変お世話になっている上司の頼みだから、断る（　　　）断れない。

1　も　　2　に　　3　を　　4　で

29 きのうは会社でリストラに遭う（　　　）、雪道で転んで手首を折る（　　　）、散々な1日だった。

1　だの／だの　　2　なり／なり　　3　わ／わで　　4　かれ／かれ

30 隣りの部屋から毎日のように大きい音が聞こえて、うるさい（　　　）って苦情を言ってみたが、むだだった。

1　のなりの　　2　のなんの　　3　のばかりに　　4　のはおろか

31 高額を寄付をしても、節税のためならば、その行為は称賛（　　　）。

1　にとどまらない　　2　にあたらない

3　にたえない　　4　にいうまでもない

32 （不在通知メールで）

ご注文の品をお届けに（　　　　）が、不在のため持ち帰りました。ご確認ください。

1　お越しになりました　　2　頂戴しました

3　存じました　　4　あがりました

33 事件の真実を明らかに（　　　　）、あらゆる手を尽さなければならない。

1　するんのために　　2　しようために

3　せんがために　　4　してんために

34 （電話で）

石田：御社にご説明に（　　　　）と思いますが、明日のご都合はいかがでしょうか。

太田：あ、午後２時以降ならいつでも大丈夫ですよ。

1　うかがっていただきたい　　2　うかがわせていただきたい

3　うかがってくれたい　　4　うかがわせてくれたい

35 ラリーでライバルと（　　　　）の競争をする。

1　抜くつ抜かれるつ　　2　抜くや抜かれるや

3　抜きつ抜かれつ　　4　抜きや抜かれるや

3회

問題6　次の文の＿★＿に入る最もよいものを、1・2・3・4から一つ選びなさい。

（問題例）

あそこで ＿＿＿ ＿＿＿ ＿★＿ ＿＿＿ は山田(やまだ)さんです。

1　テレビ　　2　見ている　　3　を　　4　人

（解答のしかた）

1　正しい文はこうです。

あそこで ＿＿＿ ＿＿＿ ＿★＿ ＿＿＿ は山田(やまだ)さんです。
1 テレビ　3 を　2 見ている　4 人

2　＿★＿ に入る番号を解答用紙にマークします。

（解答用紙）

（例）	① ● ③ ④

---

36 冬は人通りが少なく ＿＿＿ ＿＿＿ ＿＿＿ ＿★＿ 恋人同士や買い物客で賑わう。

1　クリスマス　　2　寂しい　　3　季節だが　　4　ともなると

37 各国は青年の失業問題も ＿＿＿ ＿★＿、＿＿＿ ＿＿＿ ということを自覚している。

1　環境問題も　　2　ことながら　　3　大切だ　　4　さる

38 今の高齢者は大量消費文化を率先してきた世代 ＿＿＿＿ ＿★＿ ＿＿＿＿

＿＿＿＿ もったいない精神を持っている世代でもある。

1　ながら　　2　であり　　3　昔の　　4　一方で

39 最近仕事の ＿＿＿＿ ＿＿＿＿、＿★＿ ＿＿＿＿ 手が回らないでいる。

1　育児を怠ったり　2　忙しさに　　3　家事にまで　　4　かまけて

3회

40 働き手が増えれば ＿＿＿＿ ＿＿＿＿、＿★＿、＿＿＿＿ が伴う必要も出てくる。

1　そのためには食料増産や　　2　生産力や購買力が高まり

3　教育、雇用の機会　　4　経済が成長するが

問題7　次の文章を読んで、文章全体の趣旨を踏まえて、41から44の中に入る最もよいものを1・2・3・4から一つ選びなさい。

皆さんは勉強カフェに行ったことがありますか。

社会人になっても各種の資格取得や語学勉強など、時間や人の目を気にせずに勉強できる環境は必要になります。尚、同じ資格を目指している人同士で情報を交換したり、モチベーションの高い仲間と付き合っていくことで、それぞれが互いに、刺激を受けながら勉強もしたいでしょう。そういうあなたに勉強カフェをお薦めしたいです。

もちろん勉強する空間を提供するだけで、安くもない金額を取られると考えている人もいるかもしれません。しかし週末や仕事が終わってから、ちょっと 41 カフェに行きたくても、飲食だけが目的ではないので、長時間の利用は他人に迷惑になるだけではなく、 42 やすいです。安くもない金額を取られるのに、なぜ図書館や公共施設を利用しないのかという意見もありますが、そのような学習空間は早朝深夜まで開いてないし、集まっている人間が多種多様なので、勉強に集中するのが難しいこともあります。

勉強カフェでは一般のカフェのように穏やかな気分になれる音楽が流れ、ラウンジで自由に飲み物を飲んだりしながら会員たちと気軽に会話も楽しめます。単純に考えたら、このような環境は勉強を妨げるのではないかと思いがちですが、かえって静まり返った空間よりも集中できるし、 43 ほど良い気分転換になるそうです。また、勉強カフェとは語学や多様な分野での資格取得、または新しいビジネスチャンスを模索している人間同士の集まりなので、その話し合いというのは、お互い有効な情報交換としての意味が大きいです。 44 自習だけでは得られない、人間関係を広げる場としての役割も担っていると言えるでしょう。

利用する人はほとんど20代から30代で、勉強会や社員同士のミーティングまたはセミナーを行います。やる気を継続させ、目標をより容易に達成させるために、皆さん是非とも勉強カフェを利用してみるのはどうですか。

41

1　快い気持ちで

2　ゆったりした気持ちで

3　暇をつぶしたい気持ちで

4　時間を浪費してはいけない気持ちで

42

1　長居禁止だと思われ　　2　勉強禁止だと思われ

3　白い目で見られ　　4　見張りの目で見られ

43

1　勉強がはかどらなくて困った時

2　勉強がはかどっている時

3　自由におしゃべりがしたい時

4　カフェのような雰囲気を味わいたい時

44

1　したがって　　2　まして

3　もしくは　　4　なおさら

問題 8　次の(1)から(4)の文章を読んで、後の問いに対する答えとして最もよいものを、1・2・3・4から一つ選びなさい。

(1)

会社への帰属意識や仕事への意欲を高める手段として、「永年勤続表彰」というのがある。長期勤続者の会社に対する貢献を他の社員にも披露し、会社から感謝の意を示すものである。一般的には勤続10年、20年といった区切りのよい節目に表彰するケースが多い。表彰状とともに相応の記念品、または金一封、あるいは両方が授与される。最近は海外旅行券、商品券など、より実利的な記念品が多く見られるようになってきた。

ところが首都圏にある玩具製作会社スカイは、来年度からこの「永年勤続表彰制度」を取りやめると発表した。同社では毎年12月に永年勤続者を表彰し、賞金や旅行券などの記念品を贈ってきたが、それを来年度から廃止する。会社側の狙いは社員の意識改革とのこと。社長の金田さんは、「『会社に長く勤めることが会社に貢献することだ』という考え方を改めて、『仕事の成果を第一に考える社員になってほしい』と言っている。もちろん、社長の考えにも一理あるとは思うが、旅行券などは家族旅行にも使えることで、永年勤続を支えてくれた家族を労うことになる。これで企業に対する家族の理解を深めるし、ひいては社員の意欲にもつながるという面で考えたら、この廃止の決定は見直してほしい。

45　「永年勤続表彰制度」に関する説明として正しいものはどれか。

1　現在日本の多くの企業は、「永年勤続表彰制度」で金品だけを贈っている。

2　「永年勤続表彰制度」で旅行券などが贈られると従業員のやる気とも結びつくようだ。

3　「永年勤続表彰制度」の廃止を検討している会社が続出している。

4　最近「永年勤続表彰制度」の存続が危ぶまれており、筆者も廃止を惜しんでいる。

(2)

最近、指定箇所に自転車の貸出専用駐輪場を設けて、自転車のシェアリングサービスを開始するようになった自治体が増加している。この事業は、地域交通の利便性の向上をはじめ、環境保全、町おこしなど様々なねらいがある。特に、最寄り駅からバスなどの公共交通機関の走っていない場所への移動などに自転車が利用できるとなると、さぞかし便利だと思う。ところが、この事業はなかなかうまくいっていないという。その背景には、街中の至るところにあふれかえった個人の自転車をどうするかという問題がある。自転車のシェアリングサービスを開始することで、今も不足している駐輪場の問題をさらにエスカレートさせることになる。まずは、この問題をどう解決するかについて考えるべきである。

46 筆者は、自転車のシェアリングサービスを実施することについて、どう考えているか。

1 既存の自転車問題の解決が先で、自転車のシェアリングサービスは後でまた考えるべきだ。
2 自転車のシェアリングサービスには様々な問題があるので、当分実施する必要はない。
3 自転車のシェアリングサービスはメリットが多いので、今すぐ実施すべきだ。
4 メリットの多い自転車のシェアリングサービスを実施すれば、今ある問題も解決できる。

(3)

「年賀状」は、古来から受け継がれてきた大切な日本の伝統行事の一つで、新年の挨拶のために送られる。その対象は、身内や友人から、普段なかなか会えない遠方の人にまで及ぶ。しかし、ピークに達した2003年度を境に、年賀状の配達量は減少の一途を辿っている。その反面、ネットやスマートフォンアプリを活用して、デジタルならではの特性を活かした年賀状を作成、送付する人が増え、年賀状など、グリーティングカードのネットサービスも急増してきた。そこで日本郵政省では、ネットで年賀状を送るサイト「nengajou.jp」を2年前から開設、昨年は、2億件を超えるアクセスを記録した。また、十二支の動物の中で自分の干支を選んで作成できる似顔絵ツールも登場し、年賀状を差し出す人の創造性を掻き立てている。それに、受け取った「はがき」をスマホで撮影するだけでも宛名を読み取る機能もついていて、住所をいちいち手書きしなくても住所をデータ化できる。

その上、今年からは「LINE」との連携も開始。「GOはがき」というアプリは、「LINE」を活用して住所を知らない相手にも年賀状を送れる機能を備えている。『学生時代の友人に年賀状を出したいが、「LINE」でのみつながっている』という人も「LINE」を通じて気軽に年賀状が送れるようになった。

47 この文章の内容として正しいものはどれか。

1 日本では年賀状を送る文化が2003年を境に徐々に消えつつある。

2 ネットやスマホのアプリを利用する人はさほど増えていない。

3 送ってきたはがきを、スマホで撮るだけでも差出人の住所などが管理できる。

4 相手の情報を持っていなくても、「LINE」さえ使えば相手の住所がわかるようになった。

(4)

現在、日本では飲食店での生レバーの販売が禁止されている。とある食中毒による集団死亡事件をきっかけに、生食に対する規制がより一層強化された形となった。しかし、規制や禁止一辺倒の行政の対応は、果たしていいのだろうか。現代の消費者は、店で提供されるものは何でも安全だとすっかり思い込んでおり、食べ物に関する知識が乏しく、食の安全に関しては完全に受け身になっているといっても過言ではない。食の安全を専ら飲食店に委ねる消費者と、リスクを回避したがる行政の意識改革がない限り、生卵や刺身などの生もの自体が食卓から消えるのも時間の問題だろう。

48 筆者の考えに合うものはどれか。

1　行政による安易な規制や禁止より、飲食店の衛生管理を徹底させることが重要だ。

2　食の安全のためには、レバーだけでなく他の生食への規制や禁止も考慮すべきだ。

3　食の安全のためには、消費者自身が食への意識を高めていく必要がある。

4　生食を食べるか食べないかは消費者個人の自由であり、行政の対応には不満を感じる。

問題9　次の(1)から(4)の文章を読んで、後の問いに対する答えとして最もよいものを、1・2・3・4から一つ選びなさい。

(1)

「ニート」を大雑把に言うと働いていない人のことである。もっと詳しく言えば、就学、就労、職業訓練のいずれも行っていない状態の、15～34歳までの若年無業者を指した用語である。つまり、求職活動を行っていれば求職者でありニートではない。また働いてなくても学校教育を受けていれば学生とみなされニートではない。さらに働いておらず、学校にも行っていなくても、資格の勉強や職業訓練をしている人はこの定義上はニートではない。

先日厚生労働省では、このニートと呼ばれる若者の実態調査を行ったが、それによると、彼らの約8割が「やりがいのある仕事」に就きたがっていることがわかった。しかも「人と話すのが苦手」と返答した人が6割もいるなど、人間関係でのストレスや苦手意識が、就職活動などに二の足を踏む主な原因になっていることも浮き彫りになった。

日本のマスコミやネット上、また中高年層では、このニートという言葉の意味を批判的かつ否定的、老若男女を問わず働いていない人全体を指して彼らを貶す意味で使う場合が多い。

だが、一口にニートと言っても、いじめによる対人恐怖症などの精神的な障害を抱える者、怪我や病気、障害など健康状態による身体的な問題を抱える者、貧困であるが故にまともな教育が受けられないなど経済的な問題を抱える者、希望する職場の年齢制限のため雇ってもらえない者など、さまざまな問題により働いていない者も多い。それに、「専業主婦」や「一時的な拘束状態により就労活動できない者」なども無差別にニートに含める場合がある。この場合のニートには「働く気のある人」だけではなく、「たとえ働きたくても働けない人」も含まれるので、不用意に使えば不当に他人を深く傷つけるおそれもあるので気をつけて使ってほしいものである。

49 「ニート」と呼ばれる若者たちが、就職活動をためらう主な理由と考えられるのは何か。

1 金銭的な余裕
2 人間関係の苦手さ
3 周囲の批判的な視線
4 新しい職場環境への不安

50 この文章の内容に合うものはどれか。

1 身体的、精神的、経済的、機会的な問題などの諸問題は無視してもいい。
2 ハローワークで就職先を探しているが、仕事についていない人はニートだ。
3 日本のマスコミなどは、ニートという単語をもっと慎重に使用すべきである。
4 専業主婦でも職がない者なら、ニートに含めるべきである。

(2)

ある電機メーカーサイトで「食品の冷蔵庫保管」に対して問いかけたところ、掲示板には賛否両論が飛び交った。「冷蔵庫で保管した方がよい」という意見が圧倒的に多かったが、その主な理由は「防虫対策のため」だった。戸棚にしまった食品に虫がついて大変だったというある主婦は、それ以来、調味料や粉類、茶葉、乾物はもちろんのこと、砂糖、小麦粉も必ず冷蔵庫へ入れることにしていると言う。

はたして冷蔵庫は、完璧な防虫対策になるのか。ある食品総合研究所の研究員によると、「食品を開封した時やその後に虫が入り込み、常温保存中に繁殖するケースが一番多い。低温の冷蔵庫の中なら、虫の繁殖を抑えられる」と言う。ただ、食品によって虫のつきやすさに差があり、最も注意すべきなのは、小麦粉などの粉類という。また菓子類にも虫がつきやすいが、人間が好むものは、虫にとってもおいしい食品と言えよう。特に、ココアやチョコレートのように香りの良いものは多くの虫の大好物のようだ。そして食品にダニが繁殖し、ダニアレルギーを持つ人が食べてアレルギー症状を起こしたという報告もある。

また食品の腐敗防止や鮮度保持のためには、冷蔵庫に頼るよりほかないという意見も目立った。

一方、「冷蔵庫にしまっても食品が腐ったりかびたりする」「一度開封したら劣化が始まる」「一度冷蔵庫に入れて外に出すとしけてしまう」という、冷蔵庫は決して万能ではないという意見もあった。

専門家は、食品を冷蔵庫に保管する場合は「いつまでに食べ切る」と期限を設けておくことや、同居家族の人数などを綿密に考慮し、速やかに消費できるだけの量を購買するなど、賢明な消費をアドバイス。

食品の保管において冷蔵庫は万能だと思い込まず、また貴重な食べ物をむだにしないようにやりくりしてほしいものだ。

51 冷蔵庫は決して万能ではないという意見とあるが、その理由と考えられるものは何か。

1　食品に水分が含まれるようになるから
2　食品に虫が繁殖するのは常温とかわらないから
3　食品の鮮度保持が不可能になるから
4　食品によるアレルギー症状を起こさないようになるから

52 この文章の内容に合うものはどれか。

1　乾燥ワカメや、砂糖、塩などは、冷蔵庫の中なら安心できそうだ。
2　冷蔵庫内の低温下でも、カビの活動には十分な温度のようだ。
3　食品浪費を抑制するためには、冷蔵庫に保管さえすればいい。
4　食品を冷蔵庫で保管すれば、賞味期限に関係なく食べられる。

(3)

振り込みや手渡しで金銭を騙し取ろうとするのを特殊詐欺というが、２００３年以降から急増している。主に電話を使った手口が主流だったが、最近は、現金自動預け払い機（ATM)利用限度額の制限などの対策強化で、その手口も多様化してきている。以前は架空名義の口座を開設して、その口座に金を振り込ませていたが、今は被害者の自宅を訪問し、直接現金を受け取る手口も現われた。

こういう特殊詐欺の話を耳にするたびに、「俺ならあんな手口にかからないぞ」とか「だまされた方にも責任がある」と思う人もいるだろう。

は虫類以上の動物には、天敵などを察知する原始的機能が備わっているが、このように外界からの危険を察知する機能を担うのが脳の扁桃体である。

海外の研究によると、穏やかな声の場合にひきかえ、切迫した声で言われた場合、扁桃体が異常に働き出し、血流量が増加、副腎皮質刺激ホルモンが分泌される。このように扁桃体が強く刺激されると、人間は我を忘れる状態になってしまうという。

息子が車で人をひいたと聞いて平気でいられる親はいないはずである。不安を畳み掛けられ、じっくり考える間も与えられず、思考停止状態に追い込まれる。お金を振り込まないと、この不安は解消されないし、思考停止状態から復帰できない。特殊詐欺に遭うのは、実は、扁桃体が活発な途中で冷静になるのが難しい理由もあるのである。

人間誰しも共通に持っている脳の働きが作用していることがわかっている。状況次第では、誰でもこのような特殊詐欺に遭う可能性があるということである。扁桃体が敏感な人ほど、そのリスクは高くなるといえるが、言い換えれば、それだけ感情が豊富で、家族を思いやる愛情深い人だからでもある。

53 <u>我を忘れる状態</u>とあるが、具体的にどんな状態を指しているか。

1 副腎皮質刺激ホルモンの過剰分泌で、扁桃体が本来の機能が果たせなくなる状態

2 子供の交通事故を起こしたとの通報などを受け、不安にかられて何もできなくなる状態

3 扁桃体の異常で、危険が察知できなくなり、天敵などが近寄っても気づかなくなる状態

4 自分は絶対に騙されない自信があったのに、特殊詐欺の被害に遭って呆然としている状態

54 この文章で筆者がもっとも言いたいものはどれか。

1 人間は誰でも特殊詐欺に遭う可能性があるので、思考停止状態にならないように気をつけるべきである。

2 外界からの危険を察知する機能を果たす脳の扁桃体は、日頃から鍛えておくべきである。

3 特殊詐欺の被害に引っかからないためには、銀行の残高を一定額以下に維持しておく必要がある。

4 振り込め詐欺などの特殊詐欺の被害に遭わないためには、興奮して理性を失わないことが大事である。

(4)

家ではもう無用になった家電・家具や洋服などを、インターネットオークションで売却すれば、家計の助けにもなるし、ここで購入すれば、費用の節約にもなる。多少所帯じみたように聞こえるかもしれないが、うまく使い分けると良いと思う。

テレビやエアコンなどの大型家電、それからソファーや食器棚などの家具は廃棄時にリサイクル料に収集・運搬料もかかる。しかしながら、インターネットで売却すると、経費の節約になる上、売却でお小遣いも得られる。そしてインターネットオークションなら、画面が破損し映らなくなった大型テレビのような故障品を売買することもできる。業者が故障品を低価格で買い取った後、修理し転売するのだと言う。

また購入する側も、「新品の高性能デジカメが量販店では７万円もするのに、３万円で買えた。」というように、掘り出し物に遭遇することもあるという。

しかも売り手が個人なら、購入に消費税がかからないため、最近では若年層中心に脚光を浴びているが、オークションは返品不可が原則とされているため注意しなければならない。そして購入品は傷と汚れがあったり、ひどい場合は破損している可能性があるため、実際に現物を見てから取引を行うのがトラブルを避ける上でも一番無難な方法だろう。

だが、距離や時間の都合により直に会えない場合は、事前に販売側の評価をチェックすることも必須である。

55 <u>費用の節約にもなる</u>とあるが、それはどうしてか。

1　税金が免除されるから

2　ただでもらえるから

3　壊れたものを購入するから

4　掘り出し物が見つかるから

56 インターネットオークションを使うときに考えられるメリットではないものは何か。

1　インターネットオークションでは、粗大ごみなどが無料で処分できる。

2　インターネットオークションでは、購入品に不具合があれば返品できる。

3　インターネットオークションでは、金もうけもできる。

4　インターネットオークションでは、故障品も売ることができる。

問題10　次の文章を読んで、後の問いに対する答えとして最もよいものを、1・2・3・4から一つ選びなさい。

大学で学生らに教えることのうち、最も大変なことの一つは、何といっても「レポートなどの提出においてネットや書籍からの安易なコピー＆ペースト、俗に言うコピペをしてはいけない」ことである。レポート提出に先立ち「コピペはいけません」と学生に注意しても、学生の中には平気でコピペしたものを提出したり、一応、引用元を表記してはいるが、実際に中身を確認すると、ほとんどそのままコピペしていたりすることがあまりにも常態化している。

実際、私を含め、誰しも大学時代には先輩や友達が以前提出したレポートを写させてもらったりして、かろうじて単位を落とさずに済んだ経験があるはずなので、「他人のものをそのまま写すのは絶対にダメだ」とは言えないが、問題は学生自身が他人の文章をそのまま写すことに何の罪悪感も持っていないことにある。しまいには、教員である私がコピペの疑わしい学生に「これ、コピペしたものじゃないの？」と問いただすと、「はい、そうですけど」や「コピペして提出するだけでもかなり努力したんですよ」などあきれてものも言えないような答えをする学生もいる。「それでもコピペはいけない」と注意すると、ある学生はこう答えた。「先生、ネットにある情報はみんなのものです。クラウドって知らないんですか。世界中のいろんなデータが集まって、みんなで共有できる財産になっているんです。なので、これは誰の考えとか誰の情報だとか、いちいち文句をつける必要があるんでしょうか。」

私は、この学生の意見におかしな感銘を受けてしまった。情報や知識への接し方に対するまったく新しい考え方なのだろう。この学生が言うように、これからの先、「ネットでアクセスできる知識や情報は公共の財産」というふうに当たり前に考える時代が到来するかもしれないだろう。学生はこれまで当たり前のように暗記していた知識を覚えなくなり、必要に応じてスマホやパソコンからその情報にアクセスし、自分で考えたかのように答えるようになるだろう。

私は個人的には、こうゆう流れはしかたのないことなのでは、と思っている。知的財産の保護への意識も高まってきてはいるが、それよりも知識や情報の公共財化は加速していくと思われる。もしそうだとしたら、「あなたのものは、わたしのもの」といった具合に他人の知識や情報をただ単に使うだけでなく、自分自身も他人に何かを提供するべきである。

その上、知識や情報を暗記しなくて済むのであれば、その時間をもっと有効的に、創造的な発想や社会的貢献活動に使うのが望ましい。残念なことに今の学生らを見ていると、レポートなどをコピペで済ませた分、空いた時間を有効に使っているかといったら、お世辞にもそうだといえないだろう。私はあなたのものを使うけど、その代わりあなたが使うものを提供するといったように真の意味で知識や情報を共有する時代が来るのだろうか。

57 筆者は、どうして学生にコピペが良くないと教えることが大変だと言っているのか。

1 コピペ自体に何の悪気も感じていないので、教えても理解してくれないため

2 筆者自身も大学時代に先輩や友人のレポートを写していたので、説得力がないため

3 コピペを注意してもすぐ忘れてしまうので、根気よく注意する必要があるため

4 コピペするのも一苦労なので、コピペも立派な作業だと考えているため

58 おかしな感銘を受けてしまったとあるが、なぜか。

1 学生の言うように情報や知識の発信元にこだわる必要はないと感じたため

2 情報や知識の発信元は関係ないという斬新な考え方に感心したため

3 コピペを注意したものの、予想以上に学生が堂々と答えたため

4 クラウドの存在など自分も知らないような知識を学生が知っていて驚いたため

59 筆者は、これからの情報や知識についてどう考えているか。

1　情報や知識が公共財化するのであれば、余った時間を自分の好きなことに使うべきだ。

2　暗記が不要になることで、皆がその分の時間の有効的な使い方を考えるようになるだろう。

3　情報や知識が公共財となり、学生同士が今まで以上にコピペを堂々と行うだろう。

4　情報や知識の公共財化により、浮いた時間を創造的に使い、自分自身も発信していくべきだ。

問題11　次のAとBはそれぞれ、「AI：人工知能」について書かれた文章である。AとBの両方を読んで、後の問いに対する答えとして最もよいものを、1・2・3・4から一つ選びなさい。

A

人工知能(Artificial Intelligence：AI)という言葉が、世の中を騒がせて久しい。その定義については、多くの専門家がさまざまな意見を述べている。中でも、シンプルかつ今回のテーマに沿った捉え方は、以下が適切だと考えている。

「人工知能は、道具としてとらえていただくのがよいと思います。」(東京大学H教授の言葉)

（中略）

人間が「実世界」でAIを道具として使う一方で、AIは人間を「魔法の世界」へと引きずり込む。「魔法の世界」が悪い世界と言っているわけではない。その世界は、煩わしいことを考えずに済み、自分の好きなことに多くの時間を割くことができる世界かもしれない。ただ、人間は「考える葦」として思考を止めないためにも、繰り返し問い続けることを忘れずに、AIを使いこなさねばならない。

B

AIが得意なのは「判断」である。大量のデータがあれば、そのデータをもとに条件節を徹底的に洗い出し、その判断の精度は人間を超える可能性がある。言い換えると、「判断」に十分なデータが無ければ、どんなAIも有効には機能しない。

ビジネスの現場の例を見てみよう。

融資判断において、融資の可否判断に、融資先の決算書は大切な材料となる。しかし、より精度の高い融資判断を実現するために、銀行員は融資先企業を訪れ、企業の風土を理解し、洗面所の綺麗さなどの現場情報を自らの足で収集し、活用することもあるという。

（中略）

ビジネスでAIを使うか否かの選択を迫られる経営者は、現場の判断を支えるデータがどこにあるかを改めて熟考し、そこでAIが何をし、人は何をするのか、手触り感を持ってその業務の将来像を描く必要がある。

60 「ＡＩ：人工知能」に関してＡとＢの観点はどのようなものか。

1 Ａは現実の世界でその活用に慎重姿勢を取る必要性を訴え、Ｂはまず実践することが重要と述べている。

2 Ａは魔法のような道具となる場合は十分な注意が必要とし、Ｂはビジネス現場には大いに有効としている。

3 Ａはどのように役立てていけるかの問題提起をし、Ｂは具体例をあげてその有益な使い方を示している。

4 Ａは魔法のような道具にしないために人間の熟考力が必要とし、Ｂは今後の人間の役割が課題だとしている。

61 ＡとＢは「ＡＩ：人工知能」に関してどのように述べているか。

1 Ａは道具として捉えて常にその有用性を確認する姿勢が大切だと述べ、Ｂはそれを使いこなすためにデータ収集の重要性を述べている。

2 Ａは魔法の道具になってしまう危険性を特に強調し、Ｂは特にビジネス場面では利益拡大に役立つとして具体例を述べている。

3 Ａは道具として捉え常にその功罪を問い続ける姿勢が大切だと述べ、Ｂはそれを使いこなすまでは人間が行動する必要があると述べている。

4 Ａは魔法の道具にならないための人間の役割を述べ、Ｂも役割分担を強調しながらデータ収集はＡＩに頼る方が賢明としている。

問題12　次の文章を読んで、後の問いに対する答えとして最もよいものを、1・2・3・4から一つ選びなさい。

我が家の軒下にある巣では、毎年春先から夏にかけて、ツバメが子育てをする。卵からかえったひな鳥が大きな口を開けて、親鳥からえさをもらおうとする姿は見るだけで微笑ましいものだ。2、3週間も経つと、ひなはえさの取り方や飛び方を身につけ、一人で巣立っていく。<u>その姿に頼もしさを感じる一方、私は成人を迎えた若者たちのことを思い出さずにはいられない</u>。2022年より、日本では法定による成人年齢が18歳に引き下げられた。高校を卒業したと同時に、社会では大人として扱われるのである。しかし、大学教員をしている私が、新しく大学に入ってくる新入生の姿を見ていると、受け身姿勢の学生の大変多いことに驚きを隠せない。他人からの指示を待ち、その指示に従って行動するのである。また、指示に対して何か疑問があったとしても、自分から意見を主張することはなく、そのまま何でもなかったかのように疑問を見て見ぬふりをする学生もいる。まるで、自らの意思で行動して失敗するのを恐れているかのように見えて仕方がない。社会に出ると、失敗の中に学ぶことが多い。例えば、朝寝坊をして慌ただしく出かけ、大事な書類をカバンに入れるのを忘れてしまったとしよう。そうすると、この失敗という経験を糧に、前日中に大事な書類をかばんの中に入れて、翌朝の出かける準備を前もってしておこうと考えるはずだ。その失敗は大小や、公私などにより様々ではあるが、失敗を何度も経験していくうちに、失敗してもやり直せることを自然と学ぶようになる。しかし、最近の学生は、特にその失敗をしようとしない。失敗すると誰かに怒られるという経験が影響しているのだろうか。いや、それ以前に親に失敗をさせてもらえなかったのではないだろうか。お隣の韓国では「ヘリコプターお母さん」という言葉がよく使われている。元々は、1990年代にアメリカで生まれた概念で、高校生や大学生など自己判断のできる年齢の子どもに対し、ヘリコプターのように周囲を旋回し、必要以上に干渉しようとする保護者を意味する。子どもたちは、未然に失敗を防ごうとする親のせいで、失敗をさせてもらえないし、失敗から学ぶチャンスが奪われることになる。その結果、意志決定能力や問題解決能力に乏しくなるという。また、失敗しても失敗の経験が極端に少ないため、成長してからの一度の失敗で立ち直れなくなる可能性も出てくる。親が子を心配するのは当然のことである。しかし、子どもへの過度な干渉は「百害あって一利なし」である。子どもを信頼し、年齢や性格、必要な場面かどうかを判断し、子どもとかかわっていく子育てが何よりも必要なのである。親も子どもと同様に失敗しながら親になればよいのである。

62 その姿に頼もしさを感じる一方、私は成人を迎えた若者たちのことを思い出さずにはいられないとあるが、なぜか。

1　巣立っていくひな鳥と若者たちの将来を重ねて考えたため
2　若者たちが巣立っていくひな鳥とは対照的であると考えたため
3　若者たちが巣立っていくひな鳥と同様に頼もしいと感じたため
4　若者たちが巣立っていくひな鳥より大きく成長していると考えたため

63 筆者は、最近の親の行動が、子どもにどのような影響を与えたと考えているか。

1　何でも好き勝手にさせてもらい、わがままな行動をするようになった。
2　問題が起きたら自ら解決するために行動するようになった。
3　自分で何でもかんでも考えて決めるようになった。
4　失敗から何かを学ぶという経験をさせてもらえなくなった。

64 この文章で筆者が最も言いたいことは何か。

1　親も子どもと共に失敗を重ねながら成長していくべきだ。
2　親は鳥のように子どもには失敗をさせ、頼もしく成長するようにすべきだ。
3　親は子どもの成長に合わせて、経験させる失敗を考えるべきだ。
4　親は子どもが自分で問題を解決できるように積極的にサポートすべきだ。

問題13　右のページは、「日本語教室のスタッフ募集」の案内である。大学生の山本さんは、外国人に日本語を教えたいと思っている。下の問いに対する答えとして､最もよいものを1・2・3・4から一つ選びなさい。

65 山本さんが、スタッフになるのに必要な条件は何か。

1　参加費とボランティア保険代金の支払い

2　一カ月に一回の会議と４回以上の教室への参加

3　応募動機の提出と月に２、３回の教室への参加

4　一カ月に一回のイベントと会議への参加

66 この募集案内の内容に合っていないものはどれか。

1　この教室の先生はボランティアである。

2　教室までの交通費は自分で払う。

3　外国人との共生に前向きな人がよい。

4　日本語教授法を学んだ人を募集する。

日本語教室みやびスタッフ募集！

多くの大学生にご参加いただいている「日本語教室みやび」ですが、教室拡充のため更にスタッフ募集を行うことになりました！

活動目的：日本に住む外国人が、日本人と定期的に関われる場を得ることで、社会進出のための日本語能力向上の機会と、地域で安心安全に過ごし、充実した生活を送るためのサポートを行う。

活動場所：みやび市（みやび町と平和町の２拠点）

必要経費：無料、ボランティア保険５００円（教室までの交通費は自己負担でお願いします）

活動頻度：週２～３回（毎週１回以上の教室参加と、月１回の全体ミーティングへの参加が必要です）

募集対象：日本語教育に興味のある方、外国人の生活のサポートをしたい方、異文化理解に興味のある方、活動に意欲的に取り組んでくれる方
（応募の際、詳しく動機を書いていただきたいです！）

注目ポイント：外国人も日本人もお互いが学びあえる環境！！ スタッフみんなでつくる授業！
一カ月に一回の楽しいイベント！ 運営、企画に携わりたい方必見です！

対象身分/年齢：社会人、大学生・専門学生、高校生

募集人数：６名

応募方法：miyabiboshu@email.comまで、メールにてご応募ください。

ご応募いただく際は、『氏名』『所属（大学生の方は大学名と回生、社会人の方はその旨をご記入ください）』『お住いの最寄り駅』『活動に参加したい曜日（希望があれば）』『応募動機』を添えて下さい。

活動詳細：別途資料参照のこと

レッスンについて：生徒のレベルに合わせて３つのクラス（初級、中級、上級）を設けています。

＊グループの時間と個別の時間があります。

N1

聴解

（60分）

注 Notes 意

1. 試験が始まるまで、この問題用紙を開けないでください。
Do not open this question booklet until the test begins.

2. この問題用紙を持って帰ることはできません。
Do not take this question booklet with you after the test.

3. 受験番号と名前を下の欄に、受験票と同じように書いてください。
Write your examinee registration number and name clearly in each box below as written on your test voucher.

4. この問題用紙は、全部で12ページあります。
This question booklet has 12 pages.

5. この問題用紙にメモをとってもかまいません。
You may make notes in this question booklet.

受験番号 Examinee Registration Number	

名 前 Name	

問題 1

問題１では、まず質問を聞いてください。それから話を聞いて、問題用紙の１から４の中から、最もよいものを一つ選んでください。

3회

例

1　駅前で４時５０分に

2　駅前で５時半に

3　映画館の前で４時５０分に

4　映画館の前で５時半に

1番

1　乾燥機の修理を依頼する

2　乾燥機からどんな音がするのか、もう一度確認する

3　乾燥機の近くにある物を片付ける

4　乾燥機の中に何か入っていないか確認する

2番

1　河上さん、三浦さん

2　河上さん、榎本さん

3　三浦さん、榎本さん、森山さん

4　河上さん、榎本さん、森山さん

3番

1　ベージュタイツを買いに行く

2　髪のセットを手伝う

3　美容院を予約する

4　黒タイツを借りる

4番

1　パソコンを修理する

2　代わりのパソコンを用意する

3　周辺機器を調べる

4　LANケーブルをつなぎなおす

5番<ruby>ばん<rt></rt></ruby>

1 お<ruby>弁当<rt>べんとう</rt></ruby>２０<ruby>個<rt>こ</rt></ruby>、お<ruby>茶<rt>ちゃ</rt></ruby>２０<ruby>個<rt>こ</rt></ruby>

2 お<ruby>弁当<rt>べんとう</rt></ruby>３０<ruby>個<rt>こ</rt></ruby>、お<ruby>茶<rt>ちゃ</rt></ruby>２０<ruby>個<rt>こ</rt></ruby>

3 お<ruby>弁当<rt>べんとう</rt></ruby>３０<ruby>個<rt>こ</rt></ruby>、お<ruby>茶<rt>ちゃ</rt></ruby>５０<ruby>個<rt>こ</rt></ruby>

4 お<ruby>弁当<rt>べんとう</rt></ruby>３０<ruby>個<rt>こ</rt></ruby>、お<ruby>茶<rt>ちゃ</rt></ruby>３０<ruby>個<rt>こ</rt></ruby>

問題 2

問題 2 では、まず質問を聞いてください。そのあと、問題用紙のせんたくしを読んでください。読む時間があります。それから話を聞いて、問題用紙の 1 から 4 の中から、最もよいものを一つ選んでください。

例

1 子連れ出勤に賛成で、大いに勧めるべきだ

2 市議会に、子供を連れてきてはいけない

3 条件付きで、子連れ出勤に賛成している

4 子供の世話は、全部母親に任せるべきだ

1 番(ばん)

1　ジュース

2　アイスクリーム

3　牛肉(ぎゅうにく)

4　ビール

2 番(ばん)

1　メーカーに修理(しゅうり)を依頼(いらい)すること

2　新(あたら)しいパソコンを購入(こうにゅう)すること

3　再度(さいど)、修理(しゅうり)させてほしいこと

4　前金(まえきん)の修理代(しゅうりだい)を他(ほか)の製品(せいひん)に使(つか)うこと

3番

1　家族がうるさいと言うから

2　卒業論文用の資料を聞くから

3　卒業論文に集中したいから

4　すぐにメール返信できないから

4番

1　自分では水垢やカビが取り切れないから

2　業者が使っている洗剤が強力だから

3　自分で掃除すると腰が痛くなるから

4　オフシーズンで掃除代金が割安だから

5番(ばん)

1　ちょうど2年使(ねんつか)って、買(か)い換(か)え時(どき)だから

2　動作(どうさ)が重(おも)く、バッテリーが長持(ながも)ちしないから

3　専用(せんよう)のカメラを持(も)ち歩(ある)くのが面倒(めんどう)だから

4　写真(しゃしん)をいつでも簡単(かんたん)に送(おく)りたいから

6番(ばん)

1　軽井沢(かるいざわ)

2　箱根(はこね)

3　伊豆(いず)

4　沖縄(おきなわ)

問題3

問題3では、問題用紙に何も印刷されていません。この問題は、全体としてどんな内容かを聞く問題です。話の前に質問はありません。まず話を聞いてください。それから、質問とせんたくしを聞いて、１から４の中から、最もよいものを一つ選んでください。

― メモ ―

3회

問題 4

問題４では、問題用紙に何も印刷されていません。まず文を聞いてください。それから、それに対する返事を聞いて、１から３の中から、最もよいものを一つ選んでください。

— メモ —

問題 5

問題５では、長めの話を聞きます。この問題には練習はありません。
問題用紙にメモをとってもかまいません。

１番、２番

問題用紙に何も印刷されていません。まず話を聞いてください。それから、質問とせんたくしを聞いて、１から４の中から、最もよいものを一つ選んでください。

— メモ —

3番

まず話を聞いてください。それから、二つの質問を聞いて、それぞれ問題用紙の1から4の中から、最もよいものを一つ選んでください。

質問1

1　1番の仕事

2　2番の仕事

3　3番の仕事

4　4番の仕事

質問2

1　1番の仕事

2　2番の仕事

3　3番の仕事

4　4番の仕事

실전모의고사 4회

N1

言語知識（文字・語彙・文法）・読解

（110分）

注意
Notes

1. 試験が始まるまで、この問題用紙を開けないでください。
Do not open this question booklet until the test begins.

2. この問題用紙を持って帰ることはできません。
Do not take this question booklet with you after the test.

3. 受験番号と名前を下の欄（らん）に、受験票と同じように書いてください。
Write your examinee registration number and name clearly in each box below as written on your test voucher.

4. この問題用紙は、全部で33ページあります。
This question booklet has 33 pages.

5. 問題には解答番号の 1 、 2 、 3 、… が付いています。解答は、解答用紙にある同じ番号のところにマークしてください。
One of the row numbers 1 , 2 , 3 … is given for each question. Mark your answer in the same row of the answer sheet.

受験番号 Examinee Registration Number	

名前 Name	

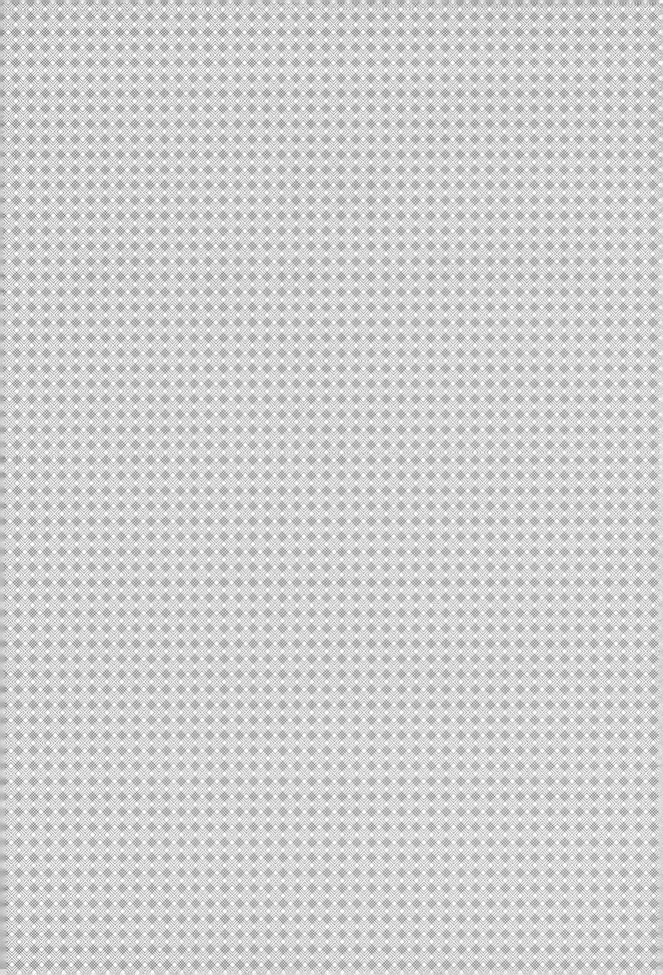

問題1 ＿＿＿＿の言葉の読み方として最もよいものを、1・2・3・4から一つ選びなさい。

1 1匹のニホンザルが、首都圏の住宅街に突如現れた。

1 とつじょう　2 とつにょう　3 とつじょ　4 とつにょ

2 この旅館では、農家と連携して家庭料理をアレンジした素朴なおかずなどを用意してくれる。

1 すばく　2 すぼく　3 そばく　4 そぼく

3 自動運転など、最新技術を駆使した自動車の開発が進んでいる。

1 くし　2 くうし　3 こし　4 こうし

4 日本の伝統文化や慣習が廃れてきていると指摘されている。

1 すたれて　2 まぎれて　3 こじれて　4 みだれて

5 この地域には、美しい丘陵地帯が広がっている。

1 きゅうりゅう　2 きゅうりょう　3 きょうりゅう　4 きょうりょう

6 盛大に優勝祝賀会を催したいと思う。

1 もたらしたい　2 もらしたい　3 もよおしたい　4 うながしたい

4회

問題2 （　　　　）に入れるのに最もよいものを、１・２・３・４から一つ選びなさい。

7 兄は、大学受験の願書に住所や名前が正確に記入されているか、（　　　　）チェックしていた。

1　壮大に　　2　入念に　　3　不意に　　4　一向に

8 全国スーパーの売り上げは、１５年連続で前年実績を割っている。営業時間延長の（　　　　）はもちろん売り上げ増だろう。

1　ねらい　　2　ためし　　3　のぞみ　　4　はたらき

9 人間は、年齢を重ねるにつれて、（　　　　）の健康管理が必要になる。

1　会心　　2　感心　　3　誠心　　4　細心

10 イギリス出身の人気ポップ歌手、Ａさんは、自分のツイッターで引退を（　　　　）コメントをした。

1　めくる　　2　ほのめかす　　3　とらえる　　4　うつむく

11 仕事を失った人にとっては、生活保護制度が頼りになるが、審査が厳しく支給の（　　　　）が高い。

1　ノルマ　　2　ハードル　　3　ブランク　　4　ストック

12 国民の税金が無駄に使われていないか、徹底的に検証することが（　　　　）。

1　無謀だ　　2　肝心だ　　3　質素だ　　4　頑固だ

13 うちの子は、以前は（　　　　）塾に通っていたが、Ａ塾に移ってからは塾に行くのが楽しみのようだ。

1　ぶつぶつ　　2　いやいや　　3　くよくよ　　4　ひやひや

問題3 ＿＿＿＿の言葉に意味が最も近いものを、1・2・3・4から一つ選びなさい。

14 新しくできたJR駅前に、商店街を作る構想が、地域開発委員会の手で煮詰まってきた。

1 水に流すことになった　　2 結論が出そうだ

3 練られるようになった　　4 はばまれるようになった

15 あの姉妹は、いつも勉強で張り合っている。

1 助け合っている　　2 かけ合っている

3 競争している　　4 相談している

16 山田さんは、コンスタントに来店してくれるお客様だ。

1 時折　　2 常に　　3 頻繁に　　4 定期的に

17 辞書の例文を控えた。

1 メモした　　2 覚えた　　3 読んだ　　4 確認した

18 その土地及び家屋を、現に所有している者が納税義務者となる。

1 実際　　2 現在　　3 ずべて　　4 最初から

19 作業を開始する前に一通りマニュアルに目を通しておいてください。

1 一度　　2 ざっと　　3 必ず　　4 詳しく

4회

問題4　次の言葉の使い方として最もよいものを、1・2・3・4から一つ選びなさい。

20 重宝する

1　地方分権によって自治体は、政府に重宝されることなく、独自の政策を進められる。

2　核兵器の使用はどんな場合でも、国際人道法に重宝するとみなすことはできない。

3　古くから馬は、人が乗るほか、荷物の運搬や農耕などに重宝されてきた。

4　政府はプラごみ削減のため、レジ袋を無料で重宝することを禁じることにした。

21 心得

1　この本には成功者の心得に関して書かれている。

2　仕事上にミスや失敗をしてしまった時には、「いい経験になった」のように、しっかりとした心得を持つことが重要だ。

3　母親とは遠く離れているから、いつも病状が心得だ。

4　非常食や持出品リストなど、家庭での防災の心得について紹介します。

22 シビア

1　個人的な感想だが、公務員は決して楽な仕事ではなく、かなりシビアな仕事だと思う。

2　私の強みは、どんな状況でもシビアに対応できる判断力があるところです。

3　時には、周囲の人の心理をシビアに利用することも必要ではないでしょうか。

4　彼は強い揺れを感じた時、避難訓練で得た知識をシビアに思い出し、机の下にもぐった。

23 ぐっと

1　うちの母親は末っ子をよりぐっとかわいがっている。

2　あの映画の感動的な映像はぐっと胸にきた。

3　君にはこれからぐっと発展することを期待している。

4　彼の自慢話を聞くのがぐっといやになった。

24 浅ましい

1　同僚の言葉遣いの浅ましさに大変不快な思いをしている。

2　買ったばかりなのに「浅ましい服装」と言われて恥ずかしかった。

3　彼氏に高価なブランド品をせびったり買わせたりする、浅ましい30代女性がいる。

4　子供の時、箸の持ち方や食べ方が浅ましいと叱られたことがある。

25 どんよりとした

1　朝からどんよりとした曇り空が広がり、今にも雨が降り出しそうだった。

2　今やインターネットを通じて、世界中のどんよりとした商品が入手できる時代だ。

3　この店の名物はしょうがラーメンで、どんよりとした味わいが特徴だ。

4　大掃除は、どんよりとした気分で新年を迎えるために行うものです。

4회

問題5　次の文の（　　　　）に入れるのに最もよいものを、1・2・3・4から一つ選びなさい。

26 企業の未来のためには（　　　　）革新が必要ではないか。

1　絶えざる　　2　絶えざるを得ない

3　絶えずにはすまない　　4　絶えてはばからない

27 このような矛盾した彼の意見に、私たちは疑念を（　　　　）。

1　引き起こすまでもなかった　　2　引き起こさずにはおかなかった

3　引き起こすだけでましだった　　4　引き起こさなくてはすまなかった

28 大学には多くの学生がいるし、コロナの感染リスクもまだ高い。少人数授業（　　　　）、大人数での授業まで対面にするのは納得しかねる。

1　どころではなく　　2　はどうあれ

3　ならまだしも　　4　と引きかえに

29 日本代表チームは、国民の応援と期待に（　　　　）、全力で強化トレーニングに取り組んできた。

1　応えるべく　　2　応えればこそ

3　応えようのない　　4　応えるべからず

30 若者は失敗しても（　　　　）という覇気（はき）があってうらやましい。

1　その通りだ　　2　もともとだ　　3　ごもっともだ　　4　始末だ

31 マンガ雑誌をデジタル化して保存・(　　　)、現状では多くの関係者の許可が必要で、手がつけられない状態である。

1　活用されつつも　　2　活用せねばならず

3　活用しようにも　　4　活用しかねず

32 プラスチック製レジ袋の有料化が全国の小売店に義務付けられたが、それでプラごみが大幅に（　　　）、そうはならない。

1　削減されるのであれば　　2　削減されるというより

3　削減されることなく　　4　削減されるかというと

33 人の秘密を他人にもらすなんて、腹立たしいといったら（　　　）。

1　ありはしない　　2　わけがない

3　あり得ない　　4　ざるがない

34 海辺で遊んだ子供は手（　　　）足（　　　）、砂だらけだった。

1　とはいえ / とはいえ　　2　にして / にして

3　といわず / といわず　　4　なり / なり

35 発酵食が体によいことはすでに認められているが、栄養価だけでは（　　　）心の栄養も重要視すべきである。

1　説明したくてたまらない　　2　説明しきれない

3　説明するよりしかたがない　　4　説明するまでもない

4회

問題６　次の文の＿＿★＿＿に入る最もよいものを、１・２・３・４から一つ選びなさい。

（問題例）

あそこで ＿＿＿＿ ＿＿＿＿ ＿＿★＿＿ ＿＿＿＿ は山田(やまだ)さんです。

1　テレビ　　2　見ている　　3　を　　4　人

（解答のしかた）

1　正しい文はこうです。

あそこで ＿＿＿＿ ＿＿＿＿ ＿＿★＿＿ ＿＿＿＿ は山田(やまだ)さんです。 1 テレビ　3 を　2 見ている　4 人

2　＿＿★＿＿ に入る番号を解答用紙にマークします。

（解答用紙）

（例）	①　●　③　④

---

36 信頼 ＿＿＿＿ ＿＿★＿＿ ＿＿＿＿ ＿＿＿＿ 何か騙されたような気分だ。

1　友人だと　　2　足る　　3　思っていたのに　　4　するに

37 日本の労働者は、正規・非正規 ＿＿＿＿、＿＿＿＿ ＿＿★＿＿ ＿＿＿＿ に置かれている。

1　不安定な　　2　厳しい働き方と　　3　雇用身分　　4　を問わず

38 未曽有の経済危機に ＿＿＿ ＿＿＿ ＿★＿、＿＿＿ 社会の基礎を築いた親の世代の苦労が身に染みて感じられる。

1　今だ　　2　汗水流して　　3　からこそ　　4　追い込まれた

39 静岡県で山崩れが起きたが、＿★＿ ＿＿＿ ＿＿＿ ＿＿＿ 救助された。

1　という　　2　消防隊員に　　3　あわや　　4　ところを

40 近年はゲリラ豪雨と呼ばれる ＿＿＿ ＿＿＿、＿★＿ ＿＿＿、ハザードマップの重要性がますます高まっている。

1　安全な住民の避難に　　2　多発しており

3　短時間の局地集中豪雨も　　4　迅速かつ

4회

問題７　次の文章を読んで、文章全体の趣旨を踏まえて、41から44の中に入る最もよいものを１・２・３・４から一つ選びなさい。

働く女性の貯蓄

東京のある新聞社が、働く女性を対象に「貯蓄」に関するアンケート調査を実施し、その結果を発表した。それによると、貯蓄額の個人差は驚くほど大きかった。

毎月５万円以上貯蓄している女性は、約２３％ほどだったが、貯蓄額が多い人は、41や彼氏がいない女性で、結婚前の女性はデートやおしゃれにお金がかかり、なかなか貯蓄するのは難しいという実態がわかった。

それから給料の何割を貯めているかという質問には、年齢別に42はあるが、貯蓄率の全体平均は３１.８％で、少なくとも毎年３５万円くらいは貯めておくべきだという意見が多かった。またボーナスが出たら、どれくらい貯蓄に回すかを聞いたところ、年齢に関係なく、毎月の貯蓄額が多い人ほどボーナスもしっかり貯蓄していることが明らかになった。

貯蓄を崩した理由で多かったのは、やはり「引っ越し」と「結婚」で、この二つは43お金がかかると思われる。

お金を貯めることも大事だが、自分を高めるために使うことも大事だという意見が多かったが、既婚女性からは、「結婚して家族ができると、お金だけではなく自分の時間も激減する」という声もあって、自分のためにお金を投資するなら、「結婚前に」がおすすめのようだ。

なくては生きていけないのがお金。何かあったときのために、お金を貯めておくのが大人のたしなみだが、ただ貯めておくだけではダメだ。将来のために貯めるお金と、自己投資するお金をしっかり分けて、自分を44のが大事だと思う。

41

1　未婚者　　2　既婚者
3　無職　　4　会社員

42

1　ばらつき　　2　共通点
3　ふれあい　　4　申し立て

43

1　かりに　　2　どうしても
3　現に　　4　ことごとく

44

1　潤していく　　2　償っていく
3　磨いていく　　4　施していく

問題８　次の（1）から（4）の文章を読んで、後の問いに対する答えとして最もよいものを、１・２・３・４から一つ選びなさい。

（1）

以下は、製品メーカーがホームページに掲載した案内文である。

ロボット掃除機「サルサ」をご使用のお客様へのお詫びと無償修理のお願い

いつも弊社製品をご愛用いただきまして誠にありがとうございます。この度、弊社製品「サルサ」の不具合により発火の恐れがあることが判明致しました。つきましては、無償修理を実施させていただきます。

下記の対象機種をご確認の上、当該製品をご使用の場合は、直ちにご使用を中止していただき、下記フリーダイヤルまでお電話、または、下記URLからインターネットでお申し込みいただくようお願い申し上げます。ご愛用の皆様には、大変ご迷惑をおかけしますことを心よりお詫び申し上げます。

何卒ご理解とご協力を賜りますようお願い申し上げます。

(株)富士山電機 お客様コールセンター（フリーダイヤル）0120-234-639

インターネットから修理をお申し込みの場合は、こちらよりお願いいたします。

https://www.fujisandenki.co.jp

45　「サルサ」の修理について、このお知らせで伝えたいことは何か。

1　製品が発火した際は、お客様コールセンターに電話して修理を受ける。

2　対象機種でも発火していなければ、修理する必要はない。

3　対象機種であれば、電話かインターネットで修理の申し込みをする。

4　修理を希望する場合は、まず電話で問い合わせをしてから、インターネットで申し込む。

(2)

私を含め、ペットを飼っていない人はいないのではないかというほどペットを飼っている人々を町でよく見かける。愛くるしい表情やしぐさで周囲を癒すペットは、私たちにとってかけがえのない存在である。しかし、その裏では飼い主の都合で捨てられたり、ひょんなことからはぐれてしまうことで野良犬や野良猫になってしまうペットの悲しい運命から目を背けてはならない。2022年から、新しく飼う犬や猫にマイクロチップの挿入が義務化されることになった。これにより飼い主が誰なのかをはっきりさせることができ、災害時におけるサポートなども期待できるため、動物愛護の観点から一歩進展したといえよう。ところが、マイクロチップの挿入はペットの体に少なくない負担を負わせることになるというデメリットもある。そのあたりのこともよく考え、一人ひとりが小さいながらも努力していくことが、可哀そうな動物をなくすための第一歩に違いない。

46 本文の内容と一致するものはどれか。

1 ペットは愛らしく、たとえ野良犬や野良猫になっても周りの人々を癒やしてくれる。

2 多くの人々は、野良犬や野良猫の存在に気づかないふりをしている。

3 マイクロチップの挿入の義務化は、動物愛護の観点から一歩前進したといえる。

4 一人ひとりが小さな努力を続けても、可哀そうな動物をなくすことはできない。

4회

(3)

拝啓

木枯らし吹きすさぶころ、ますますご清祥のことと拝察いたします。

さてこのたび、私こと海外現地法人への出向を無事終え、本社企画部へ帰任いたしました。海外勤務の間、公私ともにご支援とご厚情を賜り、厚く御礼申し上げます。

今後は、海外での経験を十二分に生かして、新たな業務に精進いたす所存でございますので、何卒今後とも一層のご指導ご鞭撻を賜りますようお願い申し上げます。いずれご挨拶に伺いますが、まずは略儀ながら書中をもちまして帰国のご報告を申し上げます。

時節柄、御身ご自愛ください。

敬具

47 この手紙の内容について正しいものはどれか。

1　この手紙を書いたのは、10月頃である。

2　この手紙は海外出向後、新しい職務に臨む人の挨拶状である。

3　これは海外出向中にお世話になった人へ出すお礼状である。

4　この手紙を書いた人は海外勤務を拒んでいる。

(4)

最近「ブラックバイト」問題が深刻化している。「ブラックバイト」とは、若者を大量に採用し、酷使して使い捨てる企業を指す「ブラック企業」からの派生語。市民団体「ブラック企業対策プロジェクト」の調査によれば、アルバイト経験のある大学生の７０％に、「希望しない日時の勤務を強いられた」「実際の労働条件が募集時と違った」「セクハラ・パワハラがひどい」「残業代不払い」「納得いかない理由で辞めさせられた」などの不当な扱いを受けた経験があることが明らかになった。

人手不足のはずなのになぜブラックバイトはなくならないのか。それはバイトする学生の人数自体は減少しているのに、詮方なくバイトせざるをえない大学生の切実さは強まっているためと見られる。確かに求人件数は多いが、大学生の希望条件、たとえば「自宅からの距離」や「授業のない日だけ」などにピッタリ合うバイトは見つけにくく、このような学生の弱みに付け込む悪徳業者がいないわけでもない。

それに時間の融通が利くフリーターの増加や、経済的に苦しい女性も増え、悪条件でも職を望む人が急増しているのも学生の価値を下げている。せっかくついたバイトを辞めさせられたくない一心で、劣悪な環境でも我慢していると見られる。

48 この文章の内容に合わないものはどれか。

1　バイト先の中には、最初にバイトを募ったときの労働条件と異なるところもあるようだ。

2　最近の学生の多くはえり好みするため、すぐバイト先を見つけるようだ。

3　大学生の多くは、生活環境のせいでバイト先の条件をしかたなくのんでいるようだ。

4　今のバイトを辞めて他に移っても、同じブラックな労働環境という場合も少なくない。

問題9　次の(1)から(4)の文章を読んで、後の問いに対する答えとして最もよいものを、１・２・３・４から一つ選びなさい。

(1)

日本では戦前まで「健康」という言葉は、病気をしないことを指していた。腸チフス、赤痢などの伝染病や結核、脚気などの慢性疾患も多かった時代には、このような病気を治すための治療と病気にならないための予防が第一で、まずは病気にかからないこととして健康が意識されていた。

ところが、戦後になって医療の発達と共に人々の健康への意識も変化することで、「健康」の概念も広い意味を持つようになった。今日、最も多くの人が考える「健康」の定義は、国際連合傘下の世界保健機構(WHO)が定義する「単に病気が存在しないというだけでなく、身体的・精神的並びに社会的に十分に良好な状態をいう。」ではないだろうか。

世界保健機構の「国際疾患分類」は、日本でも採用されており、日々の医療や統計にも大いに役立っている。その世界保健機構が「健康」を身体、精神、さらには社会的側面の三つに区別し、それぞれの要素を重視した概念を提唱していることには感心するところがある。従来の「健康」の定義では、身体的健康のみ重視してきたが、この定義は身体的のみならず、人間の精神的及び社会的存在としての側面も考慮した優れた表現であるといえよう。

49 戦前と戦後の健康の定義が変化した背景には何があるか。

1 医療の発展に伴い、人々の健康に対する考え方が多様化したこと

2 伝染病の特効薬が開発され、簡単に死ななくなったこと

3 世界保健機構(WHO)が健康の定義を行い、世界に普及させたこと

4 医療の発達により伝染病や慢性疾患の患者が激減し、病気にかからなくなったこと

50 筆者は、なぜ優れた表現であると考えるか。

1 病気にならないことを第一に、病気予防に最も重きを置いた考えのため

2 人が生きる上で、病気にかからないことが何よりも大切だという考えのため

3 心身の均衡が大切であり、そのためには社会的な安定が欠かせないという考えのため

4 人が社会的動物であることを十分認識している考えのため

(2)

現代人は社会で様々な人間関係に関わっている。より有利なビジネスチャンスを掴み、円滑な人間関係を育むために誰もが注意しているのは「好印象」であろう。動物的な感覚で話すと、悪印象の人は「敵」で、好印象な人は「味方」と見なすことだという。したがって悪印象の人はなるべく回避し、遠ざけたいのに、好印象の人とはこれからの付き合いを続けたいという親しみを感じるのだ。

それでは第一印象が決まるのに、もっとも重要なポイントはなんだろう。「メラビアンの法則」というのがある。言語、視覚、聴覚で矛盾した情報が提供された時、人はどの要素を優先しているかを調べた結果、「視覚が５５％、聴覚が３８％、言語が７％」の順番で相手のメッセージを判断しているのだ。すなわち、印象の「好」か「悪」を決めるのは「言語」というより、「非言語」というのが分かった。印象の判断は、一瞬で決まることで、実は礼儀作法や表情、清潔な身なりなどが大切なわけだ。そこから会う時間が長くなるほど、言葉使いなど、「言語コミュニケーション」が重要になってくるのだ。<u>非言語的に決まった最初の印象が、言語によって修正されていくわけだ</u>。

好印象の人になるための第一のポイントは笑顔だ。穏やかで明るい表情で好意を寄せるのだ。人は寄せられた「好意」を返そうとする心理がある。まずは相手に好意を伝えて好印象を獲得すれば、後は相手から返ってくる好意を待てばよいのだ。ところが笑うのが苦手だという人もいるようだが、前向きな姿勢やプラス思考は明るい表情を作るのに役立つ。そして低音でゆっくり話すと相手の人に安定感を与えるそうなので、声の出し方にも気をつけてみよう。

第二のポイントは聞き上手になることだ。そもそも「聞く」という動作は他者を理解したいという気持ちから始まる。相手の考えや感情、心理状態を自分の体験として受け止めるので、協調性を求めやすくなるのは当たり前の結果である。ここで聞く技術も必要になってくる。相手が気持ちよく話せるような環境を作るため、相づちやアイコンタクト、声のトーンの調節などで相手に共感するのは言うまでもなく、何より大切なことは本気で相手を理解しているのを伝えることだ。真心が伝えられたら、また相手も偽りや飾りのない誠意を見せ、うまくコミュニケーションが取れるようになるのだ。

さあ、これから自分でできる限りの努力をし、望ましい人間関係を構築してみよう。

51 非言語的に決まった最初の印象が、言語によって修正されていくわけだが指しているものはどれか。

1　本当は言語による印象が大事な決め手だ。

2　非言語的な印象は言語による印象により、変更されるのが当たり前だ。

3　非言語的な悪印象は言語により、いくらでも好印象になれる。

4　非言語的な印象は定着化されるのではなく、言語の印象により変わる可能性があるのだ。

52 本文の内容と合っていないものはどれか。

1　与えられた好意を返そうとするのは、人間共通の心理作用である。

2　人々は相手の印象を決める際、声より服装やふるまいのほうを優先する傾向がある。

3　微笑むだけでも、好印象を伝えることはできる。

4　日本人は笑うのが苦手な人が多く、笑う練習をするのは必要不可欠である。

(3)

日々の単調な仕事に身が入らなくて苦労している人も多いと思うが、では集中力をアップさせるためにはどうしたらいいのか。人によって目を覚ますためにコーヒーを飲んだり、休憩を取ったり、各自それぞれの方法があると思われるが、「過去の経験」や「自己暗示」による方法もあるそうだ。

たとえば過去にコーヒーを飲むことで、集中力を高めることができたら、その人にとってコーヒーは「過去の経験」になる。けれどもここでもうワンポイント、コーヒーカップを変えたり、砂糖の代わりに蜂蜜を入れたりして「これで集中できるぞ」を思い込むようにするのだ。つまり「自己暗示」に当たる。それを繰り返し、習慣化するとすぐ集中できるようになるそうだ。

この他にもガムを噛むのも効果があると言われている。「噛む」という単純な動作を繰り返すことで、ストレスや不安を解消し、意識を分散させないで仕事に没頭することができるそうだ。野球やサッカーの選手がよくガムを噛むのもその理由だそうだ。リズムのある咀嚼(そしゃく)(注)は、脳に刺激を与え、「幸せホルモン」と呼ばれている「セロトニン」を分泌させるからである。

アルファ波(α波)ミュージックと呼ばれる音楽を流してみるのもよいのだろう。アルファ波とは、人が集中したり、リラックスしたりしている時に出現する脳波のことで、クラシックや演奏曲など歌詞のないものが集中力の向上に効果があると言う。

色を使う方法もある。太陽に似ている「黄色」は元気や輝きを思い出させ、運動神経を活性化する。ひいてはプラス的な思考に繋がり、やる気を維持するそうだ。ターゲットの真ん中の色が黄色であるのも、視線の集中に効果があるからだ。心理の安定のためなら「青色」や「緑色」を取り入れてみてもいい。「青色」は清涼感があって、精神的に落ち着くのに役立ち、「緑色」は目の疲労を軽減させる。

但し、色を使う際はワンポイント的に配色した方が効果的である。例えば、一日中パソコンの前に座っている人が事務室に花瓶を置くなり、壁に「黄色」や「青色」が調和している絵を掛けるなりして、身の回りのものから部分的に導入するのだ。

ともかく集中力というのは使うと無くなるものだから、持続させるために自分に相応しい方法を見つけてみよう。

(注)咀嚼(そしゃく)：食物を細かくなるまでよく噛むことい

53 「過去の経験」や「自己暗示」による方法として当てはまるのはどれか。

1 過去に嫌な経験とか仕事のミスとかあっても、いまならもっと頑張れると思い込む。

2 過去からアイスクリームを食べたら仕事ができた。味とか変えて食べながら、もっとがんばれるだろうと自分に言い聞かせる。

3 昔から宝くじに当たったらいいなと思っていた。宝くじをよく買って気分よく仕事しようと思う。

4 過去に使った集中力を鍛える方法を見直し、自分にもっとも適切は方法を引き出す。

54 本文の内容と合っていないものはどれか。

1 事務室の環境が音楽を流してもいいのなら、アルファ波系の音楽が望ましい。

2 黄色はやる気を起こさせる色だが、使うのに注意が必要だ。

3 噛むという動作を繰り返すと、気を散らせるようなことを防げる。

4 集中力を維持できる方法は自らの力で見つけ出すべきだ。

(4)

首都圏のあるアンケート調査の専門会社が、「消費税増税前に買ったものと、買いたいものは？」というテーマで実施したアンケート結果をまとめた。対象は２０歳から６５歳までの成人3,０００人で、調査実施期間は２０１４年１月５日～３月31日の約３か月だ。

２０１４年４月に、消費税率が５％から８％に引き上げられた。消費税の引き上げは、17年ぶりだ。２００４年から、価格の総額表示、つまり税込み価格の表示が義務づけられているが、２０１３年10月１日から２０１７年３月末までの期間に限って商品の価格表示に「税抜き価格」でもよいことが認められ、①店舗によって価格の表示方式が異なっていた。

今回のアンケートは、増税前から採っていたので、「消費税増税前に買ったものと、買いたいものは？」として、回答を得ることにした。

１位は「パソコン・タブレット端末」で５６.０％を占めていたが、これはWindows OS製品の公式サポート終了で、不安を感じている人が多いのがその理由と見られる。家電量販店の実売データを集計したランキングでも、１月・２月は前年実績を上回っていた。ノートPC、デスクトップPCは、３月も前年の販売台数を超え、消費税アップとWindows OS製品サポート終了の影響は、実に大きかったようだ。

２位は「別にない」で４１.３％を占めている。３位は「生活家電・調理家電」、次いで「デジタル製品」、「生活消耗品」、「食品飲料」などと続いた。予想外に「別にない」という返答が多く、３％程度の税率引き上げは家計への影響はさほど大きくないとみる人も少なからずいた。増税や品枯れ、限定商品などといった煽りに踊らされず、必要なときに必要なものを買う「②賢い消費者」が多いようだ。

55 ①店舗によって価格の表示方式が異なっていたとあるが、それはどうしてか。

1 一定期間だけ税別表示が認められていたから

2 店舗の事情によって価格表示が異なるから

3 増税前と増税後は価格が異なるから

4 消費税の税率が店舗ごとに異なるから

56 ②「賢い消費者」が多いようだとあるが、筆者はなぜこう考えたのか。

1 増税前に買っておこうとする消費者が多いから

2 衝動買いをしないで計画購買をする人が多いから

3 消費税の税率の引き上げ幅がそれほど大きくないから

4 増税後、生活必需品の購買意欲が落ちたから

問題10　次の文章を読んで、後の問いに対する答えとして最もよいものを、1・2・3・4から一つ選びなさい。

欧米の人々と日本人の社会学的認識を対比して、個人主義と集団主義ということがよくいわれる。そして、日本に本当の意味での個人主義が確立されていないのは日本の近代化がまだ本格的な段階に至っていない証拠である、などといわれている。①この個人主義対集団主義という設定は、両者が対置されるというよりは、あくまで、前者がまず設定されていて、後者はそれと異なる様相の説明として使われているにすぎず、集団主義の内容分析、ならびに概念は明確ではない。個人主義を高く評価する見方は、西欧で強く主張されている。個人主義は人類にとって普遍的な認識でありうるはずで、あるいは十分成熟していないからだと、条件的な差異として理解しようとする立場から出るものと思われる。

しかし、実際、彼らと生活を共にしたり、よく交わってみると、この根強い個人意識というものは、たんに社会の成熟度というか、近代化の度合いといった条件的な差ではなく、少なくとも私には、②あたかも民間信仰のような性質を持つものという印象を受ける。このような強い個人の意識 — それと密接に関係していると思われる個人の権利・義務の観念 — は、日本ばかりでなく、西欧と対照的な文明を築いたインドや中国の伝統にもない。これはきわめて西欧的な文化で、もちろんその歴史・哲学・心理などから詳しく説明しうるところであろうが、ここでは、それがどのような社会学的思考と関係しているかを、比較文化の立場から考察し、日本との違いを構造的に解明してみたいと思う。

個人主義を標榜する彼らの思考の基盤は、何よりも不分割・不合流の個人という単位の設定にあると思われる。個人、すなわちindividualはindivisibleで、不可分の単位で、社会のアトムを構成し、社会構築の原点として、他に比較できないユニークな単位である。社会は個人があってはじめて構築されうるのであり、個人はそのもとになっている。これは一見あたりまえのことのようであるが、論理的には、これは一つの個体認識のあり方であって、必ずしも普遍性をもちうるとはいえない。つまり、それは西欧の人々の哲学・心理のあり方を反映した一つの常識的な考え方といえよう。

個人主義の母体となっている個体認識というものを本格的に考えるために、個体(individual) というものの性質について研究の進んでいる生物学の解釈を参考にしてみたいと思う(興味深いことに、日本人は、個人と固体というように別の呼び方をしているが、英語では、いずれも同じindividualという用語が使われる)。

(以下略)

57 ①この個人主義対集団主義とはどのようなことか。

1 欧米諸国が個人主義で、日本が集団主義であるということ

2 西欧で強調されている個人主義と、日本が意識する集団主義のこと

3 欧米人が個人主義で、日本人が集団主義であるということ

4 確立済みの西欧の個人主義と、集団主義からそれに移行中の日本のこと

4회

58 筆者が述べている②あたかも民間信仰のような性質を持つものとは何を指すか。

1 インドや中国の伝統意識のこと

2 西欧人の根強い個人意識のこと

3 日本人の持つ権利・義務の意識

4 西欧人が意識する個人の権利のこと

59 筆者は西欧の個人主義をどのように考えているか。

1 日本よりもずっと確立されていて普遍的なもの

2 普遍的なものではなく民間信仰的なもの

3 個体認識のあり方が日本と根本的に異なるもの

4 民間信仰的なものと言われているが普遍的なもの

問題11　次のAとBはそれぞれ、「災害時におけるSNSの活用」について書かれた文章である。AとBの両方を読んで、後の問いに対する答えとして最もよいものを、1・2・3・4から一つ選びなさい。

A

災害時においてSNSを活用すれば、多くの情報を瞬時に得られます。

安否、被害状況、避難状況、避難所の状況、二次災害の危険、支援物資を得られる場所などをリアルタイム(注)で発信・収集できるため、より安全に避難したり避難生活を送ったりするために役立ちます。

また、電話回線がつながりにくい状況でも、インターネット回線を利用することで電話をかけることもできます。

さらに、#(ハッシュタグ)機能を利用すれば、特定のテーマに関する投稿を検索して一覧表示できるため、手軽に必要な情報だけを発信・収集することも可能です。例えば、救助が必要な場合に、SNSの機能で「#救助」を使って救助要請を行うことで、救助隊に発見してもらいやすくなります。

(注)リアルタイム：実時間

B

SNSの特徴である、情報発信・収集が迅速かつ大量に行えることは、時として危険性も伴います。

悪質なデマや誤った情報が発信されたり、または収集してしまったりして、それが拡散されてしまうこともあります。

例えば、あるSNSの場合、フォローしていない人の投稿でも、自由に読むことができますし、情報が有益だと感じればリツイートによって拡散することもできます。

つまり、情報の信頼性や重要度に関わらず、個人が「有益でみんなに伝わるべき情報」だと思えば、その情報に基づいて行動したり、共有することによって拡散されたりすることがあるのです。

また、救助要請の必要性が高くないのに、ツイッターで救助要請する場合の#(ハッシュタグ)である「#救助」を使用して大量のツイートを行い、救助隊を混乱させるという悪質な行為も少なくありません。

60 ＡとＢのSNSに対する認識で共通していることは何か。

1　悪質なデマや誤った情報が発信される恐れがあるから気をつけるべきである。

2　大量の情報を速やかに発信・収集できる仕組みなっている。

3　手軽に必要な情報だけを発信することができるのでもっと広めるべきである。

4　SNSの#(ハッシュタグ)機能を利用すれば、災害時に大いに役に立つ。

4회

61 ＡとＢは「災害時におけるSNSの活用」に関してどのように述べているか。

1　Ａはきめ細かい情報をリアルタイムで収集・拡散できるメリットを挙げ、Ｂは飛び交う情報選別に留意して活用することが課題だと述べている。

2　Ａはその活用範囲の広さを強調しテレビやラジオ以上に地域に役立つとし、Ｂも悪用せずに賢く使うべきだと述べている。

3　Ａは限られたメディア情報よりもリアルタイムで収集・拡散できるメリットを挙げ、Ｂは悪質な情報が多すぎることを憂慮している。

4　Ａは現代においていかにその役割が大きいかを述べ、Ｂはその正しい使い道を全国民が実行するべきだと述べている。

問題12　次の文章を読んで、後の問いに対する答えとして最もよいものを、1・2・3・4から一つ選びなさい。

日本の文化では日常生活において、ごく親しい間柄は別として互いに氏（家族の名前）で呼び合う習慣がある。

国家公務員が仕事をする際、結婚前の旧姓を使うことを原則として認める。各府省庁がそんな申し合わせをした。

職場での呼び名や出勤簿などの内部文書などについては、2001年から使用を認めてきたが、これを対外的な行為にも広げる。すでに裁判所では、今月から判決などを旧姓で言い渡せるようになっている。

結構な話(注1)ではある。だが、旧姓の使用がいわば恩恵として与えられることと、法律上も正式な姓と位置づけられ、当たり前に名乗ることとの間には<u>本質的な違いがある</u>。長年議論されてきた夫婦別姓の問題が、これで決着するわけではない。

何よりこの措置は国家公務員に限った話で、民間や自治体には及ばない。内閣府の昨秋の調査では、「条件つきで」を含めても旧姓使用を認めている企業は半分にとどまる。規模が大きくなるほど容認の割合は高くなるが、現時点で認めていない1千人以上の企業の35％は「今後も予定はない」と答えた。

人事や給与支払いの手続きが煩雑になってコストの上昇につながることが、導入を渋らせる一因としても、要は経営者や上司の判断と、その裏にある価値観によるところが大きい。

結婚のときに姓を変えるのは女性が圧倒的に多い。政府が「女性活躍」を唱え、担当大臣を置いても、取り残される大勢の人がいる。

やはり法律を改めて、同じ姓にしたいカップルは結婚のときに同姓を選び、互いに旧姓を名乗り続けたい者はその旨を届け出る「選択的夫婦別姓」にしなければ、解決にならない。

氏名は、人が個人として尊重される基礎であり、人格の象徴だ。不本意な改姓によって、結婚前に努力して築いた信用や評価が途切れてしまったり、「自分らしさ」や誇りを見失ってしまったりする人をなくす。この原点に立って、施策を展開しなければならない。

だがAB政権の発想は違う。旧姓使用の拡大は「国の持続的成長を実現し、社会の活力を維持していくため」の方策のひとつとされる。人口減少社会で経済成長を果たすという目標がまずあり、そのために女性を活用する。仕事をするうえで不都合があるなら、旧姓を使うことも認める。そんな考えだ。

倒錯(注2)した姿勢というほかない。姓は道具ではないし、人は国を成長・発展させるために生きているのではない。

「すべて国民は、個人として尊重される」。日本国憲法第13条は、そう定めている。

(注1)言い渡す：命令を伝えること、宣告する

(注2)倒錯(とうさく)：さかさになること、特に、本能や感情などが、本来のものと正反対の形をとって現れること

62 本質的な違いがあるとは、どういうことを意味しているか。

1 旧姓の使用が個人として尊重されることと、社会生活のみで使用されることの違い

2 社会での存在価値を認められることと、家庭内で個人として認められることの違い

3 旧姓の使用が個人として尊重されることと、表面上の便宜のみで使用されることの違い

4 社会での存在価値を認められることと、夫婦になっても一個人として認められることの違い

63 筆者は旧姓使用を認めていない企業の真の理由は何によるものだと考えているか。

1 事務手続きなどが煩雑になることによるものだ。

2 経営に携わる者の価値観や考え方によるものだ。

3 事務手続きにかかる費用が大きいことによるものだ。

4 従業員たちにもその強い希望がないことによるものだ。

64 この文章で筆者が述べていることはどれか。

1　氏名を道具として使うか、個人として尊重されるという意味で使うのかは個人の判断次第である。

2　女性の社会進出に伴い旧姓を使用する範囲が広がっているが、氏名の本来の意義を忘れてはならない。

3　旧姓使用の拡大は、主に女性の活躍の狙いが大きいので女性もそれを自覚するべきである。

4　個人の尊厳よりも、社会への貢献を第一にする施策づくりが将来は必要になるであろう。

問題13　右のページは、「蘭（らん）の花の栽培ガイド」である。下の問いに対する答えとして、最もよいものを1・2・3・4から一つ選びなさい。

65 木村さんは、友人から蘭の鉢植えをいただきました。今は11月ですが12月に入ったらどう管理すれば良いか。

1　冬に入り、温度が下がり乾燥するので、保温に努める必要がある。

2　12月に入ったら、一日中直射日光が当たらないところに置く。

3　冬に入り、温度が下がり乾燥するので、冷たい水を少量与える。

4　12月に入ったら、暖房器具を使い水はほとんど与えない方がよい。

66 この花の管理のポイントは何か。

1　低温と乾燥を好むので、適時冷房装置を利用すること

2　春に株が生育するので、水を十分あたえること

3　夏以外は温度が下がらない工夫と水やりに注意すること

4　高温を好み、湿度を嫌う性質なので水やりに注意すること

～胡蝶蘭の育て方～

春（3月～5月）

・温度：昼20～25度、夜15～18度に保つ。

・日光：レースのカーテン越しに置き、直射日光が当たらない程度の遮光をする。

・水やり：高温多湿を好む植物なので、湿度の低いこの時期は霧を吹き加湿する。

・注意：まだ夜温度が下がる日もあるので、置き場所に注意。株が生育を始める時期なので水の与え過ぎに注意。

夏（6月～8月）

・温度：戸外自然温度でよい。

・日光：一日中、日陰になる場所か、70％ぐらい遮光ができるネットの下に置く。

・水やり：気温が上がる前の午前中に与える。4～5日に1回が目安。

・注意：夏の日差しは非常に強いので、葉焼けを起こさないように注意。戸外では害虫の防除を忘れない。

秋（9月～11月）

・温度：昼20～25度、夜15～18度に保つ。

・日光：レースのカーテン越しに置き、直射日光が当たらない程度の遮光をする。

・水やり：高温多湿を好む植物なので、湿度の低いこの時期は霧を吹き加湿する。水は植え込み材料がしっかり乾いてから。やり過ぎは注意。

・注意：春から夏にかけてしっかり生育した株はこの時期に花芽が出てくる。非常にデリケートなので注意。

冬（12月～2月）

・温度：昼15～20度、夜15度以上に保つ。

・日光：ガラス越しの直射日光。2月からは日差しが強くなるのでレースのカーテン越しに置く。

・水やり：最低気温が15度以上で管理できる場合は植え込み材料がしっかり乾いてから、温かい水（30度～40度）を少量与える。15度以下で管理する場合は、一度に与える水の量を半分以下に減らし霧吹きなどで十分に加湿する。

・注意：暖房した部屋は乾燥するので、加湿器などで湿度を高める。真夜中は気温が下がるので、段ボールや発泡スチロールなどで覆い保温する。

オーキッドハイランド日本（株）
Tel. 0099−3852−6666

N1

聴解

（60分）

注意
Notes

1. 試験が始まるまで、この問題用紙を開けないでください。
Do not open this question booklet until the test begins.

2. この問題用紙を持って帰ることはできません。
Do not take this question booklet with you after the test.

3. 受験番号と名前を下の欄(らん)に、受験票と同じように書いてください。
Write your examinee registration number and name clearly in each box below as written on your test voucher.

4. この問題用紙は、全部で12ページあります。
This question booklet has 12 pages.

5. この問題用紙にメモをとってもかまいません。
You may make notes in this question booklet.

受験番号 Examinee Registration Number	

名 前 Name	

<ruby>問題<rt>もんだい</rt></ruby> 1

　<ruby>問題<rt>もんだい</rt></ruby>１では、まず<ruby>質問<rt>しつもん</rt></ruby>を<ruby>聞<rt>き</rt></ruby>いてください。それから<ruby>話<rt>はなし</rt></ruby>を<ruby>聞<rt>き</rt></ruby>いて、<ruby>問題用紙<rt>もんだいようし</rt></ruby>の１から４の<ruby>中<rt>なか</rt></ruby>から、<ruby>最<rt>もっと</rt></ruby>もよいものを<ruby>一<rt>ひと</rt></ruby>つ<ruby>選<rt>えら</rt></ruby>んでください。

<ruby>例<rt>れい</rt></ruby>

1　<ruby>駅前<rt>えきまえ</rt></ruby>で４<ruby>時<rt>じ</rt></ruby>５０<ruby>分<rt>ぷん</rt></ruby>に

2　<ruby>駅前<rt>えきまえ</rt></ruby>で５<ruby>時半<rt>じはん</rt></ruby>に

3　<ruby>映画館<rt>えいがかん</rt></ruby>の<ruby>前<rt>まえ</rt></ruby>で４<ruby>時<rt>じ</rt></ruby>５０<ruby>分<rt>ぷん</rt></ruby>に

4　<ruby>映画館<rt>えいがかん</rt></ruby>の<ruby>前<rt>まえ</rt></ruby>で５<ruby>時半<rt>じはん</rt></ruby>に

1番

1　お茶を持ってくる

2　水を持ってくる

3　スープを持ってくる

4　コーヒーを持ってくる

2番

1　友達のアカウントに残高追加し、それを印刷する

2　男の人にプリントアウトしてもらい、PDF形式で送る

3　注文したデータが届くまで５分待ち、その場で友達に渡す

4　サインインをしてから、ギフト券の価格や模様を決定する

3番

1　サプリの効果について正しく検討する

2　サプリの摂取の前に、自分の食生活を見直す

3　サプリの摂取時、最小限になるように注意する

4　サプリの量が適切になるように気をつける

4회

4番

1　地震や津波の時に、海外でも安心して家族の情報が分かるように使う

2　前もって受信設定せず、ケータイの種類に関係なく使う

3　自分がどのサービスの商品に加入しているか、確認してから使う

4　電波がよく届く場所で、いつも電源を入れたまま使う

5番

1　蚊除けのためになるべくたくさんの殺虫剤を用意する

2　日差しに肌を露出するのは避けて、許可されている場所だけで撮影する

3　多少暑くても通気性のいい長袖や短パンを用意する

4　マサイ族の現金収入していない場所に入らないように気を付ける

問題 2

問題2では、まず質問を聞いてください。そのあと、問題用紙のせんたくしを読んでください。読む時間があります。それから話を聞いて、問題用紙の1から4の中から、最もよいものを一つ選んでください。

例

1 子連れ出勤に賛成で、大いに勧めるべきだ

2 市議会に、子供を連れてきてはいけない

3 条件付きで、子連れ出勤に賛成している

4 子供の世話は、全部母親に任せるべきだ

1番

1 涼しいより暑い方が好きだから

2 エアコンの不調が改善しないから

3 新しいエアコンの出番がないから

4 新しいエアコンも使いにくいから

2番

1 昨日までに資料を完成させなかったから

2 相手に資料が届いていなかったから

3 資料を送る時、上司に連絡しなかったから

4 上司の確認なしに資料を送ったから

3番

1　何回も同じ道を繰り返し通ること
なんかい　おな　みち　く　かえ　とお

2　不動な目印と同じ出入り口にすること
ふ どう　めじるし　おな　で い　ぐち

3　自分の前後左右を何回も確認すること
じ ぶん　ぜんごさゆう　なんかい　かくにん

4　最初は動く目印と違う出入り口にすること
さいしょ　うご　めじるし　ちが　で い　ぐち

4番
ばん

1　辛い時は、思い切り泣くのがいい
つら　とき　おも　き　な

2　目の前の仕事より、先の事を考える
め　まえ　しごと　さき　こと　かんが

3　新入社員は仕事はほどほどでよい
しんにゅうしゃいん　し ごと

4　仕事も人間関係もそのうち慣れる
し ごと　にんげんかんけい　な

5番

1　見る人によっていろんな見方ができること

2　日常の風景をリアルに描いていること

3　見る人に元気を与えること

4　色使いが非常に豊かであること

6番

1　何も考えずに個人情報をネット上に公開すること

2　個人情報をちゃんと保護する法律がないこと

3　個人情報を発信するサービスが危険だということ

4　個人情報が簡単に手に入るサービスが増えたこと

問題 3

問題３では、問題用紙に何も印刷されていません。この問題は、全体としてどんな内容かを聞く問題です。話の前に質問はありません。まず話を聞いてください。それから、質問とせんたくしを聞いて、１から４の中から、最もよいものを一つ選んでください。

— メモ —

問題 4

問題4では、問題用紙に何も印刷されていません。まず文を聞いてください。それから、それに対する返事を聞いて、1から3の中から、最もよいものを一つ選んでください。

― メモ ―

問題 5

問題5では、長めの話を聞きます。この問題には練習はありません。
問題用紙にメモをとってもかまいません。

1番、2番

問題用紙に何も印刷されていません。まず話を聞いてください。それから、質問とせんたくしを聞いて、1から4の中から、最もよいものを一つ選んでください。

— メモ —

3番
まず<ruby>話<rt>はなし</rt></ruby>を<ruby>聞<rt>き</rt></ruby>いてください。それから、<ruby>二<rt>ふた</rt></ruby>つの<ruby>質問<rt>しつもん</rt></ruby>を<ruby>聞<rt>き</rt></ruby>いて、それぞれ<ruby>問題用紙<rt>もんだいようし</rt></ruby>の1から4の<ruby>中<rt>なか</rt></ruby>から、<ruby>最<rt>もっと</rt></ruby>もよいものを<ruby>一<rt>ひと</rt></ruby>つ<ruby>選<rt>えら</rt></ruby>んでください。

質問1
しつもん

1　日本2都市周遊7日間
2　添乗員同行日本旅行7日間
3　東京フリー5日間
4　エコノミー東京フリー5日間

質問2
しつもん

1　日本2都市周遊7日間
2　添乗員同行日本旅行7日間
3　東京フリー5日間
4　エコノミー東京フリー5日間

실전모의고사
5회

N1

言語知識（文字・語彙・文法）・読解

（110分）

注　意
Notes

1. 試験が始まるまで、この問題用紙を開けないでください。
   Do not open this question booklet until the test begins.
2. この問題用紙を持って帰ることはできません。
   Do not take this question booklet with you after the test.
3. 受験番号と名前を下の欄（らん）に、受験票と同じように書いてください。
   Write your examinee registration number and name clearly in each box below as written on your test voucher.
4. この問題用紙は、全部で31ページあります。
   This question booklet has 31 pages.
5. 問題には解答番号の 1 、 2 、 3 、… が付いています。解答は、解答用紙にある同じ番号のところにマークしてください。
   One of the row numbers 1, 2, 3 … is given for each question. Mark your answer in the same row of the answer sheet.

受験番号 Examinee Registration Number	

名 前 Name	

問題1　＿＿＿＿の言葉の読み方として最もよいものを、１・２・３・４から一つ選びなさい。

1 人々を悩ませている害虫を全部退治した。

1　たいじ　　2　たいち　　3　だいじ　　4　だいち

2 その修正案は検討に値する。

1　ねする　　2　あたいする　　3　ちする　　4　かちする

3 次は、寄付金控除のご案内です。

1　くうしょ　　2　くうじょ　　3　こうしょ　　4　こうじょ

4 試合は予想を覆す結果となった。

1　くつがえす　　2　おびやかす　　3　まぎらす　　4　こころざす

5 領土問題をめぐり、両国の溝はさらに深まった。

1　ふち　　2　みぞ　　3　わく　　4　やみ

6 私の母は、８０歳を過ぎて体力が著しく衰えてきたようだ。

1　はげしく　　2　おびただしく　　3　いちじるしく　　4　めざましく

5회

問題２　（　　　　）に入れるのに最もよいものを、１・２・３・４から一つ選びなさい。

7　担当医は、難しい専門用語は（　　　　）避け、わかりやすい言葉で説明してくれた。

1　極力　　2　大幅に　　3　即座に　　4　軒並み

8　仙台市は観光客減に（　　　　）をかけるために、一刻も早く対策を立てるべきである。

1　鍵　　2　歯止め　　3　手間　　4　拍車

9　Ａ社とＢ社の社長同士の合併の話し合いは、緊張した表情も見えたものの、まずは順調な（　　　　）をうかがわせた。

1　すべりだし　　2　ふりこみ　　3　かけだし　　4　もちこみ

10　この授業では、歴史的事実を（　　　　）観察することを通じて、日本経済の歴史について理解できるようになることを意図しています。

1　一気に　　2　しいて　　3　つぶさに　　4　一概に

11　新型コロナウイルス感染症は、私たちの生活に（　　　　）な影響を与えた。

1　盛大　　2　甚大　　3　絶大　　4　巨大

12　東日本大震災復興事業は、被災者の（　　　　）努力と相まって、確かな成果を残した。

1　ひたむきな　　2　うつろな　　3　たくみな　　4　おおまかな

13　他の産業との（　　　　）もあり、林業だけを国有化するのはそう簡単な問題でない。

1　つれあい　　2　とりあい　　3　こみあい　　4　かねあい

問題３　＿＿＿＿の言葉に意味が最も近いものを、１・２・３・４から一つ選びなさい。

14 本日より閉店時間を１時間<u>繰り上げて</u>、１８時とさせていただきます。

1　早めて　　2　遅らせて　　3　延ばして　　4　取り戻して

15 冬山は本当に危険。もし道に迷ったら、<u>引き返す</u>のが原則だ。

1　たちどまる　　2　やめる　　3　もどる　　4　たえる

16 友だちから借りていた借金を<u>なし崩しにした</u>。

1　少しずつ返した　　2　一度に返した

3　返さないことにした　　4　早く返した

17 山田教授は自説を<u>言い張った</u>。

1　確かめた　　2　立てた　　3　捨てた　　4　主張した

18 様々な規制緩和や海外との経済連携で、日本の企業は新たな市場を<u>開拓する</u>ことができた。

1　きりひらく　　2　ふみきる　　3　きりかえる　　4　たちきる

19 政府の発表によると、原発の寿命は４０年が一つの<u>目安</u>になっているそうだ。

1　予想　　2　兆し　　3　基準　　4　たより

問題４　次の言葉の使い方として最もよいものを、１・２・３・４から一つ選びなさい。

20 潔い

1　女性はシンプル且つ<u>潔い</u>服装の男性を好む。

2　この病院は安全で安心できる医療と<u>潔い</u>病室で評判になっている。

3　大晦日を迎え、家中の大掃除をしたら心まで<u>潔く</u>なった気分だ。

4　このアプリで「もう優柔不断ではない、すぱっと決断できる<u>潔い</u>性格の人」になれます。

21 じれったい

1　子供の時から集団になじむことが苦手で、今でも<u>じれったい</u>人間関係はなるべく避けたい。

2　みんなの前で誉められるのは何だか<u>じれったい</u>。

3　<u>じれったい</u>彼に自分から先に告白しようと思う。

4　自分の彼は重い荷物をさりげなく持ってくれるし、<u>じれったい</u>。

22 かねがね

1　インターネットを通じて、世界中の膨大な情報を<u>かねがね</u>探し出せる。

2　スポーツ界において企業と地域の連携は、<u>かねがね</u>重視されてきている。

3　相手を不快にさせず、<u>かねがね</u>断るコツを教えてください。

4　大好きなお酒やたばこを<u>かねがね</u>断つのはどうしても難しいだろう。

23 相容れない

1　彼の主張の中には、同意できる意見もあれば、全く<u>相容れない</u>ものもあった。

2　世の中には自分で自分を<u>相容れなくて</u>苦しんでいる人も、大勢いると思う。

3　偏見の目にさらされるのが怖くて、自分の子供の発達障害を<u>相容れない</u>親も多い。

4　日本は曖昧さや失敗を<u>相容れない</u>というイメージが強い。

24 潤う

1　甘い香りの<u>潤う</u>店内には、焼き立てのおいしいチーズケーキが並んでいる。

2　自分で考える力を<u>潤う</u>ためには、視野を広げることが重要である。

3　首相は、電力に占める再生可能エネルギーの割合を２０％とする目標を<u>潤った</u>。

4　これまで素通りしていた観光客を市内に呼び込み滞在してもらえれば、地元は<u>潤う</u>だろう。

25 施錠

1　飼料用トウモロコシの値上げの影響は大きく、牛乳にも<u>施錠</u>し始めている。

2　警察は容疑者の自宅から、パソコンやスマホなどの通信機器などを<u>施錠</u>した。

3　その会社は、地震で会社の<u>施錠</u>すら危ぶまれる事態に追い込まれた。

4　その倉庫には、ポンプや工具などが収納されており、普段は<u>施錠</u>されている。

問題5　次の文の（　　　　）に入れるのに最もよいものを、1・2・3・4から一つ選びなさい。

26 介護は育児と違い終わりが見えない（　　　　）、介護を理由に離職する人は年間約10万人近くに上っている。

1　ごとき　　2　ながら　　3　ゆえに　　4　とはいえ

27 彼の立場を思うと（　　　　）が、いまさらながら、悔やみきれない。

1　分からなくてもない　　2　分からないでもない

3　分からなしにでもない　　4　分からなくてもいい

28 山田教授は、血液型は血液中のタンパク質によるものであって、性格とは（　　　　）関係ないと述べた。

1　いかに　　2　なんら　　3　かりに　　4　あえて

29 美術に関しては、天才とまでは（　　　　）、かなり強い素質はあると思う。

1　言わなくまでも　　2　言えないまでに

3　言われないまでに　　4　言わないまでも

30 他国にはまだまだ（　　　　）辛い肉体労働を強いられている貧しい子供がいる。

1　聞くにたえない　　2　聞くにかたい

3　聞くにたる　　4　聞くにかたくない

31 よろしければ、製品を使用した後のご感想を（　　　　）が、いかがでしょうか。

1　聞いていただきたくございます

2　聞いていただきたく存じます

3　聞かせていただきたくございます

4　聞かせていただきたく存じます

32 東京に行ったのは久々だが、親友には（　　　　）でそのまま実家に向かった。

1　会えないあげく　　　　2　会えずじまい

3　会うもがな　　　　4　会えるのもしない

33 今回の人生価値観に関する調査結果からは、家庭生活を大事にしたいと思いながら、仕事を（　　　　）人が多い実情がうかがえる。

1　優先しきれない　　　　2　優先するがゆえの

3　優先せざるを得ない　　　　4　優先するに越したことはない

34 大事なことで討論中なのに、議題と関係のない話をするなんて（　　　　）。

1　もってのほかもある　　　　2　もってのほかない

3　もってのほかもしない　　　　4　もってのほかだ

35 来週の会議資料を添付いたしました。お忙しいところ恐れ入りますが、（　　　　）よろしくお願いいたします。

1　ご確認のほど　　　　2　ご確認いたすほど

3　ご確認くださるほど　　　　4　ご確認させていただくほど

5회

問題6　次の文の＿＿★＿＿に入る最もよいものを、1・2・3・4から一つ選びなさい。

（問題例）

あそこで ＿＿＿＿ ＿＿＿＿ ＿＿★＿＿ ＿＿＿＿ は山田（やまだ）さんです。

1　テレビ　　2　見ている　　3　を　　4　人

（解答のしかた）

1　正しい文はこうです。

あそこで ＿＿＿＿ ＿＿＿＿ ＿＿★＿＿ ＿＿＿＿ は山田（やまだ）さんです。
1 テレビ　3 を　2 見ている　4 人

2　＿＿★＿＿ に入る番号を解答用紙にマークします。

（解答用紙）

（例）	①　●　③　④

---

36 場合によっては記録にさえ残らない出来事でも、＿＿＿＿ ＿＿＿＿ ＿＿★＿＿ ＿＿＿＿ があると思う。

1　場所　　2　歴史　　3　ならではの　　4　その人や

37 一昔前まで、日本は世界で最も安全な国と言われていたが、＿＿＿＿ ＿＿＿＿ ＿＿★＿＿ ＿＿＿＿。

1　自信を持って　　2　言い切れなくなった

3　そう　　4　現状では

38 今回の試合の結果は ＿＿＿＿ ＿★＿ ＿＿＿＿ ＿＿＿＿ おかげで最後まで頑張れたと思います。

1　みなさんの　　2　応援の　　3　どうで　　4　あれ

39 雇用の安全網の外にいる ＿＿＿＿、＿★＿ ＿＿＿＿ ＿＿＿＿ べきである。

1　生活費を支給し　　2　政府は新基金を創設して
3　再就職を支援する　　4　労働者たちを救済するため

40 あんなちっぽけな口喧嘩で離婚 ＿＿＿＿ ＿＿＿＿ ＿★＿ ＿＿＿＿ ことだ。

1　なんて　　2　にまで　　3　ありえない　　4　発展してしまう

問題７　次の文章を読んで、文章全体の趣旨を踏まえて、［41］から［44］の中に入る最もよいものを１・２・３・４から一つ選びなさい。

おばあちゃんの梅干し

今年もいよいよ梅雨の季節がやってきた。この季節になるといつも、おばあちゃんの梅干しを思い出す。

私の実家には、梅の木が何本もあり、たくさんの実を収穫することができた。そして、家族みんなで梅のヘタをくり抜く地道な作業をやっていた。量が多ければ多いほど、大変な作業で、やっとそれが終わると、今度は梅干しを作ることになる。梅干し作りはとても手間のかかる作業で、またこの季節がやってきてしまったと、［41］ため息がもれたりもした。

３月にきれいな花を咲かせた実家の梅の木は、６月になるとたくさんの実をつける。この時期は市場でも梅が出回るので、自宅に梅の木がなくても、わが家の梅干しを作ることができる。

おばあちゃんが漬ける梅干しは、減塩なしだった。子供の頃は、「しょっぱい！」と思っていたが、こちらの方が長期保存がきくし、１年２年と時間を［42］味もまろやかに変わっておいしくなる。実家の冷蔵庫には、10年前に漬けた梅干しもあるぐらいで、こうなると、梅干しはもううちの家宝だと言ってもいい。

それに、梅干しだけでなく、その副産物も存分に味わうこともできた。梅からにじみ出た梅酢は、夏場に梅ジュースにして飲んだりした。暑い夏、汗で塩分を失った体に、梅の酸味と塩気が染み入り、夏バテ予防や疲労回復に役立った。疲れた体を［43］復活させてくれたのだ。また梅の酸味は、体内の消化器官を刺激し、消化酵素の分泌を促進してくれるそうだ。

梅干しは、ずっと前から栄養豊富なスーパーフードとして日本人に［44］が、夏バテ予防や疲労回復以外にも、血行促進や食欲増進などの効果もある体にいいヘルシーな食品だ。日々の生活の中で少し疲れを感じたときは積極的に食事に取り入れることをおすすめしたい。

41

1　思うまま　　2　思えて　　3　思わず　　4　思わぬ

42

1　割くごとに　　2　要するごとに

3　重なるごとに　　4　追うごとに

43

1　みるみる　　2　かねてから　　3　だしぬけに　　4　じかに

44

1　重宝しはじめた　　2　重宝されはじめた

3　重宝してきた　　4　重宝されてきた

問題8　次の（1）から（4）の文章を読んで、後の問いに対する答えとして最もよいものを、1・2・3・4から一つ選びなさい。

（1）

少子化問題が深刻となっている今時、さくら市では必要な時間に子供を預かってくれる新たな保育サービスを導入し、今年４月から試験運営をはじめた。これまでのさくら市の認可保育園の申請するための最低勤務条件は「週４日かつ１日６時間以上」で、これ以下では申請すら受け付けてもらえなかった。認可保育園に落ちた人は料金の高い無認可保育園に預けて認可保育園の空きを待つことになるのが現状である。

このサービスは、子育て中の女性が、冠婚葬祭（注）や、急病、リフレッシュ、または非常勤の仕事をやっていける環境を整備、多産化を目指すという。非常勤の仕事が故に急遽仕事が入ることも多いが、この保育サービスは当日申し込んでも預けられる。

このサービスの常連客は、急用ができた主婦やフリーで働く母親ら。さくら市は今年４月から、少子化対策として、試験的に施設を運営するという。

（注）冠婚葬祭（かんこんそうさい）：人間が生まれてから死ぬまで、および死んだ後に家族や親族の間で行われる行事全般

45　この文章の内容としてもっとも正しいものはどれか。

1　実の父親の通夜へ行くためにこの保育サービスを利用できる。
2　この保育サービスの狙いは低所得層の経済的負担を軽減することだ。
3　この保育サービスを受けるためには事前予約が必要だ。
4　この保育サービスはフルタイムで仕事をしている人に有利だ。

(2)

取締役社長　川人努様

令和６年９月15日

国内営業企画部　上田正雄

人事異動について〈上申〉

私、上田は、去る９月10日付けの辞令によって、本年10月１日を以って沖縄支店への転勤を命じられました。しかしながら、下記の理由により沖縄支店勤務は困難であります。

何卒ご再考の上、辞令を撤回していただけますようお願い申し上げます。

記

1. 要介護の親（83歳・81歳）と同居しており、夫婦で自宅介護に当たっております。
2. 都内私立高校２年の娘と都立中学３年の息子がおります。
3. 従って、家族連れの転勤は不可能であり、単身赴任も含めて極めて困難でございます。

以上

46 この文章の内容として正しいのは何か。

1　上田さんは、理由のいかんに関わらず来月中に沖縄支店へ転勤せねばならない。

2　上田さんは、来月から家族お揃いで沖縄へ転勤することになっている。

3　上田さんは両親のことが気がかりで転勤をちゅうちょしているようだ。

4　この人事異動の発令を担当する部署では、上田さん夫婦のみの転勤を願っているようだ。

5회

(3)

あるネットリサーチ会社が、新人の頃の自分と比べて、今時の新人に足りない点は何かと聞いたところ、「空気が読めない」が最も多く、次いで「上司や先輩への報告・連絡・相談などが苦手」で、回答の40%を超えている。が、社会に出たばかりの新人なら空気が読めなくて当然のような気がしなくもない。さらに「わざと事務室の空気に合わせようとしない」新人もいるかもしれない。

また、社会人の基本とも言える「報告・連絡・相談の仕方」。もちろんまだ新人なので「何を報告するのか」と戸惑ってしまう場合も多いと思う。このような場合、新入社員は上司や先輩に「懇切丁寧(注1)な指導をいただきたい」と思っているが、上司や先輩社員の大多数は「自分で考えて行動で見せてほしい」と求めている。会社員の意識調査などで、上司と新入社員の間に、こうした隔たりが見られる。近年の新入社員は、子供の頃からソーシャル・ネットワーキング・サービス(ＳＮＳ)と育った世代である。ネットの文字によって情報を得、その文字によるコミュニケーションに慣れている新人に、もはや「あうんの呼吸(注2)」は通用しないと心得た方がいいかもしれない。「これくらいならいちいち教えなくても分かるだろう」などと言わず、難しい用語や専門的なことはしっかりと説明することも大切であろう。

(注1)懇切丁寧：細かいところまで注意が行き届いていて、とても手厚くて親切なこと

(注2)あうんの呼吸：2人以上で何かをする際に息が合っている様子

47 この文章の内容として正しいものはどれか。

1　今時の新入社員は、職場の雰囲気をよく汲み取るらしい。

2　最近の上司と新人は、お互いに対して大してギャップを感じていないらしい。

3　今時の新人はＳＮＳのおかげで、実際のコミュニケーションにも慣れている。

4　筆者は、今時の若者に対して寛容的な態度をとっているらしい。

(4)

政府は、遺伝情報（ゲノム）を活用して患者ごとに最適な治療を行う「ゲノム医療」の実用化に向けた推進方針をまとめた。

国内三つのバイオバンクで集積している遺伝情報のデータ形式などをそろえ、研究に有効活用する。また、がんや一部の認知症、希少難病などについて、発症に影響する遺伝子の研究を重点的に進める。関係府省による「ゲノム医療実現推進協議会」で決定し、来年度からの予算に反映する。

ゲノム医療は、病気の原因となる遺伝子を突き止めて治療法を開発するほか、薬の効き目や副作用の出やすさといった体質の違いも遺伝情報から把握し、それぞれの患者に適した薬を選ぶなどして治療の効果を高めるもの。実現するには、多くの人数を対象とした調査によって、遺伝子と体質などの関連を突き止める必要がある。

5회

48 「ゲノム医療」に関して正しいものはどれか。

1 「ゲノム医療」の実用化で、難病治療などにかかる医療費の負担をだいぶ省けそうだ。

2 「ゲノム医療」の実用化は、希少難病の治療のみならず、製薬分野への貢献も期待されている

3 「ゲノム医療」の実用化で、がんや認知症など、ほとんどの希少難病の完治が予想されている。

4 「ゲノム医療」の実用化は、政府の投資を受け、国内民間研究機関の主導で推進されている。

問題９　次の(1)から(4)の文章を読んで、後の問いに対する答えとして最もよいものを、１・２・３・４から一つ選びなさい。

(1)

紫外線が気になる美肌派の人は出かけるたびに、こまめに日焼け止めクリームを塗って紫外線を遮ろうとする。そればかりか、サングラスや日傘も欠かさない。日焼けした肌はシミやソバカスの原因になり、皮膚ガンになりやすいと言われているが、皮膚ガンは一部の白人に関係することが多く、ほとんどの道路がアスファルトに舗装されている都市ではその危険性は少ない。なぜかというと白色は紫外線を反射し、黒色は紫外線を吸収するからである。

ここでは健康にメリットになる日光浴の大切さにつき論じてみよう。

それでは日光浴は健康とどのような関係があるのか。まず、体内のビタミンDの生成である。ビタミンDは太陽の光を浴びることで作られ、免疫力を高め、ガンの細胞を正常な細胞に戻し、骨粗しょう症予防にも効果的だと言われている。ビタミンDレベルの高い人は、大腸ガンやすい臓ガンなど多様な癌になる可能性を２０％～８０％まで低下させ、高血圧や糖尿病の発病率も減少させ、心臓病や脳梗塞も予防すると言われている。他にもビタミンDは骨を強くするので成長する子供やお年寄りに日光浴は必須である。

尚、太陽光は「うつ病」にも効果がある。人に穏やかな感情を与える作用をするセロトニンという頭内物質がある。この物質は太陽の光を浴びることによって、分泌量が増加する。普段、小さなことでもすぐ切れたり、いらいらしたりする性格なら、太陽光の不足が原因であるかもしれない。

他にも日光浴は脳血管の血流を向上させるので頭痛にも効果がある。血流がよくなると筋肉は緩み、ストレスも解消する。熟眠や冷房病にも利くので、毎日の10分ぐらいの日光浴の習慣は現代人をもっと元気にする一番簡単な方法かもしれない。

紫外線は紙やガラスにも吸収されるので、主に室内で働く人なら日差しが当たるところでも日光浴はできる。またビタミンDは貯蓄もできるので、もし、この夏、南の島に出かける予定があるのなら、日焼けを満喫して、太陽光が弱い冬の時期に備えるのはどうだろう。

49 日光浴が健康にメリットになる点ではないものはどれか。

1 心が穏やかになり、怒りっぽい性格ではなくなる。
2 ガンを引き起こしたり、骨折する可能性が低くなる。
3 ぐっすり眠れ、「うつ病」の治療に役立つ。
4 骨を健康にするので、高齢者の長寿の原因になる。

50 本文の内容と合っているものはどれか。

1 ビタミンDの生成のために必ずしも外で散歩しなくてもいい。
2 特定の人種だけが皮膚ガンになる。
3 何年も地下で働いている人は、焦ってしまい、仕事に過ちを犯しやすい。
4 夏の日光浴の回数によって、セロトニンの貯蓄量が決まる。

(2)

私は会社で従業員の健康や安全管理を担当する産業医をしていますが、従業員との面談の際、皆さん疲れているんだなと感じることが多いんです。私たちは仕事中、無意識に緊張しています。この緊張感をうまく緩めないと、心身の不調につながってしまいます。ポイントは時間を区切ることです。食事したり、コーヒーやお茶を飲んだりして休憩をはさむことで仕事からの緊張感を一時的に緩和することができます。時間を区切るということは、緊張の原因を直接取り除くのではなく、休みを積極的に取り入れていくことを意味します。

休日に次の日の仕事に備えて資料をまとめたり、復習したりして過ごすことが決していけないとは言いませんが、それでは日々の緊張感は体から取れません。もしも、１週間に１日しか休みが取れないなら、休みの日くらいは仕事のことは一切考えないようにしたほうが、日々の緊張感はほぐれます。うまくできれば、たった１日でもその効果を最大数週間にわたって発揮させることができます。ただそのために、疲れてから休むのではなく、疲れる前にあらかじめ休憩を取り入れることが大切です。

マラソン選手はのどが渇いてから水を飲みません。あらかじめ、給水ポイントを決めて水を飲んでいるのです。仕事についても同様に疲れてから休むのではなく、疲労が溜まりそうな時期に休むようにしましょう。ある研究結果によると、事前に休暇の予定を計画しておくことで幸福度が上がったというものがあります。

皆さんも今までに一度は休日が近づくにつれてウキウキした経験があるのではないでしょうか。たとえ短い休みでも、あらかじめ楽しみにしている予定を計画することで、その効果を最大限生かすといいでしょう。

51 うまくできればとあるが、どうすればよいか。

1 疲れを感じたと思ったら、一日休みを取り、その日は仕事のことは一切考えないようにする。

2 今まで以上に仕事を一生懸命頑張り、まとまった休暇がとれるようにする。

3 疲れる前に休暇の計画を立て、休みの間、仕事のことは一切考えない。

4 休日に次の日の仕事の資料をまとめておくことで、翌日の仕事で疲れないようにする。

52 この文章で筆者が最も言いたいことは何か。

1 仕事と休みの時間をはっきり区切り、緊張感を断ち切ることで心身の健康が保てる。

2 仕事中に休みを効率的に取り入れることで作業の効率が上がる。

3 緊張感を断ち切るためには疲れたと感じたら、すぐに休みを取るべきである。

4 1日でも休みがあればウキウキして幸福度が上がるので、積極的に休みを取るとよい。

(3)

今年に入り、欧州連合（EU）の主要２０カ国のうち、半分ぐらいの国が金融緩和政策を行った。金融緩和というのは景気が悪化した時、銀行が現金を発行することで世の中の通貨の量を増やしたり、国債を買い上げたりして、資金調達を容易にする政策を意味する。

現在の日本は経済成長率、物価、企業の投資、金利が歴史的最低水準に止まっていて２５年目の不況だと言われているが、アメリカを始め、ヨーロッパやアジアも程度や時間の差はあるけれど、さほど状況は変わらない。すなわち、「不況」というのはもはや世界中が抱えている国際的の問題である。

不況の原因を明確に説明するのは難しいかもしれない。最近は若い世代の就職率の低下と共に、晩婚化による出産率も減少している。その上、高齢化による平均寿命の増加はますます未来への不安を招いている。そのゆえ、人は消費を減らし、貯金に走ってしまう。消費が頭打ちになり、お金の循環が悪くなる。その結果、景気が停滞してしまうのがデフレである。

悪くなったお金の循環をよくするため、前文にも述べたように各国を代表する銀行は金利を下げるのだ。安い金利でお金を借りやすくなった民間は個人では株式や家を買ったり、企業では設備投資などをしたりするようになる。また政府は国債を発行し、調達した資金で公共事業などを行う。そうすることで雇用は創出され、収入が生まれた民間はさらに消費に回すという仕組みである。

しかし不況時は誰もが消費を絞りがちなので、この対策は効果を発揮できなくなるかもしれない。根本的な対策の不在のまま、不動産の活性化や政府の社会的間接資本への投資は借金だけを増加させる結果をもたらしかねない。いつまでも過去の論理だけを追い続けるわけにはいかない。

それでは、国家や国民は未来に備え、どう動くべきだろう。科学の発展で専門職でも職場を無くす可能性があり、企業が所有している技術力はいつでも他社や他国に追い越される時代になりつつあるのを認識してほしい。政府は過去の失敗を繰り返さないで、冷静な考え方で未来の産業に投資すべきであり、個人は減少した収入に合わせた生き方を模索しなければならない。

53 悪くなったお金の循環をよくするためにはどうすればいいのか。

1　個人は銀行からの借金を早いうちに返済する。

2　政府や地方政府などがITのための光ファイバーケーブル網を整備する。

3　民間企業は技術革新を促進し、他者に追い越されないようにする。

4　各国を代表する銀行は今のようにゼロ金利を維持する。

54 本文の内容と合っているものはどれか。

1　デフレとは物の値段が下がり、お金の価値も下がり続ける状態のことを言う。

2　デフレから脱却するためには、物価水準を上昇させ、企業の設備投資を援助すべきだ

3　不況から抜け出すためには、個人は貯金を止め、消費に走るべきだ。

4　不況の解決のためには国家や個人は未来への新しい一歩を踏み出す必要がある。

(4)

小学生の息子の教科書を見てびっくりしたことがある。たかが小学生の教科書と思いきや……、今時の子供って大変だなとつくづく思った。

今思い返せば、私は勉強のできない子だった。特に算数がだめで、小２のとき勉強した九九が覚えられなく、放課後、みんなが帰った教室に残って先生と二人っきりで九九の練習をしていた。

ににんがし、にさんがろく、…… 繰り返し唱えていた。ところがこの九九の暗唱、誰にでも覚えやすい方法ではないようで、ただ私の「認知特性」に合っていなかっただけかもしれない。

「認知特性」とは、物事を理解したり、記憶したりする方法で、人によって個人差があるという。同じものを見ても、理解した内容や反応が違う。また個人内でも、視覚、聴覚、触覚、味覚、嗅覚等の五感に違いがあることが明らかになっている。具体的には、視覚的な処理は苦手で、図や絵を見ただけでは意味が分からないが、聴覚的な処理は得意であるため、音や声を聴けば課題が解決できる人もいる。これは人それぞれ得意なインプット、アウトプット方法があることと関係している。このように、一人一人にある独特の認知を「認知特性」と呼ぶ。

小児神経専門医によると、人には生まれつき持っている感覚の強弱があるという。たとえば視る力や聴く力などの強弱により、得意な学び方に違いが生じ、これで習熟度(注)の違いも生じるわけである。また「認知特性」は、生まれながらにある程度決まっており、大きく変えることは難しいという。たとえ変えることは難しくても<u>自分の特性を知っているということは、大変有意義なことだと思う</u>。

ところが残念ながら、実際の学校現場ではこの「認知特性」がほとんど考慮されてこなかったようだ。「認知特性」に応じ、楽しく覚えられる方法を工夫する必要もあると思う。

もし先生や親が私の特性をとらえていたなら、あの補習もしないですんだかもしれない。

(注)習熟度（しゅうじゅくど）：習得の度合い

55 自分の特性を知っているということは、大変有意義なことだと思うのはなぜか。

1　先天的に持っている自分の感覚がとらえられ、自己流の学習ができると思うから

2　各々の子供に合う、区々な九九の学習方法を見つけるのに大変役立つと思うから

3　自分の特性を把握することにより、身体の各器官、特に五感の発達に役立てると思うから

4　自分の特性を知っているということは、個性を活かすのに役立つと思うから

56 この文章で筆者のもっとも言いたいのはどれか。

1　繰り返し九九の一覧表を暗唱させるだけでは、子供に九九は覚えさせることはできない。

2　五感の中である特定の感覚に長けている人は、ほかの感覚にも長けている場合が多い。

3　今時の小学生は習熟度が違うのに、みんなに同じぐらいの学習量が与えられるのは不当である。

4　これからの教育現場では、子供各自に当てはまる勉強の仕方を探るのが大事である。

問題10　次の文章を読んで、後の問いに対する答えとして最もよいものを、1・2・3・4から一つ選びなさい。

人間の身体の中には、一日周期でリズムを刻む「①体内時計」というものがあり、普通、昼は活動状態に、夜は休息モードになります。この体内時計を動かしているのが脳内で時間を刻む時計遺伝子です。

もしあなたの体内時計のタイプが「超夜型」や「夜型」だったら、「1日24時間という実生活」の時間とのズレをリセットする必要があります。

体内時計のズレをリセットするのに最も効果的で誰でもできる簡単な方法が、朝起きたら「朝日を浴びる」という方法です。

朝5時から昼12時の午前中の太陽光を浴びると、体内時計が遅れ気味の人は前倒しに調整することができます。というのも、目から入った太陽光は体内時計を司る時計遺伝子に直接働きかけ、体内時計をリセットしてくれるからです。朝起きてまずすることは、カーテンを開けて窓から入ってくる朝日を浴びることです。晴れの日でも曇りの日でも雨でも、その日の天気は関係ありません。曇った日でも照度(光の明るさを表す単位)は1万ルクスもあります。これはコンビニの5倍の明るさです。時報を聞いて時計のズレを直すように、毎朝朝日を目でキャッチして、体内時計のズレをリセットします。

どうしても目覚ましに反応できない人は、寝る前に遮光性のカーテンを開けておいて、朝の光が室内に届くようにしてから寝るのもオススメです。そうすれば、朝日の中で光りを感じながら目を覚ますことができます。

女性の場合は遮光カーテンを開けたまま眠るのは抵抗があるかもしれませんが、人間の脳は目をつぶっていても目の奥にある網膜で光を感知しますので。毎日欠かさず同じ時間に起きて、朝の光を浴びていれば、徐々に体が慣れてきて朝型の生活パターンへ移行させることができます。

ここで大切なことが2つあります。1つ目は、「毎日続ける」こと。仕事や学校がある平日だけでなく、土日もなるべく平日と同じ時間に起きて、起きたらまず朝日を浴びます。2つ目は、「土日の寝だめしない」こと。

週末に寝だめをしてしまうと、月曜日から金曜日の5日間かけて調整した体内時計のズレが2日で元に戻ってしまうからです。その結果、月曜日に起きられなくなってしまうのです。つまり、朝早いパターンに慣れ始めていた体内時計が、週末の寝だめによって一気に狂ってしまうのです。

平日の睡眠不足を一気に解消しようとした週末の寝だめは「②百害あって一利なし」と思って下さい。

57 ①体内時計とは何のことか。

1　人間の心身の働きを調整するもので、ズレは心臓が行う。

2　人間の生活リズムを調整するもので、心臓が司る。

3　人間の一日のホルモン量を調節するもので、ズレは脳が行う。

4　人間の生態リズムを調節するもので、脳が司る。

58 この文章で ②百害あって一利なしとは何を意味するか。

1　夜型の習慣は悪いことが百回あっても、良いことは一つもないという意味

2　毎日の習慣を二日間しなかったことで、また調整前の状態になるという意味

3　夜型の体内時計を朝型にリセットすれば、心身に良いことばかりあるという意味

4　毎日の習慣を一日破ったことで、身体の臓器の働きが狂うという意味

59 筆者はこの文章で伝えたいことは何か。

1　体内時計のズレをリセットするには、毎日眠くても決まった時間に起きよう。

2　まとめて寝たりせずに朝日を毎日浴びる習慣をつけて体内時計のズレをなくそう。

3　体内時計のズレはリセットしても、すぐに狂うので十分注意しよう。

4　睡眠の貯金は体内時計を狂わす原因になるので、晴れた日にたっぷり朝日を浴びよう。

問題 11　次のAとBはそれぞれ、大学の秋入学実施について述べた文章である。AとBの両方を読んで、後の問いに対する答えとして最もよいものを、1・2・3・4から一つ選びなさい。

A

A大学は、現行の４月の春入学から９月の秋入学に全面移行する改革を行うと発表した。世界の一流大学は専ら９月の秋入学であり、４月入学を採用している国は日本を含めごくわずかだという。世界の風潮に合わせることで、日本の学生が海外の大学に留学しやすくなり、海外からも留学生が来やすくなることで、大学のより一層の国際化を図ることが目的だそうだ。だが、本当に９月の秋入学への移行により大学の国際化にどれほど貢献するだろうか。英語による履修可能な科目を増やすなど大学の国際化のために、まずやるべきことは他にあるのではないだろうか。それよりも９月の秋入学に移行することで、３月の高校卒業から大学入学まで空白期間が生じ、所属先のない不安定さや家庭への経済的な負担といった問題のほうが多いだろう。

B

A大学は、９月の秋入学実施に向け本格的に始動する方針を打ち出した。３年後を目標に国際標準の９月の秋入学を導入し、海外の大学との学術及び人的交流を活発にさせる考えだ。しかし、その実現にはいくつか乗り越えなければならない問題がある。まず、卒業と就職の時期にズレが生じることだ。９月入学した学生の卒業時期は８月なのに、新卒採用の時期はこれまで通り４月だからだ。このズレが就職に不利だという意見が多い。この問題を解決するためには、A大学と共に９月の秋入学を実施する大学が増え、企業の採用時期もこれまでの４月の春から４月の春と９月の秋に二度実施するように改めなければならない。そのため、現在A大学は、単独で９月の秋入学に移行するのではなく、他の大学と連携を図ることで、経済界に変更を促している。

60 AとBのどちらか一方でのみ述べられている情報は何か。

1　９月の秋入学への移行の目的

2　９月の秋入学への移行の目標時期

3　９月の秋入学への移行までに解決すべき問題

4　海外の大学の主な入学時期

61 AとBは、それぞれ９月の秋入学についてどのような立場を取っているか。

1　AもBも否定的な立場である。

2　AもBも立場を明らかにしていない。

3　Aは立場を明らかにしていないが、Bは肯定的である。

4　Aは否定的だが、Bは立場を明らかにしていない。

問題12　次の文章を読んで、後の問いに対する答えとして最もよいものを、１・２・３・４から一つ選びなさい。

環境保護に配慮しながら電力の安定供給をどう実現するか。政府と電力会社の双方が真剣に取り組まねばならない。

経済産業省の有識者会議が、国のエネルギー政策の指針となる「エネルギー基本計画」の見直しの議論を始めた。焦点の一つは、基幹電源である石炭火力発電の活用策である。

石炭火力は燃料を安定調達でき、発電コストが安い。その反面、液化天然ガス火力の２倍の二酸化炭素（CO2）を排出するなど環境面で課題を抱える。

温暖化対策の枠組みである「パリ協定」の締約国である日本は、２０３０年度に排出量を１３年度比で<u>２６％減らす目標を掲げる</u>。

国内には約１５０基の石炭火力発電設備がある。発電量全体に占める比率は約３２％で、２０３０年度の政府目標を６ポイントも超えている。しかも新設計画が４０基以上ある。

「脱石炭」の世界的な流れに沿い、日本も石炭火力への過度な依存を避けるため、知恵を絞ることが求められる。

環境省は今月、Ｃ電力の大型石炭火力発電所計画に対し、CO2排出量の追加削減策を求める意見書を経済産業省に提出した。

計画の認可権限を持つ経済産業省もＣ電力が既に決めている老朽火力発電所の廃止計画を上積みするように勧告した。環境影響評価の審査対象外である発電所の存廃に言及したのは初めてだ。

Ｃ電力は、Ｔ電力と火力発電事業の統合を進めており、合計の発電量は、国内全体の半分を占める。両社が協力すれば、古い火力発電所を廃止し、CO2の排出量が比較的少ない最新鋭のものに入れ替える余地は大きい。

環境省の主張に慎重姿勢だった経済産業省が、石炭火力活用の現実策を提示したのは当然と言える。

新設計画を進める他の電力大手にも、環境対策で協業を促すことを期待したい。石炭火力から排出されるCO2を高圧で地下に閉じ込める技術の実用化を含め、有識者会議で議論を深めてほしい。

エネルギー基本計画では、原子力発電の中長期的位置付けも主要なテーマである。

エネルギー安全保障上、原発の利用は欠かせない。温室効果ガスをほとんど出さない原発は、パリ協定の目標達成にも資する。

資源が乏しい日本のエネルギー自給率は８％と主要先進国で最も低い。原発は、燃料価格が安定しているウランを使う。エネルギー安全保障上、有効活用するのは妥当である。政府は２０３０年度の発電量の２０～２２％を原発で賄う計画だ。目標達成には、福島の事故後に停止した原発を３０基程度再稼働させる必要がある。現状は５基にとどまる。

原発を基幹電源として活用するなら、再稼働への具体的な取り組みを強化すべきだ。

62 「エネルギー基本計画」の見直しの議論で政府と電力会社が真剣に取り組むことは主に何か。

1　地球温暖化防止のために、環境に配慮した再生エネルギーを開発すること
2　電力の安定供給のために、環境と発電コストを下げる努力をすること
3　地球温暖化防止のために、環境に配慮した発電方法を見直し具体策を練ること
4　環境保護に配慮しながら、「脱石油」「脱石炭」の流れに取り組むこと

63 26％減らす目標を掲げるとあるが、どういうことを意味するのか。

1　2030年までの17年間で火力発電の電力を26％減らすという意味
2　2030年までにCO2の排出量を26％減らす努力をするという意味
3　2030年までにCO2の排出量を26％までに減らす締結をしたという意味
4　2013年のCO2の排出量を30年後は26％までに減らしたいという意味

64 この文章で筆者が一番言いたいことは何か。

1　環境に配慮した電力の安定供給と低価格化の実現
2　世界の流れに沿った新エネルギーの開発と安定供給
3　環境に配慮した電力の安定供給策への取り組み強化
4　地球温暖化防止に貢献する原発の開発技術の研究

問題13　右のページは、大学生協が学生向けに掲示したアルバイトの案内である。下の問いに対する答えとして最もよいものを、１・２・３・４から一つ選びなさい。

大学院生のリンリンさん(２６歳、女性)は、中国人で中国語に加え、日本語、英語、韓国語が話せるが、通訳や翻訳の実務経験はない。大学が夏休み期間中の８月１日から８月１５日まで、一時帰国をする予定である。月、水、金は午後５時から９時まで夜間授業がある。運転免許は持っていない。

65　リンリンさんができるアルバイトはいくつあるか。

1　2

2　3

3　4

4　5

66　リンリンさんが一時帰国から戻った後に応募できるアルバイトは何か。

1　翻訳・通訳会社の日韓翻訳・通訳業務

2　ホテルの中国人のお客様対応サポートスタッフ

3　ファミレスのホール接客

4　水産加工工場の梱包・検品業務

学生アルバイト情報

番号	職種	給与	応募資格	勤務期間	勤務時間
1	【居酒屋】 チラシ配り	時給 850円	高校生以上 どなたでも	出勤日 応相談	土日祝日の 10：00~ 14：00
2	【県立博物館】 英語による 海外からの 来場者の案内	時給 1,000円	大学生以上 日本語と英語が 堪能な方	7/20~9/30 出勤日 応相談	
3	【多国籍料理店】 ホール接客	時給 900円	高校生以上 8/11~16の繁忙期に 勤務できる方	今すぐ 出勤日 応相談	
4	【翻訳・通訳 会社】 日韓翻訳・通訳 業務	経歴により 応相談	翻訳・通訳の 経験のある方 日本語と韓国語が 堪能な方	今すぐ 出勤日 応相談	在宅可能
5	【ピザ店】 ピザのデリバリー	時給 1,000円	原付以上の免許を 持っている方	出勤日 応相談	
6	【コンビニ】 平日夜間スタッフ	時給 1,500円	大学生以上 男性の方 週4日以上入れる方	応相談	平日 22：00~ 5：00
7	【ホテル】 中国人の お客様対応 サポートスタッフ	時給 1,000円	大学生以上 日本語と中国語が 堪能な方 指定の期間に すべて出勤できる方	8/1~8/31 シフト制 週休２日	① 5：00~ 13：00 ② 12：00~ 21：00 ①または ②の いずれか
8	【野外コンサート】 駐車場案内	日給 12,000円	高校生以上 ３回すべて 入れる方	7/21、7/29 8/10	15：00~ 22：00
9	【ファミレス】 ホール接客	時給 950円	高校生以上 週３回以上入れる方	今すぐ	17：00~ 22：00
10	【テナント管理 会社】 ビル清掃	日給 6,000円	大学生以上 土日夜間に入れる方	出勤日 応相談	土日のみ 20：00~ 24：00
11	【水産加工工場】 梱包、検品業務	時給 800円	高校生以上 どなたでも	8/1~8/31 の間 20日以上	

5회

N1

聴解

（60分）

注 Notes 意

1. 試験が始まるまで、この問題用紙を開けないでください。
Do not open this question booklet until the test begins.

2. この問題用紙を持って帰ることはできません。
Do not take this question booklet with you after the test.

3. 受験番号と名前を下の欄(らん)に、受験票と同じように書いてください。
Write your examinee registration number and name clearly in each box below as written on your test voucher.

4. この問題用紙は、全部で12ページあります。
This question booklet has 12 pages.

5. この問題用紙にメモをとってもかまいません。
You may make notes in this question booklet.

受験番号 Examinee Registration Number	

名 前 Name	

問題１

問題１では、まず質問を聞いてください。それから話を聞いて、問題用紙の１から４の中から、最もよいものを一つ選んでください。

例

1　駅前で４時５０分に

2　駅前で５時半に

3　映画館の前で４時５０分に

4　映画館の前で５時半に

1番

1　女性や男性の差別のない平等な会社

2　社員のスタイルのために半日の休暇を認める会社

3　新しいテクノロジーに触れるように、購入金額を補助する会社

4　付き合っている人との関係が円満になるように応援する会社

2番

1　習慣的な口癖を改善し、子供の目線になって考える

2　しつけを教えることが子供にはストレスになるので注意する

3　何かを命令するときは具体的に指示する

4　子供の味方になれる、はっきりとした基準を決める

3番

1　６０７号室の様子を見に行く

2　２０５号室にタオルを届ける

3　４０７号室の様子を見に行く

4　５０７号室の隣の部屋に行く

4番

1　トイレを掃除する

2　アルバイト募集の貼り紙を直す

3　傘入れのビニールを用意する

4　商品を補充する

5番

1　自分が希望している受験地を決めるために、およそ1ヶ月ぐらい待つ

2　3ヶ月間待ってから、教育会議所のホームページで検索する

3　申込の代行が可能かどうか分かるように、最寄りの教育会議所を訪ねる

4　申込用紙を直筆で作成し、郵便で送付する

問題 2

問題２では、まず質問を聞いてください。そのあと、問題用紙のせんたくしを読んでください。読む時間があります。それから話を聞いて、問題用紙の１から４の中から、最もよいものを一つ選んでください。

例

1　子連れ出勤に賛成で、大いに勧めるべきだ
2　市議会に、子供を連れてきてはいけない
3　条件付きで、子連れ出勤に賛成している
4　子供の世話は、全部母親に任せるべきだ

1番

1　メールをうつ元気もないから

2　すぐに回復する気がしないから

3　医者に外出を禁止されているから

4　仕事の予定がわからないから

2番

1　業績不振

2　得意先の倒産

3　得意先との取引中止

4　巨額の借金

3番

1　応募開始の10分前に申し込んだから

2　「規約に同意」をクリックするのが遅かったから

3　「申し込む」のあと、「確定」を押さなかったから

4　「規約に同意」をよく読まないでクリックしたから

5회

4番

1　国内のほうが豪華に旅行ができるため

2　大切な仕事が入ったため

3　金銭的な余裕がなくなったため

4　国内旅行に行ける機会があまりないため

5番

1　体力的に働けず、寝たきりなどの人

2　体力があっても働かない65歳以上の人

3　病院通いが仕事のような65歳以上の人

4　年金で生活している65歳から90歳の人

6番

1　老朽化した建物を再建するため

2　他の地域に大きな工場を建てるため

3　建物の老朽化と売上げ減少のため

4　生産拠点を移し経営を改善するため

問題3

問題3では、問題用紙に何も印刷されていません。この問題は、全体としてどんな内容かを聞く問題です。話の前に質問はありません。まず話を聞いてください。それから、質問とせんたくしを聞いて、１から４の中から、最もよいものを一つ選んでください。

— メモ —

5회

問題 4

問題４では、問題用紙に何も印刷されていません。まず文を聞いてください。それから、それに対する返事を聞いて、１から３の中から、最もよいものを一つ選んでください。

— メモ —

問題 5

問題５では、長めの話を聞きます。この問題には練習はありません。
問題用紙にメモをとってもかまいません。

１番、２番

問題用紙に何も印刷されていません。まず話を聞いてください。それから、質問とせんたくしを聞いて、１から４の中から、最も良いものを一つ選んでください。

— メモ —

3番

まず話を聞いてください。それから、二つの質問を聞いて、それぞれ問題用紙の1から4の中から、最もよいものを一つ選んでください。

質問1

1 スマホ用のメガネをかける

2 スマホを見る時の姿勢

3 瞬きをして、遠くを見る

4 スマホの明るさの調整

質問2

1 スマホ用のメガネをかける

2 スマホを見る時の姿勢

3 瞬きをして、遠くを見る

4 スマホの明るさの調整

memo

memo

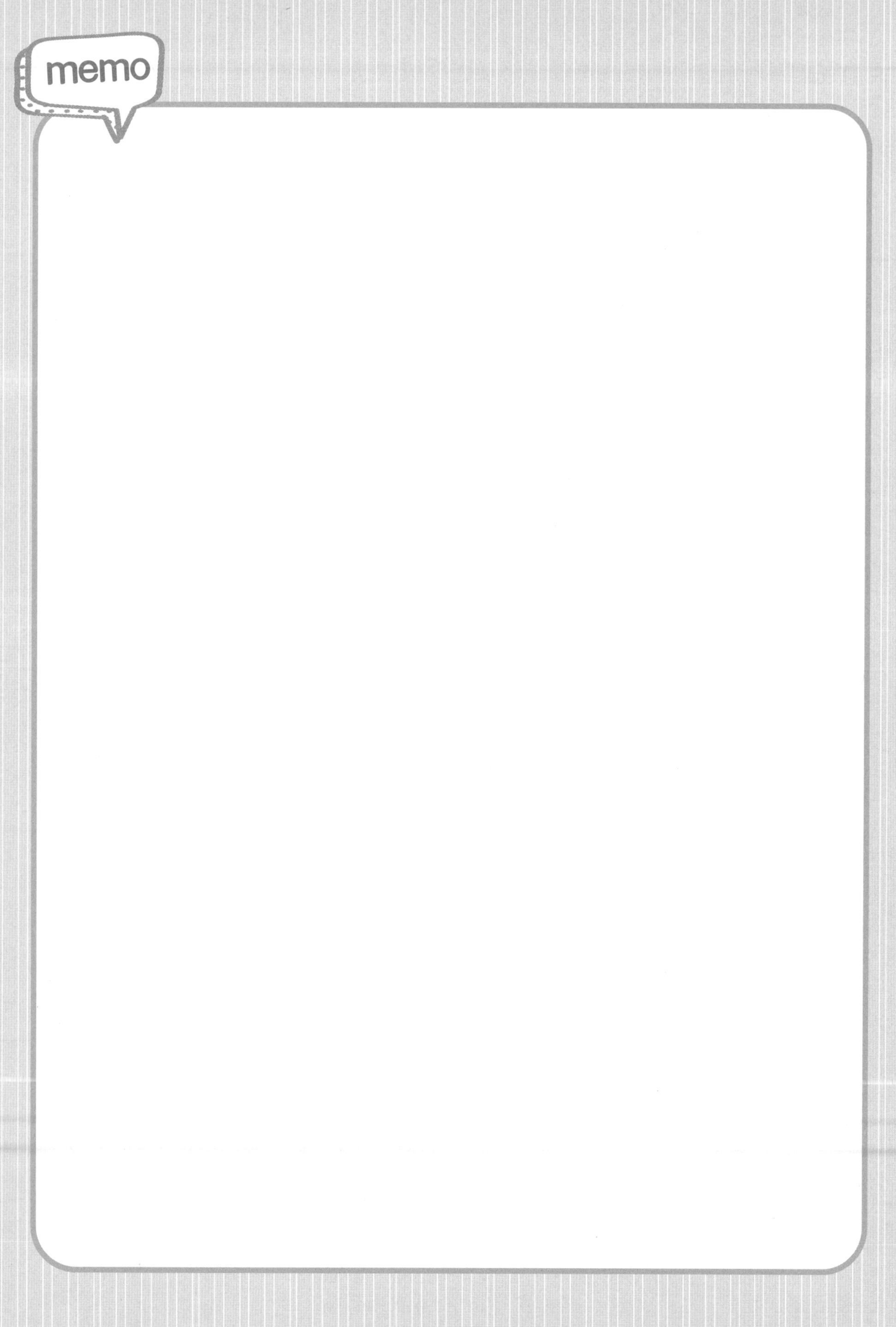
memo

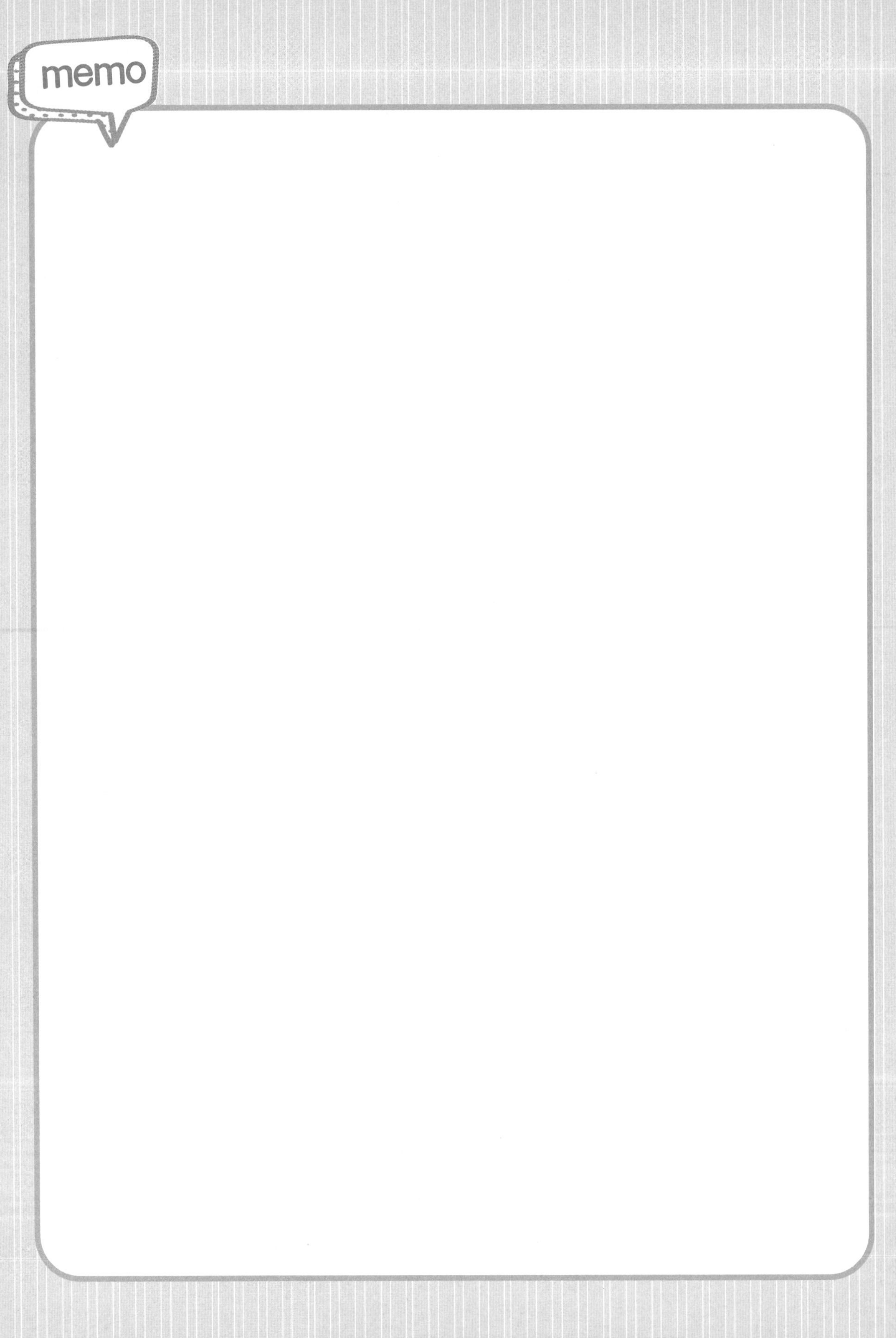
memo

절취선

N1 第１回 日本語能力試験 模擬テスト 解答用紙

言語知識(文字・語彙・文法)・読解

受験番号 Examinee Registration Number		名前 Name	

〈ちゅうい Notes〉
1. くろいえんぴつ（HB、No.2）でかいてください。（ぺんやボールペンではかかないでください。）
   Use a black medium soft (HB or No.2) pencil.
   (Do not use any kind of pen.)
2. かきなおすときは、けしゴムできれいにけしてください。
   Erase any unintended marks completely.
3. きたなくしたり、おったりしないでください。
   Do not soil or bend this sheet.
4. マークれい Marking Examples

よいれい Correct Example	わるいれい Incorrect Examples
●	⊘ ◯ ⊖ ⓪ ⊜ ◐ ◉

問題 1				
1	①	②	③	④
2	①	②	③	④
3	①	②	③	④
4	①	②	③	④
5	①	②	③	④
6	①	②	③	④

問題 2				
7	①	②	③	④
8	①	②	③	④
9	①	②	③	④
10	①	②	③	④
11	①	②	③	④
12	①	②	③	④
13	①	②	③	④

問題 3				
14	①	②	③	④
15	①	②	③	④
16	①	②	③	④
17	①	②	③	④
18	①	②	③	④
19	①	②	③	④

問題 4				
20	①	②	③	④
21	①	②	③	④
22	①	②	③	④
23	①	②	③	④
24	①	②	③	④
25	①	②	③	④

問題 5				
26	①	②	③	④
27	①	②	③	④
28	①	②	③	④
29	①	②	③	④
30	①	②	③	④
31	①	②	③	④
32	①	②	③	④
33	①	②	③	④
34	①	②	③	④
35	①	②	③	④

問題 6				
36	①	②	③	④
37	①	②	③	④
38	①	②	③	④
39	①	②	③	④
40	①	②	③	④

問題 7				
41	①	②	③	④
42	①	②	③	④
43	①	②	③	④
44	①	②	③	④

問題 8				
45	①	②	③	④
46	①	②	③	④
47	①	②	③	④
48	①	②	③	④

問題 9				
49	①	②	③	④
50	①	②	③	④
51	①	②	③	④
52	①	②	③	④
53	①	②	③	④
54	①	②	③	④
55	①	②	③	④
56	①	②	③	④

問題 10				
57	①	②	③	④
58	①	②	③	④
59	①	②	③	④

問題 11				
60	①	②	③	④
61	①	②	③	④

問題 12				
62	①	②	③	④
63	①	②	③	④
64	①	②	③	④

問題 12				
65	①	②	③	④
66	①	②	③	④

N1 第1回 日本語能力試験 模擬テスト 解答用紙

聴解

受験番号 Examinee Registration Number	

名前 Name	

〈ちゅうい Notes〉

1. くろいえんぴつ（HB、No.2）でかいてください。（ぺんやボールペンではかかないでください。）
   Use a black medium soft（HB or No.2）pencil.
   (Do not use any kind of pen.)
2. かきなおすときは、けしゴムできれいにけしてください。
   Erase any unintended marks completely.
3. きたなくしたり、おったりしないでください。
   Do not soil or bend this sheet.
4. マークれい　Marking Examples

よいれい Correct Example	わるいれい Incorrect Examples
●	⊗ ◯ ◯ ◯ ◯ ◯ ●

問題1				
例	●	②	③	④
1	①	②	③	④
2	①	②	③	④
3	①	②	③	④
4	①	②	③	④
5	①	②	③	④

問題2				
例	①	②	●	④
1	①	②	③	④
2	①	②	③	④
3	①	②	③	④
4	①	②	③	④
5	①	②	③	④
6	①	②	③	④

問題3				
例	①	②	③	●
1	①	②	③	④
2	①	②	③	④
3	①	②	③	④
4	①	②	③	④
5	①	②	③	④

問題4			
例	①	●	③
1	①	②	③
2	①	②	③
3	①	②	③
4	①	②	③
5	①	②	③
6	①	②	③
7	①	②	③
8	①	②	③
9	①	②	③
10	①	②	③
11	①	②	③

問題5					
1		①	②	③	④
2		①	②	③	④
3	(1)	①	②	③	④
	(2)	①	②	③	④

절취선

N1 第２回 日本語能力試験 模擬テスト 解答用紙

言語知識(文字・語彙・文法)・読解

受験番号 Examinee Registration Number		名前 Name	

〈ちゅうい Notes〉
1. くろいえんぴつ（HB、No.2）でかいてください。（ぺんやボールペンではかかないでください。）
   Use a black medium soft (HB or No.2) pencil.
   (Do not use any kind of pen.)
2. かきなおすときは、けしゴムできれいにけしてください。
   Erase any unintended marks completely.
3. きたなくしたり、おったりしないでください。
   Do not soil or bend this sheet.
4. マークれい Marking Examples

よいれい Correct Example	わるいれい Incorrect Examples
●	⊗ ◯ ◯ ⓪ ◯ ◯ ◯

問題 1				
1	①	②	③	④
2	①	②	③	④
3	①	②	③	④
4	①	②	③	④
5	①	②	③	④
6	①	②	③	④
問題 2				
7	①	②	③	④
8	①	②	③	④
9	①	②	③	④
10	①	②	③	④
11	①	②	③	④
12	①	②	③	④
13	①	②	③	④
問題 3				
14	①	②	③	④
15	①	②	③	④
16	①	②	③	④
17	①	②	③	④
18	①	②	③	④
19	①	②	③	④
問題 4				
20	①	②	③	④
21	①	②	③	④
22	①	②	③	④
23	①	②	③	④
24	①	②	③	④
25	①	②	③	④

問題 5				
26	①	②	③	④
27	①	②	③	④
28	①	②	③	④
29	①	②	③	④
30	①	②	③	④
31	①	②	③	④
32	①	②	③	④
33	①	②	③	④
34	①	②	③	④
35	①	②	③	④
問題 6				
36	①	②	③	④
37	①	②	③	④
38	①	②	③	④
39	①	②	③	④
40	①	②	③	④
問題 7				
41	①	②	③	④
42	①	②	③	④
43	①	②	③	④
44	①	②	③	④
問題 8				
45	①	②	③	④
46	①	②	③	④
47	①	②	③	④
48	①	②	③	④

問題 9				
49	①	②	③	④
50	①	②	③	④
51	①	②	③	④
52	①	②	③	④
53	①	②	③	④
54	①	②	③	④
55	①	②	③	④
56	①	②	③	④
問題 10				
57	①	②	③	④
58	①	②	③	④
59	①	②	③	④
問題 11				
60	①	②	③	④
61	①	②	③	④
問題 12				
62	①	②	③	④
63	①	②	③	④
64	①	②	③	④
問題 12				
65	①	②	③	④
66	①	②	③	④

N1 第2回 日本語能力試験 模擬テスト 解答用紙

聴解

受験番号 Examinee Registration Number	

名前 Name	

〈ちゅうい Notes〉

1. くろいえんぴつ（HB、No.2）でかいてください。（ぺんやボールペンではかかないでください。）
   Use a black medium soft (HB or No.2) pencil.
   (Do not use any kind of pen.)
2. かきなおすときは、けしゴムできれいにけしてください。
   Erase any unintended marks completely.
3. きたなくしたり、おったりしないでください。
   Do not soil or bend this sheet.
4. マークれい Marking Examples

よいれい Correct Example	わるいれい Incorrect Examples
●	⊗ ◯ ◎ ⓪ ⊖ ◐ ●

問題 1				
例	●	②	③	④
1	①	②	③	④
2	①	②	③	④
3	①	②	③	④
4	①	②	③	④
5	①	②	③	④

問題 2				
例	①	②	●	④
1	①	②	③	④
2	①	②	③	④
3	①	②	③	④
4	①	②	③	④
5	①	②	③	④
6	①	②	③	④

問題 3				
例	①	②	③	●
1	①	②	③	④
2	①	②	③	④
3	①	②	③	④
4	①	②	③	④
5	①	②	③	④

問題 4			
例	①	●	③
1	①	②	③
2	①	②	③
3	①	②	③
4	①	②	③
5	①	②	③
6	①	②	③
7	①	②	③
8	①	②	③
9	①	②	③
10	①	②	③
11	①	②	③

問題 5					
1		①	②	③	④
2		①	②	③	④
3	(1)	①	②	③	④
	(2)	①	②	③	④

절취선

N1 第３回 日本語能力試験 模擬テスト 解答用紙

言語知識(文字・語彙・文法)・読解

受験番号 Examinee Registration Number	

名前 Name	

〈ちゅうい Notes〉

1. くろいえんぴつ（HB、No.2）でかいてください。（ぺんやボールペンではかかないでください。）
   Use a black medium soft（HB or No.2）pencil.
   (Do not use any kind of pen.)
2. かきなおすときは、けしゴムできれいにけしてください。
   Erase any unintended marks completely.
3. きたなくしたり、おったりしないでください。
   Do not soil or bend this sheet.
4. マークれい Marking Examples

よいれい Correct Example	わるいれい Incorrect Examples
●	⊗ ◌ ⊖ ⓪ ⊜ ◐ ●

問題 1				
1	①	②	③	④
2	①	②	③	④
3	①	②	③	④
4	①	②	③	④
5	①	②	③	④
6	①	②	③	④
問題 2				
7	①	②	③	④
8	①	②	③	④
9	①	②	③	④
10	①	②	③	④
11	①	②	③	④
12	①	②	③	④
13	①	②	③	④
問題 3				
14	①	②	③	④
15	①	②	③	④
16	①	②	③	④
17	①	②	③	④
18	①	②	③	④
19	①	②	③	④
問題 4				
20	①	②	③	④
21	①	②	③	④
22	①	②	③	④
23	①	②	③	④
24	①	②	③	④
25	①	②	③	④

問題 5				
26	①	②	③	④
27	①	②	③	④
28	①	②	③	④
29	①	②	③	④
30	①	②	③	④
31	①	②	③	④
32	①	②	③	④
33	①	②	③	④
34	①	②	③	④
35	①	②	③	④
問題 6				
36	①	②	③	④
37	①	②	③	④
38	①	②	③	④
39	①	②	③	④
40	①	②	③	④
問題 7				
41	①	②	③	④
42	①	②	③	④
43	①	②	③	④
44	①	②	③	④
問題 8				
45	①	②	③	④
46	①	②	③	④
47	①	②	③	④
48	①	②	③	④

問題 9				
49	①	②	③	④
50	①	②	③	④
51	①	②	③	④
52	①	②	③	④
53	①	②	③	④
54	①	②	③	④
55	①	②	③	④
56	①	②	③	④
問題 10				
57	①	②	③	④
58	①	②	③	④
59	①	②	③	④
問題 11				
60	①	②	③	④
61	①	②	③	④
問題 12				
62	①	②	③	④
63	①	②	③	④
64	①	②	③	④
問題 12				
65	①	②	③	④
66	①	②	③	④

N1 第3回 日本語能力試験 模擬テスト 解答用紙

聴解

受験番号 Examinee Registration Number	

名前 Name	

〈ちゅうい Notes〉

1. くろいえんぴつ（HB、No.2）でかいてください。（ぺんやボールペンではかかないでください。）
   Use a black medium soft (HB or No.2) pencil.
   (Do not use any kind of pen.)
2. かきなおすときは、けしゴムできれいにけしてください。
   Erase any unintended marks completely.
3. きたなくしたり、おったりしないでください。
   Do not soil or bend this sheet.
4. マークれい　Marking Examples

よいれい Correct Example	わるいれい Incorrect Examples
●	⊗ ◯ ◯ ⓪ ◯ ◯ ●

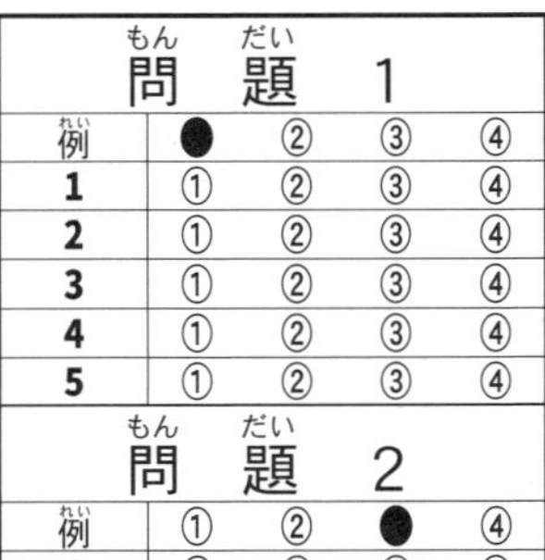

問題1				
例	●	②	③	④
1	①	②	③	④
2	①	②	③	④
3	①	②	③	④
4	①	②	③	④
5	①	②	③	④

問題2				
例	①	②	●	④
1	①	②	③	④
2	①	②	③	④
3	①	②	③	④
4	①	②	③	④
5	①	②	③	④
6	①	②	③	④

問題3				
例	①	②	③	●
1	①	②	③	④
2	①	②	③	④
3	①	②	③	④
4	①	②	③	④
5	①	②	③	④

問題4			
例	①	●	③
1	①	②	③
2	①	②	③
3	①	②	③
4	①	②	③
5	①	②	③
6	①	②	③
7	①	②	③
8	①	②	③
9	①	②	③
10	①	②	③
11	①	②	③

問題5					
1		①	②	③	④
2		①	②	③	④
3	(1)	①	②	③	④
	(2)	①	②	③	④

절취선

N1 第４回 日本語能力試験 模擬テスト 解答用紙

言語知識(文字・語彙・文法)・読解

受験番号 Examinee Registration Number		名前 Name	

〈ちゅうい Notes〉

1. くろいえんぴつ（HB、No.2）でかいてください。（ぺんやボールペンではかかないでください。）
   Use a black medium soft (HB or No.2) pencil.
   (Do not use any kind of pen.)
2. かきなおすときは、けしゴムできれいにけしてください。
   Erase any unintended marks completely.
3. きたなくしたり、おったりしないでください。
   Do not soil or bend this sheet.
4. マークれい Marking Examples

よいれい Correct Example	わるいれい Incorrect Examples
●	⊗ ○ ◎ ⓪ ⊜ ◐ ●

問題 1				
1	①	②	③	④
2	①	②	③	④
3	①	②	③	④
4	①	②	③	④
5	①	②	③	④
6	①	②	③	④
問題 2				
7	①	②	③	④
8	①	②	③	④
9	①	②	③	④
10	①	②	③	④
11	①	②	③	④
12	①	②	③	④
13	①	②	③	④
問題 3				
14	①	②	③	④
15	①	②	③	④
16	①	②	③	④
17	①	②	③	④
18	①	②	③	④
19	①	②	③	④
問題 4				
20	①	②	③	④
21	①	②	③	④
22	①	②	③	④
23	①	②	③	④
24	①	②	③	④
25	①	②	③	④

問題 5				
26	①	②	③	④
27	①	②	③	④
28	①	②	③	④
29	①	②	③	④
30	①	②	③	④
31	①	②	③	④
32	①	②	③	④
33	①	②	③	④
34	①	②	③	④
35	①	②	③	④
問題 6				
36	①	②	③	④
37	①	②	③	④
38	①	②	③	④
39	①	②	③	④
40	①	②	③	④
問題 7				
41	①	②	③	④
42	①	②	③	④
43	①	②	③	④
44	①	②	③	④
問題 8				
45	①	②	③	④
46	①	②	③	④
47	①	②	③	④
48	①	②	③	④

問題 9				
49	①	②	③	④
50	①	②	③	④
51	①	②	③	④
52	①	②	③	④
53	①	②	③	④
54	①	②	③	④
55	①	②	③	④
56	①	②	③	④
問題 10				
57	①	②	③	④
58	①	②	③	④
59	①	②	③	④
問題 11				
60	①	②	③	④
61	①	②	③	④
問題 12				
62	①	②	③	④
63	①	②	③	④
64	①	②	③	④
問題 12				
65	①	②	③	④
66	①	②	③	④

N1 第4回 日本語能力試験 模擬テスト 解答用紙

聴解

受験番号 Examinee Registration Number	

名前 Name	

〈ちゅうい Notes〉

1. くろいえんぴつ（HB、No.2）でかいてください。（ぺんやボールペンではかかないでください。）
   Use a black medium soft (HB or No.2) pencil. (Do not use any kind of pen.)
2. かきなおすときは、けしゴムできれいにけしてください。
   Erase any unintended marks completely.
3. きたなくしたり、おったりしないでください。
   Do not soil or bend this sheet.
4. マークれい　Marking Examples

よいれい Correct Example	わるいれい Incorrect Examples
●	⊗ ⊘ ⊖ ⓪ ⊜ ◐ ●

問題 1				
例	●	②	③	④
1	①	②	③	④
2	①	②	③	④
3	①	②	③	④
4	①	②	③	④
5	①	②	③	④

問題 2				
例	①	②	●	④
1	①	②	③	④
2	①	②	③	④
3	①	②	③	④
4	①	②	③	④
5	①	②	③	④
6	①	②	③	④

問題 3				
例	①	②	③	●
1	①	②	③	④
2	①	②	③	④
3	①	②	③	④
4	①	②	③	④
5	①	②	③	④

問題 4			
例	①	●	③
1	①	②	③
2	①	②	③
3	①	②	③
4	①	②	③
5	①	②	③
6	①	②	③
7	①	②	③
8	①	②	③
9	①	②	③
10	①	②	③
11	①	②	③

問題 5					
1		①	②	③	④
2		①	②	③	④
3	(1)	①	②	③	④
	(2)	①	②	③	④

절취선

N1 第5回 日本語能力試験 模擬テスト 解答用紙

言語知識(文字・語彙・文法)・読解

受験番号 Examinee Registration Number		名前 Name	

〈ちゅうい Notes〉

1. くろいえんぴつ (HB、No2) でかいてください。（ぺんやボールペンではかかないでください。）
Use a black medium soft (HB or No.2) pencil.
(Do not use any kind of pen.)
2. かきなおすときは、けしゴムできれいにけしてください。
Erase any unintended marks completely.
3. きたなくしたり、おったりしないでください。
Do not soil or bend this sheet.
4. マークれい Marking Examples

よいれい Correct Example	わるいれい Incorrect Examples
●	⊗ ⊘ ◎ ⦶ ⊖ ⦷ ◉

問題 1				
1	①	②	③	④
2	①	②	③	④
3	①	②	③	④
4	①	②	③	④
5	①	②	③	④
6	①	②	③	④

問題 2				
7	①	②	③	④
8	①	②	③	④
9	①	②	③	④
10	①	②	③	④
11	①	②	③	④
12	①	②	③	④
13	①	②	③	④

問題 3				
14	①	②	③	④
15	①	②	③	④
16	①	②	③	④
17	①	②	③	④
18	①	②	③	④
19	①	②	③	④

問題 4				
20	①	②	③	④
21	①	②	③	④
22	①	②	③	④
23	①	②	③	④
24	①	②	③	④
25	①	②	③	④

問題 5				
26	①	②	③	④
27	①	②	③	④
28	①	②	③	④
29	①	②	③	④
30	①	②	③	④
31	①	②	③	④
32	①	②	③	④
33	①	②	③	④
34	①	②	③	④
35	①	②	③	④

問題 6				
36	①	②	③	④
37	①	②	③	④
38	①	②	③	④
39	①	②	③	④
40	①	②	③	④

問題 7				
41	①	②	③	④
42	①	②	③	④
43	①	②	③	④
44	①	②	③	④

問題 8				
45	①	②	③	④
46	①	②	③	④
47	①	②	③	④
48	①	②	③	④

問題 9				
49	①	②	③	④
50	①	②	③	④
51	①	②	③	④
52	①	②	③	④
53	①	②	③	④
54	①	②	③	④
55	①	②	③	④
56	①	②	③	④

問題 10				
57	①	②	③	④
58	①	②	③	④
59	①	②	③	④

問題 11				
60	①	②	③	④
61	①	②	③	④

問題 12				
62	①	②	③	④
63	①	②	③	④
64	①	②	③	④

問題 12				
65	①	②	③	④
66	①	②	③	④

N1 第5回 日本語能力試験 模擬テスト 解答用紙

聴解

受験番号 Examinee Registration Number	

名前 Name	

〈ちゅうい Notes〉
1. くろいえんぴつ（HB、No.2）でかいてください。（ぺんやボールペンではかかないでください。）
Use a black medium soft (HB or No.2) pencil.
(Do not use any kind of pen.)
2. かきなおすときは、けしゴムできれいにけしてください。
Erase any unintended marks completely.
3. きたなくしたり、おったりしないでください。
Do not soil or bend this sheet.
4. マークれい Marking Examples

よいれい Correct Example	わるいれい Incorrect Examples
●	⊗ ◯ ◯ ⓪ ◯ ◯ ●

問題1

例	●	②	③	④
1	①	②	③	④
2	①	②	③	④
3	①	②	③	④
4	①	②	③	④
5	①	②	③	④

問題2

例	①	②	●	④
1	①	②	③	④
2	①	②	③	④
3	①	②	③	④
4	①	②	③	④
5	①	②	③	④
6	①	②	③	④

問題3

例	①	②	③	●
1	①	②	③	④
2	①	②	③	④
3	①	②	③	④
4	①	②	③	④
5	①	②	③	④

問題4

例	①	●	③
1	①	②	③
2	①	②	③
3	①	②	③
4	①	②	③
5	①	②	③
6	①	②	③
7	①	②	③
8	①	②	③
9	①	②	③
10	①	②	③
11	①	②	③

問題5

1		①	②	③	④
2		①	②	③	④
3	(1)	①	②	③	④
	(2)	①	②	③	④

절취선

N1 日本語能力試験 模擬テスト 解答用紙（練習用）

言語知識(文字・語彙・文法)・読解

受 験 番 号 Examinee Registration Number	

名 前 Name	

〈ちゅうい Notes〉

1. くろいえんぴつ（HB、No.2）でかいてください。
（ぺんやボールペンではかかないでください。）
Use a black medium soft（HB or No.2）pencil.
(Do not use any kind of pen.)
2. かきなおすときは、けしゴムできれいにけしてください。
Erase any unintended marks completely.
3. きたなくしたり、おったりしないでください。
Do not soil or bend this sheet.
4. マークれい　Marking Examples

よいれい Correct Example	わるいれい Incorrect Examples
●	⊗ ◎ ⊖ ⓪ ⊜ ◐ ●

問題 1				
1	①	②	③	④
2	①	②	③	④
3	①	②	③	④
4	①	②	③	④
5	①	②	③	④
6	①	②	③	④
問題 2				
7	①	②	③	④
8	①	②	③	④
9	①	②	③	④
10	①	②	③	④
11	①	②	③	④
12	①	②	③	④
13	①	②	③	④
問題 3				
14	①	②	③	④
15	①	②	③	④
16	①	②	③	④
17	①	②	③	④
18	①	②	③	④
19	①	②	③	④
問題 4				
20	①	②	③	④
21	①	②	③	④
22	①	②	③	④
23	①	②	③	④
24	①	②	③	④
25	①	②	③	④

問題 5				
26	①	②	③	④
27	①	②	③	④
28	①	②	③	④
29	①	②	③	④
30	①	②	③	④
31	①	②	③	④
32	①	②	③	④
33	①	②	③	④
34	①	②	③	④
35	①	②	③	④
問題 6				
36	①	②	③	④
37	①	②	③	④
38	①	②	③	④
39	①	②	③	④
40	①	②	③	④
問題 7				
41	①	②	③	④
42	①	②	③	④
43	①	②	③	④
44	①	②	③	④
問題 8				
45	①	②	③	④
46	①	②	③	④
47	①	②	③	④
48	①	②	③	④

問題 9				
49	①	②	③	④
50	①	②	③	④
51	①	②	③	④
52	①	②	③	④
53	①	②	③	④
54	①	②	③	④
55	①	②	③	④
56	①	②	③	④
問題 10				
57	①	②	③	④
58	①	②	③	④
59	①	②	③	④
問題 11				
60	①	②	③	④
61	①	②	③	④
問題 12				
62	①	②	③	④
63	①	②	③	④
64	①	②	③	④
問題 12				
65	①	②	③	④
66	①	②	③	④

N1 日本語能力試験 模擬テスト 解答用紙（練習用）

聴解

受験番号 Examinee Registration Number	

名前 Name	

〈ちゅうい Notes〉

1. くろいえんぴつ（HB、No.2）でかいてください。（ぺんやボールペンではかかないでください。）
   Use a black medium soft (HB or No.2) pencil.
   (Do not use any kind of pen.)
2. かきなおすときは、けしゴムできれいにけしてください。
   Erase any unintended marks completely.
3. きたなくしたり、おったりしないでください。
   Do not soil or bend this sheet.
4. マークれい Marking Examples

よいれい Correct Example	わるいれい Incorrect Examples
●	⊗ ◯ ◯ ⓪ ⊖ ◯ ●

問題 1

例	●	②	③	④
1	①	②	③	④
2	①	②	③	④
3	①	②	③	④
4	①	②	③	④
5	①	②	③	④

問題 2

例	①	②	●	④
1	①	②	③	④
2	①	②	③	④
3	①	②	③	④
4	①	②	③	④
5	①	②	③	④
6	①	②	③	④

問題 3

例	①	②	③	●
1	①	②	③	④
2	①	②	③	④
3	①	②	③	④
4	①	②	③	④
5	①	②	③	④

問題 4

例	①	●	③
1	①	②	③
2	①	②	③
3	①	②	③
4	①	②	③
5	①	②	③
6	①	②	③
7	①	②	③
8	①	②	③
9	①	②	③
10	①	②	③
11	①	②	③

問題 5

1		①	②	③	④
2		①	②	③	④
3	(1)	①	②	③	④
	(2)	①	②	③	④

최신개정판

일단 합격 JLPT

실전 모의고사 N1

황요찬, 박영미, 오기노 신사쿠 지음

해설서

동양북스

새로운 도서, 다양한 자료 동양북스 홈페이지에서 만나보세요!

www.dongyangbooks.com
m.dongyangbooks.com

※ 학습자료 및 MP3 제공 여부는 도서마다 상이하므로 확인 후 이용 바랍니다.

홈페이지 도서 자료실에서 학습자료 및 MP3 무료 다운로드

PC

❶ 홈페이지 접속 후 도서 자료실 클릭
❷ 하단 검색 창에 검색어 입력
❸ MP3, 정답과 해설, 부가자료 등 첨부파일 다운로드
* 원하는 자료가 없는 경우 '요청하기' 클릭!

MOBILE

* 반드시 '인터넷, Safari, Chrome' App을 이용하여 홈페이지에 접속해주세요. (네이버, 다음 App 이용 시 첨부파일의 확장자명이 변경되어 저장되는 오류가 발생할 수 있습니다.)

❶ 홈페이지 접속 후 ☰ 터치

❷ 도서 자료실 터치

❸ 하단 검색창에 검색어 입력
❹ MP3, 정답과 해설, 부가자료 등 첨부파일 다운로드
* 압축 해제 방법은 '다운로드 Tip' 참고

최신개정판

일단 합격 JLPT

실전 모의고사 N1

황요찬, 박영미, 오기노 신사쿠 지음

해설서

동양북스

나의 점수는?

총 [ ] 문제 정답

혹시 부족한 점수라도 실망하지 말고 해설을 보며 다시 확인하고 틀린 문제를 다시 풀어보세요. 실력이 점점 쌓여갈 것입니다.

JLPT N1 제1회 실전모의고사 정답

1회

1교시 언어지식(문자·어휘)

- 문제 1: [1] 3 [2] 4 [3] 1 [4] 1 [5] 3 [6] 4
- 문제 2: [7] 2 [8] 4 [9] 1 [10] 1 [11] 4 [12] 2 [13] 2
- 문제 3: [14] 2 [15] 1 [16] 3 [17] 4 [18] 3 [19] 4
- 문제 4: [20] 1 [21] 1 [22] 3 [23] 2 [24] 4 [25] 4

1교시 언어지식(문법)

- 문제 5: [26] 1 [27] 2 [28] 3 [29] 4 [30] 2 [31] 3 [32] 2 [33] 3 [34] 3 [35] 4
- 문제 6: [36] 3 [37] 1 [38] 1 [39] 3 [40] 2
- 문제 7: [41] 1 [42] 3 [43] 2 [44] 4

1교시 언어지식(독해)

- 문제 8: [45] 2 [46] 3 [47] 4 [48] 1
- 문제 9: [49] 1 [50] 4 [51] 3 [52] 4 [53] 4 [54] 4 [55] 3 [56] 3
- 문제 10: [57] 2 [58] 3 [59] 1
- 문제 11: [60] 1 [61] 4
- 문제 12: [62] 4 [63] 2 [64] 3
- 문제 13: [65] 1 [66] 2

2교시 청해

- 문제 1: [1] 1 [2] 1 [3] 3 [4] 4 [5] 1
- 문제 2: [1] 2 [2] 4 [3] 4 [4] 3 [5] 4 [6] 3
- 문제 3: [1] 4 [2] 1 [3] 3 [4] 4 [5] 3
- 문제 4: [1] 3 [2] 1 [3] 3 [4] 2 [5] 2 [6] 3 [7] 2 [8] 1 [9] 2 [10] 2 [11] 1
- 문제 5: [1] 1 [2] 3 [3] 1 2 2 4

1회 실전모의고사 해설

1교시 언어지식(문자·어휘)

문제 1 ________의 단어의 읽는 법으로 가장 적당한 것을 1 · 2 · 3 · 4에서 하나 고르세요.

1 彼は問題が誇張されていると強く反論した。

1 かちょう 2 かじょう 3 こちょう 4 こじょう

그는 문제가 과장되어 있다고 강력히 반론했다.

어휘 誇張(こちょう) 과장 | 反論(はんろん) 반론

✚ 「誇(こ)」의 발음에 주의한다. 「誇(こ)」는 절대 「か」로 발음되지 않는다. ▶ 誇示(こじ) 과시, 誇大(こだい) 과대

2 女性の社会活動を阻む壁はまだ根強くある。

1 こばむ 2 おがむ 3 ちぢむ 4 はばむ

여성의 사회활동을 막는 벽은 아직 뿌리 깊게 있다.

어휘 阻(はば)む 막다, 저지하다 ▶ 阻止(そし)する 저지하다, 阻害(そがい) 저해 | 根強(ねづよ)い 뿌리깊다 | 拒(こば)む 거부하다 | 拝(おが)む 절하다 | 縮(ちぢ)む 줄어들다

3 私は、遮るもののない真っ暗な空を見上げていた。

1 さえぎる 2 よこぎる 3 あやつる 4 こころみる

나는 가로막는 것 없는 캄캄한 하늘을 올려다보고 있었다.

어휘 遮(さえぎ)る 차단하다, 막다 ▶ 遮断(しゃだん) 차단, 遮光(しゃこう) 차광 | 横切(よこぎ)る 가로지르다 | 操(あやつ)る 조종하다 | 試(こころ)みる 시도해 보다

4 様々な分野のニュースを見ないと、最新情報に疎い人になりかねない。

1 うとい 2 あわい 3 もろい 4 きよい

다양한 분야의 뉴스를 보지 않으면 최신 정보에 어두운 사람이 될 수 있다.

어휘 疎(うと)い (물정에)어둡다 | 淡(あわ)い (빛깔이)옅다, (맛이)담백하다 | もろい (마음이)약하다, 여리다 | 清(きよ)い 깨끗하다, 맑다

5 お気に入りのセーターを乾燥機に放り込んだら縮んでしまった。

1 おがんで 2 はばんで 3 ちぢんで 4 かすんで

마음에 드는 스웨터를 건조기에 집어넣었더니 줄어 버렸다.

어휘 放り込む (아무렇게나)집어넣다 | 縮む 줄다, 쭈글쭈글해지다 | 拝む 합장(배례)하다, 절하다 | 阻む 저지하다, 막다 | 霞む ① 안개가 끼다 ② (눈이)흐려지다

6 立春が過ぎても冬の名残があり、まだまだ寒さは厳しいです。

1 めいざん　2 めいごり　3 なざん　4 なごり

입춘이 지나도 겨울의 자취가 있어서, 아직 추위는 매섭습니다.

어휘 立春 입춘 | 名残 흔적, 자취

문제 2 (　　　) 안에 들어갈 가장 적당한 것을 1 · 2 · 3 · 4에서 하나 고르세요.

7 お手軽に（　　　）だけで、定番のたらこパスタをおうちで作ることができます。

1 うめる　2 あえる　3 くだす　4 かせぐ

간편하게 버무리는 것만으로 정평의 대구알 파스타를 집에서 만들 수 있습니다.

어휘 和える 버무리다 | 定番 유행 등에 관계없이 안정되게 팔리는 상품, 정평 있는 상품

8 彼女は歌手以外にもCMや映画に出演し、（　　　）にわたって活動している。

1 多能　2 多角　3 多方　4 多岐

그녀는 가수 이외에도 광고나 영화에 출연해 다방면에 걸쳐 활동하고 있다.

어휘 CM(commercial message) 광고 방송, 선전 | 出演 출연 | 多岐 ① 길이 여러 갈래로 갈려져 있는 것 ② 일이 다방면으로 나눠져 있는 것 ▶「多岐にわたる」는 비즈니스 상황에서 많이 사용하는 표현으로 '다방면에 걸치다'라는 의미를 나타낸다.

9 近頃の不景気の原因については、専門家ですら意見は（　　　）である。

1 まちまち　2 ぼつぼつ　3 いやいや　4 ひらひら

요즘의 불경기 원인에 관해서는 전문가조차 의견은 제각각이다.

어휘 区々 제각각 | ぼつぼつ 오돌토돌 | いやいや 마지못해 | ひらひら 팔랑팔랑

10 今回の選挙で野党はわずかながら支持率が上がったが、〇〇党だけは（　　　）だった。

1 よこばい　2 ゆきちがい　3 おおまか　4 だいなし

이번 선거에서 야당은 조금이나마 지지율이 올랐지만, ㅇㅇ당만은 보합상태였다.

어휘 横這い 보합상태(게가 옆으로 가는 것처럼, 변동이 없는 상태) | 行き違い 엇갈림 | おおまか 대략적임 | 台無し 엉망이 됨

11 誠に残念ではございますが、今回は採用を（　　　）ことになりました。

1 見定める　2 見極める　3 見受ける　4 見合わせる

정말 유감입니다만, 이번에는 채용을 보류하게 되었습니다.

어휘 誠に 몹시, 실로 | 見合わせる (사정을 고려하여)미루다 | 見定める ① 확인하다 ② 확정하다 | 見極める 마지막까지 지켜보다 | 見受ける 눈에 띄다

12 部長は論理や正論のみで考えたり話したりする（　　　）っぽい人だ。

1 手際　2 理屈　3 辛抱　4 根気

부장님은 논리나 정론으로만 생각하거나 이야기하는 따지기를 좋아하는 사람이다.

어휘 理屈 이치, 이론 | 手際 성과, 솜씨, 수완 | 辛抱 참음, 인내력 | 根気 끈기

13 それほど親しい間柄でもないのに（　　　）話を掛けてくる人がいる。

1 せわしなく　2 なれなれしく　3 とうとく　4 いちじるしく

그렇게 친한 사이도 아닌데 스스럼없이 말을 걸어오는 사람이 있다.

어휘 間柄 사이, 관계 | 馴れ馴れしい ① 매우 정답다 ② 스스럼없다 | せわしない ① 바쁘다 ② 조급하다, 성급하다 | 尊い 고귀하다, 소중하다 | 著しい 뚜렷하다, 현저하다

문제 3 ＿＿＿＿의 단어의 의미가 가장 가까운 것을 1・2・3・4에서 하나 고르세요.

14 日本だけではなく、世界各地を異常気象が襲っている。<u>じわじわと</u>この地球が傷んでいる。

1 きゅうげきに　2 だんだん　3 すみやかに　4 とつぜん

일본뿐 아니라 세계 각지를 이상 기후가 덮치고 있다. <u>서서히</u> 이 지구가 상처받고 있다.

어휘 異常気象 이상 기후 | 襲う 덮치다 | じわじわ(と) 서서히, 점점 ▶ 徐々に 서서히 | だんだん 차차, 점점 | 急激に 급격하게 | 速やかに 신속히 | 突然 돌연, 갑자기

15 運動場の真ん中に、ぶかぶかのコートを着ている少年が立っていた。

1 おおきすぎる　2 ちいさすぎる　3 ながすぎる　4 みじかすぎる

운동장 한가운데에 헐렁헐렁한 코트를 입은 소년이 서 있었다.

어휘 ぶかぶか 옷이나 신발 등이 너무 커서 헐렁한 모습 ▶ だぶだぶ 헐렁헐렁

16 あの子は周りのクラスメートと比べると、際立って目立つ様子を表していた。

1 とてつもなく　2 凄まじく　3 顕著に　4 きゃしゃに

그 아이는 주변 반 친구들과 비교하면 두드러지게 눈에 띄는 모습을 나타내고 있었다.

어휘 際立つ 두드러지다, 눈에 띄다 | 顕著だ 현저하다 | とてつもない 도리에 어긋나다, 터무니 없다 | 凄まじい ① 무섭다 ② 대단하다 | きゃしゃだ 가냘프다, 섬세하다

17 うちの子は普段はおとなしいけど、たまに突拍子もないことを言い出すことがある。

1 衝撃的な　2 冷淡な　3 そっけない　4 なみはずれている

우리 아이는 평소에는 얌전하지만, 가끔 엉뚱한 말을 꺼낼 때가 있다.

어휘 突拍子もない 남다르다, 언행이 터무니 없이 맞지 않다 | 並外れる 보통의 정도나 상태와 많이 다르다 | 衝撃的 충격적 | 冷淡だ 냉담하다 | そっけない 무뚝뚝하다, 퉁명스럽다, 냉담하다

18 最近ブームになっているファストファッションは、最新の流行の服をリーズナブルな値段で売るのが特色と言える。

1 手軽な　2 手際な　3 手頃な　4 手回しな

최근 붐이 되고 있는 패스트 패션은 최신 유행 옷을 합리적인 가격으로 파는 것이 특색이라 할 수 있다.

어휘 リーズナブルな 합리적인, 타당한 (대개 가격이나 요금 등에 많이 쓰인다.) ▶ 値ごろ 적정가 | 手頃な 적당한, 알맞은 | 手軽な 간편한 | 手際 수법 | 手回し 준비, 수배

19 仕事に打ち込んでいる人は責任感がありそうで魅力的に映ったりする。

1 ほかくする　2 しっこうする　3 ようしゃする　4 ぼっとうする

일에 몰두하고 있는 사람은 책임감이 있어 보여 매력적으로 비치곤 한다.

어휘 打ち込む 쳐 박다, 열중하다, 전념하다 | 魅力的 매력적 | 没頭 몰두 | 捕獲 포획 | 執行 실행 | 容赦 용서

문제 4 다음 단어의 사용법으로 가장 적당한 것을 1·2·3·4에서 하나 고르세요.

---

[20] 凄(すさ)まじい 무시무시하다, 굉장하다

1　凄まじい速さで襲う津波が、恐ろしくて仕方がない。
2　この作品が凄まじく落札されたという記事を目にした覚えがある。
3　演奏が終り、聴衆は凄まじい拍手をした。
4　私は彼の大きな声で凄まじく笑うことに魅力を感じた。

1 무시무시한 속도로 덮쳐오는 쓰나미가 너무도 무섭다.
2 이 작품이 무시무시하게 낙찰되었다는 기사를 본 기억이 있다.
3 연주가 끝나자, 청중은 무시무시한 박수를 쳤다.
4 나는 그의 큰 소리로 무시무시하게 웃는 모습에 매력을 느꼈다.

해설　「凄(すさ)まじい」는 마이너스의 의미가 강하므로, 3번처럼 기쁨이나 감동의 박수에는 어울리지 않는다.
어휘　襲(おそ)う 덮치다 | 津波(つなみ) 쓰나미 | 落札(らくさつ) 낙찰 | 聴衆(ちょうしゅう) 청중 | 魅力(みりょく) 매력

---

[21] どもる 말을 더듬다

1　大人の場合、急にどもってしまうのは心的なストレスや精神的な不安などが原因になる。
2　他人のゴミをどもることはプライバシーの侵害にあたる不法行為になりうる。
3　急な変更等が生じ対応方法が分からなければ、上司の指導をどもった方が良い。
4　他人が失敗したときに、自分の優位性を誇示するようにどもったりする人がいる。

1 어른의 경우, 갑자기 말을 더듬어 버리는 것은 심적 스트레스나 정신적 불안 등이 원인이 된다.
2 타인의 쓰레기를 더듬는 것은 사생활 침해에 해당하는 불법 행위가 될 수 있다.
3 갑작스러운 변경 등이 생겨 대응 방법을 모르겠다면, 상사의 지도를 더듬는 것이 좋다.
4 타인이 실패했을 때에 자신의 우위성을 과시하듯 더듬거나 하는 사람이 있다.

해설　2번의 '쓰레기를 뒤지다'는 「ごみを漁(あさ)る」라고 하면 되고, 3번은 '(상사의)지도를 받들다'에 해당하는 「指導(しどう)を仰(あお)ぐ」라는 표현을 쓸 수 있다. 4번 타인의 실패를 비웃을 때는 「あざ笑(わら)う」라는 동사가 있다.
어휘　精神的(せいしんてき) 정신적 | 侵害(しんがい) 침해 | 不法行為(ふほうこうい) 불법 행위 | 生(しょう)じる 발생하다 | 指導(しどう) 지도 | 優位性(ゆういせい) 우위성 | 誇示(こじ) 과시

---

[22] ほんのり 희미하게, 어슴푸레, 아련하게, 살짝 (주로 색, 향, 모습 등이 희미한 상태)

1　停電になった部屋は真夜中のようにほんのり暗くて、何も見えなかった。
2　新しい眼鏡を作ったら、字がほんのりと見えてきた。
3　部屋が暖まって、頬はほんのりと赤くなった。
4　学生時代の授業の内容を未だにほんのり覚えているなんて、まさにすばらしい。

1 정전이 된 방은 한밤중처럼 어슴푸레 어두워서 아무것도 보이지 않았다.
2 새 안경을 맞췄더니 글자가 어슴푸레 보이기 시작했다.
3 방이 따뜻해져서 볼은 살짝 붉어졌다.
4 학창 시절 수업 내용을 아직도 어슴푸레 외우고 있다니, 정말로 대단하다.

해설　1번은 아무것도 보이지 않는 상황이므로 사용할 수 없고, 2번은 새로 안경을 맞췄다면 「はっきり 또렷이」 보여야 할 것이다.

어휘 真夜中 한밤중, 심야 | 未だに 아직도

23 したたか 세게, 몹시, 많이, 만만치 않은 모양

1 会場は悪天候にも関わらずしたたかな人出で、身動きも取れないほど混雑していた。
2 彼はどんな圧力にもなかなか負けない、しぶとくてしたたかな人だ。
3 彼は相手に対する思いやりや優しさを感じられない、したたかな態度を取るときがある。
4 これは土地所有者になりすまして買主からしたたかな売買代金をだまし取った詐欺事件だ。

1 행사장은 악천후에도 불구하고 만만치 않은 인파로 몸을 움직일 수 없을 정도로 혼잡해 있었다.
2 그는 어떤 압력에도 좀처럼 지지 않는 끈질기고 만만치 않은 사람이다.
3 그는 상대방에 대한 배려나 상냥함을 느낄 수 없는 만만치 않은 태도를 취할 때가 있다.
4 이것은 토지 소유자 행세를 하며 매수인으로부터 만만치 않은 매매 대금을 가로챈 사기 사건이다.

해설 「したたかだ」는 사람의 성격이 끈질기고 강인할 때 주로 사용하므로, 1번처럼 '엄청난 인파'일 때는 「大変な人出」나 「おびただしい人出」라고 표현하는 것이 적당하고, 3번은 남을 배려하거나 상냥하지 않은 태도를 취하는 것이니 「冷たい態度」 또는 「素っ気ない態度 무뚝뚝한(쌀쌀한) 태도」라고 바꿀 수 있다. 4번은 거액의 매매 대금을 가로챈 것이니 「多額の売買代金をだまし取る」라고 바꾸면 무난하다.

어휘 悪天候 악천후 | 身動きも取れない (좁아서)몸을 움직일 수도 없다 | しぶとい 끈질기다, 강인하다 | 思いやり 배려 | 土地所有者 토지 소유자 | なりすます ~인 양 행세를 하다 | 買主 매수자, 매수인 | 売買代金 매매 대금 | だまし取る 속여서 빼앗다

24 いたわる 친절하게 돌보다, 위로하다

1 自分のことを母のようにいたわってくるあの子は、小犬のようにまつわりついて離れない。
2 貧困や飢餓に苦しんでいる子供たちはいたわるほどやせていた。
3 従業員に会社の経営理念などを浸透させるため、社内研修の後にいたわりを行う。
4 他人と比べて一喜一憂するよりは「自分なりに精一杯やればそれでいい」と自分をいたわる。

1 나를 엄마처럼 보살펴 주는 그 아이는 강아지처럼 달라붙어 떠나지 않는다.
2 가난과 기아에 시달리는 아이들은 위로할 정도로 말라 있었다.
3 종업원에게 회사의 경영이념 등을 침투시키기 위해, 사내 연수 후에 보살핌을 거행한다.
4 남들과 비교해 일희일비하기보다는 '자기 나름대로 열심히 하면 그것으로 됐다'라고 자신을 위로한다.

해설 1번의 문장은 '(나를 엄마처럼)그리워하다, 사모하다'의 의미로 「慕う」라는 동사를 쓸 수 있고, 2번은 '아이들이 가여울 정도로(애처로울 정도로) 말라 있었다'라는 의미이니 「痛ましい」가 적당하다. 3번은 「フォローアップ」라는 단어를 사용하면 적당한데, 이것은 이미 시작한 것이나 배운 것에 대해 그것을 강화하거나 효과를 인식하기 위해 어느 정도 시간이 흐른 후 반복적으로 하는 것을 말한다. 기업은 종업원의 귀속 의식을 높여 생산성을 향상시키거나, 연수 효과의 정착이나 이직률을 저하시키기 위해 「フォローアップ」를 실시한다.

어휘 労わる ① 돌보다 ② (노고를)위로하다 | まつわりつく 끈덕지게 달라붙어 떨어지지 않는다 | 貧困 빈곤 | 飢餓 기아 | 浸透 침투 | 一喜一憂 일희일비

25 しくじる 실수하다, 그르치다

1 このアプリをしくじると、驚くほどスマホのスピードがアップされる。
2 子供がいい人間関係を作るため、教師がしくじるべきことは何だろう。
3 この本でペットをしくじる際、絶対必要な７つのポイントが分かる。
4 仕事をしくじったくらいでそんなに自己嫌悪することはないと思う。

1 이 앱을 실수하면, 놀랄 만큼 스마트폰의 속도가 향상된다.
2 아이가 좋은 인간관계를 만들기 위해, 교사가 실수해야 할 일은 무엇일까?
3 이 책에서 애완동물을 실수할 때, 절대 필요한 7가지 포인트를 알 수 있다.
4 업무를 그르친 정도로 그렇게 자기 혐오할 필요는 없다고 생각한다.

어휘 しくじる 실수하다, 그르치다, 망치다 예 試験(しけん)をしくじる 시험을 망치다 | 自己嫌悪(じこけんお) 자기혐오

1교시 언어지식(문법)

문제 5 다음 문장의 (　　　) 에 들어갈 가장 적당한 것을 1 · 2 · 3 · 4에서 하나 고르세요.

26 このウイルスの感染者数及び死亡者数は（　　　）増え続け、この１ヶ月で２倍になった。

1 日を追うごとに　2 日を追うごとく　3 日を足すごとに　4 日を足すごとく

이 바이러스의 감염자 수 및 사망자 수는 날이 갈수록 늘어, 최근 한 달 새 두 배가 되었다.

문법포인트! ⊘ ～を追(お)うごとに / ～を重(かさ)ねるごとに : ~함에 따라서 점점 (시간을 나타내는 말 등에 붙어서, 시간의 순서에 따라 상황이 변화하는 것을 나타낸다.)

어휘 感染者数(かんせんしゃすう) 감염자 수 | 死亡者数(しぼうしゃすう) 사망자 수

27 彼は「いただきます」という（　　　）、目の前の料理をがつがつ食べ始めた。

1 たとたん　2 が早いか　3 がはやるか　4 のなんの

그는 '잘 먹겠습니다'라고 말하자마자, 눈앞의 요리를 게걸스럽게 먹기 시작했다.

문법포인트! ⊘ が早(はや)いか : ~하자마자(순식간에) 접속 동사기본형 + が早(はや)いか

⊘ とたん : ~하자마자 접속 동사과거형 + とたん (*반드시 과거형에만 접속한다.)

어휘 がつがつ 게걸스럽게

28 彼は俳優として活躍している（　　　）、フランチャイズ経営にも力を入れている。

1 がてら　2 ことどて　3 かたわら　4 なりとも

그는 배우로서 활약하고 있는 한편, 프랜차이즈 경영에도 주력하고 있다.

문법포인트! ⊘ 동사사전형+かたわら / 명사+のかたわら : ~하는 한편 (일이나 연구 등 사회적 활동을 하면서 다른 일도 하고 있음을 나타낸다.)

어휘 俳優(はいゆう) 배우 | 活躍(かつやく) 활약

29 彼は時々言わず（　　　　）のことを言って、回りの人を傷付ける。
1 まじき　2 ばこそ　3 べくもない　4 もがな
그는 때때로 쓸데없는 소리를 해서 주변 사람에게 상처를 준다.

문법포인트! ⊘ 言(い)わずもがなのことを言(い)う : 필요 없는(쓸데없는, 불필요한) 말을 하다 (＊관용적으로 쓰이는 표현이므로 그대로 외우는 것이 좋다.)

어휘 傷付(きずつ)ける 상처를 주다

30 私は海外に行くと、本場（　　　　）の雰囲気を楽しむために庶民的なお店を訪れてみる。
1 だけあって　2 ならでは　3 きって　4 ごとき
나는 해외에 나가면 본고장 특유의 분위기를 즐기기 위해 서민적인 가게를 방문해 본다.

문법포인트! ⊘ 명사+ならでは : [명사] 특유의 (그 특징을 다른 곳에서는 잘 볼 수 없다, 그것은 다른 사람이 할 수 없다는 의미를 나타낸다.)「명사+ならではの+명사」의 형태를 취할 때가 많다.

어휘 本場(ほんば) 본고장 | 庶民的(しょみんてき) 서민적

31 あなたの頼みと（　　　　）何でも受け入れるから、気軽に話してください。
1 あると　2 あったら　3 あれば　4 あるなら
당신의 부탁이라면 뭐든지 받아들일 테니, 부담 없이 말해 주세요.

문법포인트! ⊘ ~とあれば : ~라면, ~이라 하면 접속 명사 · い형용사 · な형용사+とあれば

어휘 気軽(きがる)に 선뜻, 편하게

32 彼女は見（　　　　）少年のように見える顔立ちをしている。
1 るによっては　2 ようによっては　3 られるによっては　4 せるによっては
그녀는 보기에 따라서는 소년처럼 보이는 얼굴 생김새를 하고 있다.

문법포인트! ⊘ 동사ます형+ようによっては : ~하기에 따라서는
예 話(はな)しようによっては : 말하기에 따라서는, 考(かんが)えようによっては 생각하기에 따라서는, やりようによっては : 하기에 따라서는

어휘 顔立(かおだ)ち 얼굴 생김새, 용모

33 弟は帰宅する（　　　）、スーツのまま布団の中に入ってしまった。

1 たとたん　2 であれ　3 なり　4 ながらに

남동생은 귀가하자마자, 정장 차림인 채 이불 속에 들어가 버렸다.

문법포인트! ⊙ 동사기본형＋なり：~하자마자

어휘 帰宅(きたく) 귀가

34 あいにく田中は本日休みを取っております。私でよろしければ（　　　）。

1 ご用件をお預かり致します　2 ご事情を頂戴致します
3 ご用件を承ります　4 ご事情をおいとまさせていただきます

공교롭게도 다나카는 오늘 휴가를 내고 있습니다. 저라도 괜찮으시다면 용건을 듣겠습니다.

문법포인트! ⊙ 비즈니스에서 사용하는 「ご用件(ようけん)を承(うけたまわ)ります」란 상대방이 전해야 할 사항을 '귀 기울여 듣겠다'라는 의미이다.

어휘 あいにく 마침, 공교롭게도 | 承(うけたまわ)る 「聞(き)く·受(う)ける」 등의 겸양어, 삼가 듣다, 삼가 받다 | 頂戴(ちょうだい) '받음, 받아서 먹거나 마시다'의 낮춘 말 | おいとま 방문한 곳으로부터 나감, 떠남

35 申し訳ございませんが、ご希望には添いかねます。（　　　）。

1 ご拝受くださると恐縮です　2 ご拝察いただくと嬉しいです
3 ご賢知くだされば幸甚です　4 ご賢察いただけると幸いです

죄송합니다만, 희망에는 부응할 수 없습니다. 헤아려 주신다면 감사하겠습니다.

문법포인트! ⊙ ご賢察(けんさつ)いただけると幸(さいわ)いです：상대방이 무엇인가 헤아려 주었으면 할 때의 부탁 · 의뢰 표현
⊙ 동사ます형＋かねる：~하려고 해도(~하는 것이 힘들어서) 할 수 없다

어휘 添(そ)う 따르다 | 賢察(けんさつ) 상대방의 추측, 짐작 (존경어) | 幸(さいわ)い 다행, 감사함, 행복 | 拝受(はいじゅ) 삼가 받음 | 恐縮(きょうしゅく) 송구함, 황송함, 감사함 | 拝察(はいさつ) 살핌 (겸양어) | 賢知(けんち) 현명하고 지혜가 있음, 또는 그런 사람 | 幸甚(こうじん) 천만다행임

문제 6 다음 문장의 ＿★＿에 들어갈 가장 적당한 것을 1 · 2 · 3 · 4 에서 하나 고르세요.

36 不景気の ＿＿、＿＿ ＿★＿ ＿＿、酔いつぶれるまでお酒を飲んだりする人は減っているようだ。

1 バカ騒ぎをしたり　2 せいか
3 かこつけて　4 クリスマスに

불경기 탓인지 크리스마스를 핑계로 야단법석 소란을 피우거나, 만취할 때까지 술을 마시는 사람은 줄고 있는 것 같다.

정답문장 不景気のせいか、クリスマスにかこつけてバカ騒ぎをしたり、酔いつぶれるまでお酒を飲んだりする人は減っているようだ。

문법포인트! 명사＋にかこつけて：~라는 표면적인 이유로, ~을 구실로

어휘 バカ騒ぎ 야단법석 소란을 부림 | 酔いつぶれる 술에 취해 곤드레 만드레가 되다

37 その救急救命士は ＿＿ ＿★＿ ＿＿ ＿＿ 助けるため出発した。

1 ものとも　2 風雨を　3 せずに　4 遭難した人を

그 구급 대원은 비바람을 아랑곳하지 않고 조난한 사람을 구하기 위해 출발했다.

정답문장 その救急救命士は風雨をものともせずに遭難した人を助けるため出発した。

문법포인트! 명사＋をものともせずに/しないで：[명사]를 아랑곳하지 않고

어휘 遭難 조난

38 A国との貿易摩擦は ＿＿ ＿＿ ＿★＿ ＿＿、解決の兆しが見え始めている。

1 はいかない　2 としても　3 収束とまで　4 直ちに

A국과의 무역 마찰은 당장 수습까지는 아니더라도 해결의 조짐이 보이기 시작하고 있다.

정답문장 A国との貿易摩擦は直ちに収束とまではいかないとしても、解決の兆しが見え始めている。

문법포인트! 동사(보통형) / イ형용사(보통형) / ナ형용사(어간) / 명사＋とまではいかないが / とまではいかないとしても / とまではいかないにしても：~할 것까지는 없지만, ~하기까지 이르지는 않지만 (전항의 정도에는 도달하지 않았거나 도달할 필요는 없지만, 적어도 후항의 정도에 달하고 있다, 도달할 필요가 있음을 나타낸다.)

어휘 貿易摩擦 무역 마찰 | 直ちに 즉시, 당장 | 収束 수습, 결말을 지음 | 兆し 조짐, 징조

39 日本の ＿＿ ＿★＿ ＿＿ ＿＿ 外国人を感銘させないではおかない。

1 多くの　2 おもてなしの文化は
3 尽くせりの　4 至れり

일본의 극진한 서비스 대접 문화는 많은 외국인을 감동시킨다.

정답문장 日本の至れり尽くせりのおもてなしの文化は多くの外国人を感銘させないではおかない。

문법포인트! 至れり尽くせり：극진함, 지극정성 (*주로 대접할 때 사용한다.)
동사ない형＋ずにはおかない / ないではおかない：본인의 의지와는 상관없이 자연스럽게 ~한 감정이나 행동이 발생한다

어휘 感銘 감명

40 この作品は、ストーリーの ＿＿ ★ ＿＿ ＿＿ ＿＿ 声も上がり続けている。
1 たたえる　2 言わずもがな　3 斬新さは　4 主演の演技を

이 작품은 스토리의 참신함은 말할 것도 없고, 주연의 연기를 칭찬하는 목소리도 계속 높아지고 있다.

정답문장 この作品(さくひん)は、ストーリーの斬新(ざんしん)さは言(い)わずもがな主演(しゅえん)の演技(えんぎ)をたたえる声(こえ)も上(あ)がり続(つづ)けている。

문법포인트! ◎言(い)わずもがな : ① 말하지 않는 편이 좋다 ② 일부러 말할 것까지도 없다

어휘 斬新(ざんしん)だ 참신하다 | たたえる 칭찬하다, 칭송하다

문제 7 다음 글을 읽고, 글 전체의 취지에 입각해서 41 ~ 44 안에 들어갈 가장 적당한 것을 1·2·3·4에서 하나 고르세요.

최근 일본이 떠안고 있는 사회 과제는 경제, 환경, 사회, 인구 등 여러 분야에 이르지만[41], 그중에서도 '어린이 빈곤 문제'는 그 대표적인 문제 중 하나이다.

빈곤에는 '절대적 빈곤'과 '상대적 빈곤', 두 종류가 있는데, 일본 사회가 직면하고 있는 것은 국민 연 소득의 약 절반에 못 미치는 소득 수준 상황에 있는 '상대적 빈곤'으로, 특히 한부모 가정의 빈곤율이 높아져 있다는 것을 알았다. 한부모 가정은 압도적으로 모자가정인 경우가 많은데, 육아와 일의 양립이 어려워서 정규직에 취업하기 힘들고, 안정된 수입을 얻지 못하는 것이 그 원인이라고 생각된다.

한부모 가정은 부모가 자녀와 접하는 시간이 짧기 때문에, 자녀가 혼자서 식사를 하는 경우가 많아, 영양 섭취가 편중되기 쉬우므로 건전한 성장을 저해하는 요인이 될 수 있다[42]. 게다가 부모가 숙제를 봐 주지 못해서 공부하는 습관이 몸에 배어 있지 않기 때문에 진학률뿐만 아니라 취업률 등에도 영향을 준다.

이대로 어린이 빈곤을 방치하면, 정부의 세금, 사회보장의 순 부담 등 재정 부담도 증가하여, 경제손실은 약 2.9조 엔에 달한다고 한다. 진학이나 취직으로의 기회의 감소는 세금이나 사회 보장 지불의 감소로 이어지기 때문이다. 그 때문에, 부모의 수입 감소가 자녀 세대의 빈곤의 원인이 되는 이 악순환을 끊고, 자녀들이 살고 자라는 환경을 개선하기 위해 국가와 지자체, 기업은 다양한 대책을 강구하지 않으면 안 된다[43]. 국가는 아동빈곤 대책추진법에 근거하여, '아동빈곤 대책 4대 축'을 발표했다. 부모의 소득 향상을 위해 취업 지원을 하거나 교육비 부담 경감 등의 내용으로 법 정비를 시행하고 있다.

학습이나 거처를 지원하거나 무료 교육 지원을 실시하고 있는 'NPO 법인 키즈도어'라는 지원단체도 있다. 또한 지역 주민이나 지자체가 주체가 되어 무료 또는 저렴한 식사를 어린이에게 제공하는 '어린이 식당'이 전국으로 확산되고 있다. 커리어 지원 프로그램을 통해 미혼모 취업 지원을 시행하는 기업도 있다.

아동 빈곤을 해결하는 것은 어린이가 건전하고 튼튼하게 자라서, 장차 일본의 경제적 손실을 줄이기 위해 매우 중요한 것은 말할 필요도 없다. 또한 국가나 지역뿐만 아니라 아이들의 밝은 미래를 위해 내가 할 수 있는 일은 무엇이 있는지 찾아가는 것은 의미 있는 일이 아닐까[44].

어휘 貧困(ひんこん) 빈곤 | 絶対的(ぜったいてき) 절대적 | 相対的(そうたいてき) 상대적 | 直面(ちょくめん) 직면 | 満(み)つ (기준, 수량에)달하다 | 所得水準(しょとくすいじゅん) 소득 수준 | 母子家庭(ぼしかてい) 모자가정 | 正規雇用(せいきこよう) 정기 고용 | 就(つ)く 즉위하다, 취직하다 | 接(せっ)する 접하다 | 栄養摂取(えいようせっしゅ) 영양 섭취 | 偏(かたよ)る 치우치다, (방향, 진로가)기울다 | 身(み)につく 몸에 배다 | 放置(ほうち) 방치 | 社会保障(しゃかいほしょう) 사회보장 | 純負担(じゅんふたん) 순 부담 | 財政(ざいせい) 재정 | 損失(そんしつ) 손실 | その為(ため) 그 때문에 | 世帯(せたい) 세대 | 悪循環(あくじゅんかん) 악순환 | 断(た)ち切(き)る 자르다, 끊다 | 推進(すいしん) 추진 | 柱(はしら) 기둥 | 法整備(ほうせいび) 법 정비 | 居場所(いばしょ) 거처, 있는 곳 | 法人(ほうじん) 법인 | 低額(ていがく) 낮은 가격 | 健(すこ)やかだ 튼튼하다 | 尚(なお) 또한

41 1 多岐にわたるが 2 広範囲の至り
3 バラエティに富むけれども 4 多面的な分野で

1 여러 분야에 이르지만 2 광범위에 이르러
3 다양함이 풍부하지만 4 다면적인 분야로

해설 「多岐(たき)にわたる」는 '(사물이)여러 화제나 분야에 이르러 있다'라는 의미로 자주 쓰이는 표현이다. '일본이 떠안고 있는 사회 과제는 경제, 환경, 사회, 인구 등 여러 분야에 이르지만, 그중에서도 '어린이 빈곤 문제'는 그 대표적인 문제 중 하나이다.'라는 흐름이 가장 자연스럽다. 2번은 「広範囲(こうはんい)にわたる」라고 해야 자연스운 표현이 된다.

어휘 多岐(たき) 여러 갈래로 갈라짐 | 広範囲(こうはんい) 광범위 | 富(と)む 풍부하게 있다 | 多面的(ためんてき)だ 다면적이다

42 1 心身の健康を維持しかねる 2 健やかな成長を祈りにくくなる結果を出す
3 健全な成長を阻害する要因になり得る 4 子供の健康促進を企てるのに邪魔になる

1 심신의 건강을 유지하기 어렵다 2 튼튼한 성장을 기원하기 어려워지는 결과를 내다
3 건전한 성장을 저해하는 요인이 될 수 있다 4 아이의 건강 촉진 계획을 세우는 것에 방해가 되다

해설 '한부모 가정은 아이가 혼자 식사를 하는 일이 많아, 영양 섭취가 한 쪽으로 치우치기 쉬워서 건전한 성장을 저해하는 요인이 될 수 있다.'라는 연결이 자연스럽다. 2번의 「結果(けっか)を出(だ)す」란 '바람직한 결과(성과)를 내다'라는 의미이다.

어휘 維持(いじ) 유지 | ます형+かねる ~하려고 해도(하고 싶어도) ~할 수 없다 | 阻害(そがい)する 저해하다, 막거나 방해하다 | 促進(そくしん) 촉진 | 企(くわだ)てる 계획을 세우다, 계획을 시도하다

43 1 工面を考えなければならない 2 対策を講じなければならない
3 企みを見抜かなくてはいけない 4 改良を施さなくてはいけない

1 돈의 변통을 생각하지 않으면 안 된다 2 대책을 강구하지 않으면 안 된다
3 음모를 간파하지 않으면 안 된다 4 개량을 하지 않으면 안 된다

해설 부모의 수입 감소가 자녀 세대의 빈곤의 원인이 되지 않도록 국가와 지자체, 기업은 다양한 대책을 마련해야 한다.

어휘 工面(くめん) 돈을 변통함/마련함 | 対策(たいさく)を講(こう)じる 대책을 강구하다 | 企(たくら)み (주로 나쁜 일의)음모, 기도 | 見抜(みぬ)く 꿰뚫어 보다, 간파하다 | 改良(かいりょう) 나쁜 곳을 고쳐 좋게 만드는 것, 결점을 고쳐 좋게 만드는 것 | 施(ほどこ)す 베풀다(혜택을 받지 못한 사람에게 물질적인 원조를 주다, 사태를 개선하는 일을 하다)

44 1 次の世代に役立つ手順だろう 2 大人にとって行われるべき尽力である
3 必ず満たすべきの必須条件だと言える 4 有意義なことではないだろうか

1 다음 세대에 도움이 되는 순서일 것이다 2 어른에게 있어서 행해져야만 하는 진력이다
3 반드시 충족시켜야 할 필수조건이라고 할 수 있다 4 의미 있는 일이 아닐까

해설 '아동 빈곤을 해결하기 위해, 국가나 지역뿐만 아니라 내가 할 수 있는 일은 무엇이 있는지 찾아가는 것은 의미 있는 일이 아닐까.'의 흐름이 자연스럽다.

어휘 手順(てじゅん) 순서, 절차 | 尽力(じんりょく) 진력, 어떤 것을 위해 있는 힘을 다 함 | 満(み)たす 채우다, 충족시키다 | 必須条件(ひっすじょうけん) 필수조건 | 有意義(ゆういぎ)だ 의의가 있다, 가치 있다, 뜻 깊다

문제 8 다음 (1)~(4)의 글을 읽고, 뒤에 나오는 질문에 대한 답으로 가장 적당한 것을 1 · 2 · 3 · 4에서 하나 고르세요.

(1)

이하는 어느 시청으로부터 배포된 공지 사항이다.

이즈미 단지 정류장에 대하여

항상 시영버스를 이용해 주셔서 진심으로 감사드립니다. 본 시에서는 버스가 정류장에 정차했을 때 횡단보도나 교차로에서 통행을 방해한다는 등의 이유로 안전대책이 필요하다고 국가의 지정을 받은 정류장에 대해 이전 등의 조치를 취하고 있습니다. 본 시에서는 이즈미 단지 정류장이 그 지정을 받게 되어, 안전 확보를 위해 정류장 이동에 따라, 버스 승하차 장소가 변경됨을 알려드립니다. 또한 정류장 옆의 대합소에 대해서는 종래대로 계속해서 이용하실 수 있지만, 버스의 출발 시각 시에는 반드시 정류장에서 기다려 주십시오. 잘 부탁드립니다.

45 이 공지는 무엇을 알리고 있는가?

1 이즈미 단지 정류장이 없어지는 것
2 이즈미 단지 정류장의 장소가 바뀌는 것
3 이즈미 단지 정류장 옆의 대합소를 사용할 수 없게 되는 것
4 버스 시각표가 변경되는 것

어휘 配布 배포 | 停留所 정류장 | 通行を妨げる 통행을 방해하다 | 等 등 | 移設 다른 장소로 옮겨서 설치함 | 取り行う 거행하다, 집행하다 | ～におきましては ~에 관해서는, ~의 경우에는 | ～に伴い ~함에 따라 | 乗降 승강(타고 내림) | 待合所 대합소 | ～につきましては「～については(~에 대해서는)」의 격식 차린 표현 | 従来 종래 | 発車時刻 발차 시각

해설 안전대책의 이유로 버스정류장을 다른 장소로 옮겨서 설치한다는 내용이 골자이다.

(2)

최근 '이성 친구도 애인도 없다'는 남녀가 늘어나고 있어, 젊은이들의 연애 기피가 심각해지고 있다고 한다. 결혼정보서비스 '해피 넷'은 올해 성인식을 맞이하는 남녀 각 1000명을 대상으로 <u>앙케트</u>를 실시했다. 그 결과에 의하면, 신 성인의 절반이 이성과의 교제 경험이 없으며, 교제 상대를 원한다는 사람도 약 60%에 머물러 있는 것이 밝혀졌다. 또한 (주)결혼 희망에 관해서도 '결혼하고 싶지 않다'가 약 30%로 과거 최다였다. 결혼에 관해서는 '나는 결혼 못 할 거라고 생각한 적이 있다', '결혼 안 해도 살아갈 수 있다'가 모두 60%를 넘었다. 요즘 젊은이들의 결혼 기피도 바로 이 연애 기피에서 이어지고 있는 것으로 생각된다. 옛날에는 '연애=결혼'이었지만, 지금은 연애 기피가 진행되어, 결혼 활동도 못 하게 된 것은 아닐런지.

(주) 결혼 희망 : 결혼에 대한 욕구

46 이 앙케트 조사의 결과에 맞지 않는 것은 무엇인가?

1 결혼을 반쯤 포기하고 있는 젊은이도 상당히 많은 것 같다.
2 요즘 젊은이들은 옛날에 비해 결혼에 대한 흥미를 그다지 갖지 않게 된 것 같다.
3 이성과의 교제가 준 것이 혼인률 저하의 근본적인 원인이다.
4 20살이 되기 전에 이성과의 교제 경험이 있는 사람의 비율은 2명 중 1명이었다.

어휘 異性(いせい) 이성 | 恋愛離れ(れんあいばなれ) 연애 기피 | 結婚願望(けっこんがんぼう) 결혼 희망 | 過去最多(かこさいた) 과거 최다 | 超(こ)える 넘다, 초월하다 | 結婚離れ(けっこんばなれ) 결혼 기피 | まさに 바로 | ひもづける 관련짓다, 잇다 | 婚活(こんかつ)「結婚活動(けっこんかつどう) 결혼 활동」의 줄인말 | ~にひきかえ ~에 비해, ~인 반면

해설 본문에서 60% 이상이 자신은 결혼을 못 할 것이라고 생각한 적이 있다고 했으니 1번은 맞는 내용이고, 4번도 일본의 성인식은 18세이고 절반이 이성 경험이 없다고 했으니 맞는 내용이다. 3번과 같이 이성 교제의 감소가 혼인율의 근본적인 원인이라는 내용은 없으므로, 정답은 3번이다.

(3)

6세 아이에게 초콜릿을 주고 '지금 먹으면 하나뿐이지만, 10분 기다릴 수 있다면 하나 더 주겠다'라고 말하고, 혼자 둘 경우, 100명의 아이 중 3분의 1이 2개의 초콜릿을 받았다는 실험 결과 보고가 있다. 자신을 통제할 수 있었던 3분의 1의 아이는 다른 아이들보다 앞으로의 인생을 더 잘 살아갈 수 있을 것 같다. 그러나 최근 같은 실험에서는 자신을 통제하는 것보다도 아이의 경제 수준이 단기적 보수와 장기적 보수로의 사고방식에 큰 영향을 미친다는 결과가 나왔다고 한다. 여섯 살에서 미래의 성공에 관한 여부가 보인다는 결론이든, 부모의 경제 상황이 아이의 미래와 직접 관련이 있다는 결론이든, 이러한 실험이 아이의 밝은 미래를 위해 폭넓게 활용되기를 바라고 싶다.

47 필자가 주장하고 싶은 것은 무엇인가?

1 아이의 미래 성공을 위해서는 자신을 통제할 수 있어야 한다.
2 아이의 장래는 전혀 예측 불가능하므로, 실험 결과에 일희일비해서는 안 된다.
3 단기적 보수와 장기적 보수로의 사고방식은 부모의 경제 상황에 의해 영향을 받는 것은 필연적이다.
4 아이의 판단이나 행동에 관한 실험은 아이의 장래에 도움이 되는 것이길 바란다.

어휘 ~歳児(さいじ) ~세의 아이 | 報酬(ほうしゅう) 보수 | 可否(かひ) 시비, 찬반, 여부 | ~にしろ~にしろ ~이든, ~이든 | 幅広(はばひろ)い 폭 넓다 | 筆者(ひっしゃ) 필자 | 全(まった)く 전혀, 완전히 | 予測不可能(よそくふかのう) 예측 불가능 | 一喜一憂(いっきいちゆう) 일희일비 | 必然(ひつぜん) 필연(반드시 그렇게 되는 것)

해설 마지막 문장에 필자가 말하고자 하는 내용이 나와 있다. '이러한 실험이 아이의 밝은 미래를 위해 폭넓게 활용되기를 바란다'라는 것이 이 글의 요지이다.

(4)

이하는 어느 구청 홈페이지에 게재된 공지 사항이다.

마이넘버 카드 수령에 관하여

본 구청에서는 창구에서의 대기시간 단축과 혼잡 완화를 위해, 마이넘버 카드의 교부를 예약제로 실시하기로 하였습니다. 예약이 완료되지 않은 분은 당일 수령이 불가능하오니, 미리 양해 부탁드립니다.

예약은 구청 마이넘버 카드 콜센터, 또는 마이넘버 카드 교부 전용 예약사이트에서 접수하고 있습니다.

당일 예약, 당일 수령은 불가능합니다.

마이넘버 카드 콜센터에서 예약
03-8607-4639
시간 : 9:00~17:00 (평일, 둘째 일요일, 넷째 토요일)

인터넷 예약
마이넘버 카드 발급 전용 예약사이트(외부 링크)에서 예약해 주세요.
시간 : 24시간 접수하고 있습니다.

48 마이넘버 카드의 수령에 관해 이 공지는 무엇을 알리고 있는가?

1 구청 창구에서 마이넘버 카드를 받을 경우에는 사전 예약이 필요하다는 것
2 예약하면 예약 당일에도 마이넘버 카드 수령이 가능하다는 것
3 구청 창구에서 수령할 수 없게 되었다는 것
4 전화보다 인터넷으로 예약하는 편이 빨리 수령할 수 있다는 것

어휘 とある 어느, 어떤 | 区役所 구청 | 掲載 게재 | 受領 수령 | 本区役所 본 구청 | 窓口 창구 | 待ち時間 대기시간 | 短縮 단축 | 混雑緩和 혼잡 완화 | 交付 교부 | 予約制 예약제 | 実施 실시 | 致す「する」의 겸양어 | お済み 완료, 끝남 | 当日 당일 | あらかじめ 미리 | ご了承ください 양해 부탁드립니다 | 区 구, 구청 | 専用 전용 | ～にて ~에서 | 受け付ける 접수하다 | 外部 외부 | 受付 접수 | 受け取る 수취하다, 수령하다 | 事前 사전

해설 가장 결정적인 힌트는「窓口での待ち時間の短縮と混雑緩和のため、マイナンバーカードの交付を予約制で実施」하기로 했다는 부분이다. 그래서「予約がお済みでない方は、当日受領」할 수 없다고 하면서, 예약하는 방법에 관한 설명까지 하고 있으므로, 이 공지에서 알리고 있는 내용은 1번이 된다.

문제 9 다음의 (1)~(4)의 글을 읽고, 뒤에 나오는 질문에 대한 답으로 가장 적당한 것을 1·2·3·4에서 하나 고르세요.

(1)

'담박한 맛'이란 단어의 의미를 착각하고 있는 사람이 일본인 중에도 의외로 많은 것 같다. 얼마 전, 교토의 어느 노포 교토 요리점의 여자 주인이 담박한 맛이란 결코 '싱거운 맛'이 아니다, 그 부분을 착각하면 곤란하다고 했다. 예로부터 일본 문화의 발상지이자 세련된 미를 중시하는 교토에서는 소재 그 자체의 맛과 모습을 소중히 여기는 만큼, 현재의 도쿄를 중심으로 한 관동 지방 요리에 자주 사용되는 설탕의 사용을 최대한 자제하고, 진한 간장이 아닌 연한 간장을 오로지 사용한다고 한다. 그러고 보니, 연한 간장을 저염 간장으로 착각하는 사람도 적지 않은 것 같다. 연한 간장은 간장 성분이 적은 한편, 염분이 많이 들어 있다. 그러나 겉보기가 보통의 간장에 비해 옅은 색을 띠기 때문에, 무심코 많이 사용하게 되어, 오히려 저염이 아니라 증염하게 된다. 또한, 교토에서는 육수 내는 법도 도쿄와는 다르다고 한다. 가쓰오부시로 국물을 낼 때 도쿄에서는 바로 가쓰오부시를 뜨거운 물에서 꺼내는 데 비해, 교토에서는 차분히 시간을 들여 육수를 낸다고 한다. 그래서 교토의 조림이나 면 국물은 확실하게 국물 맛을 느낄 수 있다고 한다. 즉 교토의 요리는 간장과 설탕의 사용이라는 관점에서는 싱거운 양념이지만, 소금과 육수의 사용이라는 관점에서는 진한 양념이라고 할 수 있을 것이다.

[49] 증염하게 된다고 했는데, 왜 그런가?

1 연한 간장은 색이 연하기 때문에, 보통의 간장보다 많이 사용해 버리기 때문에
2 연한 간장으로 잘못 알고 저염 간장을 사용하기 때문에
3 설탕 사용을 자제하려고 진한 간장을 사용하기 때문에
4 진한 간장은 연한 간장에 비해 연한 색을 띠고 있기 때문에

해설 밑줄 친 부분의 앞 내용을 보면 「見(み)た目(め)が普通(ふつう)の醤油(しょうゆ)に比(くら)べ、薄(うす)い色(いろ)をしているため、ついついたくさん使(つか)ってしまい」라고 했다. 즉 겉보기가 보통의 간장에 비해 옅은 색을 띠기 때문에, 무심코 많이 사용하게 되고, 그 결과 오히려 증염하게 된다는 말이므로, 정답은 1번이다.

[50] 교토 요리에 관해 필자의 생각에 가까운 것은 무엇인가?

1 교토의 요리는 연한 간장을 사용하기 때문에 확실히 맛이 싱거운 요리이다.
2 교토의 요리는 연한 색을 띠고 있지만, 실은 염분이 대량으로 포함된 요리이다.
3 교토의 요리는 소재 본래의 맛과 겉보기를 중요시하기에 저염 간장만 사용한다.
4 교토의 요리는 보기에 따라서는 간이 싱겁다고도 진하다고도 할 수 있다.

해설 결정적 힌트는 맨 마지막 문장에 있다. 「京都(きょうと)の料理(りょうり)は、醤油(しょうゆ)と砂糖(さとう)の使用(しよう)という観点(かんてん)では薄(うす)い味付(あじつ)けだが、塩(しお)とだしの使用(しよう)という観点(かんてん)からは濃(こ)い味付(あじつ)け」라고 할 수 있다고 했다. 즉 같은 교토 요리라도 보는 관점에 따라 싱겁다고도 진하다고도 할 수 있다는 말이므로, 정답은 4번이 된다.

어휘 薄味(うすあじ) 담박한 맛 | 勘違(かんちが)い 착각 | 先日(せんじつ) 얼마 전 | 老舗(しにせ) 노포 | 京料理屋(きょうりょうりや) 교토 요리점 | 女将(おかみ)さん 여자 주인 | 古来(こらい)より 예로부터 | 発祥(はっしょう)の地(ち) 발상지 | 洗練(せんれん) 세련 | 美(び)を重(おも)んじる 미를 중시하다 | 素材(そざい) 소재 | そのもの 그 자체 |

姿形(すがたかたち) 모습 | ~が故(ゆえ)に ~인 만큼, ~이라서 | 関東地方(かんとうちほう) 관동 지방 | 砂糖(さとう) 설탕 | 極力(きょくりょく) 최대한 | 控(ひか)える 자제하다 | 濃口醤油(こいくちしょうゆ) 진한 간장 | 薄口醤油(うすくちしょうゆ) 연한 간장 | 専(もっぱ)ら 오로지 | 用(もち)いる 사용하다 | そういえば 그러고 보니 | 減塩醤油(げんえんしょうゆ) 저염 간장 | 醤油分(しょうゆぶん) 간장 성분 | 塩分(えんぶん) 염분 | 見(み)た目(め) 겉보기 | ついつい 무심코, 나도 모르게 | 増塩(ぞうえん) 증염 | だし 국물 | 異(こと)なる 다르다 | かつおぶし 가쓰오부시 | だしを取(と)る 국물을 내다 | 際(さい) 때 | お湯(ゆ) 뜨거운 물 | 取(と)り出(だ)す 꺼내다 | ~に対(たい)し ~에 비해 | じっくり 차분히 | 煮物(にもの) 조림 | 麺(めん)つゆ 면 국물 | 観点(かんてん) 관점 | 味付(あじづ)け 양념 | 多(おお)めに 많이 | ~と間違(まちが)える ~으로 잘못 알다 | 大量(たいりょう) 대량 | 含(ふく)む 포함하다 | 本来(ほんらい) 본래 | 重要視(じゅうようし) 중요시 | 見方(みかた)によっては 보기에 따라서는 | 濃(こ)い 진하다 | 薄(うす)い 연하다

(2)

히로시마의 어느 공업대학 교수가 중증 장애에 의해 생각을 말로 전할 수 없는 사람을 위한 의사소통 지원장치 '아이어시스트'라는 눈의 깜빡임을 감지하는 기계를 개발했다.

의사소통 지원장치는 중증 장애를 가진 사람의 커뮤니케이션에 빼놓을 수 없는 용구이며, 행정 보조 대상상품이기도 하지만, 지금까지 발매되어 있던 장치는 고액의 장비가 많았다. 그러나, 이번에 개발된 '아이어시스트'는 휴대전화로 다운로드하면 사용할 수 있으며, 무료로 일반에게 제공되고 있다.

휴대전화 화면에 보이는 50음도표 위를 커서가 자동으로 움직이며, 사용자가 눈 깜빡임으로 문자를 고르고, 50음도표 왼쪽 아랫부분의 내장카메라가 그 움직임을 감지하는 구조로 되어 있다. 눈 깜빡임을 매초 수십장의 화상으로 하는 것으로, 의식적인 것인지 무의식적인 것인지를 판정할 수가 있으며, 그 정확성을 높이기 위해 사용되는 전용 고성능 카메라는 불가결한 것이기 때문에, 지금까지의 의사소통 지원장치의 가격은 일반적으로 수십만~백만 엔 이상이나 나간다.

게다가 이 '아이어시스트'는 어두컴컴해도 사용 기능하며, 설정화면에서 눈 깜빡임의 판정 감도와 커서의 속도 등도 세심하게 설정할 수 있으므로, 개인의 움직임에 맞출 수도 있다.

익숙해질 때까지는 약간의 시간과 고생을 필요로 하지만, 이 '아이어시스트'에 의해 새로운 가능성이 확산될 것이다.

51 '아이어시스트'를 개발한 목적으로 생각되는 것은 무엇인가?

1 시각장애인의 원활한 커뮤니케이션을 도모하기 위해 개발했다.
2 고령자의 커뮤니케이션에 빼놓을 수 없기 때문에 개발했다.
3 언어에 의한 대화와 필담이 곤란한 분들을 위해 개발했다.
4 종래의 의사소통 지원장치는 고액의 제품밖에 없었기 때문에 개발했다.

해설 본문에서 「重度(じゅうど)の障害(しょうがい)によって思(おも)いを言葉(ことば)で伝(つた)えられない人(ひと)のため」라고 했으며, 또한 종래의 장치는 고액의 장비가 많았던 것이지 고액의 장비만 있었던 것은 아니라는 점에 주의하자.

52 이 글의 내용과 맞는 것은 어느 것인가?

1 '아이어시스트'는 고액이라 서민에게는 엄두가 나지 않을 것 같다.
2 의사소통 지원장치는 일본에서 최초로 개발된 장치이다.
3 의사소통 지원장치는 시각장애인의 재활치료를 행하는데 사용된다.
4 '아이어시스트'는 장애 경중에 따라 미세한 설정도 가능하다.

해설 본문 후반부에 「設定画面で瞬きの判定の感度やカーソルの速度等も細かに設定が可能なので、個人の動きに合わせることもできる」라고 했다. 즉, 이 장치는 개인의 장애 정도에 따라 설정을 조정할 수 있다.

어휘 重度の障害 중증 장애 | 意思疎通支援装置 의사소통 지원장치 | 目の瞬き 눈의 깜빡임 | 欠かす 빼놓다, 빠뜨리다 | 行政の補助対象商品 행정 보조 대상상품 | 内蔵 내장 | 仕組み 구조 | 画像 화상 | 不可欠 불가결 | 薄暗い 어두컴컴하다 | 感度 감도 | 細かに 세심하게, 세세하게 | リハビリ 재활치료 | 微細 미세

(3)

일본인의 통근 시간은 다른 나라에 비해 상당히 긴 편이라고 한다. 도시 지역에서는 통근 시간이 1시간을 넘는 일은 흔하다. 교외의 베드타운에 살면서 평일에는 만원 통근 전철로 회사에 다니고, 휴일에 영화나 스포츠 관람, 도심에서 쇼핑을 즐기는 생활 스타일은 지금까지 일본 도시권의 표준이라고 할 수 있을 것이다. 이러한 생활 방식이 정착된 것은 철도망이 발달하면서 도시와 교외의 왕래가 편리해졌기 때문이다. 계기는 1923년 관동대지진에 있다. 이때 도쿄와 요코하마를 중심으로 탈선과 선로 손괴 등으로 인해, 일시적으로 약 700㎞에 걸쳐 노선을 사용할 수 없게 되면서 피난민들은 이동에 많은 어려움을 겪었다. 이렇게 대도시에 밀집해 거주하는 위험이 국민에게 널리 알려지면서 도시 외곽으로 이주하려는 움직임이 확대되었다. 이를 호기로 본 철도회사들은 교외 생활의 매력을 높이고 열차 이용자를 늘리기 위해 노선을 늘림과 동시에 교외 개발사업에 주력했다. 지금까지 아무것도 없었던 마을에 역을 건설하고 온천 시설과 상업 시설 등을 유치하여 택지 개발을 하였다. 특히 철도회사들은 단독주택에 동경을 품는 서민들에게 도심보다도 교외가 저렴하고 큰 집을 손에 넣을 수 있다고 선전했다. 그 무렵 도시의 인구 과밀로 인한 주택 부족이나 주거 환경의 악화가 심화된 것도 겹쳐, 많은 일본인들이 교외에 거주하기를 희망하게 되었다. 그런데 최근에는 교외에서의 생활 방식에 변화가 찾아오고 있다. 각지에서 교외의 고령화나 인구감소 등의 문제가 표면화되었을 뿐 아니라, 2011년 동일본대지진 때 교통기관이 멈춰, 많은 사람이 교외에 있는 자택으로 돌아가지 못하게 된 것을 많은 국민이 TV를 통해 간접적으로 체험했기 때문이다. 재택근무의 보급으로 인해 반드시 직장에 있을 필요가 없어진 시대, 우리의 생활 스타일은 큰 전환기를 맞이하려고 하고 있는지도 모른다.

53 이런 생활 방식이라고 되어 있는데, 본문에 맞는 것은 어느 것인가?

1 근무지에서 가까운 도심부에 거주하며, 도보나 자전거 등으로 통근하는 것
2 직장에서 가까운 도심부에 거주하며, 대중교통 기관으로 통근하는 것
3 교외 단독주택에 거주하며, 교외 근무지로 도보나 자전거 등으로 통근하는 것
4 교외 단독주택에 거주하며, 도심부에 있는 직장을 대중교통 기관으로 통근하는 것

해설 근무지는 도심부에 있고, 거주지는 교외에 있으면서 만원 통근 전철로 회사를 다닌다고 했으니, 4번이 정답이다.

54 필자는 앞으로 일본의 생활 스타일에 대해 어떻게 예상하고 있는가?

1 재해의 위험을 고려해, 장시간 통근을 개선하여 많은 사람이 도심부로 이주하게 된다.
2 교외 각지에서 고령화나 인구감소 등의 문제가 발생하고 있기 때문에, 도심부로의 이주가 시작된다.
3 재택근무의 보급으로 직장에 가지 않아도 일을 할 수 있기 때문에, 교외에 사는 사람이 늘어난다.
4 일하는 방식이 변화했기 때문에, 교외나 도심에 거주할 뿐만 아니라 새로운 생활 양식이 생겨난다.

해설 1923년 관동대지진으로 인해 대도시에 거주하는 위험이 국민에게 알려지면서 도시 외곽으로 이주하려는 움직임이 확대되었으나, 2011년 동일본대지진 때 교통기관이 멈춰 많은 사람이 교외에 있는 자택으로 돌아가지 못하게 된 것을 사람들은 TV를 통해 간접체험하였다. 오늘날은 재택근무의 보급으로 반드시 직장에 있을 필요가 없어진 시대로, 우리의 생활 스타일은 큰 전환기를 맞이하려고 한다며 글이 마무리되고 있으니, 4번이 정답이다.

어휘 ざら 흔함, 흔해 빠짐 | 郊外(こうがい) 교외 | 都市圏(としけん) 도시권 | 鉄道網(てつどうもう) 철도망 | 往来(おうらい) 왕래 | 震災(しんさい) 지진으로 인한 재해 | 損壊(そんかい) 손괴, 파괴 | 知れ渡(しわた)る 사람들에게 널리 알려지다 | 好機(こうき) 호기 | 誘致(ゆうち) 유치 | 一戸建て住宅(いっこだてじゅうたく) 단독주택 | 憧れを抱(あこがれをいだ)く 동경을 품다 | 庶民(しょみん) 서민 | 割安(わりやす) 품질이나 분량에 비해 가격이 쌈 | 人口過密(じんこうかみつ) 인구 과밀 | 重(かさ)なる 겹치다 | 高齢化(こうれいか) 고령화 | ～に加(くわ)え ～에 더해, ～뿐만 아니라 | ～ずじまい ～하려고 생각했던 것이 ~하지 않은 채 끝나버림 | テレワーク 재택근무 | 普及(ふきゅう) 보급 | 転換期(てんかんき) 전환기 | 公共交通機関(こうきょうこうつうきかん) 공공교통 기관, 대중교통 기관 | 災害(さいがい) 재해 | 考慮(こうりょ) 고려 | 改(あらた)める 고치다, 개선하다

(4)

2014년 어느 리크루트 회사가 신입사원 2,243명을 대상으로 앙케트 조사를 행했는데, 약 90% 이상의 사람이 '출세하고 싶다'고 답하였으며, 30세에서의 이상 연봉은 '500만 엔대'라고 답했다고 한다. 출세라고 하는 것은 다양한 형태이며, 자신이 목표로 한 관리직에 취임하는 것, 이직해서 보다 연봉이 높은 회사에 입사하는 것, 독립해서 회사를 경영하는 것 등 여러 가지 의미를 가진다.

그러나 그 반면, 출세하고 싶지 않다고 생각하는 사람도 있는 것 같다. 아마 출세와 세트가 되는 '헛된 고생과 스트레스를 떠안고 싶지 않다'는 것이 원인일지도 모른다. 또한 '관리직이 되면, 책임만 무거워지며, 실제 월급은 그다지 달라지는 것도 아닌데, 부하 관리 때문에 골치 아플 뿐만 아니라, 자칫하면 구조조정의 대상이 된다'는 인식이 있다.

그러나 대개, 이런 의견을 내면 비판이 쏟아진다. '이런 사고방식을 가진 인간은 계약사원이나 파견사원으로 직위를 떨어뜨려야 한다', '결국 출세 못 하는 인간의 억지주장이다', '인간으로서 제 몫을 못 하는, 부평초 같은 근성' 등등.

그러나 출세할 수 있는 가능성이 있는 사람이 출세하고 싶어 하지 않는다고 하는 데에는 다른 이유가 있다. 단지 출세를 위해 일벌이 되어 상사에게 휴일 골프를 강요당하고, 마음에도 없는 소리 해대며, 비위 맞추고 싶지 않다. 그 골프의 의미가 단순한 친목이 아니라, 회사 안 한통속끼리 치는 골프라면 더더욱 그렇다. 그러한 집단에 안이하게 동조하거나, 무리를 짓고 싶지 않다는 것이다. 물론, 이런 사고방식은 출세가 어려울지도 모르지만, 고독을 즐기면서 자신의 생활관, 인생관을 소중히 여기고 싶은 것이다. 이 타입의 사람은 팀 워크를 중시하며 조직력을 높이려고 노력하며, 더욱 현장주의 업무를 하는 경향이 있다. 조직을 떠났을 때도 자신의 가치관에 동감할 수 있는 사람과 인간관계를 맺고, 징징대지 않으며 생기발랄하며 활기가 좋고, 자신만의 철학과 신념에 충실하고 싶어 하는 사람이 많다.

물론 요즘의 젊은 세대에게는 '고용이 안정되어 있지 않거나, 연봉이 오르리란 보증은 없다'고 하는 더욱 현실적인 이유가 클지도 모르지만, 어느 쪽 삶을 선택할지는 자신의 자유이며, 가치관에 의한 것이다. 사회적인 지위와 자신이 하고 싶은 일을 할 수 있는 환경, 당신이라면 어느 인생이 행복하다고 생각합니까?

55 <u>출세할 수 있는 가능성이 있는 사람이 출세하고 싶어 하지 않는다</u>면, 어떤 삶을 사는 것일까?

1 자신만의 가치관으로, 회사 동료와 어울리기보다 고독을 즐긴다.

2 회사에 대한 불만을 숨기고, 자신의 의견을 무턱대고 드러내지 않는다.

3 자신의 신념에 따라 살며, 은퇴 후에도 새로운 인간관계를 쌓으려 한다.

4 사회적인 성공과 지위보다 조직과 가정을 위해 희생한다.

해설 「自分の価値観に共鳴できる人と付き合い」가 힌트이다.

56 본문 내용과 맞지 않는 것은 어느 것인가?

1 세속적으로 말하자면, 출세하고 싶지 않다는 사고방식은 받아들이기 어렵다.

2 출세하고 싶지 않은 이유는 억지로 조직 체계에 맞추거나, 실리적인 동료들끼리만으로 뭉치고 싶지 않기 때문이다.

3 출세하고 싶지 않은 사람은 상사와 동료와의 인간관계가 적으며, 혼자만의 시간을 소중히 한다.

4 세상의 모든 사람이 출세를 희망하고 있는 것은 아니며, 자신의 인생관에 맞추어 다른 선택도 가능하다.

해설 「このタイプの人はチームワークを重視して組織力を高めるように努力し、もっと現場主義の仕事をする傾向がある」라고 했다. 즉, 출세하고 싶어하지 않은 사람은 무조건 독불장군이란 편견을 버려야 한다.

어휘 **年収** 연수, 연봉 | **役職に就く** 관리직에 취임하다 | **無用だ** 헛되다, 쓸데없다 | **ややもすれば** 자칫하면 | **職位を落とす** 직위를 떨어뜨리다 | **負け惜しみ** 억지주장 | **根無し草** 부평초 | **働き蜂** 일벌 | **社交辞令** (인간관계를 위한)겉치레말 | **機嫌を取る** 비위 맞추다 | **親睦** 친목 | **馴れ合い** 한통속 | **なおさらだ** 더욱 그렇다 | **群れを組む** 무리를 짓다 | **共鳴** 공명, 동감 | **愚痴を言う** 푸념하다, 징징대다 | **溌剌** 발랄 | **交わり** 교제,어울림 | **むやみに** 무턱대고, 덮어놓고 | **～に沿う** ~에 따르다 | **築く** 구축하다, 쌓다 | **犠牲** 희생 | **連中** 일행, 동료 | **固まる** 굳어지다

문제 10 다음 글을 읽고, 다음 질문에 대한 답으로 가장 적당한 것을 1·2·3·4에서 하나 고르세요.

'지나치게 신경질적', '심약함' ……. 어렸을 때부터 몇 번이나 들었는지 세고 싶지도 않다. 부모님은 그런 나에게 배짱을 키우기 위해 초등학교 때부터 나를 혼자 캠프나 해외 홈스테이를 가게 했다. 그러나 아무리 애써도 내 '유리 마음(멘탈)'을 강하게 만들기에는 부족했고, 매번 그저 기진맥진하게 지쳐 돌아올 뿐 아무런 수확도 없었다. 하지만 어른이 되면서 전환기가 찾아왔다. TV에서 HSP 특집이 짜여진 것이다. HSP란, Highly Sensitive Person의 약자로, 일본어로는 '매우 섬세한 사람'이나 '매우 민감한 사람'으로 번역되는 경우가 많다. HSP는 질병이나 장애가 아니라 타고난 성격적인 기질로 여겨지고 있으며, 약 5명 중 1명 비율로 존재하고 있다고 생각된다. HSP 체크리스트를 처음 봤을 때 '나를 그대로 나타내고 있는 것 같다'고 생각될 정도로 나에게 맞는 게 많았다. 또, 그와 동시에 자신이 병이 아니라, 비슷한 사람이 있다는 것을 알고, 왠지 안심했던 것을 기억하고 있다. 무엇보다 감사한 것은 HSP라는 말이 침투함으로써 나에 대한 주위의 이해도 이전에 비해 얻기 쉬워졌다는 점이다. 예전과 달리 지금은 서점에 가면 선반에 넘쳐날 듯, HSP 관련 책들이 즐비하다. 나의 신경질적이고 연약한 성격을 고쳐주고 싶다고 생각했던 부모님도 그 영향을 많이 받으며 자란 나 자신도 그 이면에는 공손함과 다정함이 있다는 것을 깨달을 수 있었다. 그리고 '저는 HSP라서 이런 건 좀 서툴러요.'라고 사람들에게 분명히 말하기 쉬워졌다. 그래도 아직도 'HSP가 뭐야?'라는 반응이 돌아오는 경우도 많이 있지만, 자신의 특징에 제대로 된 명칭이 있어서 인터넷상에서 조사하면 쉽게 '내 사용 설명서'가 나오므로, 이전에 비하면 설명도 편해진 것이다. 게다가 자신이 쉽게 피로해지는 원인과 그 대처법을 알게 된 것은 큰 수확이었다. HSP인 사람은 큰 소리나 냄새 등 자극에 약하거나 타인의 표정을 필요 이상으로 살피게 되는 경우가 있다. 지금까지는 그 사실조차 알아차리지 못하고, 평일 평소처럼 출퇴근하며 지내는 것만으로 휴일에는 일어나지 못할 정도로 녹초가 되어 버리는 것은 주변 사람에 비해 체력이 부족한 것이 원인이라고 생각하고 있었다. 하지만 주변 사람보다도 자극에 민감하게 반응하거나 다른 사람들과 소통할 때 뇌를 풀 회전시키고 있는 것을 생각하면, 휴일에 내 자신에게도 다정하게 대할 수 있다. 또 가급적 자극으로부터 피하도록 조심하거나 머리를 비우고 몸을 움직여 심신의 균형을 맞춤으로써 컨디션 관리를 잘할 수 있게 되었다. 사실 이렇게 병도 아닌데 명칭을 붙이는 것에 부정적인 사람도 있다. '요즘은 뭐든지 너무 정의를 내리고 있다'는 소리도 안 듣는 것은 아니다. 나도 사람을 틀에 맞게 분류하려는 생각에는 그다지 찬성할 수 없고, 가능하다면 모두가 서로의 개성을 받아들여 서로 인정할 수 있다면 좋겠다고 생각한다. 그러나 나의 경우, 타인은 인정할 수 있어도 나 자신은 인정할 수 없었다. 자신의 개성이나 가치를 몰랐기 때문이지만, 이렇게 명칭을 붙여줌으로써 자기 자신을 객관적으로 이해할 수 있게 됐고 마음의 안정된 생활과 자기긍정감을 되찾을 수 있었던 것이다.

57 필자에게 찾아온 전환기란 무엇인가?

1 HSP라는 난치병에 대해 처음 알게 된 것
2 자신이 HSP라고 깨달을 수 있었던 것
3 세상에 HSP인 사람이 많이 존재한다는 것을 알게 된 것
4 텔레비전에서 HSP가 다루어진 것

해설 주의할 점은 TV를 통해 자신이 HSP라고 깨달은 것이 핵심임을 놓쳐서는 안 된다.

58 병도 아닌 것에 명칭을 붙이는 것과 관련하여 필자의 기분과 맞는 것은 무엇인가?

1 명칭에 따라 사람을 틀에 맞추는 듯한 사고방식에는 찬성할 수 없다.
2 어떤 특징이든 명칭에 따라 구별이나 분류하지 말고 개성으로 존중해야 한다.
3 자기 자신의 특징을 잘 알기 위해, 때로는 명칭이 있는 편이 좋을 때도 있다.
4 서로 어떤 특징을 가진 사람인지 이해하는데 있어서 명칭을 붙이는 것은 유효한 방법이다.

해설 화자가 말하고자 하는 가장 핵심적인 것은 자신의 개성이나 가치를 몰랐기 때문에 자기 자신을 인정할 수 없었는데, 이렇게 명칭을 붙여 줌으로써 자기 자신을 객관적으로 이해할 수 있게 됐다는 것이므로, 3번이 정답이다.

59 다음 중 본문 내용에 맞는 것은 무엇인가?

1 자신이 HSP라는 것을 알게 됨으로써 자신이라는 존재를 호의적으로 받아들일 수 있었다.
2 약점이라고 생각했던 자신의 특징이 사실은 강점이라는 것을 깨달을 수 있었다.
3 HSP라고 공언하는 것만으로도 주위가 자신을 이해해 주게 되니 마음이 편해졌다.
4 자신의 기질을 바꾸기 위해 운동으로 체력을 키움으로써 쉽게 몸 상태가 나빠지지 않게 되었다.

해설 HSP라는 명칭을 알기 전까지는 나 자신을 인정할 수 없었으나, 이제는 마음의 안정을 찾고 자기긍정감을 되찾을 수 있었다고 했으니, 1번이 정답이 된다. HSP라는 말이 침투함으로써 나에 대한 주위의 이해도 얻기 쉬워졌고 나도 그에 대해 설명하기 편해졌다는 내용은 있어도 주변이 자신을 이해해 주니 마음이 편해졌다는 내용은 없음에 주의한다.

어휘 神経質 신경질 | 気弱 심약함 | 度胸をつける 배짱을 키우다 | 동사ます형+たいがため(に) ~하기 위해(목적을 달성하기 위한 바람이나 의지가 포함됨) | ～にいたる ~에 이르다 | へとへと 몹시 피곤함, 녹초가 됨 | 収穫 수확 | 転機 전환기, 전기 | 組む 짜다, 서로 엇갈리게 하다, 조직하거나 편성하다 | 略 줄임, 생략 | 繊細 섬세 | 敏感 민감 | 障がい 장애 | 生まれ持つ 가지고 태어나다 | 当てはまる 들어맞다, 적합하다 | ほっとする 안심하며 한숨 돌리다 | あふれる 물 등이 흘러넘치다, 사람이나 물건이 가득 있다 | 동사ない형+んばかりだ 지금이라도 ~할 듯하다 | 多々 많이 | 名称 명칭 | 容易 간단함, 손쉬움 | 顔色を伺う 상대방의 표정을 살피다 | 起き上がる 일어나다 | ぐったり 녹초가 되거나 축 늘어진 모양 | 接する 접하다, 대응하다, 만나다 | 空っぽ 속이 빔 | 何でもかんでも 뭐든, 전부 | 当てはめる 맞도록 하다 | 受け入れる 받아들이다, 수용하다 | 自己肯定感 자기긍정감 | 取り戻す 되찾다, 회복하다 | 難病 난치병 | 取り上げる 집어 들다, 채택하다 | 知り得る 노력해서 알다 | 受け止める 받아내다, 제대로 대응하다 | 体調を崩す 몸 상태를 망가뜨리다

문제 11 다음 A와 B는 각각 집중력에 대해 서술한 글이다. A와 B를 모두 읽고, 다음의 질문에 대한 답으로 가장 적당한 것을 1·2·3·4에서 하나 고르세요.

A

여러분은 공부하려고 하면 집중력이 좀처럼 지속되지 않는다는 듯한 경험을 해본 적은 없는가. 내일이 시험이라 공부해야만 하는 것은 싫어도 알고 있는데, 갑자기 책상 정리를 시작하거나 방 청소를 하게 된다. 그 때문에 일부러 자기 방이 아닌 곳에 가서 공부를 시도한 적도 있지만, 결국 길게는 지속되지 않았다. 의외로 우리들의 뇌는 집중할 수 있도록 만들어져 있지 않다. 뇌에서 차지하는 본능이나 욕구와 관련된 부분이 우리 행동에 매우 막강한 영향력을 미치기 때문이다. 즉, '먹고 싶다'나 '자고 싶다' 등과 같은 본능이 우리들의 판단이나 행동에 영향을 미쳐 지금은 공부에 집중해야 한다는 것을 알고는 있지만, 그만 과자를 먹고 싶어지거나 소파에 뒹굴고 싶어지게 돼 버리는 것이다. 이러한 인간의 특성을 이해한 후, 대처법을 생각하는 것이 현명할 것이다.

B

집중력이 좀처럼 지속되지 않는다는 이야기를 친구에게 했더니 '포모도로 테크닉'이라는 것을 소개해 주었다. 시간 관리 방법 중 하나로, 타이머를 사용해 단시간의 작업과 휴식을 몇 번이나 반복하는 것을 말한다고 한다. 예를 들어 25분간 작업을 하고 그 후 5분간 휴식을 취하는 것을 반복한다. 그러자 신기하게도 그의 경우 2시간이나 집중력이 지속되었다고 한다. 이 25분이라는 시간은 인간이 집중하기에 가장 적합하다고 한다. 그리고 또한 그 작업 시간으로 무엇을, 어디까지 해야 할지 미리 정해, 시간이 되면 어디까지 할 수 있었는지 확인한다. 그렇게 함으로써, 성취감을 맛볼 수 있고, 다음의 작업에 대한 의욕 상승으로도 이어진다고도 한다. 예를 들어 공부의 경우 25분 만에 10문제를 풀겠다고 정하고, 얼마큼 완성되었는가를 잘 했는지 체크하는 것이다.

[60] 집중할 수 없는 것에 대해 A와 B는 어떤 것을 서술하고 있는가?

1 A는 뇌의 작용이 그 요인의 일부가 되고 있는 것에 대해 서술하고, B는 그 대처법의 구체적인 예에 대해 서술하고 있다.

2 A는 인간의 장시간 동일한 작업을 하는 것을 피하고 싶은 본능에 대해 서술하고, B는 작업에 집중하여 일하는 시간과 쉬는 시간을 분명히 나눔으로써 작업 효율이 높아지는 것에 대해 서술하고 있다.

3 A는 본능대로 가고 싶은 인간 본래의 욕구에 대해 서술하고, B는 인간의 집중력에는 한계가 있음에 대해 서술하고 있다.

4 A는 본능이나 욕구를 자제하는 것의 어려움에 대해 서술하고, B는 집중력 유지에는 성취감이 필요하다는 것에 대해 서술하고 있다.

해설 우리가 좀처럼 집중할 수 없는 것에 대해 A는 뇌에서 차지하는 본능이나 욕구와 관련된 부분이 우리 행동에 매우 막강한 영향력을 미치기 때문에, 의외로 우리들의 뇌는 집중할 수 있도록 만들어져 있지 않다고 했고, B는 '포모도로 테크닉'을 통해 집중하는 방법을 소개하고 있다. 2번의 장시간 동일 작업을 피하고 싶어하는 본능에 관한 내용은 본문에 없고, 3번의 인간의 집중력에는 한계가 있다는 내용도 없다. 4번 역시 집중력을 유지하기 위해서는 성취감이 필요하다는 내용 역시 본문에 없으므로, 정답은 1번이다.

61 집중력을 유지하는 방법에 대해 A와 B는 어떻게 서술하고 있는가?

1 A는 이것 저것 눈길이 쏠리지 않는 장소에서 공부하는 것이 좋다고 서술하고, B는 25분 정도가 공부하기에는 딱 적당하다고 서술하고 있다.

2 A는 배불리 먹지 않도록 하면 좋다고 서술하고, B는 성실하게 휴식을 취하는 것이 서술하고 있다.

3 A는 집중력이 지속되지 않는 이유를 알면 좋다고 서술하고, B는 타이머로 시간을 확실히 관리하면 좋다고 서술하고 있다.

4 A는 인간의 특성을 이해한 후에 방법을 생각하면 좋다고 서술하고, B는 집중할 수 있는 시간을 고려해 공부하는 것이 좋다고 서술하고 있다.

해설 A는 집중을 해야 한다는 것을 알아도 뇌에서 차지하는 본능이나 욕구가 인간의 판단이나 행동에 막강한 영향력을 끼치므로 그 특성을 이해한 후, 대처법을 생각해야 한다고 했고, B는 인간이 집중하기에 가장 적합한 시간은 25분이며, 그 시간 동안 얼마만큼의 작업을 할지 미리 정해 두는 것이 좋다고 했으므로, 4번이 정답이 된다.

어휘 **試みる** 실제로 해 보다, 시도해 보다 | **欲求** 욕구 | **～ものの** ~이지만, ~하지만 | **ついつい** 그만 자신도 모르게, 무의식 중에 | **寝転ぶ** 아무렇게나 드러눕다 | **賢明** 현명 | **適する** 알맞다, 적당하다 | **あらかじめ** 미리 | **達成感** 성취감 | **味わう** 맛보다 | **問題を解く** 문제를 풀다 | **具体例** 구체적인 예 | **避ける** 피하다 | **メリハリをつける** ① 일을 분명히 하는 것 ② 일상생활에서는 집중해서 열심히 하는 시간과 힘을 빼고 쉬는 시간을 확실히 나누는 것 | **作業効率** 작업 효율 | **自制** 자제 | **保つ** 지키다 | **目移り** 이것저것에 눈길이 쏠림 | **こまめ** ① 몸을 부지런하게 움직이는 모양 ② 성실함 | **考慮** 고려

문제 12 다음 글을 읽고, 뒤에 나오는 질문에 대한 답으로 가장 적당한 것을 1·2·3·4에서 하나 고르세요.

현대는 항상 이노베이션이 요구되는 시대이다. 기존의 지식이 날마다 갱신되고, 그것을 습득함으로써 새로운 지식을 만들어 간다. 이러한 지적 활동 중에서 지금 가장 주목 받고 있는 것이 암묵적 지식이다.

암묵적 지식이란, 바꿔 말하면, 언어화되지 않은 지식을 말한다. 일류 일을 하는 사람은 자신의 머릿속에서 지금 일어나고 있는 일을 언어화하지 않고, 암묵적 지식에 의해 고도의 일을 하고 있다고 한다. 언어적 지식에 비해, 신체적 지식이라고 부를 수 있다. 예술가, 장인, 운동선수 등은 각각의 분야의 신체적 지식을 풍부하게 보유하고 있다.

반대로, 이에 비해 형식적 지식이란, 언어에 의해 매뉴얼화된 명시적 지식이다. 예를 들면, 한 명의 장인의 몸에 배어 있는 신체적 지식을 그 장인 자신의 것으로만 머물게 하는 게 아니라, 동료들과 공유하고, 시스템을 구축하는 것이 ①창조적 조직의 본연의 자세로서 필요하다. 예전의 사제관계에서는 숙련된 기술을 가진 장인의 신체적·암묵적 지식은 장인 본인으로부터 꼼꼼하게 배울 수 있는 것이 아니라, 현장에서 스승의 기술을 보고 훔치는 것이 당연한 과정이었다. 뛰어난 기술을 직접 내 눈으로 보고, 어디가 중요한지 간파하고, 자신의 기술로써 몸에 익혀간다. 이 과정은 틀림없이 주체적 학습이라고 할 수 있을 것이다. 그러나, 이 방식에는 한 가지 약점이 있는데, 배우는 자의 의욕과 능력에 상당 부분을 의존하게 된다. 따라서 조직으로서는 이 시스템의 안정적인 운용이 극히 곤란하다 할 수 있다. 장인이 단 한 명의 제자에게만 자신의 암묵적 지식을 전수하는 것 같은 일은 예능 세계에서는 충분히 있을 수 있다. 그러나, 하루가 다르게 변하는 시장에서 결과가 요구되는 현대의 비즈니스에서는 ②한 사람 한 사람이 가지고 있는 암묵적인 지식을 동료끼리 공유하고, 시스템으로서 속도감 있는 운용이 필요하다.

암묵적 지식을 시스템화하는 과정에 관해서는 홈베이커리라는 상품 개발을 예로 들면 쉽게 이해할 수 있다. 숙련된 제빵 장인의 반죽 기능을 배우기 위해, 소프트웨어 개발 담당자가 장인과 지금까지의 경험을 공유한다. 개발 중인 기계와 숙련된 제빵 장인의 반죽 방법이 어떻게 다른지에 주목하고, 장인의 언어화하기 어려운 암묵적 지식을 어떻게든 파악하고자 한다. 그리고 핵심이 되는 장인의 움직임을 언어화하고, 엔지니어들과 그 움직임을 기계로 실현할 수 있는지를 연구한다. 그 결과, 용기 안쪽에 특수한 요철을 장착하는 발상이 생겨났다. 이로 인해, 숙련된 제빵 장인의 반죽 움직임(반죽 기술)의 암묵적 지식이 실제로 형태가 된 것이다.

62 ①창조적인 조직의 본연의 자세라고 했는데, 본문 중에서 이와 반대되는 의미를 나타내는 말은 무엇인가?

1 엔지니어들
2 현대 비즈니스
3 언어화, 매뉴얼화
4 사제관계

해설 바로 앞에서 「一人の職人の体に染みついた身体的な知識をその職人自身のものとしてのみにとどめるのではなく、仲間内で共有し、システムを構築」하는 것이 '창조적인 조직의 본연의 자세'라고 하고, 뒤에서는 「かつての師弟関係においては、熟練した技を持つ職人の身体的・暗黙的な知識は、職人本人から丁寧に教えてもらえるものではなく、現場で師匠の技を見て盗むというのが当然の過程」라고 했다.

즉 '창조적인 조직의 본연의 자세'의 반대되는 의미는 '사제관계'이니, 정답은 4번이다.

63 ②<u>한 사람 한 사람이 가지고 있는 암묵적인 지식을 동료끼리 공유하고, 시스템으로서 속도감 있는 운용이 필요하다</u>고 하는데, 왜일까?

1 장인이 단 한 명의 제자에게만 자신의 암묵적 지식을 전수하는 것이 중요하기 때문에
2 현대 비즈니스에서는 결과가 바로 요구되기 때문에
3 동료끼리 공유하면, 조직으로서 안정적인 운용을 바라기 어렵기 때문에
4 공유하면 배우는 자의 의욕과 능력에 상당 부분을 의존하기 때문에

해설 앞 문장에서 「職人がたった一人の弟子にのみ自分の暗黙的な知識を伝授するようなことは、芸能の世界」에서는 충분히 있을 수 있다고 한 후, 「しかし、日々目まぐるしく変わる市場で結果が求められる現代のビジネス」라는 표현을 사용하였다. 즉, 제자 한 명에게만 암묵적 지식을 전수하는 것은 예능 세계에서는 가능할지 모르지만, 즉시 결과를 요구하는 현대 비즈니스에서는 통용되지 않는다는 말을 하고 있으므로, 정답은 2번이 된다.

64 이 글에서 필자가 가장 하고 싶은 말은 무엇인가?

1 홈베이커리라는 상품 개발을 통해, 실제로 빵 만들기의 암묵적 지식을 형성할 수 있게 되었다.
2 일류 일을 하고 있는 사람은 암묵적 지식과 함께 신체적 지식이나 형식적 지식을 풍부하게 보유하고 있다.
3 항상 이노베이션이 요구되는 시대에서는 암묵적 지식은 시스템화하여 공유하는 것이 중요하다.
4 뛰어난 기술을 자신의 눈으로 직접 보고, 어디가 중요한지 간파하고, 자신의 기술로서 익혀가는 과정이야말로, 암묵적 지식의 습득에서 중요하다.

해설 필자는 「現代は、常にイノベーションが要求される時代」라고 하며 암묵적 지식에 대한 설명을 하고 있는데, 뒤에서는 이 암묵적 지식의 약점 등을 언급한 뒤, 「一人一人が持っている暗黙的な知識を仲間で共有し、システムとしてスピード感のある運用が必要」하다고 했다. 마지막 단락에서는 제빵 장인의 기술을 예로 들며, 머릿속에만 지식을 담아 두지 말고 시스템화하여 다 같이 공유하자는 취지의 발언을 하고 있으니, 정답은 3번이다.

어휘 常に 항상, 늘 | イノベーション 혁신, 개혁 | 要求 요구 | 既存 기존 | 知識 지식 | 日々 날마다, 하루하루 | 更新 갱신 | 習得 습득 | 新たな 새로운 | 生み出す 만들어 내다, 산출하다 | 知的活動 지적 활동 | 暗黙的 암묵적 | 言い換える 바꿔 말하다 | 言語化 언어화 | 一流 일류 | 高度 고도 | 身体的 신체적 | 芸術家 예술가 | 職人 장인 | 豊富 풍부 | 有する 보유하다 | 形式的 형식적 | マニュアル化 매뉴얼화 | 明示的 명시적 | 染みつく 배다 | 仲間内 동료들 | 共有 공유 | 構築 구축 | 創造的 창조적 | 組織 조직 | あり方 본연의 자세 | かつての 예전의 | 師弟関係 사제관계 | 熟練 숙련 | 技 기술 | 丁寧に 꼼꼼하게 | 現場 현장 | 師匠 스승 | 当然 당연 | 過程 과정 | 優れる 우수하다, 뛰어나다 | 技術 기술 | 見抜く 간파하다 | 身に付ける 몸에 익히다 | 主体的 주체적 | 学習 학습 | 弱点 약점 | 依存する 의존하다 | したがって 따라서 | 運用 운용 | 極めて 극히 | たった 단 | 弟子 제자 | 伝授する 전수하다 | 芸能 예능 | ありえる 있을 수 있다 | 目まぐるしい (변화하는 모습이 너무 빨라)어지럽다 | 市場 시장 | 求める 요구하다 | スピード感 속도감 | 例に取る 예로 들다 | 練りの技能 반죽 기능 | 開発担当者 개발 담당자 | 生地 반죽 | 練り方 반죽하는 법 | 異なる 다르다 | 把握 파악 | 容器 용기 | 内側 안쪽 | 特殊 특수 | でこぼこ 요철, 울퉁불퉁 | 発想 발상 | 望む 바라다, 희망하다

문제 13 오른쪽 페이지는 현 홈페이지에 적힌 전국 여행 지원 안내이다. 아래 질문에 대한 답으로 가장 적당한 것을 1 · 2 · 3 · 4에서 하나 고르세요.

65 다나카 씨는 아내, 초등학생 딸, 한 살배기 아들과 넷이서 여름휴가에 시코쿠의 온천으로 여행을 가려고 생각하고 있다. 전국 여행 지원을 이용할 생각인데, 다나카 씨 등이 전국 여행 지원을 이용할 경우 숙박비 할인액은 얼마가 되는가?

[다나카 씨가 숙박 예정인 호텔]

호텔명 : 호텔 도고
숙박일수 : 2박 3일
플랜 : 노천탕이 달린 방, 1박 2식 포함
숙박요금 : 성인 1인당 15,000엔
소아(초등학생까지) 1인당 7,500엔
유아(5세까지) 1인당 3,500엔 (침대만 이용)

1 7,500엔 2 10,500엔 3 15,000엔 4 21,000엔

해설 일단 조건은 1인 1박 최대 20%이고, 1인당 4,000엔 미만 숙박은 적용 대상에서 제외되며, 연박이라 할지라도 1박의 요금만 할인을 받을 수 있다. 그럼, 성인 1인당 할인은 3,000엔(15,000엔의 20% 할인가)이고, 부부 둘을 더하면 6,000엔이다. 여기에 초등학생 딸의 할인은 1,500엔(7,500엔의 20% 할인가)이므로, 총 7,500엔이 된다.

66 박 씨는 대학생이다. 겨울방학에 전국 여행 지원을 이용하여 대학 친구들과 3명이서 여행하고자 한다. 전국 여행 지원이 적용되는 것은 어느 것인가?

1 1월 1일에 2월 11일부터 1박 2일 여행을 예약하고, 1월 2일에 정보를 등록할 경우
2 1월 15일에 1월 20일부터 1박 2일 여행을 예약하고, 1월 17일에 정보를 등록할 경우
3 2월 1일에 2월 10일부터 2박 3일 여행을 예약하고, 2월 12일에 정보를 등록할 경우
4 2월 16일에 2월 29일부터 2박 3일 여행을 예약하고, 2월 26일에 정보를 등록할 경우

해설 1번은 2월 여행이므로 1월 20일부터 여행정보 등록이 가능하며, 3번은 사전 등록이므로 여행 이후에 정보등록을 할 수 없다. 4번은 29일부터 2박 3일이므로 체크아웃이 3월 2일이 된다. 2024년 3월 1일(금) 체크아웃한 경우까지 포함이므로, 4번 역시 답이 될 수 없다.

전국 여행 지원 안내

전국 여행 지원은 아래 순서에 따라 사전에 등록해 주신 분에게 1인 1박 최대 20%(최대 7,000엔)의 보조를 받을 수 있습니다. 전국 여행 지원의 대상 · 실시 기간은 여러 사정에 의해 예고 없이 변경될 수 있습니다. 본 캠페인을 이용하실 때에는 아래 업데이트 정보를 수시로 확인하시기 바랍니다.

■ **사전 등록은 이쪽에서**

전국 여행 지원 적용 예약 · 판매 대상 기간

2024년 1월 10일(수)~2월 29일(목)까지 예약 · 판매된 대상 상품

전국 여행 지원 정보등록 기간

2024년 1월 10일(수)~1월 31일(수) 숙박인 경우에 대해서는
1월 2일부터 여행정보 등록 가능

2024년 2월 1일(목)~2월 29일(목) 숙박인 경우에 대해서는
1월 20일부터 여행정보 등록 가능

전국 여행 지원 대상 기간

2024년 1월 10일(수)~2월 29일(목)

※ 2024년 3월 1일(금) 체크아웃한 경우 포함한다.
※ 1인당 4,000엔 미만 숙박은 적용 대상에서 제외
※ 1회 신청에 대해, 최대 5인까지 동반 가능
※ 예약일이 전국 여행 지원 대상 기간 외인 경우 적용 대상에서 제외

○캠페인 이용 시 주요 주의 사항

- 여행 정보 등록 완료 후 등록된 이메일 주소로 QR코드가 발송됩니다.
- 체크인 시 숙박시설에 QR코드를 제시하지 않을 경우에는 전국 여행 지원이 적용되지 않으며 여행 경비 할인을 받을 수 없습니다.
- 가족 등 여러 명이 여행할 경우, 여행 정보 등록 시 동행자의 정보를 입력하지 않으면 동행자 할인을 받을 수 없습니다.
- QR코드 판독 오류, 할인금액 오류에 대비하여, 심사가 완료될 때까지 영수증을 보관하십시오.
- 연박의 경우는 최초의 1박 2일분(1인당 7,000엔 상한)만 전국 여행 지원의 적용 대상이 됩니다.

어휘 割引額(わりびきがく) 할인액 | 日数(にっすう) 일수 | 露天風呂(ろてんぶろ) 노천탕 | 小児(しょうに) 소아 | 幼児(ようじ) 유아 | 手順(てじゅん) 순서, 절차 | 補助(ほじょ) 보조 | 諸事情(しょじじょう) 모든 사정 | 随時(ずいじ) 수시 | 適用対象外(てきようたいしょうがい) 적용 대상 외 | 同行者(どうこうしゃ) 동행자 | 読み取る(よみとる) ① 읽어서 내용을 이해하다 ② 간파하다 ③ 기계가 글자나 기호를 판단해서 처리하다 | 連泊(れんぱく) 연박

2교시 청해 Track 1

문제 1 **문제1에서는 먼저 질문을 들으세요. 그리고 이야기를 듣고 문제용지의 1~4 중에서 가장 적당한 것을 하나 고르세요.**

例 Track 1-1-00

男の人と女の人が話しています。二人はどこで何時に待ち合わせますか。

男：あした、映画でも行こうか。

女：うん、いいわね。何見る？

男：先週から始まった「星のかなた」はどう？面白そうだよ。

女：あ、それね。私も見たいと思ったわ。で、何時のにする？

男：ちょっと待って、今スマホで調べてみるから… えとね… ５時５０分と８時１０分。

女：８時１０分は遅すぎるからやめようね。

男：うん、そうだね。で、待ち合わせはどこにする？ 駅前でいい？

女：駅前はいつも人がいっぱいでわかりにくいよ。映画館の前にしない？

男：でも映画館の前は、道も狭いし車の往来が多くて危ないよ。

女：わかったわ。駅前ね。

男：よし、じゃ、５時半ぐらいでいい？

女：いや、あの映画今すごい人気だから、早く行かなくちゃいい席とれないよ。始まる１時間前にしようよ。

男：うん、わかった。じゃ、そういうことで。

二人はどこで何時に待ち合わせますか。

1 駅前で４時５０分に
2 駅前で５時半に
3 映画館の前で４時５０分に
4 映画館の前で５時半に

예

남자와 여자가 이야기하고 있습니다. 두 사람은 어디에서 몇 시에 만납니까?

남 : 내일 영화라도 보러 갈까?

여 : 응, 좋아. 뭐 볼까?

남 : 지난 주에 시작한 '별의 저편'은 어때? 재미있을 것 같아.

여 : 아, 그거. 나도 보고 싶었어. 그럼, 몇 시 걸로 할까?

남 : 잠깐만, 지금 스마트폰으로 알아볼 테니까… 음… 5시 50분하고 8시 10분.

여 : 8시 10분은 너무 늦으니까 보지 말자.

남 : 응, 그러네. 그럼, 어디서 만날까? 역 앞에서 만날까?

여 : 역 앞은 항상 사람들이 많아서 찾기 힘들어. 영화관 앞에서 만날까?

남 : 근데 영화관 앞은 길도 좁고 차도 많이 다녀서 위험해.

여 : 알았어. 역 앞으로 해.

남 : 좋아, 그럼 5시 반쯤에 만날까?

여 : 아니, 그 영화 지금 엄청 인기라서, 빨리 가지 않으면 좋은 자리 못 잡아. 시작하기 1시간 전에 만나자.

남 : 그래, 알았어. 그럼 그렇게 하자.

두 사람은 어디에서 몇 시에 만납니까?

1 역 앞에서 4시 50분에
2 역 앞에서 5시 반에
3 영화관 앞에서 4시 50분에
4 영화관 앞에서 5시 반에

1番 Track 1-1-01

会社で男の人が女の人と広告のデザインについて話しています。男の人はこのあと何をしますか。

男：佐藤さん、キャンプ旅行の新しい広告のデザイン案、先週お渡ししましたけど、その後どうなりましたか。

女：ああ、あれね。ごめん、今日話さなきゃと思ってたの。すごくいいんだけど、先方からちょっと変えてもらいたいって言われちゃって。

男：どの辺を変えてもらいたいって言われたんですか。

女：写真のことなんだけどね、山をバックにキャンプしているシーンにしてほしいって言われたじゃない？ デザイン案ではそうなってるし、実際、素敵な写真だって言われたのね。でも、それが… 先日の大雨で起きた山崩れの事故を連想させるからやめた方がいいんじゃないかって話になったらしいの。

男：ああ… 確かに。ちょっと大きな事故でしたからね。…え？ てことは、山で撮った写真は全部ボツってことですか。

女：先方からは、山が大きく写っているのだけは避けてほしいって言われてるの。後ろに小さく映ってるのはいいみたいだけど。

男：じゃ、写真の数を減らさなきゃですか。それだと、デザイン構成が全然違ってきますけど…。

女：そうじゃなくて、他の写真に差し替えるってこと。そうすれば、全体のデザインはほとんどそのままでいいと思うの。何か使える素材、ないかなあ。

男：今回いろいろ撮ってきたので、バーベキューとか釣りとか、他のシーンの写真に入れ替えるのはできると思います。

女：そう、じゃ、シーンを変えましょう。

男：分かりました。じゃ、ちょっと修正してまたお見せします。

1번

회사에서 남자가 여자와 광고 디자인에 대해 이야기하고 있습니다. 남자는 이후에 무엇을 합니까?

남 : 사토 씨, 캠프 여행의 새로운 광고 디자인 안 지난주에 전달 드렸습니다만, 그 후에 어떻게 됐나요?

여 : 아, 그거 말야. 미안, 오늘 얘기해야겠다고 생각했어. 너무 좋은데, 상대 쪽에서 좀 바꿔 달라고 해서.

남 : 어떤 부분을 바꿔 달라고 말했나요?

여 : 사진 말인데, 산을 배경으로 캠핑하는 장면으로 해 달라고 말했었잖아? 디자인 안에서는 그렇게 되어 있고, 실제로 멋진 사진이라고 하더라고. 그런데, 그게… 지난번 폭우로 일어난 산사태 사고를 연상시키니까 안 하는 편이 낫지 않냐고 얘기가 됐다는 것 같아.

남 : 아아… 확실히. 조금 큰 사고였으니까요. …네? 라는 것은 산에서 찍은 사진은 다 사용할 수 없다는 말인가요?

여 : 상대 쪽에서는 산이 크게 나온 것만은 피해달라고 해. 뒤에 작게 나오는 건 괜찮은 것 같은데.

남 : 그럼, 사진의 수를 줄여야 하나요? 그러면 디자인 구성이 전혀 다른데요.

여 : 그게 아니라 다른 사진으로 바꾸겠다는 거야. 그렇게 하면 전체 디자인은 거의 그대로도 괜찮다고 생각해. 뭐 쓸만한 소재 없을까?

남 : 이번에 여러 가지 찍어왔으니까, 바베큐라든가 낚시라든가, 다른 장면의 사진으로 교체는 가능하다고 생각해요.

여 : 그래, 그럼, 장면을 바꿉시다.

남 : 알겠습니다. 그럼, 좀 수정해서 다시 보여 드릴게요.

男の人はこのあと何をしますか。

1　他の写真を検討する
2　別の写真を撮りに行く
3　写真に代わるイラストを依頼する
4　デザインを変更する

남자는 이후에 무엇을 합니까?

1 다른 사진을 검토한다
2 다른 사진을 찍으러 간다
3 사진을 대신할 일러스트를 의뢰한다
4 디자인을 변경한다

해설 지난번 산사태를 연상시키는 산 사진을 대신하여 다른 사진으로 바꿔 달라고 했으니, 1번이 정답이 된다.

어휘 **先方** 상대방 | **山崩れ** 산사태 | **ボツになる** 어떤 안건이 채택되지 않게 되다 | **差し替える** 바꿔 넣다, 바꿔 꽂다 | **入れ替える** 바꿔 넣다

2番 Track 1-1-02

役所で外国人の男の人と公務員の女の人が話しています。男の人はまず最初に何をしなければなりませんか。

男：あのう、税金の支払いに来たんですが…。
女：確定申告ですね。
男：あ、はい。そうです。それです。
女：確定申告は４階で受け付けております。今日はあいにく特に混雑していますので、整理券を配布しています。まず、整理券を受け取ってください。
男：分かりました。あ、でも、その前に今日必要な書類を確認したいんですが。
女：はい。確定申告には、この３つが必要です。全てお揃いでしょうか。
男：えっと… これでいいですか。
女：あ、こちらとこちらの書類の住所が違いますね。最近、ご引越しされましたか。
男：はい、２ケ月くらい前に。
女：では、それを証明できる書類も必要になります。水道やガスなど公共料金の請求書はお持ちですか。
男：うーん、家に帰って探せばあると思いますけど。じゃ、今日はたくさん待ちそうなので、また日を改めて来ます。

2번

관공서에서 외국인 남자와 공무원 여자가 이야기하고 있습니다. 남자는 제일 먼저 무엇을 해야 합니까?

남 : 음, 세금을 지불하러 왔습니다만….
여 : 확정 신고죠?
남 : 아, 네. 그렇습니다. 그겁니다.
여 : 확정 신고는 4층에서 접수하고 있습니다. 오늘은 공교롭게도 특히 혼잡해서 정리권을 배포하고 있습니다. 먼저 정리권을 받으세요.
남 : 알겠습니다. 아, 그런데 그 전에 오늘 필요한 서류를 확인하고 싶은데요.
여 : 네. 확정 신고에는 이 세 가지가 필요합니다. 다 준비해 오셨나요?
남 : 음… 이것으로 됐나요?
여 : 아, 이쪽과 이쪽 서류의 주소가 다르네요. 최근에 이사하셨나요?
남 : 네, 2개월 정도 전에.
여 : 그럼, 그것을 증명할 수 있는 서류도 필요합니다. 수도나 가스 등 공공요금 청구서는 가지고 계십니까?
남 : 음, 집에 가서 찾아보면 있을 거예요. 그럼, 오늘은 많이 기다릴 것 같으니 다른 날 다시 오겠습니다.

女：そうですか。ただ、この時期は毎日混雑していますので、ご了承ください。もし、サポートがなくてもよければ、ご自宅で確定申告していただくこともできますよ。こちらがご自宅での確定申告に関する資料です。

男：うわ、難しそうだなあ。やっぱりここでお願いしようかな。家に帰って請求書を探してからまた来ます。

女：ただいま、待ち時間が2時間ほどですので、整理券を取ってからご自宅に戻って、もう一度来られたら、そこまで待たないと思いますよ。

男：ご親切にどうもありがとうございます。

男の人はまず最初に何をしなければなりませんか。

1 4階で整理券を受け取る
2 住所を変更する
3 家で公共料金の請求書を探す
4 家に帰って自分で手続きをする

여 : 그러세요? 단, 이 시기는 매일 혼잡하니 양해 바랍니다. 만약 지원이 없어도 괜찮으시면, 자택에서 확정 신고를 해 주실 수도 있어요. 이것이 자택에서의 확정 신고에 관한 자료입니다.

남 : 우와, 어려울 것 같네. 역시 여기서 부탁할까? 집에 가서 청구서를 찾아 다시 올게요.

여 : 지금 대기시간이 2시간 정도이니 정리권을 발급받고나서 댁으로 돌아갔다가, 한 번 더 오시면 그렇게까지 기다리지 않으실 거예요.

남 : 친절히 대해 주셔서 대단히 감사합니다.

남자는 제일 먼저 무엇을 해야 합니까?

1 4층에서 정리권을 수령한다
2 주소를 변경한다
3 집에서 공공요금 청구서를 찾는다
4 집에 돌아가 스스로 수속을 밟는다

해설 지금부터 대기시간이 2시간 정도이므로, 4층에 가서 먼저 정리권을 받은 후, 집에 가서 공공요금 청구서를 찾아 다시 오면 되니, 1번이 정답이다.

어휘 役所 관청, 관공서 | 確定申告 확정 신고 | 揃う 갖추어지다, 모이다 | 改める 고치다, 바로하다 | ご了承ください 양해(이해) 바랍니다 | 手続き 수속, 절차

3番 Track 1-1-03

大学の入学の手続きについて話しています。学生はこの後、何をしなければなりませんか。

男：あの、入学の手続きについて聞きたいんですが、入学金はいつまでに払わないといけないんですか。

女：入学金は3月5日までに、授業料などの納入はそれから一ヶ月後までです。期限までに入学手続が完了しない場合は入学資格を失いますので、ご注意ください。

男：3月5日…。あと一週間か。あのう、お金がちょっと足りないんですが…。

3번

대학 입학 수속에 관해 이야기하고 있습니다. 학생은 이후, 무엇을 해야 합니까?

남 : 저, 입학 수속에 관해 묻고 싶습니다만, 입학금은 언제까지 내야 합니까?

여 : 입학금은 3월 5일까지, 수업료 등의 납입은 그러고나서 1개월 후까지입니다. 기한까지 입학 수속이 완료되지 않을 경우는 입학 자격을 잃게 되니, 주의해 주세요.

남 : 3월 5일…. 앞으로 1주일인가. 저…, 돈이 좀 모자랍니다만….

女：入学手続は、「一括手続」と「分割手続」のいずれかを選択できます。分割手続なら、こちらの書類を作成してください。

男：あ、手続の書類なら、合格発表時に送付されたもので、書いてきました。

女：それは一括手続の書類であって、分割手続は別紙になっております。それから、第一次手続の最終日までに必ず「入学金」は納入してください。それまでに「入学金」を支払ってない方は最終手続を行うことができませんので、ご注意ください。

男：あ、これに書くんですね。分かりました。あと、健康診断の用紙がまだ自宅に届いてないんですが。

女：健康診断の用紙はこちらでは用意いたしません。病院で作ってもらってください。健康診断の結果が出るまでに一週間ぐらいかかるのでお急ぎください。

男：あ、それはおとといしたので、結果が出たら作って提出します。それじゃ、この紙に書けばいいんですね。

学生はこの後、何をしなければなりませんか。

1 健康診断の結果を待つ
2 健康診断の結果が出たら、別の用紙に作ってもらう
3 分割の手続のため、別の用紙に書類を作成する
4 入学金を急いで支払う

여 : 입학 수속은 '일괄 수속'과 '분할 수속' 중 한쪽을 선택할 수 있습니다. 분할 수속이라면 이쪽 서류를 작성해 주세요.

남 : 아, 수속 서류라면 합격발표 때 송부된 것에 적어 왔습니다.

여 : 그건 일괄 수속 서류이고, 분할 수속은 다른 용지에 작성하게 되어 있습니다. 그리고 제1차 수속 최종일까지 반드시 '입학금'은 납입해 주세요. 그때까지 '입학금'을 내지 않은 분은 최종 수속을 행할 수가 없으니, 주의해 주세요.

남 : 아, 여기에 쓰는 거군요. 알겠습니다. 그리고 건강진단 용지가 아직 집에 도착 안 했습니다만.

여 : 건강진단 용지는 이쪽에서는 준비해 드리지 않습니다. 병원에서 만들어 달라고 하세요. 건강진단 결과가 나올 때까지 일주일 정도 걸리니 서둘러 주세요.

남 : 아, 그건 그저께 했으니까, 결과가 나오면 만들어 제출하겠습니다. 그럼, 이 종이에 쓰면 되는 거지요?

학생은 이후, 무엇을 해야 합니까?

1 건강진단 결과를 기다린다
2 건강진단 결과가 나오면, 다른 용지에 만들어 달라고 한다
3 분할 수속을 위해, 다른 용지에 서류를 작성한다
4 입학금을 서둘러 지불한다

해설 수속 서류에는 '일괄 수속'과 '분할 수속' 두 종류가 있는데, 학생은 '일괄 수속'의 위한 서류를 작성해 왔다. 따라서 지금 우선 '분할 수속'을 위한 서류를 작성해야만 한다. 다른 절차는 나중에 해도 된다.

어휘 手続き 수속 | 納入 납입

4番 Track 1-1-04

社内食堂で男の人と女の人が食堂のメニューについて話しています。男の人は来月からメニューをどのようにしますか。

女：今回の社内食堂についてのアンケート、結果がまとまったわね。要望で一番多かったのが「メニューのバリエーションを増やしてほしい」だったのは、案外予想どおりだったかも。

男：そうですね。でも、予算的にはどうも難しそうですね。

女：そうね。一応月ごとにメニューは変えてるけど、よく利用してくれてる人はそう思っちゃうのも仕方ないかもね。

男：そうですね。社員の要望を聞いて、メニューにそのまま反映させてほしいっていうのもありました。

女：それはなかなかいいわね。ただ、リクエストをどうやって聞くか、聞いたものを採用するかしないか、誰がどう決めるか、とかいろいろ考えないと…。だから、いったん保留ね。

男：はい。

女：食堂の営業時間には来られないけど、ヘルシーな食事がしたいっていう意見もあったわね。

男：営業時間を変更するのは、なかなか難しいと思いますが、お昼のメニューをお弁当にすることで時間外に提供するのはできそうじゃないですか。

女：そうね。容器のコストの問題もあるけど、それは私が直接上に交渉してみる。じゃ、その案を優先に来月のメニューを考えてみようか。

男：はい。

男の人は来月からメニューをどのようにしますか。

1 毎日のメニューの種類を増やす
2 社員の要望を反映させたメニューを作る
3 健康を考えたメニューにする
4 テイクアウト専用のメニューを作る

4번

사내식당에서 남자와 여자가 식당 메뉴에 대해 이야기하고 있습니다. 남자는 다음 달부터 메뉴를 어떻게 합니까?

여：이번 사내식당에 대한 설문조사, 결과가 정리되었네. 요구사항에서 가장 많았던 것이 '메뉴의 종류를 늘려달라'였던 것은 의외로 예상대로였을지도 몰라.

남：그러네요. 근데, 예산적으로는 아무래도 어려울 것 같네요.

여：그러게. 일단 달마다 메뉴는 바꾸고 있지만, 자주 이용해 주는 사람은 그렇게 생각하는 것도 어쩔 수 없을지도 모르지.

남：그러네요. 사원의 요망을 듣고, 메뉴에 그대로 반영시켜 주길 바란다는 것도 있었어요.

여：그것은 꽤 좋네. 다만, 요구사항을 어떻게 들을지, 들은 것을 채택할지 말지, 누가 어떻게 결정할지,라는 여러 가지 생각하지 않으면…. 그러니까 일단 보류해야겠네.

남：네.

여：식당 영업시간에는 올 수 없지만, 건강한 식사를 하고 싶다는 의견도 있었어.

남：영업시간을 변경하는 것은 꽤 어렵다고 생각합니다만, 점심 메뉴를 도시락으로 만들어서 시간 외에 제공하는 것은 가능할 것도 같잖아요.

여：글쎄. 용기 비용 문제도 있지만, 그건 내가 직접 위에 협상해 볼게. 그럼, 그 방안을 우선으로 다음 달 메뉴를 생각해 볼까?

남：네.

남자는 다음 달부터 메뉴를 어떻게 합니까?

1 매일의 메뉴 종류를 늘린다
2 사원의 요망을 반영시킨 메뉴를 만든다
3 건강을 생각한 메뉴로 한다
4 테이크아웃 전용 메뉴를 만든다

해설 점심 메뉴를 도시락으로 만들어서 시간 외에 제공하는 방안을 우선으로 다음 달 메뉴를 생각하자고 했으니, 4번이 정답이다.

어휘 まとまる 한 데 모이다, 완성되다 | バリエーション 변형, 변화 | 月ごとに 달마다 | 保留 보류 | 優先 우선

5番 Track 1-1-05

学んでみたい教科について話しています。女の人はこれから何を勉強したいと思っていますか。

男：社会人になってから、もう一度学生時代に戻って勉強してみたいなと思ったことない？

女：もちろんあるわよ。今なら興味をもって勉強できるのにって後悔したりするんだよね。

男：そうか。じゃ、何を学んでみたいの。やっぱり一番身につけたいのは英語かな。

女：そうね。もう一度基礎から学びなおして、仕事にも活用したいけど、それより理数系教科の方がおもしろそう。

男：え？ 彩奈ちゃん歴史専攻じゃなかったっけ？ なんでまた。

女：歴史は受験や単位を取るために勉強しただけだったから、そんなに意欲的じゃなかったの。

男：でも日本史や世界史に詳しければ、旅行したり、本やニュースとか見たりする時も、その歴史的な背景が分かって、よく理解ができるからいいと思うけど。そしたら、理数系教科の中で何？ 数学、物理、化学、生物？

女：高校の時は先生に詰め込み式で勉強させられていやだったけど、今ならもう少し分かるんじゃないかと思うんだよね。その世界は壮大で美しく、奥深いと思う。

男：だからその世界を持っている教科って何だよ。

女：私実験とかするの苦手だし、元素の性質は難しそうだよね。そして別にエンジニアになるわけでもないし。だからといって遺伝の問題を解いたり、植物とか動物にも興味ないから。

男：ふ～ん。そうか。分かったよ。

5번

배워 보고 싶은 교과에 관해서 이야기하고 있습니다. 여자는 앞으로 무엇을 공부하고 싶어 합니까?

남 : 사회인이 되고 나서, 다시 한번 학창 시절로 돌아가 공부하고 싶다고 생각한 적 없었어?

여 : 물론 있지. 지금이라면 흥미를 갖고 공부할 수 있을 텐데 하고 후회하거나 하지.

남 : 그렇구나. 그럼, 뭘 배우고 싶어? 역시 가장 익히고 싶은 건 영어인가?

여 : 글쎄. 한 번 더 기초부터 다시 배워서, 업무에도 활용하고 싶지만, 그것보다 이과계 교과 쪽이 더 재미있을 것 같아.

남 : 어? 아야나는 역사 전공 아니었나? 왜 또 그런 생각을?

여 : 역사는 수험과 학점을 따기 위해 공부했을 뿐이니까, 그다지 의욕적은 아니었어.

남 : 근데 일본사나 세계사를 잘 알면, 여행하거나, 책이나 뉴스 같은 거 볼 때도, 그 역사적인 배경을 알아서, 이해가 잘 돼서 좋을 것 같은데. 그럼, 이과계 교과 중에서 어떤 과목? 수학, 물리, 화학, 생물?

여 : 고등학교 때는 선생님이 주입식 교육을 시켜서 싫었는데, 지금이라면 좀 더 이해할 수 있지 않을까 해서 그래. 그 세계는 장대하고 아름답고 심오하다고 생각해.

남 : 그러니까 그 세계를 갖고 있는 교과가 뭐냐고?

여 : 나는 실험 같은 거는 자신 없고, 원소 성질은 어려울 것 같아. 그리고 특별히 엔지니어가 될 것도 아니고. 그렇다고 해서 유전 문제를 풀거나, 식물이라든가 동물에도 흥미 없으니까.

남 : 흠~. 그래. 알았어.

女の人はこれから何を勉強したいと思っていますか。	여자는 앞으로 무엇을 공부하고 싶어합니까?
1 数学	1 수학
2 物理	2 물리
3 化学	3 화학
4 生物	4 생물

해설 남자가 수학, 물리, 화학, 생물, 이렇게 4과목을 제시했는데, 여자가 「実験とかするの苦手だ(→화학) / 元素の性質は難しそうだ(→화학) / エンジニアになるわけでもない(→물리) / 遺伝の問題を解いたり、植物とか動物にも興味ない(→생물)」라고 했다. 따라서 남는 과목은 수학뿐이다.

어휘 背景 배경 | 詰め込み式 주입식 | 壮大 장대 | 奥深い 뜻이 심오하다

문제 2 **문제2에서는 우선 질문을 들으세요. 그 다음 문제용지의 선택지를 읽으세요. 읽을 시간이 있습니다. 그리고 이야기를 듣고 문제지의 1~4 중에서 가장 적당한 것을 하나 고르세요.**

例 Track 1-2-00

男の人と女の人が話しています。男の人の意見として正しいのはどれですか。

女：昨日のニュース見た？

男：ううん、何かあったの？

女：先日、地方のある市議会の女性議員が、生後7か月の長男を連れて議場に来たらしいよ。

男：へえ、市議会に？

女：うん、それでね、他の議員らとちょっともめてて、一時騒ぎになったんだって。

男：あ、それでどうなったの？

女：うん、その結果、議会の開会を遅らせたとして、厳重注意処分を受けたんだって。ひどいと思わない？

男：厳重注意処分を？

女：うん、そうよ。最近、政府もマスコミも、女性が活躍するために、仕事と育児を両立できる環境を作るとか言ってるのにね。

男：まあ、でも僕はちょっと違うと思うな。子連れ出勤が許容されるのは、他の従業員がみな同意している場合のみだと思うよ。最初からそういう方針で設立した会社で、また隔離された部署で、他の従業員もその方針に同意して入社していることが前提だと思う。

女：ふ～ん、…そう？

男：それに最も重要なのは、会社や同僚の負担を求めるより、父親に協力してもらうことが先だろう。

女：うん、そうかもしれないね。子供のことは全部母親に任せっきりっていうのも確かにおかしいわね。

男の人の意見として正しいのはどれですか。

1　子連れ出勤に賛成で、大いに勧めるべきだ
2　市議会に、子供を連れてきてはいけない
3　条件付きで、子連れ出勤に賛成している
4　子供の世話は、全部母親に任せるべきだ

예

남자와 여자가 이야기하고 있습니다. 남자의 의견으로 올바른 것은 어느 것입니까?

여 : 어제 뉴스 봤어?

남 : 아니, 무슨 일 있었어?

여 : 며칠 전, 지방의 어느 시의회 여성 의원이 생후 7개월 된 장남을 데리고 의회장에 왔나 봐.

남 : 에~, 시의회에?

여 : 응, 그래서 다른 의원들하고 좀 마찰을 빚는 바람에, 한때 소동이 벌어졌대.

남 : 아, 그래서 어떻게 됐어?

여 : 응, 그 결과 의회 개회가 늦어져서, 엄중주의처분을 받았대. 좀 심하지 않아?

남 : 엄중주의처분을?

여 : 응, 그래. 요즘 정부도 매스컴도 여성이 활약하기 위해서 일과 육아를 양립할 수 있는 환경을 만들겠다고 말했으면서 말이야.

남 : 글쎄, 하지만 난 좀 아니라고 봐. 아이를 데리고 출근하는 게 허용되는 것은 다른 종업원이 모두 동의했을 경우만이라고 생각해. 처음부터 그런 방침으로 설립한 회사에서, 또 격리된 부서에서 다른 종업원도 그 방침에 동의하고 입사한 것이 전제라고 생각해.

여 : 흠~, …그래?

남 : 게다가 가장 중요한 것은 회사나 동료의 부담을 요구하기보다, 아이 아빠가 협력하는 것이 먼저겠지.

여 : 응, 그럴지도 모르겠네. 자녀 문제는 전부 엄마에게만 맡기기만 하는 것도 확실히 이상한 거야.

남자의 의견으로 올바른 것은 어느 것입니까?

1 아이 동반 출근에 찬성하며, 크게 권장해야 한다
2 시의회에 아이를 데리고 와서는 안 된다
3 조건부로 아이 동반 출근에 찬성하고 있다
4 자녀 돌보는 것은 전부 엄마에게 맡겨야 한다

1番 Track 1-2-01

会社で男の人と女の人がイラストの注文について話しています。このイラストレーターの問題点は何だと言っていますか。

女：鈴木さん、日本出版さんの月刊誌に挿入するイラストは、５回も描き直しているようですが、何か問題があるんですか？

男：うん、困ってるんだよ。ベテランのイラストレーターさんにやってもらっているんだけどね。

女：ああ、はい。難しいイラストなんですか？

男：う～ん、難しいって言えば難しいな。どんなイラストを描くかは、文章で説明指示が来るんだけどね。そのイラスト指示の説明の受け取り方に「ずれ」が生じてしまっているんだと思う。

女：「ずれ」ですか？ 先方の意図しているイラストをうちのイラストレーターさんがイメージできないってことですかね。指示の説明が分かりにくいんですか？

男：いや、そうとは思わないけどね。言葉の指示って難しいよね。具体的なことだったらいいけど、ちょっと抽象的なことだと、受け取り方が人によって違うだろう。

女：ああ、そうですね。難しく考えすぎているんでしょうか？

男：うん、そうかもしれないね。あと、ベテランだからプライドが邪魔しているような気もする。

このイラストレーターの問題点は何だと言っていますか。

1 指示する言い方が的確で具体的ではなかったこと
2 指示の文章の解釈に問題があったこと
3 抽象的なイラスト描きが苦手なこと
4 経験が邪魔して上手く描けないこと

1번

회사에서 남자와 여자가 삽화 주문에 관해 이야기하고 있습니다. 이 삽화가의 문제점은 무엇이라고 말하고 있습니까?

여 : 스즈키 씨, 일본출판 월간지에 삽입할 삽화는 다섯 번이나 다시 그린 것 같은데, 무슨 문제가 있나요?

남 : 음, 애 좀 먹고 있어. 베테랑 삽화가에게 의뢰한 건데 말이야.

여 : 아, 네. 어려운 삽화인가요?

남 : 글쎄, 어렵다고 하면 어렵나. 어떤 삽화를 그릴 건지 문장으로 설명하는 지시가 오는데, 그 삽화 지시 설명을 해석하는 데서 '차이'가 발생하는 것 같아.

여 : '차이'요? 거래처가 의도하고 있는 삽화를 우리 삽화가가 이미지를 못 잡아낸다는 말인가요? 지시 설명이 이해하기 어려운 건가요?

남 : 아니, 그렇게는 생각하지 않아. 말로 지시하기는 어렵지. 구체적인 것이라면 괜찮은데, 좀 추상적인 것이라면, 해석하는 방법이 사람에 따라 다르겠지.

여 : 아, 그러네요. 너무 어렵게 생각하고 있는 걸까요?

남 : 음, 그럴지도 모르지. 그리고, 베테랑이라 자존심이 걸림돌이 되고 있겠다는 생각도 들어.

이 삽화가의 문제점은 무엇이라 말하고 있습니까?

1 지시하는 말투가 정확하고 구체적이지 않았던 점
2 지시 문장 해석에 문제가 있는 점
3 추상적인 일러스트 그리기가 서툴다는 점
4 경험이 걸림돌이 되어 잘 그리지 못하는 점

해설 일러스트를 어떻게 그릴지 문장으로 지시한다고 했는데, 그 지시가 추상적일 때는 「受け取り方が人によって違う」라며 받아들이는 방법에 따라 차이가 난다고 했다. 즉 어떻게 받아들이느냐는 어떻게 해석하느냐이므로 2번이 정답이 된다. 그 지시하는 말투를 더 구체적으로 하지 않아서 문제가 되는게 아니라는 것에 주의하자.

어휘 ずれ 엇갈림, 차이 | 意図 의도 | 具体的 구체적 | 抽象的 추상적 | 邪魔 방해 | 的確 적확, 정확 | 解釈 해석

2番 Track 1-2-02

歯医者の先生と女の人が話しています。女の人は、どうして前の歯から治療することにしましたか。

男：大野さん、虫歯が２本ありますね。前歯と奥歯ですが、奥歯の方はかなり大きくなっていますよ。

女：そうですか？ ちょっと急いでいるので、両方一緒に直してもらえませんか？

男：このケースは片方ずつしかできないんですよ。症状の重い方から治療することをお勧めします。

女：ということは、奥歯からですか。

男：はい、そうですね。

女：ちょっと、待ってください。あの、前の歯からやっていただけないでしょうか？

男：え、どうしてですか。奥の歯の方がひどいので、早く治療しないと痛みがひどくなりますよ。

女：ええ、でも実は、来週セミナーがあって私がスピーカーをやるんです。

男：はあ、だったらなおさらでしょう。

女：いま、前歯が黒いですよね。このままでは大勢の方達に不快感を与えてしまうと思うんです。

男：そんなところまで、聞いている人が見るとは思いませんがね。

女：それが、意外と見ているんですよ。私も嫌だし。

男：そうですかね。じゃ、特別にそうしましょう。

女の人は、どうして前の歯から治療することにしましたか。

1 同時に治療できない時は、前歯からと決まっているから
2 歯医者が治療が簡単に済む方を勧めたから
3 奥歯治療で腫れたり痛んだりしたら話せないから
4 人の前で話す時に歯が黒いと恥ずかしいから

2번

치과의사와 여자가 이야기하고 있습니다. 여자는 왜 앞니부터 치료하기로 했습니까?

남 : 오노 씨, 충치가 두 개 있네요. 앞니와 어금니인데, 어금니 쪽은 상당히 커져 있어요.

여 : 그래요? 좀 급해서 그런데, 양쪽 같이 치료해 주실 수 없을까요?

남 : 이런 경우는 한 쪽씩밖에 치료할 수 없어요. 증상이 심한 쪽부터 치료하기를 권합니다.

여 : 그 말씀은 어금니부터란 말씀이지요?

남 : 네, 그렇습니다.

여 : 잠시만요, 저기, 앞니부터 해 주실 수 없을까요?

남 : 네? 왜 그러시는데요? 어금니 쪽이 심해서, 빨리 치료하지 않으면 통증이 심해집니다.

여 : 아, 근데 실은, 다음 주 세미나에서 제가 연사를 하거든요.

남 : 아, 그럼 더더욱 어금니를 치료하셔야 해요.

여 : 지금 앞니가 까맣지요? 이대로는 많은 분들께 불쾌감을 드리게 될 거예요.

남 : 그런 곳까지 듣는 사람들이 보진 않을 거예요.

여 : 근데 의외로 보더라고요. 저도 싫고요.

남 : 그런가요? 그럼, 특별히 그렇게 해드리지요.

여자는 왜 앞니부터 치료하기로 했습니까?

1 동시에 치료할 수 없을 때는 앞니부터로 정해져 있으니까
2 치과의사가 치료가 간단히 해결되는 쪽을 권했으므로
3 어금니 치료로 붓거나 아프면 말할 수 없으니까
4 남들 앞에서 말할 때, 이가 까마면 창피하니까

해설 어금니 상태가 심하긴 하지만, 여자는 많은 사람들 앞에서 연설을 할 때 앞니가 검은 것이 신경 쓰여서 보기 흉한 앞니부터 치료하기를 원한다고 했고, 치과의사도 그렇게 하자고 했으므로, 정답은 4번이다.

어휘 症状 증상 | なおさら 더욱, 한층 | 不快感を与える 불쾌감을 주다 | 腫れる 붓다

3番 Track 1-2-03

テレビ番組の企画でスポーツジムのオーナーがインタビューを受けています。オーナーが子ども向けのジムを始めたきっかけは何ですか。

女：近年、小学生の身体能力の低下が問題になっています。今日は、県内初の子ども向けのジムをオープンした角田さんにお話を伺います。実は、角田さんご自身は子どもの頃、運動が大の苦手だったそうなんですね。

男：はい、僕は今でこそジムを経営していますが、元々運動はめっきりダメだったんです。鈍足だし、何をやっても下手くそでした。でも、父がそんな私を見かねて、野球やサッカーを教えてくれたおかげで、少しずつ運動が好きになったんですよ。

女：お父さんのおかげだったんですね。

男：はい、相変わらず下手でしたけど、とにかく運動が楽しかったです。そう考えると、今、都会の子どもたちは、自由に運動できる場所がなくて可哀そうだなって思ったんです。

女：確かに、広場もないですし、車もたくさん通っていますから、難しいかもしれませんね。

男：はい、それ以前に、外で遊ぶ機会が滅多にないので、体の使い方が分かっていない子どもが多いんです。ご両親も共働きで忙しいし、自由に体を動かす場所もない。これでは運動の楽しさが分からないのも仕方がありません。

女：そうですね。

男：そんな時、僕のジムに通ってるお客さんに、子どもと一緒に来られたらなって言われたんですよ。試しにそのお客さんにモニターになってもらって、お子さんと一緒に半年ほどジムに通ってもらったんですね。そしたら、そのお子さんが前より運動に興味を持つようになったり、他にいろいろ運動をやってみたいと言うようになったんです。

女：なるほど。その経験を生かそうとなさっているんですね。

3번

TV 프로그램 기획으로 헬스장 주인이 인터뷰를 받고 있습니다. 주인이 어린이용 체육관을 시작하게 된 계기는 무엇입니까?

여 : 최근 초등학생의 신체 능력 저하가 문제가 되고 있습니다. 오늘은 현내 최초의 어린이용 체육관을 오픈한 가쿠타 씨에게 이야기를 듣겠습니다. 사실 가쿠타 씨 자신은 어렸을 때 운동을 매우 못하셨다면서요.

남 : 네, 저는 지금이야 헬스장을 운영하고 있습니다만, 원래 운동은 완전 못했었어요. 달리기도 느렸고, 뭘 해도 서툴렀죠. 하지만 아버지가 그런 나를 보다 못해, 야구나 축구를 가르쳐 준 덕분에 조금씩 운동이 좋아졌어요.

여 : 아버지 덕분이었군요.

남 : 네, 변함없이 서툴렀지만, 어쨌든 운동이 즐거웠습니다. 그렇게 생각하면 지금 도시의 아이들은 자유롭게 운동할 수 있는 장소가 없어서 불쌍하다고 생각했습니다.

여 : 확실히 광장도 없고 차도 많이 다니고 있으니, 어려울지도 모르겠네요.

남 : 네, 그 이전에 밖에서 놀 기회가 거의 없기 때문에, 몸을 사용하는 법을 모르는 아이들이 많아요. 부모님도 맞벌이로 바쁘고 자유롭게 몸을 움직일 장소도 없죠. 이래서는 운동의 즐거움을 모르는 것도 어쩔 수 없습니다.

여 : 그러네요.

남 : 그때, 저의 헬스장에 다니는 손님이 아이랑 같이 올 수 있으면 좋겠다고 말씀하더라고요. 시험삼아 그 손님이 모니터가 되어 주셔서, 아이와 함께 반년 정도 체육관에 다니셨죠. 그랬더니 그 아이가 전보다 운동에 관심을 갖게 되고, 그 밖에 여러 가지 운동을 해 보고 싶다고 말하게 되었습니다.

여 : 그렇군요. 그 경험을 살리려고 하시는군요.

男：ええ。運動するならできるだけ早い方がいいですし、子どもはどんどん伸びますからね。

オーナーが子ども向けのジムを始めたきっかけは何ですか。

1　最近の子どもたちの運動能力の低下を実感したこと
2　父が野球やサッカーを教えてくれたこと
3　都会には子どもが自由に遊べる場所がないと知ったこと
4　お客さんが子どもと一緒にジムに来たいと言ったこと

남 : 네. 운동할 거라면 가능한 한 빠른 편이 좋고, 아이들은 운동 실력이 금방 느니까요.

주인이 어린이용 체육관을 시작하게 된 계기는 무엇입니까?

1 최근 아이들의 운동 능력 저하를 실감한 것
2 아버지께서 야구나 축구를 가르쳐 주신 것
3 도시에는 아이들이 자유롭게 놀 수 있는 장소가 없다는 것을 알게 된 것
4 손님이 아이와 함께 헬스장에 오고 싶다고 말한 것

해설 헬스장에 다니는 손님 중 한 명이 아이랑 오고 싶다고 말한 것이 계기가 되었으므로, 4번이 정답이다.

어휘 **今でこそ** 지금이야(현재와 과거의 차이를 극명하게 하여 과거의 극심한 상태를 강조하는 말) | **めっきり** 눈에 띄게, 완연히 | **鈍足** 달리는 것이 느림 | **下手くそ** 몹시 서투름 | **동사ます형+かねる** ~할 수 없다, 하기 힘들다

4番 Track 1-2-04

インターネットの動画サイトで、ゲーム会社のプロデューサーがゲームのアップデートについて話しています。プロデューサーは今回のアップデートで何が一番変わると言っていますか。

男：えー、「スラッシュシスターズ」は、初版リリースからかれこれ10年が経ちましたが、今なお世界中の多くのユーザーに愛され続けているゲームの一つです。これまでも定期的にキャラクターやステージの追加など、ソフトのアップデートを重ねてきましたが、今回、これまでとは異なるレベルでアップデートをすることにしました。
今回のアップデートの最大の目玉は、他社のゲームキャラクターを登場させることです。このゲームは、ゲームの枠を超え、これまで発売された作品に登場した様々な人気キャラクターが使えることで人気を博してきましたが、今回のアップデートでは、当社に限らず、他社のゲームキャラクターも、スラッシュシスターズに参戦します。

4번

인터넷 동영상 사이트에서 게임 회사 프로듀서가 게임 업데이트에 대해 이야기하고 있습니다. 프로듀서는 이번 업데이트에서 무엇이 가장 달라진다고 말하고 있습니까?

남 : 음, '슬래시 시스터즈'는 초판 발매 후 이래저래 10년이 지났습니다만, 지금도 전 세계의 많은 유저들에게 계속 사랑을 받고 있는 게임 중 하나입니다. 지금까지도 정기적으로 캐릭터나 스테이지 추가 등 소프트웨어 업데이트를 거듭해 왔습니다만, 이번에 지금까지와는 다른 수준으로 업데이트를 하기로 했습니다.
이번 업데이트의 가장 이목을 끄는 것은 타사 게임 캐릭터를 등장시키는 것입니다. 이 게임은 게임의 틀을 넘어 지금까지 발매된 작품에 등장한 다양한 인기 캐릭터를 사용할 수 있어 인기를 얻어 왔지만, 이번 업데이트에서는 당사뿐만 아니라 타사 게임 캐릭터도 슬래시 시스터즈에 참전합니다.

まさに、日本の歴代のゲームキャラクターの中で誰が一番強いか、最強を決めることができるようになりました。ぜひご期待ください。アップデート時間は、日本時間の月曜日の午前12時です。

그야말로 일본 역대 게임 캐릭터 중에서 누가 가장 강한지, 최강을 결정할 수 있게 됐습니다. 아무쪼록 많이 기대해 주십시오. 업데이트 시간은 일본 시간으로 월요일 오전 12시입니다.

プロデューサーは今回のアップデートで何が一番変わると言っていますか。

1 スラッシュシスターズ以外の自社キャラクターが登場する
2 ゲームのキャラクターやステージの数が格段に増える
3 他社のゲームキャラクターが追加される
4 海外のユーザー向けに多言語に対応する

프로듀서는 이번 업데이트에서 무엇이 가장 달라진다고 말하고 있습니까?

1 슬래시 시스터즈 이외의 자사 캐릭터가 등장한다
2 게임의 캐릭터나 무대 수가 현격히 증가한다
3 타사 게임 캐릭터가 추가된다
4 해외 유저용으로 다국어에 대응한다

해설 당사뿐만 아니라 타사 게임 캐릭터도 슬래시 시스터즈에 참전하여 최강을 가린다고 했으니, 3번이 정답이다.

어휘 リリース ① 릴리스 ② 잡은 물고기를 풀어 주는 것 ③ 레코드나 비디오 등을 판매하기 시작하는 것 | かれこれ 이것저것, 이러니 저러니 | 今なお 이전의 상태가 현재에도 지속되고 있는 모습 | 目玉 ① 눈동자 ② 사람의 이목을 끌 만한 일 | 枠 틀 | 博する ① 넓히다 ② 차지하다 ③ 얻다 | まさに 바로, 당연히, 틀림없이 | 格段 현격함, 각별함

5番 Track 1-2-05

犬の飼い方について、娘と父親が話しています。娘はどうして怒っていますか。

女：お父さん、昨日残った鍋料理、食べたの。
男：いや、俺は食べてないけど。シロにあげたんだよ。
女：えっ？ シロにあげちゃったの!?
男：うん。
女：やだもー。ドッグフードだけあげてってあれだけ言ったじゃない！
男：いや、探したんだけど、見つからなかったんだよ。それで、シロがお腹空かせてしょうがないから、ちょっとあげたんだよ、ご飯と一緒に。
女：え〜、本当にだめだから！ あれは人が食べるものなんだから！ あの中に玉ねぎが入ってたら、どうすんのよ。命にかかわるんだよ。… シロ、大丈夫かなあ。なんか食べちゃまずいもの、入ってなかったかなあ。

5번

개를 기르는 방법에 대해 딸과 아버지가 이야기하고 있습니다. 딸은 왜 화가 나 있습니까?

여 : 아빠, 어제 남은 전골 먹었어?
남 : 아니, 나는 안 먹었는데. 시로에게 줬어.
여 : 어? 시로에게 줬어!?
남 : 응.
여 : 뭐야. 개 사료만 주라고 그만큼 말했잖아!
남 : 아니, 찾아봤는데 못 찾겠더라고. 그래서 시로가 배고파해서 어쩔 수 없으니까 좀 준 거야, 밥이랑 같이.
여 : 에~, 정말 안 되는데! 그건 사람이 먹는 거니까! 그 안에 양파가 들어 있으면 어떡해. 생명이 걸린 거야. … 시로, 괜찮을까? 뭔가 먹으면 안 되는 거 들어 있지 않았을까.

男：本当にすまない。でも、シロがすごくおいしそうに食べて…。
女：食べた後は？ 何かいつもと違うところはなかった？
男：ずっとぐっすり寝てたよ。ソファーの上で静かにね。特に変わったところはなかったな。
女：あ、そう… ならいいんだけど。危ないものは入ってなかったみたいね。
男：昔はよく食べ残しをあげてたから、きっと大丈夫だよ。
女：みんな知らないからよ。人間と動物は違うんだから。塩分だって体にすごくよくないんだよ。
男：分かった、分かった。つい、おいしいものをシロにあげたくなってね。もうあげないから。
女：お願いだからね。それで、お父さんは何食べたの？
男：朝ごはんの残り物。
女：私、お父さんのためにおかず作って冷蔵庫に入れておいたのに。
男：そうか。でも、残り物は先に食べないといけないしな。
女：じゃ、夕飯に食べて。
男：分かった。

娘はどうして怒っていますか。

1 父親のために作った料理を犬に与えたから
2 食べたらいけないものを犬に与えたから
3 必要以上に犬にドッグフードを与えたから
4 犬の食べ物以外のものを犬に与えたから

남 : 정말 미안하다. 하지만 시로가 너무 맛있게 먹었고….
여 : 먹고 난 후에는? 뭔가 여느 때랑 다른 점은 없었어?
남 : 계속 푹 잤어. 소파 위에서 조용히. 특별히 다른 점은 없었어.
여 : 아, 그래… 그렇다면 다행지만. 위험한 건 들어 있지 않았던 것 같네.
남 : 옛날에는 자주 먹다 남은 음식을 줬으니까, 틀림없이 괜찮을 거야.
여 : 다들 모르니까 그렇지. 인간과 동물은 다르니까. 염분도 몸에 무지 안 좋은 거야.
남 : 알았어, 알았어. 나도 모르게 그만 맛있는 걸 시로한테 주고 싶어서. 이제 안 줄 테니까.
여 : 제발 부탁이니까. 그래서 아빠는 뭐 먹었어?
남 : 아침밥 남은 것.
여 : 나 아빠를 위해서 반찬 만들어서 냉장고에 넣어 놨는데.
남 : 그렇구나. 하지만 남은 것은 먼저 먹어야 하고.
여 : 그럼, 저녁에 먹어.
남 : 알았어.

딸은 왜 화가 나 있습니까?

1 아빠를 위해 만든 요리를 개에게 주었기 때문에
2 먹으면 안 되는 것을 개에게 주었기 때문에
3 필요 이상으로 개에게 개 사료를 주었기 때문에
4 개 음식 이외의 것을 개에게 주었기 때문에

해설 개의 사료가 아닌 사람의 음식을 시로에게 주었기 때문에 화가 났으므로, 4번이 정답이다. 딸은 먹으면 안 되는 것이 들어 있었던 건 아닌가라고 걱정했지만, 먹고 난 후, 특별히 다른 점은 없었다고 해서 안심이라고 했으니, 2번이 답이 아님에 주의한다.

어휘 ドッグフード 개 사료 | あれだけ 그토록 | 命にかかわる 목숨에 관련되다 | 食べちゃまずい 먹으면 곤란하다 (まずい ① 맛없다 ② 서투르다 ③ 거북하다)

6番 Track 1-2-06

男の人と女の人が話しています。二人は、長生きするとはどういうことだと言っていますか。

男：一昨日、世界最高齢の人が113歳で亡くなったんだって。

女：へえ、113歳か。すごいわね、どこの国の人？

男：イスラエル在住の男の人。辛い人生を経験した人だよ。

女：そう。どんな人生？

男：生まれたのはポーランドでナチス占領期間に収容所生活をして、その間に奥さんや子供達を亡くしてしまったんだって。

女：その収容所って、すごい強制労働をさせた所じゃないの。世界史の授業で勉強したわよ。

男：そうだよ。家族も目の前で殺されて、自分だけ生き残ったんだ。その収容所を出た時は37Kgしか体重がなかったんだってさ。

女：へえ、それでも生き延びたのね。意志の強い人だわね。そんな人生を送った人が世界最高齢なんて信じられないわね。

男：本当だよね。普通は元気で長生きするために、食事や、睡眠に気をつけて運動してストレスがないような生活をめざすだろう。

女：そうね、なんかそういう感じじゃないわよね。

男：うん、もちろん、自然環境や食生活とかは大事だけど、その前にまずは、生き抜くっていう意志が大事なのかなって、思い知らされたよ。

二人は、長生きするとはどういうことだと言っていますか。

1 恵まれた環境で生きたいという気持ち
2 様々な辛い体験や経験を克服すること
3 生き続けるという意志があること
4 自然に逆らわず毎日を楽しむこと

6번

남자와 여자가 이야기하고 있습니다. 두 사람은 장수한다는 것은 어떤 것이라고 말하고 있습니까?

남 : 그저께, 세계 최고령인 사람이 113세로 돌아가셨대.

여 : 와, 113세? 대단하네, 어느 나라 사람?

남 : 이스라엘에 거주하는 남자. 괴로운 인생을 경험한 사람이야.

여 : 그래? 어떤 인생인데?

남 : 태어난 곳은 폴란드인데 나치 점령 기간에 수용소 생활을 했는데, 그사이에 부인과 자녀들을 잃고 말았대.

여 : 그 수용소, 엄청난 강제노동을 시킨 곳 맞지? 세계사 수업에서 공부했어.

남 : 맞아. 가족도 눈앞에서 살해당하고, 자기만 살아남은 거지. 그 수용소에서 나왔을 때 체중이 고작 37킬로였대.

여 : 아니, 그런데도 살아남았네? 의지가 강한 사람이네. 그런 인생을 보낸 사람이 세계 최고령이라니 믿을 수 없어.

남 : 진짜야. 보통은 건강하게 장수하기 위해, 식사나 수면에 신경 쓰고 운동을 해서 스트레스가 없는 생활을 지향하겠지.

여 : 그렇지, 뭔가 그런 느낌은 아니네.

남 : 응, 물론 자연환경이나 식생활 같은 건 중요하지만, 그전에 우선은 살아남겠다는 의지가 중요하다는 걸 똑똑히 알게 되었어.

두 사람은 장수한다는 것은 어떤 것이라고 말하고 있습니까?

1 혜택받은 환경에서 살고 싶어 하는 마음
2 다양한 괴로운 체험과 경험을 극복하는 것
3 계속 살아가겠다는 의지가 있는 것
4 자연을 거스르지 않고 매일을 즐기는 것

해설 사람이 장수하기 위해서는 보통 음식, 환경, 운동 등을 생각하는데, 이런 이유보다는 살겠다는 의지가 더 중요하다고 했으므로, 정답은 3번이다.

어휘 生き延びる 살아남다, 장수하다 | 生き抜く (어려움을 참고 견디며) 끝내 살아가다 | 思い知らす · 思い知らせる 똑똑히 깨닫게 하다 | 恵まれる 혜택 받다, 풍족하다 | 克服 극복 | 逆らう 거스르다, 거역하다

문제3 **문제3에서는 문제용지에 아무것도 인쇄되어 있지 않습니다. 이 문제는 전체로써 어떤 내용인가를 묻는 문제입니다. 이야기 앞에 질문은 없습니다. 먼저 이야기를 들어 주세요. 그리고 질문과 선택지를 듣고, 1~4 중에서 가장 적당한 것을 하나 고르세요.**

例 Track 1-3-00

男の人が話しています。

男：みなさん、勉強は順調に進んでいますか？成績がなかなか上がらなくて悩んでいる学生は多いと思います。ただでさえ好きでもない勉強をしなければならないのに、成績が上がらないなんて最悪ですよね。成績が上がらないのはいろいろな原因があります。まず一つ目に「勉強し始めるまでが長い」ことが挙げられます。勉強をなかなか始めないで机の片づけをしたり、プリント類を整理し始めたりします。また「自分の部屋で落ち着いて勉強する時間が取れないと勉強できない」というのが成績が良くない子の共通点です。成績が良い子は、朝ごはんを待っている間や風呂が沸くのを待っている時間、寝る直前のちょっとした時間、いわゆる「すき間」の時間で勉強する習慣がついています。それから最後に言いたいのは「実は勉強をしていない」ということです。家では今までどおり勉強しているし、試験前も机に向かって一生懸命勉強しているが、実は集中せず、上の空で勉強しているということです。

この人はどのようなテーマで話していますか。

1 勉強がきらいな学生の共通点
2 子供を勉強に集中させられるノーハウ
3 すき間の時間で勉強する学生の共通点
4 勉強しても成績が伸びない学生の共通点

예

남자가 이야기하고 있습니다.

남 : 여러분, 공부는 순조롭게 되고 있습니까? 성적이 좀처럼 오르지 않아 고민 중인 학생은 많으리라 생각합니다. 가뜩이나 좋아하지도 않는 공부를 해야하는데, 성적이 오르지 않으니 최악이지요. 성적이 오르지 않는 것은 여러 원인이 있습니다. 우선 첫 번째로 '공부를 시작할 때까지 시간이 걸린다'를 들 수 있습니다. 공부를 좀처럼 시작하지 않고, 책상 정리를 하거나, 프린트물 정리를 시작하거나 합니다. 또 '내 방에서 차분하게 공부할 시간이 없으면 공부 못 하겠다'고 하는 것이 성적이 좋지 못한 아이의 공통점입니다. 성적이 좋은 아이는 아침밥을 기다리는 동안이나 목욕물 끓는 것을 기다리고 있는 시간, 자기 직전의 잠깐의 시간, 이른바 '틈새' 시간에 공부하는 습관이 배어 있습니다. 그리고 마지막으로 하고 싶은 말은 '실은 공부를 안 하고 있다'는 것입니다. 집에서는 지금까지 대로 공부하고 있고, 시험 전에도 책상 앞에 앉아 열심히 공부하고 있지만, 실은 집중하지 않고, 건성으로 공부하고 있다는 사실입니다.

이 사람은 어떤 테마로 이야기하고 있습니까?

1 공부를 싫어하는 학생의 공통점
2 자녀를 공부에 집중시킬 수 있는 노하우
3 틈새 시간에 공부하는 학생의 공통점
4 공부해도 성적이 늘지 않는 학생의 공통점

1番 🎧 Track 1-3-01

<ruby>新入社員研修会<rt>しんにゅうしゃいんけんしゅうかい</rt></ruby>で<ruby>講師<rt>こうし</rt></ruby>が<ruby>話<rt>はな</rt></ruby>しています。

男：えー、これから、<ruby>社会人<rt>しゃかいじん</rt></ruby>としての<ruby>一番大切<rt>いちばんたいせつ</rt></ruby>なことをお<ruby>話<rt>はな</rt></ruby>しします。<ruby>皆<rt>みな</rt></ruby>さん、<ruby>今<rt>いま</rt></ruby>までは、<ruby>自分<rt>じぶん</rt></ruby>のために<ruby>学<rt>まな</rt></ruby>び、<ruby>行動<rt>こうどう</rt></ruby>していたと<ruby>思<rt>おも</rt></ruby>いますが、これからは、<ruby>社会<rt>しゃかい</rt></ruby>のために<ruby>何<rt>なに</rt></ruby>かをするという<ruby>視点<rt>してん</rt></ruby>を<ruby>持<rt>も</rt></ruby>つことが<ruby>必要<rt>ひつよう</rt></ruby>となります。<ruby>人<rt>ひと</rt></ruby>との<ruby>付<rt>つ</rt></ruby>き<ruby>合<rt>あ</rt></ruby>いも<ruby>好<rt>す</rt></ruby>きな<ruby>仲間<rt>なかま</rt></ruby>とだけ<ruby>過<rt>す</rt></ruby>せばいいというわけにはいかなくなります。<ruby>色々<rt>いろいろ</rt></ruby>な<ruby>人<rt>ひと</rt></ruby>と<ruby>関<rt>かか</rt></ruby>わりを<ruby>持<rt>も</rt></ruby>ち、<ruby>仕事<rt>しごと</rt></ruby>をすすめていかなければなりません。そして、<ruby>今<rt>いま</rt></ruby>までの、<ruby>答<rt>こた</rt></ruby>えがあるものを<ruby>追求<rt>ついきゅう</rt></ruby>する<ruby>姿勢<rt>しせい</rt></ruby>から、<ruby>答<rt>こた</rt></ruby>えがないものについてさがしていく<ruby>姿勢<rt>しせい</rt></ruby>に<ruby>変<rt>か</rt></ruby>えていく<ruby>必要<rt>ひつよう</rt></ruby>があります。「<ruby>学生<rt>がくせい</rt></ruby>と<ruby>社会人<rt>しゃかいじん</rt></ruby>の<ruby>違<rt>ちが</rt></ruby>い」は、「<ruby>与<rt>あた</rt></ruby>えられる<ruby>人生<rt>じんせい</rt></ruby>」から「<ruby>与<rt>あた</rt></ruby>える<ruby>人生<rt>じんせい</rt></ruby>」になるということなんです。すなわち、いつまでも<ruby>受<rt>う</rt></ruby>け<ruby>身<rt>み</rt></ruby>ではいけないということなんです。

<ruby>何<rt>なに</rt></ruby>について<ruby>話<rt>はな</rt></ruby>していますか。

1 <ruby>学生<rt>がくせい</rt></ruby>と<ruby>社会人<rt>しゃかいじん</rt></ruby>の<ruby>勉強方法<rt>べんきょうほうほう</rt></ruby>の<ruby>違<rt>ちが</rt></ruby>いについて
2 <ruby>社会<rt>しゃかい</rt></ruby>で<ruby>人間関係<rt>にんげんかんけい</rt></ruby>を<ruby>構築<rt>こうちく</rt></ruby>する<ruby>方法<rt>ほうほう</rt></ruby>について
3 <ruby>学生<rt>がくせい</rt></ruby>と<ruby>社会人<rt>しゃかいじん</rt></ruby>の<ruby>行動範囲<rt>こうどうはんい</rt></ruby>の<ruby>違<rt>ちが</rt></ruby>いについて
4 <ruby>学生<rt>がくせい</rt></ruby>から<ruby>社会人<rt>しゃかいじん</rt></ruby>への<ruby>意識改革<rt>いしきかいかく</rt></ruby>について

1번

신입사원 연수회에서 강사가 이야기하고 있습니다.

남 : 에~, 지금부터, 사회인으로서 가장 중요한 것을 말씀드리겠습니다. 여러분, 지금까지는 자신을 위해 배우고 행동했으리라 생각합니다만, 앞으로는 사회를 위해 무언가를 한다는 시점을 가지는 것이 필요하게 됩니다. 사람들과의 인간관계도 좋아하는 동료들하고만 보낼 수 없게 됩니다. 다양한 사람들과 관계를 맺으며, 일을 해나가지 않으면 안 됩니다. 그리고 지금까지의 정답이 있는 것을 추구하는 자세에서, 정답이 없는 것에 관해 찾아갈 자세로 바꾸어 갈 필요가 있습니다. '학생과 사회인의 차이'는 '주어지는 인생'에서 '주는 인생'이 된다는 것입니다. 즉, 언제까지고 수동적인 입장이어서는 안 된다는 겁니다.

무엇에 관해 이야기하고 있습니까?

1 학생과 사회인의 공부방법 차이에 관해
2 사회에서 인간관계를 구축하는 방법에 관해
3 학생과 사회인의 행동범위 차이에 관해
4 학생에서 사회인으로의 의식개혁에 관해

해설 아직 학생 때를 벗지 못한 신입사원들에게 더 이상 학생이 아닌 사회인으로서의 마음가짐과 자세를 강조하고 있다.

어휘 <ruby>付<rt>つ</rt></ruby>き<ruby>合<rt>あ</rt></ruby>い 교제 | <ruby>追求<rt>ついきゅう</rt></ruby> 추구 | <ruby>受<rt>う</rt></ruby>け<ruby>身<rt>み</rt></ruby> 수동 | <ruby>構築<rt>こうちく</rt></ruby> 구축 | <ruby>改革<rt>かいかく</rt></ruby> 개혁

2番 Track 1-3-02

ラジオで男の人が話しています。

男：皆さんは毎日、効率よく仕事をこなしていますか。少しでも早く仕事を片付けるために、するべきことを書き出し、優先順位を決めていくでしょう。ですが、やるべきことが、かえって増えてくる…。家に仕事を持ち帰り、休日も返上して仕事をしても間に合いません。その結果、完結しない仕事が増えるばかり…、なんてことはありませんか。どうしてこんなことになってしまうのでしょうか？実は仕事の作業管理やスケジュール管理で多くの人がやっている間違いがあるそうなんです。それは「作業に費やした時間、すなわち出て行った時間を気にしていない」ということだそうです。つまり、ほとんどの人は予定した作業には気を配るけれど、自分の時間がどのように消費されていったのかはあまり気にしないということです。これが、致命的な間違いだというのです。ホントにそうですね。無駄に使われている時間に気が付かなければ、どんどん新しい作業や仕事が消化されないままになっていきますね。

男の人は、何について話していますか。

1 時間管理の間違いについて
2 スケジュール管理の難しさについて
3 時間管理の勘違いについて
4 タスクの優先順位について

2번

라디오에서 남자가 이야기하고 있습니다.

남 : 여러분은 매일 효율 좋게 업무를 소화하고 있습니까? 조금이라도 빨리 업무를 해치우기 위해, 해야 할 일을 추려 적은 후, 우선순위를 결정하겠지요. 하지만 해야 할 일이 도리어 늘어나기 시작하고…. 집에 일을 가지고 돌아오고, 휴일도 반납하고 일을 해도 기한을 못 맞춥니다.
그 결과, 끝내지 못한 업무가 늘어만 가고…, 이런 경험 없습니까? 왜 이렇게 되는 걸까요?
실은 업무의 작업 관리와 스케줄 관리에서 많은 사람들이 저지르고 있는 잘못이 있다고 합니다. 그것은 '작업에 소비하는 시간, 즉 나간 시간을 신경 쓰지 않는다'는 것이라고 합니다. 즉, 대부분의 사람들은 예정된 작업에는 신경 쓰지만, 자신의 시간이 어떻게 소비되어 갔는지는 그다지 신경 쓰지 않는다는 점입니다. 이것이 치명적인 잘못이란 겁니다. 정말 그렇습니다. 헛되이 쓰이는 시간을 깨닫지 못한다면, 계속 새로운 작업과 업무가 소화되지 못한 채가 될 것입니다.

남자는 무엇에 관해 이야기하고 있습니까?

1 시간 관리의 잘못에 관해
2 스케줄 관리의 어려움에 관해
3 시간 관리의 착각에 관해
4 업무의 우선순위에 관해

해설 대부분의 사람은 예정된 작업에는 신경을 쓰지만, 자신의 시간이 헛되이 낭비되는 것은 미처 깨닫지 못하고 있다고 했고, 이것이 치명적인 잘못이라고 했으므로, 1번이 정답이다. 스케줄을 관리하는 것이 얼마나 어려운가를 논하는 것이 아니라는 것에 주의하자.

어휘 **優先順位** 우선순위 | **かえって** 도리어, 오히려 | **返上** 반납, 반려 | **費やす** 쓰다, 소비하다, 낭비하다 | **すなわち** 즉 | **致命的** 치명적 | **勘違い** 착각 | **タスク** 맡겨진 일, 업무

3番 Track 1-3-03

こうえんかい おとこ ひと はな

講演会で男の人が話しています。

きんねん に ほんしょく せ かいじゅう や

男：近年、日本食ブームにより世界中ですし屋が急増しており、その中でも特にマグロの消費が一段と増えています。このままでは、海からマグロが消えてしまうのではないかと言われた時期もありましたが、現在も、多くの店で当たり前のようにたくさんのマグロが提供されています。なぜでしょうか。
きゅうぞう なか とく しょうひ
いちだん ふ うみ
き じ
じ き げんざい おお みせ
あ まえ ていきょう
りょうしつ ようしょく
それは、良質の養殖マグロがあるからです。今の養殖マグロは、天然ものに遜色ないと言ってもいいでしょう。
いま ようしょく てんねん そんしょく
てんねん りょう し つか あと しょ
天然ものは、漁師が捕まえた後、すぐに処理され、低温ですし屋へ運ばれます。しかし、日本から遠く離れた海で獲れることが多いため、輸送に時間がかかりますので、どうしても鮮度が多少落ちてしまうものです。一方、養殖マグロは国内で生産されていますから断然鮮度が違います。これがおいしさの秘密です。
り ていおん や はこ
に ほん とお はな うみ と
おお ゆ そう じ かん
せん ど た しょう お
いっぽう ようしょく こくない せいさん
だんぜんせん ど ちが

おとこ ひと なに はな

男の人は何について話していますか。

せ かいじゅう や にん き り ゆう

1 世界中のすし屋でマグロが人気な理由
ようしょく てんねん ほう り ゆう
2 養殖マグロより天然マグロの方がいい理由
ようしょく り ゆう
3 養殖マグロがおいしい理由
4 マグロをおいしく食べる方法

3번

강연회에서 남자가 이야기하고 있습니다.

남 : 최근 일식 붐으로 인해 전 세계적으로 초밥집이 급증하고 있고, 그중에서도 특히 참치 소비가 훨씬 증가하고 있습니다. 이대로라면 바다에서 참치가 사라져 버리는 것이 아니냐는 말을 들은 시기도 있었지만, 현재도 많은 가게에서 당연하다는 듯이 많은 참치가 제공되고 있습니다. 왜 그럴까요?
그것은 양질의 양식 참치가 있기 때문입니다. 지금의 양식 참치는 천연물로 손색이 없다고 해도 좋을 것입니다.
천연물은 어부가 잡은 후 바로 처리되어, 저온에서 초밥집으로 운반됩니다. 그러나 일본에서 멀리 떨어진 바다에서 잡히는 경우가 많기 때문에 수송에 시간이 걸리므로, 아무래도 신선도가 다소 떨어져 버리는 겁니다. 한편 양식 참치는 국내에서 생산되고 있기 때문에 단연 신선도가 다릅니다. 이것이 맛의 비밀입니다.

남자는 무엇에 대해 이야기하고 있습니까?

1 전 세계 초밥집에서 참치가 인기인 이유
2 양식 참치보다 천연 참치가 더 좋은 이유
3 양식 참치가 맛있는 이유
4 참치를 맛있게 먹는 방법

해설 원양업으로 잡은 참치는 아무래도 신선도가 떨어지지만, 국내에서 양식으로 잡은 참치는 신선하므로 맛있다는 내용이므로, 정답은 3번이다.

いちだん りょうしつ ようしょく てんねん そんしょく りょう し つか

어휘 **一段** 한층, 훨씬 | **良質** 양질 | **養殖** 양식 | **天然もの** 천연물 | **遜色ない** 손색이 없다 | **漁師** 어부 | **捕まえる** 잡다 | **獲れる** 수확되다, 포획되다 | **断然** 단연

4番 Track 1-3-04

テレビで女の人が話しています。

女：近年、オフィスのあり方に変化が起きています。従来は、部署ごとにエリアが分けられ、社員の多くは上司の目が届く範囲で決められたデスクで働くのが一般的でしたが、今はさまざまな工夫が施されているようです。例えば、仕事をするデスクの場所が決まっていないフリーアドレスを取り入れたり、一見仕事とは関係のないようなリフレッシュスペースを設けているオフィスもあります。このようなオフィスは一部の業種に限ったことではありません。オフィス環境を整えることで、社員同士のコミュニケーションを促したり、社員のやる気アップを図ったりすることで、企業の創造性や生産性を向上させようという狙いがあるのです。

女の人は、何について話していますか。

1 オフィス環境の変遷
2 特別な業種のオフィス紹介
3 社員の職場改善への要望
4 働く環境づくりとその効果

4번

텔레비전에서 여자가 이야기하고 있습니다.

여 : 최근 사무실의 본연의 모습에 변화가 일어나고 있습니다. 기존에는 부서별로 구역이 나뉘어져 대부분의 사원들은 상사의 눈이 닿는 범위에서 정해진 책상에서 일하는 것이 일반적이었지만, 지금은 여러 가지 궁리가 시행되고 있는 것 같습니다. 예를 들어, 일하는 데스크의 장소가 정해져 있지 않은 프리 어드레스를 도입하거나, 언뜻 보기에 일과는 관계가 없는 것 같은 재충전 공간을 마련하고 있는 사무실도 있습니다. 이러한 사무실은 일부 업종에만 국한된 것이 아닙니다. 사무실 환경을 정돈함으로써 사원 간의 커뮤니케이션을 촉진하거나, 사원의 의욕 향상을 도모하거나 함으로써, 기업의 창조성이나 생산성을 향상시키려는 목적이 있는 것입니다.

여자는 무엇에 대해서 이야기하고 있습니까?

1 사무실 환경의 변천
2 특별한 업종의 오피스 소개
3 사원의 직장 개선에 대한 요망
4 일하는 환경 조성과 그 효과

해설 사무실 환경을 정돈함으로써 사원 간의 커뮤니케이션을 촉진하거나, 사원의 의욕 향상을 도모하거나 함으로써, 기업의 창조성이나 생산성을 향상시키려는 목적이 있다고 했으니, 4번이 정답이다.

어휘 あり方 ① 본연의 자세 ② 바람직한 상태 | 施す ① 행하다 ② (면목을)세우다 ③ 베풀다 ④ (대책을)세우다 | 取り入れる ① (세탁물 등을)거두어들이다 ② (농작물을)거두어들이다 ③ 받아들이다 | 一見 한번 봄, 대충 봄, 언뜻 봄 | 設ける 설치하다, 마련하다 | 整える 정돈하다, 다듬다 | 促す 촉구하다, 재촉하다 | 図る 꾀하다, 도모하다 | 変遷 변천

5番 Track 1-3-05

ラジオで男の人が話しています。

男：皆さんは親の介護というと、どんなイメージをお持ちですか。親の介護が必要になるのが大体80代ぐらいで、その子どもの世代に相当する40代、50代ぐらいの人が直面する問題だと考えている人が多いと思います。もちろん、実際にその世代の方が介護を行っているケースが多いのですが、70代の高齢者がその親の介護をする老々介護や、まだ学校へ通う年頃なのに、介護をしている若年介護のケースも増加しています。介護疲れで倒れてしまう方や、誰にも相談できずに辛くて親と心中を試みる方に、温かい支援の手を差し伸べるために、まずはその実態調査が必要です。どのような人が親の介護をしていて、どのようなことに困っているのか、そして、何をしてもらいたいのか、世代別に特徴を把握することが急務です。

男の人は、何について話していますか。

1 介護者への支援方法
2 要介護者が増えている原因
3 介護の実態調査の必要性
4 親の介護が大変な理由

5번

라디오에서 남자가 이야기하고 있습니다.

남 : 여러분은 부모의 간병이라고 하면 어떤 이미지를 가지고 계십니까? 부모의 간병이 필요한 것이 대략 80대 정도로, 그 자녀 세대에 해당하는 40대, 50대 정도의 사람들이 직면하는 문제라고 생각하는 사람들이 많다고 생각합니다. 물론, 실제로 그 세대인 분이 간호를 하고 있는 경우가 많습니다만, 70대 고령자가 그 부모를 돌보는 고령 간호나 아직 학교에 다닐 나이인데도 간병을 하고 있는 젊은이 간병인 경우도 증가하고 있습니다. 간병 피로로 쓰러지는 분이나 아무에게도 상담하지 못하고 괴로워서, 부모와 자살을 시도하는 분에게 따뜻한 지원의 손길을 내밀기 위해서는 우선 그 실태 조사가 필요합니다. 어떤 사람이 부모를 돌보고 있고, 어떤 일에 곤란함을 겪고 있는지, 그리고 무엇을 해 주길 바라는지, 세대별로 특징을 파악하는 것이 급선무입니다.

남자는 무엇에 대해서 이야기하고 있습니까?

1 간병인에 대한 지원 방법
2 간병을 필요로 하는 사람이 증가하고 있는 원인
3 간병 실태 조사의 필요성
4 부모의 간병이 힘든 이유

해설 어떤 사람이 부모를 돌보고 있고, 어떤 일에 곤란함을 겪고 있는지, 그리고 무엇을 해 주길 바라는지, 세대별로 특징을 파악하는 것이 급선무라고 했으니, 3번이 정답이다.

어휘 相当する 상당하다, 해당하다 | 老々介護 고령자의 간병을 고령자가 하는 것 | 若年介護 아이나 젊은이들이 병이나 정신적 문제를 앓고 있는 가족구성원을 돌보는 것 | 心中 집단 자살 | 試みる 실제로 해 보다, 시도하다 | 支援の手を差し伸べる 지원의 손길을 내밀다(뻗다) | 把握 파악 | 急務 급선무 | 要介護者 간병을 필요로 하는 사람

문제4 **문제4에서는 문제용지에 아무것도 인쇄되어 있지 않습니다. 먼저 문장을 들으세요. 그리고 그에 대한 대답을 듣고 1~3 중에서 가장 적당한 것을 하나 고르세요.**

例 Track 1-4-00

男：部長、地方に飛ばされるんだって。
女：1　飛行機相当好きだからね。
2　責任取るしかないからね。
3　実家が地方だからね。

예

남 : 부장님, 지방으로 날아간대.
여 : 1 비행기 정말 좋아하니까.
2 책임질 수밖에 없을 테니까.
3 본가가 지방이니까.

1番 Track 1-4-01

男：このサンドイッチ、なかなか食べごたえあるよね。
女：1　はやく答えてよ。待ってるから。
2　ごめん。今すぐには答えられないよ。
3　ボリュームたっぷりで、私はこれ一個で足りるよ。

1번

남 : 이 샌드위치, 꽤 배부르겠는데.
여 : 1 빨리 대답해. 기다리고 있으니까.
2 미안. 지금 당장은 답할 수 없어.
3 양이 꽤 넉넉해서, 나는 이거 한 개로 충분해.

해설 키워드는 두 개이다.
「食べごたえある 양적으로 만족감을 느끼는 상태」, 「ボリュームたっぷり 양이 넉넉하게 많은 상태」

어휘 なかなか 상당히, 꽤 | 足りる 족하다, 충분하다

2番 Track 1-4-02

男：最近、ついてるんだ。
女：1　なに、宝くじでも当たったの？
2　早く取った方がいいんじゃないかしら？
3　へえ、もう着いたの？早かったわね。

2번

남 : 요즘, 운이 좋아.
여 : 1 뭔데, 복권이라도 당첨됐어?
2 빨리 떼는 게 좋지 않을까?
3 뭐야, 벌써 도착했어? 일찍 왔네.

해설 「ついている」는 '운이 좋다, 재수가 좋다'라는 의미이다. 2번은 「付く 붙다」, 3번은 「着く 도착하다」가 쓰인 문장에 대한 대답이다.

어휘 宝くじに当たる 복권에 당첨되다

3番 Track 1-4-03

女：うちの旦那ときたら、お母さんの肩ばかり持つのよ。

男：1　じゃ、謝らなきゃね。

2　重たくて大変だっただろうね。

3　それはよくないな。

3번

여 : 우리 남편이란 사람은 시어머니 편만 들어.

남 : 1 그럼, 사과해야겠네.

2 무거워서 힘들었겠다.

3 그건 안 좋지.

해설 시어머니 편만 드는 남편에 대한 불만을 드러내자 '그럼 안 되지.' 느낌으로 대답하는 3번이 정답이다.

어휘 ～ときたら 어떤 사람이나 사물을 주제로 강조하여 다루고, 그것에 대해 화자의 비난이나 불만을 나타낼 때 사용 | 肩を持つ 편을 들다(= 味方をする) | 重たい 무게나 양이 너무 많아서 부담이 되는 느낌이다

4番 Track 1-4-04

男：失敗はつきものだから、そんなに気落ちすることないよ。

女：1　はい、頑張って上げます。

2　はい、次こそはうまくやってみせます。

3　はい、本当にがっかりでした。

4번

남 : 실패는 따르는 법이니까, 그렇게 낙심할 필요 없어.

여 : 1 네, 분발해 주겠습니다.

2 네, 다음에야말로 잘해 보이겠습니다.

3 네, 정말 실망스러웠어요.

해설 무언가를 시도하거나 성공하기 위해서 실패란 으레 따르는 법이니 너무 낙심하지 말라는 충고에 다음에는 잘해 보겠다고 대답한 2번이 정답이다. 1번의 「頑張って上げる」는 '(상대방을 위해서)노력해 주겠다'라는 의미이다.

어휘 気落ち 낙담, 낙심

5番 Track 1-4-05

女：田村さん、どうかなさいましたか。

男：1　はい、どうかよろしくお願い申し上げます。

2　あ、大丈夫です。ちょっとつまずいただけですから。

3　いまさらそんなこと言ったってどうにもなりませんよ。

5번

여 : 다무라 씨, 무슨 일이세요?

남 : 1 네, 부디 잘 부탁드립니다.

2 아, 괜찮습니다. 좀 넘어진 것뿐이니까요.

3 이제 와서 그런 소리 해봤자 아무 소용없어요.

해설 「どうかなさいましたか」는 상대에게 무슨 일이 생겼나 물어볼 때 사용하는 「どうかしましたか 무슨 일이에요? 왜 그러세요?」의 존경표현이다.

어휘 つまずく 넘어지다, 쓰러지다 | いまさら 이제 와서, 새삼스러움

6番 Track 1-4-06

男：家族思いのいい旦那さんじゃないの。

女：1　そう？ うらやましすぎるわ。

2　そう？ かなり損したわよ。

3　そう？ 褒めても何も出ないわよ。

6번

남 : 가족을 생각하는 좋은 남편이잖아?

여 : 1 그래? 너무 부러워.

2 그래? 손해 많이 봤어.

3 그래? 칭찬해도 아무 것도 안 나와.

해설 상대방의 남편을 칭찬하자, 그렇게 지나치게 칭찬해도 답례할 것은 아무 것도 없다고 답한 3번이 정답이다.

어휘 褒めても何も出ないよ (매우 칭찬을 받은 사람이 쓰는 말)그렇게 칭찬해 주어도 답례할 것은 아무 것도 없다, 과찬이다

7番 Track 1-4-07

男：泉さんはおっとりしてますね。

女：1　彼女は美肌で、化粧しなくてもきれいですね。

2　やっぱり育ちがいい人は違いますよね。

3　子供の頃から苦労ばかりしてますからね。

7번

남 : 이즈미 씨는 의젓하군요.

여 : 1 그녀는 피부가 좋아서, 화장 안 해도 예쁘지요.

2 역시 자란 환경이 좋은 사람은 달라요.

3 어렸을 때부터 고생만 하고 있으니까요.

해설 「おっとり」는 '안정되고 침착하며, 대범하고 의젓한 모습'을 나타낸다. 이런 사람이 된 배경은 「育ちがいい 자란 환경이 좋다」라는 대답이 적절하다.

어휘 美肌 아름다운 살결, 또는 살결을 아름답게 하는 일

8番 Track 1-4-08

女：高橋さんは知らない人とでもすぐ友達になれるんですね。

男：1　ええ、気さくな人ですね。

2　ええ、勇気のある人ですね。

3　ええ、あわて者なんですね。

8번

여 : 다카하시 씨는 모르는 사람과도 금세 친구가 될 수 있네요.

남 : 1 네, 소탈한 사람이지요.

2 네, 용기 있는 사람이지요.

3 네, 덜렁이지요.

해설 금방 친구가 될 수 있는 사람은 「気さくだ 싹싹하다, 소탈하다, 서글서글하다」라는 표현이 적절하다.

어휘 勇気のある 용기 있다 | あわて者 덜렁이, 촐랑이

9番 Track 1-4-09

女：卒論の発表会、無事に終わってよかったですね。

男：1　はい、お元気そうで何よりです。

2　はい、先生のご指導のおかげです。

3　はい、これから頑張ります。

9번

여 : 졸업 논문 발표회 무사히 끝나서 다행이네요.

남 : 1 네, 건강해 보여서 다행입니다.

2 네, 선생님의 지도 덕분입니다.

3 네, 앞으로 열심히 하겠습니다.

해설 '졸업 논문 발표회가 무사히 끝난 것은 선생님의 지도 덕분이다'라는 대화 흐름이 자연스러우므로, 2번이 정답이다.

어휘 동사て형+何より (어떤 결과, 상태가 되어서)가장 좋았다, 기쁘다 (감정을 강조할 때 쓰이고 윗사람에게도 많이 쓰이는 표현임)

10番 Track 1-4-10

女：久しぶりの上天気ですね。

男：1　最近の天気予報ってあまり当てにしない方がいいよ。

2　そうだね。どこかドライブにでも出かけようか？

3　あんなに降ったのに、またかよ。もううんざりだ。

10번

여 : 오래간만에 좋은 날씨네요.

남 : 1 요즘 일기예보는 그다지 믿지 않는 게 좋아.

2 그러네. 어디 드라이브라도 가 볼까?

3 그렇게 내리더니. 또야? 진짜 지긋지긋하네.

해설 「上天気 아주 좋은 날씨」라는 말에 드라이브라도 가자고 하는 2번이 정답이다.

어휘 当てにする 기대하다, 믿다 | うんざり 진절머리가 남, 지긋지긋함

11番 Track 1-4-11

男：彼は引っ込み思案で悩んでいるそうだよ。

女：1　それではなかなか友達ができないと思いますが。

2　それはお気の毒に。最近忙しくなりましたか。

3　そういえば引っ越し来月だって言いましたよね。

11번

남 : 그는 성격이 내성적이어서 고민하고 있대.

여 : 1 그래서는 좀처럼 친구가 안 생길 텐데요.

2 그거 안됐네요. 요즘 바빠졌어요?

3 그러고 보니 이사 다음 달이라고 했었지요?

해설 「引っ込み思案」은 '내성적이고, 적극적으로 남들 앞에 나서거나 스스로 행동을 못하는 성격, 그런 상태'를 가리키는 말이다. 이런 성격이면 친구 사귀기가 쉽지 않을 것이라는 대답이 적절하므로, 1번이 정답이다.

어휘 気の毒 딱함, 가엾음, 불쌍함

문제5 문제5에서는 긴 이야기를 듣습니다. 이 문제에는 연습은 없습니다. 문제용지에 메모를 해도 좋습니다.

1번, 2번

문제용지에는 아무것도 인쇄되어 있지 않습니다. 먼저 이야기를 들으세요. 그리고 질문과 선택지를 듣고 1~4 중에서 가장 적당한 것을 하나 고르세요.

1番 Track 1-5-01

病院で、院長と看護師が話しています。

男：最近、患者さんから待ち時間が長いって、ご意見をいただくことが多くなってですね。もし、何か解決策があれば、意見をもらえませんか。

女：そうですね。子ども連れの患者さんが多いので、待合室にキッズゾーンがあるといいかなと思いました。おもちゃを置いたり、テレビで子ども向けのアニメを流したり。おもちゃは、昔子どもが使ってたやつを寄付できますよ。

男：それ、いいかもしれませんね。寄付は助かります。

女：あとは、そうですねえ…。前に自分が行った別の病院にあったんですが、カフェスペースはどうでしょうか。コーヒーが飲めて、スマホの充電もできるような。テーブルもあると、待ち時間にちょっとした作業もできますしね。

男：いい案ですけど、これはけっこうお金がかかりそうですね。

女：では、ネットからの予約システムなんかはどうでしょうか。予約待ち時間などもネットで公開するようにしたり。

男：それは、実はもう検討中で、知人の病院のシステムと同じものを導入する予定です。

女：そうだったんですね。あとは、ソファですかねえ。数人掛けのソファだけよりも、一人掛けのものもあるといいのかなと。

男：全部は無理だけど、いくつかなら変えてもいいかもしれませんね。

女：はい、少しでも変えてみて、様子を見られればいいかなと思いました。

1번

병원에서 원장과 간호사가 이야기하고 있습니다.

남 : 최근 환자로부터 대기 시간이 길다고, 의견을 듣는 경우가 많아져서요. 만약 뭔가 해결책이 있다면 의견을 들을 수 없을까요?

여 : 글쎄요. 아이를 동반한 환자가 많으니, 대기실에 키즈존이 있으면 좋을까 하고 생각했어요. 장난감을 두거나 TV에서 어린이용 애니메이션을 틀거나. 장난감은 옛날에 아이들이 쓰던 걸 기부할 수 있어요.

남 : 그거 좋을지도 모르겠네요. 기부는 도움이 됩니다.

여 : 그리고 글쎄요…. 전에 제가 갔던 다른 병원에 있었는데요, 카페 공간은 어떨까요? 커피를 마실 수 있고 스마트폰 충전도 할 수 있는 듯한. 테이블도 있으면 대기 시간에 약간의 작업도 할 수 있고요.

남 : 좋은 방안입니다만, 이것은 꽤 돈이 들 것 같네요.

여 : 그럼, 인터넷 예약 시스템 같은 건 어떨까요? 예상 대기 시간 등도 인터넷에 공개하도록 하거나.

남 : 그것은 사실 이미 검토 중이며, 지인의 병원 시스템과 같은 것을 도입할 예정입니다.

여 : 그랬군요. 그리고 소파일까요? 여러명이 앉을 수 있는 소파만 놓기보다는 1인용도 있으면 좋을까 하고요.

남 : 전부는 무리지만, 몇 개라면 바꿔도 좋을지도 모르겠네요.

여 : 네, 조금이라도 바꿔 보고 상황을 볼 수 있으면 좋겠다고 생각했습니다.

男：いろいろ意見ありがとう。うーん、さすがに一気には無理だけど、まずはあまり費用のかからないものからやってみましょう。でも、ほかの案もとてもいいと思うので、少しずつやっていきたいですね。

今回は、看護師のどの案が採用されましたか。

1　キッズゾーン
2　カフェスペース
3　ネットからの予約システム
4　一人掛けのソファ

남 : 여러가지 의견 고마워요. 음, 역시 단번에는 무리지만, 우선은 비용이 많이 들지 않는 것부터 해 봅시다. 하지만, 다른 방안도 너무 좋다고 생각하니, 조금씩 해나가고 싶네요.

이번에는 간호사의 어떤 방안이 채용되었습니까?

1 키즈존
2 카페 공간
3 인터넷 예약 시스템
4 1인용 소파

해설 가장 핵심적인 포인트는 '우선 비용이 들지 않는 것부터'라고 했으니, 장난감 기부가 가능한 1번 키즈존이 정답이 된다.

어휘 **子ども連れ** 아이를 동반함 | **寄付** 기부 | **充電** 충전 | **数人掛け** 여러명이 앉음

2番 Track 1-5-02

会社で男の人と女の人が話しています。

男：山田さん、悪いけど、この荷物、日本商事の伊藤さんに送っておいてくれる？
女：はい、わかりました。中味は製品カタログだけですか？
男：いや、先日お借りした傘も入っているけどね。
女：え、傘もですか。じゃ、宅急便にした方がいいですね。
男：うん、そうだね。
女：３時に集配が来るので、それに出せば明日には到着しますが、時間帯はどうしますか？
男：あ、ちょっと待てよ。伊藤さん、明日まで出張だって言ってたな。
女：じゃあ、もう一日あとの方が確実ですね。
男：うん、そうだね。明日でも会社だから、だれか受け取ってくれるだろうけどね。
女：そうですけど、一応、明後日にしておきますね。

2번

회사에서 남자와 여자가 이야기하고 있습니다.

남 : 야마다 씨, 미안한데, 이 짐 일본상사 이토 씨한테 보내 주겠어?
여 : 네, 알겠습니다. 내용물은 제품 카탈로그뿐인가요?
남 : 아니, 얼마 전에 빌린 우산도 들어 있는데.
여 : 네? 우산도요? 그럼, 택배로 보내는 게 좋겠네요.
남 : 응, 그렇겠네.
여 : 3시에 택배 수거하러 오니, 그때 보내면 내일은 도착할텐데, 시간대는 어떻게 할까요?
남 : 아, 잠깐. 이토 씨 내일까지 출장이라고 했거든.
여 : 그럼, 하루 더 있다 보내는게 확실하겠네요.
남 : 응, 그러네. 내일이라도 회사니까, 누구가 수취해 주겠지만 말이야.
여 : 그렇지만, 일단 모레 도착하는 걸로 하겠습니다.

男：どっちでもいいけどね。まかせるよ。
女：時間帯はどうするんですか？
男：そうだね。午後一くらいにしておいてよ。
女：はい、わかりました。

宅配便の到着はいつにしましたか。

1　明日の午後12時から14時の間
2　明日の午後14時から16時の間
3　明後日の午後12時から14時の間
4　明後日の午後14時から16時の間

남 : 언제 보내든 상관없지만, 알아서 해줘.
여 : 시간대는 어떻게 할까요?
남 : 글쎄, 오후 제일 빠른 걸로 해 줘.
여 : 네, 알겠습니다.

택배 도착은 언제로 하였습니까?

1 내일 오후 12시에서 14시 사이
2 내일 오후 14시에서 16시 사이
3 모레 오후 12시에서 14시 사이
4 모레 오후 14시에서 16시 사이

해설 택배가 도착하는 날짜는 여자에게 맡긴다고 했으니 모레이고, 시간은 「午後一」라고 했다. 「午後一」는 일반적으로는 점심시간이 끝나고 나서 첫 수업이나 근무시간을 지칭하는 말이다. 대개 오후 1시 이후를 가리키며 학생도 직장인도 모두 사용하는 표현이다.

어휘 中味 속, 내용물 | 宅急便 일본 야마토 운수가 제공하는 택배 서비스의 상표명(→宅配便 택배편) | 集配 집배 | 確実だ 확실하다 | 受け取る 수취하다, 받다 | 一応 우선, 어떻든, 일단

3번

먼저 이야기를 들으세요. 그리고 두 개의 질문을 듣고, 각각 문제용지의 1~4 중에서 가장 적당한 것을 하나 고르세요.

3番 Track 1-5-03

テレビで男の人が話しています。

男1：今、自転車が人気です。今日は自分に合った自転車の選び方についてお話しします。まず、利用法を考えることです。まず、一番目は通勤や通学やお買い物など毎日の生活に利用する。2番目は長距離走行して、自然の中を快適に走りたい。3番目は、日常でも、上り坂が多い所を走ったり、重い荷物や子供を載せて走る。4番目はシニア用です。高齢になると、筋力が落ちたり、視野がせまくなるので、電動アシスト自転車がおすすめです。

3번

텔레비전에서 남자가 말하고 있습니다.

남1 : 요즘 자전거가 인기입니다. 오늘은 자신에게 맞는 자전거 선택하는 법에 관해 말씀드리겠습니다. 우선 어디에 이용할지 용도를 생각해야 합니다. 우선 첫 번째는 통근이나 통학, 장보기 등 매일의 생활에 이용한다. 두 번째는 장거리 주행하며 자연 속을 쾌적하게 달리고 싶다. 세 번째는 일상에서도 비탈길이 많은 곳을 달리거나, 무거운 짐과 아이를 태우고 달린다. 네 번째는 시니어용입니다. 고령이 되면 근력이 떨어지거나, 시야가 좁아지므로 전기 자전거를 권해 드립니다.

以上（いじょう）の利用法（りようほう）が決（き）まったら、自転車（じてんしゃ）のお店（みせ）に行（い）って、実際（じっさい）にデザインや機能（きのう）をお店（みせ）の人（ひと）と相談（そうだん）しましょう。便利（べんり）な機能（きのう）がついている物（もの）はやはり値（ね）がはりますから、予算（よさん）も考（かんが）えておきましょう。

…

男2（ぼく）：いいな。僕（ぼく）も新（あたら）しい自転車（じてんしゃ）、早（はや）く買（か）いたいな。

女（おんな）：あら、高橋君（たかはしくん）、自転車（じてんしゃ）、買（か）い替（か）えるの？

男2：いや、今（いま）のは通学用（つうがくよう）だから、山（やま）や海（うみ）なんかには行（い）けないじゃない。

女：ああ、自然（しぜん）の中（なか）を走（はし）りたいわけ。いいわね。実（じつ）は、私（わたし）も自転車（じてんしゃ）を購入（こうにゅう）するつもりなのよ。

男2：あれ、君（きみ）も大学（だいがく）に自転車（じてんしゃ）で来（く）るじゃない。

女：うん、実（じつ）は母（はは）に新（あたら）しい自転車（じてんしゃ）をプレゼントするつもりなの。来月誕生日（らいげつたんじょうび）だから。

男2：えぇ！ すごいね。

質問1

男（おとこ）の人（ひと）はどんな自転車（じてんしゃ）を買（か）うつもりですか。

1 通勤（つうきん）、通学用（つうがくよう）
2 長距離走行用（ちょうきょりそうこうよう）
3 坂道利用（さかみちりよう）
4 シニア用（よう）

質問2

女（おんな）の人（ひと）はどんな自転車（じてんしゃ）を買（か）うつもりですか。

1 通勤（つうきん）、通学用（つうがくよう）
2 長距離走行用（ちょうきょりそうこうよう）
3 坂道利用（さかみちりよう）
4 シニア用（よう）

이상의 용도가 결정되면 자전거 가게에 가서 실제로 디자인과 기능을 자전거 가게 직원과 상담합시다. 편리한 기능이 달려 있는 것은 역시 가격이 나가므로 예산도 생각해 둡시다.

…

남2 : 좋네. 나도 새 자전거 빨리 사고 싶어.

여 : 어머, 다카하시 군 자전거 바꿀 거야?

남2 : 아니, 지금 타는 건 통학용이니까, 산이나 바다 같은 데는 못 가잖아.

여 : 아, 자연 속을 달리고 싶은 거구나? 실은 나도 자전거 구입할 생각이야.

남2 : 어라, 너도 자전거 타고 학교 오잖아?

여 : 응, 실은 엄마한테 새 자전거를 선물하려고 해. 다음 달에 생신이거든.

남2 : 와! 대단한데.

질문1

남자는 어떤 자전거를 살 생각입니까?

1 통근, 통학용
2 장거리 주행용
3 비탈길 이용
4 시니어용

질문2

여자는 어떤 자전거를 살 생각입니까?

1 통근, 통학용
2 장거리 주행용
3 비탈길 이용
4 시니어용

해설 질문 1 : 통학용 자전거는 이미 있고, 산이나 바다 등 자연 속에서 타고 싶다고 했다.

질문 2 : 여자도 이미 자전거로 통학 중인데, 새로 살 자전거는 엄마에게 생신 선물로 드릴 생각이라고 했다.

어휘 上（のぼ）り坂（ざか） 오르막, 점차 좋은 방향으로 향하고 있는 상태 | 値（ね）がはる 비싸다, 가격이 오르다

나의 점수는?

총 [   ] 문제 정답

혹시 부족한 점수라도 실망하지 말고 해설을 보며 다시 확인하고 틀린 문제를 다시 풀어보세요. 실력이 점점 쌓여갈 것입니다.

JLPT N1 제2회 실전모의고사 정답

1교시 언어지식(문자 · 어휘)

- 문제 1　[1] 1　[2] 2　[3] 1　[4] 4　[5] 4　[6] 3
- 문제 2　[7] 2　[8] 1　[9] 4　[10] 3　[11] 1　[12] 1　[13] 2
- 문제 3　[14] 1　[15] 2　[16] 3　[17] 4　[18] 2　[19] 3
- 문제 4　[20] 2　[21] 3　[22] 1　[23] 4　[24] 4　[25] 3

1교시 언어지식(문법)

- 문제 5　[26] 2　[27] 3　[28] 4　[29] 2　[30] 1　[31] 1　[32] 3　[33] 2　[34] 1　[35] 4
- 문제 6　[36] 4　[37] 1　[38] 3　[39] 4　[40] 2
- 문제 7　[41] 2　[42] 2　[43] 4　[44] 3

1교시 언어지식(독해)

- 문제 8　[45] 2　[46] 3　[47] 4　[48] 1
- 문제 9　[49] 3　[50] 1　[51] 3　[52] 3　[53] 1　[54] 2　[55] 1　[56] 3
- 문제 10　[57] 4　[58] 2　[59] 2
- 문제 11　[60] 3　[61] 3
- 문제 12　[62] 3　[63] 3　[64] 4
- 문제 13　[65] 2　[66] 4

2교시 청해

- 문제 1　[1] 2　[2] 3　[3] 1　[4] 3　[5] 4
- 문제 2　[1] 2　[2] 4　[3] 2　[4] 2　[5] 4　[6] 2
- 문제 3　[1] 1　[2] 3　[3] 3　[4] 2　[5] 4
- 문제 4　[1] 1　[2] 3　[3] 3　[4] 1　[5] 3　[6] 3　[7] 2　[8] 3　[9] 1　[10] 1　[11] 3
- 문제 5　[1] 3　[2] 2　[3] 1 2　2 4

2회 실전모의고사 해설

1교시 언어지식(문자·어휘)

문제 1 ＿＿＿＿의 단어의 읽는 법으로 가장 적당한 것을 1 · 2 · 3 · 4에서 하나 고르세요.

1 最近一人では処理しきれない仕事量を任されて、会社に行くのが億劫だ。

1 おっくう　2 おくくう　3 おっこう　4 おくこう

요즘 혼자서는 전부 처리할 수 없는 업무량을 맡게 되어 회사 가는 것이 내키질 않는다.

어휘 任す(= 任せる) 맡기다, 일임하다 | 億劫 귀찮음, 내키지 않음

2 妻にシャツのほころびを繕ってもらった。

1 よそおって　2 つくろって　3 はかって　4 ほうむって

아내에게 셔츠 터진 곳을 수선받았다.

어휘 ほころび 벌어짐, 또는 그 자리 | 繕う 수선하다 ▶ 修繕 수선 | 装う 치장하다 | 葬る 매장하다

3 彼はどんな困難にもめげない逞しい精神力を持った人だ。

1 たくましい　2 いさましい　3 あさましい　4 ねたましい

그는 어떤 어려움에도 굴하지 않는 강인한 정신력을 가진 사람이다.

어휘 めげる 기가 꺾이다, 풀이 죽다 | 逞しい 늠름하다, 강인하다 | 精神力 정신력 | 勇ましい 용감하다 | 浅ましい 비열하다 | 妬ましい 샘이 나다

4 青少年施設等でのボランティアを志す大学生が増えている。

1 はげます　2 いやす　3 ほどこす　4 こころざす

청소년시설 등에서의 자원봉사를 지향하는 대학생이 늘어나고 있다.

어휘 志す 뜻을 두다, 지향하다 ▶ 志 뜻 | 励ます 북돋다, 격려하다 | 癒す 치유하다 | 施す 베풀다

5 人質の解放と引き換えのためには、犯人に身代金を渡さざるを得ない。

1 しんだいきん　2 しんみろきん　3 みのだいきん　4 みのしろきん

인질의 해방과 교환을 위해서는 범인에게 몸값을 줄 수밖에 없다.

어휘 人質(ひとじち) 인질 | 解放(かいほう) 해방 | 引(ひ)き換(か)え 상환, 교환 | 身代金(みのしろきん) 인질의 해방과 교환의 대가로 지불하는 몸값

6 鍋の中のお湯が沸騰したら、麺を入れてください。

1 ことう　　　　2 ひっとう　　　3 ふっとう　　　4 ふつどう

냄비 속 더운물이 <u>비등</u>하면 면을 넣어 주세요.

어휘 沸騰(ふっとう)する 비등하다, 끓다

문제 2 (　　　　) 안에 들어갈 가장 적당한 것을 1·2·3·4에서 하나 고르세요.

7 安全を考慮し、従来の住宅では考えられない強い基礎工事を施したことで、沈没の被害を(　　　　)ことができました。

1 それる　　　　2 まぬがれる　　　3 おさめる　　　4 とげる

안전을 고려해서 종래의 주택에서는 생각할 수 없는 강력한 기초공사를 시행함으로써, 침몰 피해를 <u>면할 수</u>가 있었습니다.

어휘 考慮(こうりょ) 고려 | 沈没(ちんぼつ) 침몰 | 免(まぬが)れる 면하다, 모면하다(「まぬかれる」로도 읽는다) | 逸(そ)れる 빗나가다 | 収(おさ)める 거두다, 얻다 | 遂(と)げる 이루다, 얻다

8 学校側は学内で発生した暴力問題を、お金で(　　　　)とした。

1 もみけそう　　　2 ぬかそう　　　3 ついやそう　　　4 ちぢめよう

학교 측은 학내에서 발생한 폭력 문제를 돈으로 <u>무마</u>하려고 했다.

어휘 もみ消(け)す ① (사건 등을)무마하다, 쉬쉬하다 ② (담배 등을)비벼끄다 | 費(つい)やす 쓰다, 낭비하다 | 縮(ちぢ)める 줄이다

9 花火が上がると、自然に上を向く。落ち込んでいる時でも(　　　　)、顔を上げれば少しは気が晴れるような気がする。

1 かえりみず　　　2 こころみず　　　3 ふりかえず　　　4 うつむかず

불꽃이 올라가면, 저절로 위를 보게 된다. 풀 죽어있을 때도 <u>고개 숙이지 말고</u> 얼굴을 들면 조금은 기분이 상쾌해지는 기분이 든다.

어휘 落(お)ち込(こ)む (기분이)침울해지다 | うつむく 고개(머리)를 숙이다 (↔ あお向(む)く 위를 보다, 위를 향하다) | 顧(かえり)みる 뒤돌아보다, 회고하다 | 試(こころ)みる 시도하다 | 振(ふ)り返(かえ)る 돌아다보다

10 後輩の方が先に出世してしまい、先輩との関係が（　　　）になることもある。

1 どたばた　2 だぶだぶ　3 あべこべ　4 ちやほや

후배 쪽이 먼저 출세해 버려, 선배와의 관계가 뒤바뀌게 되는 일도 있다.

어휘 あべこべ ① 뒤바뀜 ② 반대 | どたばた 사람이나 동물이 난폭하게 날뛰거나 뒤섞여서 돌아다니거나 할 때의 소리, 우당탕 | だぶだぶ 너무 크거나 남아서 옷 등이 헐렁헐렁한 모양 | ちやほや 말이나 행동으로 사람의 비위를 맞추는 모양

11 いつも彼女の（　　　）や願望に付き合わされて、イライラはたまる一方だった。

1 きまぐれ　2 かんだい　3 きさく　4 けんきょ

언제나 그녀의 변덕이나 바람대로 하게 되어, 짜증은 쌓이기만 했다.

어휘 気まぐれ 변덕 | イライラ 일이 뜻대로 되지 않거나 불쾌한 일이 생겨 신경이 곤두서며 초조해 하는 상태 | 寛大 관대 | 気さく 기질이 시원시원하고 어떤 일에 구애되지 않음 | 謙虚 겸허

12 私たちの約2年間の世界一周旅行も、いよいよ終盤に（　　　）としている。

1 さしかかろう　2 よみがえろう　3 へりくだろう　4 いたわろう

우리들의 약 2년간의 세계일주여행도 드디어 종반에 접어들려고 하고 있다.

어휘 さしかかる (장소 또는 어떤 시기에)접어들다, 다다르다 | 謙る 겸양하다, 자기를 낮추다 | 労る 친절하게 돌보다

13 業務量は激増し、残業代も出ない割に責任だけ重く（　　　）きた。

1 あきなって　2 のしかかって　3 へりくだって　4 はばかって

업무량은 급증하고 야근수당도 나오지 않는 것에 비해 책임만 무겁게 덮쳐 왔다.

어휘 ~割に ~에 비해, ~와는 어울리지 않게 | 伸し掛かる ① (위에서)몸을 뻗어 덮치다 ②(책임 등이)덮쳐 누르다 | 商う ① 장사하다 ② 매매하다 | へりくだる 겸손해하다, 자기를 낮추다 | 憚る ① 위세를 떨치다 ② 꺼리다

문제 3 ＿＿＿＿의 단어의 의미가 가장 가까운 것을 1 · 2 · 3 · 4에서 하나 고르세요.

14 彼女は周りの人からミスや欠点を指摘されると、すぐいじけた態度を取ってしまう。

1 すくんだ　2 ちぢんだ　3 あさましい　4 めまぐるしい

그녀는 주변 사람들로부터 실수나 결점을 지적받으면, 금방 주눅 든 태도를 취해 버린다.

어휘 指摘 지적 | いじける 움츠러 들다, 주눅 들다 | 竦む (두려움 등으로 인해)몸이 움츠러들어 움직이지 않는다 | 縮む 줄다, 쭈글쭈글해지다 | あさましい 비열하다, 치사하다 | 目まぐるしい 어지럽다, 눈이 (팽팽)돌 것 같다

15 母親が有名人の娘は親のコネで人気ドラマの主演を務めることができた。

1 てぎわ　2 てづる　3 てぐち　4 てうち

어머니가 유명인인 딸은 부모의 연줄로 인기 드라마 주연을 맡을 수 있었다.

어휘 コネ「コネクション」의 준말, 연줄 | 務める 역할이나 임무를 맡다 | 手づる 기대할 수 있는 특별한 관계, 연줄, 연고 | 手際 솜씨, 기량, 재주 | 手口 (범죄)수법 | 手打ち (거래나 화해가 성립된 표시로)손뼉을 침

16 ここは日本らしい控えめな美徳が感じられる、奥ゆかしい雰囲気がありますね。

1 よそよそしい　2 たどたどしい　3 つつましい　4 みすぼらしい

이곳은 일본다운 절제된 미덕을 느낄 수 있는 그윽한 분위기가 있네요.

어휘 控え目 언동을 조심스럽게 함, 또는 그런 모습 | 美徳 미덕 | 奥ゆかしい 깊이와 품위가 있어 마음이 끌린다, 조심성이나 품위가 있다 | 慎ましい 조심스럽고 얌전하다, 검소하다 | よそよそしい 서먹서먹하다, 쌀쌀하다 | たどたどしい 더듬거리다, 위태위태하다 | みすぼらしい 초라하다, 볼품없다

17 私も太田先生にならって、全力を尽くして臨床歯科医学の研究を世界に発信できるような教室を作っていきたいと考えている。

1 を手がけて　2 をお手上げにして
3 を手回しにして　4 を手本にして

나도 오타 선생님을 따라 전력을 다해 임상치과의학 연구를 세계에 발신할 수 있는 교실을 만들어갈 생각이다.

어휘 倣う ① (모범, 본보기로)따르다 ② 모방하다 예 前例に倣う 전례를 따르다 | 臨床 임상 | 手本 본보기 | 手掛ける 돌보다 | お手上げ 어쩔 도리가 없음, 손듦 | 手回し 준비, 채비

18 被災地の住民たちは、政府が認識を変えればただちに解決できると訴え、誠意ある対応を求めた。

1 かならず　2 すぐ　3 いつかは　4 じかに

재해지 주민들은 정부가 인식을 바꾸면 즉시 해결할 수 있다고 호소하며, 성의 있는 대응을 요구하였다.

어휘 被災地(ひさいち) 재해지, 피해지 | 直ちに(ただちに) 즉시, 즉각, 지체없이 | 訴える(うったえる) 호소하다 | 誠意(せいい) 성의 | 直に(じかに) 직접, 바로(사이에 아무것도 없이 다이렉트로) 예 シャツを肌に直に着る(はだ じか き) (속옷 등을 안 입고)셔츠를 피부에 바로 입다

19 強制節電でストレスを感じることなく、夏に親しみ、楽しみながら身の回りのむだをそぎおとしていこうではないか。

1 ちぢめて　2 あらためて　3 はぶいて　4 こころがけて

강제 절전 때문에 스트레스를 느끼지 않고, 여름과 친숙해지고 즐기면서 주변의 낭비를 줄여 가지 않겠는가.

어휘 強制節電(きょうせいせつでん) 강제 절전 | そぎ落とす(お) (필요 없는 부분을)없애다, 줄이다, 깎아내다 | 省く(はぶく) 줄이다, 덜다, 생략하다 | 心掛ける(こころがける) 주의하다

문제 4 다음 단어의 사용법으로 가장 적당한 것을 1 · 2 · 3 · 4에서 하나 고르세요.

20 煩わしい(わずらわしい) 번거롭다, 귀찮다, 성가시다

1 最近高い年金や保険料を納めているので、経済的に煩わしい。
2 煩わしい人間関係は苦手で、なるべく避けたい気分だ。
3 雑音に敏感な人は煩わしい子供の声や物音に苦情を言うかもしれない。
4 今年、鉄道内迷惑行為ランキングの最上位は「煩わしい会話やはしゃぎまわり」だそうだ。

1 최근 비싼 연금과 보험료를 납부하고 있어서, 경제적으로 번거롭다.
2 번거로운 인간관계는 서툴러서, 될 수 있는 한 피하고 싶은 기분이다.
3 잡음에 민감한 사람은 번거로운 아이 소리와 물건 소리에 불평을 할지도 모른다.
4 올해 철도 안 민폐 행위 랭킹 최상위는 '번거로운 대화와 떠들고 다니는 행위'라고 한다.

해설 1번의 '경제적으로 힘들다'는 「経済的に苦しい(けいざいてき くる)」가 적당하고, 3번은 「うるさい 시끄럽다」, 4번은 「騒々しい(そうぞう) 떠들썩하다, 시끄럽다」가 들어가야 적당하다.

어휘 敏感(びんかん) 민감 | はしゃぎまわる 떠들어대다, 떠들고 다니다

21 しとやか 정숙함, 단아함

1 短期で怒りっぽい性格の人でも、訓練次第では毎日を心しとやかに過ごすことができるそうだ。
2 しとやかで不愛想な人は会話が苦手なので、無理してテンションを盛り上げようとしない方がいい。
3 自己主張が強くておてんばな彼女にしとやかさを求めるのは無理ではないだろうか。
4 しとやかな春の日差しに包まれて、春風が心地よい季節となりました。

1 성격이 급하고 화를 잘 내는 사람이라도 훈련에 따라서는 매일을 정숙하게 지낼 수 있다고 한다.
2 정숙하고 붙임성이 없는 사람은 대화를 잘 못하기 때문에, 무리하게 텐션을 고조시키려고 하지 않는 것이 좋다.
3 자기주장이 강하고 말괄량이인 그녀에게 얌전함을 요구하는 것은 무리가 아닐까.
4 정숙한 봄 햇살에 싸여, 봄바람이 기분 좋은 계절이 되었습니다.

해설 1번은 '온화하게(평온하게) 지내다'의 의미이므로 「穏やかに過ごす」로 고치는 것이 적당하고, 2번은 '얌전하고 붙임성이 없는 사람'이라는 의미의 「おとなしくて不愛想な人」 또는 '말수가 없고 붙임성이 없는 사람'이라는 의미의 「無口で不愛想な人」로 고쳐 볼 수 있고, 4번은 '포근한 봄 햇살'의 의미로 「やわらかな日差し」 또는 '화창한 봄 햇살'의 의미로 「うららかな日差し」가 적당하다.

어휘 淑やかだ 정숙하다, 우아하다 | 短気 성격이 급하다 | 명사＋次第 (명사)여하에 달림 | 不愛想だ 붙임성이 없다 | おてんばだ 소녀나 젊은 처녀가 얌전하지 못하고 활발하게 행동하다 | 日差し 햇살 | 春風 봄바람 | 心地よい 기분이 좋다, 쾌적하다

2회

22 **おだてる** 치켜세우다 (기뻐하는 말을 해서 상대방을 신나게 하다)

1 高額の商品を売るために、お客さんをおだてて買う気を引き出させる店員もいる。
2 カナダのナイアガラ滝を間近で見ると、その圧倒的な大自然をおだてることになる。
3 落ち込んでいる人を癒してあげたいと思っても、おだての言葉をかけるのは難しいものだ。
4 平等な子育てより、ヤル気スイッチを押して競争心をおだてた方がいいと言われている。

1 고액의 상품을 팔기 위해 손님을 치켜세워 살 마음을 끌어내는 점원도 있다.
2 캐나다의 나이아가라 폭포를 매우 가까이서 보면, 그 압도적인 대자연을 치켜세우게 된다.
3 우울해 있는 사람을 치유해 주고 싶어도 치켜세우는 말을 건네는 것은 어려운 법이다.
4 평등한 육아보다, 의욕의 스위치를 눌러 경쟁심을 치켜세우는 것이 낫다고들 한다.

해설 2번 문장은 '(대자연을)찬미한다'의 「賛美する」가 적당하고, 3번은 의기소침해서 우울해 있는 사람에게는 위로의 말을 건네는 것이므로 「慰めの言葉をかける」가 좋으며, 4번은 '경쟁심을 부추기다'에 해당하는 「競争心を煽る」가 적당하다.

어휘 引き出す 끌어내다, 꺼내다 | ナイアガラ滝 나이아가라 폭포 | 間近 아주 가까움 | 圧倒的 압도적 | 大自然 대자연 | 癒す 병이나 상처를 치료하다 | 競争心 경쟁심

23 **献立** 식단, 메뉴

1 8世紀のころに献立されたこの寺院は、古代日本の社会や文化を考究するための豊かな歴史情報の宝庫だ。
2 最近、大臣や知事は「法律の献立がそうなっているので…」という言い回しの表現をよく使う。
3 製造業の献立作業は細々とした部品を組み合わせたり、機械類が好きな人に向いている。
4 毎日の献立が一目瞭然で分かるように、カレンダー形式の表で作っておくと便利だ。

1 8세기경에 식단된 이 사원은 고대 일본의 사회와 문화를 고찰하기 위한 풍부한 역사 정보의 보고이다.
2 최근, 장관이나 지사는 '법률의 식단이 그렇게 되어 있기 때문에…'라고 둘러대는 표현을 자주 사용한다.
3 제조업 식단 작업은 세세한 부품을 조합하거나 기계류를 좋아하는 사람에게 적합하다.
4 매일의 식단을 일목요연하게 알 수 있도록, 달력 형식의 표로 만들어 두면 편리하다.

해설 1번 문장은 '8세기경에 건립된 이 사원'이므로「8世紀のころに建立されたこの寺院」이 적당하다. 2번 문장은 비즈니스 용어로 사용할 때, 조직, 프로젝트의 구성, 구조 등을 나타내는「建付け」로 바꿀 수 있고, 3번은 제조업의 '조립 작업'인「組み立て作業」가 적당하다.

어휘 建立 (사원 등을)지음 | 宝庫 보고 | 大臣 장관 | 言い回す 말을 교묘하게 둘러대다 | 製造業 제조업 | 組み立て 조립, 조직 | 細々する 세세하고 잡다하다 | 組み合わせる 편성하다, 짜 맞추다 | 一目瞭然 일목요연

24 取り組み 대처

1 取り組み預金にご興味をお持ちの方はぜひ、読売銀行にご相談ください。

2 電子レンジの正しい取り組みを理解して使えば火事になることはない。

3 自分の考えや物事に対して論評したり、他のWebサイトに対する情報などを公開したりする取り組みをブログという。

4 ビジネス会議の生産性を高めるためにやるべき取り組みを紹介します。

1 대처 예금에 흥미가 있으신 분은 꼭 요미우리 은행에 상담해 주세요.

2 전자레인지의 올바른 대처를 이해하고 사용하면 화재가 날 일은 없다.

3 자신의 생각과 사물에 대해 논평하거나 다른 웹사이트에 대한 정보 등을 공개하거나 하는 대처를 블로그라고 한다.

4 비즈니스 회의의 생산성을 높이기 위해서 해야 할 대처를 소개하겠습니다.

해설 1번의 경우는「普通預金 보통예금」또는「定期預金 정기예금」으로, 2번은「仕組み 짜임새, 구조」로, 3번은「Webサイトのこと 웹사이트」로 바꾸는 것이 무난하다.

어휘 取り組み ① 대처 ② (스모에서)대전 | 論評 논평

25 曰く (말 못 할, 숨은) 이유, 사정

1 会社に大きな損失を与えたのには何の曰くの余地もない。

2 国会議員としてとてつもない発言をしたと追及され、曰くに追われた。

3 あんなに仲がよかった二人が別れたのには、何か曰くがありそうだ。

4 江國香織の小説を読んで、曰く難い感銘を受けた。

1 회사에 큰 손실을 준 것에는 어떤 이유의 여지도 없다.

2 국회의원으로서 터무니없는 발언을 했다고 추궁당하고 이유에 쫓겼다.

3 그렇게 사이가 좋았던 두 사람이 헤어진 것에는 무엇인가 이유가 있을 것 같다.

4 에쿠니 가오리의 소설을 읽고, 이유 어려운 감명을 받았다.

해설 1번은 '전혀 변명 · 발뺌할 수 없다', 혹은 '어떠한 비난 · 질책도 감수한다'라는 의미로「弁明の余地がない 변명의 여지가 없다」라는 표현을 사용한다. 2번은「釈明 석명, 해명」또는「謝罪 사죄」로, 4번은「忘れ難い感銘 잊기 힘든 감명」이라는 표현을 사용하면 좋다.

어휘 曰く ① 가라사대 ② (말 못 할, 숨은)사정, 이유 | 余地もない 여지가 없다 | とてつもない 터무니없다

문제 5 **다음 문장의 (　　　) 에 들어갈 가장 적당한 것을 1·2·3·4에서 하나 고르세요.**

26 私（　　　）、学生時代はこんな惨めな有り様ではありませんでした。

1 こと　2 とて　3 なり　4 もの

나도 학창 시절엔 이런 비참한 꼴은 아니었습니다.

문법포인트! ⊘ 명사＋とて(も) : [명사]일지라도, [명사]도, [명사]입장에서도

어휘 惨めだ 비참하다, 참혹하다 | 有り様 모양, 상태 (흔히 좋지 않은 사태가 예상될 때도 쓴다.)

27 先程までとは（　　　）かわって、藤原さんの表情は喜色満面だった。

1 たたいて　2 とれて　3 うって　4 はずして

조금 전까지와는 완전히 달라져서 후지와라 씨의 표정은 희색이 가득했다.

문법포인트! ⊘ 打って変わって : 이전과는 완전히 상황이 바뀌어서, 이때까지와는 정반대가 되어서

어휘 喜色満面 희색만면, 기쁜 빛이 얼굴에 가득함

28 こんな状況になった以上、あなたの釈明があって（　　　）と思います。

1 欠かせない　2 やまない　3 までだ　4 しかるべきだ

이런 상황이 된 이상, 당신의 해명이 있어야 마땅하다고 생각합니다.

문법포인트! ⊘ 동사て＋しかるべきだ : [동사]하는 게 당연하다, 마땅히 [동사]해야 한다

어휘 釈明 해명

29 新しい職場にうまく慣れぬ（　　　）、とてつもない失礼を致しました。

1 からある　2 こととて　3 きわみ　4 まじき

새로운 직장에 잘 익숙하지 않아서, 터무니없는 실례를 저질렀습니다.

문법포인트! ⊘ こととて : ~이므로 (사죄의 이유를 나타낼 때 사용된다.)

접속 동사・イ형용사・ナ형용사(보통형) / 명사＋の

어휘 とてつもない 도리에 어긋나다, 터무니없다

30　30ページ（　　　）レポートをたった2時間で書くのはそもそも無理な話だ。

1　からなる　　2　にあって　　3　に足る　　4　ところを

30페이지나 되는 리포트를 고작 2시간에 쓴다는 것은 애당초 무리한 이야기이다.

문법포인트! ⊙ 명사＋からなる：~씩이나 되는 ([명사]에는 주로 수량이나 가격이 온다.)

어휘 そもそも 애당초

31　今回会社と従業員との間で発生した労使紛争は法律（　　　）解決を図りたいと思います。

1　にのっとって　　2　にひきかえ　　3　にもまして　　4　にかまけて

이번 회사와 종업원 간에 발생한 노사분쟁은 법률에 따라 해결을 도모하고자 합니다.

문법포인트! ⊙ 명사＋に則(のっと)って：~을 기준으로, ~에 따라 (규칙이나 사회적 상식, 습관 등을 기준으로 하여 ~한다고 말하고 싶을 때 사용하는 표현)

어휘 労使紛争(ろうしふんそう) 노사분쟁 | 則(のっと)る (기준으로 삼고)따르다 | 図(はか)る 꾀하다, 도모하다

32　政治家（　　　）ものは国民の幸福のために働くという覚悟が必要だ。

1　たりる　　2　なりの　　3　たる　　4　ならではの

정치가인 자는 국민의 행복을 위해 일하겠다는 각오가 필요하다.

문법포인트! ⊙ 명사＋たる者(もの)：[명사]인, [명사]란 자격을 가지고 있는 자 (*유의어：명사＋ともあろう者(もの))

어휘 幸福(こうふく) 행복 | 覚悟(かくご) 각오

33　給料（　　　）待遇（　　　）、本当に恵まれた環境で仕事していますね。

1　をとり / をとり　　2　といい / といい

3　というか / というか　　4　をもち / をもち

월급을 보나 대우를 보나, 정말로 혜택받은 환경에서 일하고 있군요.

문법포인트! ⊙ 명사A＋といい＋명사B＋といい：[명사A]를 보나 [명사B]를 보나, [명사A]도 [명사B]도 (두 가지 외에 다른 유사한 것도 포함한다는 의미)

⊙ ~というか / ~というか：~라 할까 ~라 할까 (똑부러지게 한 가지로 단정짓기 어려울 때 사용)

어휘 待遇(たいぐう) 대우 | 恵(めぐ)まれる 혜택받다, 풍족하다

34 今回はお断りさせていただくことになりました。（　　　）お願い申し上げます。

1 何卒ご容赦のほど　　2 どうかご恐縮のほど
3 何卒ご査収ながら　　4 誠にご承諾のうえ

이번에는 거절하게 되었습니다. 아무쪼록 용서해 주시기를 부탁 말씀 드립니다.

문법포인트! ⊘ ご容赦のほどお願い申し上げます : '용서해 주시길(허락을 받을 수 있기를) 부탁드립니다'의 의미

어휘 容赦 용서 | 명사＋のほど (단정을 피하고 완곡하게 표현할 때 사용) ~(하)기를 | 恐縮 송구함, 황송함 | 査収 잘 살펴보고 나서 받는 것 | 誠に 정말로, 상당히 | 承諾 승낙

35 お客様には大変ご不便をお掛け致しますが、（　　　）お願い致します。

1 謹んでお受けすることを　　2 かねがね承っておることを
3 くれぐれもご自愛くださるよう　　4 あしからずご了承くださいますよう

고객님께는 매우 불편을 끼쳐 드렸습니다만, 언짢게 생각하지 마시고 부디 양해 부탁드립니다.

문법포인트! ⊘ 悪しからずご了承くださいますようお願い致します : '기대에 부응할 수 없음을 나쁘게 생각하지 마시고, 부디 양해 바란다'는 의미

어휘 あしからず ① 달리 생각 마시도록 ② 나쁘게 생각 마시고 | 了承 승낙, 양해 | 謹む 삼가하다, 삼가 경의를 표하다 | かねがね 전부터, 진작부터 | 承る「聞く・受ける」등의 겸양어, 삼가 듣다, 삼가 받다 | くれぐれ 거듭거듭, 아무쪼록 | 自愛 자애, 몸조심

문제 6 다음 문장의 ＿★＿에 들어갈 가장 적당한 것을 1・2・3・4에서 하나 고르세요.

36 新製品の展示会は札幌を ＿＿ ＿★＿ ＿＿ ＿＿ いく予定だ。

1 皮切り　2 南下して　3 順繰りに　4 にして

신제품 전시회는 삿포로를 시작으로 차례차례 남하해 갈 예정이다.

정답문장 新製品の展示会は札幌を皮切りにして順繰りに南下していく予定だ。

문법포인트! ⊘ 명사＋を皮切りにして(として) : [명사]를 시작으로, 필두로, 시초로

어휘 順繰りに 순서대로

37 相手の事情も知らないくせに ＿＿ ＿＿、＿★＿ ＿＿ 慎んだ方がいい。

1 差し出がましい　2 など　3 行為は　4 説教する

상대방 사정도 모르면서 설교하는 등, 주제넘은 행위는 삼가는 것이 좋다.

정답문장 相手の事情も知らないくせに説教するなど、差し出がましい行為は慎んだ方がいい。

문법포인트! ⊘ 동사 ます형 / 명사 + がましい : ~하는 경향이 있다, ~할 우려가 있다

어휘 差し出がましい 주제 넘다, 오지랖이 넓다 ▶ 差し出る 앞으로 나아가다, 주제 넘게 나서다 | 行為 행위 | 慎む 삼가다, 근신하다

38 町を飲み込みそうな猛烈な大津波を経験した ＿＿ ＿＿ ＿★＿ ＿＿ しない。

1 時の恐怖や　2 ありゃ　3 といったら　4 恐ろしさ

도시를 집어삼킬 것 같은 맹렬한 거대 쓰나미를 겪었을 때의 공포나 두려움은 이루다 말할 수 없다.

정답문장 町を飲み込みそうな猛烈な大津波を経験した時の恐怖や恐ろしさといったらありゃしない。

문법포인트! ⊘ ～といったらありはしない / ～といったらありゃしない : 말로 표현할 수 없을 정도로 ~이다 (놀람이나 감동의 정도를 강조)

접속 イ형용사 / ナ형용사 어간 / 명사+といったらありはしない / ありゃしない

어휘 飲み込む 마시다, 삼키다 | 大津波 거대 쓰나미 | 恐怖 공포

39 この体操は ＿＿ ＿★＿ ＿＿ ＿＿ 関節と筋肉を柔軟にします。

1 体を　2 だけで　3 動かす　4 あべこべに

이 체조는 몸을 반대로 움직이는 것만으로 관절과 근육을 유연하게 합니다.

정답문장 この体操は体をあべこべに動かすだけで関節と筋肉を柔軟にします。

문법포인트! ⊘ 동사기본형 + だけで : [동사]하는 것만으로

어휘 体操 체조 | あべこべに 반대로, 거꾸로 | 関節 관절 | 柔軟 유연

40 彼のプロポーズを受け入れた ＿＿ ＿＿ ＿★＿ ＿＿ 今はいい奥さんになれるか心配だ。

1 嬉しいの　2 にも　3 ものの　4 まして

그의 프러포즈를 받아들이긴 했지만 기쁨보다도 지금은 좋은 아내가 될 수 있을지 걱정이다.

정답문장 彼のプロポーズを受け入れたものの嬉しいのにもまして今はいい奥さんになれるか心配だ。

문법포인트! ⊘ 명사 + にもまして : [명사]보다 더, [명사]이상으로 (대개 앞에 오는 [명사]에는 「前, 以前, 昨日, 先週, 先月, 去年」 등 과거를 뜻하는 단어가 잘 쓰여 '전보다 더, 이전보다 더'라는 뜻으로 쓰인다.)

어휘 受け入れる 받아들이다

문제 7 **다음 글을 읽고, 글 전체의 취지에 입각해서 [41] ~ [44] 안에 들어갈 가장 적당한 것을 1・2・3・4에서 하나 고르세요.**

누구라도 얻어먹는 것은 기분 좋은 일입니다. 잘 얻어먹는 사람은 사랑도 잘 받는 사람이라고들 하지만, 당신은 어떤가요? 주위에는 지갑을 안 갖고 한잔하러 가는 사람도 있는 것 같습니다만, 거기에는 무엇인가 기술이 있는 것 같습니다.

'잘 얻어먹는' 사람이 되기 위해서는 다음 행동을 빼놓을 수 없다고 합니다. [41]

우선 상대가 선정한 가게나 요리를 칭찬하면서, 맛나게 먹는다. 식사가 끝나고 가게에서 나오면, 웃는 얼굴로 '잘 먹었습니다'하고 감사를 한다. 여기까지는 보통인 것 같습니다만, 중요한 것은 지금부터입니다. 그것은 얻어먹은 쪽도 작은 성의를 보이는 것입니다. 예를 들면, 지불한 금액이 큰 금액이 아니어도, 제대로 [42] 감사의 말을 하거나, 다음 기회에 만났을 때, 어떤 작은 일이라도 자신의 감사의 기분을 전할 수 있는 감사의 선물을 준비하거나 하는 것입니다. 또는 식후 커피나 찻값 같은 소액을 내거나, 다음날 사준 사람에게 감사의 메일을 보내는 것을 잊지 않는다면, 당신은 '센스있는 사람이네'라고 생각되게 될 것입니다.

따라서, '잘 얻어먹는' 사람이 되기 위해서는 누구나가 하고 있는 감사 표시를 말할 뿐만이 아니라, 얻어먹은 것에 대해, 참된 기쁜 마음을 나타내는 것입니다. 지위가 높은 사람이나 경제력이 있는 사람이 사 주는 것은 당연하다는 생각을 버리고, 금액의 부담은 조금이나마 나누고 싶다 [43] 고 생각하면, 오히려 당신에 대한 호감도는 올라갈 수 있을 것입니다.

그러나 '잘 얻어먹는' 사람이 되기 위해서는 이것만이 아니라고 생각합니다. 사주는 쪽에 '이 사람에게는 사 줘도 된다'고 생각하게 만드는 것도 빼놓을 수 없지요. 예를 들면, 식사를 하면서 상대방의 이야기에 충분히 귀를 기울이고 있다든가, 상대방의 기분이 되어 대화를 진행했는가도 중요합니다.

'돈은 돌고 도는 것'이라는 말이 있습니다. 단순한 돈거래로 보일지도 모르겠습니다만, 거기에는 깊은 신뢰 관계가 얽혀 있습니다. 만약 누군가에게 얻어먹고 싶을 때는 우선 신뢰하는 누군가에게 사 줍시다. [44]

어휘 誠意(せいい) 성의 | 気(き)が利(き)く 눈치가 빠르다 | 欠(か)かせない 빠뜨릴 수 없는, 없어서는 안 될 | 金(かね)は天下(てんか)の回(まわ)り物(もの) 돈은 돌고 도는 것 | 絡(から)まる 얽히다, 휘감기다

[41]
1 次の行動はやむを得ないと言われます
2 次の行動が欠かせないといいます
3 次の後始末が望まれるのは当たり前です
4 次の後始末が思い当たるはずです

1 다음 행동은 어쩔 수 없다고 합니다
2 다음 행동을 빼놓을 수 없다고 합니다
3 다음의 뒤처리가 요망되는 것은 당연합니다
4 다음의 뒤처리가 짐작이 가게 될 것입니다

해설 여기서 요지는 잘 얻어먹은 후, 다음 행동을 빠뜨리지 말자(欠(か)かせない)이다. 감사의 말을 하거나 다음에 만났을 때 선물을 준비하거나 식후 소액은 본인이 내기나 하는 등의 행동을 하자는 내용이 뒤에 나오고 있다.

어휘 やむを得(え)ない 어쩔 수 없다, 부득이하다 | 後始末(あとしまつ) 뒤처리, 뒷마무리 | 思(おも)い当(あ)たる 짐작이 가다

2회

42 1 かっきり 2 きちんと 3 きっかり 4 ずばり

1 딱, 꼭 2 제대로 3 딱 4 정확히

해설 「お礼(れい)の言葉(ことば)をきちんと言(い)う 감사의 말을 제대로 하다」 또는 「感謝(かんしゃ)の気持(きも)ちをきちんと伝(つた)える 감사의 기분을 제대로 전하다」는 자주 쓰는 표현이다.

어휘 **かっきり** 수량, 수량 등에 우수리가 없는 모습 | **きっかり** 시간, 수량이 정확하여 과부족이 없는 모습 | **ずばり** 사물의 핵심을 정확히 지적하는 모습

43 1 少額だけ自分で出したい
2 少額なら惜しまずに払う
3 金額は常に半分ずつ負担するものだ
4 金額の負担は少しながら分けたい

1 소액만 스스로 내고 싶다
2 소액이라면 아끼지 않고 지불하겠다
3 금액은 항상 반씩 부담하는 법이다
4 금액의 부담은 조금이나마 나누고 싶다

해설 여기서 가장 중요한 포인트는 지위가 높은 사람과 경제력이 있는 사람이 사 주는 것은 당연하다는 생각을 버리고 금액의 부담을 조금이라도 나누자는 것이다. 따라서 「分(わ)けたい」가 들어가야 가장 적절하다. 소액이라면 자신이 내겠다는 것이나, 금액의 부담은 항상 절반씩 해야 하는 것을 강조하는 것이 아님에 주의한다.

어휘 **惜(お)しむ** 아쉬워하다, 아끼다

44 1 その相手から信用を得るようにひたすら努力しましょう
2 おごってもらえるようにモテましょう
3 まず信頼する誰かにおごってみましょう
4 おごってあげようという気持ちを持たせましょう

1 그 상대방으로부터 신용을 얻도록 한결같이 노력합시다
2 얻어먹을 수 있도록 인기를 끕시다
3 우선 신뢰하는 누군가에게 사 줍시다
4 사 주려고 하는 기분을 가지게 합니다

해설 앞에서 '돈은 돌고 도는 것'이라고 했고, '단순한 돈거래로 보일지도 모르겠습니다만, 거기에는 깊은 신뢰관계가 얽혀 있습니다'라고 했다. 즉, 상대에게 잘보여 얻어먹으려고만 하지 말고 나도 사 줄 생각을 해야 한다는 말이다.

어휘 **ひたすら** 오로지, 그저 | **モテる** 인기가 있다

1교시 독해

문제 8 다음 (1)~(4)의 글을 읽고, 뒤에 나오는 질문에 대한 답으로 가장 적당한 것을 1 · 2 · 3 · 4에서 하나 고르세요.

(1)

정보 기술의 발전에 의해 IT를 잘 구사할 수 있는 사람과 그렇지 않은 사람 사이에서 획득할 수 있는 정보량의 차이, '정보 격차'가 생겨나고 있다고 한다. 이 정보 격차는 IT와는 또 다른 측면에서도 발생하고 있다고 한다. 그중 한 가지가 일본에 살면서 일본어를 이해 못 하는 외국인이 언어 문제로 인해 정보에 접근할 수 없는 것이다. 국가나 자치체에서는 이 격차를 시정하기 위해 다국어에 의한 정보 제공을 행하고 있다. 예를 들어, 2011년 동일본 대지진 때에도 인터넷 등을 통해 다양한 언어로 정보가 발신되기는 했지만, 대부분의 외국인이 어디에서 정보를 얻으면 되는지 모르는 데 문제가 있다. 아무리 다국어에 의한 정보를 발신했다고 해도, 상대에게 전달되지 않으면 전혀 의미가 없는 것이다. 외국인에게도 제대로 정보가 전해지도록 되기 위해서는 평소부터 다국어에 의한 정보를 발신하는 미디어의 존재가 널리 인지될 필요가 있을 것이다.

45 이 글에 따르면 다국어에 의한 정보 제공의 과제는 무엇인가?

1 IT에 무지한 사람이라도 간단히 정보를 얻을 수 있도록 하는 것
2 어디에 접속하면 정보를 확실히 얻을 수 있다는 것을 알리는 것
3 영어나 중국어 등 주요 언어뿐 아니라, 마이너한 언어에도 대응시키는 것
4 인터넷뿐만 아니라 그 밖의 방법으로도 정보를 발신하는 것

어휘 情報技術 정보 기술 | 上手く 잘 | 駆使 구사 | 獲得 획득 | 情報格差 정보 격차 | 側面 측면 | 生じる 발생하다 | 自治体 자치체 | 是正 시정 | 多言語 다국어 | 情報提供 정보 제공 | 東日本大震災 동일본 대지진 | 際 때 | ～を通じて ~을 통해 | 多様な 다양한 | 言語 언어 | 発信 발신 | いくら～としても 아무리 ~라 해도 | 届く 전달되다, 전해지다 | 全く 전혀 | しっかり 제대로 | 日頃から 평소부터 | 認知 인지 | 主な 주요 | ～に限らず ~뿐 아니라 | マイナー 마이너 | 対応 대응

해설 본문에서 「例えば、2011年の東日本大震災の際にもインターネットなどを通じて多様な言語で情報が発信されてはいたが、ほとんどの外国人がどこから情報を得ればいいのか知らないことに問題」가 있다고 하며, 뒤에서 「いくら多言語による情報を発信したとしても、相手に届かなければ全く意味」가 없다고 했다. 다국어에 의한 정보 제공에 관해 「日頃から多言語による情報を発信するメディアの存在が広く認知される必要」가 있다고 했으니, 다국어에 의한 정보 제공의 과제는 2번이 된다.

(2)

만약 당신이 지하철을 타고 있을 때 지진이 일어나면 어떻게 해야 할 것인가. 지하의 흔들림은 지상의 절반 정도이지만, 우선 흔들림이 가라앉기를 기다리면서, 침착하게 역무원의 지시에 따라 움직이자. 요즘은 지하철에서도 인터넷이 연결되게 되어 있고, 그런 면에서도 전철이나 모노레일보다 안전할 것이다. 출입구가 막히거나, 어두운 땅속에 갇혀 패닉상태에 빠진 사람들이 출구로 쇄도하는 파도에 휩쓸리지 않는 한, 지상을 걷는 것보다 안심이 된다. 다만, 정전으로 비상구로 가는 유도등이 켜지지 않는 경우도 있으므로, 부피가 크지 않은 펜슬형 손전등을 가지고 다니도록 하자. 만약에 자신이 지하철을 타고 있을 때 지진이 일어나거나 해도, 지하철은 의외로 안전하다는 것을 스스로 들려주며 초조해하지 말고 냉정히 행동하자.

46 이것은 무엇에 관한 글인가?

1 지진이 일어났을 때, 지하에서 지상으로 피난하는 방법
2 지진이 났을 때, 지하철에서의 패닉 발작을 억제하는 방법
3 지하철에서 지진이 일어났을 때의 마음가짐
4 지진이 일어나도 지하는 지상보다 안전하니 걱정은 필요 없다

어휘 揺(ゆ)れが収(おさ)まる 흔들림이 가라앉다 | 冷静(れいせい)に 침착하게 | 指示(しじ) 지시 | ~に従(したが)って ~에 따라 | ネットがつながる 인터넷이 연결되다 | 出入口(でいりぐち)がふさがれる 출입구가 막히다 | 地中(ちちゅう)に閉(と)じ込(こ)められる 땅속에 갇히다 | パニックに陥(おちい)る 패닉상태에 빠지다 | 殺到(さっとう)する 쇄도하다 | 誘導灯(ゆうどうとう) 유도등 | かさばる 부피가 커지다 | 懐中電灯(かいちゅうでんとう) 회중전등, 손전등 | 持(も)ち歩(ある)く 휴대하다 | 言(い)い聞(き)かせる 들려주다 | 焦(あせ)る 초조해하다 | 発作(ほっさ) 발작 | 抑(おさ)える 억제하다, 억누르다

해설 본문 내용이 어떤 특정사항이 아니라, 전체적으로 지하철에서 지진이 일어났을 때의 행동대처 내용이며 차분한 마음가짐이 중요하다고 했으므로, 정답은 3번이다.

(3)

'독서제로'가 확산되고 있다. 문화청 조사 결과에 따르면, '한 달에 한 권도 책을 읽지 않는다'는 일본인이 2명 중 1명까지 확대되고 있다고 한다. 한창 공부에 힘써야 할 대학생마저, 서적구입 비용도 계속 감소하고 있으며, 하루 평균 독서 시간이 불과 26.9분으로, 하루 독서 시간이 '제로'라는 대학생이 40% 가까이 달한다는 사실도 밝혀졌다. 아르바이트와 공부에 쫓겨, 독서에 시간을 할애하지 못한다는 사람도 있지만, 가장 큰 원인으로는 스마트폰의 등장을 들 수 있다. 스마트폰의 등장으로 독서 시간을 빼앗겨, 사람들은 책 대신 스마트폰을 손에서 놓을 수 없게 되었다. 독서는 대뇌의 활동을 활성화시키는 작용을 가지고 있다고 하는데, 손안에 있는 스마트폰으로 손쉽게 인터넷에 연결할 수가 있고, 또한 순식간에 방대한 양의 정보를 얻을 수 있는 요즘 같은 시대에, 책을 차분히 시간을 들여 읽는 의의는 이제 더 이상 없다고 한탄하는 소리도 들린다. 또한, 스마트폰 이용 시간과 독서 시간과의 관계를 보면, 스마트폰 이용 시간이 하루 평균 30분 미만인 사람들 중에서, 독서 시간이 감소했다고 답한 사람은 7%였던 것에 비해, 이용 시간이 1시간 이상에서는 32%에나 달하여, 스마트폰 이용이 길수록 독서 시간이 줄어드는 경향을 엿볼 수 있다. 일과 공부 정보는 인터넷에서 손쉽고 재빠르게 검색해서 수집하고, 여가 시간은 독서로 보내는 것은 어떨까.

47 이 글의 내용과 맞지 않는 것은 어느 것인가?

1 인터넷과 스마트폰으로 열람할 수 있는 정보량은 급증하고 있는 데 반해, 독서에 들이는 비용은 줄고 있다.
2 근래, 여가에 독서보다도 인터넷 서핑과 게임 등에 시간을 소비하는 사람이 증가하고 있는 것 같다.
3 통신기기의 급속한 발달로, 컴퓨터와 스마트폰 등이 독서의 대체가 되고 있다.
4 인터넷에 의존하며 정보를 구하기보다, 서적을 매개로 하는 것이 의의가 있는 방법이라 할 수 있다.

어휘 勤しむ 힘쓰다, 노력하다 | 書籍 서적 | 時間を割く 시간을 할애하다 | 奪う 빼앗다 | 手放す 손에서 놓다 | 大脳 대뇌 | 手元 손안, 수중 | 手軽に 손쉽게 | かつ 또한, 및 | 瞬時に 순식간에 | 膨大 방대 | 意義 의의 | 嘆く 한탄하다 | ~に上る ~에 달하다 | 素早い 재빠르다 | 余暇時間 여가 시간 | 閲覧 열람 | 代替 대체 | 媒介 매개

해설 마지막 문장에서 일과 공부 정보는 인터넷에서 얻자고 했으므로, 인터넷에서 정보를 구하는 것이 좋은 방법이 아니라는 것은 아니다.

(4)

민간기업에 적을 둔 사원의 발명 특허권은 어느 쪽에 속해야 할 것인가. 이 권리를 둘러싼 논의가 뜨거워지고 있다. 정부 측은 기업 측과 산업계의 요망에 응해 특허 권리를 '회사의 권리'라고 법률을 개정하고 싶지만, 노동단체와 국민의 여론은 '사원의 권리'라며 맹렬히 반발하여, 벽에 부딪히고 있다.

일본의 특허법은 1899년에 제정되었으나, 1909년 법률개정으로 사원의 발명 특허권은 '회사에 속하는 권리'라고 결정하였다. 그러나, 사원의 발명 장려가 산업발전의 기반과 국제경생력 향상과도 이어진다는 생각에서, 1921년 재개정에서 '사원에게 속하는 권리'라고 개정하였다.

기업 측과 산업계는 사원이 회사 측에서 월급을 받으며, 또한 회사 설비를 사용해 발명한 경우의 특허는 '회사의 권리'로 해야 한다고 주장하고 있다. 그러나, 이 산업계의 주장에는 사원의 의욕을 깎아내릴 위험도 잠재해 있어, 일할 의욕을 잃은 사원에게서 경쟁력은 생기지 않을 것이다.

48 이 글의 필자의 주장에 가장 알맞은 것은 어느 것인가?

1 필자는 사원이 의욕을 잃어버리는 것을 우려하고 있다.
2 필자는 일본의 법률은 개정해야 한다고 주장하고 있다.
3 필자는 회사 설비를 사용한 발명은 회사 것이라고 주장하고 있다.
4 필자는 발명의 대가는 회사에 돌려줘야 한다고 주장하고 있다.

어휘 籍を置く 적을 두다 | 特許権 특허권 | 属する 속하다 | 議論が白熱する 논의가 뜨거워지다 | 世論 여론 | 猛反発 맹렬히 반발 | 定める 결정하다 | 奨励 장려 | 基盤 기반 | 国際競争力 국제경쟁력 | つながる 연결되다, 이어지다 | そぐ (흥미, 의욕, 기세, 기대 등을)깨다, 꺾다 | 危うさ 위험 | 潜む 잠재하다 | 懸念 걱정, 근심

해설 본문 마지막에 「社員の意欲をそぎかねない危うさも潜んでおり」라고 했는데, 이 문장이 현재의 필자의 생각이다.

문제 9 다음의 (1)~(4)의 글을 읽고, 뒤에 나오는 질문에 대한 답으로 가장 적당한 것을 1·2·3·4 에서 하나 고르세요.

(1)

만약 당신이 지인에게 아프리카에서 기아에 시달리는 사람들을 위한 모금에 협력해 주지 않겠냐고 부탁받으면 어떻게 할 것인가? 처음부터 노라고 분명히 거절하면, 찜찜함은 다소 남을지 모르지만, 그것으로 일단 ①이번 건은 해결될 것이다.

그러나 모금에 협력했다고 한다면, 이번에는 모금함에 아무리 넣어도 '좀 더 모금할 수 없겠냐'는 말을 듣는 '괴로운' 처지가 될지도 모른다.

실은 일본을 포함한 선진국이 지금 있는 번영을 손에 넣은 요인이 된 수많은 경제활동에 따른 이익은 지구에 있어 인류 전체가 공유해야 하는 유한한 자원을 소비한 결과라고 간주할 수도 있다. 이렇게 생각해 보면, 각국의 경제 격차나 기아 문제는 그 공유해야 할 자원을 어느 특정국만이 소비한 대가로 얻어진 경제활동에 의한 이익의 독점에 기인하는 것으로, 특정 지역에만 존재하는 문제로 생각해서는 안 된다는 생각이 타당하게 느껴진다.

전 세계의 자원을 대량으로 소비하고 있는 일본에 사는 국민으로서는 자신들만이 높은 생활 수준을 유지하면서, 세계에 여전히 만연해 있는 기아 문제를 자신들의 문제가 아니라고 말할 수는 없을 것이다. ②자원봉사에서 경험하는 '괴로움'은 결국, 자신들의 행동 결과가 자기 자신을 괴롭히고 있다는 일종의 역설에 기인하는 것이다.

49 ①이번 건은 해결될 것이다라고 했는데, 구체적으로 무슨 말인가?

1 지인과의 금전 문제를 피할 수 있다.
2 기아 문제에 관해 이 이상 생각하지 않아도 된다.
3 모금을 어떻게 할까 고민할 필요가 없어진다.
4 생활비 걱정을 하지 않아도 된다.

해설 첫 번째 단락에서 지인으로부터 모금해 달라는 부탁을 받았을 때「最初(さいしょ)からノーとはっきり断(ことわ)ってしまえば、うしろめたさは多少残(たしょうのこ)るかもしれないが、それで一応(いちおう)」라며, 이번 건은 해결될 것이라고 했다. 즉, 확실하게 거절했다면 더 이상 모금해야 할지 말지에 관해 고민할 필요가 없다는 의미이니, 정답은 3번이 된다.

50 ②자원 봉사에서 경험하는 '괴로움'이란, 무엇인가?

1 문제의 근본적인 원인은 자신에게도 있는 게 아니냐는 감정에 시달리는 것
2 일상생활도 힘든데, 모금을 더 해달라고 기대받는 것
3 자원봉사 활동을 하는 사람이 너무 적어서 고생하는 것
4 경제적인 사정으로 이 이상 자원봉사 활동을 계속할 수 없는 것

해설 마지막 문장에서「結局(けっきょく)のところ、自分(じぶん)たちの行動結果(こうどうけっか)が自分自身(じぶんじしん)を苦(くる)しめているという、一種(いっしゅ)のパラドックス」에 기인하는 것이라고 했다. 즉 경제 격차와 기아 문제의 근본적인 원인을 지금까지 해온 자신들의 행동에서 찾으려고 하기 때문에 '괴로움'을 느끼게 된다고 할 수 있으므로, 정답은 1번이다.

어휘 知り合い 지인 | 飢餓に苦しむ 기아에 시달리다 | 募金 모금 | 断る 거절하다 | うしろめたさ 찜찜함, 뒤가 켕김 | 多少 다수 | 一応 일단, 우선 | 収まる 해결되다 | ところが 그러나 | 〜とすると ~라고 하면 | 募金箱 모금함 | 含める 포함하다 | 先進国 선진국 | 繁栄 번영 | 要因 요인 | 数々の〜 수많은~ | 経済活動 경제활동 | 利益 이익 | 人類 인류 | 共有 공유 | 限りある 유한하다 | 資源 자원 | 消費 소비 | 見なす 간주하다 | 経済格差 경제 격차 | 特定国 특정국 | 代償 대가 | 独占 독점 | 起因 기인 | 地域 지역 | 妥当に 타당하게 | 大量に 대량으로 | 生活水準 생활 수준 | 維持 유지 | 〜つつ ~하면서 | 依然として 여전히 | 蔓延 만연 | 結局のところ 결국 | 行動結果 행동 결과 | 苦しめる 괴롭히다 | 一種 일종 | パラドックス 역설 | 根ざす 기인하다, 뿌리를 두다 | 金銭 금전 | 〜なくて済む ~안 해도 된다 | 苦労 고생 | 事情 사정

(2)

일본에서 해외여행이 일반화되기 시작한 것은 1970년대부터로, 1972년에는 해외여행자 수가 100만 명을 돌파했다. 요즘에야 일본인 관광객의 매너에 대한 국제적 평판은 좋지만, 당시에는 해외여행이 일반화된 지 역사가 짧았고, 여행자로서의 매너가 아직 몸에 배어 있지 못했다. 그런 연유로 일본인이 대거 해외를 방문하게 되었을 때에 빈축을 사는 경우도 종종 있었다.

그러나 그것은 일본인 관광객의 매너 문제라기보다는 당시의 일본인 대부분은 외국 생활습관을 이해하고 있지 못하였으며, 일본의 생활습관을 그대로 외국에 적용하려고 했던 것이 원인이었다. 일본에서는 당연하게 여겨지고 있던 일부 행위는 외국인 눈에는 천박하게 보였으며, 실례에 해당하는 경우도 있었다. 초기 몇 년 동안은 가이드가 설비 사용방법과 현지에서 지켜야 할 매너를 설명하기 위해, 호텔 방을 하나하나 돌았다고 한다.

그런데 요즘은 외국인 관광객의 급증에 의해, 이번에는 내국인 쪽에서 외국인 관광객의 민폐행위를 비난하는 소리가 점점 들려오게 되었으며, 사쿠라시는 외국인 관광객의 민폐행위를 규제하기 위한 매너 조례안을 제정하기로 하였다. 이 조례안의 목적은 근래, 시내에서 빈발하는 외국인 관광객의 민폐행위를 방지하는 것에 있다고 한다. 다만, 이 조례는 매너 향상 의식을 고양하는 것이 목적이기 때문에, 위반자를 처벌하는 벌칙은 제정하지 않는다고 한다.

사쿠라시에서 들고 있는 주요 관광객의 민폐행위로서는 만취상태에서의 행패와 한밤중의 불꽃놀이, 보행 중의 음주, 무단촬영 및 도촬 등이 있다. 그러나 이 조례의 대상은 외국인 관광객만이 아니다. 심야(오전 0시부터 일출 때까지)에 알코올을 제공하는 경우 등도 대상이 된다고 한다.

나고 자란 환경의 차이는 크다. 하물며 국가와 국가 간의 규모가 되면, 그 갭은 더욱 커질 것이라고 생각한다. 일본인의 습관이 외국인의 그것(습관)과는 어떻게 다른지 분명히 인식하고, 현지 생활습관을 존중하는 것의 중요성을 올바르게 인식해야 한다고 생각한다.

51 빈축을 사는 경우도 종종 있었다고 했는데, 그 이유로 생각되는 것은 무엇인가?

1 당시의 일본인 관광객은 돈을 많이 썼기 때문에, 어느 나라에 가도 현지인에게 환영받아서
2 당시의 일본인 대부분은 기본적인 매너가 몸에 배어 있지 않아, 현지인과의 마찰이 끊이지 않아서
3 당시의 일본인 대부분은 자신들의 매너가 외국에서도 통용될 거라고 생각해서
4 당시의 일본인 관광객은 품위가 없었으며, 현지인들은 그런 일본인을 경멸해서

해설 다음 문장에 있는 「日本の生活習慣をそのまま外国で当てはめようとしたのが原因だった」가 힌트이다.

52 이 글의 내용과 맞는 것은 어느 것인가?

1 일본에서 해외여행이 일반화되었을 무렵부터, 일본인의 매너에 대한 평판이 좋았다.

2 매너 조례안의 목적은 외국인 관광객의 민폐행위 방지이며, 일본 각지에 확산되고 있다.

3 매너 조례안에 의하면, 양해 없이 남의 얼굴 등을 촬영하는 것은 삼가야 한다.

4 매너 조례안에는 조례 위반자에 대한 벌칙이 정해져 있으며, 위반 시에는 벌금을 물게 된다.

해설 매너 조례안에 「無断撮影および盗撮」를 금지시키는 내용이 있다. 매너 조례안은 사쿠라시에서 시행하였지, 아직 일본 각지에 확산되지는 않았다. 따라서 2번은 정답이 될 수 없다.

어휘 **一般化** 일반화 | **突破** 돌파 | **歴史が浅い** 역사가 짧다 | **それゆえ** 그런 연유로, 그러므로 | **大挙して** 대거, 많은 인원이 | **ひんしゅくを買う** 빈축을 사다 | **当てはめる** 적용하다 | **下品だ** 천박하다 | **邦人** 내국인, 국내인 | **徐々に** 서서히 | **狙い** 목표, 노림 | **頻発** 빈발 | **処罰** 처벌 | **罰則** 벌칙 | **設ける** 제정하다, 설치하다 | **泥酔** 만취 | **暴れる** 날뛰다, 난폭하게 굴다 | **盗撮** 도촬 | **生まれ育つ** 나고 자라다 | **ましてや** 하물며 | **とらえる** 인식하다, 받아들이다 | **尊重** 존중 | **摩擦が絶えない** 마찰이 끊이지 않는다 | **品がない** 품위가 없다 | **侮る** 깔보다, 무시하다

(3)

여러분은 점자라는 것이 무엇인지 알고 있습니까? 시각장애인이 손가락으로 만져 읽는 문자를 '점자'라고 합니다. 현재 전 세계에서 사용되고 있는 점자는 프랑스의 루이 브라유가 16세 때(1825년) 발명한 것으로, 브라유 점자를 바탕으로 일본에서도 일본어 점자를 만드는 연구가 진행되어 1890년 맹학교 교사인 이시카와 쿠라지가 고안한 점자가 일본의 점자로 정식 채용되었습니다. 그 이후 130년 이상에 걸쳐 일본의 시각장애인은 그 점자를 사용하여 읽고 쓰기를 해 왔던 것입니다.

점자는 점필이라는 점자 전용 도구를 사용하여 점 모양이 되도록 종이를 눌러 움푹 패이게 함으로써 쓸 수 있습니다. 읽을 때는 그 종이를 뒤집어 울퉁불퉁한 면을 만짐으로써 읽을 수 있습니다. 쓰는 것은 오른쪽부터이고, 읽는 것은 왼쪽부터이기 때문에 쓸 때와 읽을 때 문자가 좌우 대칭을 이루는 것이 특징입니다.

시각장애인끼리는 대화에서 점자를 좌우 대칭으로 읽고 암호와 같은 교환도 할 수 있다고 일컬어지고 있습니다. 시각장애인들은 시각장애가 없는 우리들이 모르는 곳에서 이런 뛰어난 문자로 인한 표현의 문화를 구축해 왔다는 것은 솔직히 말해 놀라움을 감출 수 없습니다.

시각장애가 없는 우리들은 평소 시각장애인을 약자로 보고 동정하거나 지원하는 경향이 있습니다. 하지만 이렇게 보면 그들은 지켜야 할 약자가 아니며 우리는 서로 대등한 관계에 있다는 것을 알 수 있습니다. 점자를 우리가 평소에 사용하는 문자로 번역하면 일본인끼리 상호 이문화 커뮤니케이션이 될 수도 있습니다. 서로의 표현 문화에 대해 알고 소통함으로써 대등한 관계 위에 보다 풍부한 문화를 구축하고 공유해 나가는 것도 가능하지 않을까요?

53 점자의 특징으로 올바른 것은 어느 것인가?

1 쓸 때와 읽을 때는 문자의 형태가 다르다.
2 쓸 때도 읽을 때도 종이의 한쪽 면만을 사용한다.
3 쓸 때는 종이를 왼쪽부터 사용하고, 읽을 때는 종이를 오른쪽부터 사용한다.
4 점자는 누구에게도 알려지고 싶지 않은 암호를 전달하는 데 사용되고 있다.

해설 점자를 쓸 때는 오른쪽에서 쓰고, 읽을 때는 종이를 뒤집어서 왼쪽부터 읽기 때문에 문자가 좌우대칭을 이루는 것이 특징이라고 했다. 따라서 문자의 형태가 달라지므로, 정답은 1번이 된다.

54 필자의 생각과 맞는 것은 무엇인가?

1 시각장애인의 독자적인 표현 문화를 지키기 위해 적극적으로 지원해야 한다.
2 시각장애인과 시각장애가 없는 사람은 서로 존중하는 대등한 관계여야 한다.
3 시각장애가 없는 사람은 점자를 배우고 점자로 소통해야 한다.
4 시각장애인의 문화는 장애가 없는 우리와는 다르기 때문에 대등한 관계가 될 수 없다.

해설 시각장애인들은 뛰어난 문자 표현의 문화를 구축해 왔으며, 시각장애가 없는 우리와 대등한 관계에 있다는 것을 알 수 있다고 했으니, 정답은 2번이다.

어휘 点字(てんじ) 점자 | 視覚障がい者(しかくしょうがいしゃ) 시각장애인 | 触る(さわる) 건드리다, 만지다 | 基(もと) 기초, 기본, 토대 | 盲学校(もうがっこう) 맹학교 | 点筆(てんぴつ) 점필 | へこむ 움푹 들어가다 | 裏返し(うらがえし) 뒤집음 | でこぼこ 울퉁불퉁함 | 左右対称(さゆうたいしょう) 좌우대칭 | 暗号(あんごう) 암호 | やりとり 주고 받음 | 優れる(すぐれる) 뛰어나다 | 築く(きずく) 쌓다, 구축하다 | 弱者(じゃくしゃ) 약자 | 翻訳(ほんやく) 번역 | 相互異文化(そうごいぶんか) 상호 이문화 | 異なる(ことなる) 다르다 | 片面(かためん) 한쪽 면

(4)

20대 여성의 흡연율과 음주율은 여성들 중에 가장 높다. 간접흡연에도 많이 노출되며, 음주는 주 2회, 5잔 이상으로 고위험군에도 포함되어 있다. 이런 건강습관이 일부 여성에게 암 발병의 원인이 되고 있다. 매일 알코올 15g 이상을 마시고 있는 여성은 자궁경부암의 원인인 HPV(Human Papilloma Virus)가 사라지지 않을 가능성이 높다고 한다.

그리고 생활습관은 구미화에 의해, 인스턴트 식품의 섭취는 늘어나고 있는 데 비해, 과일이나 채소의 섭취율이 낮은 것도 자궁경부암의 원인이라는 설명도 있다. 여성의 사회진출이 증가함에 따라, 그에 수반하는 과로와 스트레스 해소법으로, 여성은 음주와 흡연을 즐기게 되었고, 그것이 20대 암의 증가율로 이어지고 있는 것이다. 흡연 여성이 암이 될 위험은 비흡연자에 비해 1.5~2.3배 높다고 한다.

그런데 20대 여성의 암 검진 수진율은 매우 나빠, 구미에서는 70~80%를 넘고 있는데, 일본에서는 불과 37% 정도라고 하니, 검진 수진의 중요성을 아직 이해하지 못하고 있는 것 같다.

HPV감염에서 암 발증까지 평균 10년 정도 걸린다고 하지만, 정기적으로 검진을 받고 있으면 자궁경부암이 발견되는 경우는 거의 없다. 그럼에도 불구하고, 매년 약 10,000명이 발병하며, 그중 약 3,000명이 자궁경부암으로 사망하고 있다. 자궁경부암은 결코 특별한 병이 아니며, 여성이라면 76명 중 한 명은 일생동안 걸릴 가능성이 있는 것을 인식하고, 조기에 발견할 수 있도록 하는 노력이 요구된다.

평균수명이 늘어나고, 저출산, (주)만혼화, 사회진출 등과 함께, 여성 라이프 사이클과 라이프 스타일이 변화하기 시작하고 있다. 20대 여성이 건강하게 있기 위해서는 대학과 사회가 움직여, 건강을 실천하는 대책이 필요하다는 소리가 높다. 그러나 여성 자신도 자신의 건강관리 방법에 주의하고, 자궁암 검진에 있어서도 지식을 가지고 자기관리를 해야 한다고 생각한다.

(주) 만혼화 : 초혼 연령이 높아지는 현상

55 20대 여성이 암 발병으로 이어지지 않기 위해서는 어떻게 하면 좋을까?

1 금연은 물론, 다른 사람의 담배 연기에 노출되지 않도록 주의한다.
2 대학과 사회는 젊은 여성이 직접 건강 이상을 자각할 수 있도록 교육을 강화한다.
3 대학과 사회에 건강관리를 위한 비용의 보조를 요구한다.
4 암에 대한 올바른 지식을 몸에 익히기 위해, 항상 정보를 모은다.

해설 20대 여성의 흡연과 음주율은 여성들 중에 가장 높고 간접흡연에도 많이 노출되는데 이러한 습관이 암 발병의 원인이 되기도 한다고 했으므로, 1번이 정답이다.

56 본문의 요지에 맞지 않는 것은 무엇인가?

1 여성의 사회진출이 증가함과 동시에, 여성의 삶의 방식도 바뀌고 있는 중이다.
2 20대 여성은 암 검진율이 낮으며, 무방비인 사람이 많다.
3 저출산이 진행되고, 결혼하지 않는 여성도 늘어나고, 임신 횟수가 감소하고 있는 것도 암 발병의 원인이다.
4 20대 여성은 암을 조기 발견하려는 의식이 아직 약하다.

해설 「平均寿命が延び、少子化、晩婚化、社会進出などとともに、女性のライフサイクルやライフスタイルが変化してきている」라고 했는데, 이것은 세상이 바뀌어 여성들의 삶의 방식도 바뀌었다는 말을 하고 있는 것이지, 암발병의 직접적인 원인은 아니다. 앞 문장에서 암의 원인으로 음주, 흡연, 인스턴트 음식 섭취의 증가, 채소, 과일의 낮은 섭취율을 지적하고 있다.

어휘 露出(ろしゅつ) 노출 | 発症(はっしょう) 발증 | 子宮頚(しきゅうけい)がん 자궁경부암 | 尚(なお) 그리고 | 欧米化(おうべいか) 구미화 | 摂取(せっしゅ) 섭취 | 繋(つな)がる 이어지다, 연결되다 | 受診率(じゅしんりつ) 수진율 | 感染(かんせん) 감염 | 平均寿命(へいきんじゅみょう) 평균수명 | 少子化(しょうしか) 저출산 | 晩婚化(ばんこんか) 만혼화 | 実践(じっせん) 실천 | さらす 노출하다, 드러내다 | 要旨(ようし) 요지 | 無防備(むぼうび) 무방비

문제 10 다음 글을 읽고, 다음 질문에 대한 답으로 가장 적당한 것을 1·2·3·4에서 하나 고르세요.

사람은 '다른 가치관을 가진 사람들과 만나, 서로 이해하고, 서로 인정하는 것'에 의해, 보다 잘 배울 수 있다고 할 수 있습니다.

일본어학교에서 배우는 외국인에게 있어서도, 일본인과의 만남 · 대화는 커다란 배움으로 이어져 갑니다. '언어는 문화'이며, 문화란 그 사회를 만들고 있는 사람들의 사고방식, 사물의 견해라 할 수 있습니다. 교실이란 커뮤니티를 넘어, 외부 커뮤니티와 이어져가야 비로소 '일본어 학습'에 의미가 발생한다는 것을 생각하면, 일본어학교는 일본인 · 외국인이 자유로이 교차하는 자리라는 것이 중요합니다.

유학생들은 교실에서의 수업 외에 공민관에 가서 하는 교류활동, 방과 후에 행하는 현지 사람들과의 자원봉사활동 등을 통해, 일본인과의 교류를 즐기고 있습니다. 또한 때로는 교실 안에서의 수업에 현지인들을 초대해, 비지터 세션을 행하고 있습니다. 이러한 접촉 장면을 중시한 일본어 교육은 '현지에 뿌리내린 일본어 학교'이기에 가능해진다고 할 수 있을 것입니다.

한편, 현지 주민도 일본어학교를 통해서, 세계 각국・지역에서 온 사람들과의 만남 · 대화를 즐기고, 다양한 깨달음을 얻고 있습니다. 어느 노인 동호회 멤버(70세에서 85세)인 M 씨는 '나는 올해 85세입니다만, 대만 · 한국 · 러시아의 젊은이들과의 비지터 세션은 재미있더군요. 젊은이들과 이렇게 즐겁게 대화할 수 있고, 서로 자기 나라에 대해 상대에게 전해줄 수 있다니, 행복합니다. 세계가 넓어졌습니다. 아직 남은 인생은 기니까, 앞으로도 여러 나라 사람과 만나고 싶습니다'라며 눈을 반짝이며 말해 주었습니다.

국가를 넘어, 세대를 넘어, 직업을 넘어, 생각을 서로 전하며, 서로 이야기하고, 그리고 서로 배운다는 사실에서 '외국인과 일본인이 같은 <주민 · 시민>으로서 상호 서로 존중하며, 보다 나은 인간관계를 구축하는 것'이 가능해지기 시작합니다. 이것은 일본인과 외국인과의 교류인 '국제교류'라기보다, 오히려 사람과 사람의 교류 · 만남인 '인간교류'라고 할 수 있습니다.

이상에 입각하여 <함께 서로 배우는 자리>로서의 일본어학교이기 위해, 두 가지를 제안합니다.

(1) 일본어학교와 자치체가 제휴를 맺고, 지역 주민의 지식을 수업에서 활용하는 방법을 생각한다. 또한 공민관의 이벤트를 함께 기획 · 운영하는 기회를 만든다.

(2) 일본어학교와 공민관이 제휴하여, 정착 외국인의 지식을 활용하는 활동을 생각한다. 그것은 정착 외국인의 자기실현, <거처>마련이 되기도 한다.

57 외부 커뮤니티와 이어져가야 비로소란 무슨 의미인가?

1 일본어학교가 있는 곳 이외의 도부현의 일본인과 교류하는 것
2 일본어학교 교실 이외의 곳에서 외국인 유학생과 접촉하는 것
3 일본어학교가 있는 곳 이외의 도부현의 외국인 이주민과 교류하는 것
4 일본어학교 교실 이외의 곳에서 여러 일본인과 접촉하는 것

해설 진정한 일본어 교육이란 교실 안에서만 이뤄지는 것이 아니라, 교실 밖에서 이뤄지는 일본인과의 관계도 중요하다는 의미이다. 그 예로 외국 유학생들이 수업 외에 공민관 등에 가서 일본인들과 교류, 자원봉사활동 참여, 비지터 세션 등을 언급하고 있다.

58 일본인과 외국인의 교류는 어떤 메리트가 있다고 생각하고 있는가?

1 특히 노인에게는 젊은이와의 접촉으로 건강하게 회춘으로 통하는 기회가 된다.
2 외국인뿐만 아니라, 일본인에게도 다양한 배움으로 통하는 것이 있다.
3 일본인도 외국인 유학생과 접촉하는 것에 의해, 취직자리가 늘어난다.
4 유학생과 일본인이 교류하는 것은 지역 경제효과에 공헌하는 결과가 된다.

해설 외국인 유학생과 일본인의 교류는 얼핏 외국인 유학생에게만 메리트가 있는 것 같지만, 실은 일본인도 많은 것을 얻을 수 있다고 했다. 「一方、地元住民も日本語学校を通して、世界各国・地域から来た人々との出会い・語り合いを楽しみ、さまざまな気づきを与えてもらっています」가 힌트가 된다.

59 필자는 일본어학교가 '함께 서로 배우는 자리'가 되기 위해 무엇을 제안하고 있는가?

1 일본 거주 외국인의 일본에서의 앞으로의 취업에 도움이 되도록 실천적인 수업을 하는 것
2 지역 주민의 지식을 수업에 활용하는 방안을 찾는 것
3 지역 주민과의 접촉 장면을 늘리기 위해, 공동수업을 기획하는 것
4 일본 거주 외국인의 생활을 보조하기 위해 지역 자치체를 운영하는 것

해설 마지막 부분에서 일본어학교가 자치체나 공민관과 제휴하여 할 수 있는 활동에 관해 언급하고 있다. 특히 자치체와의 제휴를 통해서는 「地域住民の知見を授業に生かす方法」을 생각하고, 「公民館のイベントを共に企画・運営する機会」를 만들자고 제안하였다.

어휘 語らい 대화 | 公民館 공민관, 주민회관, 마을회관 | 触れ合い 교류, 만남 | 愉しむ 즐기다 | ビジターセッション 비지터 세션, 외부 방문 수업 | 根付く 뿌리내리다 | ～がゆえに ~이라서 | 築く 쌓다, 구축하다 | ～を踏まえ ~에 입각하여 | 連携 제휴 | 知見 지식, 식견 | 定住 정착, 자리잡고 사는 것 | 居場所 사는 곳, 거처 | 移民 이주민

문제 11 다음 A와 B는 각각 다른 신문칼럼이다. A와 B를 모두 읽고, 다음의 질문에 대한 답으로 가장 적당한 것을 1·2·3·4에서 하나 고르세요.

A

아기를 모유로 키우고 싶어 하는 엄마는 많으리라 생각합니다. 아기에게 있어서도, 엄마와 살과 살을 맞댈 수 있어 안심할 수 있을 것이고, 모유로부터는 살아 있는 세포인 면역세포를 받을 수 있습니다. 알레르기도 예방할 수 있고, 턱 발달도 촉진할 수 있습니다.

엄마에게 있어서도, 자궁수축을 촉진하며, 산후회복이 빨라지며, 아기와의 애착형성이 진행됩니다. 또한, 분유를 타는 수고도 줄일 수 있으며, 경제적으로도 분윳값이 필요 없으므로 도움이 됩니다. 산후우울증도 경감할 수 있으며, 유방암과 난소암 등에 걸릴 위험도 경감됩니다.

그러나, 태어나서 분유를 한 방울도 주지 않고 키웠다는 분은 모유가 조기부터 나와서 분비과다가 되니, 그 부분도 고려하면서, 자신들에게 맞는 수유 방법을 찾아봅시다.

B

자신의 아기는 모유로 키우고 싶어 하는 엄마가 대부분이겠지요. 그러나 모유라면, 마시는 양을 알 수 없어 불안해지거나, 수유간격이 짧아, 타인에게 장시간 맡길 수 없다는 등의 문제도 발생합니다. 또한, 모유분비가 나쁘면 아기의 체중이 늘지 않기도 합니다. 엄마 쪽도 모유라면, 유방, 유두트러블이 일어나는 경우가 있어 염려됩니다. 게다가 엄마의 먹거리에도 신경 쓰지 않으면 안 되고, 비타민D가 부족하기 쉽게 됩니다.

분유라면, 아빠에게도 수유기회를 줄 수 있어, 육아에 관련되어 있다는 기쁨이 생길 것입니다. 모유가 잘 안 나오는 분도 계시므로, 역시 그 부부에게 맞는 수유 방법을 찾는 것이 중요합니다. 모유와 분유를 잘 조합해 보면 어떨까요?

60 A와 B는 '수유는 모유인가 분유인가'란 테마에 어떤 시점으로 논하고 있는가?

1 A는 모유 육아 모자에 대한 장점만을 들고, B는 분유 육아의 메리트만을 강조하고 있다.
2 A는 분유 육아 모자에 대한 단점을 들면서, B는 모유 육아의 장점에 초점을 맞추고 있다.
3 A는 주로 모유 육아의 이점을 들고, B는 그 단점에도 언급하며 분유 육아의 이점도 들고 있다.
4 A는 주로 분유 육아의 장점을 들면서, B는 주로 모유 육아의 단점만에 초점을 맞추고 있다.

해설 A는 전체적으로 모유의 좋은 점을 언급하면서 마지막에 문제점도 지적하였고, B는 모유수유의 문제점을 지적하면서 분유 육아의 좋은 점도 언급하였다.

61 A와 B는 '수유는 모유인가 분유인가'에 관해 어떻게 논하고 있는가?

1 A는 모유 육아의 단점을 들고, B는 그것의 장점을 들고 있지만, 양자 모두 혼합수유를 권하고 있다.
2 A는 모유 육아의 장점을 들고, B는 그것을 전면 부정하며 분유수유를 권하고 있다.
3 A는 모유 육아 모자의 심신에 대한 장점을 들고, B는 그것의 단점을 들고 있지만, 양자 모두 부모와 아이에게 맞는 수유 방법을 찾는 것을 권하고 있다.
4 A는 모유를 권하기 위해 그 주의점을 들고, B는 그것을 보충하면서 분유수유를 조합할 것을 권하고 있다.

해설 A는 모유의 좋은 점으로 엄마와 아기의 신체적 건강 및 정신적 건강을 언급하였고, B는 주로 모유수유의 문제점을 지적하며 분유 수유의 좋은 점을 다루었는데 A, B 모두 공통적으로는 자신들에게 맞는 수유 방법을 찾아보라고 권하고 있다.

어휘 母乳 모유 | 免疫細胞 면역세포 | 顎 턱 | 促す 촉진하다, 재촉하다 | 子宮収縮 자궁수축 | 手間を省く 수고를 덜다, 줄이다 | マタニティーブルー 산후우울증 | 乳がん 유방암 | 卵巣がん 난소암 | 1滴 한 방울 | 分泌過多 분비과다 | 授乳 수유 | 預ける 맡기다 | 乳房(乳房) 유방 | 乳頭 유두 | 焦点をあてる 초점을 맞추다

문제 12 다음 글을 읽고, 뒤에 나오는 질문에 대한 답으로 가장 적당한 것을 1 · 2 · 3 · 4에서 하나 고르세요.

자동차 운전을 자동으로 제어하는 기술의 개발이 발전하고 있다. 고령운전자의 사고 증가가 우려되는 가운데, '사고경감'과 '고령자 이동수단의 확보'를 양립시키기 위해, 브레이크와 엑셀, 핸들 조작에 소프트웨어가 관여하는 '자동주행' 기술에 대한 기대는 높다.

그러나 많은 사람들이 그 기술을 정확하게 이미지할 수 있는가 하면, 상당히 불안한 수준이다. 용어와 호칭의 정의가 불명확하며, 통일되어 있지 않기 때문이다.

우선, 나는 '자동주행'이라고 기술하였으나, 이는 '자동운전', '자립주행'이라고 표기되는 경우도 많다. 거의 같은 의미로 쓰이고는 있으나, 단어에서 받는 이미지는 미묘하게 다르다.

원래 자동주행(혹은 자동운전 등)이란 어느 정도의 레벨이며, 무엇이 어떻게 '자동'인지도, 정확하게 이해하기란 어렵다.

자동주행기술은 제어할 수 있는 내용으로, 단계별로 나뉘어 있으나, 인간이 전혀 관여하지 않고 달리는 '완전자동주행'은 '레벨5'라고 부르거나, '레벨4'라고 불렸다. 기준이 복수 있었기 때문이었다.

어쨌든 현재 상황은 아직 '완전자동' 레벨에 도달하지는 못했으며, 현재 '자동주행'이란, 어디까지나 운전자를 보조 · 지원하는 기능에 불과하다. 완전자동주행의 실현을 위한 중간 단계이다.

'자동 브레이크'에 관해서도 오해가 많다. 일본 자동차연맹의 조사에 의하면, 대부분의 사람은 자동 브레이크를 '알고 있다'고 하면서도, 내용을 물어보면 '사람이 브레이크 조작을 안 해도 장애물 앞에서 정지하는 기능'이라고 과대평가하고 있는 사람이 적지 않다.

하지만, '자동 브레이크'라고 통칭되고 있는 것은 정확히 말하면 '충돌피해경감 제동제어장치'이다. 반드시 충돌을 회피할 수 있는 것이 아니라, 피해의 경감에 그친다는 사실이 소비자에게 충분히 인식되지 못하고 있다.

자동주행기술이 생활을 편리하게 하고, 안전성을 향상시킬 것은 틀림없다. 그러나 현시점에서 장치를 과신하면, 운전자가 브레이크를 밟지 않아 사고에 이르는 케이스가 속출할 수도 있다.

소비자의 이해를 촉진함에 있어서, '알기 쉽게 함'은 불가결하다. 자동주행기술의 현재 상황을 정확 · 간결하게 인식할 수 있는 호칭을 검토하고, 통일해야 한다.

'가능한 것'과 '불가능한 것'도 소비자에게 분명히 제시할 필요가 있다. 특히 고령소비자에게는 자동주행기술을 탑재한 자동차와 종래의 자동차의 공통점과 다른 점을 세심하게 제시하며, 과대한 기대를 품지 않도록 꼼꼼한 설명이 필요할 것이다.

(중략)

자동차 주행기술을 발전시키고 실용화하려면, 사고발생 시의 책임을 명확하게 하기 위한 법정비 등 난제도 많다.

그러한 논의에 소비자 자신이 참가하기 위해서도, 용어를 통일하여 정의를 명확하게 하는 것은 중요하다.

62 글 안에서 필자가 논하고 있는 현재 상황의 자동차의 '자동주행'의 의미는 어느 것인가?

1 인간에 의한 조작의 보조 · 지원을 하는 기능으로, 주행만 완전 자동이다.
2 인간에 의한 조작이 없어도 움직이는 것인데, 이미 완전한 것이 되었다.
3 인간에 의한 조작의 보조 · 지원을 하는 기능으로, 완전한 것은 아니다.
4 인간에 의한 조작이 없어도 움직이는 것인데, 거의 완전한 것이다.

해설 「いずれにせよ、現状ではまだ「完全自動」のレベルに達してはおらず、今のところ「自動走行」とは、あくまで運転する人を補助・支援する機能」에 불과하다며, 필자는 자동주행에 대해 크게 기대하지 말라고 했다.

63 필자는 통칭 '자동 브레이크'란 어떤 것이라고 논하고 있는가?

1 장애물 앞에서 반드시 멈춰 주는 안전장치이다.
2 자동으로 멈추는 장치이지만, 사람의 조작도 적당히 필요하다.
3 주변 장애물과 충돌했을 시, 그 피해를 경감해 주는 것이다.
4 사람의 시야로는 확인이 곤란한 장애물만을 회피하는 것이다.

해설 '자동 브레이크'에 대한 오해도 많다고 했다. 자동 브레이크란, 정확히 말하면 「衝突被害軽減制動制御装置」이며, 아직까지는 「被害の軽減」에 그치는 수준이라고 했다.

64 이 글에서 필자가 주장하고 있는 것은 무엇인가?

1 자동주행에 관한 용어와 정의의 차이는 사고의 원인이 되므로 즉시 통일해야 한다.
2 자동주행에 대한 소비자의 이해를 촉진하기 위해 법정비를 서둘러야 한다.
3 사고의 경감과 고령자의 이동수단으로써 자동주행을 완벽하게 해야 한다.
4 소비자는 '자동주행기술'에 관해 과도한 기대를 하는 것은 위험하다.

해설 「しかし現時点で装置を過信すると、運転者がブレーキを踏まずに事故に至るケースが続発しかねない。… 過大な期待を抱かないような入念な説明」를 할 필요가 있다고 했다. 즉, 자동주행차에 대한 지나친 환상을 경계하면서, 자동주행차를 너무 과신하거나 기대하지 말라고 했다. 1번의 자동주행의 용어나 정의가 달라서 사고가 발생하는 것은 아니라는 것에 주의하자.

어휘 制御 제어 | 懸念する 우려하다, 걱정하다 | 軽減 경감 | 手段 수단 | 確保 확보 | 両立する 양립하다, 두 가지를 다 하다 | 操作 조작 | 呼称 호칭 | 記す 쓰다, 기술하다 | 微妙に 미묘하게 | 段階分け 단계별, 단계 나누기 | いずれにせよ 어쨌든, 하여튼 | 現状 현재 상황 | ～てはおらず ~하고 있지 않으며(부정나열) | あくまで 어디까지나 | 補助 보조 | ～にむけた ~를 위한 | 連盟 연맹 | 障害物 장애물 | 過大評価 과대평가 | 通称 통칭 | 衝突 충돌 | 制動 제동 | 必ずしも 반드시 | 装置 장치 | 過信 과신 | 続発 속발, 속출 | ～かねない ~할지도 모른다, 할 수 있다 | 促進 촉진 | 不可欠 불가결 | 簡潔に 간결하게 | 搭載 탑재 | 丁寧に 세심하게, 세세하게 | 過大な 과대한 | 入念な 정성들인, 꼼꼼한 | 軽減 줄여서 가볍게 함

문제 13 **오른쪽 페이지는 어느 회사의 비지니스 문서이다. 아래의 질문에 대한 대답으로 가장 적당한 것을 1 · 2 · 3 · 4에서 하나 고르세요.**

[65] 이 문서를 받은 회사는 이후 어떻게 할까?

1 결함이 있던 기구는 처분하고 대체품을 시용한다.
2 대체품을 확인 후, 전에 쓰던 기구를 공장에 반송한다.
3 운송료 부담해서 전에 쓰던 기구를 고객센터에 반송한다.
4 결함이 있던 기구를 대체상품과 비교한다.

해설 체육관에서 사용 중이던 운동기구가 고장이 났는데, 마침 재고가 모두 소진되어 같은 모델 상품을 보내줄 수 없어, 대신 신모델을 보내 준다는 내용이다. 그리고 신모델이 도착하면 잘 검토해 보고 신모델 상품 사용 여부를 결정해 달라고 하며, 사용이 결정되면 신모델 상품 보낼 때 사용한 포장재를 재사용해 원래 사용하던 상품을 착불로 미우라공장으로 반송해 달라고 하였다. 「代替品送付(だいたいひんそうふ)の包材(ほうざい)をご利用(りよう)いただき、～ご返送(へんそう)くださいますようお願(ねが)いいたします」라는 문장이 키워드로, 결함이 있는 가구를 처분하는 것이 아님에 주의한다.

[66] 이 문서의 내용과 맞는 것은 어느 것인가?

1 신제품을 선전하는 것이 주목적이다.
2 신제품 안내와 애용에 대한 감사이다.
3 결합이 있던 기구는 제조 중지이다.
4 클레임에 대한 사과편지이다.

해설 미야비스포츠클럽에서 구입한 운동기구가 고장이 났고, 그에 대한 조치로 신모델 상품을 보내 준다는 내용인데, 전체 내용은 구입해 간 운동기구가 고장 난 것에 대한 사과편지이다. 또한 결함이 있었던 기구는 재고가 없다고 했지 제조를 중지하고 있다는 내용은 없다.

(주)MIYABI스포츠 클럽
구매부 사토 히로시 님

(주) 일본건강기구 크리에이트
고객상담센터 가와시마 쓰토무

삼가 아뢰옵니다.
평소부터 저희 회사 헬스기기를 애용해 주셔서 깊이 감사드립니다.
그런데, 이번에 '룸 워크50'을 사용하시는데, 큰 불쾌감을 끼쳐드려 진심으로 사과드리겠습니다.

면목 없습니다만, '룸 워크50' 모델은 재고가 떨어진 상태여서, 대체상품으로 신모델 '룸 워크55'를 보내드릴테니, 잘 검토해 보시고 수취하시기를 부탁드립니다.

이 상품은 종래 상품보다 0.5kg 경량이며, 조립도 간단합니다. 그리고 바닥보호 매트가 달려 있습니다. 꼭 귀 스포츠클럽에서 시용해 보신 후, 나중에 사용 소감을 들려주시면 감사하겠습니다.

그리고 번거롭게 해드려 죄송합니다만, 대체상품송부 포장재를 이용하셔서, 갖고 계신 상품을 착불로 저희 센터 미우라공장 이다 겐지 앞(명함 동봉)으로 반송해 주시기를 부탁드립니다.

보내 주신 상품을 상세히 조사하고, 원인 규명에 임하여, 앞으로의 상품 개발 · 제조 · 판매에 활용할 생각입니다.

또한 저희들은 이번 지적을 고객님으로부터의 귀중한 말씀으로 진지하게 받아들여, 앞으로도 제조상의 품질 관리는 물론, 유통단계에 있어서도 더욱 유의하며, 고객님께 보다 좋은 상품을 제공할 수 있도록 노력해 가겠습니다.

앞으로도 부디, 저희 회사 상품을 애용해 주시기를 부탁드리겠습니다.

이만 실례하겠습니다.

어휘 拝復(はいふく) 편지(답장) 앞머리에 쓰는 인사말, 삼가 아뢰옵니다 | 弊社(へいしゃ) 폐사, 저희 회사 | 詫(わ)びる 사죄하다 | 在庫切(ざいこき)れ 재고 떨어짐 | 代替(だいたい)の商品(しょうひん) 대체 상품 | ご査収(さしゅう) 잘 조사한 후에 수취하는 것 | 床保護(ゆかほご)マット 바닥보호 매트 | 試用(しよう) 시용, 테스트해 보는 것 | 手数(てすう)をかける 귀찮게 하다, 폐를 끼치다 | 包材(ほうざい) 포장재 | 受取人払(うけとりにんばら)い 착불 | ~宛(あて) ~앞 | 究明(きゅうめい) 규명 | 所存(しょぞん) 생각 | 真摯(しんし)に 진지하게 | 受(う)けとめる 받아들이다 | 何卒(なにとぞ) 부디, 아무쪼록 | 愛顧(あいこ) 특별히 돌봐줌, 아끼고 사랑함 | 賜(たまわ)る 주시다, 받다 | 敬具(けいぐ) 편지 끝에 쓰는 마무리 인사말

2교시 청해 

문제 1 **문제1에서는 먼저 질문을 들으세요. 그리고 이야기를 듣고 문제용지의 1~4 중에서 가장 적당한 것을 하나 고르세요.**

例 Track 2-1-00

男の人と女の人が話しています。二人はどこで何時に待ち合わせますか。

男：あした、映画でも行こうか。

女：うん、いいわね。何見る？

男：先週から始まった「星のかなた」はどう？面白そうだよ。

女：あ、それね。私も見たいと思ったわ。で、何時のにする？

男：ちょっと待って、今スマホで調べてみるから… えとね… 5時50分と8時10分。

女：8時10分は遅すぎるからやめようね。

男：うん、そうだね。で、待ち合わせはどこにする？ 駅前でいい？

女：駅前はいつも人がいっぱいでわかりにくいよ。映画館の前にしない？

男：でも映画館の前は、道も狭いし車の往来が多くて危ないよ。

女：わかったわ。駅前ね。

男：よし、じゃ、5時半ぐらいでいい？

女：いや、あの映画今すごい人気だから、早く行かなくちゃいい席とれないよ。始まる1時間前にしようよ。

男：うん、わかった。じゃ、そういうことで。

二人はどこで何時に待ち合わせますか。

1 駅前で4時50分に
2 駅前で5時半に
3 映画館の前で4時50分に
4 映画館の前で5時半に

예

남자와 여자가 이야기하고 있습니다. 두 사람은 어디에서 몇 시에 만납니까?

남 : 내일 영화라도 보러 갈까?

여 : 응, 좋아. 뭐 볼까?

남 : 지난 주에 시작한 '별의 저편'은 어때? 재미있을 것 같아.

여 : 아, 그거. 나도 보고 싶었어. 그럼, 몇 시 걸로 할까?

남 : 잠깐만, 지금 스마트폰으로 알아볼 테니까… 음… 5시 50분하고 8시 10분.

여 : 8시 10분은 너무 늦으니까 보지 말자.

남 : 응, 그러네. 그럼, 어디서 만날까? 역 앞에서 만날까?

여 : 역 앞은 항상 사람들이 많아서 찾기 힘들어. 영화관 앞에서 만날까?

남 : 근데 영화관 앞은 길도 좁고 차도 많이 다녀서 위험해.

여 : 알았어. 역 앞으로 해.

남 : 좋아, 그럼 5시 반쯤에 만날까?

여 : 아니, 그 영화 지금 엄청 인기라서, 빨리 가지 않으면 좋은 자리 못 잡아. 시작하기 1시간 전에 만나자.

남 : 그래, 알았어. 그럼 그렇게 하자.

두 사람은 어디에서 몇 시에 만납니까?

1 역 앞에서 4시 50분에
2 역 앞에서 5시 반에
3 영화관 앞에서 4시 50분에
4 영화관 앞에서 5시 반에

1番 🎧 Track 2-1-01

{おとこ}男の{ひと}人と_{おんな}女の_{ひと}人が_{でんわ}電話で_{はな}話しています。_{おとこ}男の_{ひと}人はこれから_{なに}何をしますか。

女：はい、パイロットコーヒー、お_{きゃくさま}客様センターです。

男：すみません。_{せんしゅう}先週そちらで_{こうにゅう}購入したコーヒーメーカーなんですが、スイッチを_お押しても_{ぜんぜんうご}全然動かないんです。

女：コーヒーメーカーですか。どちらの_{せいひん}製品でしょうか。

男：ゴッチアのです。

女：_{なんかい}何回かご_{しよう}使用になりましたか。

男：はい、_{きょう}今日の_{あさ}朝までは_{ふつう}普通に_{うご}動いていたんですが、_{きゅう}急に_{うご}動かなくなって。

女：_{なに}何か、_{あさ}朝と_か変わったことはありますか。

男：えーと。あ、コーヒー_{まめ}豆を_か変えました。_{あつ}暑くなってきたので、アイスコーヒーに_あ合うコーヒー_{まめ}豆にしたんです。でも、_{まめ}豆を_か変えただけで、_{あと}後は_{なに}何もしていないんですが…。

女：そうですか。このメーカーの_{せいひん}製品は、コーヒー_{まめ}豆によって_{まめ}豆の_{かた}ひき_{かた}方を_か変える_{きのう}機能があるんですが、その_{ぶぶん}部分の_{ふぐあい}不具合かもしれません。_{おそ}恐れ_い入りますが、これまでお_{つか}使いのコーヒー_{まめ}豆で_{いちど}一度お_{ため}試しいただけないでしょうか。それで_{うご}動けば、その_{かのうせい}可能性が_{たか}高いと_{おも}思われます。その_{ばあい}場合は、コーヒー_{まめ}豆を_{けず}削る_{ぶぶん}部分の_か代わりの_{ぶひん}部品を_{おく}お送りします。それでも、_{うご}動かないようであれば、こちらで_{げんいん}原因を_{しら}調べて_{しゅうり}修理します。その_{ばあい}場合は_{もう}申し_{わけ}訳ありませんが、お_か買い_あ上げいただいた_{しょうひん}商品をサービスセンターまでお_も持ちいただくか、お_{おく}送りいただければと思います。

男：_わ分かりました。ちょっとやってみて、また_{れんらく}連絡します。

女：お_{てすう}手数をおかけしますが、よろしくお_{ねが}願いいたします。

1번

남자와 여자가 전화로 이야기하고 있습니다. 남자는 이제부터 무엇을 합니까?

여 : 네, 파일럿 커피, 고객센터입니다.

남 : 실례합니다. 지난주에 그쪽에서 구입한 커피메이커말인데요, 스위치를 눌러도 전혀 작동이 되질 않아요.

여 : 커피메이커말입니까? 어떤 제품 말씀이신가요?

남 : 고치아 겁니다.

여 : 몇 번인가 사용하셨나요?

남 : 네, 오늘 아침까지는 정상적으로 움직였는데, 갑자기 작동이 안 돼요.

여 : 뭔가, 아침과 달라진 것은 있습니까?

남 : 음…. 아, 원두를 바꿨어요. 날씨가 더워져서 아이스커피에 어울리는 원두로 했거든요. 근데 원두만 바꿨을 뿐, 나머지는 아무것도 하지 않았습니다만….

여 : 그렇습니까? 이 메이커의 제품은 원두에 따라서 콩 가는 법을 바꾸는 기능이 있습니다만, 그 부분의 오류일 수도 있습니다. 죄송합니다만, 지금까지 사용하시던 원두로 한번 시도해 보실 수 없을까요? 그래서 작동하면 그 가능성이 높다고 생각됩니다. 그런 경우는 원두 깎는 부분의 대체 부품을 보내 드리겠습니다. 그래도 작동하지 않는 것 같으면, 저희가 원인을 조사하고 수리하겠습니다. 그 경우는 죄송합니다만, 구매하신 상품을 서비스센터로 가져오시거나, 보내 주시면 됩니다.

남 : 알겠습니다. 좀 해 보고 다시 연락 드릴게요.

여 : 번거로우시겠지만, 잘 부탁드립니다.

男の人はこれから何をしますか。

1 製品をサービスセンターに持って行く
2 もう一度コーヒーを入れてみる
3 新しい部品を送ってもらう
4 再度電話して修理をお願いする

남자는 이제부터 무엇을 합니까?

1 제품을 서비스 센터로 가져간다
2 다시 한 번 커피를 내려 본다
3 새 부품을 배송 받는다
4 다시 전화해서 수리를 부탁한다

해설 주의할 점은 먼저 지금까지 사용하던 원두를 넣어서 작동이 되면, 원두를 바꿔서 생기는 문제일 가능성이 높다고 했으니, 그걸 먼저 시험해 봐야 한다. 정답은 2번이다.

어휘 コーヒー豆 원두 | ひく (콩 등을)갈다 | 不具合 상태가 안 좋음, 결함 | 恐れ入ります 죄송합니다, 송구합니다 | 削る 깎다, 삭감하다 | 手数をかける 수고를 끼치다

2番 Track 2-1-02

子供の成績不振について話しています。女の人はこれからどうしますか。

女：うちの子の成績が上がらなくて、本当に心配です。もうじき高校生になるのにいったいどうしたらいいでしょうか。
男：学生の成績不振にはいろいろ原因がありますが。どんな子ですか。
女：やる気はまあまああるみたいですが、能力の問題なのか、家庭学習が不足しているのか、もう分かりません。友だちに学習塾を勧められたのですが、やっぱり通わせた方がいいでしょうか。
男：中学生や高校生というのは、どんなに成績が優秀な子でも、それほど家庭学習はしていません。あと、学習塾の問題はそう簡単に決めるものではありませんね。本人の意志にも関わるので。
女：子供が家で勉強するのは、当たり前ですよ。むしろ学校に宿題の量を増やしてほしいです。
男：勉強のやり方が悪いまま、勉強量だけ増やすのは根本的な解決策ではありません。今日からでも子供の勉強のやり方に興味を持って、効率はいいのか、宿題は作業化されてないのか、よく確認してください。
女：宿題の作業化って何ですか。

2번

자녀의 성적 부진에 관해 이야기하고 있습니다. 여자는 앞으로 어떻게 합니까?

여 : 우리 아이 성적이 안 올라서 정말 걱정돼요. 이제 곧 고등학생이 되는데 도대체 어쩌면 좋을까요?
남 : 학생 성적 부진에는 여러 원인이 있습니다만, 어떤 아이입니까?
여 : 의욕은 그럭저럭 있는 것 같습니다만, 능력 문제인지, 가정학습이 부족한 건지, 이제 모르겠습니다. 친구에게 보습학원을 권유받았습니다만, 역시 보내는 게 좋을까요?
남 : 중학생이나 고등학생들은 아무리 성적이 우수한 아이라 해도 그다지 가정학습은 하지 않습니다. 그리고 보습학원 문제는 그렇게 간단히 정할 것이 아닙니다. 본인 의지와도 관계가 있으니.
여 : 아이가 집에서 공부하는 것은 당연합니다. 오히려 학교가 숙제량을 늘려줬으면 해요.
남 : 공부하는 방식이 나쁜 채, 학습량만 늘리는 것은 근본적인 해결책이 아닙니다. 오늘부터라도 아이 공부 방식에 흥미를 갖고, 효율적인지, 숙제는 작업화되어 있지 않은지 잘 확인해 주세요.
여 : 숙제의 작업화라는 게 무슨 뜻이지요?

男：たとえばたくさん書かないと覚えられないとか、勉強する時間は長かったのに、頭に入っていないとかの意味です。一生懸命勉強するのが、単なる作業にならないように、親がそばでチェックしなきゃいけないんですね。

女：はい、分かりました。

女の人はこれからどうしますか。

1 子供のモチベーションをあげるために工夫する
2 成績不振の根本的な理由を取り除くために、子供を見張る
3 何かを覚えるために書くという行動だけを繰り返さないように、注意を注ぐ
4 勉強の内容を頭に入れる訓練をする

남：예를 들면, 많이 쓰지 않으면 외우지 못한다든가, 학습시간은 긴데, 머릿속에 들어가지 않았다든가 하는 의미입니다. 열심히 공부하는 것이 단순한 작업이 되지 않도록 부모가 곁에서 체크해야만 합니다.

여：네, 알겠습니다.

여자는 앞으로 어떻게 합니까?

1 아이의 동기를 올리기 위해 궁리한다
2 성적 부진의 근본적인 이유를 제거하기 위해, 아이를 감시한다
3 무언가를 위우기 위해 쓰는 행동만을 반복하지 않도록 주의를 기울인다
4 공부 내용을 머리에 넣는 훈련을 한다

해설 전문가의 조언에 따르면 숙제의 작업화가 되지 않도록 옆에서 체크해야 한다고 했으므로, 여자는 숙제의 작업화의 한 예인 아이가 무언가를 외우기 위해 쓰는 행동만을 반복하지 않도록 주의를 기울인다.

어휘 成績不振 성적 부진 | もうじき 곧, 머지않아 | 意志 의지 | 根本的 근본적 | 解決策 해결책 | 効率 효율 | モチベーション 동기, 무언가를 할 의욕 | 取り除く 제거하다, 없애다 | 見張る 눈을 부릅뜨다, 감시하다 | 繰り返す 반복하다 | 注意を注ぐ 주의를 기울이다

3番 Track 2-1-03

男の人がケータイでのインストールの手順について質問しています。男の人はこの後、どうしますか。

男：あの～、すみません。ウイルスモバイルのインストール手順を教えてもらえますか。

女：はい、かしこまりました。インストールの前にウイルスモバイルの動作環境を確認していただけますか。Android端末なら、仕様により、インストールにはSDカードが必要な場合があります。

男：あ、それ、確認したんですが、自分の端末はSDカードが要りません。

3번

남자가 휴대전화에서의 인스톨 절차에 관해 질문하고 있습니다. 남자는 이후 어떻게 합니까?

남：저~, 실례합니다. 바이러스모바일 인스톨 절차를 알려주시겠어요?

여：네, 알겠습니다. 인스톨 전에 바이러스모바일 동작환경을 확인해 주시겠어요? 안드로이드 단말이라면, 사양에 따라 인스톨하는데 SD카드가 필요한 경우가 있습니다.

남：아, 그거 확인했는데요, 제 단말기는 SD카드가 필요 없습니다.

女：そうですか。それでは、ウイルスモバイルのカードを購入された方だったら、こちらのURLに入っていただくと、画面の赤いところをクリックするだけでダウンロードとインストールができます。

男：写真が出ているから、分かりやすいですね。あ、ちょっと待ってください。インストールされないんですが。「インストールがブロックされました。」というエラーメッセージがありますが。

女：その場合は、[設定]に入って、[提供元不明のアプリ]の項目に、チェックを入れてください。それからもう一度ダウンロードし直して下さい。

男：それでもインストールができません。

女：あ、そうですか。失礼ですが、ウイルスモバイルのカードはどちらで購入なさいましたか。

男：家の近くの家電量販店ですが。

女：家電量販店でカードをご購入の場合は下段の青いところをクリックし、アクティベーションキーを取得する必要があります。

男：なんか、とても複雑ですね。わかりました。

男の人はこの後、どうしますか。

1 アクティベーションキーを生成しなければなりません
2 アクティベーションキーを習得しなければなりません
3 家電量販店に行って、アクティベーションキーを確認しなければなりません
4 家電量販店に行って、アクティベーションキーを設定しなければなりません

여 : 그렇습니까? 그럼, 바이러스모바일 카드를 구입하신 분이라면, 이쪽 URL에 들어가시면, 화면의 빨간 부분을 클릭하는 것만으로 다운로드와 인스톨이 가능합니다.

남 : 사진이 나와 있어서 이해하기 쉽군요. 아, 잠깐만 기다려 주세요. 인스톨이 안 돼요. '인스톨이 차단되었습니다.'라는 에러 메시지가 있습니다만.

여 : 그럴 경우에는 [설정]에 들어가서, [제공처 불명 앱] 항목에 체크해 주세요. 그러고 나서 다시 한번 다운로드해 주세요.

남 : 그래도 인스톨이 안 되는데요.

여 : 아, 그래요? 실례지만, 바이러스모바일 카드는 어디에서 구입하셨어요?

남 : 집 근처 가전양판점입니다만.

여 : 가전양판점에서 카드를 구입하신 경우에는 하단의 파란 부분을 클릭하고, 시리얼넘버를 취득할 필요가 있습니다.

남 : 왠지 너무 복잡하네요. 알겠습니다.

남자는 이후 어떻게 합니까?

1 시리얼넘버를 생성해야만 합니다
2 시리얼넘버를 습득해야만 합니다
3 가전양판점에 가서, 시리얼넘버를 확인해야만 합니다
4 가전양판점에 가서, 시리얼넘버를 설정해야만 합니다

해설 처음엔 간단히 인스톨할 수 있을 것 같았지만, SD카드 구입처가 다른 이유로 시리얼넘버를 먼저 취득하라고 했으므로, 시리얼 넘버를 생성해야 한다고 한 1번이 정답이다.

어휘 手順 수순 | 端末 단말 | アクティベーションキー 시리얼넘버 | 取得 취득 | 習得 습득

4番 Track 2-1-04

女の人が、家事代行の女性に、自分の留守中にやるべきことを指示しています。家事代行の女の人は、この後、まず最初に何をしますか。

女1：お米は炊いておいたので、お昼になったら、このマグロの煮つけを温めて、おばあちゃんに食べさせてあげてください。食後は、ようかんが冷えているから、それを切って、デザートに出してあげてくださいね。

女2：はい、承知しました。

女1：あと、お水は、飲みたくないと言っても、何度でも勧めてあげてくださいね。年を取ると、のどが渇いていても、自分では分からないようだから。

女2：はい、体に水分が足りてないと大変なことになりますよね。

女1：じゃ、私が出かけたら、忘れずに食前の薬を飲ませてあげてください。それからお昼の支度を始めてくだされぱいいので。

女2：はい、分かりました。

女1：じゃ、行ってきますね。あ、そうそう、夕方の５時には、洗濯物を取り込んでくださいね。そのぐらいには、私も戻ると思いますけど。

女2：はい、承知しました。いってらっしゃいませ。

家事代行の女の人は、この後、まず最初に何をしますか。

1　マグロの煮つけを温める
2　ようかんを切ってデザートに出す
3　おばあちゃんに薬を飲ませる
4　洗濯物を取り込む

4번

여자가 가사 대행 여성에게 자신이 집에 없는 동안 해야 할 일을 지시하고 있습니다. 가사 대행 여자는 이후에 제일 먼저 무엇을 합니까?

여1 : 쌀은 지어 놨기 때문에 점심이 되면 이 참치조림을 데우고, 할머니께 드시게 해 주세요. 식후에는 양갱이 식어 있으니, 그것을 잘라서 디저트로 내 주세요.

여2 : 네, 알겠습니다.

여1 : 그리고 물은 마시고 싶지 않다고 해도, 몇 번이라도 권해 주세요. 나이가 들면 목이 말라도 스스로는 모르는 것 같으니까.

여2 : 네, 몸에 수분이 부족하면 큰일 나죠.

여1 : 그럼, 제가 나가면 잊지 말고 식전 약을 드시게 해 주세요. 그러고 나서 점심 준비를 시작해 주시면 되니까요.

여2 : 네, 알겠습니다.

여1 : 그럼, 다녀오겠습니다. 아, 맞다, 저녁 5시에는 세탁물을 걷어 주세요. 그 정도면 저도 집에 돌아올 거라고 생각합니다만.

여2 : 네, 알겠습니다. 다녀오세요.

가사 대행 여자는 이후에 제일 먼저 무엇을 합니까?

1 참치조림을 데운다
2 양갱을 잘라서 디저트로 내놓는다
3 할머니에게 약을 드시게 한다
4 빨래를 걷는다

해설 여자가 나가면 가사 대행 여자는 할머니께 식전 약을 드리고, 점심 식사 준비를 하면 되니, 3번이 정답이다.

어휘 炊く (밥을)짓다 | 煮つけ 조림 | 取り込む ① 혼잡하다 ② 거두어들이다

5番 Track 2-1-05

温泉旅行のクーポンについて話しています。男の人が払う金額や特典は何ですか。

男：25日にそちらの温泉に行くんですが、この前もらった黄色いクーポン使えますか。

女：はい、締切を過ぎていなければかまいません。そのクーポンは平日や休日は30%、土曜日は20%割引ですが、25日なら祝前日になりますね。

男：大人一人当たり1泊でいくらですか。

女：クーポンを使った金額で20,000円になっておりますが、これには1泊2食、税金やサービス料も含まれています。何名様ですか。

男：大人二人と、子供一人です。

女：小人の料金は小学生までが10,000円、中学生や高校生は15,000円になっております。

男：じゃ、うちの子供はまだ5歳だから。あ、忘れてた。その日は姉の家族も一緒だから、いや~、これ相当の金額だな。

女：あ、大人が4人以上集まれば、カラオケを1時間無料で使えて、5人以上集まれば、高級イタリア産のワイン一本も差し上げています。それでは、大人4名様、小人2名様でよろしいですか。

男：はい、お願いします。姉のところの息子は高校生だから総金額はこれですね。

男の人が払う金額や特典は何ですか。

1 全部で110,000円払って、高級ワインをもらえる
2 全部で115,000円払って、カラオケを1時間ただで使える
3 全部で100,000円払って、カラオケでワインが飲める
4 全部で105,000円払って、一日2食ついている

5번

온천여행 쿠폰에 관해 이야기하고 있습니다. 남자가 지불할 금액과 특전은 무엇입니까?

남 : 25일에 그쪽 온천에 가려고 하는데요, 얼마 전에 받은 노란 쿠폰 사용 가능한가요?

여 : 네, 마감이 지나지 않았으면 괜찮습니다. 그 쿠폰은 평일과 휴일은 30%, 토요일은 20% 할인입니다만, 25일이라면 공휴일 전날이 되는군요.

남 : 성인 한 사람당 1박에 얼마예요?

여 : 쿠폰을 사용한 금액으로 20,000엔입니다만, 여기에는 1박 2식, 세금과 서비스료도 포함되어 있습니다. 몇 분이세요?

남 : 어른 두 명과 어린이 한 명입니다.

여 : 어린이 요금은 초등학생까지가 10,000엔, 중학생과 고등학생은 15,000엔입니다.

남 : 그럼, 우리 아이는 아직 5살이니까. 아, 깜박했네. 그날은 누나네 가족도 함께 가니까, 야~, 이거 상당한 금액이 되겠는데.

여 : 아, 성인이 4명 이상 모이면, 노래방을 1시간 무료로 사용할 수 있고, 5명 이상 모이면 고급 이탈리아산 와인 1병도 드리고 있습니다. 그럼, 어른 네 분, 어린이 두 분이십니까?

남 : 네, 부탁드립니다. 누나네 쪽 아들은 고등학생이니까 총금액은 이거네요.

남자가 지불할 금액과 특전은 무엇입니까?

1 전부해서 110,000엔 지불하고, 고급 와인을 받을 수 있다
2 전부해서 115,000엔 지불하고, 노래방을 1시간 공짜로 사용할 수 있다
3 전부해서 100,000엔 지불하고, 노래방에서 와인을 마실 수 있다
4 전부해서 105,000엔 지불하고, 하루 2끼가 제공된다

해설 1박에 2식을 제공하는 온천여행이다. 성인이 총 4명이므로 80,000엔, 5살 어린이가 10,000엔, 고등학생이 15,000엔이므로 총 105,000엔이다. 성인이 4명 이상 모였으므로 노래방은 1시간 무료이나 고급와인은 받을 수 없다.

어휘 特典 특전 | 締切 마감, 마감 날짜 | 割引 할인 | 相当の 상당한 | 差し上げる 드리다, 바치다 (「与える」의 높임말)

문제 2 **문제2에서는 우선 질문을 들으세요. 그 다음 문제용지의 선택지를 읽으세요. 읽을 시간이 있습니다. 그리고 이야기를 듣고 문제지의 1~4 중에서 가장 적당한 것을 하나 고르세요.**

例 Track 2-2-00

男の人と女の人が話しています。男の人の意見として正しいのはどれですか。

女：昨日のニュース見た？

男：ううん、何かあったの？

女：先日、地方のある市議会の女性議員が、生後7か月の長男を連れて議場に来たらしいよ。

男：へえ、市議会に？

女：うん、それでね、他の議員らとちょっともめてて、一時騒ぎになったんだって。

男：あ、それでどうなったの？

女：うん、その結果、議会の開会を遅らせたとして、厳重注意処分を受けたんだって。ひどいと思わない？

男：厳重注意処分を？

女：うん、そうよ。最近、政府もマスコミも、女性が活躍するために、仕事と育児を両立できる環境を作るとか言ってるのにね。

男：まあ、でも僕はちょっと違うと思うな。子連れ出勤が許容されるのは、他の従業員がみな同意している場合のみだと思うよ。最初からそういう方針で設立した会社で、また隔離された部署で、他の従業員もその方針に同意して入社していることが前提だと思う。

女：ふ～ん、… そう？

男：それに最も重要なのは、会社や同僚の負担を求めるより、父親に協力してもらうことが先だろう。

女：うん、そうかもしれないね。子供のことは全部母親に任せっきりっていうのも確かにおかしいわね。

男の人の意見として正しいのはどれですか。

1　子連れ出勤に賛成で、大いに勧めるべきだ
2　市議会に、子供を連れてきてはいけない
3　条件付きで、子連れ出勤に賛成している
4　子供の世話は、全部母親に任せるべきだ

예

남자와 여자가 이야기하고 있습니다. 남자의 의견으로 올바른 것은 어느 것입니까?

여 : 어제 뉴스 봤어?

남 : 아니, 무슨 일 있었어?

여 : 며칠 전, 지방의 어느 시의회 여성 의원이 생후 7개월 된 장남을 데리고 의회장에 왔나 봐.

남 : 에~, 시의회에?

여 : 응, 그래서 다른 의원들하고 좀 마찰을 빚는 바람에, 한때 소동이 벌어졌대.

남 : 아, 그래서 어떻게 됐어?

여 : 응, 그 결과 의회 개회가 늦어져서, 엄중주의처분을 받았대. 좀 심하지 않아?

남 : 엄중주의처분을?

여 : 응, 그래. 요즘 정부도 매스컴도 여성이 활약하기 위해서 일과 육아를 양립할 수 있는 환경을 만들겠다고 말했으면서 말이야.

남 : 글쎄, 하지만 난 좀 아니라고 봐. 아이를 데리고 출근하는 게 허용되는 것은 다른 종업원이 모두 동의했을 경우만이라고 생각해. 처음부터 그런 방침으로 설립한 회사에서, 또 격리된 부서에서 다른 종업원도 그 방침에 동의하고 입사한 것이 전제라고 생각해.

여 : 흠~, …그래?

남 : 게다가 가장 중요한 것은 회사나 동료의 부담을 요구하기보다, 아이 아빠가 협력하는 것이 먼저겠지.

여 : 응, 그럴지도 모르겠네. 자녀 문제는 전부 엄마에게만 맡기기만 하는 것도 확실히 이상한 거야.

남자의 의견으로 올바른 것은 어느 것입니까?

1 아이 동반 출근에 찬성하며, 크게 권장해야 한다
2 시의회에 아이를 데리고 와서는 안 된다
3 조건부로 아이 동반 출근에 찬성하고 있다
4 자녀 돌보는 것은 전부 엄마에게 맡겨야 한다

1番 Track 2-2-01

父親と大学生の息子が話しています。お父さんのアドバイスは何ですか。

男1：お父さん、友だちってたくさんつくった方がいいのかな？

男2：え！ 突然どうしたの？

男1：ある本によるとね。学生時代の友人はずっと長く付き合えるから積極的に友だちづくりをした方がいいって。また、違う本によるとね、社会に出ると一人の時間が減るから、大学時代は友だちと付き合うより、一人の時間を大切にした方がいいって。

男2：そうだね。いろいろな考え方があるよね。正は、今大学の１年生だね。

男1：うん、お父さんはどう思う？

男2：そうだな。お父さんの時は、そういうことは考えなかったな。友達は意識してつくらなくても、自然にできるもんだと思う。それで、気の合う人とはずっと長く付き合えるし。

男1：そうだよね。僕はあんまり友だち付き合いがうまくないしな。

男2：でも、いろいろな人と出会えるチャンスは意識してつくった方がいいと思うよ。年を取ると出会いのチャンスが少なくなるからね。人との出会いが人生を決めるっていう場合が多いんだよ。でも、無理をすることはないよ。

男1：うん、わかった。

お父さんのアドバイスは何ですか。

1 若い時は、一人の時間を大切にした方がよい
2 若い時はいろいろな人に会った方がよい
3 学生時代の友だちは意識してつくった方がよい
4 学生時代に、一生の友だちを見つけた方がよい

1번

아버지와 대학생 아들이 이야기하고 있습니다. 아버지의 충고는 무엇입니까?

남1 : 아빠, 친구는 많이 만드는 게 좋은 걸까?

남2 : 뭐! 갑자기 무슨 말이니?

남1 : 어떤 책에 보면, 학창 시절 친구는 쭉 오랫동안 함께 할 수 있으니 적극적으로 친구 만들기를 하는게 좋대. 그리고 다른 책에 보면, 사회에 나가면 혼자만의 시간이 줄어드니, 대학시절엔 친구와 함께 하기보다 혼자만의 시간을 소중히 하는 게 좋대.

남2 : 글쎄다. 다양한 생각이 있겠지. 타다시는 지금 대학 1학년이지?

남1 : 응, 아빠는 어떻게 생각해?

남2 : 글쎄, 아빠 때는 그런 건 생각 안 해 봤어. 친구는 의식해서 만들지 않아도 자연스럽게 생기는 거라고 생각해. 그래서 마음이 맞는 친구와는 쭉 오랫동안 함께 할 수 있고.

남1 : 그러게. 나는 그다지 친구를 잘 사귀는 편도 아니고.

남2 : 하지만, 다양한 사람과 만날 수 있는 기회는 의식해서 만드는 편이 좋다고 생각해. 나이 먹으면 만날 기회가 적어지거든. 다른 사람과의 만남이 인생을 결정하는 경우도 많단다. 그렇다고 억지로 만날 필요는 없어.

남1 : 응, 알았어.

아버지의 충고는 무엇입니까?

1 젊었을 때는 혼자만의 시간을 소중히 하는 게 좋다
2 젊었을 때는 다양한 사람과 만나는 게 좋다
3 학창 시절의 친구는 의식하여 만드는 게 좋다
4 학창 시절에 평생 함께할 친구를 찾아내는 게 좋다

해설 젊었을 때 여러 사람과 만날 '기회'를 의식적으로 만들라고 했지 친구를 의식적으로 만들라는 것이 아니다. 앞의 대화에서도 친구는 의식적으로 만들지 않아도 자연스럽게 생긴다고 했다.

어휘 意識 의식 | 出会い 만남

2番 Track 2-2-02

女の人が美容室に電話をしています。女の人はどうして男の美容師さんを選びましたか。

男：はい、K美容室、新井が承ります。

女：あのう。予約をしたいのですが。こちらの美容室は初めてです。

男：はい、新規のお客様ですね。ありがとうございます。メニューはどうなさいますか。

女：はい、カラーとカットで。

男：本日のご予約でしょうか。

女：いいえ、明日の午後2時ごろがいいんですが。

男：はい、お取りできますが、美容師は女性と男性のどちらがよろしいでしょうか。

女：そうね。どちらでもいいけど、男性の方が技術が高い人が多いのかしら？

男：いいえ、そんなことはございません。当店のスタイリストの技術は両者とも保証できますので、ご安心ください。

女：そうですか。でも、男の人の方が女性をきれいにしてあげたいという気持ちが強いって聞くわね。

男：いいえ、女性も男性もお客様をきれいにして差し上げたいという気持ちは同じでございます。ただ、お客様によって異性の美容師は嫌だという方もいらっしゃるのでお聞きしました。

女：ああ、そういう人もいるわね。でも、私は今回は熱意のある男性でお願いします。

男：はい、かしこまりました。

女の人はどうして男の美容師さんを選びましたか。

1 男性の方がカット技術が勝っているから
2 女性よりも男性の方が優しい人が多いから
3 同性よりも異性の人の方が好きだから
4 女性を美しくしたいという熱意があるから

2번

여자가 미용실에 전화를 하고 있습니다. 여자는 왜 남자 미용사를 선택했습니까?

남 : 네, K미용실, 아라이입니다.

여 : 저기, 예약을 하고 싶은데요. 이 미용실은 처음이에요.

남 : 네, 신규 고객이시군요. 감사합니다. 메뉴는 어떻게 하시겠어요?

여 : 네, 염색하고 커트할게요.

남 : 오늘로 예약하시겠어요?

여 : 아니요, 내일 오후 2시쯤이 좋겠는데요.

남 : 네, 예약할 수 있습니다만, 미용사는 여성과 남성 어느 쪽이 좋으실까요?

여 : 흠, 어느 쪽이든 상관없는데, 남성 쪽에 기술이 좋은 사람이 많을까요?

남 : 아니에요, 그렇지 않습니다. 저희 가게 미용사들의 기술은 양쪽 모두 보증할 수 있으니 안심하셔도 됩니다.

여 : 그래요? 그래도 남자 쪽이 여성을 예쁘게 해 주고 싶어 하는 마음이 더 강하다고 들었어요.

남 : 아니에요, 여성도 남성도 고객을 아름답게 해 드리고 싶어 하는 마음은 똑같습니다. 다만, 고객에 따라 이성 미용사는 싫다는 분도 계시기 때문에 여쭤봤습니다.

여 : 아, 그런 사람도 있군요. 하지만 저는 이번에는 열의 있는 남성으로 부탁드려요.

남 : 네, 알겠습니다.

여자는 왜 남자 미용사를 선택했습니까?

1 남성 쪽이 커트 기술이 나으니까
2 여성보다도 남성 쪽에 자상한 사람이 많으니까
3 동성보다 이성을 좋아하니까
4 여성을 아름답게 만들어주고 싶은 열의가 있으니까

해설 여자는 남자에게, 즉 이성이 이성을 아름답게 만들어 주려는 의욕이 너 강하다고 생각하고 있다.

어휘 新規 신규 | 保証 보증 | 異性 이성 | 熱意 열의 | 勝る 낫다, 우수하다

3番 Track 2-2-03

テレビでアナウンサーが男の人にインタビューしています。男の人が医師になろうと思った一番のきっかけは何ですか。

女：今日は駿府総合病院整形外科の松平先生にお話を伺います。先生が医師になろうと思ったきっかけは何ですか。

男：はい、小学４年生の時、サッカーの試合で足首を骨折したんです。もう大好きなサッカーはできないんじゃないかと落ち込んだんですが、担当の先生が完璧に手術をしてくれて、また、サッカーができるようになったんです。後遺症もほとんど残らなくて。

女：そうだったんですか。では、その先生と出会ったことが？

男：はい、先生は、小学生の私を子ども扱いせず、ケガや手術のこと、手術後にどんなリハビリをすればいいのか、一から全部説明をしてくれて。先生の患者への接し方に何だか子どもながらにすごい感銘を受けて。それで、いつか自分もサッカーでケガした人に同じようにしてあげたいな、と。

女：そうですか。

男：医者になった今、私は患者に誠実に接するよう特に心がけています。まだまだですが、できる限り手術が終わった後のリハビリにも顔を出すようにしています。自分も経験しましたが、リハビリって案外つらいんですよ。だから、リハビリを一緒に楽しくやれるようにしているんです。

女：素敵ですね。

男の人が医師になろうと思った一番のきっかけは何ですか。

1　医師がリハビリを一緒に楽しくやってくれたこと
2　医師がケガや治療方についてしっかり説明してくれたこと
3　医師が完璧な手術でケガを治してくれたこと
4　医師が手術後のリハビリまで様子を見に来てくれたこと

3번

텔레비전에서 아나운서가 남자에게 인터뷰하고 있습니다. 남자가 의사가 되려고 생각한 가장 큰 계기는 무엇입니까?

여 : 오늘은 순뿌 종합병원 정형외과의 마쓰다이라 선생님께 이야기를 듣겠습니다. 선생님이 의사가 되려고 생각한 계기는 무엇입니까?

남 : 네, 초등학교 4학년 때 축구 시합에서 발목이 부러졌어요. 이제 너무 좋아하는 축구는 못 하는 것은 아닐까 해서, 풀이 죽어 있었습니다만, 담당 선생님이 완벽하게 수술을 해 주셔서 다시 축구를 할 수 있게 되었습니다. 후유증도 거의 안 남고.

여 : 그랬습니까? 그럼, 그 선생님과 만난 것이…? (의사가 되려고 생각한 계기인가요?)

남 : 네, 선생님은 초등학생인 저를 아이 취급하지 않고, 부상이나 수술에 대해서, 수술 후에 어떤 재활 치료를 하면 좋을지, 하나부터 전부 설명을 해 주시고. 선생님의 환자를 대하는 방식에 왠지 아이면서 엄청난 감명을 받아서. 그래서 언젠가 나도 축구로 다친 사람한테 똑같이 해주고 싶다, 라고.

여 : 그렇습니까?

남 : 의사가 된 지금, 저는 환자를 성실하게 대하려고 특히 유의하고 있습니다. 아직도 멀었지만, 가능한 한 수술이 끝난 후 재활 치료에도 얼굴을 내밀도록 하고 있습니다. 저도 경험을 해 봤지만, 재활 치료라는 게 의외로 힘들어요. 그래서 재활 치료를 같이 재미있게 할 수 있도록 하고 있습니다.

여 : 멋지네요.

남자가 의사가 되려고 생각한 가장 큰 계기는 무엇입니까?

1 의사가 재활 치료를 함께 즐겁게 해 준 것
2 의사가 부상이나 치료 방법에 대해 확실하게 설명해 준 것
3 의사가 완벽한 수술로 부상을 고쳐준 것
4 의사가 수술 후 재활 치료까지 상황을 보러 와 준 것

해설 남자가 초등학생 때 부상으로 만난 의사가 부상이나 수술에 대해서, 수술 후에 어떤 재활 치료를 하면 좋을지, 하나부터 전부 설명을 해 주어, 그에 대한 감명을 받은 것이 의사가 된 계기이므로, 2번이 정답이다.

어휘 **整形外科** 정형외과 | **足首** 발목 | **骨折** 골절 | **後遺症** 후유증 | **リハビリ**「リハビリテーション」의 준말, 재활 치료 | **接する** 접하다 | **동사ます형/명사+ながらに** ~인 상태 그대로 | **感銘** 감명 | **心がける** 유념하다, 주의하다 | **顔を出す** 모습을 나타내다, 얼굴을 보이다 | **しっかり** 제대로, 확실히

4番 Track 2-2-04

ホテルの会議室で男の人と女の人が話しています。男の人はアイデアの何が良いと言っていますか。

男：今日は、何かいいアイデアがおありだということで楽しみにしていました。

女：はい、５月のアフタヌーンティーのご提案なのですが。新茶の季節ですし、日本茶を使ってみたらいかがかと思いまして。

男：ほお、紅茶の代わりに日本茶を使うんですね。そうすると、サンドイッチもケーキも和風にするんですか。

女：いいえ、今のままのメニューでよろしいんですが、ただスコーンを日本茶を練り込んだパンに変えたら、いかがでしょうか。

男：ほお、日本茶を練り込んだパンにするんですか。

女：はい、薄緑色の美しいパンになりますし、日本茶は美白にも健康にも良い成分が入っていますし。

男：ああ、女性客が喜びそうですね。外国人にも受けそうだな。

女：はい、ちょうど５月になりますので、新緑の季節にピッタリの企画だと思うのですが、いかがでしょうか。

男：うん、なんか爽やかでよさそうですね。

男の人はアイデアの何が良いと言っていますか。

1 健康的な和風イメージ
2 季節感があるところ
3 メニューの斬新さ
4 ターゲット設定

4번

호텔 회의실에서 남자와 여자가 이야기하고 있습니다. 남자는 아이디어의 어떤 점이 좋다고 말하고 있습니까?

남 : 오늘은 뭔가 좋은 아이디어가 있으시다고 해서 기대하고 있었습니다.

여 : 네, 5월 오후의 차라는 제안입니다만. 햇차의 계절이고 일본차를 사용해 보면 어떨까 생각해서요.

남 : 아, 홍차 대신에 일본차를 사용하는군요. 그럼, 샌드위치도 케이크도 일본식으로 하는 겁니까?

여 : 아니요, 지금 그대로의 메뉴로 됩니다만, 다만 스콘을 일본차를 이겨 넣은 빵으로 바꾸면 어떨까요?

남 : 아, 일본차를 이겨 넣은 빵으로 하는 거예요?

여 : 네, 연녹색의 아름다운 빵이 되고, 일본차는 미백에도 건강에도 좋은 성분이 들어 있고요.

남 : 아, 여성 손님들이 좋아하시겠네요. 외국인에게도 인기 있을 것 같네요.

여 : 네, 마침 5월이 되니 신록의 계절에 딱 맞는 기획이라고 생각합니다만, 어떠세요?

남 : 음, 뭔가 상쾌해서 좋을 것 같네요.

남자는 아이디어의 어떤 점이 좋다고 말하고 있습니까?

1 건강한 일본식 이미지
2 계절감이 있는 점
3 메뉴의 참신함
4 타깃 설정

해설 여자가 5월이 되고 신록의 계절에 맞춘 기획이라고 하자, 남자는 상쾌해서 좋을 것 같다고 하였다.

어휘 **提案** 제안 | **スコーン** 스콘(영국에서 보통 잼 등을 발라 티타임에 먹는 빵) | **練り込む** ① 이겨서 속에 넣다 ② 대열을 이루어 천천히 들어가다 | **美白** 미백 | **成分** 성분 | **ピッタリ** 꼭 알맞은 모양, 딱, 꼭 | **企画** 기획 | **爽やかだ** 상쾌하다, 산뜻하다 | **斬新だ** 참신하다 | **設定** 설정

5番 Track 2-2-05

男の人と女の人が話しています。女の人はどうしたと言っていますか。

男：この間、アフリカ旅行に行ってきたんでしょ？ どうだった？

女：よかったわよ。素敵な景色も見られたし、おいしい料理も食べられたし。

男：へえ。いいねえ。

女：でもね、ちょっとトラブルがあって…。

男：え？ どんな？

女：飛行機なんだけど、できるだけ安く行こうと思って、直行便じゃなくて、経由便にしたんだよね。

男：うん。で？

女：で、日本から経由地までの飛行機が遅れちゃって、乗り継ぎの飛行機に間に合わなかったの。

男：え!? それでどうしたの？

女：航空会社の人が調べてくれて、他の国をさらに経由して到着する便を探してくれたの。

男：よかったじゃない。

女：うん。でも、だいぶ時間がかかるし、面倒だなって思って。

男：えー？ そうかなあ。その国にも行けてラッキーじゃない？

女：でも、その時はすっごく疲れてて、その日はどこかホテルに泊まることにして、翌日の便に乗れないかって、お願いしてみたの。

男：あ、それも悪くないね。

女：うん、でも、ホテル代は自腹って言われて…。

男：そうなんだ。できるだけ安く行こうとしたんだもんね。じゃあ、そのまますぐ飛行機に乗ったんだ。

女：それが、やっぱり疲れには勝てなくて…。その代わり、旅行中は節約して過ごしたよ。

5번

남자와 여자가 이야기하고 있습니다. 여자는 어떻게 했다고 말하고 있습니까?

남：요전에 아프리카 여행 갔다 왔지? 어땠어?

여：좋았어. 멋진 경치도 볼 수 있었고, 맛있는 요리도 먹을 수 있었고.

남：우와. 좋네.

여：하지만, 조금 트러블이 있어서….

남：어? 어떤?

여：비행기인데, 최대한 싸게 가려고 직항편이 아니라 경유편으로 했거든.

남：응. 그래서?

여：그런데 일본에서 경유지까지 가는 비행기가 늦어져서, 환승 비행기 시간에 맞출 수 없었어.

남：엣, 그래서 어떻게 했어?

여：항공사 직원이 조사해 줘서 다른 나라를 더 경유해서 도착하는 비행기편을 찾아 줬어.

남：잘 됐네.

여：응. 하지만 상당히 시간이 걸리고 귀찮다고 생각해서.

남：음? 그런가? 그 나라에도 갈 수 있어서 행운이지 않아?

여：하지만, 그때는 너무 피곤해서 그날은 어딘가 호텔에 숙박하기로 하고, 다음날 비행기를 탈 수 없냐고 부탁해 봤어.

남：아, 그것도 나쁘지 않네.

여：응, 하지만 호텔비는 자비라고 해서….

남：그렇구나. 최대한 싸게 가려고 했으니. 그럼, 그대로 바로 비행기 탔구나.

여：그게, 역시 피로에는 이길 수 없어서…. 그 대신 여행 중에는 절약하며 지냈어.

女の人はどうしたと言っていますか。

1 航空会社にホテル代を出してもらった
2 できるだけ早い飛行機を探した
3 他の国を経由する当日の飛行機に乗った
4 次の日の飛行機に乗った

여자는 어떻게 했다고 말하고 있습니까?

1 항공사에서 호텔비를 대 주었다
2 가능한 한 빠른 비행기를 찾았다
3 다른 나라를 경유하는 당일 비행기를 탔다
4 다음날 비행기를 탔다

해설 여자는 아프리카까지 최대한 싸게 가려고 경유하는 비행기 티켓을 골랐으나 환승하는 비행기 시간을 맞출 수 없었고, 항공사 직원은 다른 나라를 더 경유하는 비행기편을 찾아 주었으나 너무 피곤해서 그날은 자비로 호텔에 숙박하고 다음날 비행기를 탔다는 흐름이므로, 정답은 4번이다.

어휘 **直行便** 직항편 | **経由便** 경유편 | **経由地** 경유지 | **乗り継ぐ** 목적지에 도착할 때까지 도중에 다른 탈 것으로 갈아타서 가다 | **自腹** ① 자기 배 ② 자기 돈

6番 Track 2-2-06

テレビでアナウンサーが女の人にインタビューしています。女の人がしてほしいことは何ですか。

男：こんにちは。育児中に奮闘中のお母さんにお話を伺っているんですが、今お時間、よろしいですか。
女：あ、はい。
男：ありがとうございます。お子さん、今、おいくつですか。
女：5歳と3歳です。
男：そうですか。お子さんと一緒に外出する時、何か困ることはありますか。
女：そうですね。2人ともまだ小さいので、やっぱり電車やバスで移動する時に、急に泣き出してしまったり、大声を出したりして、周りに迷惑をかけないか、ちょっと心配になりますね。中には親切に席を譲ってくれたり、大丈夫ですよとか、声をかけてくれる方もいらっしゃるんですけど、嫌な顔をされる人もたまにいて…。
男：そうですか。そういったことと関連して国や自治体に何か要望はありますか。

6번

텔레비전에서 아나운서가 여자를 인터뷰하고 있습니다. 여자가 했으면 하고 바라는 것은 무엇입니까?

남 : 안녕하세요. 육아로 분투 중인 어머니에게 이야기를 여쭙고 있습니다만, 지금 시간 괜찮으세요?
여 : 아, 네.
남 : 감사합니다. 아이가 지금 몇 살이죠?
여 : 5살과 3살입니다.
남 : 그렇습니까? 자녀분과 함께 외출할 때 뭔가 곤란한 점이 있습니까?
여 : 글쎄요. 둘 다 아직 어려서 역시 전철이나 버스로 이동할 때, 갑자기 울음을 터뜨리거나 큰 소리를 질러 주위에 폐를 끼치지 않을까, 좀 걱정이 돼요. 그중에는 친절하게 자리를 양보해 주거나 괜찮아요라든가 말을 걸어 주시는 분도 계십니다만, 싫은 표정을 지으시는 분도 가끔 있어서….
남 : 그렇습니까? 그런 것과 관련하여 국가나 지자체에 뭔가 요청 사항이 있습니까?

女：電車だと、女性専用車両とかあるじゃないですか。キッズ専用車両とかがあったら気にしないでいいなあ、と思います。レストランにはキッズゾーンのある店もあって、そういう店では子供が騒いでも大丈夫なので、よく行きますね。バスはあれかもしれませんけど、電車ならそういう車両があってもいいかな、と思います。

男：なるほど。ありがとうございました。

여 : 전철이라면 여성 전용 차량 같은 것이 있잖아요. 어린이 전용 차량 같은 것이 있다면 신경 안 쓰고 좋겠다, 라고 생각합니다. 레스토랑에는 키즈존이 있는 가게도 있어서, 그런 가게에서는 아이들이 떠들어도 괜찮으니 자주 가죠. 버스는 좀 그럴지도 모르지만, 전철이라면 그런 차량이 있어도 좋을까, 하고 생각합니다.

남 : 그렇군요. 감사합니다.

女の人がしてほしいことは何ですか。

1 バスにキッズ専用のスペースを設けること
2 電車にキッズ専用車両を作ること
3 レストランのキッズゾーンを増やすこと
4 子供を優先する公共のルールを作ること

여자가 했으면 하고 바라는 일은 무엇입니까?

1 버스에 어린이 전용 공간을 마련할 것
2 전철에 어린이 전용 차량을 만들 것
3 레스토랑의 키즈존을 늘릴 것
4 아이를 우선시하는 공공 규칙을 만들 것

해설 버스는 좀 그래도 전철이라면 어린이 전용 차량이 있어도 좋겠다고 했으니, 정답은 2번이다.

어휘 育児中 육아 중 | 奮闘中 분투 중 | 専用車両 전용 차량 | 設ける 설치하다, 마련하다 | 優先 우선

문제3 **문제3에서는 문제용지에 아무것도 인쇄되어 있지 않습니다. 이 문제는 전체로써 어떤 내용인가를 묻는 문제입니다. 이야기 앞에 질문은 없습니다. 먼저 이야기를 들어 주세요. 그리고 질문과 선택지를 듣고, 1~4 중에서 가장 적당한 것을 하나 고르세요.**

例 Track 2-3-00

男の人が話しています。

男：みなさん、勉強は順調に進んでいますか？成績がなかなか上がらなくて悩んでいる学生は多いと思います。ただでさえ好きでもない勉強をしなければならないのに、成績が上がらないなんて最悪ですよね。成績が上がらないのはいろいろな原因があります。まず一つ目に「勉強し始めるまでが長い」ことが挙げられます。勉強をなかなか始めないで机の片づけをしたり、プリント類を整理し始めたりします。また「自分の部屋で落ち着いて勉強する時間が取れないと勉強できない」というのが成績が良くない子の共通点です。成績が良い子は、朝ごはんを待っている間や風呂が沸くのを待っている時間、寝る直前のちょっとした時間、いわゆる「すき間」の時間で勉強する習慣がついています。それから最後に言いたいのは「実は勉強をしていない」ということです。家では今までどおり勉強しているし、試験前も机に向かって一生懸命勉強しているが、実は集中せず、上の空で勉強しているということです。

この人はどのようなテーマで話していますか。

1　勉強がきらいな学生の共通点
2　子供を勉強に集中させられるノーハウ
3　すき間の時間で勉強する学生の共通点
4　勉強しても成績が伸びない学生の共通点

예

남자가 이야기하고 있습니다.

남 : 여러분, 공부는 순조롭게 되고 있습니까? 성적이 좀처럼 오르지 않아 고민 중인 학생은 많으리라 생각합니다. 가뜩이나 좋아하지도 않는 공부를 해야하는데, 성적이 오르지 않으니 최악이지요. 성적이 오르지 않는 것은 여러 원인이 있습니다. 우선 첫 번째로 '공부를 시작할 때까지 시간이 걸린다'를 들 수 있습니다. 공부를 좀처럼 시작하지 않고, 책상 정리를 하거나, 프린트물 정리를 시작하거나 합니다. 또 '내 방에서 차분하게 공부할 시간이 없으면 공부 못 하겠다'고 하는 것이 성적이 좋지 못한 아이의 공통점입니다. 성적이 좋은 아이는 아침밥을 기다리는 동안이나 목욕물 끓는 것을 기다리고 있는 시간, 자기 직전의 잠깐의 시간, 이른바 '틈새' 시간에 공부하는 습관이 배어 있습니다. 그리고 마지막으로 하고 싶은 말은 '실은 공부를 안 하고 있다'는 것입니다. 집에서는 지금까지 대로 공부하고 있고, 시험 전에도 책상 앞에 앉아 열심히 공부하고 있지만, 실은 집중하지 않고, 건성으로 공부하고 있다는 사실입니다.

이 사람은 어떤 테마로 이야기하고 있습니까?

1 공부를 싫어하는 학생의 공통점
2 자녀를 공부에 집중시킬 수 있는 노하우
3 틈새 시간에 공부하는 학생의 공통점
4 공부해도 성적이 늘지 않는 학생의 공통점

1番 Track 2-3-01

テレビで、女の弁護士が話しています。

女：電話や訪問で役所や税務署の職員などを名乗り、「還付金があるので受け取ってほしい」などと謳い、ATMに誘導し、現金を振り込ませるケースがありますが、ATMでお金が戻ってくることはありません。
また、電話で家族や親戚などのふりをして、「事故を起こして示談金が必要」などとお願いし、現金を引き出させ、現金を受け取る専門の受け子に直接渡させるケースも多発しています。
他にも、警察官などを名乗り、「カードが不正使用された」などと言って、カードをだまし取るケースもありますが、警察官がそのような要求をすることはありません。基本的にお金や通帳、カードなどを要求してきたら、まずは詐欺かなと疑い、絶対にすぐ渡さないようにしてください。

弁護士は、何について話していますか。

1 様々な詐欺のパターン
2 還付金の受け取り方
3 ATMでお金を振り込む方法
4 示談金を渡す時の注意点

1번

텔레비전에서 여성 변호사가 이야기하고 있습니다.

여 : 전화나 방문으로 관공서나 세무서 직원 등을 사칭하여, '환급금이 있으니 수령하길 바란다'는 등의 말을 하며 ATM으로 유도하여, 현금을 입금시키는 경우가 있습니다만, ATM으로 돈이 돌아오는 일은 없습니다.
또한, 전화로 가족이나 친척 등인 척하면서 '사고를 내 합의금이 필요하다'는 등의 부탁을 하여, 현금을 인출시켜, 현금을 받아가는 전문 수령자에게 직접 전달하게 하는 경우도 많이 발생하고 있습니다.
그 밖에도 경찰관 등을 사칭해 '카드가 부정 사용됐다'라는 식으로 말하여, 카드를 속여서 빼앗아 가는 경우도 있습니다만, 경찰관이 그런 요구를 하는 일은 없습니다. 기본적으로 돈이나 통장, 카드 등을 요구해 오면, 우선은 사기인가 의심하고, 절대로 바로 건네지 않도록 해 주세요.

변호사는 무엇에 대해 이야기하고 있습니까?

1 다양한 사기 패턴
2 환급금 수령 방법
3 ATM으로 돈을 입금하는 방법
4 합의금을 전달할 때의 주의점

해설 관공서나 세무서 직원 등을 사칭하거나, 가족이나 친척 흉내는 내어 합의금을 받아 가는 경우, 경찰관을 사칭하여 카드를 빼앗아 가는 경우 등, 다양한 사기 패턴에 관해 이야기를 하고 있으므로, 1번이 정답이다.

어휘 役所 관청, 관공서 | 名乗る 자기 이름을 대다, 칭하다 | 還付金 환급금 | 受け取る 수령하다, 수취하다 | 謳う 강조하다, 어떤 점을 들어서 기세 좋게 말하다 | 誘導 유도 | 振り込む 입금하다 | 示談金 합의금 | 引き出す 안에 있는 것을 잡아당겨서 밖으로 내다, 인출하다 | 受け子 보이스 피싱 등의 사기 사건에서 사기를 당하는 사람으로부터 현금을 직접 받거나, 택배 등으로 보내진 현금이 든 짐을 찾는 역할을 하는 사람 | だまし取る 사람을 속여서 금품 등을 갈취하는 것 | 通帳 통장

2番 🎧 Track 2-3-02

<ruby>女<rt>おんな</rt></ruby>の<ruby>人<rt>ひと</rt></ruby>が、<ruby>寿司作<rt>すしづく</rt></ruby>り<ruby>体験学校<rt>たいけんがっこう</rt></ruby>の<ruby>校長<rt>こうちょう</rt></ruby>にインタビューしています。

<ruby>女<rt>おんな</rt></ruby>：お<ruby>寿司作<rt>すしづく</rt></ruby>りを<ruby>体験<rt>たいけん</rt></ruby>できるプログラムは、<ruby>今<rt>いま</rt></ruby><ruby>大変<rt>たいへん</rt></ruby>な<ruby>人気<rt>にんき</rt></ruby>で、<ruby>特<rt>とく</rt></ruby>に<ruby>注目<rt>ちゅうもく</rt></ruby>すべきは、<ruby>障害<rt>しょうがい</rt></ruby>の<ruby>ある方<rt>かた</rt></ruby>や、<ruby>病気<rt>びょうき</rt></ruby>の<ruby>方々<rt>かたがた</rt></ruby>には<ruby>特別<rt>とくべつ</rt></ruby>なおもてなしをしているということですが、その<ruby>辺<rt>へん</rt></ruby>のことを<ruby>伺<rt>うかが</rt></ruby>えますか？

<ruby>男<rt>おとこ</rt></ruby>：はい、もともと<ruby>自分<rt>じぶん</rt></ruby>の<ruby>子供<rt>こども</rt></ruby>ががんを<ruby>患<rt>わず</rt></ruby>らっておりまして、<ruby>私<rt>わたし</rt></ruby>の<ruby>寿司<rt>すし</rt></ruby>を<ruby>食<rt>た</rt></ruby>べた<ruby>時<rt>とき</rt></ruby>の<ruby>幸<rt>しあわ</rt></ruby>せそうな<ruby>顔<rt>かお</rt></ruby>が<ruby>忘<rt>わす</rt></ruby>れられませんでした。それが、このようなプログラムを<ruby>作<rt>つく</rt></ruby>ったきっかけなんです。<ruby>障害<rt>しょうがい</rt></ruby>の<ruby>ある人<rt>ひと</rt></ruby>も、<ruby>病気<rt>びょうき</rt></ruby>の<ruby>人<rt>ひと</rt></ruby>もみんなが<ruby>幸<rt>しあわ</rt></ruby>せになるために、<ruby>人<rt>ひと</rt></ruby>が<ruby>人<rt>ひと</rt></ruby>を<ruby>思<rt>おも</rt></ruby>いやる<ruby>社会<rt>しゃかい</rt></ruby>を<ruby>目指<rt>めざ</rt></ruby>して、この<ruby>取<rt>と</rt></ruby>り<ruby>組<rt>く</rt></ruby>みをしています。それに<ruby>伴<rt>ともな</rt></ruby>いまして、お<ruby>子様<rt>こさま</rt></ruby>や、<ruby>障害<rt>しょうがい</rt></ruby>の<ruby>ある方<rt>かた</rt></ruby>には、<ruby>特<rt>とく</rt></ruby>にリーズナブルな<ruby>料金<rt>りょうきん</rt></ruby>で、お<ruby>寿司作<rt>すしづく</rt></ruby>りを<ruby>体験<rt>たいけん</rt></ruby>していただくことができるようになっております。

<ruby>校長<rt>こうちょう</rt></ruby>は<ruby>主<rt>おも</rt></ruby>に<ruby>何<rt>なに</rt></ruby>について<ruby>話<rt>はな</rt></ruby>していますか。

1 プログラムの<ruby>改善点<rt>かいぜんてん</rt></ruby>
2 <ruby>寿司作<rt>すしづく</rt></ruby>りと<ruby>弱者<rt>じゃくしゃ</rt></ruby>の<ruby>関係<rt>かんけい</rt></ruby>
3 プログラム<ruby>作成<rt>さくせい</rt></ruby>の<ruby>意図<rt>いと</rt></ruby>
4 <ruby>子供<rt>こども</rt></ruby>との<ruby>寿司<rt>すし</rt></ruby>の<ruby>思<rt>おも</rt></ruby>い<ruby>出<rt>で</rt></ruby>

2번

여자가 초밥 만들기 체험학교 교장에게 인터뷰하고 있습니다.

여 : 초밥 만들기를 체험할 수 있는 프로그램은 지금 큰 인기이며, 특히 주목해야 할 것은 장애가 있는 분이나 아픈 분들께는 특별한 대접을 하고 계시다던데, 그 점에 관해 여쭤볼 수 있을까요?

남 : 네, 원래 제 아이가 암을 앓고 있었는데, 제가 만든 초밥을 먹었을 때의 행복한 얼굴을 잊을 수가 없었습니다. 그것이 이런 프로그램을 만든 계기입니다. 장애가 있는 사람도 아픈 사람도 모두가 행복해지기 위해, 사람이 사람을 배려하는 사회를 목표로 이런 대처를 하고 있습니다.

그와 함께 어린이나 장애가 있는 분들에게는 특별히 저렴한 요금으로 초밥 만들기를 체험할 수 있도록 되어 있습니다.

교장은 주로 무엇에 관해 이야기하고 있습니까?

1 프로그램의 개선점
2 초밥 만들기와 약자의 관계
3 프로그램 작성의 의도
4 자녀와의 초밥의 추억

해설 장애인이나 병을 앓는 분, 어린이가 저렴한 가격으로 초밥 만들기 체험을 할 수 있게 만든 계기에 관해 말하고 있으므로, 정답은 3번이다.

어휘 障害 장애, 장해 | おもてなし 대접, 환대 | 患らう 병을 앓다, 병이 나다 | 目指す 목표로 하다, 노리다 | 取り組み 맞붙음, 대처 | 伴う 함께 가다, 동반하다 | リーズナブル 가격 등이 비싸지 않음

3番 Track 2-3-03

テレビで建築家が話しています。

男：私たちが若い頃は、新しく家を建てる場合、少しでも広い家を建てようと２階建てが人気を博しました。それがここ最近になって、平屋への注目が高まっています。都心を離れ、より土地の安い所に住む人が増えることで、２階建てにする必要がないといった背景もあると思います。需要の伸びに伴い、従来に比べてデザイン性や機能性の高い平屋が増えているのも特徴的です。平屋を検討し、ご相談に来られる方は、開放的で広々としたスペースのある家、人目をはばからずに過ごせる中庭のある家など、理想のテーマをしっかりお持ちの方が多い印象です。また、１階と２階を急な階段を使って行き来する必要がないので、小さいお子さんのいる家庭や体の不自由なお年寄りにとっては、安心で、暮らしやすいというメリットがあります。
大半の方にとって、家というのは、一生に一度きりの買い物と言えるでしょう。自分の理想の家を実現するうえで、平屋という選択肢は一度考えてみる価値があるのではないでしょうか。

建築家は何について話していますか。

1　平屋住宅の長所と短所
2　２階建て住宅と平屋住宅の違い
3　平屋住宅の魅力
4　平屋住宅の種類

3번

텔레비전에서 건축가가 이야기를 하고 있습니다.

남 : 우리가 젊었을 때는 새로 집을 지을 경우, 조금이라도 넓은 집을 짓고자 2층집이 인기를 떨쳤습니다. 그것이 최근 들어 단층집에 대한 주목이 높아지고 있습니다. 도심을 벗어나 보다 토지가 싼 곳에 사는 사람들이 늘어나면서, 2층으로 지을 필요가 없다고 하는 배경도 있다고 생각합니다. 수요가 증가함에 따라, 기존에 비해 디자인성과 기능성이 높은 단층집이 증가하고 있는 것도 특징적입니다. 단층을 검토하고 상담하러 오시는 분들은 개방적이고 넓은 공간이 있는 집, 남의 눈을 신경 쓰지 않고 지낼 수 있는 안뜰이 있는 집 등, 이상적인 주제를 확실히 가지고 계신 분들이 많은 느낌입니다. 또 1층과 2층을 가파른 계단을 이용해 오갈 필요가 없기 때문에, 어린 자녀가 있는 가정이나 거동이 불편한 노인에게 있어서 안심하고 살기 좋다는 장점이 있습니다.
대부분의 분들에게 있어서 집이라는 것은 일생에 한 번뿐인 쇼핑이라고 할 수 있겠죠. 자신의 이상형의 집을 실현하는 데 있어서, 단층이라는 선택지는 한번 생각해 볼 가치가 있지 않을까요?

건축가는 무엇에 대해 이야기하고 있습니까?

1 단층 주택의 장점과 단점
2 2층 주택과 단층 주택의 차이
3 단층 주택의 매력
4 단층 주택의 종류

해설 단층 주택은 개방적이고 넓은 공간이 있으며 가파른 계단이 없어 어린이와 노인이 살기 좋다는 장점이 있다는 것에 대해 이야기하고 있으므로, 3번이 정답이다.

어휘 博する ① 떨치다 ② 받다 ③ 얻다 | 平屋 단층집 | 需要 수요 | 伸び 신장, 늘어남, 성장함 | ～に伴い ~에 동반하여, ~에 따라서 | 従来 종래 | 開放的 개방적 | 広々(と)する 매우 넓다, 널찍하다 | 人目 남의 눈 | はばかる ① 위세를 떨치다 ② 꺼리다 ③ 주저하다 ④ 삼가다 | 中庭 안 뜰 | 行き来する 왔다 갔다 하다, 왕래하다 | 大半 대부분 | 一生に一度きり 평생에 한 번뿐 | 동사사전형＋うえで ~하는데 있어서 | 選択肢 선택지

4番 Track 2-3-04

大学で先生が話しています。

男：今日は多くの社会人の方にもご参加いただき大変ありがとうございます。当大学では、平成１０年度より、当地区商工会議所のご協力を得て「地域社会に貢献する中小企業」というテーマでこの公開講座を開いております。おかげさまで、今年度で２０回目を迎えることになりました。本学生にとっては正規授業となっております。本講座は、本校の教員に加えて地域で活躍しておられます中堅・中小企業の経営者や行政、マスコミ、経済団体など広い分野の方がたを特別講師にお迎えして、ユニークな講座をしていただいております。そのおかげで、多くの方からご支持をいただき、ご好評を得ております。今後も社会人の皆様の積極的な受講をお待ちいたしますと共に、受講生の間での交流が一層進みますことを期待しております。

大学の先生はどんなテーマで話していますか。

1　公開講座の歴史
2　公開講座の挨拶
3　公開講座の講師陣が優秀な理由
4　公開講座が好評を受けている理由

4번

대학에서 교수가 이야기하고 있습니다.

남 : 오늘은 많은 사회인분들께서도 참가해 주셔서 정말 감사드립니다. 저희 대학에서는 헤이세이 10년(1998년)도부터, 당 지구 상공회의소의 협력을 얻어 '지역사회에 공헌하는 중소기업'이란 테마로 이 공개강좌를 개최하고 있습니다. 덕분에 금년도로 20번째를 맞이하게 되었습니다. 본교 학생에게 있어서는 정규수업이 되었습니다. 본 강좌는 본교 교원뿐 아니라 지역에서 활약하고 계신 중견 · 중소기업 경영자와 행정, 매스컴, 경제단체 등 넓은 분야의 분들을 특별강사로 초빙하여, 독특한 강좌를 개설하고 있습니다.
그 덕분에 많은 분들이 지지해 주시며 호평을 얻고 있습니다. 앞으로도 사회인 여러분의 적극적인 수강을 기다리며, 더불어 수강생 간의 교류가 한층 더 진전되기를 기대하고 있습니다.

대학 교수는 어떤 테마로 이야기하고 있습니까?

1 공개강좌의 역사
2 공개강좌의 인사
3 공개강좌의 강사진이 우수한 이유
4 공개강좌가 호평을 받고 있는 이유

해설 이 문제는 대학교수가 어떤 테마(주제)로 말하고 있느냐이지, 이 교수가 말한 것을 본문에서 찾는 문제가 아니다. 따라서 전체적으로는 공개강좌에 대한 인사말로 보는 것이 맞으므로, 정답은 2번이다.

어휘 **貢献** 공헌 | **活躍** 활약 | **お迎えする** 맞이하다, 모시다 | **ユニークだ** 유니크하다, 독특하다 | **支持** 지지 | **好評** 호평 | **一層** 한층 더, 더욱더

5番 Track 2-3-05

ラジオで、女のＤＪが美術家の男の人にインタビューしています。

女：木村さんは、ずっと「自然と人間」というテーマで仕事をされてきたと伺っております。その辺のことをお話ししていただけますか。

男：はい、いつもそれを強く意識しながら作品を創ってきました。随分前ですが、ある美術館に中国の焼き物を見に行ったことがあります。焼き物を時代順に遡っていくと、いろいろな発見があります。漢、唐時代の焼き物はとても形の表現が豊かで、戦国時代の青銅器は何とも言えない雰囲気があります。しかし、一番最後に陳列されていた歴史上、よく分かっていない新石器時代の焼き物を見た瞬間、僕は思わず抱擁したくなるような衝動に駆られたんです。

女：なぜでしょうか。

男：それは自分でも分かりません。ただの焼き物ではなく、まるで生き物のように感じたんですね。
その瞬間から、「我々生きている人間は、生きている物を創らなくてはいけない」と強く思ったことを覚えています。

男の人は主に何の話をしていますか。

1 焼き物から見つけた自然の素晴らしさ
2 美術家として表現してきた作品
3 歴史的な作品から学べることの多さ
4 美術家としてのテーマが決まった経緯

5번

라디오에서 여자 DJ가 미술가 남자에게 인터뷰하고 있습니다.

여 : 기무라 씨는 계속 '자연과 인간'이란 테마로 일을 해 오셨다고 들었습니다. 그 점에 관해 말씀해 주시겠어요?

남 : 네, 언제나 그것을 크게 의식하며 작품을 만들어 왔습니다. 꽤 오래전 일입니다만, 어느 미술관에 중국 도자기를 보러 간 적이 있습니다. 도자기를 시대순으로 거슬러 올라가면, 여러 가지 발견이 있습니다. 한, 당시대의 도자기는 아주 디자인 표현이 풍부하였고, 전국시대 청동기는 뭐라 표현할 수 없는 분위기가 있었습니다. 그러나 가장 마지막에 진열되어 있던 역사상, 잘 알려져 있지 않은 신석기시대 도자기를 본 순간, 나는 나도 모르게 포옹하고 싶은 충동에 사로잡혔습니다.

여 : 왜 그렇게 되셨나요?

남 : 그건 저도 알 수 없습니다. 단순한 도자기가 아니라, 마치 살아 있는 생물처럼 느껴진 것입니다.
그 순간부터 '우리들 살아 있는 인간은 살아 있는 물건을 만들어야만 한다'고 강력히 생각한 것을 기억하고 있습니다.

남자는 주로 무슨 이야기를 하고 있습니까?

1 도자기로부터 발견한 자연의 훌륭함
2 미술가로서 표현해 온 작품
3 역사적인 작품에서 배울 수 있는 다양함
4 미술가로서의 테마가 결정된 경위

해설 신석기시대 도자기를 본 순간부터 우리들 인간은 살아 있는 물건을 만들어야 한다고 강하게 생각했다고 했으니, 이때 미술가로서의 테마가 결정된 것이므로, 정답은 4번이다. 1번의 경우는 신석기시대의 도자기를 보고 받은 느낌을 이야기한 것이지, 그 도자기를 보고 자연이 얼마나 훌륭한가는 이야기하고자 함이 아니라는 것에 주의하자.

어휘 **意識** 의식 | **焼き物** 도자기 | **遡る** 거슬러 올라가다 | **豊かだ** 풍부하다 | **陳列** 진열 | **抱擁** 포옹 | **衝動に駆られる** 충동에 사로잡히다 | **経緯** 경위

문제4 **문제4에서는 문제용지에 아무것도 인쇄되어 있지 않습니다. 먼저 문장을 들으세요. 그리고 그에 대한 대답을 듣고 1~3 중에서 가장 적당한 것을 하나 고르세요.**

2회

例 Track 2-4-00

男：部長、地方に飛ばされるんだって。

女：1 飛行機相当好きだからね。

2 責任取るしかないからね。

3 実家が地方だからね。

예

남 : 부장님, 지방으로 날아간대.

여 : 1 비행기 정말 좋아하니까.

2 책임질 수밖에 없을 테니까.

3 본가가 지방이니까.

1番 Track 2-4-01

女：辞書の取り寄せにはどれくらいかかりますか。

男：1 そうですね、一週間くらいはみておいてください。

2 消費税込みで2500円頂戴いたします。

3 それはもう取り上げないことにしましたが…。

1번

여 : 사전 주문에는 어느 정도 걸려요?

남 : 1 글쎄요, 1주일 정도는 생각해 주세요.

2 소비세 포함해서 2500엔 되겠습니다.

3 그건 이제 다루지 않기로 했습니다만….

해설 「取り寄せ」는 '가게에 없는 물건을 따로 주문하는 것'을 말한다.

어휘 取り上げる 채택하다, 다루다, 집어 들다

2番 Track 2-4-02

男：昨日のサッカーの試合見た？ 全く歯が立たないね。

女：1 うん、大勝しちゃたね。

2 うん、あとちょっとだったのにね。

3 うん、まだまだだね。

2번

남 : 어제 축구 경기 봤어? 완전히 게임이 안 되더라구.

여 : 1 응, 대승을 거뒀네.

2 응, 좀만 더 하면 됐을 텐데.

3 응, 아직 멀었네.

해설 「歯が立たない」라는 표현은 '이빨을 세울 수 없을 정도로 딱딱하다' 또는 '자신의 힘으로는 도저히 대응할 수 없는 모습'을 비유적으로 표현하는 경우에 사용하므로, 두 팀이 실력 격차가 상당하다는 것을 알 수 있으므로, 3번이 정답이다.

어휘 全く ① 전혀 ② 완전히 ③ 정말

3番 Track 2-4-03

女：この前、親友の結婚式でスピーチをしたんだけど、不覚にも目頭が熱くなって。

男：1 大丈夫？ やけどしなかった？

2 うまくいってよかったね。

3 親友の結婚式なんだから当たり前だよ。

3번

여 : 얼마 전, 친한 친구의 결혼식에서 스피치를 했는데, 무의식 중에 눈시울이 뜨거워져서.

남 : 1 괜찮아? 화상 입지 않았어?

2 잘 돼서 다행이네.

3 친한 친구 결혼식이니까 당연하지.

해설 이 문제는 결국 정확한 단어의 뜻을 알고 있는 것이 관건이 된다. 친구 결혼식에서 나도 모르게 울컥하게 된 내용을 이야기하므로, 3번이 정답이다.

어휘 不覚 ① 정신, 사려, 분별이 제대로가 아닌 것 ② 무의식적으로 하는 것 ③ 부주의나 방심하여 실패하는 것 | 目頭が熱くなる 눈시울이 뜨거워지다(붉어지다)

4番 Track 2-4-04

女：この額、どこに飾りましょうか。

男：1 居間はどう？

2 昨日買ったよ。

3 どこに置いたっけ？

4번

여 : 이 액자, 어디에 장식할까요?

남 : 1 거실은 어때?

2 어제 샀어.

3 어디에 놨더라?

해설 「額 액자」를 어디에 장식할 거냐고 물었으므로, 장소가 답으로 나와야 한다.

어휘 飾る 장식하다, 꾸미다 | 居間 거실

5番 Track 2-4-05

女：アパートは、どんな間取りをご希望ですか。

男：1 やっぱり家賃は安いに越したことはないんでしょうが。

2 駅から近いところがいいですけど、そうなるとどうしても高くなるでしょうね。

3 できれば2LDKで、南向きの部屋があればもっといいですが。

5번

여 : 아파트는 어떤 구조를 원하십니까?

남 : 1 역시 집세는 싼 게 제일이지만요.

2 역에서 가까운 곳이 좋습니다만, 그렇게 되면 아무래도 비싸지겠지요?

3 가능하면 2LDK이고, 남향 방이 있으면 더 좋겠습니다만.

해설 「間取り」는 '방배치', 즉 '집 구조'를 말한다.

2LDK는 방 2개, 거실, 부엌이 있는 집 구조이다. L = リビング(거실), D = ダイニング(식사하는 공간), K = キッチン(부엌)이다. リビング, ダイニング, キッチン이 나눠어져 있으면 LDK이고, リビング와 ダイニング이 같이 있으면 DK가 된다.

어휘 家賃 집세 | ～に越したことはない ~보다 더 좋은 것은 없다

6番 🎧 Track 2-4-06

男：大木さんは来年こそ<ruby>芽<rt>め</rt></ruby>が<ruby>出<rt>で</rt></ruby>るかな。

女：1　もっと<ruby>肥料<rt>ひりょう</rt></ruby>やったら、<ruby>芽<rt>め</rt></ruby>もはやく<ruby>出<rt>で</rt></ruby>るでしょうね。

　　2　もっと<ruby>日当<rt>ひあ</rt></ruby>たりのいいところに<ruby>置<rt>お</rt></ruby>いたらどうですか。

　　3　<ruby>長<rt>なが</rt></ruby>い<ruby>下積<rt>したづ</rt></ruby>みを<ruby>経<rt>へ</rt></ruby>てきたんだから、ぜひそうなってほしいね。

6번

남 : 오키 씨는 내년이야말로 기회가 오려나.

여 : 1 비료 더 주면, 싹도 일찍 나오겠지요.

　2 좀 더 볕이 잘 드는 곳에 놓는 게 어떨까요?

　3 긴 밑바닥생활을 겪어왔으니, 꼭 그렇게 되면 좋겠어.

해설 「<ruby>芽<rt>め</rt></ruby>が<ruby>出<rt>で</rt></ruby>る」는 '싹이 나오다' 또는 '(좋은)기회가 오다'라는 뜻이다. 사람에게 사용했으므로 여기서는 '(좋은)기회가 오다'라는 뜻으로 쓰였다. 「<ruby>下積<rt>したづ</rt></ruby>み」는 '힘든 생활, 밑바닥생활'이란 뜻이다

어휘 <ruby>日当<rt>ひあ</rt></ruby>たり 볕이 듦, 또는 그 모양이나 정도

7番 🎧 Track 2-4-07

男：<ruby>先方<rt>せんぽう</rt></ruby>との<ruby>打<rt>う</rt></ruby>ち<ruby>合<rt>あ</rt></ruby>わせが<ruby>終<rt>お</rt></ruby>わったら、<ruby>今日<rt>きょう</rt></ruby>はもう<ruby>戻<rt>もど</rt></ruby>らないでいいから。

女：1　えっ、そんなこと<ruby>言<rt>い</rt></ruby>わないでください。

　　2　えっ、いいんですか。すみません。

　　3　えっ、まだ<ruby>終<rt>お</rt></ruby>わってないんですが。

7번

남 : 상대방과의 협의가 끝나면, 오늘은 이제 안 돌아와도 되니까.

여 : 1 엣, 그런 말 하지 마세요.

　2 엣, 괜찮을까요? 감사합니다.

　3 엣, 아직 끝나지 않았는데요.

해설 「すみません」에는 미안하면서 고마운 감정이 있을 때도 사용하므로, 2번이 정답이다.

어휘 <ruby>打<rt>う</rt></ruby>ち<ruby>合<rt>あ</rt></ruby>わせ 타협, 협의

8番 🎧 Track 2-4-08

男：<ruby>石井<rt>いしい</rt></ruby>くんの<ruby>時計<rt>とけい</rt></ruby>、ずいぶん<ruby>値<rt>ね</rt></ruby>が<ruby>張<rt>は</rt></ruby>ったんじゃないか。

女：1　はい、デパートの<ruby>目玉商品<rt>めだましょうひん</rt></ruby>だったのでかなり<ruby>高<rt>たか</rt></ruby>かったですよ。

　　2　いいえ、<ruby>植<rt>う</rt></ruby>えたばかりなので<ruby>根<rt>ね</rt></ruby>はそんなに<ruby>深<rt>ふか</rt></ruby>く<ruby>張<rt>は</rt></ruby>っていませんが。

　　3　さすがは<ruby>部長<rt>ぶちょう</rt></ruby>、お<ruby>目<rt>め</rt></ruby>が<ruby>高<rt>たか</rt></ruby>いですわ。

8번

남 : 이시이 군 시계, 꽤 비싼 거 아닌가?

여 : 1 네, 백화점의 특별세일 상품이라서 꽤 비쌌어요.

　2 아니에요, 심은 지 얼마 안 돼서 뿌리는 그렇게 깊이 뻗어 있지 않아요.

　3 역시 부장님은 안목이 있으세요.

해설 「<ruby>値<rt>ね</rt></ruby>が<ruby>張<rt>は</rt></ruby>る」는 '값이 꽤 나가다, 비싸다'라는 의미이고, 「<ruby>目玉商品<rt>めだましょうひん</rt></ruby>」은 '백화점 등에서 손님을 끌기 위해 특별히 싸게 파는 물건'이다. 「<ruby>目<rt>め</rt></ruby>が<ruby>高<rt>たか</rt></ruby>い」는 직역해서 '눈이 높다'가 아니라 '안목이 있다, 보는 눈이 있다'라는 의미이다. 1번의 특별세일 상품이라서 꽤 비쌌다는 대답은 문맥에 맞지 않는 대답이다.

어휘 <ruby>植<rt>う</rt></ruby>える 심다 | <ruby>根<rt>ね</rt></ruby>が<ruby>張<rt>は</rt></ruby>る 뿌리가 뻗다

9番 Track 2-4-09

男：お客様、申し訳ございませんが、こちらは機内持ち込み禁止となっております。

女：1　すみません、うっかりしてました。
　　2　すみません、恐れ入ります。
　　3　すみません、今すぐ外に出ます。

9번

남 : 고객님 죄송합니다만, 이것은 기내 반입이 금지되어 있습니다.

여 : 1 죄송합니다, 깜빡했네요.
　　2 죄송합니다, 죄송합니다.
　　3 죄송합니다, 지금 바로 밖으로 나가겠습니다.

해설 직원이 비행기에 가지고 탈 수 없는 물건이라고 하자, 깜박했다고 사과하는 1번의 대화 내용이 정답이 된다.

어휘 うっかりする 무심코 깜박하다 | 恐れ入ります (상대방이 나를 위해 무언가를 해 줄 때, 상대방이 그것을 하는 데 걸리는 시간과 수고를 헤아려 미안한 마음을 전할 때 사용하는 표현)죄송합니다

10番 Track 2-4-10

女：浮かない顔してどうしたの？

男：1　それがね、株が値下がりして大損したんだよ。
　　2　あ、分かる？ 最近仕事がうまくいっててね。
　　3　この仕事終わったらデートに行くんだよ。

10번

여 : 우울한 표정을 짓고, 무슨 일 있어?

남 : 1 그게 말이야, 주식이 떨어져서 크게 손해 봤어.
　　2 아, 알겠어? 요즘 일이 잘 돼서 말이야.
　　3 이 일 끝나면 데이트하러 가거든.

해설 「浮かない顔」란 '얼굴 표정이 침울 · 우울한 모습'을 말한다. 따라서 안 좋은 일이 있다는 대답이 와야 한다.

어휘 値下がり 가격이 떨어짐 | 大損 큰 손해, 대손실

11番 Track 2-4-11

女：お加減はいかがですか？

男：1　いや、もう十分いただきました。
　　2　もういい加減にしてくださいよ。
　　3　お陰様でだいぶ良くなりました。ありがとう。

11번

여 : 건강은 좀 어떠세요?

남 : 1 아니에요, 이미 충분히 먹었습니다.
　　2 이제 적당히 좀 하시지요.
　　3 덕분에 꽤 좋아졌습니다. 감사합니다.

해설 여기에서 「加減」은 '건강상태'라는 뜻으로, 이런 의미일 때는 주로 「お加減はいかがですか」의 형태로 상대의 건강 등을 물어볼 때 사용한다.

문제5 문제5에서는 긴 이야기를 듣습니다. 이 문제에는 연습은 없습니다. 문제용지에 메모를 해도 좋습니다.

1번, 2번

문제용지에는 아무것도 인쇄되어 있지 않습니다. 먼저 이야기를 들으세요. 그리고 질문과 선택지를 듣고 1~4 중에서 가장 적당한 것을 하나 고르세요.

2회

1番 Track 2-5-01

引っ越しをするかどうかについて、家族3人で話しています。

男1：ねえ、来月からおじいちゃん、おばあちゃんと一緒に住むんだよね。それなら、引っ越さなくていいの？

女　：引っ越しなんて、そんなにすぐ簡単にできないよ。お金だってすごくかかるし。

男1：でも、おじいちゃんとおばあちゃんが寝る部屋、ないよ。ちょっと狭いけど、リビングの隣の小さい和室？

男2：うーん、リビングの声が筒抜けで、ちょっとうるさいんじゃないかなあ。今、物置に使っている部屋を片付けたら…。あそこなら広いしなあ。ゴルフバックとか大きいものは、家の近くのレンタル倉庫を借りて入れちゃえばなんとか。

女　：そうねえ。あとは、あなた、あまり部屋にいないから、あなたの部屋とか…。

男2：それはちょっと待ってよ…。最近、家で仕事をする日もあるんだから…。

女　：じゃあ、かけるが来春から一人暮らしだから、かけるの部屋を使ってもらってもいいかもね。

男1：えー、たまに帰ってきた時に使うから、部屋残しといてよ。荷物も結構置いていくし。

女　：やっぱり、今、自分が使っている部屋がなくなるのは、誰だって嫌よね…。じゃ、さっきの案でいいんじゃない？　静かで、部屋自体は広いんだし。

男2：そうだね。そうしようか。

1번

이사를 할지 말지에 대해서 가족 셋이서 이야기하고 있어요.

남1 : 있잖아, 다음 달부터 할아버지, 할머니랑 같이 살잖아. 그러면 이사 안 가도 돼?

여 : 이사 같은 거, 그렇게 금방 쉽게 할 수 없어. 돈도 무지 들고.

남1 : 하지만, 할아버지와 할머니가 주무실 방이 없어. 좀 좁지만, 거실 옆 작은 일본식 방?

남2 : 음, 거실의 목소리가 그대로 들려서 좀 시끄럽지 않을까? 지금 창고로 쓰고 있는 방을 치우면…. 거기라면 넓기도 하고. 골프백이나 큰 것은 집 근처 대여 창고를 빌려서 넣으면 어떻게든…(될 거 같고).

여 : 그러네, 그리고 당신 방에 별로 없으니까, 당신 방이라든지….

남2 : 그건 좀 기다려…. 요즘, 집에서 일을 하는 날도 있으니까….

여 : 그럼, 가케루가 내년 봄부터 혼자 사니까, 가케루 방을 사용하면 좋을지도 모르겠네.

남1 : 에? 가끔 돌아왔을 때 사용하니까 (내)방은 남겨 둬. 짐도 꽤 두고 가고.

여 : 역시, 지금, 자신이 사용하고 있는 방이 없어지는 것은 누구라도 싫지…. 그럼, 아까 안으로 하면 되지 않을까? 조용하고 방 자체는 넓고.

남2 : 그렇네. 그렇게 할까?

おじいちゃんとおばあちゃんは、どの部屋を使うことになりますか。

1　リビングの横の和室
2　お父さんの部屋
3　荷物を置いている部屋
4　息子の部屋

할아버지와 할머니는 어느 방을 사용하게 됩니까?

1 거실 옆의 일본식 방
2 아버지 방
3 짐을 두고 있는 방
4 아들 방

해설 아버지나 아들 모두 각자의 방이 없어지는 것은 싫다고 했고, 물건을 두는 곳으로 사용했던 방이 넓어서 거기를 할아버지, 할머니 방으로 하면 된다고 했으니, 정답은 3번이다.

어휘 筒抜け ① (이야기나 비밀이)곧바로 누설됨 ② (이야기 소리 등이)그대로 들림 | 物置 ① 헛간 ② 곳간 ③ 광 | 倉庫 창고

2番 Track 2-5-02

娘とその母親が話しています。娘は卒業式に何を着ることにしましたか。

女1：ねえ、お母さんは大学の卒業式に何を着たの？
女2：ええ！ もう30年以上前だから、よく覚えていないけど…？ 黒か紺の制服みたいなスーツだったと思うわね。
女1：制服みたいなスーツって、リクルートスーツみたいのかしら？ 袴じゃないの？
女2：お母さんの頃は、袴ははかなかったと思うけど。アヤも卒業式まであと3か月ね。
女1：そう。そろそろ服装を決めないといけないと思っているとこ。
女2：ああ、そうね。アヤは、何が着たいの？
女1：うん、正直迷っているのよ。せっかくの人生の門出だから、リクルートスーツみたいのはちょっとね。
女2：ああ、そうか。でも、スーツに華やかなコサージュをつければ素敵になるわよ。
女1：そうかもね。でも、私としては、もう少し華やかにしたいのよ。
女2：そうしたら、振袖かパーティードレスかしらね。振袖は成人式の時、着たのがあるじゃない。パーティードレスだったら友人の結婚式に着ていったものでいいんじゃない。

2번

딸과 그 어머니가 이야기하고 있습니다. 딸은 졸업식에 무엇을 입기로 했습니까?

여1 : 있잖아, 엄마는 대학 졸업식 때 뭐 입었어?
여2 : 뭐! 벌써 30년 이상 전 일이라 잘 기억이 안 나는데…? 검정인가 감색 교복 같은 정장이었을 거야.
여1 : 교복 같은 정장이라면, 면접시험 정장 같은 건가? 하카마가 아니고?
여2 : 엄마 때는 하카마는 입지 않았던 것 같아. 아야도 졸업식까지 앞으로 석 달 남았네.
여1 : 맞아, 슬슬 복장을 정해야겠다고 생각하고 있는 중.
여2 : 아, 그래? 아야는 뭐 입고 싶어?
여1 : 음, 솔직히 고민 중이야. 소중한 인생의 새로운 출발이니, 면접시험 정장같은 건 좀 별로.
여2 : 아, 그래? 그래도 정장에 화려한 코사지를 달면 멋있어질 텐데.
여1 : 그럴지도. 근데 나로서는 좀 더 화려하게 입고 싶어.
여2 : 그럼, 후리소데나 파티 드레스는 어때? 후리소데는 성인식 때 입었던 게 있잖아. 파티 드레스라면 친구 결혼식 때 입고 갔던 거면 되겠네.

女1：ああ、そうね。あの振袖も評判がよかったしね。でも、袴をはく人がほとんどみたいだし。
女2：一生に一度のことだから、思い出に残るものを着た方がいいと思うわよ。
女1：でも、袴にしたら、レンタルでも４万円くらいかかるらしいのよ。私、お金ないしな。
女2：へえ、そうなの。それは、しょうがないわね。そのくらいどうにかしてあげるわよ。
女1：え、ほんと。じゃ、皆と同じのに決めた。また、アルバイトして返すからね。
女2：いいわよ。

娘は卒業式に何を着ることにしましたか。

1 スーツ
2 袴
3 振袖の着物
4 パーティードレス

여1 : 아, 그러네. 그 후리소데도 평판이 좋았었고. 하지만, 하카마 입는 사람이 대부분일 것 같아.
여2 : 평생에 한 번 있는 일이니까, 추억에 남을만한 것을 입는 게 좋을 거야.
여1 : 그런데 하카마는 렌탈이라도 4만 엔쯤 하는 것 같아. 나 돈도 없는데.
여2 : 아, 그래? 그럼, 할 수 없구나, 그 정도라면 어떻게든 해 줄게.
여1 : 아, 진짜? 그럼, 다른 친구들과 같은 거로 정했어. 다시 아르바이트해서 갚을 테니까.
여2 : 괜찮아.

딸은 졸업식에 무엇을 입기로 하였습니까?

1 정장
2 하카마
3 후리소데 기모노
4 파티 드레스

해설 대화 중에 정장과 후리소데, 드레스도 나왔지만, 대부분이 하카마를 입을 거라고 했고, 딸도 하카마를 입고 싶어 하고 있다. 하지만 비싼 렌탈비 때문에 망설이자 엄마가 그 비용을 내주겠다고 했고, 딸도 친구들과 같은 거로 정했다고 했으므로 하카마를 입는다.

「リクルートスーツ」는 취업활동 중의 학생들이 회사를 방문하거나 취직시험 때 입는 수수한 정장을 말한다.

어휘 **迷う** 결단을 내리지 못하다, 헤매다 | **せっかく** 모처럼, 기껏 | **門出** 출발, 집(길)을 떠남| **評判** 평판

3번

먼저 이야기를 들으세요. 그리고 두 개의 질문을 듣고, 각각 문제용지의 1~4 중에서 가장 적당한 것을 하나 고르세요.

3番 Track 2-5-03

テレビで男の人が話しています。

男1：日本の夏は本当に蒸し暑いです。そこで今日は、快適な夏を過ごすために、クーラーに頼りすぎない方法をご紹介しますので、ぜひ実践してみましょう。まず、一番目の方法は氷枕や保冷剤をタオルやハンカチで巻きます。それを、首や脇、股に挟むことで体が涼しく感じられます。２番目は風呂上がりに足を冷水につける方法です。入浴後に汗を引かせるには、最後に足を冷水につけると効果的です。３番目は熱を下げる食べ物を摂ることです。トマトやキュウリなどの夏野菜を食べるのも夏のほてった体温を下げる一つの方法です。それらは、カリウムと水分を多く含むので、利尿作用があり、尿を出すことで体の体温を下げる効果があります。最後４番目はエアコンの除湿機能を使うのも暑さ対策には効果的です。湿度が１０％下がると体感温度が１度下がります。

⋮

男2：クーラーだけに頼らなくても、涼しくするいろいろな方法があるんだよね。

女　：ホントね。私はお風呂から出た後、すぐにクーラーのガンガン効いた部屋に入っていたわ。

男2：うん、僕もだよ。足に冷たい水をかければいいんだね。

女　：うん、気がつかなかったわ。私は、今日からはじめるわ。

男2：うん、僕は外気温が３４度ぐらいでも、冷房の温度を２４度くらいに設定しているんだ。

女　：それは、身体によくないわよ。除湿にした方がいいわよ。

3번

텔레비전에서 남자가 이야기하고 있습니다.

남1 : 일본의 여름은 정말로 푹푹 찝니다. 그래서 오늘은 쾌적한 여름을 보내기 위해, 에어컨에 지나치게 의존하지 않는 방법을 소개해 드릴 테니, 꼭 실천해 봅시다. 우선, 첫 번째 방법은 얼음베개나 보냉제를 수건이나 손수건으로 쌉니다. 그것을 목이나 옆구리, 가랑이 사이에 끼우는 것으로 몸이 시원하게 느껴집니다. 두 번째는 목욕을 마친 후 발을 냉수에 담그는 방법입니다. 입욕 후에 땀을 멈추게 하려면 마지막에 발을 냉수에 담그면 효과적입니다. 세 번째는 열을 내리는 음식을 섭취하는 것입니다. 토마토나 오이 등의 여름 채소를 먹는 것도 여름철 뜨거워진 체온을 낮추는 한 방법입니다. 이런 채소들은 칼륨과 수분을 많이 포함하고 있어 이뇨작용이 있으며, 소변을 배출하여 몸 체온을 낮추는 효과가 있습니다. 마지막 네 번째는 에어컨의 제습기능을 사용하는 것도 더위대책에는 효과적입니다. 습도가 10% 떨어지면 체감온도가 1도 내려갑니다.

⋮

남2 : 에어컨에만 의존하지 않아도 시원하게 하는 다양한 방법이 있구나.

여　: 정말이야. 나는 목욕하고 나온 후, 바로 에어컨이 펑펑 나오는 방에 들어가는데.

남2 : 응, 나도 그래. 발에 차가운 물을 뿌리면 좋나봐.

여　: 응, 몰랐네. 나는 오늘부터 시작해야지.

남2 : 응, 나는 바깥 기온이 34도 정도라도 냉방 온도를 24도 정도로 설정하고 있어.

여　: 그건 몸에 안 좋아. 제습하는 게 좋아.

男2：そうだね。今日からそうするよ。

남2 : 그러네. 오늘부터 그렇게 할 거야.

質問 1

女の人はどんな方法を取り入れると言っていますか。

1 保冷材を使う
2 足を冷水につける
3 夏野菜をとる
4 除湿機能を使う

질문1

여자는 어떤 방법을 취하겠다고 말하고 있습니까?

1 보냉제를 사용한다
2 발을 찬물을 담근다
3 여름 채소를 섭취한다
4 제습기능을 사용한다

質問 2

男の人はどんな方法を取り入れると言っていますか。

1 保冷材を使う
2 足を冷水につける
3 夏野菜をとる
4 除湿機能を使う

질문2

남자는 어떤 방법을 취하겠다고 말하고 있습니까?

1 보냉제를 사용한다
2 발을 찬물을 담근다
3 여름 채소를 섭취한다
4 제습기능을 사용한다

해실 질문 1 : 여자는 발에 물을 뿌리면 효과가 있다는 말에 당장 오늘부터 시작하겠다고 했다.
질문 2 : 남자는 평소 에어컨 온도를 낮게 설정하였으나, 여자의 제습기능을 써 보란 말에 오늘부터 그렇게 하겠다고 했다.

어휘 **蒸し暑い** 무덥다 | **快適だ** 쾌적하다 | **実践** 실천 | **保冷剤** 보냉제 | **挟む** 끼우다, 사이에 두다 | **汗を引く** 땀이 식다 | **ほてる** 화끈해지다, 달아오르다 | **利尿作用** 이뇨작용 | **除湿機能** 제습기능 | **対策** 대책 | **湿度** 습도 | **体感温度** 체감온도 | **ガンガン** ① 에너지를 마구 쓰는 모양, 활활, 펑펑 ② 잔소리를 시끄럽게 하는 모양 | **設定** 설정

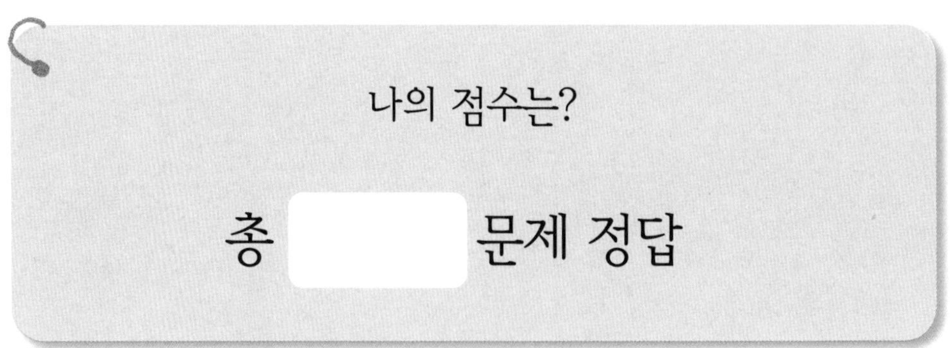

혹시 부족한 점수라도 실망하지 말고 해설을 보며 다시 확인하고 틀린 문제를 다시 풀어보세요. 실력이 점점 쌓여갈 것입니다.

JLPT N1 제3회 실전모의고사 정답

3회

1교시 언어지식(문자·어휘)

- 문제 1: [1] 3 [2] 4 [3] 1 [4] 2 [5] 2 [6] 3
- 문제 2: [7] 2 [8] 3 [9] 1 [10] 2 [11] 3 [12] 1 [13] 3
- 문제 3: [14] 4 [15] 2 [16] 3 [17] 2 [18] 2 [19] 4
- 문제 4: [20] 3 [21] 1 [22] 2 [23] 4 [24] 1 [25] 1

1교시 언어지식(문법)

- 문제 5: [26] 4 [27] 2 [28] 2 [29] 3 [30] 2 [31] 2 [32] 4 [33] 3 [34] 2 [35] 3
- 문제 6: [36] 4 [37] 2 [38] 1 [39] 1 [40] 1
- 문제 7: [41] 2 [42] 3 [43] 1 [44] 1

1교시 언어지식(독해)

- 문제 8: [45] 2 [46] 1 [47] 3 [48] 3
- 문제 9: [49] 2 [50] 3 [51] 1 [52] 2 [53] 2 [54] 4 [55] 1 [56] 2
- 문제 10: [57] 1 [58] 2 [59] 4
- 문제 11: [60] 3 [61] 1
- 문제 12: [62] 2 [63] 4 [64] 1
- 문제 13: [65] 2 [66] 4

2교시 청해

- 문제 1: [1] 4 [2] 2 [3] 1 [4] 2 [5] 3
- 문제 2: [1] 3 [2] 2 [3] 3 [4] 1 [5] 2 [6] 1
- 문제 3: [1] 2 [2] 3 [3] 2 [4] 1 [5] 3
- 문제 4: [1] 1 [2] 2 [3] 3 [4] 1 [5] 2 [6] 3 [7] 1 [8] 2 [9] 3 [10] 1 [11] 3
- 문제 5: [1] 1 [2] 2 [3] 1 1 2 3

3회 실전모의고사 해설

1교시 언어지식(문자·어휘)

문제 1 ______의 단어의 읽는 법으로 가장 적당한 것을 1・2・3・4에서 하나 고르세요.

1 人並み以上にすぐれた才能を持った、十年に一人の逸材だ。
1 じんざい　2 にんざい　3 いつざい　4 じつざい
남다른 뛰어난 재능을 지닌, 십 년에 한 명 나오는 인재다.

어휘 人並(ひとな)み ① 보통 정도 ② 남과 같음 | 優(すぐ)れる 뛰어나다, 빼어나다 | 逸材(いつざい) ① 뛰어난 재능 ② 뛰어난 인물

2 その人質事件で15人もの犠牲者が出た。
1 にんしつ　2 じんしつ　3 ひとしち　4 ひとじち
그 인질 사건으로 15명이나 희생자가 나왔다.

어휘 人質(ひとじち) 인질(*「質」 발음에 주의한다) ▶ 質屋(しちや) 전당포 | 犠牲者(ぎせいしゃ) 희생자

3 選手全員、初優勝の喜びに浸っている。
1 ひたって　2 まさって　3 こって　4 おとって
선수 전원, 첫 우승의 기쁨에 잠겨 있다.

어휘 浸(ひた)る ① (온천·기쁨·슬픔·추억·술 등에)잠기다, 빠지다 ② 침수되다 | 勝(まさ)る 우수하다 | 凝(こ)る 열중하다 | 劣(おと)る 뒤떨어지다

4 芳しい香りに心が引かれたり、癒されたりする人もいる。
1 なやましい　2 かんばしい　3 いちじるしい　4 うっとうしい
향긋한 향기에 마음이 끌리거나 치유되는 사람도 있다.

어휘 芳(かんば)しい 향기롭다, 향긋하다 | 心(こころ)が引(ひ)かれる 마음이 끌리다 | 癒(いや)す 병이나 상처를 치료하다 | 悩(なや)ましい 괴롭다 | 著(いちじる)しい 뚜렷하다, 현저하다 | 鬱陶(うっとう)しい 마음이 울적하고 밝지 않다

5 いつの時代も若者が使う流行語は瞬く間に廃れるものだ。
1 おもむく　2 またたく　3 あやうく　4 ともかく
어느 시대나 젊은이들이 쓰는 유행어는 순식간에 쇠퇴하기 마련이다.

어휘 瞬く間に 눈 깜짝할 사이에, 순식간에 | 廃れる ① 쓰이지 않게 되다 ② 쇠퇴하다 | 赴く (목적지로)가다 | 危うく ① 가까스로 ② 하마터면 | ともかく 어쨌든

6 彼は建築業界の腐敗した実態を<u>暴露</u>した。

1 ぼうろ　2 ぼうろう　3 ばくろ　4 ばくろう

그는 건축업계의 부패된 실태를 폭로했다.

어휘 腐敗 부패 | 暴露 폭로 ✚「暴」은 보통「ぼう」로 읽는데, '폭로'만은 예외로「ばく」로 읽는다. ▶ 暴言 폭언

문제 2 (　　　) 안에 들어갈 가장 적당한 것을 1 · 2 · 3 · 4에서 하나 고르세요.

7 世界的なエネルギー需給の緩和で、石油、天然ガスがかなり（　　　）いる。

1 くいちがって　2 だぶついて　3 いどんで　4 しいて

세계적인 에너지 수급의 완화로 석유, 천연가스가 상당히 남아돌고 있다.

어휘 需給 수급 | 緩和 완화 | だぶつく (돈, 물건 등이)남아돌다, (옷 등이 커서)헐렁거리다 | 食い違う 엇갈리다 | 挑む 도전하다 | 敷く 깔다

8 愛犬が首をかしげたり、私に手を乗せたりする（　　　）はもうかわいくてたまらない。

1 しかけ　2 しずく　3 しぐさ　4 しつけ

반려견이 고개를 갸웃거리거나 나에게 손을 얹거나 하는 행동은 정말 귀여워서 참을 수 없다.

어휘 首をかしげる 고개를 갸웃하다 | しぐさ 하는 짓, 태도 | もう 자신의 판단이나 감정 등을 강조하는 기분을 나타내는 말, 감탄사적으로 사용 | ~てたまらない ~한 강한 감정이 일어나 참을 수 없다 | 仕掛け ① 하기 시작함 ② 방법 ③ 장치 | 滴 물방울 | 躾 · 仕付け 가정교육, 훈육

9 高齢者は舌や口周りの筋肉が低下して、食事中に（　　　）やすくなるそうだ。

1 むせ　2 さばき　3 くち　4 つわり

고령자는 혀나 입 주위의 근육이 저하되어, 식사 중에 사레 걸리기 쉬워진다고 한다.

어휘 むせる ① (음식물·눈물·연기·향기 등으로 인해)목이 막히는 것처럼 느끼다 ② 슬픔이나 기쁨으로 마음이 메다 | 裁く ① 시비를 가리다 ② 심판하다 | 朽ちる ① 썩다 ② 쇠퇴하다 | つわる ① 싹트다 ② 입덧하다

10 日本では、人の家に招待された時、話題がなくなったのが一つの目安だろうが、帰宅の頃合いを（　　　）のは難しい。

1 みならう　2 みはからう　3 みわたす　4 みのがす

일본에서는 남의 집에 초대받았을 때, 화제가 없어지는 것이 하나의 기준이겠지만, 귀가할 적당한 때를 가늠하기란 어렵다.

어휘 目安 기준, 목표 | 頃合い 적당한 시기나 정도 | 見計らう (적당한 시기, 타이밍 등을)가늠하다, 고르다

11 （　　　）のいい写真を撮るためには構図を考えたり、彩度を調整したりする必要がある。

1 みあて　2 みあわせ　3 みばえ　4 みおさめ

보기 좋은 사진을 찍기 위해서는 구도를 생각하거나 채도를 조정할 필요가 있다.

어휘 見栄え 겉보기가 좋은 것 | 構図 구도 | 彩度 채도 | 見当て 가는 방향의 표식, 목표 | 見合わせ ① 서로 바라봄 ② 이것저것 비교함 ③ 사정을 고려해 실행하는 것을 삼가함 | 見納め 마지막으로 봄

12 彼は記者会見でも通訳なしに英語を聴き取りながら流暢に話せる、語学が（　　　）人だ。

1 堪能な　2 突飛な　3 寛大な　4 高慢な

그는 기자회견에서도 통역 없이 영어를 들으며 유창하게 말할 수 있는 어학이 뛰어난 사람이다.

어휘 流暢だ 유창하다 | 堪能だ 뛰어나다, 통달하다 | 突飛だ 엉뚱하다, 별나다 | 寛大だ 관대하다 | 高慢だ 교만하다

13 祖父は、花壇や庭木の周りの雑草を、こまめに手で（　　　）のを日課にしている。

1 さらう　2 こだわる　3 むしる　4 そそぐ

할아버지는 화단과 정원수 주변 잡초를 바지런히 손으로 뽑는 것을 일과로 삼고 있다.

어휘 こまめに 바지런히 | むしる 뽑다, 잡아뽑다 | さらう 채다, 휩쓸다 | こだわる 구애되다 | そそぐ 헹구다

문제 3 ________의 단어의 의미가 가장 가까운 것을 1・2・3・4에서 하나 고르세요.

14 新人賞を受賞したこともあって、確かに私はあの時うぬぼれていたかもしれない。

1 じこまんぞくで　2 じこあんじで　3 うちあがって　4 おもいあがって

신인상을 받은 것도 있어서, 확실히 나는 그때 자만해 있었을지도 모르겠다.

어휘 うぬぼれる 자부하다, 자만하다 | 思い上がる 우쭐하다, 자만하다 | 自己満足 자기만족 | 自己暗示 자기암시 | 打ち上がる 낮은 데서 높은 데로 가다, (지위, 벼슬 등이)높아지다

15 今年の春闘でも、賃上げをめぐる労使交渉が山場を迎えている。

1 重大な危機　2 重大な局面　3 重大な役割　4 重大な結果

올해 춘투에서도 임금 인상을 둘러싼 노사교섭이 고비를 맞고 있다.

어휘 春闘 매년 봄에 행하는 노사 임금 교섭 | 山場 고비, 절정 | 局面 국면 | 役割 역할

16 この花が行き渡るように咲き誇った草原は、あまねく鮮やかな色が広がった。

1 おおまか　2 ひととおり　3 いたるところに　4 あしからず

이 꽃이 널리 화려하게 핀 초원은 모두 선명한 색이 펼쳐졌다.

어휘 行き渡る 골고루 미치다, 널리 퍼지다 | 咲き誇る 꽃이 화려하게 한창 피다 | 草原 초원 | あまねく (빠짐없이 모든 것에 미치고 있음)널리, 빠짐없이 | 鮮やかだ 선명하다 | 至る所 모든 곳 | 大まかだ 대략적이다, 대충이다 | 一通り 한 번 지나가는 것, 대강, 대충 | あしからず ① 달리 생각 마시도록 ② 나쁘게 생각 마시고

17 長引く不況の影響で、日本の中小企業は軒並み経営不振に陥っている。

1 深刻な　2 一様に　3 すでに　4 はやくも

길어지는 불황의 영향으로 일본의 중소기업은 모두 경영 부진에 빠져 있다.

어휘 軒並み 일제히, 모두, 집집마다 | ～に陥る (안 좋은 것)에 빠져 있다 | 一様に 한결같이, 똑같이

18 仕返ししたいと思ったこともあったが、今はその気持ちがすでに薄れてきた。

1 はんじょう　2 ふくしゅう　3 しくみ　4 おんがえし

보복하고 싶다고 생각한 적도 있었지만, 이제는 그 마음이 이미 사그라졌다.

어휘 仕返し 다시 함, 보복, 복수 | 薄れる 엷어지다, 줄어들다, 희미해져 가다 | 復讐 복수 | 繁盛 번성 | 仕組み 짜임새, 구조, 방법 | 恩返し 은혜를 갚음

19 政府は、どこにいつごろ、どんな規模の町を造るのか、おおまかな構想だけでも被災地の住民に早く示すべきだ。

1 むちゃな　2 だいたんな　3 こまやかな　4 大体の

정부는 어디에 언제쯤, 어떤 규모의 마을을 만들 것인가, 대략적인 구상만이라도 피해지 주민에게 빨리 제시해야 한다.

어휘 おおまかな 대략적인 ▶ おおよそ 대강, 대충 | むちゃな 터무니 없는 | 大胆な 대담한 | 細やかな 세세한

문제 4 다음 단어의 사용법으로 가장 적당한 것을 1・2・3・4에서 하나 고르세요.

20 四六時中 늘, 항상

1 長引く不況のなかで、百貨店の閉店ラッシュが四六時中本格化してきた。
2 今日のDNA鑑定は、以前と比べれば技術が向上し、精度も四六時中高まった。
3 今どきの若者は、路上でも電車でも四六時中携帯をのぞき込んでいる。
4 この料理は、見た目は作るのが難しそうですが、作り方は四六時中シンプルです。

1 계속되는 불황 속에서 백화점 폐점 러시가 항상 본격화되기 시작했다.
2 오늘날의 DNA 감정은 이전과 비교하면 기술이 향상되었고, 정확도도 항상 높아졌다.
3 요즘 젊은이들은 길 위에서도 전철에서도 항상 휴대전화를 들여다보고 있다.
4 이 요리는 보기에는 만들기 어려울 것 같지만, 만드는 방법은 항상 간단합니다.

해설 「四六時中」는 원래 '온종일'이란 뜻인데, '늘, 항상'이란 뜻으로 잘 쓰인다. 1번은 「いよいよ 드디어, 결국」, 2번은 「格段に 현격히」, 4번은 「いたって 극히, 매우」가 들어가야 문맥이 맞게 된다.

어휘 閉店ラッシュ 폐점 러시 | 鑑定 감정 | 精度 정밀도 | のぞき込む 들여다보다 | 見た目 보기, 겉보기

21 お門違い 잘못 짚음

1 人にそんな無礼なことを要求するなんて、お門違いも甚だしい。
2 時と場合によっては、お門違いの服装をした人は常識知らずと思われやすい。
3 クラスメートの中に自分は何をしてもかわいいと言っている自信過剰なお門違いの女の子がいて困る。
4 次の画像を見ると、脳というのはいい加減なものでお門違いを起こしやすいものだというのが分かる。

1 남에게 그런 무례한 요구를 하다니, 너무 심하게 잘못 짚었다.
2 때와 경우에 따라서는 잘못 짚은 복장을 한 사람은 몰상식하다고 생각되기 쉽다.
3 반 친구 중에 자신은 뭘 해도 귀엽다고 하는 자신과잉인 잘못 짚는 여자아이가 있어 난처하다.
4 다음 화상을 보면, 뇌라고 하는 것은 대충이어서 잘못 짚음을 일으키기 쉽다는 것을 알 수 있다.

해설 「お門違い」는 '착각, 잘못 짚음, 번지수가 틀렸음(실수로 남의 집에 갔다는 의미에서 나온 용법)'이란 의미가 있다. 반대 표현으로는 「的確だ 적확하다, 적절하고 정확하다」가 있다.

어휘 甚だしい (정도가)심하다, 대단하다 | 自信過剰 자신과잉

22 すがる 의지하다, 매달리다

1 北九州市は公害を克服し、「環境未来都市」に選ばれるほどの変化をすがった。
2 日本は諸外国に比べてドナーが少なく、患者は海外移植にすがるしかないという。
3 大手銀行では通常、返済が少しでもすがると、様々な措置を講じる。
4 多くの自動車メーカーは、エコカーの生産に相次いですがっている。

1 기타큐슈시는 공해를 극복하고, '환경미래도시'로 선정될 정도의 변화를 의지했다.
2 일본은 여러 외국에 비해 장기 기증자가 적어, 환자는 해외 이식에 의지할 수밖에 없다고 한다.
3 대형 은행에서는 통상, 상환이 조금이라도 의지하면 여러가지 조치를 강구한다.
4 많은 자동차 업체들은 친환경차 생산에 잇달아 의지하고 있다.

해설 「すがる」는 '의지하다, 매달리다'는 뜻으로, 보통 「～にすがる」로 쓰인다. 1번은 「遂げる 이루다, 달성하다」, 3번은 「滞る 밀리다, 막히다, 정체하다」, 4번은 「乗り出す 적극 나서다」가 들어가야 문장이 자연스럽게 된다.

어휘 諸外国 여러 외국 | ドナー 장기 기증자 | 大手銀行 대형 은행 | 通常 통상 | 返済 상환 | 措置を講じる 조치를 강구하다

23 告げ口 고자질

1 生活が苦しく保険料を納められない人のために、保険料を告げ口する制度がある。
2 初めて日本に来た時、日本の風呂の熱さに告げ口したことがある。
3 教育現場の実情をしっかり告げ口し、それに見合う政策を進めなければならない。
4 どの職場にも、職員同士の会話を上司に告げ口する社員が少なからずいます。

1 생활이 어려워 보험료를 납부하지 못하는 사람을 위해, 보험료를 고자질하는 제도가 있다.
2 처음 일본에 왔을 때, 일본 목욕탕의 뜨거움에 고자질한 적이 있다.
3 교육 현장의 실정을 제대로 고자질하고, 그에 알맞은 정책을 추진해야 한다.
4 어느 직장에나 직원끼리의 대화를 상사에게 고자질하는 사원이 적지 않게 있습니다.

해설 「告げ口」는 '고자질, 일러바침'이란 뜻이다. 1번은 「免除 면제」, 2번은 「仰天 매우 놀람」, 3번은 「把握 파악」이 들어가야 문맥이 맞게 된다.

어휘 納める (세금 등을)납부하다 | 実情 실정 | 見合う 알맞다, 걸맞다 | 少なからず 적지 않게

24 込み入る (사건의 성격, 물건의 고조 등이)복잡하게 얽히다

1 相手にあなたの込み入った事情をいちいち説明する必要はないと思う。
2 年末は仕事で込み入って、目が回るほど忙しい。
3 大事な試合に負けてしまい、涙が込み入ってきた。
4 この時期になると、帰省ラッシュで空港はとても込み入る。

1 상대에게 당신의 복잡하게 얽힌 사정을 일일이 설명할 필요는 없다고 생각한다.
2 연말에는 일이 복잡하게 얽혀서, 눈이 핑핑 돌게 바쁘다.
3 중요한 시합에서 져서, 눈물이 복잡하게 얽히기 시작했다.
4 이 시기가 되면, 귀성 러시로 공항은 몹시 복잡하게 얽힌다.

3회

해설 2번과 같은 일이나 직업에는 「込み入る」를 쓰지 않는다. 2번은 「忙しくて 바빠서」, 3번은 「こみ上げてきた 복받쳐 올라왔다」, 4번은 「混雑している 혼잡하다」로 바꿔야 자연스러운 문장이 된다.

어휘 帰省ラッシュ 귀성 러시

25 有頂天 몹시 기뻐 어쩔 줄 모름

1 弟は念願の司法試験に合格して<u>有頂天</u>になっている。

2 自分の能力を過信していつも偉そうに発言している人のことを<u>有頂天</u>と言う。

3 自分の腕を自慢しながら<u>有頂天</u>になるのもいい加減にしてほしい。

4 老後の人生は小さなことにくよくよしないで<u>有頂天</u>に送りたい。

1 동생은 염원하던 사법시험에 합격해 <u>몹시 기뻐 어쩔 줄 몰라</u>하고 있다.

2 자신의 능력을 과신하여 언제나 잘난 척 발언하는 사람을 <u>몹시 기뻐 어쩔 줄 모름</u>이라고 한다.

3 자신의 솜씨를 자랑하며 <u>몹시 기뻐 어쩔 줄 몰라</u>하는 것도 적당히 좀 했으면 한다.

4 노후 인생은 사소한 일에 끙끙대지 말고 <u>몹시 기뻐 어쩔 줄 몰라</u>하며 보내고 싶다.

해설 주로 「有頂天になる 몹시 기뻐 어쩔 줄 모르게 되다」의 형태로 쓰인다. 2번은 「傲慢物 오만자」, 3번은 「いい気になる 우쭐대다」, 4번은 「のんびりと 한가로이」로 바꿔야 자연스러운 문장이 된다.

어휘 くよくよ 사소한 일을 늘 걱정하는 모양, 끙끙

1교시 언어지식(문법)

문제 5 다음 문장의 (　　　) 에 들어갈 가장 적당한 것을 1 · 2 · 3 · 4에서 하나 고르세요.

26 私としては「ふぐは他に比べ物がないほどうまいものだ」と断言して（　　　）。

1 極まり無い　2 かなわない　3 あるまい　4 はばからない

나로서는 '복어는 달리 비교 대상이 없을 만큼 최고의 맛이다'라고 자신 있게 단언한다.

문법포인트! ⊙ ~と言って(言い切って / 断言して)はばからない：
서슴지 않고(거리낌 없이, 자신 있게) 말하다, 잘라 말하다, 단언하다

어휘 断言 단언 | 極まり無い ~하기 짝이 없다

27 あの有名人の発言は撤回や謝罪をしても、ネット上で大きな波紋を呼ぶことは想像（　　　）。

1 にはあたらない　2 にかたくない　3 にはおよばない　4 にたえない

그 유명인의 발언은 철회나 사과를 해도, 인터넷상에서 큰 파문을 일으킬 것은 쉽게 상상할 수 있다.

문법포인트! ⊙ 동사(사전형) / 명사+にかたくない：쉽게 ~할 수 있다
✚「想像 상상, 理解 이해, 推測 추측」와 같은 단어와 주로 접속한다.

어휘 撤回(てっかい) 철회 | 謝罪(しゃざい) 사죄 | 波紋(はもん)を呼(よ)ぶ 파문을 불러일으키다 | ～にはあたらない ~할 필요가 없다, ~에 해당되지 않다

28 普段から大変お世話になっている上司の頼みだから、断る（　　）断れない。
1 も　　2 に　　3 を　　4 で
평소부터 크게 신세 지고 있는 상사의 부탁이기 때문에 거절할려야 거절할 수 없다.

문법포인트! ⊘ 동사기본형に동사ない：~할려야 ~할 수 없다「言(い)うに言(い)えない 말하려야 말할 수 없다」
✚ 유사문법「동사ようにも동사ない」도 함께 기억하자.「歩(ある)こうにも歩(ある)けない 걸으려야 걸을 수 없다」
어휘 普段(ふだん)から 평소부터 | 上司(じょうし) 상사 | 頼(たの)み 부탁 | 断(ことわ)る 거절하다

29 きのうは会社でリストラに遭う（　　）、雪道で転んで手首を折る（　　）、散々な１日だった。
1 だの / だの　　2 なり / なり　　3 わ / わで　　4 かれ / かれ
어제는 회사에서 정리해고 당해, 눈길에 넘어져서 손목 부러져, 엉망진창인 하루였어.

문법포인트! ⊘ 동사(보통형) / イ형용사(보통형) / ナ형용사(보통형)＋わ＋동사(보통형) / イ형용사(보통형) / ナ형용사(보동형)＋わで：~하고 ~하고 (나쁜 일, 좋지 않은 일이 한꺼번에 일어나서 곤란한 심정을 나타냄)
어휘 雪道(ゆきみち) 눈길 | 手首(てくび) 손목 | 散々(さんざん)だ 사물의 결과나 상태가 몹시 나쁘다

30 隣りの部屋から毎日のように大きい音が聞こえて、うるさい（　　）って苦情を言ってみたが、むだだった。
1 のなりの　　2 のなんの　　3 のばかりに　　4 のはおろか
옆방에서 매일같이 큰 소리가 들려, 너무 시끄럽다고 컴플레인해 보았으나, 소용없었다.

문법포인트! ⊘ ～のなんの：특별한 의미 없이, 앞의 단어를 강조하는 표현이다.
「うるさいのなんの = とてもうるさい」
어휘 苦情(くじょう) 불평, 불만

31 高額を寄付をしても、節税のためならば、その行為は称賛（　　）。
1 にとどまらない　　2 にあたらない　　3 にたえない　　4 にいうまでもない
고액을 기부해도 절세를 위해서라면, 그 행위는 칭찬할 필요는 없다.

문법포인트! ⊘ 동사기본형 / する동사의 명사형＋に(は)あたらない：[동사]할 필요는 없다, [동사]하지 않아도 좋다
어휘 寄付(きふ) 기부 | 称賛(しょうさん)する 칭찬하다

32 (不在通知メールで)

ご注文の品をお届けに (　　　) が、不在のため持ち帰りました。ご確認ください。

1 お越しになりました　　2 頂戴しました
3 存じました　　4 あがりました

(부재 통지 문자에서)

주문하신 물건을 배달하러 찾아뵈었습니다만, 부재중이라 가지고 돌아왔습니다. 확인 부탁드립니다.

문법포인트! 「あがる」에는 여러 가지 용법이 있는데, 그중에 「行く・訪ねる」의 겸손어 용법이 있다. 문제처럼 택배 배송 또는 비즈니스 장면에서도 자주 쓰이니 잘 기억해 두기 바란다.

예 ご報告にあがります。보고하러 찾아뵙겠습니다.

어휘 不在通知メール 부재 통지 문자 | 品 물건, 상품 | 届ける 배달하다 | 不在 부재 | 持ち帰る 갖고 돌아오다 | 確認 확인

33 事件の真実を明らかに (　　　)、あらゆる手を尽さなければならない。

1 するんのために　2 しようために　3 せんがために　4 してんために

사건의 진실을 밝히기 위해 모든 방법을 동원해야만 한다.

문법포인트! 동사ない형＋んがため(に) : ~하기 위해(서)

「동사기본형 + ため(に)」의 문어적인 표현으로, '꼭 실현하고 싶은 목적을 갖고 어떤 일을 한다'라는 의지의 표현을 나타낸다. 뒤에는 의뢰나 명령을 나타내는 문장은 오지 않는다.

✚「する」는 예외로 「せんがため」로 바뀐다.

어휘 あらゆる 모든 | 手を尽す 온갖 수단을 다하다

34 (電話で)

石田：御社にご説明に (　　　) と思いますが、明日のご都合はいかがでしょうか。

太田：あ、午後２時以降ならいつでも大丈夫ですよ。

1 うかがっていただきたい　　2 うかがわせていただきたい
3 うかがってくれたい　　4 うかがわせてくれたい

이시다 : 귀사에 설명드리러 찾아 뵙고 싶습니다만, 내일의 사정은 어떠실런지요?

오　타 : 아, 오후 2시 이후라면 언제든지 괜찮습니다.

문법포인트! ~(さ)せてもらう(いただく) : 허가를 요청할 때 사용하는 표현으로, 화자가 그 행위를 하겠다는 뜻이다. 「発表させていただきます 발표하겠습니다」

✚「~てもらう(いただく)」와 혼동해선 안 된다. 「~てもらう(いただく)」는 화자가 아니라 상대에게 어떤 행위를 해달라고 요구하는 표현이다. 「発表していただきます 발표해 주십시오」. 「うかがう 방문하다」는 화자가 본인의 행위를 낮추어 표현하는 겸손어이므로 절대로 상대에게 사용할 수 없다.

어휘 御社 귀사 | 都合 형편, 사정 | 以降 이후

35 ラリーでライバルと（　　　）の競争をする。
1 抜くつ抜かれるつ　2 抜くや抜かれるや
3 抜きつ抜かれつ　4 抜きや抜かれるや
랠리에서 라이벌과 앞서거니 뒤서거니 하는 경쟁을 하다.

문법포인트! ⊙ (A)동사ます형＋つ＋(B)동사ます형＋つ：
(A)[동사]하거니 (B)[동사]하거니, (A)[동사]하기도 하고 (B)[동사]하기도 하고
(A와 B는 서로 대립을 나타내는 동사이다.「行(い)きつ戻(もど)りつ 왔다 갔다」와 같이 관용적으로 쓰인다.)

어휘 競争(きょうそう) 경쟁

3회

문제 6 다음 문장의 ＿★＿에 들어갈 가장 적당한 것을 1·2·3·4에서 하나 고르세요.

36 冬は人通りが少なく ＿＿ ＿＿ ＿＿ ＿★＿ 恋人同士や買い物客で賑わう。
1 クリスマス　2 寂しい　3 季節だが　4 ともなると
겨울은 사람 왕래가 적고 쓸쓸한 계절이지만 크리스마스쯤 되면 커플들이나 쇼핑객으로 북적거린다.

정답문장 冬(ふゆ)は人通(ひとどお)りが少(すく)なく寂(さび)しい季節(きせつ)だがクリスマスともなると恋人同士(こいびとどうし)や買(か)い物客(ものきゃく)で賑(にぎ)わう。

문법포인트! ⊙ 명사＋ともなると：~이(가) 되면, ~쯤 되면 (구체적인 상태나 범위를 나타내는 명사 뒤에 붙는다.)

어휘 人通(ひとど)おり 인적, 사람 왕래 | ~同士(どうし) ~끼리

37 各国は青年の失業問題も ＿＿ ＿★＿、＿＿ ＿＿ ということを自覚している。
1 環境問題も　2 ことながら　3 大切だ　4 さる
각국은 청년 실업문제도 물론이지만, 환경문제도 중요하다는 것을 자각하고 있다.

정답문장 各国(かっこく)は青年(せいねん)の失業問題(しつぎょうもんだい)もさることながら、環境問題(かんきょうもんだい)も大切(たいせつ)だということを自覚(じかく)している。

문법포인트! 명사＋もさることながら：
[명사]도 물론이거니와, [명사]는 말할 것도 없고 (「A もさることながら B」로 쓰여 'A도 물론 ~하지만, B쪽이 더 ~하다'라는 뜻으로 사용된다. 즉 A보다는 뒤에 나오는 B쪽에 더 비중을 두는 용법이다.)

어휘 自覚(じかく) 자각

38 今の高齢者は大量消費文化を率先してきた世代 ＿＿ ＿★＿ ＿＿ ＿＿ もったいない精神を持っている世代でもある。
1 ながら　2 であり　3 昔の　4 一方で
지금의 고령자들은 대량 소비문화를 솔선해 온 세대이면서 한편으로는 예전의 아끼는 정신을 갖고 있는 세대이기도 하다.

정답문장 今の高齢者は大量消費文化を率先してきた世代でありながら一方で昔のもったいない精神を持っている世代でもある。

문법포인트! ⊘ ~ながら(~ながらも) : ~이면서(도), ~이지만 (역접) ✚「ながらも」는 무조건 역접이다.
접속 동사ます형 / い형용사 기본형 / な형용사 어간, な형용사 어간+であり/ 명사, 명사+であり +ながら(~ながらも)
✚「かってながら 실례를 무릅쓰고」,「陰ながら 마음으로나마」와 같이 관용적인 표현도 알아두자.

어휘 率先する 솔선하다 | 精神 정신

39 最近仕事の ＿＿＿ ＿＿＿、 ＿★＿ ＿＿＿ 手が回らないでいる。
1 育児を怠ったり 2 忙しさに 3 家事にまで 4 かまけて

요즘 일에만 정신이 팔려서 육아를 소홀히 하거나 집안일까지 신경을 못 쓰고 있다.

정답문장 最近仕事の忙しさにかまけて、育児を怠ったり家事にまで手が回らないでいる。

문법포인트! ⊘ 명사+にかまけて : ~에 신경 써서, ~에만 정신이 팔려서 (어떤 일로 바쁘거나 너무 열중해서 다른 일이 소홀해지고 있음을 나타낸다.)

어휘 怠る 소홀히 하다, 게을리 하다 | 手が回らない 주의나 돌봄이 충분히 미치지 않는다

40 働き手が増えれば ＿＿＿ ＿＿＿、 ＿★＿、 ＿＿＿ が伴う必要も出てくる。
1 そのためには食料増産や 2 生産力や購買力が高まり
3 教育、雇用の機会 4 経済が成長するが

일손이 늘어나면 생산력과 구매력이 높아져 경제가 성장하지만, 그러기 위해서는 식량 증산과 교육, 고용의 기회가 수반할 필요도 발생한다.

정답문장 働き手が増えれば生産力や購買力が高まり経済が成長するが、そのためには食料増産や、教育、雇用の機会が伴う必要も出てくる。

문법포인트! 맨 앞에서 '일손이 늘어나면'이라고 했는데, 일손이 늘어나면 2번 '생산력과 구매력이 높아져', 4번 '경제가 성장하지만'이 되어야 자연스러우므로 우선 2+4번을 연결할 수 있다. 그리고 맨 마지막에「~が伴う必要も出てくる」가 있는데, 선택지 중에 이 문장 앞에 올 수 있는 것은 3번뿐이므로, 1번은 3번 앞에 오게 된다. 완성하면 2+4+1+3이 되므로, 정답은 1번이다.

어휘 働き手 일손 | 生産力 생산력 | 購買力 구매력 | 高まる 높아지다 | 食料増産 식량 증산 | 伴う 수반하다, 동반하다

문제 7 다음 글을 읽고, 글 전체의 취지에 입각해서 41 ~ 44 안에 들어갈 가장 적당한 것을 1 · 2 · 3 · 4에서 하나 고르세요.

여러분은 스터디카페에 간 적이 있습니까?

사회인이 되어서도 각종 자격취득과 어학공부 등, 시간과 남의 눈을 의식하지 않고 공부할 수 있는 환경은 필요해집니다. 그리고 같은 자격을 목표로 하는 사람들끼리 정보를 교환하거나 동기부여가 높은 동료들과 교제함으로, 각각이 서로에게 자극을 받으면서 공부도 하고 싶겠지요. 그런 당신에게 스터디카페를 추천해 드리고 싶습니다.

물론 공부하는 공간을 제공하는 것만으로, 싸지도 않은 금액을 빼앗긴다고 생각하는 사람도 있을지도 모릅니다. 그러나 주말이나 일이 끝나고 나서, 잠깐 느긋한 기분으로(41) 카페에 가고 싶어도, 음식만이 목적이 아니기 때문에, 장시간의 이용은 남에게 민폐가 될 뿐만 아니라, 눈총받기(42) 쉽습니다. 싸지도 않은 금액을 빼앗기는데, 왜 도서관이나 공공시설을 이용하지 않느냐는 의견도 있습니다만, 그런 학습공간은 조조심야까지 열려 있지 않고, 모여 있는 사람들이 다종다양해서, 공부에 집중하기가 어려운 점도 있습니다.

스터디카페에서는 일반 카페와같이 온화한 기분이 될 수 있는 음악이 흐르며, 라운지에서 자유롭게 음료수를 마시거나 하며 회원들과 부담 없이 대화도 즐길 수 있습니다. 단순하게 생각하면, 이러한 환경은 공부를 방해하는 것이 아니냐고 생각하기 쉽습니다만, 도리어 쥐 죽은 듯 고요한 공간보다도 집중할 수 있고, 공부가 잘 안 돼서 곤란할 때(43)일수록 적당한 기분전환이 된다고 합니다. 또한 스터디카페란, 어학과 다양한 분야에서의 자격취득, 또는 새로운 비즈니스 찬스를 모색하고 있는 사람들끼리의 모임이기 때문에, 그 대화라는 것은 서로에게 유효한 정보로서의 의미가 큽니다. 따라서(44) 자습만으로는 얻을 수 없는 인간관계를 넓히는 장으로써의 역할도 지고 있다고 할 수 있겠지요.

이용하는 사람은 대부분 20대에서 30대로, 스터디나 사원끼리의 미팅 또는 세미나를 행합니다. 의욕을 계속 유지하며, 목표를 보다 용이하게 달성시키기 위해, 여러분도 꼭 한번 스터디카페를 이용해 보는 것은 어떨까요.

어휘 資格取得(しかくしゅとく) 자격취득 | 刺激(しげき) 자극 | 提供(ていきょう) 제공 | 公共施設(こうきょうしせつ) 공공시설 | 妨(さまた)げる 방해하다, 지장을 주다 | かえって 도리어, 오히려 | 静(しず)まり返(かえ)る 아주 조용해지다 | 気分転換(きぶんてんかん) 기분전환 | 模索(もさく) 모색 | 情報交換(じょうほうこうかん) 정보교환 | 継続(けいぞく) 계속

41

1 快い気持ちで　　2 ゆったりした気持ちで
3 暇をつぶしたい気持ちで　　4 時間を浪費してはいけない気持ちで

1 상쾌한 기분으로　　2 느긋한 기분으로
3 시간 보내고 싶은 기분으로　　4 시간을 낭비해선 안 된다는 기분으로

해설 '주말이나 일이 끝나고 나서, 잠깐 느긋한 기분으로 카페에 가고 싶어도, 음식만이 목적이 아니기 때문에, ~'라는 문장을 보면, 카페를 가는 이유가 음식이 아닌 공부에 있다는 것을 알 수 있다. 카페에 가는 이유가 편안한 시간에 느긋한 기분으로 공부를 하러 카페에 간다는 흐름이므로, 2번이 정답이다.

어휘 快(こころよ)い 기분이 좋다, 상쾌하다 | 暇(ひま)をつぶす 심심풀이로 시간을 보내다 | 浪費(ろうひ) 낭비

42 1 長居禁止だと思われ　2 勉強禁止だと思われ
3 白い目で見られ　4 見張りの目で見られ

1 오래 머물기 금지라고 생각되기　2 공부 금지라고 생각되기
3 눈총받기　4 감시의 눈으로 보이기

해설 바로 앞부분에서 '장시간의 이용은 남에게 민폐가 될 뿐만 아니라'라고 했다. 너무 오래 자리를 차지하고 있는 사람을 좋게 보지는 않을 것이기 때문에 '눈총받기 쉽다'라는 의미의 3번이 정답이 된다.

어휘 長居(ながい) 장시간 오래 있음 | 白(しろ)い目(め)で見(み)る 냉담한 눈으로 보다, 눈총주다 | 見張(みは)りの目(め)で見(み)る 감시하는 눈으로 보다

43 1 勉強がはかどらなくて困った時　2 勉強がはかどっている時
3 自由におしゃべりがしたい時　4 カフェのような雰囲気を味わいたい時

1 공부가 잘 안 돼서 곤란할 때　2 공부가 잘 될 때
3 마음대로 수다 떨고 싶을 때　4 카페와 같은 분위기를 맛보고 싶을 때

해설 앞 문장을 보면 스터디카페에 가서 음료를 마시거나 가벼운 대화를 나누는 것이 오히려 공부를 방해하는 환경이 되지 않을까 우려하는 의견도 있을 수 있지만, 쥐 죽은 듯이 고요한 환경보다는 오히려 집중할 수 있고, 공부가 진전이 안 돼서 곤란할 때 기분 전환이 된다는 문맥이 자연스러우므로, 정답은 1번이다.

어휘 はかどる 일이 순조롭게 되어 가다

44 1 したがって　2 まして　3 もしくは　4 なおさら

1 따라서　2 하물며　3 혹은　4 더욱더

해설 앞에서 '스터디카페란, 어학과 다양한 분야에서의 자격취득, 또는 새로운 비즈니스 찬스를 모색하고 있는 사람들끼리의 모임이기 때문에, 그 대화라는 것은 서로에게 유효한 정보로서의 의미가 크다'라고 했고, 뒤에는 '자습만으로는 얻을 수 없는 인간관계를 넓히는 장으로써의 역할도 지고 있다고 할 수 있겠지요'라고 했다. 이 사이에는「したがって」가 들어가야 연결이 자연스럽다.

 독해

문제 8 다음 (1)~(4)의 글을 읽고, 뒤에 나오는 질문에 대한 답으로 가장 적당한 것을 1 · 2 · 3 · 4에서 하나 고르세요.

(1)

회사에 대한 귀속의식과 업무 의욕을 높이는 수단으로, '영년근속 표창'이란 것이 있다. 장기근속자의 회사에 대한 공헌을 다른 사원에게도 널리 알리며, 회사에서 감사의 뜻을 표하는 것이다. 일반적으로는 근속 10년, 20년 같은 나누기 좋은 단락에 표창하는 케이스가 많다. 표창장과 함께 상응하는 기념품, 또는 금일봉, 혹은 두 가지가 수여된다. 최근 들어서는 해외여행권, 상품권 등, 보다 실리적인 기념품을 많이 볼 수 있게 되었다.

그러나 수도권에 있는 완구제작회사 스카이는 내년도부터 이 '영년근속 표창제도'를 중단하기로 발표했다. 이 회사에서는 매년 12월에 영년근속자를 표창하고, 상금과 여행권 등의 기념품을 선물하였으나, 그것을 내년도부터 폐지한다. 회사 측의 노림수는 사원의 의식개혁이라고. 사장 가네다 씨는 "'회사에 오래 근무하는 것이 회사에 공헌하는 것이다'라는 사고방식을 바꾸어, '업무 성과를 제일로 생각하는 사원이 되기를 바란다'"고 말하고 있다. 물론, 사장의 생각에도 일리가 있다고는 생각하지만, 여행권 같은 것은 가족여행에도 쓸 수 있는 것으로, 영년근속을 뒷받침해 준 가족을 위로하는 것이 된다. 이것으로 기업에 대한 가족의 이해를 깊게 해 주고, 나아가서는 사원의 의욕과도 이어질 거라는 면에서 생각한다면, 이 폐지 결정은 재검토해 주기 바란다.

45 '영년근속 표창제도'에 관한 설명으로 올바른 것은 어느 것인가?

1 현재 일본의 많은 기업은 '영년근속 표창제도'로 금품만을 증정하고 있다.
2 '영년근속 표창제도'로 여행권 등을 증정받으면 종업원의 의욕과도 이어지는 것 같다.
3 '영년근속 표창제도'의 폐지를 검토하고 있는 회사가 속출하고 있다.
4 최근 '영년근속 표창제도'의 존속이 의심되고 있으며, 필자도 폐지를 아쉬워하고 있다.

어휘 帰属意識 귀속의식 | 永年勤続表彰 영년근속 표창 | 貢献 공헌 | 披露 피로, 공표함 | 区切り 구분, 매듭 | 節目 단락 | 相応 상응 | 金一封 금일봉 | 授与 수여 | 玩具製作会社 완구제작회사 | 取りやめる 중지하다, 중단하다 | 廃止 폐지 | 狙い 목표, 노림수 | 改革 개혁 | 改める 고치다, 바꾸다 | 一理 일리 | 労う 위로하다, 치하하다 | ひいては 나아가서는 | 金品 금품 | 存続 존속 | 危ぶむ 의심하다, 위태롭게 여기다 | 惜しむ 아쉬워하다, 애석해하다

해설 본문 하단부에 있는 「ひいては社員の意欲にもつながるという面」이 힌트가 된다. 또한 4번 선택지는 스카이라는 회사가 영년근속 표창제도를 중단한다고 발표했을 뿐, 다른 모든 회사가 이 제도를 폐지하는 것이 아니므로 주의하자.

(2)

최근, 지정 장소에 자전거 대여 전용 주륜장을 설치하여, 자전거 공유 서비스를 개시하게 된 지자체가 증가하고 있다. 이 사업은 지역 교통의 편의성 향상을 비롯하여, 환경 보전, 지역 발전 등 다양한 목적이 있다. 특히, 가장 가까운 역에서 버스 등의 공공교통기관이 다니지 않는 장소로의 이동 등에 자전거를 이용할 수 있게 된다면, 필시 편리할 것이다. 그러나 이 사업은 좀처럼 잘 안 되고 있다고 한다. 그 배경에는 거리 곳곳에 넘쳐나는 개인 자전거를 어떻게 할 것인가라는 문제가 있다. 자전거 공유서비스를 개시하는 것으로, 지금도 부족한 주륜장 문제를 더욱 확대시키는 셈이 된다. 우선은 이 문제를 어떻게 해결할지에 관해 생각해야 한다.

46 필자는 자전거 공유 서비스를 실시하는 것에 대해 어떻게 생각하는가?

1 기존 자전거 문제 해결이 먼저이며, 자전거 공유 서비스는 나중에 다시 생각해야 한다.
2 자전거 공유 서비스에는 여러 가지 문제가 있으므로, 당분간 실시할 필요는 없다.
3 자전거 공유 서비스는 장점이 많으므로, 지금 당장 실시해야 한다.
4 장점이 많은 자전거 공유 서비스를 실시하면, 지금 있는 문제도 해결할 수 있다.

어휘 指定箇所 지정 장소 | 貸出専用駐輪場 대여 전용 주륜장 | 設ける 설치하다, 마련하다 | シェアリングサービス 공유 서비스 | 開始 개시 | 増加 증가 | 事業 사업 | 地域交通 지역 교통 | 利便性 편리성, 편의성 | 向上 향상 | ～をはじめ ~을 비롯하여 | 環境保全 환경 보전 | 町おこし 지역 발전 | ねらい 목적, 노림수 | 最寄り駅 가장 가까운 역 | 公共交通機関 공공교통기관 | 移動 이동 | さぞかし 필시 | ところが 그러나 | 背景 배경 | 街中の至るところに 거리 곳곳에 | あふれかえる 넘쳐나다 | 個人 개인 | さらに 더욱 | エスカレートさせる 확대시키다, 크게 만들다 | 実施 실시 | 既存 기존 | 当分 당분간

해설 뒷부분에서 「自転車のシェアリングサービスを開始することで、今も不足している駐輪場の問題をさらにエスカレート」시킨다고 하며, 「まずは、この問題をどう解決するかについて」 생각해야 한다고 했다. 즉, 필자는 기존의 자전거 문제 해결이 먼저이고, 자전거 공유 서비스는 나중에 다시 생각해야 한다고 말하고 있으므로, 정답은 1번이다.

(3)

'연하장'은 예로부터 전해 내려온 소중한 일본 전통행사의 한 가지로, 새해 인사를 위해 보내진다. 그 대상은 친척이나 친구부터, 평소에는 좀처럼 만나지 못하는 멀리 떨어진 사람에게까지 이른다. 그러나 피크에 달한 2003년도를 경계로, 연하장 배달량은 감소일로를 걷고 있다. 그 반면, 인터넷과 스마트폰 앱을 활용하여, 디지털만의 특성을 살린 연하장을 작성, 송부하는 사람이 늘어, 연하장 등, 그리팅(greeting) 카드의 인터넷 서비스도 급증하기 시작하였다. 그래서 일본 우정성에서는 인터넷으로 연하장을 보내는 사이트 'nengajou.jp'를 2년 전부터 개설, 작년에는 2억 건을 넘는 액세스를 기록했다. 그리고 12간지 동물 중에서 자신의 띠를 골라 작성할 수 있는 초상화 툴도 등장하여, 연하장을 보내는 사람의 창조성을 북돋고 있다. 게다가, 수취한 '엽서'를 스마트폰으로 촬영하는 것만으로도 주소와 이름을 판독하는 기능도 달려 있어, 주소를 일일이 손으로 쓰지 않아도 주소를 데이터화할 수 있다.

더욱이, 올해부터는 '라인'과의 제휴도 개시. 'GO엽서'란 앱은 '라인'을 활용하여 주소를 모르는 상대에게도 연하장을 보낼 수 있는 기능을 갖추고 있다. "학창 시절 친구에게 연하장을 보내고 싶은데, '라인'으로만 이어져 있다"는 사람도 '라인'을 통해 부담 없이 연하장을 보낼 수 있게 되었다.

47 이 글의 내용으로 올바른 것은 어느 것인가?

1 일본에서는 연하장을 보내는 문화가 2003년을 경계로 서서히 없어지고 있다.

2 인터넷과 스마트폰 앱을 이용하는 사람은 그다지 늘어나지 않았다.

3 보내온 엽서를 스마트폰으로 찍는 것만으로도 보낸 사람의 주소 등을 관리할 수 있다.

4 상대 정보를 갖고 있지 않아도, '라인'만 사용하면 상대 주소를 알 수 있게 되었다.

어휘 年賀状 연하장 | 古来 예로부터 | 受け継ぐ 이어받다, 계승하다 | 身内 친척 | 遠方 먼 곳 | 境に 경계로 | 一途を辿る 일로를 걷다(어느 한 방향으로만 흘러가다) | 送付 송부 | 十二支 12간지 | 干支 띠 | 似顔絵 초상화 | 差し出す 보내다 | 掻き立てる (의욕 등을)불러일으키다, 북돋다 | 宛名 (수취인의)주소와 이름 | 読み取る 판독하다 | 連携 연휴, 제휴 | 徐々に 서서히 | 差出人 발신인

해설 이 글의 포인트는 우편을 통한 연하장은 줄고 인터넷이나 스마트폰 앱을 활용하는 연하장은 늘고 있다는 것이다. 1번은 우편을 통한 연하장의 배달량이 줄은 것이지, 연하장을 보내는 문화 자체가 없어지는 것이 아니며, 4번은 상대방의 주소를 몰라도 라인을 통해 연하장을 보낼 수 있다는 것이지, 주소를 알게 되는 것은 아니라는 것에 주의하자.

(4)

현재, 일본에서는 음식점에서 생간 판매가 금지되어 있다. 어떤 식중독에 의한 집단 사망 사건을 계기로, 생식에 대한 규제가 한층 더 강화된 형태가 되었다. 그러나 규제와 금지 일변도의 행정 대응은 과연 괜찮은 것일까? 현대의 소비자들은 가게에서 제공되는 것은 무엇이든 안전하다고 굳게 믿고 있으며, 음식에 관한 지식이 부족하여 음식 안전에 관해서는 완전히 수동적이 되어 있다고 해도 과언이 아니다. 먹거리 안전을 오로지 음식점에 맡기는 소비자와 위험을 회피하고 싶어 하는 행정의 의식개혁이 없는 한, 날계란이나 회 등 날것 자체가 식탁에서 사라지는 것도 시간문제일 것이다.

48 필자의 생각에 맞는 것은 무엇인가?

1 행정에 의한 안이한 규제나 금지보다, 음식점의 위생관리를 철저하게 하는 것이 중요하다.

2 먹거리의 안전을 위해서는 간뿐만 아니라 다른 생식에 대한 규제와 금지도 고려해야 한다.

3 먹거리의 안전을 위해서는 소비자 자신이 먹거리에 대한 의식을 높여 나갈 필요가 있다.

4 생식을 먹을지 말지는 소비자 개인의 자유이며, 행정 대응에는 불만을 느낀다.

어휘 飲食店 음식점 | 生レバー 생간 | とある 어느, 어떤 | 食中毒 식중독 | 集団死亡事件 집단 사망 사건 | ～をきっかけに ~을 계기로 | 生食 생식 | 規制 규제 | より一層 한층 더 | 強化 강화 | 形 형태, 모양 | 一辺倒 일변도 | 行政 행정 | 果たして 과연 | 消費者 소비자 | 提供 제공 | すっかり 굳게, 완전히 | 思い込む 굳게 믿다 | 知識 지식 | 乏しい 부족하다 | 食 먹거리 | 完全に 완전히 | 受け身になる 수동적이 되다 | 過言 과언 | 専ら 오로지, 전적으로 | 委ねる 맡기다 | 回避 회피 | 意識改革 의식개혁 | ない限り 없는 한 | 生卵 날계란 | 刺身 회 | 生もの 날것 | 自体 자체 | 安易な 안이한 | 衛生管理 위생관리 | 徹底 철저 | レバー 간 | 考慮 고려

해설 「現代の消費者は、店で提供されるものは何でも安全だとすっかり思い込んでおり、食べ物に関する知識が乏しく、食の安全に関しては完全に受け身になっているといっても過言」이 아니라고 했다. 즉, 필자는 먹거리 안전을 남에게 맡기고 무한신뢰하지 말고, 소비자 자신이 먹거리에 대한 의식을 더 높여야만 먹거리 안전을 확보할 수 있다고 생각하고 있는 것이니, 정답은 3번이 된다.

문제 9 다음의 (1)~(4)의 글을 읽고, 뒤에 나오는 질문에 대한 답으로 가장 적당한 것을 1·2·3·4 에서 하나 고르세요.

(1)

'니트'를 대충 말하자면 일 하지 않는 사람을 말한다. 좀 더 자세히 말하면, 취학, 취로, 직업훈련 그 어느 것도 하고 있지 않은 상태의 15~34세까지의 젊은 무업자(실업자)를 가리키는 용어이다. 즉, 구직활동을 하고 있으면 구직자이며 니트가 아니다. 또 일하지 않더라도, 학교교육을 받고 있으면 학생으로 간주되며 니트가 아니다. 그리고 일하고 있지 않으며, 학교에도 가고 있지 않더라도, 자격 공부나 직업훈련을 하고 있는 사람은 이 정의상으로는 니트가 아니다.

며칠 전 후생노동성에서는 이 니트라 불리우는 젊은이들의 실태조사를 행하였는데, 그에 따르면, 그들의 약 80%가 '보람 있는 일'에 취직하고 싶어 하는 것으로 밝혀졌다. 게다가 '남과 이야기하는 게 서툴다'고 답변한 사람이 60%나 있는 등, 인간관계에서의 스트레스나 불편한 의식이 취직활동 등을 주저하게 만드는 주된 원인이 되고 있는 것도 부각되었다.

일본의 매스컴이나 인터넷상, 또 중고년층에서는 이 니트라는 단어의 의미를 비판적 또는 부정적, 남녀노소를 불문하고 일하지 않는 사람 전체를 가리켜 그들을 폄하하는 의미로 사용하는 경우가 많다.

그러나 한마디로 니트라고 해도, 괴롭힘에 의한 대인공포증 등의 정신적인 장애를 안고 있는 사람, 부상이나 병, 장애 등 건강상태에 의한 신체적인 문제를 안고 있는 사람, 빈곤 때문에 제대로 된 교육을 받지 못하는 등 경제적인 문제를 안고 있는 사람, 희망하는 직장의 연령제한 때문에 고용되지 못한 사람 등, 다양한 문제에 의해 일하지 않는 사람도 많다. 더욱이, '전업주부'나 '일시적인 구속상태에 의해 취업 활동 못 하는 사람' 등도 무차별로 니트에 포함하는 경우가 있다. 이 경우의 니트에는 '일할 의욕이 있는 사람'뿐만 아니라, '가령 일하고 싶어도 할 수 없는 사람'도 포함되므로, 부주의하게 사용하면 부당하게 타인에게 깊은 상처를 줄 우려도 있으므로 조심해 사용하기를 바라는 것이다.

49 '니트'라 불리우는 젊은이들이 취직활동을 주저하는 주된 이유로 생각되는 것은 무엇인가?

1 금전적인 여유
2 인간관계의 서투름
3 주변의 비판적인 시선
4 새로운 직장환경에 대한 불안

해설 본문의 「「人(ひと)と話(はな)すのが苦手(にがて)」と返答(へんとう)した人(ひと)が6割(わり)もいるなど、人間関係(にんげんかんけい)でのストレスや苦手意識(にがていしき)が、就職活動(しゅうしょくかつどう)などに二(に)の足(あし)を踏(ふ)む主(おも)な原因(げんいん)になっていることも浮(う)き彫(ぼ)りになった」가 힌트다.

50 이 글의 내용과 맞는 것은 무엇인가?

1 신체적, 정신적, 경제적, 기회적인 문제 등의 여러 문제는 무시해도 된다.
2 직업소개소에서 취직자리를 찾고 있으나, 취직하지 않은 사람은 니트다.
3 일본의 매스컴 등은 니트라는 단어를 좀 더 신중하게 사용해야 한다.
4 전업주부라도 직장이 없는 사람이라면, 니트에 포함시켜야 한다.

해설 본문 마지막에 「不用意に使えば不当に他人を深く傷つけるおそれもあるので気をつけて使ってほしいものである」라고 했다. 앞 부분에서도 언급했지만, 여러 사정으로 인해 일하고 싶어도 일하지 못하는 사람도 있는 만큼 이 니트라는 단어를 사용할 때는 좀 더 조심했으면 한다고 했다.

어휘 大雑把に言うと 대충 말하자면 | 就労 취로, 노동에 종사함 | 若年無業者 젊은 무업자(실업자) | 求職活動 구직활동 | 求職者 구직자 | みなす 간주하다 | やりがい 보람 | 返答 답변 | 苦手意識 불편한 의식 | 二の足を踏む 주저하다 | 浮き彫り 부각 | 中高年層 중고년층 | 老若男女を問わず 남녀노소를 불문하고 | 貶す 폄하하다, 헐뜯다 | 一口に 한마디로 | 対人恐怖症 대인공포증 | ～が故に ~때문에 | まともな 제대로 된 | 拘束状態 구속상태 | 不用意 부주의 | 金銭的 금전적 | ハローワーク 직업소개소

(2)

어느 전자제품 메이커 사이트에서 '식품 냉장고 보관'에 대해 질문했더니, 게시판에는 찬반양론이 난무하였다. '냉장고에 보관하는 편이 낫다'는 의견이 압도적으로 많았으나, 그 주요 이유는 '방충대책을 위해서'였다. 찬장에 보관한 식품에 벌레가 생겨 난리였다는 어느 주부는 그 후, 조미료나 가루류, 찻잎, 건어물은 물론이고, 설탕, 밀가루도 반드시 냉장고에 넣기로 하고 있다고 한다.

과연 냉장고는 완벽한 방충대책이 되는 것인가. 어느 식품종합연구소 연구원에 의하면, '식품을 개봉했을 때와 그 후에 벌레가 들어가, 상온보존 중에 번식하는 케이스가 가장 많다. 저온의 냉장고 안이라면, 벌레의 번식을 억제할 수 있다'고 한다. 다만, 식품에 따라 벌레가 잘 생기는데 차이가 있으며, 가장 주의해야 할 것은 밀가루 같은 가루류라고 한다. 또한 과자류에도 벌레가 잘 생기는데, 인간이 선호하는 식품은 벌레에게 있어서도 맛있는 식품이라 할 수 있을 것이다. 특히 코코아나 초콜릿처럼 향이 좋은 것은 많은 벌레들이 아주 좋아하는 것 같다. 그리고 식품에 진드기가 번식하여, 진드기 알레르기를 가진 사람이 먹고 알레르기 증상을 일으켰다는 보고도 있다.

또 식품의 부패 방지와 신선도 유지를 위해서는 냉장고에 의존할 수 밖에 없다는 의견도 두드러졌다.

한편, '냉장고에 넣어도 식품이 상하거나 곰팡이가 피거나 한다', '한 번 개봉하면 품질 저하가 시작된다', '한 번 냉장고에 넣었다 밖에 내놓으면 눅눅해져 버린다'는 냉장고는 결코 만능이 아니라는 의견도 있었다.

전문가는 식품을 냉장고에 보관할 경우에는 '언제까지는 다 먹겠다'는 기한을 설정해 놓을 것과 동거가족의 인원 등을 면밀히 고려하여, 신속하게 소비할 수 있을 만큼의 양을 구매하는 등, 현명한 소비를 충고했다.

식품의 보관에 있어 냉장고는 만능이라고 굳게 믿지 말고, 또 귀중한 음식을 낭비하지 않도록 잘 처리하기를 바란다.

51 냉장고는 결코 만능이 아니라는 의견이 있는데, 그 이유로 생각되는 것은 무엇인가?

1 식품에 수분이 포함되게 되므로
2 식품에 벌레가 번식하는 것은 상온과 마찬가지이므로
3 식품의 신선도 유지가 불가능해지므로
4 식품에 의한 알레르기 증상을 일으키지 않게 되므로

해설 「一度冷蔵庫に入れて外に出すとしけてしまう」가 힌트인데, 「しける 습기가 차다」가 키포인트이다.

52 이 글의 내용과 맞는 것은 무엇인가?

1 건조 미역, 설탕, 소금 등은 냉장고 안이라면 안심할 수 있을 것 같다.
2 냉장고 안의 저온 하에서도 곰팡이 활동에는 충분한 온도인 것 같다.
3 식품 낭비를 억제하기 위해서는 냉장고에 보관하기만 하면 된다.
4 식품을 냉장고에 보관하면, 유통기한에 관계없이 먹을 수 있다.

해설 「冷蔵庫(れいぞうこ)にしまっても食品(しょくひん)が腐(くさ)ったりかびたりする」라고 했다. 즉 냉장고 안이라고 해서 절대 곰팡이로부터 안전하지는 못하다는 말이다.

어휘 掲示板(けいじばん) 게시판 | 賛否両論(さんぴりょうろん) 찬반양론 | 飛(と)び交(か)う 난무하다 | 防虫対策(ぼうちゅうたいさく) 방충대책 | 戸棚(とだな) 찬장 | しまう 수납하다 | 虫(むし)がつく 벌레가 생기다 | 粉類(こなるい) 가루류 | 茶葉(ちゃば) 찻잎 | 乾物(かんぶつ) 건어물 | 小麦粉(こむぎこ) 밀가루 | はたして 과연 | 完璧(かんぺき) 완벽 | 開封(かいふう) 개봉 | 常温保存中(じょうおんほぞんちゅう) 상온보존 중 | 繁殖(はんしょく) 번식 | 抑(おさ)える 억제하다 | 大好物(だいこうぶつ) 아주 좋아하는 것 | ダニ 진드기 | 症状(しょうじょう) 증상 | 腐敗防止(ふはいぼうし) 부패 방지 | 鮮度保持(せんどほじ) 신선도 유지 | かびる 곰팡이 슬다 | 劣化(れっか) 품질 저하 | しける 습기차다, 눅눅해지다 | 綿密(めんみつ) 면밀 | 思(おも)い込(こ)む 굳게 믿다 | 貴重(きちょう) 귀중 | やりくり 융통성 있게 잘 처리함, 꾸려나감 | 乾燥(かんそう)ワカメ 건조 미역 | 浪費(ろうひ) 낭비 | 抑制(よくせい) 억제

(3)

은행 송금이나 직접 금전을 갈취하는 것을 특수사기라고 하는데, 2003년 이후부터 급증하고 있다. 주로 전화를 사용한 수법이 주류였지만, 최근에는 현금자동인출기(ATM) 이용한도액 제한 등의 대책강화로 그 수법도 다양화되기 시작하고 있다. 이전에는 가공명의 계좌를 개설하여, 그 계좌에 돈을 송금시켰으나, 지금은 피해자 자택을 방문하여, 직접 현금을 수취하는 수법도 등장하였다.

이러한 특수사기 이야기를 들을 때마다, '나라면 저런 수법에 안 걸려'라든가 '속은 쪽에도 책임이 있다'고 생각하는 사람도 있을 것이다.

파충류 이상의 동물에는 천적 등을 감지하는 원시적 기능이 갖춰져 있으나, 이렇게 외부로부터의 위험을 헤아리는 기능을 담당하는 것이 뇌의 편도체이다.

해외 연구에 따르면, 온화한 목소리일 경우에 비해, 절박한 목소리로 들었을 경우, 편도체가 이상하게 작용하기 시작하여, 혈류량이 증가, 부신피질자극 호르몬이 분비된다. 이처럼 편도체가 강하게 자극받으면, 인간은 이성을 잃는 상태가 된다고 한다.

아들이 차로 사람을 치었다는 말을 듣고 아무렇지 않을 수 있는 부모는 없을 것이다. 불안에 몰려, 곰곰이 생각할 틈도 주어지지 않고, 사고정지 상태로 내몰린다. 돈을 송금하지 않으면, 이 불안은 해소되지 않고, 사고정지 상태에서 복귀할 수 없다. 특수사기를 당하는 것은 실은, 편도체가 활발한 도중에 냉정해지기 어려운 이유도 있는 것이다.

인간은 누구라도 공통으로 갖고 있는 뇌의 기능이 작용하고 있다는 것을 알고 있다. 상황에 따라서는 누구라도 이러한 특수사기를 당할 가능성이 있다는 것이다. 편도체가 민감한 사람일수록, 그 위험은 높아진다고 할 수 있으나, 바꿔 말하면, 그만큼 감정이 풍부하고, 가족을 생각하는 애정 깊은 사람이기 때문이기도 하다.

53 이성을 잃는 상태라고 되어 있는데, 구체적으로 어떤 상태를 가리키고 있는가?

1 부신피질자극 호르몬의 과잉분비로, 편도체가 본래의 기능을 다할 수 없게 되는 상태
2 자녀가 교통사고를 냈다는 통보 등을 받고, 불안에 사로잡혀 아무것도 할 수 없게 되는 상태
3 편도체의 이상으로, 위험을 헤아릴 수 없게 되어, 천적 등이 가까이 와도 깨닫지 못하게 되는 상태
4 자신은 절대로 속지 않을 자신이 있었는데, 특수사기 피해를 당해 망연자실한 상태

해설 바로 아래 문장에 「我(われ)を忘(わす)れる状態(じょうたい)」에 관한 예시가 나오고 있다. 불안한 상황이 되면 편도체가 활발하게 작용하여 냉정할 수 없게 된다고 했다.

54 이 글에서 필자가 가장 하고 싶은 말은 어느 것인가?

1 인간은 누구라도 특수사기를 당할 가능성이 있으므로, 사고정지 상태가 되지 않도록 조심해야 한다.
2 외부로부터의 위험을 헤아리는 기능을 하는 뇌의 편도체는 평소부터 단련해 두어야 한다.
3 특수사기 피해에 걸리지 않기 위해서는 은행 잔고를 일정액 이하로 유지해 둘 필요가 있다.
4 보이스피싱 등의 특수사기 피해를 당하지 않기 위해서는 흥분하여 이성을 잃지 않는 것이 중요하다.

해설 이 글에서 필자가 가장 하고 싶은 말은 당황하여 냉철한 이성을 잃고 범인의 의도대로 놀아나지 말라는 조언이다.

어휘 振(ふ)り込(こ)み 송금, 입금 | 手渡(てわた)し 직접 건넴 | 金銭(きんせん) 금전 | 騙(だま)し取(と)る 갈취하다 | 特殊詐欺(とくしゅさぎ) 특수사기 | 手口(てぐち) 수법 | 現金自動預け払い機(げんきんじどうあずけばらいき) 현금자동인출기 | 利用限度額(りようげんどがく) 이용한도액 | 架空名義(かくうめいぎ) 가공명의 | 振(ふ)り込(こ)む 송금하다 | は虫類(ちゅうるい) 파충류 | 察知(さっち) 찰지, 감지 | 原始的機能(げんしてききのう) 원시적 기능 | 備(そな)わる 갖춰지다 | 扁桃体(へんとうたい) 편도체 | 切迫(せっぱく) 절박 | 副腎皮質刺激(ふくじんひしつしげき)ホルモン 부신피질자극 호르몬 | 分泌(ぶんぴつ) 분비 | 刺激(しげき) 자극 | 我(われ)を忘(わす)れる 이성을 잃다 | 畳(たた)み掛(か)ける 다그치다 | 追(お)い込(こ)む 몰아넣다 | 人間誰(にんげんだれ)しも 인간 누구라도 | 敏感(びんかん) 민감 | 過剰(かじょう) 과잉 | 不安(ふあん)にかられる 불안에 사로잡히다 | 呆然(ぼうぜん)としている 망연자실하다 | 日頃(ひごろ)から 평소부터 | 鍛(きた)える 단련하다 | 残高(ざんだか) 잔고 | 振(ふ)り込(こ)め詐欺(さぎ) 송금 사기, 보이스피싱

(4)

집에서는 더 이상 쓸모없어진 가전 · 가구와 옷 등을 인터넷 옥션에서 매각하면, 살림에 보탬도 되고, 여기에서 구입하면 비용 절약도 된다. 다소 살림에 찌든 소리로 들릴지도 모르지만, 잘만 사용하면 좋다고 생각한다.

텔레비전이나 에어컨 등의 대형가전, 그리고 소파나 찬장 같은 가구는 폐기할 때 재활용 비용에 수집 · 운반료도 든다. 그러나 인터넷에서 매각하면, 경비 절약이 되는 데다, 매각으로 용돈도 벌 수 있다. 그리고 인터넷 옥션이라면, 화면이 파손되어 나오지 않게 된 대형 텔레비전과 같은 고장난 물건을 매매할 수도 있다. 업자가 고장난 물건을 저가격으로 구입한 후, 수리해서 되판다고 한다.

또한 구입하는 쪽도 '신제품 고성능 디카가 양판점에서는 7만 엔이나 하는데, 3만 엔에 살 수 있었다'라고 하는 것처럼, 뜻밖의 횡재와 조우하는 경우도 있다고 한다.

게다가 판매자가 개인이라면, 구입할 때 소비세가 들지 않기 때문에, 요즘에는 젊은 층을 중심으로 각광을 받고 있지만, 옥션은 반품불가가 원칙으로 되어 있으므로, 주의해야만 한다. 그리고 구입품은 흠집과 얼룩이 있거나, 심할 경우에는 파손되어 있을 가능성이 있기 때문에, 실제로 현물을 보고 나서 거래를 행하는 것이 문제를 피하는 데도 가장 무난한 방법일 것이다.

하지만, 거리와 시간 등의 사정에 의해 직접 만날 수 없는 경우에는 사전에 판매자 측의 평가를 체크하는 것도 필수이다.

55 '비용 절약도 된다'고 하는데, 그것은 왜인가?

1 세금이 면제되므로
2 공짜로 받을 수 있어서
3 고장난 것을 구입하니까
4 뜻밖의 횡재를 발견하게 되니까

해설 뒤에서 「売り手(うて)が個人(こじん)なら、購入(こうにゅう)に消費税(しょうひぜい)がかからないため」라고 했다. 즉, 구입할 때 드는 세금을 아낄 수 있다.

56 인터넷 옥션을 사용할 때 생각할 수 있는 장점이 아닌 것은 무엇인가?

1 인터넷 옥션에서는 대형쓰레기 등을 무료로 처분할 수 있다.
2 인터넷 옥션에서는 구입품에 문제가 있으면 반품할 수 있다.
3 인터넷 옥션에서는 돈벌이가 가능하다.
4 인터넷 옥션에서는 고장난 물건도 팔 수가 있다.

해설 「オークションは返品不可(へんぴんふか)が原則(げんそく)とされているため注意(ちゅうい)しなければならない」라고 했으므로, 2번이 정답이다.

어휘 無用(むよう)だ 쓸모없다 | 売却(ばいきゃく) 매각 | 家計(かけい) 가계, 살림 | 所帯(しょたい)じみる 살림에 찌들다 | 食器棚(しょっきだな) 찬장 | 廃棄時(はいきじ) 폐기 시 | 運搬料(うんぱんりょう) 운반료 | 転売(てんばい) 전매, 되팔기 | 掘(ほ)り出(だ)し物(もの) 뜻밖의 횡재 | 遭遇(そうぐう) 조우 | 売(う)り手(て) 파는 사람 | 若年層(じゃくねんそう) 젊은 층 | 脚光(きゃっこう)を浴(あ)びる 각광을 받다 | 返品不可(へんぴんふか) 반품불가 | 現物(げんぶつ) 현물, 실제 물건 | 直(じか)に 직접, 다이렉트로 | 必須(ひっす) 필수

문제 10 다음 글을 읽고, 다음 질문에 대한 답으로 가장 적당한 것을 1·2·3·4에서 하나 고르세요.

대학에서 학생들에게 가르치는 것 중, 가장 힘든 것 중 하나는 뭐니 뭐니해도 '리포트 등을 제출할 때 인터넷이나 서적에서의 안이한 복사 & 짜깁기, 흔히 말하는 카피페를 해서는 안 된다'는 것이다. 리포트 제출에 앞서 '카피페는 안 됩니다'라고 학생들에게 주의를 주어도, 학생들 중에는 아무렇지 않게 카피페한 것을 제출하거나 일단, 출처를 표기하고는 있지만, 실제로 내용물을 확인하면, 거의 그대로 카피페한 경우가 너무나도 보통이 되어 있다.

실제로 나를 포함해, 누구나 대학 시절에는 선배나 친구들이 이전에 제출한 리포트를 베끼거나 해서, 간신히 학점을 받고 끝난 경험이 있을 것이기 때문에, '남의 것을 그대로 베끼면 절대 안 된다'고는 할 수 없지만, 문제는 학생 자신이 남의 글을 그대로 베끼는 것에 아무런 죄책감도 갖고 있지 않다는 데 있다. 결국에는 교원인 내가 카피페가 의심되는 학생에게 '이거 카피페한 거 아니냐?'고 따지자, '네, 그렇습니다만'이나 '카피페해서 제출하는 것만으로도 꽤 노력했어요' 등 기가 막혀 할 말을 잃게 만드는 대답을 하는 학생도 있다. '그래도 카피페는 안 된다'고 주의하자, 어떤 학생은 이렇게 답했다. '선생님, 인터넷에 있는 정보는 모두의 것입니다. 클라우드 모르시나요? 온 세계의 다양한 데이터가 모여 있어, 다 같이 공유할 수 있는 재산이 되어 있습니다. 그러니까 이것은 누구의 생각이라든가 누구의 정보라든가, 일일이 트집 잡을 필요가 있을까요?'

나는 이 학생의 의견에 <u>이상한 감명을 받고 말았다</u>. 정보나 지식에 접하는 방법에 대한 완전히 새로운 사고방식일 것이다. 이 학생이 말하는 것처럼, 앞으로의 세상 , '인터넷에서 접근할 수 있는 지식이나 정보는 공공의 재산'이라는 식으로 당연하게 여기는 시대가 도래할지도 모른다. 학생들은 지금까지 당연하다는 듯이 암기하고 있던 지식을 외우지 않게 되고, 필요에 따라 스마트폰이나 컴퓨터에서 그 정보에 액세스하여, 자신이 생각한 것처럼 대답하게 될 것이다.

나는 개인적으로는 이러한 흐름은 어쩔 수 없다고 생각하고 있다. 지적재산 보호에 대한 의식도 높아지기는 했지만, 그보다도 지식이나 정보의 공공재화는 가속화될 것으로 생각된다. 만약 그렇다면 '당신 것은 내 것'과 같은 식으로 남의 지식이나 정보를 그저 단순히 사용할 뿐 아니라, 자기 자신도 남에게 무언가를 제공해야 할 것이다.

더구나 지식이나 정보를 암기하지 않아도 된다면, 그 시간을 더욱 유효하게, 창조적 발상이나 사회적 공헌 활동에 사용하는 것이 바람직하다. 아쉽게도 요즘 학생들을 보고 있으면, 리포트 등을 카피페로 해결한 만큼, 빈 시간을 유효하게 사용하고 있느냐 하면, 빈말로도 그렇다고 할 수 없을 것이다. 나는 당신의 것을 사용하지만, 그 대신 당신이 사용할 것을 제공하겠다는 것처럼 진정한 의미에서 지식과 정보를 공유하는 시대가 올 것인가?

57 필자는 왜 학생들에게 카피페가 좋지 않다고 가르치는 것이 힘들다고 말하고 있는가?

1 카피페 자체에 아무런 악의도 느끼고 있지 않으므로, 가르쳐도 이해해 주지 않기 때문에
2 필자 자신도 대학 시절에 선배나 친구의 리포트를 베꼈기 때문에, 설득력이 없기 때문에
3 카피페를 주의 주어도 금방 잊어버리므로, 끈기 있게 주의 줄 필요가 있기 때문에
4 카피페하는 것도 상당한 고생이므로, 카피페도 훌륭한 작업이라고 생각하고 있기 때문에

해설 두 번째 단락에서 「問題は学生自身が他人の文章をそのまま写すことに何の罪悪感も持っていない」라고 하며, 카피페하지 말라고 주의를 주어도, 「先生、ネットにある情報はみんなのもの」라고 대답했다고 했다. 즉 학생들은 카피페하는 것에 죄책감도 갖고 있지 않으며, 아무리 주의를 주어도 아무 문제없다고 생각하고 있다고 했으므로, 정답은 1번이다.

3회

58 이상한 감명을 받고 말았다고 했는데, 왜일까?

1 학생이 말하는 것처럼 정보나 지식의 출처에 연연할 필요는 없다고 느꼈기 때문에
2 정보나 지식의 출처는 관계없다는 참신한 사고방식에 감탄했기 때문에
3 카피페를 주의 주었지만, 예상 이상으로 학생들이 당당하게 대답하였기 때문에
4 클라우드의 존재 등 자신도 모르는 지식을 학생들이 알고 있어서 놀랐기 때문에

해설 앞 단락에서 어떤 학생에게 카피페하지 말라고 주의를 주자, 「世界中のいろんなデータが集まって、みんなで共有できる財産になっているんです。なので、これは誰の考えとか誰の情報だとか、いちいち文句をつける」 필요가 있냐고 답했다고 했다. 그러면서 뒤에서는 「情報や知識への接し方に対するまったく新しい考え方」라고 했다. 즉 필자는 정보와 지식을 공공의 재산으로 생각하고 있는 요즘 학생들의 사고방식에 어이없어 하면서 감탄하고 있는 것이니, 정답은 2번이 된다.

59 필자는 앞으로의 정보나 지식에 관해 어떻게 생각하고 있는가?

1 정보나 지식이 공공재화가 된다면, 남은 시간을 자신이 좋아하는 일에 써야 한다.
2 암기가 불필요해 짐으로, 모두가 그만큼의 시간의 유효한 사용법을 생각하게 될 것이다.
3 정보와 지식이 공공재가 되어, 학생들끼리 지금까지 이상으로 카피페를 당당하게 행할 것이다.
4 정보나 지식의 공공재화에 의해, 남는 시간을 창조적으로 사용하여, 자기 자신도 발신해 나가야 한다.

해설 네 번째 단락에서 「他人の知識や情報をただ単に使うだけでなく、自分自身も他人に何かを提供」해야 한다고 하며, 「その上、知識や情報を暗記しなくて済むのであれば、その時間をもっと有効的に、創造的な発想や社会的貢献活動」에 사용하는 것이 바람직하다고 했다. 즉 남들이 힘들게 만든 정보와 지식을 사용하여 남는 시간을 창조적으로 잘 사용하면서, 남의 정보와 지식을 사용한 것처럼 자신도 남이 사용할 수 있는 정보와 지식을 만들어 제공해야 한다고 했으니, 정답은 4번이다.

어휘 提出 제출 | 書籍 서적 | 安易な 안이한 | コピー＆ペースト 복사와 짜깁기 | 俗に言う 흔히 말하는 | コピペ 카피페, 복사와 짜깁기를 합친 단어 | ～に先立ち ~에 앞서 | 平気だ 아무렇지 않다 | 引用元 출처 | 表記 표기 | 中身 내용물, 알맹이 | 常態化 보통, 상태화 | 含める 포함하다 | 誰しも 누구나 | 写す 베끼다 | かろうじて 간신히, 겨우 | 単位を落とす 학점을 못 따다 | ～ずに済む ~하지 않고 끝나다/해결되다 | 罪悪感 죄책감 | しまいには 결국에는 | 教員 교원 | 疑わしい 의심스럽다 | 問いただす 따지다, 추궁하다 | 努力 노력 | あきれる 기가 막히다, 어이없다 | 情報 정보 | 共有 공유 | 財産 재산 | いちいち 일일이 | 文句をつける 트집을 잡다 | おかしな 이상한 | 感銘を受ける 감명을 받다 | 接し方 접하는 방법 | まったく 완전히 | 公共 공공 | ～というふうに ~라는 식으로 | 当たり前だ 당연하다 | 到来する 도래하다 | 暗記 암기 | ～に応じて ~에 따라/맞게 | 個人的 개인적 | 知的財産 지적재산 | 保護 보호 | 公共財化 공공재화 | 加速 가속 | ～といった具合に ~와 같은 식으로 | その上 더구나, 게다가 | ～なくて済む ~안 해도 된다/해결된다 | 有効的に 유효하게 | 創造的 창조적 | 発想 발상 | 社会的貢献活動 사회적 공헌 활동 | 望ましい 바람직하다 | 残念なことに 아쉽게도 | 済ませる 해결하다, 끝내다 | 空く 비다 | お世辞にも 빈말로도 | その代わり 그 대신 | 真の意味 진정한 의미 | 筆者 필자 | 悪気 악의, 나쁜 뜻 | 友人 친구 | 説得力 설득력 | 根気よく 끈기 있게 | 一苦労 상당한 고생 | 作業 작업 | 発信元 발신원, 출처 | こだわる 연연하다, 구애받다 | 斬新 참신 | 感心する 감탄하다 | 堂々と 당당하게 | 余る 남다 | 不要 불필요 | ～同士 ~끼리 | 浮く 뜨다, 남다

문제 11 다음 A와 B는 각각, 'AI : 인공지능'에 관해 쓰인 글이다. A와 B를 모두 읽고, 다음의 질문에 대한 답으로 가장 적당한 것을 1·2·3·4에서 하나 고르세요.

A

인공지능(Artificial Intelligence : AI)이란 단어가 세상을 떠들썩하게 한지도 꽤 되었다. 그 정의에 관해서는 많은 전문가가 다양한 의견을 논하고 있다. 그중에서도 심플하며 또한 이번 테마에 따른 파악법은 이하가 적절하다고 생각하고 있다.

'인공지능은 도구로써 받아들이는 게 좋다고 생각합니다.' (도쿄대학 H교수의 말)

(중략)

인간이 '실세계'에서 AI를 도구로써 사용하는 한편, AI는 인간을 '마법의 세계'로 끌어들인다. '마법의 세계'가 나쁜 세계라고 하는 것은 아니다. 그 세계는 번거로운 것은 생각 안 해도 되며, 자신이 좋아하는 것에 많은 시간을 할애할 수 있는 세계일지도 모른다. 다만 인간은 '생각하는 갈대'로서 사고를 중단하지 않기 위해서이므로, 반복하여 계속 묻는 것을 잊지 말고, AI를 완벽하게 다루지 않으면 안 된다.

B

AI가 잘하는 것은 '판단'이다. 대량의 데이터가 있으면, 그 데이터를 토대로 조건절을 철저하게 밝혀내며, 그 판단의 정밀도는 인간을 넘을 가능성이 있다. 바꿔 말하면 '판단'하기에 충분한 데이터가 없으면, 어떤 AI라도 유효하게 기능하지 못한다.

비즈니스 현장의 예를 보도록 하자.

융자판단에서 융자 가부판단에 융자 신청 기업의 결산서는 중요한 재료가 된다. 그러나 보다 정밀도가 높은 융자판단을 실현하기 위해 은행원은 융자 신청 기업을 방문하여, 기업의 풍토를 이해하고, 세면장의 청결함 등 현장정보를 직접 뛰어다니며 수집하고, 활용하는 경우도 있다고 한다.

(중략)

비즈니스에서 AI를 사용할지 말지 선택을 강요받는 경영자는 현장의 판단을 뒷받침하는 데이터가 어디에 있는지를 다시 숙고하고, 그때 AI가 무엇을 하고, 사람은 무엇을 할지, 느낌을 가지고 그 업무의 미래상을 그릴 필요가 있다.

60 'AI : 인공지능'에 관해 A와 B의 관점은 어떤 것인가?

1 A는 현실세계에서 그 활용에 신중한 자세를 취할 필요성을 호소하며, B는 우선은 실천하는 것이 중요하다고 논하고 있다.

2 A는 마법과 같은 도구가 되는 경우에는 충분한 주의가 필요하다 하고, B는 비즈니스 현장에서는 크게 유효하다고 하고 있다.

3 A는 어떻게 유용하게 할 수 있을지 문제제기를 하고, B는 구체적인 예를 들어 그 유익한 사용법을 보여주고 있다.

4 A는 마법 같은 도구로 하지 않기 위해 인간의 숙고력이 필요하다 하고, B는 앞으로의 인간의 역할이 과제라고 하고 있다.

해설 A는 AI는 인간을 「魔法(まほう)の世界(せかい)」에 끌어들이고, 그 세계는 「煩(わずら)わしいことを考(かんが)えずに済(す)み、自分(じぶん)の好(す)きなことに多(おお)くの時間(じかん)を割(さ)くことができる世界(せかい)かもしれない」라고 하면서, 인간은 생각하는 갈대이니 AI를 유용하게 사용하기 위해 끊임없이 질문하라고 했다. B는 비즈니스 현장에서 AI가 사용되는 실제 예를 들면서 유용한 사용법을 논하고 있다.

61 A와 B는 'AI : 인공지능'에 관해 어떻게 논하고 있는가?

1 A는 도구로써 받아들이고 늘 그 유용성을 확인하는 자세가 중요하다고 논하고, B는 그것을 완벽하게 다루기 위해 데이터 수집의 중요성을 논하고 있다.

2 A는 마법의 도구가 되어 버릴 위험성을 특히 강조하고, B는 특히 비즈니스 장면에서는 이익확대에 유용하다고 하며 구체적인 예를 논하고 있다.

3 A는 도구로써 받아들이고 늘 그 공과 죄를 계속 묻는 자세가 중요하고 논하고, B는 그것을 완벽하게 다룰 때까지는 인간이 행동할 필요가 있다고 논하고 있다.

4 A는 마법의 도구가 되지 않기 위한 인간의 역할을 논하고, B도 역할분담을 강조하면서 데이터수집은 AI에게 의존하는 편이 현명하다고 하고 있다.

해설 A는 「人工知能は、道具」로써 받아들이는게 가장 정확하다 하며, AI의 바른 사용법을 논하였고, B는 AI는 판단에 필요한 「十分なデータが無ければ、どんなAIも有効には機能」를 하지 못한다고 논하였다.

어휘 **〜て久しい** ~한 지 오래되다, 긴 시간이 흐르다 | **〜に沿った** ~에 따른 | **捉え方** 파악법, 분석법 | **とらえる** 파악하다, 받아들이다 | **魔法** 마법 | **引きずり込む** 끌어들이다, 유인하다 | **煩わしい** 귀찮다, 성가시다, 번거롭다 | **〜ずに済む** ~안 하고 끝나다/해결되다 | **割く** (시간 등)할애하다 | **考える葦** 생각하는 갈대 | **使いこなす** 완벽하게 다루다, 구사하다 | **〜ねばならない** 「〜なければならない」의 축약형 | **条件節** 조건절 | **精度** 정밀도 | **融資** 융자 | **可否判断** 가부판단 | **融資先** 융자 신청 회사 | **決算書** 결산서 | **風土** 풍토, 환경 | **〜か否か** ~인지 아닌지 | **迫る** ① 다가오다, 육박해 오다 ② (주로 수동태로)강요하다 | **改めて** ① 다시, 고쳐 ② 새삼 | **熟考する** 숙고하다 | **手触り感を持って** 느낌을 가지고 | **訴える** 호소하다 | **功罪** 공과 죄

문제 12 다음 글을 읽고, 뒤에 나오는 질문에 대한 답으로 가장 적당한 것을 1·2·3·4에서 하나 고르세요.

우리 집 처마 밑에 있는 둥지에서는 매년 초봄부터 여름까지 제비가 새끼를 키운다. 알에서 부화한 새끼 새가 큰 입을 벌리고 어미 새로부터 먹이를 받아먹으려고 하는 모습은 보기만 해도 흐뭇하다. 2, 3주가 지나면 새끼 새는 먹이를 잡는 법과 날아다니는 법을 익혀 혼자 둥지를 떠난다. <u>그 모습에 듬직함을 느끼는 한편, 나는 성인을 맞이한 젊은이들을 생각하지 않을 수 없다</u>. 2022년부터 일본에서는 법정에 따른 성인 연령이 18세로 인하됐다. 고등학교를 졸업함과 동시에 사회에서는 어른으로 취급되는 것이다. 그러나 대학 교원으로 있는 내가 새로 대학에 들어오는 신입생들의 모습을 보고 있으면, 수동적인 자세인 학생들이 매우 많은 것에 놀라움을 감출 수 없다. 타인으로부터의 지시를 기다리고 그 지시에 따라 행동하는 것이다. 또 지시에 대해 뭔가 의문이 있더라도 스스로 의견을 주장하는 것이 아닌, 그냥 아무 일도 없었던 것처럼 의문을 보고도 못 본 척하는 학생도 있다. 마치 자신의 의지대로 행동하다가 실패하는 것을 매우 두려워하는 것처럼 보인다. 사회에 나가면 실패 속에서 배우는 것이 많다. 예를 들어 늦잠을 자서 정신없이 나갔다가 중요한 서류를 가방에 넣는 것을 잊어버렸다고 하자. 그러면 이 실패라는 경험을 바탕으로 전날에 중요한 서류를 가방에 넣고, 다음 날 아침 나갈 준비를 미리 해 두려고 생각할 것이다. 그 실패는 크고 작은 것이나 공적이나 사적인 것 등에 따라 다양하지만, 실패를 몇 번이나 경험에 나가는 동안, 실패해도 다시 시작할 수 있다는 것을 자연스럽게 배우게 된다. 그러나 요즘 학생들은 특별히 그 실패를 하려고 하지 않는다. 실패하면 누군가에게 혼난다는 경험이 영향을 미치는 것일까. 아니, 그 이전에 부모가 아이에게 실패를 못 하게 했던 것은 아닐까. 이웃 한국에서는 '헬리콥터 엄마'라는 말이 자주 사용되고 있다. 원래는 1990년대

미국에서 생겨난 개념으로 고등학생이나 대학생 등 자기 판단을 할 수 있는 나이의 아이에게 헬리콥터처럼 주위를 선회하며 필요 이상으로 간섭하려는 보호자를 의미한다. 아이들은 미연에 실패를 막으려는 부모 탓에 실패를 못하고, 실패로부터 배울 기회를 빼앗기게 된다. 그 결과 의사결정 능력이나 문제해결 능력이 부족해진다는 것이다. 또 실패를 해도 실패 경험이 극단적으로 적기 때문에, 성장한 뒤 한 번의 실패로 다시 일어설 수 없게 될 가능성도 생겨난다. 부모가 자식을 걱정하는 것은 당연한 일이다. 그러나 자녀에 대한 지나친 간섭은 '백해무익'이다. 아이를 신뢰하고 연령이나 성격, 필요한 장면인지 어떤지 판단하여, 아이와 관련된 육아가 무엇보다 필요한 것이다. 부모도 자녀와 마찬가지로 실패하면서 부모가 되면 되는 것이다.

62 그 모습에 듬직함을 느끼는 한편, 나는 성인이 된 젊은이들을 생각하지 않을 수 없다라고 되어 있는데, 왜인가?

1 둥지를 떠나는 새끼 새와 젊은이들의 장래를 겹쳐서 생각했기 때문에
2 젊은이들이 둥지를 떠나는 새끼 새와는 대조적이라고 생각했기 때문에
3 젊은이들이 둥지를 떠나는 새끼 새와 마찬가지로 믿음직스럽다고 느꼈기 때문에
4 젊은이들이 둥지를 떠나는 새끼 새보다 크게 성장하고 있다고 생각했기 때문에

해설 알에서 부화한 새끼 새는 2~3주만 지나면, 먹이를 잡는 법과 날아다니는 법을 익혀 혼자 둥지를 떠나는데, 대학생이 된 신입생은 수동적인 자세를 보이는 학생들이 매우 많아 대조적인 모습을 보인다.

63 필자는 최근 부모의 행동이 자녀에게 어떤 영향을 주었다고 생각하고 있는가?

1 무엇이든 마음대로 하게 해서, 제멋대로 행동하게 되었다.
2 문제가 생기면 스스로 해결하기 위해 행동하게 되었다.
3 스스로 무엇이든 생각하고 결정하게 되었다.
4 실패로부터 무언가를 배운다는 경험을 할 수 없게 되었다.

해설 부모가 아이들의 실패를 미연에 막으려고 하는 탓에, 자녀는 실패를 경험하지 못하게 되고, 그로 인해 실패로부터 배울 기회를 빼앗기게 되었다고 했으므로, 4번이 정답이다.

64 이 글에서 필자가 가장 하고 싶은 말은 무엇인가?

1 부모도 자녀와 함께 실패를 거듭하면서 성장해 나가야만 한다.
2 부모는 새처럼 아이에게는 실패를 하게 하고 믿음직스럽게 성장하도록 해야만 한다.
3 부모는 자녀의 성장에 맞춰 경험시킬 실패를 생각해야만 한다.
4 부모는 자녀가 스스로 문제를 해결할 수 있도록 적극적으로 지원해야만 한다.

해설 본문에서는 어미 새가 새끼 새에게 실패하도록 한다는 말이 없으므로, 2번이 정답이 아님에 유의한다. 결국은 자녀도 부모도 실패하면서 성장하는 것이므로, 1번이 정답이 된다.

어휘 軒下(のきした) 처마 밑 | 巣(す) 둥지, 보금자리 | 春先(はるさき) 초봄 | ツバメ 제비 | かえる 알이 깨다, 부화하다 | ひな鳥(どり) 새끼 새 | 親鳥(おやどり) 어미 새 | 微笑(ほほえ)ましい 흐뭇하다 | ひな 새끼 새, 병아리 | 身(み)につける 몸에 익히다 | 巣立(すだ)つ 새끼가 자라 둥지를 떠나다 | 頼(たの)もしい 믿음직하다 | 引(ひ)き下(さ)げる 아래로 내리다, 지위나 수준을 낮추다 | 受(う)け身(み) 수동, 수동태 | 見(み)て見(み)ぬふりをする 보고도 못 본 척하다 | ~て仕方(しかた)がない 매우 ~하다, 매우 ~해서 참을 수가 없다 | 慌(あわ)ただしい 어수선하다, 분주하다 | 糧(かて) 양식, 밑바탕 | やり直(なお)す 다시 하다 | 概念(がいねん) 개념 | 旋回(せんかい) 선회(날짐승이나 비행기가 어떤 장소에서 둘레를 빙빙 돎) | 干渉(かんしょう) 간섭 | 乏(とぼ)しい 부족하다, 모자르다 | 極端(きょくたん) 극단 | 立(た)ち直(なお)る 다시 일어서다, 다시 시작하다 | 百害(ひゃくがい)あって一利(いちり)なし 백해무익 | かかわる 관계되다, 상관하다 | 対照的(たいしょうてき) 대조적 | 好(す)き勝手(かって) 자기 좋을 대로 만 함 | わがまま 제 멋대로 굶, 버릇 없음 | 自(みずか)ら 스스로 | 何(なん)でもかんでも 어떤 것이라도

문제 13　오른쪽 페이지는 '일본어교실 스태프 모집' 안내이다. 대학생인 야마모토 씨는 외국인에게 일본어를 가르치고 싶어한다. 아래의 질문에 대한 대답으로 가장 적당한 것을 1・2・3・4에서 하나 고르세요.

65　야마모토 씨가 스태프가 되기 위해 필요한 조건은 무엇인가?

1 참가비와 자원봉사 보험대금 지불
2 한 달에 한 번 회의와 4번 이상 교실 참가
3 응모동기 제출과 한 달에 2, 3번의 교실 참가
4 한 달에 한 번의 이벤트와 회의 참가

해설 활동빈도에서「毎週(まいしゅう)１回以上(かいいじょう)の教室参加(きょうしつさんか)と、月(つき)１回(かい)の全体(ぜんたい)ミーティングへの参加(さんか)」가 필요하다고 했다.

66　이 모집 안내 내용과 맞지 않는 것은 어느 것인가?

1 이 교실 선생님은 자원봉사자이다.
2 교실까지의 교통비는 직접 낸다.
3 외국인과의 공생에 적극적인 사람이 좋다.
4 일본어 교수법을 배운 사람을 모집한다.

해설 4번은 안내문에 없는 내용이다. 1번은「ボランティア保険(ほけん)５００円(えん)」, 2번은「教室(きょうしつ)までの交通費(こうつうひ)は自己負担(じこふたん)」, 3번은 모집대상에서 의욕적인 사람을 원한다고 한 내용으로 알 수 있다.

일본어교실 미야비 스태프 모집 !

많은 대학생이 참가하고 있는 '일본어교실 미야비'입니다만, 교실 확충을 위해 다시 스태프를 모집하게 되었습니다!

활동목적 : 일본에 사는 외국인이 일본인과 정기적으로 관계하는 자리를 얻음으로써, 사회진출을 위한 일본어능력 향상의 기회와 지역에서 안심안전하게 보내며, 알찬 생활을 보내기 위한 서포트를 한다.

활동장소 : 미야비시(미야비쵸와 헤이와쵸 두 거점)

필요경비 : 무료, 자원봉사 보험 500엔 (교실까지의 교통비는 본인부담입니다)

활동빈도 : 주2~3번 (매주 1회 이상의 교실 참가와 월 1회 전체 미팅 참가가 필요합니다)

모집대상 : 일본어 교육에 흥미 있는 분, 외국인 생활 서포트를 하고 싶은 분, 이문화 이해에 흥미 있는 분, 활동에 의욕적으로 대처해 줄 분 (응모할 때, 자세하게 동기를 적어 주세요!)

주목포인트 : 외국인도 일본인도 서로가 배울 수 있는 환경!! 스태프 모두가 만들어 가는 수업!
한 달에 한 번 즐거운 이벤트! 운영, 기획에 종사하고 싶은 분 필독입니다!

대상신분 / 연령 : 사회인, 대학생 · 전문학교 학생, 고등학생

모집인원 : 6명

응모방법 : miyabiboshu@email.com으로, 메일로 응모해 주세요.

응모하실 때에는 『이름』『소속 (대학생분은 대학명과 학년, 사회인분은 그 취지를 기입해 주세요)』『거주지에서 가장 가까운 역』『활동에 참가하고 싶은 요일 (희망하시면)』『응모동기』를 첨부해 주세요.

활동상세 : 별도자료 참조

레슨에 관해 : 학생 레벨에 맞추어 3학급 (초급, 중급, 상급)을 개설하고 있습니다.

*그룹시간과 개별시간이 있습니다.

어휘
拠点(きょてん) 거점 | 頻度(ひんど) 빈도 | 取(と)り組(く)む 대처하다, 매달리다 | 動機(どうき) 동기 | 携(たずさ)わる 종사하다 | 必見(ひっけん) 필견, 필독 | 身分(みぶん) 신분 | ～にて ~로 | 氏名(しめい) 이름, 성명 | 所属(しょぞく) 소속 | 回生(かいせい) 학년 | 旨(むね) 취지, 뜻 | 最寄(もよ)り 가장 가까운 곳 | 添(そ)える 첨부하다, 덧붙이다, 곁들이다 | 詳細(しょうさい) 상세 | 別途(べっと) 별도

청해

문제 1 문제1에서는 먼저 질문을 들으세요. 그리고 이야기를 듣고 문제용지의 1~4 중에서 가장 적당한 것을 하나 고르세요.

例 Track 3-1-00

男の人と女の人が話しています。二人はどこで何時に待ち合わせますか。

男：あした、映画でも行こうか。

女：うん、いいわね。何見る？

男：先週から始まった「星のかなた」はどう？面白そうだよ。

女：あ、それね。私も見たいと思ったわ。で、何時のにする？

男：ちょっと待って、今スマホで調べてみるから… えとね… 5時50分と8時10分。

女：8時10分は遅すぎるからやめようね。

男：うん、そうだね。で、待ち合わせはどこにする？ 駅前でいい？

女：駅前はいつも人がいっぱいでわかりにくいよ。映画館の前にしない？

男：でも映画館の前は、道も狭いし車の往来が多くて危ないよ。

女：わかったわ。駅前ね。

男：よし、じゃ、5時半ぐらいでいい？

女：いや、あの映画今すごい人気だから、早く行かなくちゃいい席とれないよ。始まる1時間前にしようよ。

男：うん、わかった。じゃ、そういうことで。

二人はどこで何時に待ち合わせますか。

1 駅前で4時50分に
2 駅前で5時半に
3 映画館の前で4時50分に
4 映画館の前で5時半に

예

남자와 여자가 이야기하고 있습니다. 두 사람은 어디에서 몇 시에 만납니까?

남 : 내일 영화라도 보러 갈까?

여 : 응, 좋아. 뭐 볼까?

남 : 지난 주에 시작한 '별의 저편'은 어때? 재미있을 것 같아.

여 : 아, 그거. 나도 보고 싶었어. 그럼, 몇 시 걸로 할까?

남 : 잠깐만, 지금 스마트폰으로 알아볼 테니까… 음… 5시 50분하고 8시 10분.

여 : 8시 10분은 너무 늦으니까 보지 말자.

남 : 응, 그러네. 그럼, 어디서 만날까? 역 앞에서 만날까?

여 : 역 앞은 항상 사람들이 많아서 찾기 힘들어. 영화관 앞에서 만날까?

남 : 근데 영화관 앞은 길도 좁고 차도 많이 다녀서 위험해.

여 : 알았어. 역 앞으로 해.

남 : 좋아, 그럼 5시 반쯤에 만날까?

여 : 아니, 그 영화 지금 엄청 인기라서, 빨리 가지 않으면 좋은 자리 못 잡아. 시작하기 1시간 전에 만나자.

남 : 그래, 알았어. 그럼 그렇게 하자.

두 사람은 어디에서 몇 시에 만납니까?

1 역 앞에서 4시 50분에
2 역 앞에서 5시 반에
3 영화관 앞에서 4시 50분에
4 영화관 앞에서 5시 반에

1番 Track 3-1-01

女の人がサービスセンターに電話しています。女の人はこのあとまず最初に何をしますか。

女：あの、もしもし。つい先月に購入した乾燥機なんですが。運転中に何か変な音がずっとするんです。

男：それはいつ頃からですか。

女：おとといぐらいからです。

男：何か乾燥機のすぐ横や上に物を置いたりしていませんか。

女：いえ、そうゆうことは一切していないんですが。

男：そうですか。その音は、規則的にしますか。不規則にしますか。

女：不規則のように感じます。

男：でしたら、乾燥機の中に何か異物が入っているのかもしれません。一度ご確認していただけますか。

女：分かりました。すぐ確認してみます。

男：何か見つかればいいんですが、もし見つからなかったら、機械内部の問題かもしれませんので、その場合はまたお電話いただけますでしょうか。

女：分かりました。そうします。

女の人はこのあとまず最初に何をしますか。

1 乾燥機の修理を依頼する
2 乾燥機からどんな音がするのか、もう一度確認する
3 乾燥機の近くにある物を片付ける
4 乾燥機の中に何か入っていないか確認する

1번

여자가 서비스 센터에 전화하고 있습니다. 여자는 이후에 제일 먼저 무엇을 합니까?

여 : 저기, 여보세요? 바로 지난달에 구입한 건조기입니다만, 작동 중에 뭔가 이상한 소리가 계속 납니다.

남 : 그것은 언제부터입니까?

여 : 그저께 정도부터요.

남 : 뭔가 건조기 바로 옆이나 위에 물건을 놓거나 하지 않았습니까?

여 : 아니요, 그런 일은 일절 하지 않았습니다만.

남 : 그렇습니까? 그 소리는 규칙적으로 납니까? 불규칙적으로 납니까?

여 : 불규칙한 것처럼 느껴져요.

남 : 그렇다면 건조기 안에 뭔가 이물질이 들어 있을지도 모릅니다. 한번 확인해 주실 수 있을까요?

여 : 알겠습니다. 바로 확인해 볼께요.

남 : 뭔가 발견되면 좋겠지만, 만약 찾을 수 없다면, 기계 내부의 문제일지도 모르니, 그 경우는 다시 전화주실 수 있을까요?

여 : 알겠습니다. 그렇게 하겠습니다.

여자는 이후에 제일 먼저 무엇을 합니까?

1 건조기 수리를 의뢰한다
2 건조기에서 어떤 소리가 나는지 다시 한번 확인한다
3 건조기 근처에 있는 물건을 치운다
4 건조기 안에 무언가 들어 있지 않은지 확인한다

해설 건조기 옆이나 위에 물건을 두지 않았다면, 건조기 안에 뭔가 이물질이 있는지 확인해 보라고 했으니, 4번이 정답이다.

어휘 乾燥機 건조기 | そうゆうこと 그러한 것 | 一切 일체, 일절 | 異物 이물질

3회

2番 Track 3-1-02

新入社員募集の広告を見ています。男の人はこの広告を誰に知らせればいいですか。

女：山田製薬株式会社で新入社員を募集しているね。

男：河上さん、確か薬学部だったよね。きっと彼女に伝えたら喜ぶと思うよ。

女：でも、河上さんはこの前、親が倒れて実家の兵庫県に帰るって言ってたよ。この会社は本社が大阪で、支社の東京で働ける社員を募集しているのに。

男：でも、見て、工場が兵庫県にあるから、なんか可能性、あるんじゃないかな。あと、三浦さんも昨年薬学部出たけど、まだ仕事見つけてなくて悩んでいるから、彼にも伝えなきゃ。

女：あ、そうね。あ、でも資格は今年３月の卒業見込者って書いてある。

男：あ、そうか。うん… そしたら、榎本さんに言おうかな？

女：榎本さん？ 彼は経済学だよ。

男：でもここに性別や学部、学科制限なしって書いてあるし。

女：あ、なら、私も履歴書出してみようかな。じゃ、私は先に帰って隣の部屋の森山さんに言ってみるね。

男：うん、いいよ。僕もみんなに伝えるね。提出書類の締切は２月７日までだから、遅れないようにね。

男の人はこの広告を誰に知らせればいいですか。

1 河上さん、三浦さん
2 河上さん、榎本さん
3 三浦さん、榎本さん、森山さん
4 河上さん、榎本さん、森山さん

2번

신입사원모집 광고를 보고 있습니다. 남자는 이 광고를 누구에게 알려 주면 됩니까?

여 : 야마다 제약 주식회사에서 신입사원을 모집하고 있네.

남 : 가와카미 씨, 분명히 약학부였지? 틀림없이 그녀에게 전해 주면 좋아할 거야.

여 : 근데, 가와카미 씨는 얼마 전에 부모님이 쓰러지셔서 효고현 부모님 댁으로 돌아간다고 했어. 이 회사는 본사가 오사카인데, 지사인 도쿄에서 일할 수 있는 사원을 모집하고 있는데.

남 : 하지만 봐봐. 공장이 효고현에 있으니, 뭔가 가능성 있는 거 아닐까? 그리고 미우라 씨도 작년에 약학부 나왔는데, 아직 취직 안 돼서 고민하고 있으니 그에게도 전해줘야지.

여 : 아, 그러네. 아, 하지만 자격은 올 3월 졸업예정자라고 쓰여 있어.

남 : 아, 그래? 음… 그럼, 에노모토 씨에게 말해 볼까?

여 : 에노모토 씨? 그는 경제학과야.

남 : 근데 여기에 성별이나 학부, 학과 제한 없다고 쓰여 있어.

여 : 아, 그렇다면, 나도 이력서 내 볼까? 그럼, 나는 먼저 돌아가 옆방 모리야마 씨에게 말해 볼게.

남 : 응, 알았어. 나도 모두에게 전할게. 제출서류 마감은 2월 7일까지니까 늦지 않도록 해야 해.

남자는 이 광고를 누구에게 알려 주면 됩니까?

1 가와카미 씨, 미우라 씨
2 가와카미 씨, 에노모토 씨
3 미우라 씨, 에노모토 씨, 모리야마 씨
4 가와카미 씨, 에노모토 씨, 모리야마 씨

해설 여자는 옆방 모리야마 씨에게 전하고, 남자는 모리야마 씨와 미우라 씨를 제외한 나머지 모두에게 전한다. 여자가 3월 졸업예정자 대상이라고 했으므로, 이미 졸업한 미우라 씨는 대상에서 제외된다.

어휘 募集 모집 | 支社 지사 | 卒業見込者 졸업예정자 | 提出 제출 | 締切 마감

3番 Track 3-1-03

母と娘が話しています。娘はこのあと何をしますか。

女1：お母さん、ちょっといいかな。

女2：何それ、その服どうしたの。よく似合ってるじゃない。

女1：今度、友達の結婚式に出なきゃいけないから買ったんだけど。夏だし、暑いから、ハイヒールに素足でいいかな。

女2：結婚式はフォーマルにいかないと。ストッキングくらいは履くものよ。

女1：え～！全然知らなかった。あやうく式場で恥をかくところだった。今、黒のタイツしかないけど、黒でいいかな？

女2：黒じゃなくて、ベージュがいいわね。貸してもいいけど、お母さんより足大きいわよね。

女1：うん…。じゃあ、これから買いに行くよ。

女2：そういえば、美容院は予約したの？

女1：髪は自分でセットしようと思ってて、手伝ってもらいたいんだけど。

F2：了解。いいわよ。

娘はこのあと何をしますか。

1 ベージュタイツを買いに行く
2 髪のセットを手伝う
3 美容院を予約する
4 黒タイツを借りる

3번

엄마와 딸이 이야기하고 있습니다. 딸은 이후 무엇을 합니까?

여1 : 엄마, 잠깐 시간 괜찮아?

여2 : 뭐야 그거, 그 옷 어디서 났어? 잘 어울리는데.

여1 : 이번에 친구 결혼식에 가야 해서 샀는데. 여름이고 더우니까 하이힐에 맨발로 가도 될까?

여2 : 결혼식은 격식을 차리고 가야지. 스타킹 정도는 신어야 하는 거야.

여1 : 아~! 전혀 몰랐어. 하마터면 식장에서 망신당할 뻔했다. 지금 검은색 타이츠밖에 없는데 검은색으로 괜찮을까?

여2 : 검정이 아니라 베이지색이 좋지. 빌려줘도 되는데, 엄마보다 발이 크지?

여1 : 음…. 그럼, 이제 사러 갈게.

여2 : 그러고 보니 미용실은 예약했어?

여1 : 머리는 직접 세팅하려고 하는데, 도와주면 좋겠어.

여2 : 알겠어. 해 줄게.

딸은 이후 무엇을 합니까?

1 베이지색 타이츠를 사러 간다
2 머리 세팅을 돕는다
3 미용실을 예약한다
4 검은색 타이츠를 빌린다

해설 머리 세팅은 직접 하겠다고 하며 엄마에게 도와 달라고 했으니 2, 3번은 오답이고, 검은색 타이츠밖에 없다고 했는데 엄마는 베이지색을 권하였으니 4번도 오답이다. 그러면서 엄마는 자신의 베이지색 스타킹을 빌려주려고 했으나, 딸의 발이 엄마 발보다 커서 신을 수 없어 「じゃあ、これから買いに行くよ」라고 했으므로, 정답은 1번이다

어휘 似合う 어울리다 | 素足 맨발 | フォーマル 격식, 형식 | あやうく～ところだった 하마터면 ~할 뻔했다 | 式場 식장 | 恥をかく 망신당하다 | ベージュ 베이지 | 了解 이해, 알았음

4番 Track 3-1-04

女の人と男の人がパソコンのトラブルについて話しています。男の人はこのあと何をしなければなりませんか。

女：お仕事中に失礼します。急にネットにつながらなくなって、見ていただけませんか。

男：もちろん、いいですよ。どんな感じなんですか。

女：ついさっきまで大丈夫だったんですが、急につながらなくなって。一度再起動してみたんですが、全然ダメでした。

男：ネットにつながらないのは鈴木さんだけですか。

女：はい、そうみたいなんですが。

男：LANケーブルは外れていませんか。

女：はい、確認しました。一応、周辺機器まで全部確認してます。

男：そうですか。他の方に問題がないのであれば、パソコン自体に問題がある可能性が大きいですね。原因を探るために一度預かってもいいですか。

女：いいんですけど、まだ仕事が残っているので、代わりのパソコンをいただけますか。

男：もちろんですよ。今お持ちしますね。

女：どうもいろいろすみません。ありがとうございます。

男の人はこのあと何をしなければなりませんか。

1　パソコンを修理する
2　代わりのパソコンを用意する
3　周辺機器を調べる
4　LANケーブルをつなぎなおす

4번

여자와 남자가 컴퓨터 문제에 대해 이야기하고 있습니다. 남자는 이후 무엇을 해야 합니까?

여 : 근무 중에 실례하겠습니다. 갑자기 인터넷에 연결이 안 돼서요, 봐 주실 수 있을까요?

남 : 물론 봐 드릴게요. 어떤 느낌인가요?

여 : 방금 전까지 괜찮았는데, 갑자기 연결이 안 돼서요. 한번 재부팅해 봤는데도, 전혀 안 되더라고요.

남 : 인터넷에 연결되지 않는 것은 스즈키 씨뿐입니까?

여 : 네, 그런 것 같아요.

남 : 랜 케이블은 빠져 있지 않습니까?

여 : 네, 확인했습니다. 일단 주변기기까지 다 확인했어요.

남 : 그래요? 다른 분에게 문제가 없다면 컴퓨터 자체에 문제가 있을 가능성이 크네요. 원인을 찾기 위해 한번 맡아도 될까요?

여 : 괜찮습니다만, 아직 일이 남아 있으니, 대신 사용할 컴퓨터를 주실 수 있겠어요?

남 : 그럼요. 지금 가져다 드릴게요.

여 : 정말 여러가지로 죄송합니다. 감사합니다.

남자는 이후에 무엇을 해야 합니까?

1 PC를 수리한다
2 대신 사용할 PC를 준비한다
3 주변기기를 조사한다
4 랜 케이블을 다시 연결한다

해설 남자는 네트워크의 문제가 아니라 스즈키 씨 컴퓨터가 문제일 가능성이 크다고 하며 자기가 맡아서 보겠다고 했다. 그러자 여자는 「まだ仕事が残っているので、代わりのパソコンをいただけますか」라고 했고, 이에 남자는 지금 갖다 주겠다고 했으니, 정답은 2번이 된다.

어휘 お仕事中 근무 중 | つながる 연결되다 | ついさっきまで 방금 전까지 | 再起動 재부팅 | 外れる 빠지다 | 確認 확인 | 一応 일단, 우선 | 周辺機器 주변기기 | 探る 찾다 | 預かる 맡다 | 代わりの~ 대신~ | 修理する 수리하다 | 用意する 준비하다 | つなぎなおす 다시 연결하다

5番 Track 3-1-05

男の人が弁当屋に電話をしています。弁当屋は何をいくつ配達しなければなりませんか。

女：もしもし、ほっとほっと弁当でございます。

男：あの、今週の土曜日のお昼にお弁当を予約した山田といいますけど。

女：山田様ですね。ご予約ありがとうございます。はい、11時にお弁当20個とペットボトルのお茶を20個のご予約となっております。

男：すみませんが、学会に出席する人の数が増えまして、お弁当を追加で10個お願いしたいんですが。

女：それでは、お弁当を30個に変更ですね。お飲み物はどうされますか。

男：飲み物はそのままで大丈夫です。

女：あ、すみません。ただいま、お弁当を30個以上ご注文いただくと、サービスでペットボトルのお茶を人数分お付けしておりますが…。

男：そうですか。じゃあ、ペットボトルのお茶の注文はキャンセルでお願いします。

女：かしこまりました。

男：あ、ちょっと待ってください。やっぱり、お茶はたくさん飲むと思うので、そのままでいいです。

女：かしこりました。

男：それでは、当日よろしくお願いします。

女：はい、ありがとうございました。

弁当屋は何をいくつ配達しなければなりませんか。

1　お弁当20個、お茶20個
2　お弁当30個、お茶20個
3　お弁当30個、お茶50個
4　お弁当30個、お茶30個

5번

남자가 도시락 가게에 전화를 하고 있습니다. 도시락 가게는 무엇을 몇 개 배달해야 합니까?

여 : 여보세요, 따끈따끈 도시락입니다.

남 : 저, 이번 주 토요일 점심에 도시락을 예약한 야마다라고 합니다만.

여 : 야마다 님이시군요. 예약 감사합니다. 네, 11시에 도시락 20개와 페트병 차 20개로 예약되어 있습니다.

남 : 죄송합니다만, 학회에 참석하는 사람의 수가 늘어나서요, 도시락을 추가로 10개 주문하고 싶습니다만.

여 : 그럼, 도시락을 30개로 변경하시네요. 음료수는 어떻게 하시겠어요?

남 : 음료수는 그대로 괜찮습니다.

여 : 아, 죄송합니다. 지금 도시락을 30개 이상 주문하시면, 서비스로 페트병 차를 인원수만큼 제공하고 있습니다만….

남 : 그래요? 그럼, 페트병 차 주문은 취소해 주세요.

여 : 알겠습니다.

남 : 아, 잠시만요. 역시 차는 많이 마실 것 같으니, 그대로 주세요.

여 : 알겠습니다.

남 : 그럼, 당일 잘 부탁드립니다.

여 : 네, 감사합니다.

도시락 가게는 무엇을 몇 개 배달해야 합니까?

1 도시락 20개, 차 20개
2 도시락 30개, 차 20개
3 도시락 30개, 차 50개
4 도시락 30개, 차 30개

해설 수량이 나오는 문제는 반드시 추가 또는 줄이는 식으로 변경을 하게 되니 반드시 필기를 꼼꼼히 하며 듣기 바란다. 처음에는 도시락 20개, 차 20개였는데, 나중에 도시락은 10개 추가하고, 차는 그대로 주문한다고 했다. 그런데 점원이 도시락을 30개 이상 주문하면 서비스로 도시락 숫자만큼 차를 준다고 하자, 차 주문을 취소한다고 했다가 다시「やっぱり、お茶はたくさん飲むと思うので、そのままでいい」라고 했다. 따라서 기존 주문한 차 20개+도시락 숫자 만큼 서비스로 주는 차 30개가 되어, 정답은 3번이 된다.

어휘 弁当屋 도시락 가게 | 配達 배달 | 学会 학회 | 数 수, 숫자 | 追加 추가 | 変更 변경 | 人数分 인원 수만큼 | お付けする 제공하다, 붙이다 | 当日 당일

문제 2 문제2에서는 우선 질문을 들으세요. 그 다음 문제용지의 선택지를 읽으세요. 읽을 시간이 있습니다. 그리고 이야기를 듣고 문제지의 1~4 중에서 가장 적당한 것을 하나 고르세요.

例 Track 3-2-00

男の人と女の人が話しています。男の人の意見として正しいのはどれですか。

女：昨日のニュース見た？

男：ううん、何かあったの？

女：先日、地方のある市議会の女性議員が、生後7か月の長男を連れて議場に来たらしいよ。

男：へえ、市議会に？

女：うん、それでね、他の議員らとちょっともめてて、一時騒ぎになったんだって。

男：あ、それでどうなったの？

女：うん、その結果、議会の開会を遅らせたとして、厳重注意処分を受けたんだって。ひどいと思わない？

男：厳重注意処分を？

女：うん、そうよ。最近、政府もマスコミも、女性が活躍するために、仕事と育児を両立できる環境を作るとか言ってるのにね。

男：まあ、でも僕はちょっと違うと思うな。子連れ出勤が許容されるのは、他の従業員がみな同意している場合のみだと思うよ。最初からそういう方針で設立した会社で、また隔離された部署で、他の従業員もその方針に同意して入社していることが前提だと思う。

女：ふ～ん、… そう？

男：それに最も重要なのは、会社や同僚の負担を求めるより、父親に協力してもらうことが先だろう。

女：うん、そうかもしれないね。子供のことは全部母親に任せっきりっていうのも確かにおかしいわね。

男の人の意見として正しいのはどれですか。

1 子連れ出勤に賛成で、大いに勧めるべきだ
2 市議会に、子供を連れてきてはいけない
3 条件付きで、子連れ出勤に賛成している
4 子供の世話は、全部母親に任せるべきだ

예

남자와 여자가 이야기하고 있습니다. 남자의 의견으로 올바른 것은 어느 것입니까?

여 : 어제 뉴스 봤어?

남 : 아니, 무슨 일 있었어?

여 : 며칠 전, 지방의 어느 시의회 여성 의원이 생후 7개월 된 장남을 데리고 의회장에 왔나 봐.

남 : 에~, 시의회에?

여 : 응, 그래서 다른 의원들하고 좀 마찰을 빚는 바람에, 한때 소동이 벌어졌대.

남 : 아, 그래서 어떻게 됐어?

여 : 응, 그 결과 의회 개회가 늦어져서, 엄중주의처분을 받았대. 좀 심하지 않아?

남 : 엄중주의처분을?

여 : 응, 그래. 요즘 정부도 매스컴도 여성이 활약하기 위해서 일과 육아를 양립할 수 있는 환경을 만들겠다고 말했으면서 말이야.

남 : 글쎄, 하지만 난 좀 아니라고 봐. 아이를 데리고 출근하는 게 허용되는 것은 다른 종업원이 모두 동의했을 경우만이라고 생각해. 처음부터 그런 방침으로 설립한 회사에서, 또 격리된 부서에서 다른 종업원도 그 방침에 동의하고 입사한 것이 전제라고 생각해.

여 : 흠~, …그래?

남 : 게다가 가장 중요한 것은 회사나 동료의 부담을 요구하기보다, 아이 아빠가 협력하는 것이 먼저겠지.

여 : 응, 그럴지도 모르겠네. 자녀 문제는 전부 엄마에게만 맡기기만 하는 것도 확실히 이상한 거야.

남자의 의견으로 올바른 것은 어느 것입니까?

1 아이 동반 출근에 찬성하며, 크게 권장해야 한다
2 시의회에 아이를 데리고 와서는 안 된다
3 조건부로 아이 동반 출근에 찬성하고 있다
4 자녀 돌보는 것은 전부 엄마에게 맡겨야 한다

1番 Track 3-2-01

男の人と女の人が話しています。二人は何を選びましたか。

女：ねえねえ、お歳暮でもらったカタログギフト、そろそろ選ばなきゃ。

男：そうだね。ジュースの贈り物がいくつも来た時は困ったよね。こうゆうのはやっぱりいいね。

女：何でも自分が好きなものを選べるからね。何にする？

男：せっかくだし、牛肉にしようよ。松坂牛のしゃぶしゃぶ肉。

女：いいけど、よく見たら、量が少ないよ。うちは家族４人だから、これじゃあ全然足りないんじゃない？

男：じゃあ、子供もいるし、アイスクリームはどう？

女：これかあ。これは逆に量がかなり多いね。たぶん冷凍庫に入りきらないと思う。

男：難しいねえ。じゃあ、ビールにしちゃおうかな。

女：それじゃあ、せっかくのギフトなのに子供たちと一緒に食べられないじゃない。やっぱり、みんなで一緒に食べられるものがいいなあ。

男：じゃあ、もう牛肉で決まりにしよう。

女：うーん、量少ないけど、大丈夫？

男：試食だと思って、少しずつ食べればいいさ。

女：そうかな？分かった。

二人は何を選びましたか。

1 ジュース　　2 アイスクリーム
3 牛肉　　4 ビール

1번

남자와 여자가 이야기하고 있습니다. 두 사람은 무엇을 골랐습니까?

여 : 있잖아, 연말선물로 받은 카탈로그 선물, 슬슬 골라야겠다.

남 : 그러네. 쥬스 선물이 몇 개나 왔을 때는 곤란했지. 이런 건 역시 좋네.

여 : 뭐든지 자기가 좋아하는 것을 고를 수 있으니까. 뭘로 할래?

남 : 모처럼이니까 소고기로 하자. 마쓰사카규 샤브샤브 고기.

여 : 좋긴 한데, 자세히 보니 양이 적어. 우리는 4인 가족이니까, 이걸로는 턱없이 부족하지 않을까?

남 : 그럼, 아이도 있으니 아이스크림은 어때?

여 : 이거구나? 이건 반대로 양이 꽤 많네. 아마 냉동실에 다 들어가지 않을 거야.

남 : 어렵네. 그럼, 맥주로 해 버릴까?

여 : 그럼, 모처럼의 선물인데 애들이랑 같이 못 먹잖아. 역시 다같이 먹을 수 있는 게 좋겠다.

남 : 그럼, 이제 소고기로 정하자.

여 : 음, 양이 적은데, 괜찮아?

남 : 시식이라고 생각하고 조금씩 먹으면 돼.

여 : 그런가? 알았어.

두 사람은 무엇을 골랐습니까?

1 주스　　2 아이스크림
3 소고기　　4 맥주

해설 '카탈로그 선물'이란 보내는 쪽이 카탈로그를 보내면, 받는 쪽이 거기서 원하는 선물을 골라 신청한 후 택배로 받는 형식의 선물이다. 부부는 여러 선물을 거론했으나 아이와 같이 먹을 수 있는 것으로 하자고 했고, 양은 적지만 시식이라고 생각하고 조금씩 먹자고 했으니, 3번이 정답이다.

어휘 **お歳暮** 연말, 연말선물 | **カタログギフト** 카탈로그 기프트(받은 사람이 카탈로그 안의 임의의 물품을 선택할 수 있는 선물 시스템) | **松阪牛** 일본의 3대 와규 중 하나 | **동사ます형+きる** (끝까지, 전부, 모두)~하다 | **試食** 시식

2番 Track 3-2-02

電気量販店の社員がお客様に電話を入れています。男の人が提案していることは何ですか。

男：私、Y電気の技術担当、大田と申しますが、鈴木様のお宅でしょうか。

女：はい、ああ、大田さん、こんにちは。パソコンはもう直りましたか？

男：いえ、それが…、いろいろ手をつくしたんですが…。

女：え、そんな。もう一週間も経っているんですよ。

男：はい、申し訳ございません。メーカーの方でロックをかけているとしか思えないんです。

女：じゃ、やっぱりメーカーに依頼した方が良かったのかしら？

男：いいえ、それに…。今からメーカーに依頼しても時間も修理代も加算されてしまいます。

女：え!? お宅にも、すでに修理代として、6万5千円もお支払いしていますよね。

男：はい、その前金に少し足していただいて、新しいパソコンを買われるのはいかがでしょうか？

女：そんな～。今のは買ってからまだ2年しかたっていないのに…。5年保証をつけておくべきだったわ。

男：今は10万円も出せば、性能の良いノートパソコンがご購入できますが。

女：そうなの。じゃ、これから引き取りに行きますから。修理代は返金してもらえますね。

男：はい、もちろんでございます。

男の人が提案していることは何ですか。

1　メーカーに修理を依頼すること
2　新しいパソコンを購入すること
3　再度、修理させてほしいこと
4　前金の修理代を他の製品に使うこと

2번

전기 양판점 사원이 손님에게 전화를 하고 있습니다. 남자가 제안하고 있는 것은 무엇입니까?

남 : 저는 Y전기 기술담당 오타라고 합니다만, 스즈키 님 댁이신가요?

여 : 네, 아, 오타 씨 안녕하세요. 컴퓨터는 다 고치셨나요?

남 : 아니요, 그게…, 모든 방법을 총동원해 보았습니다만….

여 : 어머, 저런. 벌써 일주일이나 지났어요.

남 : 네, 죄송합니다. 제조회사 측에서 락을 걸어 놓은 것으로밖에 생각되지 않습니다.

여 : 그럼, 역시 제조회사에 의뢰할 걸 그랬나요?

남 : 아니요, 게다가…. 지금 와서 제조회사에 의뢰해도 시간도 수리비도 가산되어 버립니다.

여 : 네!? 그쪽에도 이미 수리비로 65,000엔이나 냈잖아요.

남 : 네, 그 선금에 조금만 더해서 새 컴퓨터를 구입하시는 것은 어떠실는지요?

여 : 그게 무슨 말씀이세요. 지금 컴퓨터는 산 지 아직 2년 밖에 안 된 거예요. 5년 보증으로 해 놓을 걸 그랬네.

남 : 지금은 10만 엔만 내면 성능 좋은 노트북을 구입하실 수 있습니다만.

여 : 그래요? 그럼, 지금 (컴퓨터) 받으러 갈게요. 수리비는 환불해 주시는 거지요?

남 : 네, 물론입니다.

남자가 제안하고 있는 것은 무엇입니까?

1 제조회사에 수리를 의뢰하는 것
2 새 컴퓨터를 구입하는 것
3 다시 수리 맡기는 것
4 선금한 수리비를 다른 제품에 사용하는 것

해설 여자가 맡긴 컴퓨터를 수리해 보려 했으나 여의치 못하자, 남자는 이미 낸 수리비에 약간만 추가해서 노트북을 구입하는건 어떻냐고 권하고 있다.

어휘 提案 제안 | 依頼 의뢰 | 前金 선금 | 保証 보증 | 性能 성능 | ノートパソコン 노트북 | 引き取る 떠맡다, 인수하다 | 返金 환불 | 再度 두 번, 재차

3番 Track 3-2-03

男の学生と女の学生が話しています。女の学生はどうしてスマホをマナーモードにしていましたか。

男：卒業論文の方はどう？ 順調にいっているの？
女：うん、今頑張ってるの。スマホも音が出ないようにマナーモードにして他の部屋におきっぱなしにしているの。
男：ああ、近くに置いたら、気が散るから？
女：そう、メールや電話や他のお知らせなんかの音って、しょっちゅうするのよね。こんなにうるさいと思ったことなかったわ。
男：ああ、そういえば、田中が言ってたよ。一昨日、君にメールしたけど返事が来ないって。
女：え？ 田中君メールくれたんだ。気がつかなかったわ。
男：マナーモードにしておいても、一日に一回ぐらいはチェックしているんだろう。
女：うん、していたつもりだけど。レポート作成に集中していたから、気が付かないで消しちゃったのかもしれないわ。
男：お詫びのメールをいれておいたら。
女：そうするわ。

女の学生はどうしてスマホをマナーモードにしていましたか。

1 家族がうるさいと言うから
2 卒業論文用の資料を聞くから
3 卒業論文に集中したいから
4 すぐにメール返信できないから

3번

남학생과 여학생이 이야기하고 있습니다. 여학생은 왜 스마트폰을 매너모드로 해 놓았습니까?

남 : 졸업논문은 어때? 순조롭게 잘 되고 있어?
여 : 응, 지금 열심히 하고 있어. 스마트폰도 소리 안 나게 매너모드로 해서 다른 방에 내버려 두고 있어.
남 : 아, 가까운데 두면 집중이 안 되니까?
여 : 맞아, 문자에 전화에 다른 알림 소리가 계속 울려 대거든. 이렇게 시끄러운 줄 몰랐어.
남 : 아, 그러고 보니 다나카가 그랬어. 그저께 너한테 문자 보냈는데 답이 없다고.
여 : 어? 다나카가 문자 보냈구나. 난 몰랐어.
남 : 매너모드로 해 놓아도 하루에 한 번 정도는 체크하고 있지?
여 : 응, 한다고 하고는 있는데. 리포트 작성에 집중하고 있다 보니, 미처 깜빡하고 지워 버렸는지도 모르겠어.
남 : 사과 문자 보내주지 그래?
여 : 그렇게 할게.

여학생은 왜 스마트폰을 매너모드로 해 놓았습니까?

1 가족들이 시끄럽다고 하니까
2 졸업논문용 자료를 들으니까
3 졸업논문에 집중하고 싶으니까
4 바로 문자 답장을 못 하니까

해설 졸업논문 작성에 집중하고 싶은데 스마트폰 소리 때문에 집중이 안 되기 때문에, 매너모드로 해서 다른 방에 갖다 놓았다고 했으므로, 정답은 3번이다.

어휘 卒業論文 졸업논문 | 順調に 순조롭게 | おきっぱなし 방치함, 그냥 내버려 둠 | 気が散る 산만해지다 | しょっちゅう 늘, 언제나 | 返事 답장 | お詫び 사죄(의 말) | 返信 회신

4番 Track 3-2-04

女の人、二人が話しています。どうして掃除を業者に依頼したのですか。

女1：小川さんのところは、お風呂場のお掃除はどうしているの？

女2：うん、1か月に1回ぐらい洗剤を使ってちょこちょこ、やっているわよ。

女1：大変じゃない、腰が痛くなったりしない？

女2：うん、するする。お風呂掃除は嫌いだけど、すぐに水垢がたまるし、しかたないわね。

女1：私も、ちょこちょこ掃除していたんだけどね。表面だけで、奥の方の水垢やカビは取れないしね。思い切って、業者に頼んで掃除してもらったのよ。

女2：えぇ、そうだったの。水垢はなかなか取れないわよね。でも、高かったんじゃないの？

女1：そうね。最初は、換気扇と水回りのお掃除だけのつもりが、結局お風呂場全体とカビ防止のコーティングまでやってもらって、全部で2万5千円ぐらいかかちゃったわ。今は夏でオフシーズンだから安いんですって。

女2：へえ、ずいぶん思い切ったわね。

女1：うん、でもすっきりしたわ。カビがたまっていたら身体にも悪いから。

どうして掃除を業者に依頼したのですか。

1 自分では水垢やカビが取り切れないから
2 業者が使っている洗剤が強力だから
3 自分で掃除すると腰が痛くなるから
4 オフシーズンで掃除代金が割安だから

4번

여자 둘이 이야기하고 있습니다. 왜 청소를 업자에게 의뢰한 것입니까?

여1 : 오가와 씨 댁은 욕실청소는 어떻게 하고 있어?

여2 : 응, 한 달에 한 번 정도 세제 써서 간단히 하고 있어.

여1 : 힘들지 않아? 허리 아프지 않아?

여2 : 응, 아프지, 욕조청소는 하기 싫은데, 바로 물때가 쌓이니 어쩔 수 없지 뭐.

여1 : 나도 가볍게 청소하긴 했는데. 표면만 되고, 안쪽 물때와 곰팡이는 제거가 안 되더라고. 눈 딱 감고 업자한테 맡겨 청소했지.

여2 : 아, 그랬구나. 물때는 좀처럼 안 없어지지. 근데 비싸지 않았어?

여1 : 그렇지. 처음에는 환풍기하고 물 쓰는 곳만 청소하려고 했는데, 결국은 욕실 전체와 곰팡이방지 코팅까지 해서, 전부 25,000엔 정도 들었어. 지금은 여름이고 오프시즌이라 싼 거래.

여2 : 와, 꽤 큰맘 먹었구나.

여1 : 응, 근데 속이 다 시원해. 곰팡이가 쌓이면 몸에도 나쁘잖아.

왜 청소를 업자에게 의뢰한 것입니까?

1 혼자서는 물때와 곰팡이를 다 제거하지 못하니까
2 업자가 사용하는 세제가 강력하니까
3 직접 청소하면 허리가 아파지니까
4 오프시즌이라 청소 대금이 저렴하니까

해설 욕실청소를 직접 하긴 하지만 물때와 곰팡이를 완벽하게 제거할 수 없어서 전문가를 불러 물때와 곰팡이를 제거했다고 했으므로, 정답은 1번이다.

어휘 依頼 의뢰 | 洗剤 세제 | ちょこちょこ ① 침착성이 없이 이리저리 어지럽게 돌아다니는 모양 ② 어떤 일을 가볍게 끝내는 모양 | 水垢 물때 | カビ 곰팡이 | 思い切って 과감히, 눈 딱감고 | 換気扇 환기 팬, 환풍기 | 水回り (부엌·욕실·화장실 등에서)물을 사용하는 장소 | 防止 방지 | すっきりする 후련해지다 | 取り切る 모조리 떼다 | 代金 대금 | 割安 (품질이나 분량에 비해)값이 쌈

5番 Track 3-2-05

女の人と男の人がスマートフォンについて話しています。男の人がスマートフォンを買い換えたのはどうしてですか。

女：あ、スマホ換えたの？
男：分かっちゃった？ 実は、昨日換えたんだ。
女：いいな。うらやましい。前のは何年使ったの？
男：ちょうど2年かな。まだ使えるには使えるんだけど、動作も重くなってきたし、バッテリーもすぐになくなっちゃって。
女：バッテリーなら、交換できるでしょ？
男：それはそうなんだけど。実は、今ちょうどセール中で、高性能のカメラが付いた安いのがあったよ。
女：そういえば、いつもスマホとは別に専用のカメラを持ち歩いていたよね。
男：うん、やっぱり、専用のカメラにしかない良さがあるからね。
女：でも専用のカメラって、重くて持ち歩くのが面倒くさくないの？ スマホのカメラなら、スマホだけ持ち歩けばいいから便利だよね。写真の送受信も簡単だしね。
男：うん。確かにそうかもね。でも人に写真なんかあんまり送ったりはしないから、それは別にいい。

男の人がスマートフォンを買い換えたのはどうしてですか。

1 ちょうど2年使って、買い換え時だから
2 動作が重く、バッテリーが長持ちしないから
3 専用のカメラを持ち歩くのが面倒だから
4 写真をいつでも簡単に送りたいから

5번

여자와 남자가 스마트폰에 관해 이야기하고 있습니다. 남자가 스마트폰을 바꾼 이유는 무엇입니까?

여 : 아, 스마트폰 바꿨어?
남 : 알았어? 실은 어제 바꿨어.
여 : 좋겠다. 부러워. 전에 건 몇 년 썼어?
남 : 딱 2년인가? 아직 사용할 수는 있지만, 동작도 굼뜨기 시작했고 배터리도 금방 닳아서.
여 : 배터리라면 교환할 수 있잖아?
남 : 그건 그런데. 실은 마침 세일 중인데, 고성능 카메라 가 달린 싼 게 있었어.
여 : 그러고 보니, 항상 스마트폰과는 별도로 전용 카메라를 가지고 다녔었지.
남 : 응, 역시 전용 카메라에 밖에 없는 장점이 있으니까.
여 : 근데 전용 카메라는 무거워서 가지고 다니기 귀찮지 않아? 스마트폰 카메라라면, 스마트폰만 가지고 다니면 되니까 편리하지. 사진 송수신도 간단하고.
남 : 응. 확실이 그럴지도 모르지. 하지만 사람들에게 사진 같은 거 잘 보내거나 하지 않으니까. 그건 됐어.

남자가 스마트폰을 바꾼 이유는 무엇입니까?

1 딱 2년 사용하고 교체할 때니까
2 동작이 굼뜨고, 배터리가 오래 가지 않으니까
3 전용 카메라를 들고 다니기 귀찮으니까
4 사진을 언제든지 간단하게 보내고 싶으니까

3회

해설 남자가 전에 쓰던 스마트폰을 바꾼 이유는 「動作も重くなってきたし、バッテリーもすぐになくなっちゃって」라는 말에서 알 수 있다. 스마트폰 카메라에 관한 대화도 나오지만, 남자는 따로 전용 카메라를 가지고 다녔다고 했으니 카메라는 이유가 되지 않는다.

어휘 **買い換える** 새로 사다, 사서 바꾸다 | **換える** 바꾸다 | **動作** 동작 | **交換** 교환 | **高性能** 고성능 | **そういえば** 그러고 보니 | **別に** 별도로 | **専用** 전용 | **持ち歩く** 가지고 다니다 | **良さ** 장점, 좋은 점 | **面倒くさい** 귀찮다, 성가시다 | **送受信** 송수신 | **長持ちする** 오래 가다

6番 Track 3-2-06

大学で男の人と女の人がサークルの合宿について話しています。サークルの合宿場所は、どこに決めましたか。

男：夏休みのサークルの合宿の場所、どうする？早く決めないと。

女：そうね。早くしないと、予約がいっぱいになっちゃう。

男：今年の夏休みは、ちょっと奮発して沖縄がいいなあ。夏は沖縄だよね。

女：もちろん賛成だけど、予算的にね。あんまりお金が出せない子もいるだろうから。

男：そうだよなあ。じゃあ、学校からも近い伊豆にしようか。

女：いいけど、伊豆は去年も行ったから、パスかな。

男：じゃあ、箱根はどう？ この際、夏を涼しく過ごすのもいいかもね。温泉もあるしね。あと、軽井沢なんかもいいかな。

女：学校からだと軽井沢は交通の便があまりよくないから、やっぱりちょっとね。

男：じゃあ、箱根かな。箱根だったら、学校からの交通の便もいいしね。

女：ちょっと待って。今調べたら、軽井沢のホテル、今セールしてるんだって。

男：よし、じゃあ、それで決まりにしよう。交通の便は少し不便かもしれないけど、学生は予算の節約が一番だからね。

サークルの合宿場所は、どこに決めましたか。

1 軽井沢
2 箱根
3 伊豆
4 沖縄

6번

대학에서 남자와 여자가 동아리 합숙에 관해 이야기하고 있습니다. 동아리 합숙 장소는 어디로 정했습니까?

남 : 여름방학 동아리 합숙 장소, 어떻게 할까? 빨리 정해야 할 텐데.

여 : 그러게. 빨리 하지 않으면 예약이 꽉 차 버려.

남 : 올 여름방학은 조금 분발해서 오키나와로 하면 좋겠다. 여름은 오키나와잖아.

여 : 물론 찬성이지만, 예산 문제가 있어서. 돈을 별로 못 내는 친구들도 있을테니.

남 : 그렇지. 그럼, 학교에서도 가까운 이즈로 할까?

여 : 좋은데, 이즈는 작년에도 갔으니까 패스할까?

남 : 그럼, 하코네는 어때? 이번 기회에 여름을 시원하게 보내는 것도 좋을 것 같아. 온천도 있고. 그리고 가루이자와 같은 데도 괜찮지 않아?

여 : 학교에서라면 가루이자와는 교통편이 그다지 좋지 않으니, 역시 좀 그렇네.

남 : 그럼, 하코네인가? 하코네라면 학교에서 가는 교통편도 좋고.

여 : 잠깐만. 지금 찾아보니까 가루이자와 호텔 지금 세일하고 있대.

남 : 좋아, 그럼, 거기로 결정하자. 교통편은 조금 불편할지 모르지만, 학생들은 예산 절약이 최고니까.

동아리 합숙 장소는 어디로 정했습니까?

1 가루이자와
2 하코네
3 이즈
4 오키나와

해설 동아리 합숙 장소로 '오키나와, 이즈, 하코네, 가루이자와'가 거론되고, 각각의 좋은 점과 나쁜 점을 얘기하고 있는데, 마지막 대화에서 여자가 가루이자와 호텔이 세일하고 있다는 정보를 전하자, 남자는 「交通の便は少し不便かもしれないけど、学生は予算の節約」이 최고라고 하였으니, 정답은 1번이다.

어휘 サークル 동아리, 서클 | 合宿 합숙 | 奮発 분발 | 沖縄 오키나와 | 伊豆 이즈 | 箱根 하코네 | この際 이번 기회, 이때 | 軽井沢 가루이자와 | 交通の便 교통편 | 節約 절약

문제3 **문제3에서는 문제용지에 아무것도 인쇄되어 있지 않습니다. 이 문제는 전체로써 어떤 내용인가를 묻는 문제입니다. 이야기 앞에 질문은 없습니다. 먼저 이야기를 들어 주세요. 그리고 질문과 선택지를 듣고, 1~4 중에서 가장 적당한 것을 하나 고르세요.**

例 Track 3-3-00

男の人が話しています。

男：みなさん、勉強は順調に進んでいますか？成績がなかなか上がらなくて悩んでいる学生は多いと思います。ただでさえ好きでもない勉強をしなければならないのに、成績が上がらないなんて最悪ですよね。成績が上がらないのはいろいろな原因があります。まず一つ目に「勉強し始めるまでが長い」ことが挙げられます。勉強をなかなか始めないで机の片づけをしたり、プリント類を整理し始めたりします。また「自分の部屋で落ち着いて勉強する時間が取れないと勉強できない」というのが成績が良くない子の共通点です。成績が良い子は、朝ごはんを待っている間や風呂が沸くのを待っている時間、寝る直前のちょっとした時間、いわゆる「すき間」の時間で勉強する習慣がついています。それから最後に言いたいのは「実は勉強をしていない」ということです。家では今までどおり勉強しているし、試験前も机に向かって一生懸命勉強しているが、実は集中せず、上の空で勉強しているということです。

この人はどのようなテーマで話していますか。

1 勉強がきらいな学生の共通点
2 子供を勉強に集中させられるノーハウ
3 すき間の時間で勉強する学生の共通点
4 勉強しても成績が伸びない学生の共通点

예

남자가 이야기하고 있습니다.

남 : 여러분, 공부는 순조롭게 되고 있습니까? 성적이 좀처럼 오르지 않아 고민 중인 학생은 많으리라 생각합니다. 가뜩이나 좋아하지도 않는 공부를 해야하는데, 성적이 오르지 않으니 최악이지요. 성적이 오르지 않는 것은 여러 원인이 있습니다. 우선 첫 번째로 '공부를 시작할 때까지 시간이 걸린다'를 들 수 있습니다. 공부를 좀처럼 시작하지 않고, 책상 정리를 하거나, 프린트물 정리를 시작하거나 합니다. 또 '내 방에서 차분하게 공부할 시간이 없으면 공부 못 하겠다'고 하는 것이 성적이 좋지 못한 아이의 공통점입니다. 성적이 좋은 아이는 아침밥을 기다리는 동안이나 목욕물 끓는 것을 기다리고 있는 시간, 자기 직전의 잠깐의 시간, 이른바 '틈새' 시간에 공부하는 습관이 배어 있습니다. 그리고 마지막으로 하고 싶은 말은 '실은 공부를 안 하고 있다'는 것입니다. 집에서는 지금까지 대로 공부하고 있고, 시험 전에도 책상 앞에 앉아 열심히 공부하고 있지만, 실은 집중하지 않고, 건성으로 공부하고 있다는 사실입니다.

이 사람은 어떤 테마로 이야기하고 있습니까?

1 공부를 싫어하는 학생의 공통점
2 자녀를 공부에 집중시킬 수 있는 노하우
3 틈새 시간에 공부하는 학생의 공통점
4 공부해도 성적이 늘지 않는 학생의 공통점

1番 Track 3-3-01

結婚式で男の人が話しています。

男：新郎の父の田口弘でございます。本日はあいにくの雨で足元の悪い中にも関わらず、二人のためにお越しいただきまして、誠にありがとうございます。
日本では昔から「雨降って地固まる」という諺がございます。これから新しい道を歩んでいく二人の前途には、うれしいことや喜ばしいことばかりではなく、当然苦しいことや辛いことも起こります。それでも縁あって結ばれた新郎新婦、手を取り合って、助け合い乗り越えていけると信じております。今日はそんな天気の日となりました。未熟な二人ではございますが、皆さま、今後ともどうぞよろしくご指導のほどお願いいたします。本日は、ご列席頂きまして本当にありがとうございました。

お父さんは、雨の日についてどう考えていますか。

1 雨なので、悪いことが続かないように望む
2 雨の後は、良い結果や安定した状態になる
3 雨が止めば、いいことばかりが起こるだろう
4 雨が、悪いことを全部流してくれるだろう

1번

결혼식에서 남자가 이야기하고 있습니다.

남 : 신랑 아버지인 다구치 히로시입니다. 오늘은 공교롭게 비가 와 오시기 불편하셨음에도 불구하고, 두 사람을 위해서 왕림해 주셔서 진심으로 감사드립니다.
일본에서는 예부터 '비 온 뒤 땅이 굳는다'라는 속담이 있습니다. 이제부터 새로운 길을 걸어갈 두 사람의 앞길에는 기쁘고 즐거운 일만이 아니라, 당연히 괴롭고 힘든 일도 생길 겁니다. 그래도 인연으로 맺어진 신랑신부, 손을 마주 잡고, 서로 도와가며 이겨낼 수 있으리라 믿습니다. 오늘이 그런 날씨가 되었습니다. 미숙한 두 사람입니다만, 여러분, 앞으로도 잘 지도해 주시기를 부탁말씀드리는 바입니다. 오늘은 참석해 주셔서 진심으로 감사드립니다.

아버지는 비 오는 날에 대해 어떻게 생각하고 있습니까?

1 비가 오니, 나쁜 일이 계속되지 않기를 바란다
2 비 온 후에는 좋은 결과와 안정된 상태가 된다
3 비가 그치면, 좋은 일만이 일어날 것이다
4 비가 나쁜 것을 모두 흘려보내 줄 것이다

해설 「雨降って地固まる 비 온 뒤 땅이 굳는다」가 키포인트이다. 아버지는 비가 오는 것을 힘든 일에, 비가 그친 것을 좋은 일에 비유하며 말하고 있다. 앞으로 좋은 일뿐만 아니라, 당연히 힘든 일도 있을 것이라고 했으므로 좋은 일만 일어날 것이라는 것은 아니다.

어휘 足元 (발)걸음 | 諺 속담 | 前途 전도 | 喜ばしい 즐겁다, 기쁘다 | 結ぶ 맺다, 잇다 | 取り合う 맞잡다 | 助け合う 서로 돕다 | 乗り越える (어려운 국면을)극복하다 | 未熟 미숙 | 指導 지도 | (ご)列席 참석, 출석

2番 Track 3-3-02

ある大型ショッピングセンターで、館内放送が流れています。

女：本日もジャパンショッピングセンターにお越しいただき、誠にありがとうございます。
お客様にお知らせをいたします。緑と白の縞模様のシャツに黒い半ズボンをお召しになった、三歳くらいのお子様をサービスカウンターにてお預かりしております。お心当たりの方は、5階の西サービスカウンターまでお越しくださいませ。5階の西サービスカウンターでございます。
本日もご来店いただきまして、誠にありがとうございます。

何についての放送ですか。

1 子供服セールの 会場案内
2 サービスカウンターの種類
3 迷子を保護している場所
4 サービスカウンターの場所

2번

어느 대형쇼핑센터에서 관내방송이 흐르고 있습니다.

여 : 오늘도 재팬쇼핑센터에 와 주셔서 정말 감사드립니다.
손님 여러분께 알려드리겠습니다. 녹색과 흰색 줄무늬 셔츠에 검은 반바지를 입은 3살 정도 된 어린이를 서비스 카운터에서 보호하고 있습니다. 아시는 분은 5층 서쪽 서비스 카운터로 와 주시기 바랍니다. 5층 서쪽 서비스 카운터입니다.
오늘도 내점해 주셔서 진심으로 감사드립니다.

무엇에 관한 방송입니까?

1 아동복 세일 장소 안내
2 서비스 카운터 종류
3 미아를 보호하고 있는 장소
4 서비스 카운터 장소

해설 어린이를 서비스 카운터에서 보호하고 있다고 했고, 5층 서쪽 서비스 카운터로 와 달라고 두 번 강조해서 말하고 있으므로, 미아를 보호하고 있는 장소에 대한 방송이다.

어휘 縞模様 줄무늬 | お召しになる「食べる 먹다, 飲む 마시다, 着る 입다, 乗る 타다」등의 존경어 | 心当たり 짐작, 짐작 가는 곳 | 迷子 미아 | 保護 보호

3회

3番 Track 3-3-03

ラジオで女の人が話しています。

女：ある世論調査によると、２０代から３０代の若者の一人暮らし世帯のうち、貯蓄の全くない世帯が半数を超えているといいます。また、そのうちの半数以上が年収３００万以下だと言われています。これは経済的にもかなり厳しい状況で、主要先進国の中では最下位の水準だと言われています。近年、そういった影響から、恋愛や結婚に消極的にならざる得ない若者がたくさん増えていると話題になっていますが、自分一人が生活するのにも苦労しているのに、恋愛や結婚のことなど考えられないのも十分納得のいくことだと言えるでしょう。世間一般には、少子化の主な原因が女性の社会進出にあると言われがちですが、女性の社会進出は世界中で起きていることであり、この問題については、国の景気の悪さが最も大きくかかわっていると思います。国の未来を担う若者が恋愛を楽しみ、安心して結婚したいと思えるような、経済的にも余裕を持てる社会になってほしいと願っています。

女の人は何について話していますか。

1 一人暮らし世帯の収入の増やし方
2 景気の悪化により生じた社会問題
3 若者が貯蓄をしない理由
4 恋愛や結婚に消極的な若者の本音

3번

라디오에서 여자가 이야기하고 있습니다.

여 : 어느 여론조사에 따르면, 20대부터 30대의 청년 1인 가구 중, 저축이 전혀 없는 가구가 절반을 넘고 있다고 합니다. 또한, 그중 절반 이상이 연 수입 300만 엔 이하라고 일컬어지고 있습니다. 이는 경제적으로도 상당히 엄중한 상황으로 주요 선진국 중에서 최하위 수준이라고 합니다. 최근, 그러한 영향으로부터 연애나 결혼에 소극적일 수밖에 없는 젊은이들이 많이 늘고 있다고 화제가 되고 있습니다만, 자기 혼자 생활하는데도 고생하고 있는데 연애나 결혼에 관한 것 등을 생각할 수 없는 것도 충분히 납득이 가는 일이라고 할 수 있을 것입니다. 세상 일반적으로는 저출산의 주된 원인이 여성의 사회 진출에 있다고 일컬어지는 경향에 있지만, 여성의 사회 진출은 전 세계에서 일어나고 있는 일이며, 이 문제에 대해서는 나라의 경기가 안 좋은 것이 가장 크게 관련되어 있다고 생각합니다. 나라의 미래를 짊어지는 젊은이가 연애를 즐기고 안심하며 결혼하고 싶다고 생각할 수 있는 듯한, 경제적으로도 여유를 가질 수 있는 사회가 되었으면 좋겠다고 바라고 있습니다.

여자는 무엇에 대해 이야기하고 있습니까?

1 1인 가구의 수입 늘리는 법
2 경기 악화로 인해 발생하는 사회문제
3 젊은이들이 저축을 하지 않는 이유
4 연애나 결혼에 소극적인 젊은이의 속마음

해설 연간 수입이 적어서 저축을 전혀 못하는 20 · 30대 청년 1인 가구가 절반이 넘고, 그 영향으로 연애과 결혼을 기피하는 젊은이들이 늘고 있다고 했다. 그 영향은 저출산으로 이어지므로 결국 불경기가 야기하는 사회문제가 핵심임을 놓쳐서는 안 된다.

어휘 世論調査(よろんちょうさ) 여론조사 | 一人暮らし世帯(ひとりぐらしせたい) 혼자 생활하는 세대, 1인 가구 | 最下位(さいかい) 최하위 | 近年(きんねん) 최근 | 世間(せけん) 세상 | 動詞ます形+がち ~하는 (안 좋은)경향이 있음 | 担う(になう) 짊어지다, 메다 | 生じる(しょうじる) ① (초목 등이)돋아나다 ② 일어나다, 생기다, 발생하다

4番 Track 3-3-04

ラジオで小学校の先生が話しています。

男：私は教職に就いてから11年間ずっと、音読を授業に取り入れています。教員採用試験を受ける時も、小説の一部を音読してから勉強に取りかかっていたんですが、短時間でかなり集中力が増すのを実感していました。それで、小学校の授業でも実践してみたんです。私が試みているのは、指定された範囲をできるだけ速く読む音読法ですが、速く読もうとする中で、素早く言葉のまとまりを掴むことができるようになり、また読む範囲の少し先を見る力もつきます。音読は脳を活性化させることが科学的にも実証されていますし、子供達の集中力がこんな簡単な方法で、楽しく身につき、また学習意欲を引き出せることを日々実感しています。

どんなテーマで話していますか。

1 声に出して早く読むことの効果
2 各種試験に合格するための音読
3 他の人が読むのを聞くことの効果
4 脳を活性化させる一番良い方法

4번

라디오에서 초등학교 선생님이 이야기하고 있습니다.

남 : 저는 교직에 종사하고 나서 11년 동안 계속 음독을 수업에 도입하고 있습니다. 교원채용 시험을 치를 때도 소설 일부를 음독하고 나서 공부를 시작하였습니다만, 단시간에 상당히 집중력이 향상되는 것을 실감하였습니다. 그래서 초등학교 수업에서도 실천해 보았습니다. 제가 시도하고 있는 것은 지정된 범위를 가능한 한 빨리 읽는 음독법입니다만, 빨리 읽으려고 하다 보면 빠르게 어휘의 구성을 파악할 수 있게 되며, 또한 읽는 범위의 조금 앞을 보는 힘도 생깁니다. 음독은 뇌를 활성화시키는 것이 과학적으로도 실증되어 있으며, 어린이들의 집중력이 이런 간단한 방법으로 즐겁게 몸에 배고, 또한 학습의욕을 이끌어낼 수 있다는 점을 매일매일 실감하고 있습니다.

어떤 테마로 이야기하고 있습니까?

1 소리 내서 빨리 읽는 것의 효과
2 각종 시험에 합격하기 위한 음독
3 다른 사람이 읽는 것을 듣는 것의 효과
4 뇌를 활성화시키는 가장 좋은 방법

해설 「音読」가 키포인트이다. 우리말로는 보통 '낭독'이라고 하는데 소리내서 책을 읽는 것을 말한다. 이 선생님은 자신이 음독과 속독으로 얻은 효과에 관해 말하고 있다.

어휘 就く 취임하다 | 取り入れる 도입하다 | 取りかかる 착수하다 | 実感 실감 | 実践 실천 | 試みる 시도하다 | 素早い 재빠르다 | 掴む 꽉 쥐다, 파악하다 | 範囲 범위 | 活性化 활성화 | 実証 실증 | 身につく 배워 익혀서 제 것이 되다 | 意欲 의욕 | 引き出す 끌어내다, 꺼내다

5番 Track 3-3-05

ラジオで女の人が話しています。

女：誰かが困っている時、相談に乗ってあげる人も多いことでしょう。でも、そこで自分の感情がどうゆうものなのか、今一度見つめなおしてほしいところです。相手の話を聞く時、「かわいそう、でも私ならこうするかな…。」などと考えるのではないでしょうか。自分の経験や価値観を基に、相手の感情を想像する行為を「同情」といいます。また、似た言葉に「共感」というものがありますが、相手の感情をありのままに受け入れ、一緒に感じようとすることです。人に話を聞いてもらいたい人のほとんどは、相手に何かアドバイスを求めていない場合が多くあります。ただ単に話を聞いてもらいたいのです。相手が何を求めているのか判断し、相手を基準にして理解しようとすることが大切でしょう。

女の人は何について話していますか。

1　人の話を聞く時の感情の変化
2　人にアドバイスを求める時の態度
3　相談に応じる時の態度
4　困っている人への助言の仕方

5번

라디오에서 여자가 이야기하고 있습니다.

여 : 누군가가 힘들어할 때, 상담에 응해 주는 사람도 많겠지요. 하지만, 그때 자신의 감정이 어떤 것인지, 지금 한번 다시 바라보기 바라는 바입니다. 상대의 이야기를 들을 때, '불쌍해라, 근데 나라면 이렇게 하려나….' 등 생각하지 않을까요? 자신의 경험이나 가치관을 바탕으로 상대의 감정을 상상하는 행위를 '동정'이라고 합니다. 또 비슷한 말에 '공감'이라는 것이 있는데, 상대의 감정을 있는 그대로 받아들여, 같이 느끼려고 하는 것입니다. 남에게 자신의 이야기를 들려주고 싶어 하는 사람의 대부분은 상대에게 뭔가 조언을 바라지 않는 경우가 대부분입니다. 그저 단순히 자신의 이야기를 들어주기를 바라는 것입니다. 상대방이 무엇을 바라고 있는지 판단하고, 상대를 기준으로 이해하려고 하는 것이 중요하겠지요.

여자는 무엇에 관해 이야기하고 있습니까??

1 남의 이야기를 들을 때의 감정의 변화
2 남에게 조언을 구할 때의 태도
3 상담에 응할 때의 태도
4 힘들어 하고 있는 사람에게 하는 조언 방법

해설 남에게 자신의 이야기를 들려주고 싶어 하는 사람의 대부분은 상대에게 뭔가 조언을 바라지 않는 경우가 대부분이라고 하며, 「ただ単に話を聞いてもらいたいのです。相手が何を求めているのか判断し、相手を基準にして理解しようとする」라는 것이 중요하다고 했으니, 이 여자는 상담에 응할 때의 태도에 관한 주제로 이야기하고 있음을 알 수 있다.

어휘 相談に乗る 상담에 응하다 | 見つめなおす 다시 바라보다 | 価値観 가치관 | ～を基に ~을 바탕으로 | 行為 행위 | 同情 동정 | 似る 닮다 | 共感 공감 | ありのままに 있는 그대로 | 受け入れる 받아들이다 | 求める 바라다, 구하다 | 単に 단순히 | 基準 기준 | 景気 경기 | 悪化 악화 | 相談に応じる 상담에 응하다 | 助言 조언

문제4 문제4에서는 문제용지에 아무것도 인쇄되어 있지 않습니다. 먼저 문장을 들으세요. 그리고 그에 대한 대답을 듣고 1~3 중에서 가장 적당한 것을 하나 고르세요.

例 Track 3-4-00

男：部長、地方に飛ばされるんだって。

女：1　飛行機相当好きだからね。

　　2　責任取るしかないからね。

　　3　実家が地方だからね。

예

남 : 부장님, 지방으로 날아간대.

여 : 1 비행기 정말 좋아하니까.

　　2 책임질 수밖에 없을 테니까.

　　3 본가가 지방이니까.

1番 Track 3-4-01

女：どうもお手数をおかけしましてすみません。

男：1　いや、たいしたことではないので気にしなくていいです。

　　2　どうぞ、こちらにおかけください。お茶入れますので。

　　3　いいえ、手数料が別途かかることはありませんので。

1번

여 : 성가시게 해드려 죄송합니다.

남 : 1 아니에요, 별일 아니니 신경쓰지 않아도 됩니다.

　　2 자, 이쪽에 앉으세요. 차 내올 테니까요.

　　3 아니요, 수수료는 별도로 들지 않아서요.

해설 「手数をかける」는 '상대를 귀찮게(성가시게) 해서 미안하다'는 의미로 쓰이는 표현이다.

어휘 別途 별도

2番 Track 3-4-02

男：今、何時だと思ってるんですか。

女：1　たぶんお昼くらいだと思います。

　　2　うるさかったですか。すみません。

　　3　今ちょっと時計がなくて分かりません。

2번

남 : 지금, 몇 시라고 생각하고 있습니까?

여 : 1 아마 점심 정도일 거예요.

　　2 시끄러웠나요? 죄송합니다.

　　3 지금 시계가 좀 없어서 모르겠어요.

해설 한밤중 또는 아주 이른 아침, 주변에서 시끄럽게 해서 남자가 따지자, 여자가 사과하는 대화 내용이므로, 2번이 정답이다.

3番 Track 3-4-03

男：このジャケット、私にはぶかぶかだね。

女：1　もう少しゆとりがあった方がいいですね。

2　お客様にはこういう派手なものがお似合いかと思いますが。

3　それならワンサイズ下のものをお持ちしますので。

3번

남 : 이 재킷, 나한테는 큰데.

여 : 1 조금 더 여유가 있는 게 좋겠네요.

2 손님께는 이런 화려한 것이 어울리신다고 생각합니다만.

3 그렇다면 한 사이즈 아래 걸로 갖다 드릴게요.

해설 「ぶかぶか」는 '옷이나 신발 등이 커서 헐렁거리는 상태'를 말한다. 「だぶだぶ」도 유의어로 함께 기억하자.

어휘 ゆとり 여유

4番 Track 3-4-04

男：冷房きつくないか？

女：1　ほんと、かぜ引きそう。

2　ほんと、蒸し暑いわ。

3　ほんと、大変ね。

4번

남 : 냉방이 너무 세지 않아?

여 : 1 진짜, 감기 걸리겠어.

2 진짜, 너무 푹푹 찐다.

3 진짜, 큰일 났네.

해설 「きつい」는 원래 '① 힘들다, 고되다 ② (옷 등의 사이즈가 작아서)꽉 끼다'의 의미로 자주 쓰이는데, 여기서는 '정도가 심하다'라는 의미로 쓰였다. 「冷房きつい」는 '냉방이 추울 정도로 너무 세다'라는 뜻이다. 참고로 「風がきつい 바람이 너무 세다」도 같은 의미로 쓰인 예이다.

어휘 蒸し暑い 무덥다

5番 Track 3-4-05

男：野村君が親睦会の会計係になるんだって。

女：1　野村君、お酒だめじゃなかったっけ？

2　ずぼらな野村君に会計が務まるかな。

3　今度の親睦会は来週の水曜日だよ。

5번

남 : 노무라 군이 친목회 회계담당이 된대.

여 : 1 노무라 군, 술 못 마시지 않았던가?

2 칠칠맞은 노무라 군이 회계 일 할 수 있을려나?

3 이번 친목회는 다음 주 수요일이야.

해설 「ずぼらだ」는 '칠칠맞다, 야무지지 못하다'라는 의미로, 회계담당처럼 돈 다루는 일에 이런 성격은 걱정스럽다는 대화이다.

어휘 親睦会 친목회 | 務まる (맡은 바 임무를)완수해 낼 수 있다

6番 Track 3-4-06

男：今年のボーナスは雀の涙ほどだったよ。

女：1　いいな、私ももらえないかな。

2　そんなものもらってどうするの。

3　もらえるだけマシだよ。

6번

남 : 올해 보너스는 쥐꼬리 만큼이였어.

여 : 1 좋겠다, 나도 받을 수 없을까?

2 그런 거 받아봤자 어떻게 할 거야?

3 (그나마) 받을 수 있으니 낫지.

해설 정말 적은 액수의 보너스를 받았다고 투덜대자, 그나마 받을 수 있는 게 어디냐는 식의 대화 흐름인 3번이 정답이 된다. 3번 문장의 「だけ」는 분량, 정도, 한도를 나타낸다.

어휘 **雀の涙** 매우 적음, 새발의 피 | **まし** 나음, 더 좋음

3회

7番 Track 3-4-07

男：あ～、おれも弱っちゃったな…。

女：1　どうしましたか？ なんかありましたか？

2　それはジムで鍛えたおかげですよね。

3　大丈夫ですよ。そのうちもっと弱くなりますので。

7번

남 : 아~, 나도 약해졌나….

여 : 1 왜 그러세요? 무슨 일 있었어요?

2 그게 다 체육관에서 단련한 덕분이지요.

3 괜찮아요. 곧 더 약해질 거예요.

해설 「弱る」는 '체력이 약해지거나 기력 또는 세력 등이 쇠퇴했다'라는 의미이다.

어휘 **鍛える** 단련하다, 맹렬히 훈련하다

8番 Track 3-4-08

女：昨日のすもう見た？ いくら学生横綱でもプロの力士には歯が立たないね。

男：1　当然プロの力士が勝つと思ってたのにね。

2　うん、やっぱり格が違うよね。

3　大きな怪我じゃなければいいけどね。

8번

여 : 어제 스모 봤어? 아무리 학생 요코즈나라고 해도 프로 장사는 못 당하네.

남 1 당연히 프로 장사가 이길 줄 알았는데 말이야.

2 응, 역시 차원이 다르지.

3 큰 부상이 아니면 좋겠는데.

해설 「横綱」는 스모에서 가장 높은 랭킹의 선수를 말한다.

어휘 **歯が立たない** 당할 수가 없다 | **格が違う** 격이 다르다, 상대가 안 된다, 차원이 다르다, 크게 차이 나다

9番 Track 3-4-09

女：昨日、知らない番号からの電話に出たんだけど、ずっと無言だったんだよ。
男：1 それは後味が悪かったね。
2 それは都合が悪かったね。
3 それは気味が悪いね。

9번

여 : 어제, 모르는 번호로 온 전화를 받았는데, 계속 말이 없었거든.
남 : 1 그건 뒷맛이 나빴네.
2 그거 사정이 나빴네.
3 그거 꺼림칙하네.

해설 우선 주어진 상황을 보면, 여자가 모르는 번호의 전화를 받았는데 「無言電話 무언전화」였다고 했다. 당연히 전화를 받은 사람은 기분이 좋지 않을 것이기 때문에, 이에 가장 적당한 반응은 3번 「気味が悪い 어쩐지 기분이 나쁘다, 꺼림칙하다」이다.

어휘 ずっと 계속, 쭉 | 無言 무언 | 後味が悪い 뒷맛이 나쁘다 | 都合が悪い 사정(형편)이 나쁘다 | 気味が悪い 어쩐지 기분이 나쁘다, 꺼림칙하다

10番 Track 3-4-10

女：部長はただいま席を外しておりますが。
男：1 そうですか。では、後ほどご連絡いたします。
2 そうですか。では、席にお座りください。
3 そうですか。では、お詫び申し上げます。

10번

여 : 부장님은 지금 자리에 안 계십니다만.
남 : 1 그렇습니까? 그럼, 나중에 연락드릴게요.
2 그렇습니까? 그럼, 자리에 앉으세요.
3 그렇습니까? 그럼, 사과드리겠습니다.

해설 전화를 했는데 상대가 자리를 비웠다고 했을 때 나오는 반응으로 가장 적당한 선택지는 '나중에 연락하겠다'고 한 1번이다.

어휘 ただいま 지금 | 席を外す 자리를 비우다 | 後ほど 나중에 | 連絡 연락 | お詫び申し上げます 사과 드리겠습니다

11番 Track 3-4-11

男：中村さん、取引先との交渉、手ごたえはどうだった？
女：1 そうですね、何も答えられませんでした。
2 すみません。手ぶらで来ましたもので。
3 一応私にできる限りのことは全部やりましたが。

11번

남 : 나카무라 씨, 거래처와의 교섭, 반응이 어땠어?
여 : 1 글쎄요, 아무 답도 못 했습니다.
2 죄송합니다. 빈손으로 와서요.
3 일단 제가 할 수 있는 일은 전부 했습니다만.

해설 「手ごたえ」는 '원래 때리거나 찔렀을 때 손에 오는 느낌'을 말하는데, 여기서는 이쪽이 상대에게 보여준 행동이나 말에 대한 반응, 느낌을 의미한다.

어휘 交渉 교섭 | 手ぶら 빈손, 맨손

문제5 문제5에서는 긴 이야기를 듣습니다. 이 문제에는 연습은 없습니다. 문제용지에 메모를 해도 좋습니다.

1번, 2번

문제용지에는 아무것도 인쇄되어 있지 않습니다. 먼저 이야기를 들으세요. 그리고 질문과 선택지를 듣고 1~4 중에서 가장 적당한 것을 하나 고르세요.

1番 Track 3-5-01

結婚相談所で係りの人と女の人が話しています。

女1：鈴木さん、先日ご紹介した方とは週末に初デートをされるんですよね。

女2：はい、ちょっとドキドキします。

女1：大丈夫ですよ。相手もそうですから。今日は、結婚相手としてふさわしいかどうか見るポイントをお教えしておきますから、頭に入れておいてくださいね。一番重要なのは、相手の持つ価値観を許せるかという点なんです。

女2：例えば、どんなことでしょうか？

女1：まずは、金銭感覚ですね。どんなお金の使い方をしているのかです。次は物の使い方ですね。靴とかカバンとかの手入れ具合を見てください。それから、食事の仕方です。どんな風に食事をするか、どんな食べ物を好むかなども聞いてみてください。最後に対人関係への意識です。友達や知人を大切にする人かどうかなどですね。

女2：なるほど。すごく参考になりますね。一回だけでは、全部わかりませんけど。どんな食事の仕方をするのかは興味深いですね。でも、明日は主に彼がどんな趣味があって、どんなものにお金を費やしているのか見てきますね。

女1：はい、大切なポイントです。

女2：なんか、楽しみになってきました。

女の人は明日、相手のどんな点に注意しますか。

1 金銭感覚
2 物の使い方
3 食事の仕方
4 対人関係への意識

1번

결혼상담소에서 담당자와 여자가 이야기하고 있습니다.

여1 : 스즈키 씨, 며칠 전 소개해 드린 분과는 주말에 첫데이트 하시는 거지요?

여2 : 네, 좀 두근거려요.

여1 : 괜찮아요. 상대도 마찬가지니까요. 오늘은 결혼 상대로 어울리는지 어떤지를 보는 포인트를 알려 드릴 테니 잘 기억해 두세요. 가장 중요한 것은 상대가 갖고 있는 가치관을 인정할 수 있는가라는 점입니다.

여2 : 예를 들면 어떤 걸까요?

여1 : 우선은 금전감각입니다. 돈을 어떻게 쓰고 있는가입니다. 다음은 물건을 어떻게 사용하는가 입니다. 구두나 가방 등의 손질 정도를 봐 주세요. 그리고 식사방법입니다. 어떤 식으로 식사를 하는가, 어떤 음식을 좋아하는지 등도 물어봐 주세요. 마지막으로 대인관계에 대한 의식입니다. 친구나 지인을 소중히 여기는 사람인가 등입니다.

여2 : 과연. 정말 참고가 되네요. 한 번만으로는 전부 알 수는 없겠지만요. 식사를 어떻게 하는지는 흥미롭네요. 하지만 내일은 주로 그가 어떤 취미가 있으며, 어떤 것에 돈을 쓰는지를 보고 오겠습니다.

여1 : 네, 중요한 포인트입니다.

여2 : 왠지 기대되네요.

여자는 내일 상대의 어떤 점에 주의합니까?

1 금전감각
2 물건 사용법
3 식사 방법
4 대인관계에 대한 의식

3회

해설 여자는 몇 가지 도움이 될만한 조언을 들었지만, 내일은 주로 취미와 돈을 어떻게 사용하는지에 관해 본다고 했으므로, 정답은 1번이다.

어휘 ふさわしい 어울리다 | 価値観 가치관 | 金銭感覚 금전감각 | 具合 형편, 상태 | 意識 의식 | 参考 참고 | 費やす 써 없애다, 다 소비하다

2番 Track 3-5-02

園芸会社の社員と食品会社の社員が会議で話しています。

女：そちら様との新商品のコラボですが、手始めにバラの花の苗セットからやりたいと思います。

男：ええ！　バラの花ですか。ちょっとポピュラー過ぎませんか？

女：まあ、そうですけど。うちの園芸部門の売りは、やっぱりバラなものですから。何か他に候補がございますか？

男：はい、香りがよく、食べることもできるハーブなんかがいいんじゃないですか？

女：ハーブはコスパが良くないんです。それに食用にするには、採取のタイミングが難しいんです。

男：そうですか。わかりました。では、価格の件ですが、どのくらいでお考えですか？

女：はい、バラの苗と肥料付で3000円ぐらいでは高いでしょうか？　ああ、鉢も付けての値段です。

男：そうですね。その価格では、小売り価格が6千円以上になってしまいます。

女：そうですか。高級感を出そうと思って、鉢を良い物にするつもりでしたが。

男：うちのお客さんは、もともと安心で、安全な食が基本の方々なので、鉢はそこそこの物でいいと思います。

女：そうですか。じゃ、鉢をもっとお安い物にしなければなりませんね。

男：はい、うちのお客様は鉢よりも、安全な肥料を使って、美しい花を咲かせたいというところが一番ですから。

女：じゃ、その辺を検討しましょう。

2번

원예회사 사원과 식품회사 사원이 회의에서 이야기하고 있습니다.

여 : 귀사와의 신상품 콜라보레이션 말인데요, 처음에 장미꽃 모종세트부터 해 볼 생각입니다.

남 : 엇! 장미꽃 말입니까? 좀 너무 흔하지 않을까요?

여 : 네, 그렇긴 하지만요. 저희 회사 원예부문의 세일즈 포인트는 역시 장미라서요. 뭔가 다른 후보가 있을까요?

남 : 네, 향이 좋고 먹을 수도 있는 허브 같은 건 어떠실런지요?

여 : 허브는 가성비가 별로라서요. 더욱이 식용으로 하려면 수확 타이밍을 맞추기가 어렵습니다.

남 : 그렇습니까? 알겠습니다. 그럼, 가격 건인데요. 어느 정도로 생각하고 계십니까?

여 : 네, 장미 모종과 비료 포함해서 3,000엔정도면 비쌀까요? 아, 화분도 포함한 가격입니다.

남 : 글쎄요. 그 가격으로는 소매가격이 6,000엔 이상이 되어 버릴 겁니다.

여 : 그래요? 고급스러운 느낌을 내려고 해서 화분을 좋은 걸로 할 생각이었습니다만.

남 : 우리 고객분들은 원래 안심할 수 있는 안전한 먹거리가 기본인 분들이라 화분은 평범한 거라도 괜찮습니다.

여 : 그래요? 그럼 화분을 조금 싼 걸로 해야겠군요.

남 : 네, 우리 고객분들은 화분보다도 안전한 비료를 사용해서 아름다운 꽃을 피우는 걸 가장 중요하게 생각하시거든요.

여 : 그럼, 그 부분을 검토해 봅시다.

新商品のどんな点を改善しますか。

1 花の種類を変える
2 鉢の質を落とす
3 肥料の価格を見直す
4 鉢に高級感を出す

신상품의 어떤 점을 개선합니까?

1 꽃의 종류를 바꾼다
2 화분의 질을 떨어뜨린다
3 비료 가격을 재검토한다
4 화분에 고급스러운 느낌을 낸다

해설 여자는 고급스러운 화분을 사용하고 싶었으나, 비료와 화분을 포함한 소매가격이 너무 비싸고, 고객들이 화분의 질을 중요시하지 않는다는 남자의 의견에 저렴한 화분의 사용을 검토하기로 하였다.

어휘 手始め 시초, 시작 | 苗 모종 | ポピュラー 포퓰러, 대중적 | 候補 후보 | コスパ「コストパフォーマンス 비용 대비 효과」의 준말 | 採取 채취 | 肥料 비료 | 鉢 화분 | 小売り 소매 | そこそこの 그럭저럭인 | 見直す 재검토하다

3회

3번

먼저 이야기를 들으세요. 그리고 두 개의 질문을 듣고, 각각 문제용지의 1~4 중에서 가장 적당한 것을 하나 고르세요.

3番 Track 3-5-03

イベントのボランティアに対する説明会で、説明会後に2人の学生が話しています。

男1：この度は、「あさぎりフェスタ」のボランティアへのご参加、誠にありがとうございます。早速ですが、今回のお仕事についてご説明します。1番から4番までのいずれかのお仕事をお願いしますので、希望の仕事をお選びください。
1番目の仕事は、受付です。会場に来られたお客様のチケットを確認し、ご挨拶をしながらパンフレットを渡します。チケットの購入がまだお済でない方には、チケットブースへのご案内をお願いします。
2番目の仕事は、駐車場での車と人の誘導です。当日は臨時駐車場も大変混雑します。駐車場や付近を歩くお客様も大勢いますので、事故が起こらないように誘導をお願いします。
3番目の仕事は、キッズコーナーの安全管理です。会場には、お子さんが遊べるスペースや遊具があります。危険なことをしていないか見守ってください。

3번

이벤트 자원봉사자에 대한 설명회에서 설명회 후에 두 학생이 이야기하고 있습니다.

남1 : 이번에 '아사기리 페스타' 자원봉사에 참여해 주셔서 대단히 감사합니다. 바로 본론에 들어가겠습니다만, 이번 일에 대해 설명드리겠습니다. 1번부터 4번까지 중 하나의 일을 부탁드릴테니, 희망하시는 일을 선택해 주십시오.
첫 번째 일은 접수입니다. 행사장에 오신 고객님의 티켓을 확인하고 인사드리면서 팜플렛을 전달합니다. 티켓 구매가 아직 완료되지 않은 분들께는 티켓 부스로 안내 부탁드립니다.
두 번째 일은 주차장에서의 차량과 사람의 유도입니다. 당일은 임시 주차장도 매우 혼잡합니다. 주차장이나 부근을 걷는 손님들도 많이 있으니 사고가 나지 않도록 유도 부탁드립니다.
세 번째 일은 키즈 코너의 안전 관리입니다. 행사장에는 아이가 놀 수 있는 공간이나 놀이기구가 있습니다. 위험한 일을 하고 있지 않은지 지켜봐 주세요.

4番目の仕事は、写真や動画の撮影です。会場の様子を記録するために、各ブースを回って、写真や動画を撮影してください。できれば、撮影機器の扱いが得意な方にお願いしたい仕事です。

⋮

女 ：うーん、どうしようかなあ。駐車場の案内は、ちょっと自信ないかな。車の免許もないし、車の誘導って何していいか分からなくて…。

男2：石原さんは、人と話せる仕事の方が合ってそうだよね。初対面でも話しやすいし。

女 ：そう言ってくれてありがとう。私も、自分で接客関係の2つのうちのどちらかなって。今のバイトも接客だし。松田君は？ どれでも器用にやれそうだけど。確か、車とか機械とかいじくるの好きだよね。

男2：うん。でも、撮影はちょっと専門外かな。うまく撮れるか自信ないし、今回は、お客さんを最初に迎える仕事がいいかな。

女 ：そっかー。じゃ、私は接客関係のもう一つの方にするね。

네 번째 일은 사진이나 동영상 촬영입니다. 행사장의 모습을 기록하기 위해 각 부스를 돌며 사진이나 동영상을 촬영해 주세요. 가능하면 촬영기기를 잘 다루는 분에게 부탁하고 싶은 일입니다.

⋮

여 ：음, 어떡하지? 주차장 안내는 좀 자신 없네. 자동차 면허도 없고, 자동차 유도란 무엇을 해야 할지 몰라서….

남2：이시하라 씨는 사람과 이야기할 수 있는 일이 더 맞을 것 같네. 처음 보는 사람과도 잘 얘기하고.

여 ：그렇게 말해줘서 고마워. 나도 스스로 접객 관련된 것, 둘 중 하나로 할까해. 지금 아르바이트도 접객이고. 마츠다 군은? 뭐든지 능숙하게 할 수 있을 것 같은데. 아마 자동차라던가 기계라던가 만지작거리는 거 좋아하지?

남2：응. 하지만 촬영은 좀 전문 밖이라. 잘 찍을 수 있을지 자신 없고 이번에는 손님을 처음 맞이하는 일이 좋을까?

여 ：그렇구나. 그럼 나는 접객 관련된 다른 쪽으로 할게.

質問 1

男の人は、何番の仕事に希望を出しますか。

1　1番の仕事　　2　2番の仕事
3　3番の仕事　　4　4番の仕事

質問 2

女の人は、何番の仕事に希望を出しますか。

1　1番の仕事　　2　2番の仕事
3　3番の仕事　　4　4番の仕事

질문1

남자는 몇 번의 일에 희망 신청을 합니까?

1 1번 일　　2 2번 일
3 3번 일　　4 4번 일

질문2

여자는 몇 번의 일에 희망 신청을 합니까?

1 1번 일　　2 2번 일
3 3번 일　　4 4번 일

해설 질문1 : 남자는 자동차나 기계 만지는 일을 좋아하지만, 촬영은 자신이 없다고 하며, 「今回は、お客さんを最初に迎える仕事がいいかな」라고 했으니 정답은 1번 접수 일이다.

질문2 : 마지막에 여자도 「私は接客関係のもう一つの方にする」라고 했으니, 또 한가지 접객과 관련된 일인 키즈 존의 안전관리 일이 되므로, 3번이 정답이 된다.

어휘 **誠に** 정말로, 상당히 | **早速** 즉시, 곧 | **いずれ** (둘 이상의 사물 중의)어느 것(쪽) | **誘導** 유도 | **臨時** 임시 | **遊具** 놀이기구(도구) | **見守る** 어떤 일이 일어나지 않도록 주의하여 보다, 지켜 보다 | **初対面** 첫 대면, 초면 | **器用** 손재주(요령)가 있음 | **いじくる** 만지작 거리다, 주무르다 | **専門外** 그 분야를 전문으로 하고 있지 않음

memo

나의 점수는?

총 문제 정답

혹시 부족한 점수라도 실망하지 말고 해설을 보며 다시 확인하고 틀린 문제를 다시 풀어보세요. 실력이 점점 쌓여갈 것입니다.

JLPT N1 제4회 실전모의고사 정답

1교시 언어지식(문자·어휘)

문제 1 1 3 2 4 3 1 4 1 5 2 6 3

문제 2 7 2 8 1 9 4 10 2 11 2 12 2 13 2

문제 3 14 2 15 3 16 4 17 1 18 1 19 2

문제 4 20 3 21 4 22 1 23 2 24 3 25 1

1교시 언어지식(문법)

문제 5 26 1 27 2 28 3 29 1 30 2 31 3 32 4 33 1 34 3
35 2

문제 6 36 2 37 1 38 3 39 3 40 4

문제 7 41 2 42 1 43 2 44 3

1교시 언어지식(독해)

문제 8 45 3 46 3 47 2 48 2

문제 9 49 1 50 4 51 4 52 4 53 2 54 4 55 1 56 2

문제 10 57 3 58 2 58 2

문제 11 60 2 61 1

문제 12 62 3 63 2 64 2

문제 13 65 1 66 3

2교시 청해

문제 1 1 4 2 4 3 2 4 4 5 2

문제 2 1 3 2 4 3 2 4 4 5 1 6 1

문제 3 1 1 2 4 3 1 4 3 5 2

문제 4 1 3 2 2 3 1 4 1 5 2 6 2 7 2 8 2 9 3
10 3 11 1

문제 5 1 4 2 2 3 1 4 2 1

4회

4회 실전모의고사 해설

1교시 언어지식(문자·어휘)

문제 1 ＿＿＿＿의 단어의 읽는 법으로 가장 적당한 것을 1·2·3·4에서 하나 고르세요.

1　1匹のニホンザルが、首都圏の住宅街に<u>突如</u>現れた。

1　とつじょう　　2　とつにょう　　3　とつじょ　　4　とつにょ

일본원숭이 한 마리가 수도권 주택가에 <u>갑자기</u> 나타났다.

어휘　首都圏(しゅとけん) 수도권 | 住宅街(じゅうたくがい) 주택가 | 突如(とつじょ) 돌연, 갑자기, 별안간 ▶ 突入(とつにゅう) 돌입, 突破(とっぱ) 돌파, 突然(とつぜん) 돌연, 衝突(しょうとつ) 충돌, 追突(ついとつ) 추돌, 如実(にょじつ) 여실, 欠如(けつじょ) 결여 | 現(あらわ)れる 나타나다

2　この旅館では、農家と連携して家庭料理をアレンジした<u>素朴</u>なおかずなどを用意してくれる。

1　すばく　　2　すぼく　　3　そばく　　4　そぼく

이 여관에서는 농가와 제휴하여 가정 요리를 각색한 <u>소박</u>한 반찬 등을 준비해 준다.

어휘　連携(れんけい) 제휴, 손잡다 | 素朴(そぼく)だ 소박하다 ✚「朴」의 발음이「ばく」가 아니라「ぼく」로 발음한다는 것에 주의한다.

3　自動運転など、最新技術を<u>駆使</u>した自動車の開発が進んでいる。

1　くし　　2　くうし　　3　こし　　4　こうし

자동운전(자율주행) 등, 최신 기술을 <u>구사</u>한 자동차 개발이 진행되고 있다.

어휘　技術(ぎじゅつ) 기술 | 駆使(くし) 구사 ▶ 駆(か)ける 빨리 달리다, 駆除(くじょ) (해충 등을)구제, 酷使(こくし) 혹사, 労使(ろうし) 노사, 大使(たいし) 대사

4　日本の伝統文化や慣習が<u>廃れて</u>きていると指摘されている。

1　すたれて　　2　まぎれて　　3　こじれて　　4　みだれて

일본의 전통문화와 관습이 <u>쇠퇴하고</u> 있다고 지적되고 있다.

어휘　伝統文化(でんとうぶんか) 전통문화 | 慣習(かんしゅう) 관습 | 廃(すた)れる 쇠퇴하다 ▶ 廃棄(はいき) 폐기, 廃止(はいし) 폐지, 撤廃(てっぱい) 철폐, 荒廃(こうはい) 황폐 | 指摘(してき) 지적 | 紛(まぎ)れる 헷갈리다 | 拗(こじ)れる (질병 등이)악화되다 | 乱(みだ)れる 흐트러지다

5 この地域には、美しい丘陵地帯が広がっている。

1 きゅうりゅう　2 きゅうりょう　3 きょうりゅう　4 きょうりょう

이 지역에는 아름다운 구릉지대가 펼쳐져 있다.

어휘 丘陵(きゅうりょう) 구릉 ✚「陵」의 음독 발음을 절대「りゅう」로 읽지 않는다는 것에 주의한다.

6 盛大に優勝祝賀会を催したいと思う。

1 もたらしたい　2 もらしたい　3 もよおしたい　4 うながしたい

성대하게 우승 축하회를 개최할 생각이다.

어휘 催(もよお)す 개최하다 | もたらす (좋지 못한 상태를)초래하다 | 促(うなが)す 재촉하다

문제 2 (　　　) 안에 들어갈 가장 적당한 것을 1 · 2 · 3 · 4에서 하나 고르세요.

7 兄は、大学受験の願書に住所や名前が正確に記入されているか、(　　　) チェックしていた。

1 壮大に　2 入念に　3 不意に　4 一向に

형은 대학 수험 원서에 주소와 이름이 정확히 적혀 있는지, 꼼꼼히 체크하고 있었다.

어휘 受験(じゅけん) 수험 | 願書(がんしょ) 원서 | 正確(せいかく) 정확 | 記入(きにゅう) 기입 | 入念(にゅうねん)に 꼼꼼히, 정성들여 | 壮大(そうだい)に 장대히 | 不意(ふい)に 갑자기 | 一向(いっこう)に 전혀

8 全国スーパーの売り上げは、15年連続で前年実績を割っている。営業時間延長の (　　　) はもちろん売り上げ増だろう。

1 ねらい　2 ためし　3 のぞみ　4 はたらき

전국 슈퍼 매상은 15년 연속으로 전년도 실적을 밑돌고 있다. 영업시간 연장의 노림수는 물론 매상 증가일 것이다.

어휘 割(わ)る 나누다, 어느 수준 밑이 되다 | 狙(ねら)い 목적, 목표, 노림수 ▶ 狙(ねら)う 노리다, 목표하다, 겨냥하다 | 試(ため)し 시험, 시도 | 望(のぞ)み 소망

9 人間は、年齢を重ねるにつれて、(　　　)の健康管理が必要になる。

1 会心　　2 感心　　3 誠心　　4 細心

인간은 나이를 먹음에 따라, 세심한 건강 관리가 필요하게 된다.

어휘 年齢(ねんれい)を重(かさ)ねる 나이를 먹다 | ～につれて ~에 따라 | 細心(さいしん) 세심 | 健康管理(けんこうかんり) 건강 관리 | 会心(かいしん) 회심 | 感心(かんしん) 감탄 | 誠心(せいしん) 성심

10 イギリス出身の人気ポップ歌手、Aさんは、自分のツイッターで引退を(　　　)コメントをした。

1 めくる　　2 ほのめかす　　3 とらえる　　4 うつむく

영국 출신의 인기 팝가수 A 씨는 자신의 트위터에서 은퇴를 암시하는 코멘트를 했다.

어휘 ほのめかす 암시하다, 넌지시 비추다 | めくる 넘기다, 벗기다 | 捕(と)らえる 붙잡다 | うつむく 고개를 숙이다

11 仕事を失った人にとっては、生活保護制度が頼りになるが、審査が厳しく支給の(　　　)が高い。

1 ノルマ　　2 ハードル　　3 ブランク　　4 ストック

직업을 잃은 사람에게 있어서는 생활보호 제도가 의지가 되지만, 심사가 엄격하여 지급의 허들이 높다(지급 받기 어렵다).

어휘 失(うしな)う 잃어버리다 | ～にとっては ~에게 있어서는 | 生活保護制度(せいかつほごせいど) 생활보호 제도 | 頼(たよ)りになる 의지가 되다 | 審査(しんさ) 심사 | 支給(しきゅう) 지급 | ハードルが高(たか)い 허들이 높다(곤란하다, 어렵다)

12 国民の税金が無駄に使われていないか、徹底的に検証することが(　　　)。

1 無謀だ　　2 肝心だ　　3 質素だ　　4 頑固だ

국민의 세금이 헛되이 쓰이고 있지 않은지, 철저히 검증하는 것이 가장 중요하다.

어휘 税金(ぜいきん) 세금 | 無駄(むだ)に 헛되이 | 徹底的(てっていてき)に 철저히 | 検証(けんしょう)する 검증하다 | 肝心(かんじん)だ 가장 중요하다 | 無謀(むぼう)だ 무모하다 | 質素(しっそ)だ 검소하다 | 頑固(がんこ)だ 완고하다

13 うちの子は、以前は(　　　)塾に通っていたが、A塾に移ってからは塾に行くのが楽しみのようだ。

1 ぶつぶつ　　2 いやいや　　3 くよくよ　　4 ひやひや

우리 아이는 이전에는 마지못해 학원에 다니고 있었으나, A학원으로 옮기고 나서부터는 학원에 다니는 것이 재미있는 모양이다.

어휘 いやいや(ながら) 마지못해, 할 수 없이, 싫은데 억지로(＝しぶしぶ) | ぶつぶつ 투덜대는 모양 ✚「ぶつぶつながら」로는 쓰이지 않는다. | くよくよ 끙끙 고민하는 모양

문제 3 ________의 단어의 의미가 가장 가까운 것을 1 · 2 · 3 · 4에서 하나 고르세요.

14 新しくできたJR駅前に、商店街を作る構想が、地域開発委員会の手で煮詰まってきた。

1 水に流すことになった 2 結論が出そうだ
3 練られるようになった 4 はばまれるようになった

새롭게 생긴 JR역 앞에 상점가를 만들자는 구상이 지역개발위원회 손으로 결론에 도달하게 되었다.

어휘 煮詰まる ① (국물 등이)바짝 졸아들다 ② (논의, 검토 끝에)결론이 나올 단계에 도달하다 | 水に流す 지난 일을 없던 것으로 하다 | 練る 연마하다 | 阻む 가로막다

15 あの姉妹は、いつも勉強で張り合っている。

1 助け合っている 2 かけ合っている 3 競争している 4 相談している

저 자매는 항상 공부로 경쟁하고 있다.

어휘 姉妹 자매 | 張り合う 경쟁하다 | 競争する 경쟁하다 | 助け合う 서로 돕다 | かけ合う 교섭하다, 흥정하다

16 山田さんは、コンスタントに来店してくれるお客様だ。

1 時折 2 常に 3 頻繁に 4 定期的に

야마다 씨는 정기적으로 가게에 와 주는 손님이다.

어휘 コンスタントに 정기적으로 | 来店する 가게에 오다 | 定期的に 정기적으로 | 時折 가끔 | 常に 늘, 항상 | 頻繁に 빈번히

17 辞書の例文を控えた。

1 メモした 2 覚えた 3 読んだ 4 確認した

사전의 예문을 적었다.

어휘 例文 예문 | 控える ① 적다, 메모하다 ② 앞두다 ③ 삼가다

18 その土地及び家屋を、現に所有している者が納税義務者となる。

1 実際 2 現在 3 ずべて 4 最初から

그 토지 및 가옥을 실제로 소유하고 있는 자가 납세의무자가 된다.

어휘 現に 실제로 ✚ 한자 그대로의 의미와는 다른 의미이므로 주의한다. | 納税義務者 납세의무자

4회

| 19 | 作業を開始する前に<u>一通り</u>マニュアルに目を通しておいてください。 |

1　一度　　　　　　　2　ざっと　　　　　　3　必ず　　　　　4　詳しく

작업을 개시하기 전에 <u>대충</u> 매뉴얼을 훑어보아 두어 주세요.

<ruby>一通<rt>ひととお</rt></ruby>り 대충, 대강 ▶ <ruby>一渉<rt>ひとわた</rt></ruby>り 대충, 얼추 | <ruby>目<rt>め</rt></ruby>を<ruby>通<rt>とお</rt></ruby>す 대강 훑어 보다 | ざっと 대충, 대강

문제 4 **다음 단어의 사용법으로 가장 적당한 것을 1·2·3·4에서 하나 고르세요.**

| 20 | <ruby>重宝<rt>ちょうほう</rt></ruby>する 요긴하게 사용하다, 편리하게 사용하다 |

1　地方分権によって自治体は、政府に<u>重宝される</u>ことなく、独自の政策を進められる。
2　核兵器の使用はどんな場合でも、国際人道法に<u>重宝する</u>とみなすことはできない。
3　古くから馬は、人が乗るほか、荷物の運搬や農耕などに<u>重宝されて</u>きた。
4　政府はプラごみ削減のため、レジ袋を無料で<u>重宝する</u>ことを禁じることにした。

1 지방 분권에 의해 지자체는 정부에 <u>요긴하게 사용되</u>지 않고, 독자 정책을 추진할 수 있다.
2 핵무기 사용은 어떤 경우라도 국제인도법에 <u>요긴하게 사용한</u>다고 간주할 수 없다.
3 예로부터 말은 사람이 타는 것 외에, 짐 운반이나 농경 등에 <u>요긴하게 사용되</u>어 왔다.
4 정부는 플라스틱 쓰레기 삭감을 위해, 비닐봉투를 무료로 <u>요긴하게 사용하는</u> 것을 금지하기로 했다.

1번은「<ruby>指図<rt>さしず</rt></ruby> 지시, 지휘」, 2번은「<ruby>合致<rt>がっち</rt></ruby> 일치」, 4번은「<ruby>配布<rt>はいふ</rt></ruby> 배포」를 사용한 어휘가 와야 올바른 문장이 된다.

<ruby>地方分権<rt>ちほうぶんけん</rt></ruby> 지방 분권 | <ruby>自治体<rt>じちたい</rt></ruby> 지자체 | <ruby>政府<rt>せいふ</rt></ruby> 정부 | 〜ことなく 〜하지 않고 | <ruby>独自<rt>どくじ</rt></ruby> 독자 | <ruby>政策<rt>せいさく</rt></ruby> 정책 | <ruby>核兵器<rt>かくへいき</rt></ruby> 핵병기, 핵무기 | <ruby>国際人道法<rt>こくさいじんどうほう</rt></ruby> 국제인도법 | みなす 간주하다 | <ruby>古<rt>ふる</rt></ruby>くから 예로부터 | <ruby>運搬<rt>うんぱん</rt></ruby> 운반 | <ruby>農耕<rt>のうこう</rt></ruby> 농경 | プラごみ 플라스틱 쓰레기 | <ruby>削減<rt>さくげん</rt></ruby> 삭감 | レジ<ruby>袋<rt>ぶくろ</rt></ruby> 비닐봉투 | <ruby>禁<rt>きん</rt></ruby>じる 금지하다

| 21 | <ruby>心得<rt>こころえ</rt></ruby> 주의사항 |

1　この本には成功者の<u>心得</u>に関して書かれている。
2　仕事上にミスや失敗をしてしまった時には、「いい経験になった」のように、しっかりとした<u>心得</u>を持つことが重要だ。
3　母親とは遠く離れているから、いつも病状が<u>心得</u>だ。
4　非常食や持出品リストなど、家庭での防災の<u>心得</u>について紹介します。

1 이 책에는 성공한 사람의 <u>주의사항</u>에 관해 쓰여 있다.
2 업무상 실수나 실패를 했을 때에는 '좋은 경험이 되었다'와 같이, 확실한 <u>주의사항</u>을 가지는 것이 중요하다.
3 엄마와는 멀리 떨어져 있어, 언제나 병세가 <u>주의사항</u>이다.
4 비상식과 소지품 리스트 등, 가정에서의 방재 <u>주의사항</u>에 관해 소개하겠습니다.

1번과 2번은「<ruby>心構<rt>こころがま</rt></ruby>え 마음가짐」이 들어가야 맞고, 3번은「<ruby>心配<rt>しんぱい</rt></ruby>だ 걱정스럽다」로 바꿔야 자연스러운 문장이 된다.

<ruby>心得<rt>こころえ</rt></ruby> ① 알아야 할 사항, 주의사항 ② (기예 등의)소양 | <ruby>非常食<rt>ひじょうしょく</rt></ruby> 비상식 | <ruby>持出品<rt>もちだしひん</rt></ruby> 소지품 | <ruby>防災<rt>ぼうさい</rt></ruby> 방재

22 シビア 고됨, 엄격함, 혹독함

1 個人的な感想だが、公務員は決して楽な仕事ではなく、かなりシビアな仕事だと思う。
2 私の強みは、どんな状況でもシビアに対応できる判断力があるところです。
3 時には、周囲の人の心理をシビアに利用することも必要ではないでしょうか。
4 彼は強い揺れを感じた時、避難訓練で得た知識をシビアに思い出し、机の下にもぐった。

1 개인적인 감상이지만, 공무원은 결코 편한 일이 아니며, 상당히 고된 일이라고 생각한다.
2 저의 강점은 어떤 상황에서도 고되게 대응할 수 있는 판단력이 있는 점입니다.
3 때로는 주위 사람들의 심리를 고되게 이용하는 것도 필요하지 않을까요?
4 그는 강한 흔들림을 느꼈을 때, 피난 훈련에서 얻은 지식을 고되게 떠올리고 책상 밑으로 기어들어 갔다.

해설 2번은 「柔軟(じゅうなん) 유연」, 3번은 「巧(たく)みに 교묘히」, 4번은 「とっさに 즉시」를 사용해야 자연스러운 문장이 된다.

어휘 個人的(こじんてき) 개인적 | 感想(かんそう) 감상 | 公務員(こうむいん) 공무원 | 決(けっ)して 결코 | 強(つよ)み 강점 | 対応(たいおう) 대응 | 時(とき)には 때로는 | 周囲(しゅうい) 주위 | 心理(しんり) 심리 | 揺(ゆ)れ 흔들림 | 避難訓練(ひなんくんれん) 피난 훈련 | 得(え)る 얻다 | もぐる 기어들다

23 ぐっと 찡하게

1 うちの母親は末っ子をよりぐっとかわいがっている。
2 あの映画の感動的な映像はぐっと胸にきた。
3 君にはこれからぐっと発展することを期待している。
4 彼の自慢話を聞くのがぐっといやになった。

1 우리 엄마는 막내를 보다 찡하게 귀여워하고 있다.
2 저 영화의 감동적인 영상은 찡하게 마음에 와 닿았다.
3 자네에게는 앞으로 찡하게 발전하기를 기대하고 있다.
4 그의 자랑 이야기를 듣는 것이 찡하게 짜증 났다.

해설 1번은 「末(すえ)っ子(こ)をもっともかわいがっている 막내를 가장 귀여워하고 있다」가 적당하고, 3번은 「ぐんと 훨씬, 쑥」가 적당하다. 4번은 생략하거나 「本当(ほんとう)に 정말」가 와야 한다.

어휘 ぐっと ① 찡하게, 먹먹하게 (감동이나 격한 감정이 솟구치는 모습) ② 홱, 확 (순간적으로 힘을 주는 모습)

24 浅(あさ)ましい 한심하다

1 同僚の言葉遣いの浅ましさに大変不快な思いをしている。
2 買ったばかりなのに「浅ましい服装」と言われて恥ずかしかった。
3 彼氏に高価なブランド品をせびったり買わせたりする、浅ましい30代女性がいる。
4 子供の時、箸の持ち方や食べ方が浅ましいと叱られたことがある。

1 동료 말투의 한심스러움에 매우 불쾌한 기분이 들었다.
2 산 지 얼마 안 되었는데 '한심한 복장'이란 말을 듣고 창피했다.
3 남자친구에게 고가 브랜드품을 조르거나 사게 하는 한심한 30대 여성이 있다.
4 어렸을 때, 젓가락 집는 법과 먹는 법이 한심하다고 야단맞은 적이 있다.

해설 1번은 「荒(あら)さ 거침」이 들어가야 맞고, 2번은 「ださい 촌스럽다」가 들어가야 하며, 4번은 「おかしい 이상하다」가 적당하다.

어휘 浅(あさ)ましい 한심하다, 개탄스럽다 | せびる 조르다, 강요하다

25 どんよりとした 잔뜩 흐린, 찌푸린 (하늘이 흐리고 어두운 상태)

1 朝からどんよりとした曇り空が広がり、今にも雨が降り出しそうだった。
2 今やインターネットを通じて、世界中のどんよりとした商品が入手できる時代だ。
3 この店の名物はしょうがラーメンで、どんよりとした味わいが特徴だ。
4 大掃除は、どんよりとした気分で新年を迎えるために行うものです。

1 아침부터 잔뜩 흐린 하늘이 펼쳐지더니, 당장이라도 비가 쏟아질 것 같았다.
2 지금은 인터넷을 통해 전 세계의 잔뜩 흐린 상품을 입수할 수 있는 시대다.
3 이 가게의 명물은 생강라면으로, 잔뜩 흐린 맛이 특징이다.
4 대청소는 잔뜩 흐린 기분으로 새해를 맞이하기 위해 행하는 것입니다.

해설 2번은「あらゆる 모든」, 3번은「あっさりとした 담백한」, 4번은「すっきりとした 산뜻한」가 와야 문맥에 맞다.

어휘 曇り空(くもぞら) 흐린 하늘 | 今にも(いまにも) 당장이라도 | 今や(いまや) 지금은 | 名物(めいぶつ) 명물 | しょうが 생강 | 味わい(あじわい) 맛 | 大掃除(おおそうじ) 대청소

1교시 언어지식(문법)

문제 5 다음 문장의 (　　　) 에 들어갈 가장 적당한 것을 1·2·3·4에서 하나 고르세요.

26 企業の未来のためには（　　　）革新が必要ではないか。

1 絶えざる　　2 絶えざるを得ない
3 絶えずにはすまない　　4 絶えてはばからない

기업의 미래를 위해서는 끊임없는 혁신이 필요하지 않은가.

문법포인트! 동사ない형+ざる : ~하지 않다 (부정의 의미)
「働かざる者、食うべからず(はたらかざるもの、くうべからず) 일하지 않는 자, 먹지도 마라」, 「至らざるはない(いたらざるはない) 닿지 않는 곳이 없다, 부족함이 없다」와 같이 주로 관용적으로 쓰인다.

어휘 絶えざる(たえざる) 끊임없는 | 革新(かくしん) 혁신

27 このような矛盾した彼の意見に、私たちは疑念を（　　　）。

1 引き起こすまでもなかった　　2 引き起こさずにはおかなかった
3 引き起こすだけでましだった　　4 引き起こさなくてはすまなかった

이러한 모순된 그의 의견에 우리는 의구심을 일으키지 않을 수 없었다.

문법포인트! 동사ない형+ではおかない / 동사ない형+ずにはおかない : ① 반드시 ~한다
② 자연스레 ~하게 된다

어휘 矛盾(むじゅん) 모순 | 疑念(ぎねん) 의심, 의구심

28 大学には多くの学生がいるし、コロナの感染リスクもまだ高い。少人数授業（　　　　）、大人数での授業まで対面にするのは納得しかねる。

1 どころではなく　2 はどうあれ　3 ならまだしも　4 と引きかえに

대학에는 많은 학생이 있으며, 코로나 감염 리스크도 아직 높다. 소수 인원 수업이라면 몰라도, 다수 인원으로 하는 수업까지 대면으로 하는 것은 납득하기 어렵다.

문법포인트! ✓ Aならまだしも、B : A라면 몰라도, B
('A는 이해할 수 있지만, B는 이해할 수 없다'는 화자의 불만을 강력히 나타내는 표현이다.)

어휘 感染(かんせん) 감염 | 少人数(しょうにんずう) 소수 인원 | 大人数(おおにんずう) 다수 인원 | 対面(たいめん) 대면 | 納得(なっとく) 납득 | ～かねる ~하기 어렵다

29 日本代表チームは、国民の応援と期待に（　　　　）、全力で強化トレーニングに取り組んできた。

1 応えるべく　2 応えればこそ　3 応えようのない　4 応えるべからず

일본 대표팀은 국민의 응원과 기대에 부응하기 위해, 전력으로 강화 훈련에 매진해 왔다.

문법포인트! ✓ ～べく : ~하기 위해
접속 동사기본형＋べく
「～ために」의 문어체이다. 격식 자린 상면에서 많이 사용하며 「～ために」보다 화지의 의지가 강하다.

어휘 代表(だいひょう) 대표 | 応援(おうえん) 응원 | 期待(きたい) 기대 | 応(こた)える 부응하다 | 全力(ぜんりょく) 전력 | 強化(きょうか) 강화 | 取(と)り組(く)む 매진하다, 몰두하다

30 若者は失敗しても（　　　　）という覇気(はき)があってうらやましい。

1 その通りだ　2 もともとだ　3 ごもっともだ　4 始末だ

젊은이는 실패해도 본전이란 패기가 있어 부럽다.

문법포인트! ✓ ～て(も)もともとだ : 주로 「だめで(も)/失敗(しっぱい)して(も)/落(お)ちて(も)/断(ことわ)れて(も)＋もともとだ」의 형태로 쓰여 '~해도 그만이다, 본전이다'라는 뜻이다.

어휘 覇気(はき) 패기 | ごもっともだ 지당하다, 당연하다 | ～始末(しまつ)だ ~한 꼴이다

31 マンガ雑誌をデジタル化して保存・（　　　　）、現状では多くの関係者の許可が必要で、手がつけられない状態である。

1 活用されつつも　2 活用せねばならず　3 活用しようにも　4 活用しかねず

만화 잡지를 디지털화하여 보존 · 활용하려고 해도, 현재 상태로는 많은 관계자의 허가가 필요하여, 손을 댈 수 없는 상태이다.

4회

문법포인트! ✓ ~ようにも : ~하려고 해도

동사 의지형에 「にも」를 접속하고 뒤에는 부정문이 와서 「~ようにも~ない ~하려고 해도 ~할 수 없다」 문형이 된다. 즉 어떤 행위를 하려고 해도 '이유가 있어 할 수 없다'는 의미를 나타내는 표현이다.

어휘 デジタル化 디지털화 | 保存 보존 | 活用 활용 | 現状 현재 상태 | 許可 허가 | 手をつける 손을 대다

32 プラスチック製レジ袋の有料化が全国の小売店に義務付けられたが、それでプラごみが大幅に（　　　　）、そうはならない。

1 削減されるのであれば　　2 削減されるというより

3 削減されることなく　　4 削減されるかというと

플라스틱제 비닐 봉투의 유료화가 전국 소매점에 의무화되었는데, 그것으로 플라스틱 쓰레기가 대폭 삭감되느냐 하면, 그렇게 되지 않는다.

문법포인트! ✓ ~かというと : ~냐 하면

(앞에서는 어떤 사실을 논하고, 뒤에서는 그 사실에서 예상되는 결과를 부정할 때 사용하는 문형이다. 즉 '아무리 A라는 사실이 전제가 된다고 해도, 반드시 예상되는 결과가 되라는 보장은 없다'는 의미를 나타낸다. 이 문제에서는 '비닐 봉투 유료화'란 사실이 전제되어도, 반드시 '플라스틱 쓰레기의 삭감'으로 이어질 보장은 없다고 말하고 있다.)

어휘 プラスチック製 플라스틱제 | レジ袋 비닐 봉투 | 有料化 유료화 | 小売店 소매점 | 義務付ける 의무화하다 | プラごみ 플라스틱 쓰레기 | 大幅 대폭 | 削減 삭감

33 人の秘密を他人にもらすなんて、腹立たしいといったら（　　　　）。

1 ありはしない　　2 わけがない　　3 あり得ない　　4 ざるがない

남의 비밀을 타인에게 누설하다니, 너무도 화가 난다.

문법포인트! ✓ ~といったらありはしない、~といったらありゃしない : 지극히 ~하다, ~하기 짝이 없다 (주로 마이너스 평가에 사용한다.)

어휘 秘密をもらす 비밀을 누설하다 | 腹立たしい 화가 나다, 괘씸하다

34 海辺で遊んだ子供は手（　　　　）足（　　　　）、砂だらけだった。

1 とはいえ / とはいえ　　2 にして / にして

3 といわず / といわず　　4 なり / なり

해변에서 논 아이는 손이며 발이며, 모래투성이였다.

문법포인트! ✓ Aといわず Bといわず : A이든 B이든

(언급되는 사항은 두 가지뿐이지만, 대표적인 두 가지를 예로 들었을 뿐, 실제로는 '구별짓지 않고 모두 다'라는 의미이다.)

어휘 海辺 해변 | 砂 모래 | ~だらけ ~투성이 | ~とはいえ ~라고는 하지만

35 発酵食が体によいことはすでに認められているが、栄養価だけでは（　　　　　）心の栄養も重要視すべきである。

1　説明したくてたまらない　　　　　2　説明しきれない

3　説明するよりしかたがない　　　　4　説明するまでもない

발효식품이 몸에 좋다는 것은 이미 인정받고 있는데, 영양가만으로는 다 설명할 수 없는 마음의 영양도 중요시해야 한다.

⊘ 동사ます형 + きれない : 다 ~할 수 없다

기본은 「동사ます형 + きる」로 '다 ~하다'란 완료를 의미한다.

어휘　発酵食(はっこうしょく) 발효식품 | すでに 이미 | 認(みと)める 인정하다 | 栄養価(えいようか) 영양가 | 重要視(じゅうようし) 중요시

문제 6　다음 문장의 ＿＿＿★＿＿＿에 들어갈 가장 적당한 것을 1·2·3·4에서 하나 고르세요.

36 信頼　＿＿＿＿　＿★＿　＿＿＿＿　＿＿＿＿　何か騙されたような気分だ。

1　友人だと　　　2　足る　　　　　3　思っていたのに　4　するに

신뢰할 만한 친구라고 생각하고 있었는데 뭔가 속은 듯한 기분이다.

정답문장　信頼(しんらい)するに足(た)る友人(ゆうじん)だと思(おも)っていたのに何(なに)か騙(だま)されたような気分(きぶん)だ。

문법포인트!　⊘ 동사기본형 / する동사의 명사형 + に足る : [동사]할 만하다, [동사]할 만한 가치가 있다

예 尊敬(そんけい)するに足(た)る 존경할 만한, 満足(まんぞく)に足(た)る 만족할 만한

어휘　騙(だま)す 속이다

---

37 日本の労働者は、正規・非正規　＿＿＿＿、＿＿＿＿　＿★＿　＿＿＿＿　に置かれている。

1　不安定な　　　2　厳しい働き方と　3　雇用身分　　　4　を問わず

일본의 노동자는 정규·비정규를 불문하고, 혹독한 근무 방식과 불안정한 고용 신분에 놓여 있다.

정답문장　日本(にほん)の労働者(ろうどうしゃ)は、正規(せいき)・非正規(ひせいき)を問(と)わず、厳(きび)しい働(はたら)き方(かた)と不安定(ふあんてい)な雇用身分(こようみぶん)に置(お)かれている。

문법포인트!　⊘ 명사 + を問(と)わず : (명사)를 불문하고

예 老若男女(ろうにゃくなんにょ)を問(と)わず 남녀노소를 불문하고, 国籍(こくせき)を問(と)わず 국적을 불문하고,

経験(けいけん)の有無(うむ)を問(と)わず 경험유무를 불문하고

어휘　労働者(ろうどうしゃ) 노동자 | 正規(せいき) 정규 | 非正規(ひせいき) 비정규 | 働(はたら)き方(かた) 근무 방식 | 雇用(こよう) 고용 | 身分(みぶん) 신분

38 未曽有の経済危機に ＿＿＿ ＿＿＿ ＿★＿、＿＿＿ 社会の基礎を築いた親の世代の苦労が身に染みて感じられる。

1 今だ　　2 汗水流して　　3 からこそ　　4 追い込まれた

미증유의 경제 위기에 내몰린 지금이기에 더욱더, 비지땀 흘려 사회의 기초를 쌓아 올린 부모 세대의 고생이 뼈저리게 느껴진다.

정답문장 未曽有の経済危機に追い込まれた今だからこそ、汗水流して社会の基礎を築いた親の世代の苦労が身に染みて感じられる。

문법포인트! ～からこそ : ~이기에, ~이기 때문에

접속 명사だ / な형용사だ / い형용사 / 동사＋からこそ

예 親友だからこそ 친한 친구이기에, 大変だからこそ 힘들기에, 若いからこそ 젊기 때문에, わからないからこそ 모르기에

어휘 未曽有 미증유 | 経済危機 경제 위기 | 追い込む 내몰다, 몰아넣다 | ～からこそ ~이기에 더욱더, ~니까 더욱더(이유 강조) | 汗水 비지땀 | 築く 쌓다, 구축하다 | 身に染みる 사무치다, 뼈저리다

39 静岡県で山崩れが起きたが、＿★＿ ＿＿＿ ＿＿＿ ＿＿＿ 救助された。

1 という　　2 消防隊員に　　3 あわや　　4 ところを

시즈오카현에서 산사태가 발생했는데, 위험천만한 상황에서 소방대원에게 구조되었다.

정답문장 静岡県で山崩れが起きたが、あわやというところを消防隊員に救助された。

문법포인트! あわやというところ : 위험천만한, 아슬아슬한 상황 · 상태 · 고비

어휘 山崩れ 산사태 | 救助 구조

40 近年はゲリラ豪雨と呼ばれる ＿＿＿ ＿＿＿、＿★＿ ＿＿＿、ハザードマップの重要性がますます高まっている。

1 安全な住民の避難に　　2 多発しており

3 短時間の局地集中豪雨も　　4 迅速かつ

근년에는 게릴라 호우라고 불리는 단시간 국지성 집중 호우도 다발하고 있어, 신속하고 안전한 주민 대피에 해저드 맵의 중요성이 점점 높아지고 있다.

정답문장 近年はゲリラ豪雨と呼ばれる短時間の局地集中豪雨も多発しており、迅速かつ安全な住民の避難に、ハザードマップの重要性がますます高まっている。

문법포인트! ～かつ : ~동시에, ~또한, ~및 (나열)

예 外国語教育の適正かつ確実な実施を図る。외국어 교육의 적정하면서 확실한 실시를 도모한다.

어휘 近年 근년, 최근 | ゲリラ豪雨 게릴라 호우 | 局地 국지 | 集中豪雨 집중 호우 | 多発 다발 | 迅速 신속 | ～かつ ~동시에, 또한, ~하고 | 避難 피난 | ハザードマップ 해저드 맵 | ますます 점점 | 高まる 높아지다

문제 7 다음 글을 읽고, 글 전체의 취지에 입각해서 [41] ~ [44] 안에 들어갈 가장 적당한 것을 1 · 2 · 3 · 4에서 하나 고르세요.

일하는 여성의 저축

도쿄의 어느 신문사가 일하는 여성을 대상으로 '저축'에 관한 설문조사를 실시하고, 그 결과를 발표했다. 그에 따르면, 저축액의 개인차는 놀라울 정도로 컸다.

매달 5만 엔 이상 저축하고 있는 여성은 약 23% 정도였지만, 저축액이 많은 사람은 기혼자[41]나 남자친구가 없는 여성이었는데, 결혼 전의 여성은 데이트나 멋내기에 돈이 들어, 좀처럼 저축하기 어렵다는 실태가 밝혀졌다.

그리고 월급의 몇 %를 저금하고 있냐는 질문에는 연령별로 제각각[42]이지만, 저축률의 전체 평균은 31.8%로, 적어도 매년 35만 엔 정도는 저금해 두어야 한다는 의견이 많았다. 또한 보너스가 나오면, 어느 정도 저축으로 돌릴 것인지 물었더니, 나이에 관계없이 매달의 저축액이 많은 사람일수록 보너스도 제대로 저축하는 것이 밝혀졌다.

저축을 깬 이유로 많았던 것은 역시 '이사'와 '결혼'이었고, 이 두 가지는 아무래도[43] 돈이 든다고 생각된다.

돈을 모으는 것도 중요하지만, 자신을 향상시키기 위해 사용하는 것도 중요하다는 의견이 많았는데, 기혼 여성들로부터는 '결혼해서 가족이 생기면, 돈뿐만 아니라 자신의 시간도 급감한다'는 의견도 있었으며, 자신을 위해 돈을 투자할 거라면, '결혼 전에'를 추천하는 것 같다.

없이는 살아갈 수 없는 돈. 무슨 일이 있었을 때를 위해, 돈을 모아 두는 것이 성인의 소양이지만, 단지 모아 두는 것만으로는 안 된다. 장래를 위해 모으는 돈과 자기 투자할 돈을 제대로 나누어, 자신을 닦아 나가는[44] 것이 중요할 것이다.

어휘 対象(たいしょう) 대상 | 貯蓄(ちょちく) 저축 | 実施(じっし) 실시 | 貯蓄額(ちょちくがく) 저축액 | 個人差(こじんさ) 개인차 | おしゃれ 멋, 멋내기 | 実態(じったい) 실태 | 何割(なんわり) 몇 퍼센트 | 貯(た)める 모으다, 저금하다 | 年齢別(ねんれいべつ) 연령별 | 貯蓄率(ちょちくりつ) 저축률 | 明(あき)らかになる 밝혀지다 | 貯蓄(ちょちく)を崩(くず)す 저축을 깨다 | 自分(じぶん)を高(たか)める 자신을 향상시키다 | 激減(げきげん) 급감 | 投資(とうし) 투자 | たしなみ (갖추어야 할)소양

[41]	1 未婚者	2 既婚者	3 無職	4 会社員
	1 미혼자	2 기혼자	3 무직	4 회사원

해설 앞에서 저축액이 많은 사람은 '~나 남자친구가 없는 여성'이라고 하고, 뒤에서 '결혼 전의 여성은 데이트나 멋내기에 돈이 들어, 좀처럼 저축하기 어렵다는 실태가 밝혀졌다'고 했다. 그렇다면 저축액이 많은 여성은 '남자친구가 없거나' 이미 결혼한 '기혼자'라는 사실을 유추할 수 있다.

어휘 未婚者(みこんしゃ) 미혼자 | 既婚者(きこんしゃ) 기혼자 | 無職(むしょく) 무직

[42]	1 ばらつき	2 共通点	3 ふれあい	4 申し立て
	1 고르지 않음	2 공통점	3 접촉	4 제기

해설 '연령별로 ~이지만'이라고 하고, 뒤에서 '저축률의 전체 평균은 31.8%'라고 했다. 그렇다면 연령별로 '제각각'이라는 단어가 들어가야 문장 흐름이 맞게 된다. 참고로 「ばらつき」는 '고르지 않음, 일정치 않음, 불규칙'이라는 뜻의 단어로, 「ばらつきがある 제각각이다, 일정치 않다」의 형태로 잘 쓰이니 기억해 두기 바란다.

어휘 ばらつき 고르지 않음 | 共通点(きょうつうてん) 공통점 | ふれあい 접촉 | 申(もう)し立(た)て (이의 등의)제기

4회

43	1 かりに	2 どうしても	3 現に	4 ことごとく
	1 임시로	2 아무래도	3 실제로	4 모조리

해설 앞에 '저축을 깬 이유'에 관해 언급하며 '이사와 결혼'을 들고 있으며, 필자도 이 두 가지 행사는 돈이 들 것 같다고 인정하고 있다. 그렇다면 앞에 들어갈 부사는 '아무래도, 어떤 경우라도'란 의미를 가지고 있는「どうしても」가 되어야 맥락이 맞게 된다.

어휘 かりに 임시로 | どうしても 아무래도 | 現(げん)に 실제로 | ことごとく 모조리

44	1 潤していく	2 償っていく	3 磨いていく	4 施していく
	1 윤택하게 해가다	2 보상해 가다	3 닦아 나가다	4 베풀어 가다

해설 앞에서 '장래를 위해 모으는 돈과 자기 투자할 돈을 제대로 나누어'라고 했다.「自己投資(じことうし)するお金(かね) 자기 투자할 돈」은 결국 자기 자신을 닦고 연마하라는 의미이므로「磨(みが)く」가 들어가야 문맥이 맞게 된다

어휘 潤(うるお)す 적시다, 윤택하게 하다 | 償(つぐな)う 보상하다 | 磨(みが)く 닦다, 연마하다 | 施(ほどこ)す 베풀다

문제 8 **다음 (1)~(4)의 글을 읽고, 뒤에 나오는 질문에 대한 답으로 가장 적당한 것을 1 · 2 · 3 · 4에서 하나 고르세요.**

(1)

이하는 제품 제조업체가 홈페이지에 게재한 안내문이다.

로봇청소기 '살사'를 사용하시는 고객님께 사과와 무상 수리에 대한 부탁

항상 저희 제품을 애용해 주셔서 진심으로 감사드립니다. 이번에 당사 제품 '살사'의 결함으로 인해 발화의 우려가 있는 것이 판명되었습니다. 따라서 무상 수리를 실시하겠습니다.

아래의 대상 기종을 확인하신 후, 해당 제품을 사용하실 경우는 즉시 사용을 중지해 주시고, 아래 프리 다이얼로 전화 또는 아래 URL에서 인터넷으로 신청해 주시기 바랍니다. 애용하시는 여러분께 대단히 폐를 끼쳐 드려 진심으로 사과의 말씀을 드립니다.

아무쪼록 이해와 협력을 해 주시기를 부탁드립니다.

(주)후지산전기 고객콜센터(프리 다이얼) 0120-234-639

인터넷으로 수리를 신청하실 경우에는 이쪽으로 부탁드립니다.

https://www.fujisandenki.co.jp

45 '살사' 수리에 대해, 이 소식에서 전하고 싶은 것은 무엇인가?

1 제품이 발화했을 때는 고객 콜센터에 전화해 수리를 받는다.
2 대상 기종이라도 발화하지 않았다면 수리할 필요는 없다.
3 대상 기종이면 전화나 인터넷으로 수리 신청을 한다.
4 수리를 희망하는 경우에는 먼저 전화로 문의를 하고 나서 인터넷으로 신청한다.

어휘 掲載(けいさい) 게재 | 無償修理(むしょうしゅうり) 무상 수리 | つきましては 따라서 | 対象機種(たいしょうきしゅ) 대상 기종 | 当該(とうがい) 해당 | 直(ただ)ちに 즉시 | 賜(たまわ)る '받다'의 겸양어

해설 발화하면 수리를 받으라는 것이 아니라, 해당되는 대상 기종이라면 사용을 중지하고 전화나 인터넷으로 신청하여 수리를 받으라는 내용이므로 3번이 정답이다.

4회

(2)

나를 포함해 애완동물을 키우지 않는 사람은 없지 않을까 싶을 정도로 애완동물을 키우는 사람들을 동네에서 자주 볼 수 있다. 사랑스러운 표정과 몸짓으로 주위를 치유하는 반려동물은 우리에게 있어서 둘도 없는 존재다. 그러나 그 이면에서는 주인의 사정으로 버려지거나 뜻밖의 일로 (주인과) 떨어지게 되어 야생견이나 길고양이가 되어 버리는 애완동물의 슬픈 운명을 외면해서는 안 된다. 2022년부터 새로 기르는 개나 고양이에게 마이크로칩 삽입이 의무화되게 되었다. 이것으로 인해 주인이 누구인지를 명확히 할 수 있고 재해 시의 지원 등도 기대할 수 있기 때문에 동물 애호의 관점에서 한 걸음 진전되었다고 할 수 있다. 그러나 마이크로칩 삽입은 반려동물의 몸에 적지 않은 부담을 지게 하는 것이 된다고 하는 단점도 있다. 그런 것도 잘 생각하여, 개개인이 작지만 노력해 나가는 것이 불쌍한 동물을 없애기 위한 첫걸음임에 틀림없다.

46 본문의 내용과 일치하는 것은 무엇인가?

1 애완동물은 사랑스러워서, 설령 야생견이나 길고양이가 되더라도 주위 사람들을 위로해 준다.
2 많은 사람들은 야생견이나 길고양이의 존재를 모른 척하고 있다.
3 마이크로칩 삽입 의무화는 동물 애호의 관점에서 한 걸음 전진했다고 할 수 있다.
4 개개인이 작은 노력을 계속해도 불쌍한 동물을 없앨 수는 없다.

어휘 含(ふく)める 포함하다 | 見(み)かける 만나다, 보다 | 愛(あい)くるしい 귀엽고 사랑스럽다 | しぐさ 하는 짓, 태도 | 癒(いや)す 병이나 상처를 치유하다 | かけがえのない 다시 없다, 둘도 없다 | ひょんだ 엉뚱하다, 뜻밖이다 | はぐれる 놓치다, 떨어지다 | 野良犬(のらいぬ) 야생견 | 野良猫(のらねこ) 야생묘, 길고양이 | 目(め)を背(そむ)ける 외면하다, 눈길을 돌리다 | 挿入(そうにゅう) 삽입 | 災害時(さいがいじ) 재해시 | ～おける (장소, 상황, 경우 등)~에서의 | 負担(ふたん)を負(お)う 부담을 지다 | デメリット 단점 | 愛(あい)らしい 귀엽다, 사랑스럽다 | ～ふりをする ~인 척을 하다

해설 '마이크로칩 삽입의 의무화로 인하여, 주인이 누구인지를 명확히 알 수 있고, 재해 시의 지원 등도 기대할 수 있으므로, 동물 애호의 관점에서 한 걸음 진전되었다'는 것이 이 글의 포인트이므로 3번이 정답이다.

(3)

삼가 아룁니다.

겨울바람이 몰아치는 계절에, 더욱더 건승하시는 것으로 살펴 알고 있습니다.

그런데 이번에, 저는 해외 현지법인 파견 근무를 무사히 마치고, 본사 기획부로 귀임하였습니다. 해외 근무하는 동안, 공사에 걸쳐 지원과 호의를 베풀어 주셔서, 진심으로 감사드립니다.

앞으로는 해외에서의 경험을 충분히 살려, 새로운 업무에 정진할 생각이오니, 부디 앞으로도 한층 지도 편달해 주시기를 부탁드리겠습니다. 곧 인사드리러 찾아뵙겠습니다만, 우선은 간략하나마 편지로 귀국 보고 드립니다.

때가 때인 만큼, 건강에 유의하시기 바랍니다.

이만 붓을 꺾겠습니다.

47 이 편지 내용에 관해 올바른 것은 어느 것인가?

1 이 편지를 쓴 것은 10월 무렵이다.

2 이 편지는 해외 파견 근무 후, 새로운 직무에 임하는 사람의 인사 편지이다.

3 이것은 해외근무 중에 신세를 진 사람에게 보내는 감사 편지이다.

4 이 편지를 쓴 사람은 해외근무를 거부하고 있다.

어휘 拝啓 삼가 아뢰옵니다 | 木枯らし吹きすさぶころ 12월에 사용하는 계절인사 | 清祥 건승 | 拝察 살피어 알다 | 出向 파견 근무 | 帰任 귀임 | 公私ともに 공사 모두 | 厚情 후의, 호의 | 賜る ①「いただく 받다」의 겸손어 ②「くださる 주시다」의 존경어 | 厚く御礼申し上げます 진심으로 감사드립니다 | 十二分に 충분히 (「十分に」의 강조) | 精進 정진 | 所存だ「考える」의 겸양어 | 何卒 부디, 아무쪼록 | 今後とも 앞으로도 | ご指導ご鞭撻 지도 편달 | 略儀ながら 간략하나마 | 書中をもちまして 편지로 | 時節柄 때가 때인만큼 | 御身ご自愛ください 건강에 유의하시기 바랍니다 | 敬具 편지 등의 말미에 쓰는 인사말 | 臨む 임하다 | 挨拶状 인사 편지 | お礼状 감사 편지 | 拒む 거절하다

해설 「木枯らし吹きすさぶころ」는 12월에 사용하는 인사말이다. 「今後は、海外での経験を十二分に生かして、新たな業務に精進いたす所存でございます」가 힌트이므로 2번이 정답이다.

(4)

최근 '블랙 아르바이트' 문제가 심각화되고 있다. '블랙 아르바이트'란, 젊은이를 대량으로 채용하고, 혹사하고 버리는 기업을 가리키는 '블랙 기업'에서 나온 파생어. 시민단체 '블랙 기업 대책 프로젝트' 조사에 의하면, 아르바이트 경험이 있는 대학생 중 70%에서 '희망하지 않는 날과 시간에 근무를 강요당했다', '실제 노동조건이 모집 시와 달랐다', '성희롱・권한남용이 심하다', '잔업비 미지급', '납득가지 않는 이유로 해고당했다' 등 부당한 취급을 받은 경험이 있는 것으로 밝혀졌다.

일손부족일 텐데 왜 블랙 아르바이트는 없어지지 않는 걸까? 그것은 아르바이트를 하는 학생의 인원수 자체는 감소하고 있는데, 어쩔 수 없이 아르바이트할 수밖에 없는 대학생의 절실함은 높아지고 있기 때문으로 보인다. 확실히 구인 건수는 많지만, 대학생의 희망조건, 예를 들면 '집에서의 거리'나 '수업이 없는 날만' 등에 딱 맞는 아르바이트는 찾기 어려우며, 이런 학생의 약점을 파고드는 악덕업자가 없는 것도 아니다.

게다가 시간조절이 자유로운 프리터의 증가와 경제적으로 힘든 여성도 늘어나, 악조건이라도 일자리를 희망하는 사람이 급증하고 있는 것도 학생의 가치를 떨어뜨리고 있다. 어렵게 잡은 아르바이트를 해고당하고 싶지 않은 일념으로, 열악한 환경에서도 참고 있는 것으로 보인다.

48 이 글의 내용과 맞지 않는 것은 어느 것인가?

1 아르바이트 하는 곳 중에는 처음에 아르바이트생을 모집했을 때의 노동조건과 다른 곳도 있는 것 같다.

2 최근의 학생들 대부분은 일이 가리기 때문에, 바로 아르바이트를 구하는 것 같다.

3 대학생의 대부분은 생활환경 탓에 아르바이트 조건을 어쩔 수 없이 받아들이고 있는 것 같다.

4 지금의 아르바이트를 그만두고 다른 곳으로 옮겨도, 같은 블랙 노동조건인 경우도 적지 않다.

어휘 酷使 혹사 | 使い捨てる 쓰고 버리다(1회용품 취급) | 派生語 파생어 | 強いる 강요하다 | パワハラ 권한남용

4회

(직장상사가 권한을 이용하여 부하를 괴롭히는 것) | 人手不足 일손부족 | 詮方なく 어쩔 수 없이 | 求人件数 구인 건수 | 弱みに付け込む 약점을 파고들다 | 悪徳業者 악덕업자 | 時間の融通が利く 시간조절이 자유롭다 | フリーター 프리터 | 一心 일념, 일심 | 劣悪 열악 | 募る 모집하다 | えり好み 자기가 좋아하는 것만 고름

해설 「えり好み」는 조건 등 자신의 취향으로 이것저것 따진다는 의미이다. 본문에서 학생들은 열악한 환경을 참고 일한다고 했으며, 「えり好み」를 한다면 당연히 아르바이트 구하기는 더욱 힘들 것이므로 정답은 2번이다.

문제 9 다음의 (1)~(4)의 글을 읽고, 뒤에 나오는 질문에 대한 답으로 가장 적당한 것을 1·2·3·4에서 하나 고르세요.

(1)

일본에서는 전전(세계 2차 대전 전)까지 '건강'이란 단어는 병에 걸리지 않는 것을 가리키고 있었다. 장티푸스, 이질 등의 전염병과 결핵, 각기병 같은 만성질환도 많았던 시대에는 이런 병을 고치기 위한 치료와 병에 걸리지 않기 위한 예방이 첫째였으며, 일단은 병에 걸리지 않는 것이 건강으로 의식되고 있었다.

그러나 전후가 되어 의료 발달과 함께 사람들의 건강에 대한 의식도 변화하였으며, '건강'의 개념도 넓은 의미를 갖게 되었다. 오늘날 가장 많은 사람들이 생각하는 '건강'의 정의는 UN 산하 세계보건기구(WHO)가 정의하는 '단순히 질병이 존재하지 않는다는 것뿐만 아니라, 신체적 · 정신적 및 사회적으로 충분히 양호한 상태를 말한다.'가 아닐까?

세계보건기구의 '국제 질환 분류'는 일본에서도 채용되고 있으며, 일상의 의료와 통계에도 큰 도움이 되고 있다. 그 세계보건기구가 '건강'을 신체, 정신, 나아가서는 사회적 측면의 세 가지로 구별하여, 각각의 요소를 중시한 개념을 제창하고 있는 데에는 감탄할 만하다. 종래의 '건강'의 정의에서는 신체적 건강만을 중시해 왔지만, 이 정의는 신체적뿐만 아니라, 인간의 정신적 및 사회적 존재로서의 측면도 고려한 훌륭한 표현이라 할 수 있을 것이다.

[49] 2차 대전 전과 후의 건강의 정의가 변화한 배경에는 무엇이 있는가?

1 의료 발전에 따라, 사람들의 건강에 대한 생각이 다양해진 것
2 전염병 특효약이 개발되어, 쉽게 죽지 않게 된 것
3 세계보건기구(WHO)가 건강의 정의를 내리고, 세계에 보급시킨 것
4 의료 발달에 따라 전염병이나 만성질환 환자가 급감하고, 병에 걸리지 않게 된 것

해설 두 번째 단락에서 「戦後になって医療の発達と共に人々の健康への意識も変化することで、「健康」の概念も広い意味」를 가지게 되었다고 했으니, 정답은 1번이 된다.

[50] 필자는 왜 훌륭한 표현이라고 생각하는가?

1 병에 걸리지 않는 것을 첫째로 질병 예방에 가장 중점을 둔 생각이기 때문에
2 사람이 살아가는 데 있어, 병에 걸리지 않는 것이 무엇보다 중요하다는 생각이기 때문에
3 심신의 균형이 중요하며, 그를 위해서는 사회적 안정을 빼놓을 수 없다는 생각이기 때문에
4 사람이 사회적 동물이란 것을 충분히 인식하고 있는 생각이기 때문에

해설 마지막 문장에서「従来の「健康」の定義では、身体的健康のみ重視してきたが、この定義は身体的のみならず、人間の精神的及び社会的存在としての側面も考慮」했다는 말에서 필자의 생각을 알 수 있다. 종래와 같이 단순히 신체적인 질병만 생각하지 않고, 인간의 정신 및 사회적 존재 측면도 고려했다고 했는데, 이 말은 바꿔 말하면 인간을 사회적 동물로 인식하고 있다는 의미이므로, 필자는 '훌륭한 표현'이라고 생각하게 된 것이다.

어휘 戦前 2차 대전 전, 전전 | 健康 건강 | 指す 가리키다 | 腸チフス 장티푸스 | 赤痢 이질 | 伝染病 전염병 | 結核 결핵 | 脚気 각기병 | 慢性疾患 만성질환 | 治療 치료 | 予防 예방 | 戦後 2차 대전 후, 전후 | 医療 의료 | ～と共に ~와 함께 | 概念 개념 | 今日 오늘날 | 定義 정의 | 国際連合 UN | 傘下 산하 | 世界保健機構 세계보건기구 | 単に 단순히 | 身体的 신체적 | 精神的 정신적 | 並びに 및 | 良好 양호 | 国際疾患分類 국제 질환 분류 | 採用 채용 | 日々 일상, 하루하루 | 統計 통계 | 大いに 크게 | さらには 나아가서는 | 側面 측면 | 要素 요소 | 重視 중시 | 提唱 제창 | 感心する 감탄하다 | 従来 종래 | 考慮 고려 | 優れる 훌륭하다, 우수하다 | 表現 표현 | 背景 배경 | ～に伴い ~에 따라 | 多様化 다양화 | 特効薬 특효약 | 普及 보급 | 激減 급감 | 重きを置く 중점을 두다 | ～上で ~하는 데 있어 | 均衡 균형 | 欠かす 빼놓다, 빠뜨리다

(2)

현대인은 사회에서 다양한 인간관계로 관련되어 있다. 보다 유리한 비즈니스 찬스를 잡고, 원활한 인간관계를 키우기 위해 누구나가 주의하고 있는 것은 '좋은 인상'일 것이다. 동물적인 감각으로 이야기하자면, 나쁜 인상인 사람은 '적'이고, 좋은 인상인 사람은 '아군'으로 간주하는 것이라고 한다. 따라서 나쁜 인상의 사람은 될 수 있는 한 회피하고, 멀리하고 싶은데, 좋은 인상인 사람과는 앞으로의 교제를 계속하고 싶은 친밀함을 느끼는 것이다.

그럼 첫인상이 결정되는 데에 가장 중요한 포인트는 무엇일까? '메라비언의 법칙'이란 것이 있다. 언어, 시각, 청각으로 모순된 정보가 제공되었을 때, 사람은 어떤 요소를 우선하고 있는지를 조사한 결과, '시각이 55%, 청각이 38%, 언어가 7%'란 순서로 상대의 메시지를 판단하고 있는 것이다. 즉, 인상의 '좋음'일지 '나쁨'일지를 결정하는 것은 '언어'라기 보다, '비언어'라는 것으로 밝혀졌다. 인상의 판단은 일순간에 결정되는 것으로, 실은 예의범절이나 표정, 청결한 옷차림 등이 중요한 것이다. 그러고 나서 만나는 시간이 길어질수록, 언어 사용 등, '언어 커뮤니케이션'이 중요하게 되어 가는 것이다. <u>비언어적으로 결정된 첫인상이 언어에 의해 수정되어 가는 것이다</u>.

좋은 인상인 사람이 되기 위한 첫 번째 포인트는 미소이다. 온화하고 밝은 표정으로 호의를 보내는 것이다. 사람은 받은 '호의'를 돌려주려고 하는 심리가 있다. 우선은 상대에게 호의를 전하여 좋은 인상을 획득하면, 그 후에는 상대에게 돌아올 호의를 기다리면 되는 것이다. 그러나 웃는 게 서툴다는 사람도 있는 것 같은데, 적극적인 자세와 플러스 사고는 밝은 표정을 만드는 데 도움이 된다. 그리고 저음으로 천천히 말하면 상대에게 안정감을 준다고 하니, 발성법에도 주의해 보자.

두 번째 포인트는 남의 말을 잘 듣는 사람이 되는 것이다. 본디 '듣는다'는 동작은 타인을 이해하고 싶은 기분에서 시작된다. 상대의 생각과 감정, 심리상태를 자신의 체험으로써 받아들이기 때문에, 협조성을 구하기 쉬워지는 것은 당연한 결과이다. 여기에서 듣는 기술도 필요해지게 된다. 상대가 기분 좋게 말할 수 있는 환경을 만들기 위해, 맞장구나 눈 맞춤, 목소리 톤 조절 등으로 상대에게 공감하는 것은 말할 필요도 없으며, 무엇보다 중요한 것은 진심으로 상대를 이해하고 있는 것을 전달하는 것이다. 진심이 전해진다면, 또한 상대도 거짓과 꾸밈이 없는 성의를 보여주며, 커뮤니케이션을 잘 취할 수 있도록 되는 것이다.

자, 앞으로 자신이 할 수 있는 한 노력을 하여, 바람직한 인간관계를 구축해 보자.

51 <u>비언어적으로 결정된 첫인상이 언어에 의해 수정되어 가는 것이다</u>가 가리키고 있는 것은 무엇인가?

1 사실은 언어에 의한 인상이 중요한 결정요소이다.

2 비언어적인 인상은 언어에 의한 인상에 의해, 변경되는 것이 당연하다.

3 비언어적인 나쁜 인상은 언어에 의해, 얼마든지 좋은 인상이 될 수 있다.

4 비언어적인 인상은 정착화되는 것이 아니라, 언어의 인상에 의해 바뀔 가능성이 있는 것이다.

해설 앞에서 「すなわち、印象の「好」か「悪」を決めるのは「言語」というより、「非言語」というのが分かった」라고 했는데, 이어서 「そこから会う時間が長くなるほど、言葉使いなど、「言語コミュニケーション」が重要になってくるのだ」라고 했다. 즉, 첫인상은 시각에 의해 크게 결정된다는 것을 알 수 있는데, 시간이 흐를수록 언어 사용 등에 의해 그 인상은 바뀔 수도 있다는 말이다.

52 본문의 내용과 맞지 않는 것은 무엇인가?

1 주어진 호의를 돌려주려고 하는 것은 인간공통의 심리작용이다.

2 사람들은 상대방의 인상을 결정할 때, 목소리보다는 복장이나 행동 쪽을 우선하는 경향이 있다.

3 미소 짓는 것만으로도 좋은 인상을 줄 수 있다.

4 일본인은 웃는 것이 서툰 사람이 많아, 웃는 연습을 하는 것은 필요불가결하다.

해설 「ところが笑うのが苦手だという人もいるようだが」를 보고 오해하지 말자. 웃는 게 서툰 사람은 어디에나 있는 법이지 많은 일본인이 그렇다고 하는 말은 아니다.

어휘 関わる 관계있다, 상관하다 | 掴む 잡다, 파악하다 | 円滑 원활 | 育む 키우다, 양육하다 | 味方 아군, 우리 편 | 見なす 간주하다 | 遠ざける 멀리하다 | 矛盾 모순 | 一瞬 일순, 순간 | 礼儀作法 예의범절 | 清潔 청결 | 身なり 옷차림 | 好意を寄せる 호의를 보내다 | 返す 돌려주다 | 前向き 진취적, 적극적 | 受け止める 받아들이다 | 相づち 맞장구 | 真心 진심 | 偽り 거짓 | 微笑む 미소짓다 | 必要不可欠 필요불가결

(3)

매일매일의 단조로운 업무에 집중 못 해 고생하는 사람도 많으리라 생각하는데, 그렇다면 집중력을 향상시키기 위해서는 어떻게 하면 좋을까? 사람에 따라 잠을 깨기 위해 커피를 마시거나, 휴식을 취하거나, 각자의 방법이 있다고 생각되는데, <u>'과거의 경험'과 '자기암시'에 의한 방법</u>도 있다고 한다.

예를 들면, 과거에 커피를 마심으로써, 집중력을 높일 수가 있었다면, 그 사람에게 있어 커피는 '과거의 경험'이 된다. 하지만 여기에서 하나 더 원포인트, 커피잔을 바꾸거나 설탕 대신에 벌꿀을 넣든가 해서 '이제 집중할 수 있다'고 굳게 믿도록 하는 것이다. 즉 '자기암시'에 해당한다. 그것을 반복하여, 습관화하면 바로 집중할 수 있게 된다고 한다.

이 밖에도 껌을 씹는 것도 효과가 있다고 한다. '씹는다'는 단순한 동작을 반복함으로써, 스트레스와 불안을 해소하며, 의식을 분산시키지 않고 업무에 몰두할 수 있다고 한다. 야구나 축구 선수가 흔히 껌을 씹는 것도 그 이유라고 한다. 리듬이 있는 (주)저작은 뇌에 자극을 주어, '행복호르몬'이라 불리는 '세로토닌'을 분비시키기 때문이다.

알파파(α파) 뮤직이라 불리는 음악을 흘려 보는 것도 좋을 것이다. 알파파란, 사람이 집중하거나 릴랙스하고 있을 때 출현하는 뇌파를 말하며, 클래식이나 연주곡처럼 가사가 없는 것이 집중력 향상에 효과가 있다고 한다.

색을 사용하는 방법도 있다. 태양과 비슷한 '노란색'은 활기와 빛남을 생각하게 하며, 운동신경을 활성화한다. 나아가서는 플러스적인 사고로 이어져, 의욕을 유지한다고 한다. 과녁의 한가운데 색이 노란색인 것도 시선의 집중에 효과가 있기 때문이다. 심리안정을 위해서라면, '파란색'이나 '녹색'을 도입해 보는 것도 좋다. '파란색'은 청량감이 있어, 정신적으로 안정되는 데 도움이 되며, '녹색'은 눈의 피로를 경감시킨다.

다만, 색을 사용할 때는 원포인트적으로 배색하는 편이 효과적이다. 예를 들면, 하루 종일 컴퓨터 앞에 앉아 있는 사람이 사무실에 꽃병을 놓든지, 벽에 '노란색'이나 '파란색'이 조화되어 있는 그림을 걸든지해서, 주변 물건부터 부분적으로 도입하는 것이다.

어찌 됐건 집중력이란 것은 쓰면 없어지는 것이니, 지속시키기 위해 자신에게 어울리는 방법을 찾아보자.

(주) 저작 : 음식을 작게 될 때까지 잘 씹는 것

53 '과거의 경험'과 '자기암시'에 의한 방법으로 적합한 것은 무엇인가?

1 과거의 안 좋은 경험이라든가 업무 실수가 있더라도, 지금이라면 더욱 분발할 수 있다고 믿는다.
2 과거부터 아이스크림을 먹었더니 일이 잘 되었다. 맛 같은 걸 바꾸어 먹으면서, 더욱 분발할 수 있을 거라고 자기에게 들려준다.
3 옛날부터 복권에 당첨되면 좋겠다고 생각했었다. 복권을 자주 사서 기분 좋게 일할 생각이다.
4 과거에 사용한 집중력을 단련하는 방법을 재검토하여, 자신에게 가장 적절한 방법을 끌어낸다.

해설 본문 두 번째 단락의 「たとえば過去にコーヒーを飲むことで、集中力を高めることができたら、その人にとってコーヒーは「過去の経験」になる。～「これで集中できるぞ」を思い込むようにするのだ。つまり「自己暗示」に当たる」가 힌트가 된다. 본문에서는 커피를 예로 들어 설명하였고, 2번은 같은 예로 아이스크림을 들고 있는 것이다.

54 본문 내용과 맞지 않는 것은 무엇인가?

1 사무실의 환경이 음악을 흘려도 된다면, 알파파 계통의 음악이 바람직하다.
2 노란색은 의욕을 일으키는 색이지만, 사용하는 데 주의가 필요하다.
3 씹는 동작을 반복하면, 주의를 흐트러뜨리는 것을 막을 수 있다.
4 집중력을 유지할 수 있는 방법은 스스로의 힘으로 찾아내야만 한다.

해설 자신에게 가장 잘 어울리는 방법을 찾아보자고 했지, 스스로의 힘으로 찾아내야만 한다는 당위성을 강조하는 것이 아니므로, 4번이 정답이다. 또한 2번은 색을 사용할 때는 원포인트로 사용하는 것이 효과적이라고 했으니, 본문과 맞는 내용이라는 것에 수의하사.

어휘 身が入る 집중하다, 열중하다 | 休憩を取る 휴식을 취하다 | 蜂蜜 벌꿀 | 思い込む 굳게 믿다 | 没頭 몰두 | 咀嚼 씹는 행위, 음미 | 分泌 분비 | 脳波 뇌파 | 演奏曲 연주곡 | ひいては 나아가서는 | 取り入れる 도입하다, 받아들이다 | 清涼感 청량감 | 但し 단, 다만 | 配色 배색 | 持続 지속 | 相応しい 어울리다, 상응하다 | 鍛える 단련하다 | 気が散る 주의가 흐트러지다 | 自ら 자기, 자신

4회

(4)

수도권의 어느 앙케트조사 전문회사가 '소비세 증세 전에 산 것과 사고 싶은 것은?'이란 테마로 실시한 앙케트 결과를 정리했다. 대상은 20세에서 65세까지의 성인 3,000명으로, 조사 실시 기간은 2014년 1월 5일 ~3월 31일의 약 3개월이다.

2014년 4월에 소비세율이 5%에서 8%로 인상되었다. 소비세의 인상은 17년만이다. 2004년부터 가격의 총액 표시, 즉 세금포함 가격 표시가 의무지어져 있는데, 2013년 10월 1일부터 2017년 3월 말까지의 기간에 한해 상품의 가격 표시에 '세금비포함 가격'이어도 된다는 것이 인정되어, ①점포에 따라 가격 표시 방법이 달랐다.

이번 앙케트는 증세 전부터 하고 있었으므로, '소비세 증세 전에 산 것과 사고 싶은 것은?'이란 항목으로 회답을 얻기로 하였다.

1위는 '컴퓨터 · 태블릿단말기'로 56.0%를 점유하고 있는데, 이것은 Windows OS제품의 공식 지원종료 때문에, 불안을 느끼고 있는 사람이 많은 것이 그 이유로 보인다. 가전 양판점의 실제 매출 데이터를 집계한 랭킹에서도 1월 · 2월은 전년도 실적을 웃돌고 있었다. 노트북PC, 데스크탑PC는 3월에도 전년도 판매 대수를 넘어서, 소비세 인상과 Windows OS제품 지원종료의 영향은 실로 컸던 것 같다.

2위는 '특별히 없다'로 41.3%를 점유하고 있다. 3위는 '생활가전 · 조리가전', 이어서 '디지털제품', '생활소모품', '식품음료' 등이 뒤를 이었다. 예상외로 '특별히 없다'란 답변이 많았으며, 3% 정도의 세율 인상은 살림에 주는 영향이 그다지 크지 않을 걸로 보는 사람도 적지 않게 있었다. 증세와 품귀, 한정상품 등과 같은 부추김에 놀아나지 않고, 필요할 때에 필요한 것을 사는 ②'현명한 소비자'가 많은 것 같다.

55 ①점포에 따라 가격 표시 방법이 달랐다라고 했는데, 그것은 왜인가?

1 일정 기간만 세별 표시가 인정되고 있었으므로
2 점포 사정에 따라 가격 표시가 다르므로
3 증세 전과 증세 후는 가격이 다르므로
4 소비세의 세율이 점포마다 다르므로

해설 바로 앞 문장에 힌트가 있다. 「2004年から、価格の総額表示、つまり税込み価格の表示が義務づけられている」인데, 「2013年10月1日から2017年3月末までの期間に限って商品の価格表示に「税抜き価格」でもよい」라고 했다. 그래서 점포마다 가격 표시 방법에 차이가 있는 것이다.

56 ②'현명한 소비자'가 많은 것 같다고 했는데, 필자는 왜 이렇게 생각한 것인가?

1 증세 전에 사 두려고 하는 소비자가 많으므로
2 충동구매를 하지 않고 계획구매를 하는 사람이 많으므로
3 소비세 세율 인상 폭이 그다지 크지 않으므로
4 증세 후, 생활필수품 구매 의욕이 떨어졌으므로

해설 증세 전에 잔뜩 사둘 줄 알았지만, 의외로 사고 싶은 것이 '특별히 없다'는 답변이 많았고, 「増税や品枯れ、限定商品などといった煽りに踊らされず、必要なときに必要なものを買う」라는 반응이 현명한 소비자란 판단의 근거이다.

어휘 首都圏 수도권 | 消費税増税前 소비세 증세 전 | 実施 실시 | 総額表示 총액 표시 | 税込み価格 세금포함 가격 | 義務づける 의무짓다 | 税抜き価格 세금비포함 가격 | 店舗 점포 | アンケートを採る 앙케트를 하다 | タブレット端末 태블릿단말기 | 占める 점유하다, 차지하다 | 家電量販店 가전 양판점 | 実売データ 실제 매출 데이터 | 集計 집계 | 調理家電 조리가전 | 次いで (뒤를)이어서 | 生活消耗品 생활소모품 | 返答 답변 | 品枯れ 품귀 | 煽りに踊らされる 부추김에 놀아나다

문제 10 다음 글을 읽고, 다음 질문에 대한 답으로 가장 적당한 것을 1·2·3·4에서 하나 고르세요.

구미인들과 일본인의 사회학적 인식을 대비하여, 개인주의와 집단주의라는 것이 자주 언급된다. 그리고 일본에 참된 의미의 개인주의가 확립되어 있지 않은 것은 일본의 근대화가 아직 본격적인 단계에 도달하지 못한 증거라는 등이 일컬어지고 있다. ①이 개인주의 대 집단주의라는 설정은 양측이 대치된다기보다는 어디까지나 전자가 우선 설정되어 있고, 후자는 그와 다른 양상의 설명으로 사용되고 있음에 불과하며, 집단주의의 내용분석 및 개념은 명확하지 않다. 개인주의를 높게 평가하는 견해는 서구에서 강력히 주장되고 있다. 개인주의는 인류에 있어 보편적인 인식일 수 있으며, 혹은 충분히 성숙하지 못하기 때문이라고, 조건적인 차이로서 이해하려고 하는 입장에서 나오는 것으로 생각된다.

그러나, 실제로 그들과 생활을 함께하며 잘 어울려 보면, 이 뿌리 깊은 개인의식이라는 것은 단순히 사회의 성숙도라고 할까, 근대화의 정도와 같은 조건적인 차이가 아니라, 적어도 나에게는 ②흡사 민간신앙과 같은 성질을 가진 것이란 인상을 받는다. 이러한 강력한 개인의 의식 -그것과 밀접하게 관계하고 있다고 생각되는 개인의 권리 · 의무의 관념- 은 일본뿐 아니라, 서구와 대조적인 문명을 구축한 인도나 중국의 전통에도 없다. 이는 극히 서구적인 문화이며, 물론 그 역사 · 철학 · 심리 등에서 자세히 설명할 수 있는 부분이겠지만, 여기에서는 그것이 어떠한 사회학적 사고와 관계되어 있는지를 비교문화의 입장에서 고찰하고, 일본과의 차이를 구조적으로 해명해 볼 생각이다.

개인주의를 표방하는 그들의 사고 기반은 무엇보다도 불분할 · 불합류의 개인이란 단위 설정에 있다고 생각된다. 개인, 즉 individual은 indivisible로, 불가분의 단위이며 사회의 원자를 구성하고, 사회구축의 원점으로서, 다른 것과 비교할 수 없는 유니크한 단위이다. 사회는 개인이 있고 나서 비로소 구성될 수 있는 것이며, 개인은 그 근본이 되어 있다. 이것은 언뜻 보기엔 당연한 것 같지만, 논리적으로는 이것은 하나의 개체인식의 본연의 모습이며, 반드시 보편성을 가질 수 있다고는 할 수 없다. 즉, 그것은 서구 사람들의 철학 · 심리의 본연의 모습을 반영한 하나의 상식적인 사고방식이라 할 수 있다.

개인주의의 모체가 되고 있는 개체인식이란 것을 본격적으로 생각하기 위해, 개체(individual)란 것의 성질에 관해 연구가 진전되어 있는 생물학 해석을 참고로 하고 싶다(흥미롭게도 일본인은 개인과 개체라는 식으로 다른 호칭을 사용하고 있으나, 영어로는 둘 다 똑같이 individual이란 용어가 사용된다).

(이하 생략)

4회

57 ①이 개인주의 대 집단주의란 어떤 것인가?

1 구미 여러 나라가 개인주의이고 일본이 집단주의라는 것
2 서구에서 강조되고 있는 개인주의와 일본이 의식하는 집단주의
3 구미인이 개인주의이고 일본인이 집단주의라는 것
4 확립완료된 서구 개인주의와 집단주의에서 그것으로 이행 중인 일본

해설 본문 첫머리에 「欧米の人々と日本人の社会学的認識を対比して、個人主義と集団主義」라고 했다.

58 필자가 논하고 있는 ②흡사 민간신앙과 같은 성질을 가진 것이란 무엇을 가리키는가?

1 인도와 중국의 전통의식
2 서구인의 뿌리깊은 개인의식
3 일본인이 가진 권리 · 의무 의식
4 서구인이 의식하는 개인의 권리

해설 두 번째 단락 앞 부분에서 「しかし、実際、彼らと生活を共にしたり、よく交わってみると、この根強い個人意識というものは、… 」라고 하며, 이것이 필자에게는 마치 민간신앙이라도 된 것 같은 인상을 받았다고 했다.

59 필자는 서구의 개인주의를 어떻게 생각하고 있는가?

1 일본보다도 훨씬 확립되어 있으며 보편적인 것
2 보편적인 것이 아니며 민간신앙적인 것
3 개체인식의 본연의 모습이 일본과 근본적으로 다른 것
4 민간신앙적인 것이라 일컬어지지만 보편적인 것

해설 일반적으로 서양은 개인, 동양은 집단으로 인식하고 있다. 그러나 필자가 「実際、彼らと生活を共にしたり、よく交わってみると、… 少なくとも私には、あたかも民間信仰のような性質を持つものという印象」를 받게 되었다고 했다. 따라서 필자는 서구의 개인주의를 민간신앙적인 것이라 생각하고 있다.

어휘 欧米 구미 | 対比 대비 | 至る 이르다, 도달하다 | 対置 대치 | あくまで 어디까지나 | 様相 양상 | ならびに 및 | 概念 개념 | 見方 견해 | 西欧 서구 | 普遍的 보편적 | 成熟 성숙 | 差異 차이 | 共に 함께, 같이 | 交わる 어울리다, 교제하다 | 根強い 뿌리 깊다 | 成熟度 성숙도 | 度合い 정도 | あたかも 마치, 흡사 | 民間信仰 민간신앙 | 築く 쌓다, 구축하다 | きわめて 극히 | 標榜 표방 | 基盤 기반 | 不分割 불분할 | 不合流 불합류 | 不可分 불가분 | 構築 구축 | 一見 언뜻 보기에 | あり方 본연의 모습/자세 | 母体 모체

문제 11 다음 A와 B는 각각 '재해 시의 SNS 활용'에 관해 쓰인 글이다. A와 B를 모두 읽고, 다음의 물음에 대한 대답으로 가장 적당한 것을 1 · 2 · 3 · 4에서 하나 고르세요.

A

재해 시에 SNS를 활용하면, 많은 정보를 바로 얻을 수 있습니다.

안부, 피해상황, 피난상황, 피난처 상황, 2차 재해 위험, 지원물자를 얻을 수 있는 장소 등을 (주)리얼타임으로 발신 · 수집할 수 있으므로, 보다 안전하게 피난하거나 피난생활을 보내기 위해 유용합니다.

또한, 전화회선이 연결되기 힘든 상황에서도 인터넷회선을 이용해 전화를 걸 수도 있습니다.

더욱이, #(해시태그)기능을 이용하면, 특정 테마에 관한 투고를 검색해서 일람 표시할 수 있어, 손쉽게 필요한 정보만을 발신 · 수집하는 것도 가능합니다. 예를 들면, 구조가 필요한 경우에 SNS 기능에서 「#구조」를 사용해 구조요청을 하는 것으로, 구조대가 쉽게 발견하게 됩니다.

(주) 리얼 타임 : 실시간

B

SNS의 특징인 정보발신 · 수집을 신속하며 또한 대량으로 행할 수 있는 것은 때로는 위험성도 동반합니다.

악성 유언비어나 잘못된 정보가 발신되거나, 또는 수집되거나 하고, 그것이 확산되는 경우도 있습니다.

예를 들면 어떤 SNS의 경우, 팔로우하지 않은 사람의 투고라도 자유롭게 읽을 수 있으며, 정보가 유익하다고 느끼면, 리트윗에 의해 확산될 수도 있습니다.

즉, 정보의 신뢰성이나 중요도에 상관없이, 개인이 '유익하니 모두에게 알려져야 할 정보'라고 생각하면, 그 정보에 근거해 행동하거나, 공유하는 것으로 인해 확산되거나 하는 경우도 있는 것입니다.

또한, 구조요청의 필요성이 크지 않은데도, 트위터로 구조요청하는 경우의 #(해시태그)인 '#구조'를 사용해서 대량 트윗을 행하여, 구조대를 혼란시키는 악질 행위도 적지 않습니다.

60 A와 B의 SNS에 대한 인식에서 공통적인 것은 무엇인가?

1 악성 유언비어나 잘못된 정보가 발신될 우려가 있으므로 조심해야 한다.
2 대량의 정보를 신속하게 발신 · 수집할 수 있는 구조로 되어 있다.
3 손쉽게 필요한 정보만을 발신할 수 있으므로 더욱 확산시켜야 한다.
4 SNS의 #(해시태그) 기능을 이용하면 재해 시 큰 도움이 된다.

해설 1번은 B의 인식이므로 오답이고, 3번과 4번은 A의 인식이므로 오답이다. A와 B의 공통된 인식은 좋은 정보이든 나쁜 정보이든 신속하고 대량으로 발신하고 수집할 수 있다는 것이므로, 정답은 2번이다.

61 A와 B는 '재해 시의 SNS 활용'에 대해 어떻게 논하고 있는가?

1 A는 세세한 정보를 실시간으로 수집 · 확산할 수 있는 메리트를 들고, B는 난무하는 정보선별에 유의해 활용하는 것이 과제라고 논하고 있다.

2 A는 그 활용범위의 폭을 강조하고 텔레비전이나 라디오 이상으로 지역에 유용하다고 하고, B도 악용하지 말고 현명하게 사용해야 한다고 논하고 있다.

3 A는 제한된 미디어 정보보다도 실시간으로 수집 · 확산할 수 있는 메리트를 들고, B는 악질 정보가 너무 많은 것을 우려하고 있다.

4 A는 현대에 있어 얼마나 그 역할이 큰가를 논하고, B는 그 올바른 사용법을 전 국민이 실행해야 한다고 논하고 있다.

해설 A는 재해 시의 SNS 강점인 실시간 정보 발신 및 수집을 논하고 있고, B는 SNS만의 강점이 때로는 위험도 동반한다고 하며, 무분별한 정보에 대한 경계를 언급하고 있다.

어휘 災害時 재해 시 | 瞬時に 금세, 순식간에, 아주 짧은 시간에 | 安否 안부 | 投稿 투고 | 検索 검색 | 一覧 일람 | 手軽に 손쉽게, 간편하게 | 迅速 신속 | ～かつ ~동시에, ~또한 | 伴う 수반하다, 동반하다 | 悪質なデマ 악성 유언비어(「デマ」는 악의적인 중상모략, 헛소문이란 의미) | フォローする 팔로우하다 | ～に関わらず ~에 상관없이

문제 12 다음 글을 읽고, 뒤에 나오는 질문에 대한 답으로 가장 적당한 것을 1 · 2 · 3 · 4에서 하나 고르세요.

일본문화에서는 일상생활에서 극히 친한 사이는 제외하고 서로 씨(가족 이름)로 서로 부르는 습관이 있다.

국가공무원이 일을 할 때, 결혼 전의 구성(旧姓)을 사용하는 것을 원칙으로 인정하고 있다. 각 부성청이 그렇게 합의했다.

현장에서의 호칭과 출근부 등의 내부문서 등에 관해서는 2001년부터 사용을 인정해 왔으나, 이것을 대외적인 행위에도 확산하였다. 이미 재판소에서는 이번 달부터 판결 등을 구성으로 (주1)언도할 수 있도록 되어 있다.

기쁜 소식이다. 하지만, 구성 사용이 말하자면 은혜로서 주어지는 것과 법률상으로도 정식 성으로 자리매김하여 당연히 이름을 대는 것과의 사이에는 <u>본질적인 차이가 있다</u>. 오랜 기간 논의되어 온 부부별성 문제가 이것으로 결착되는 것은 아니다.

무엇보다 이 조치는 국가공무원에 한정된 이야기이며, 민간이나 자치체에는 미치지 못한다. 내각부의 작년 가을 조사에서는 '조건부로'를 포함해도 구성 사용을 인정하고 있는 기업은 절반에 그치고 있다. 규모가 커질수록 용인 비율은 높아지지만, 현시점에서 인정하지 않고 있는 천 명 이상의 기업 35%가 '앞으로도 예정은 없다'고 답했다.

인사와 급여지급 수속이 번잡해지고 비용상승으로 이어지는 것이 도입을 주저하게 하는 한 요인이라도 해도, 결국은 경영자나 상사의 판단과 그 뒤에 있는 가치관에 의한 부분이 크다.

결혼할 때 성을 바꾸는 것은 여성이 압도적으로 많다. 정부가 '여성 활약'을 외치며, 담당장관을 두어도, 남겨지는 많은 사람이 있다.

역시 법률을 개정하여, 같은 성으로 하고 싶어 하는 커플은 결혼할 때 동성을 선택하고, 서로 구성을 계속 쓰고 싶은 사람은 그 취지를 신고하는 '선택적 부부별성'으로 하지 않으면, 해결이 되지 않는다.

성명은 사람이 개인으로서 존중받는 기초이며, 인격의 상징이다. 본의 아닌 개성(改姓)에 의해, 결혼 전에

노력해 쌓은 신용과 평가가 단절되어 버리거나, '나다움'과 긍지를 잃어버리거나 하는 사람이 없어야 한다. 이 원점에 서서, 시책을 전개해야만 한다.

하지만 AB정권의 발상은 다르다. 구성 사용의 확대는 '국가의 지속적 성장을 실현하고, 사회의 활력을 유지해 가기 위한' 방책의 하나로 여기고 있다. 인구감소사회에서 경제성장을 달성하겠다는 목표가 우선 있고, 그를 위해 여성을 활용하겠다. 일을 하는데 불편함이 있다면, 구성 사용도 인정하겠다. 그런 생각이다.

(주2)도착된 자세라 밖에 할 수 없다. 성은 도구가 아니며, 사람은 국가를 성장 · 발전시키기 위해 살아가는 것이 아니다.

'모든 국민은 개인으로서 존중받는다' 일본국 헌법 제13조는 그렇게 정하고 있다.

(주1) 언도 : 명령을 전하는 것, 선고
(주2) 도착 : 거꾸로 되는 것, 특히 본능과 감정 등이 본래의 것과 정반대 모습을 취하며 나타나는 것

62 본질적인 차이가 있다란, 무엇을 의미하고 있는가?

1 구성의 사용이 개인으로서 존중받는 것과 사회생활에서만 사용되는 것의 차이
2 사회에서의 존재가치를 인정받는 것과 가정 안에서 개인으로서 인정받는 것의 차이
3 구성의 사용이 개인으로서 존중받는 것과 표면상의 편의만으로 사용되는 것의 차이
4 사회에서의 존재가치를 인정받는 것과 부부가 되어도 한 개인으로서 인정받는 것의 차이

해설 필자는 부부가 원래의 자기 성을 사용하는 것을 당연하게 생각하는 것과 마치 국가가 특별한 혜택이라도 베푸는 듯한 것은 분명히 다르다고 생각하고 있다. 특히 「氏名は、人が個人として尊重される基礎であり、人格の象徴」라는 문장에서 성명에 대한 필자의 생각을 엿볼 수 있다.

63 필자는 구성 사용을 인정하지 않는 기업의 진짜 이유는 무엇에 의한 것이라고 생각하고 있는가?

1 사무수속 등이 번잡해지는 것에 의한 것이다.
2 경영에 종사하는 사람의 가치관과 사고방식에 의한 것이다.
3 사무수속에 드는 비용이 큰 것에 의한 것이다.
4 종업원들에게도 그다지 간절한 희망이 없는 것에 의한 것이다.

해설 여성의 구성 사용으로 「人事や給与支払いの手続きが煩雑」에서 알 수 있듯, 번잡해지고 각종 비용부담 상승이 도입을 주저하게 만드는 이유라고 했지만, 가장 결정적인 이유는 바로 「経営者や上司の判断と、その裏にある価値観によるところが大きい」라고 지적하고 있다. 결국 경영자의 가치관에 의한 것이라 생각하고 있다.

64 이 글에서 필자가 논하고 있는 것은 어느 것인가?

1 성명을 도구로써 사용할지 개인으로서 존중받는 의미로 사용할지는 개인의 판단 나름이다.
2 여성의 사회 진출에 수반하여 구성을 사용하는 범위가 확산되고 있는데, 성명의 본래의 의의를 잊어서는 안 된다.
3 구성 사용의 확대는 주로 여성 활약의 목적이 크므로 여성도 그것을 자각해야 한다.
4 개인의 존엄보다도 사회에 대한 공헌을 우선시하는 시책 만들기가 장래에는 필요해질 것이다.

해설 현 AB정권에서는 구성 사용의 확대를 「国の持続的成長を実現し、社会の活力を維持」해 가기 위한 방편으로 여기고 있다고 했다. 하지만 필자는 이에 대해 「倒錯した姿勢というほかない。姓は道具ではないし、人は国を成長・発展させるために生きているのではない」라고 하며 이런 AB정권의 구성 사용 확대 의도를 비난하고 있다.

어휘 間柄 사이, 관계 | 旧姓 구성(결혼 전에 쓰는 성) | 各府省庁 각 부성청(일본의 행정기관 단위) | 申し合わせ 합의 | 出勤簿 출근부 | 言い渡す 언도하다 | いわば 이른바, 말하자면 | 恩恵 은혜 | 位置づける 위치를 부여하다, 자리매김하다 | 名乗る 이름을 대다, 밝히다 | 長年 오랜 기간 | 夫婦別姓 부부별성 | 内閣府 내각부 | 昨秋 작년 가을 | 条件つき 조건부 | 煩雑だ 번잡하다 | 渋る 꺼리다, 주저하다 | 一因 한 요인/원인 | 要は 요컨대, 결국은 | 唱える 주장하다, 주창하다, 내세우다 | 取り残す 남겨두다 | 旨 뜻, 취지 | 届け出る 신고하다 | 基礎 기초 | 不本意な 본의 아닌 | 改姓 개성(성을 바꿈) | 築く 쌓다 | 途切れる 두절되다, 끊기다 | 誇り 자랑, 긍지 | 見失う 놓치다, 잃어버리다 | 施策 시책 | 持続的 지속적 | 方策 방책 | 不都合 불편함, 난처함 | 倒錯 도착(거꾸로 되는 것, 특히 본능과 감정 등이 본래의 것과 정반대 모습을 취하며 나타나는 것) | 尊重 존중 | 範囲 범위 | 貢献 공헌 | 施策 시책

문제 13 오른쪽 페이지는 '난꽃 재배 가이드'이다. 아래의 질문에 대한 대답으로 가장 적당한 것을 1·2·3·4에서 하나 고르세요.

65 기무라 씨는 친구로부터 난 화분을 받았습니다. 지금은 11월이지만 12월이 되면 어떻게 관리하면 좋은가?

1 겨울이 되어 온도가 내려가고 건조하므로, 보온에 신경 쓸 필요가 있다.

2 12월이 되면, 하루종일 직사광선이 닿지 않는 곳에 둔다.

3 겨울이 되어 온도가 내려가고 건조하므로, 찬물을 소량 준다.

4 12월이 되면, 난방기구를 사용하고 물은 거의 주지 않는 게 좋다.

해설 겨울에는 온도를 「昼15～20度、夜15度以上に保つ」라고 했으며, 따뜻한 물을 소량 주라고 했다.

66 이 꽃의 관리 포인트는 무엇인가?

1 저온과 건조를 좋아하므로, 적당할 때 냉방장치를 이용할 것

2 봄에 포기가 생육하므로, 물을 충분히 줄 것

3 여름 이외는 온도가 내려가지 않는 궁리와 물주기에 주의할 것

4 고온을 좋아하며, 습도를 싫어하는 성질이므로 물주기에 주의할 것

해설 계절별 관리포인트를 보면 가장 신경 써야 하는 사항은 온도와 물주기라는 것을 알 수 있다. 호접란은 고온 다습을 좋아하는 성질이고, 봄에는 생육하는 시기이므로 물을 많이 주지 말라고 했다.

210

~호접란 키우는 법~

봄(3월~5월)

- 온도 : 낮 20~25도, 밤 15~18도로 유지한다.
- 일광 : 레이스 커튼 너머에 두고, 직사광선이 닿지 않을 정도의 차광을 한다.
- 물주기 : 고온다습을 좋아하는 식물이므로, 습도가 낮은 이 시기에는 분무기로 가습한다.
- 주의 : 아직 밤에 온도가 떨어지는 날도 있으므로, 두는 곳에 주의. 포기가 생육을 시작하는 시기이므로 물을 너무 주지 않도록 주의.

여름(6월~8월)

- 온도 : 집 밖 자연 온도로 좋음
- 일광 : 하루종일, 그늘이 되는 곳이나, 70% 정도 차광할 수 있는 그물망 아래 둔다.
- 물주기 : 기온이 오르기 전의 오전 중에 준다. 4~5일에 한 번이 기준.
- 주의 : 여름 햇살은 매우 강하므로, 잎이 타지 않도록 주의. 집 밖에서는 해충방제를 잊지 않는다.

가을(9월~11월)

- 온도 : 낮 20~25도, 밤 15~18도로 유지한다.
- 일광 : 레이스 커튼 너머에 두고, 직사광선이 닿지 않을 정도의 차광을 한다.
- 물주기 : 고온다습을 좋아하는 식물이므로, 습도가 낮은 이 시기에는 분무기로 가습한다. 물은 배양토가 완전히 마르고 나서. 너무 많이 주지 않도록 주의.
- 주의 : 봄에서 여름에 걸쳐 제대로 생육한 포기는 이 시기에 꽃눈이 나온다. 매우 섬세하므로 주의.

겨울(12월~2월)

- 온도 : 낮 15~20도, 밤 15도 이상으로 유지한다.
- 일광 : 창문 너머 직사광선. 2월부터는 햇살이 강해지므로 레이스 커튼 너머에 둔다.
- 물주기 : 최저 기온이 15도 이상으로 관리할 수 있는 경우에는 배양토가 완전히 마르고 나서, 따뜻한 물(30도~40도)을 소량 준다. 15도 이하로 관리할 경우에는 한 번에 주는 물의 양을 절반 이하로 줄이고 분무기 등으로 충분히 가습한다.
- 주의 : 난방된 방은 건조하므로, 가습기 등으로 습도를 높인다. 한밤중에는 기온이 내려가므로, 상자나 발포스티롤 등으로 덮어 보온한다.

오키드 하이랜드 일본(주)
Tel. 0099－3852－6666

어휘 蘭 난 | 栽培 재배 | 鉢植え 화분에 심음, 또 그 초목 | 保つ 유지하다, 보전하다 | 日光 일광, 햇빛 | ~越し 너머 | 直射日光 직사광선 | 遮光 차광 | 水やり 물주기 | 多湿 다습 | 好む 좋아하다, 선호하다 | 湿度 습도 | 霧を吹く 분무기로 뿌리다 | 加湿 가습 | 株 포기, 그루 | 生育 생육 | 戸外 집밖, 실외 | 日陰 그늘 | 目安 기준 | 日差し 햇살 | 葉焼け 잎이 햇빛에 노출되어 노랗게 시드는 현상 | 防除 방제 | 植え込み材料 (원예용)배양토 | 花芽 꽃눈, 꽃이 될 싹 | 霧吹き 분무기 | 段ボール 상자 | 発泡スチロール 발포스티롤 | 覆う 덮다

 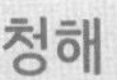 

2교시 청해 Track 4

문제 1 **문제1에서는 먼저 질문을 들으세요. 그리고 이야기를 듣고 문제용지의 1~4 중에서 가장 적당한 것을 하나 고르세요.**

例 Track 4-1-00

男の人と女の人が話しています。二人はどこで何時に待ち合わせますか。

男：あした、映画でも行こうか。
女：うん、いいわね。何見る？
男：先週から始まった「星のかなた」はどう？面白そうだよ。
女：あ、それね。私も見たいと思ったわ。で、何時のにする？
男：ちょっと待って、今スマホで調べてみるから… えとね… 5時50分と8時10分。
女：8時10分は遅すぎるからやめようね。
男：うん、そうだね。で、待ち合わせはどこにする？ 駅前でいい？
女：駅前はいつも人がいっぱいでわかりにくいよ。映画館の前にしない？
男：でも映画館の前は、道も狭いし車の往来が多くて危ないよ。
女：わかったわ。駅前ね。
男：よし、じゃ、5時半ぐらいでいい？
女：いや、あの映画今すごい人気だから、早く行かなくちゃいい席とれないよ。始まる1時間前にしようよ。
男：うん、わかった。じゃ、そういうことで。

二人はどこで何時に待ち合わせますか。

1 駅前で4時50分に
2 駅前で5時半に
3 映画館の前で4時50分に
4 映画館の前で5時半に

예

남자와 여자가 이야기하고 있습니다. 두 사람은 어디에서 몇 시에 만납니까?

남 : 내일 영화라도 보러 갈까?
여 : 응, 좋아. 뭐 볼까?
남 : 지난 주에 시작한 '별의 저편'은 어때? 재미있을 것 같아.
여 : 아, 그거. 나도 보고 싶었어. 그럼, 몇 시 걸로 할까?
남 : 잠깐만, 지금 스마트폰으로 알아볼 테니까… 음… 5시 50분하고 8시 10분.
여 : 8시 10분은 너무 늦으니까 보지 말자.
남 : 응, 그러네. 그럼, 어디서 만날까? 역 앞에서 만날까?
여 : 역 앞은 항상 사람들이 많아서 찾기 힘들어. 영화관 앞에서 만날까?
남 : 근데 영화관 앞은 길도 좁고 차도 많이 다녀서 위험해.
여 : 알았어. 역 앞으로 해.
남 : 좋아, 그럼 5시 반쯤에 만날까?
여 : 아니, 그 영화 지금 엄청 인기라서, 빨리 가지 않으면 좋은 자리 못 잡아. 시작하기 1시간 전에 만나자.
남 : 그래, 알았어. 그럼 그렇게 하자.

두 사람은 어디에서 몇 시에 만납니까?

1 역 앞에서 4시 50분에
2 역 앞에서 5시 반에
3 영화관 앞에서 4시 50분에
4 영화관 앞에서 5시 반에

1番 Track 4-1-01

レストランで女の人がランチの注文をしています。男のスタッフは、このあと何をしますか。

男：ご注文はお決まりでしょうか。

女：日替わりランチの「本日のお魚」って、何ですか。

男：アジのフライでございます。

女：じゃあ、それにします。

男：かしこまりました。ランチにはスープとサラダが付きますが、スープは、マッシュルームのスープとコーンクリームスープのどちらになさいますか。

女：えーと、コーンクリームスープでお願いします。

男：かしこまりました。あと、食後にお茶かコーヒーのサービスがありますが、どちらになさいますか。

女：コーヒーで。先に持ってきてもらえますか。

男：かしこまりました。では、すぐにお持ちします。

女：あ、すみません。私薬飲まなきゃいけないのを忘れていたわ。お水を先に… あら、お水はもう持ってきてもらってたわね。すみません。

男：いえ、では、メニューをお下げします。

男のスタッフは、このあと何をしますか。

1　お茶を持ってくる
2　水を持ってくる
3　スープを持ってくる
4　コーヒーを持ってくる

1번

레스토랑에서 여자가 점심 주문을 하고 있습니다. 남자 스태프는 이후 무엇을 합니까?

남 : 주문은 결정하셨습니까?

여 : 점심 메뉴 '오늘의 생선'은 뭔가요?

남 : 전갱이 튀김입니다.

여 : 그럼, 그걸로 할게요.

남 : 알겠습니다. 점심에는 수프와 샐러드가 함께 제공되는데, 수프는 버섯 수프와 콘크림 수프 중 어느 것으로 하시겠습니까?

여 : 음, 콘크림 수프로 부탁할게요.

남 : 알겠습니다. 그리고 식후에 차나 커피 서비스가 있습니다만, 어느 것으로 하시겠어요?

여 : 커피로. 먼저 가져다 주시겠어요?

남 : 알겠습니다. 그럼, 바로 가져다 드리겠습니다.

여 : 아, 죄송합니다. 저 약 먹어야 하는 걸 깜빡 했네요. 물을 먼저… 어머, 물은 벌써 갖다 주셨네. 죄송합니다.

남 : 아닙니다, 그럼, 메뉴판은 치우겠습니다.

남자 스태프는 이후 무엇을 합니까?

1 차를 가져온다
2 물을 가져온다
3 수프를 가져온다
4 커피를 가져온다

해설 남자가 식후에 차나 커피 서비스가 있다고 하자 여자는 커피를 식사 전에 먼저 갖다 달라고 했으니 남자가 가장 먼저 할 일은 4번이다. 대화 뒤에서 약을 먹어야 해서 물을 먼저 갖다 달라는 표현이 들렸으나, 「あら、お水はもう持ってきてもらってたわね」라고 했으니, 2번은 오답이다.

어휘 お決まり 결정 | 日替わりランチ (매일 바뀌는)점심 메뉴 | 本日 오늘 | アジ 전갱이 | フライ 튀김 | 付く 제공되다, 따라오다 | マッシュルーム 버섯 | なさる 하시다 | 食後 식후 | お下げする (메뉴판이나 그릇 등을)치우다, 가져가다

2番 Track 4-1-02

ギフト券について話しています。女の人はこれからどうしますか。

女：ねね、友達にギフト券を送ろうとしているんだけど、私、慣れてなくて、ちょっと教えてもらえるかな。

男：どれどれ。このサイトなら、まず送り方はデジタルタイプと郵送タイプの二つがあるんだけど、どっちがいい？

女：郵送なんか今時面倒だから、デジタルタイプにしようかな。

男：そう。デジタルタイプはさらに三つあって、指定のメールアドレスに送付するEメールタイプと、直接アカウントに残高追加するチャージタイプ、あとはPDFデータを印刷するPDFタイプがあるね。

女：へえ～。デジタルタイプでもいろいろあるんだね。その友達のメールアドレスはわからないし、印刷するタイプと言っても、プリンター持ってないし。２番目の直接アカウントに残高追加するチャージタイプって何？

男：スマホで注文してコンビニやATMあるいはネットバンキング、電子マネー払いで支払いができるんだって。へえ、便利だね。これがよさそうじゃない？

女：あ、私、来週その友達に直接会うんだけど、その時に渡したいと思って。なんかいい方法ないかな。

男：なら、ギフト券を印刷するタイプ？ これがいいよ。注文から通常約５分でデータを届けてくれるっていうから。ほら、ここにもその場ですぐ手渡したい時におすすめって書いてあるじゃない。プリントなら、僕がしてあげてもいいよ。

女：ほんと？ じゃ、私は金額とデザインさえ選べばいいか。ありがとう。

2번

기프트권에 관해 이야기하고 있습니다. 여자는 이제부터 어떻게 합니까?

여 : 저기, 친구한테 기프트권을 보내려고 하는데, 나는 익숙지가 않아서 그러는데, 좀 알려줄래?

남 : 어디 어디. 이 사이트라면 우선 보내는 법은 디지털 타입과 우송 타입 두 가지가 있는데, 어느 쪽이 좋겠어?

여 : 우송같은 건 요즘 세상에 귀찮으니까, 디지털 타입으로 할까?

남 : 그래. 디지털 타입은 다시 3종류가 있는데, 지정 메일주소로 송부하는 E메일 타입과 직접 계좌에 잔고 추가하는 차지 타입, 그리고 PDF데이터를 인쇄하는 PDF 타입이 있어.

여 : 아~, 디지털 타입에도 여러 가지가 있구나. 그 친구의 메일주소는 모르고, 인쇄하는 타입이라 해도 프린터가 없으니. 2번째 직접 계좌에 잔고 추가하는 차지 타입이란 건 뭐야?

남 : 스마트폰으로 주문해서 편의점이나 ATM 또는 인터넷 뱅킹, 전자머니 지불로 지불할 수 있대. 흠, 편리하네. 이게 괜찮을 것 같지 않아?

여 : 아, 나 다음 주에 그 친구 직접 만나거든. 그때 건네주려고 해. 뭐 좋은 방법 없을까?

남 : 그럼, 기프트권을 인쇄하는 타입? 이게 좋겠어. 주문하고 통상 약 5분이면 데이터를 보내준다고 하니까. 봐, 여기에도 그 자리에서 바로 전해주고 싶을 때 추천한다고 쓰여 있네. 프린트라면 내가 해 줄 수 있어.

여 : 진짜? 그럼, 나는 금액과 디자인만 고르면 되는 건가? 고마워.

女の人はこれからどうしますか。

1　友達のアカウントに残高追加し、それを印刷する
2　男の人にプリントアウトしてもらい、PDF形式で送る
3　注文したデータが届くまで5分待ち、その場で友達に渡す
4　サインインをしてから、ギフト券の価格や模様を決定する

여자는 이제부터 어떻게 합니까?

1 친구 계좌에 잔고 추가하고 그것을 인쇄한다
2 남자한테 인쇄해달라 해서 PDF형식으로 보낸다
3 주문한 데이터가 도착할 때까지 5분 기다렸다 그 자리에서 친구에게 전해 준다
4 로그인 하고 나서 기프트권 가격과 모양을 결정한다

해설 남자의 마지막 대화에서 디지털 타입 중에 그 자리에서 바로 건네줄 때는 PDF 타입을 추천한다고 했다. 여자가 처음에 프린트가 없어서 안 된다 했으나 남자가 대신 인쇄해 주겠다고 해서, 여자는 사이트에 접속해서 가격과 디자인만 결정하면 된다.

어휘 今時 요즘, 요새 세상 | 指定 지정 | 通常 통상, 보통 | 手渡す (직접)건네다

3番 Track 4-1-03

健康補助食品について話しています。男の人はこれからどうしますか。

男：最近健康補助食品に頼っている人が多いらしいですね。
女：サプリメントのことを言ってますか？ え、吉田さんは飲まないんですか。今時はほとんどの人が飲んでいるんじゃないですか。
男：でも、その種類が多すぎて、自分に何が合っているか分からなくて…。
女：私の場合、肩凝りや腰痛がひどくて飲んでいますが、絶対飲むだけの効果はあると思いますよ。うちの主人も慢性疲労だったんですが、かなりの効果がありましたよ。
男：そうなんですか。実は自分も事務室ではモニターばかり見続けて、目がかすむし、疲れやすくて…。
女：ほら、吉田さんも40代だから、ブルベリーとかルテインが含まれたサプリを飲まなきゃ。現代人は仕事なんかに追われて栄養のバランスを取りにくいでしょう。だから、サプリは必須ですよ。

3번

건강보조식품에 관해 이야기하고 있습니다. 남자는 이제부터 어떻게 합니까?

남 : 요즘 건강보조식품에 의존하는 사람이 많은 것 같아요.
여 : 영양보조식품 말하는 건가요? 엣, 요시다 씨는 안 드세요? 요즘은 대부분의 사람들이 먹고 있지 않나요?
남 : 근데, 그 종류가 너무 많아서, 저에게 뭐가 맞는지 알 수 없어서….
여 : 제 경우에는 어깨결림이랑 요통이 심해서 먹고 있는데, 절대로 먹은 만큼의 효과는 있다고 생각해요. 우리 남편도 만성피로였는데 꽤 효과가 있었어요.
남 : 그래요? 실은 저도 사무실에서는 모니터만 계속 보고 있어서, 눈이 침침하고 쉽게 피로해져서….
여 : 거 보세요, 요시다 씨도 40대니까 블루베리라든가 루테인이 포함된 영양보조식품을 드셔야 해요. 현대인은 일 등에 쫓겨 영양의 균형을 잡기 어렵잖아요? 그러니까 영양보조식품은 필수예요.

男：でも、その名前どおりあくまでも「補助」なので、普段からバランスの取れた食生活を心掛け、それでも足りない時に使用するのが基本だと思います。むしろ摂取過剰になると、病気を引き起こす可能性だってあると言われているじゃないですか。あと、それだけ効果があるのかも正直疑問ですしね。

男の人はこれからどうしますか。

1 サプリの効果について正しく検討する
2 サプリの摂取の前に、自分の食生活を見直す
3 サプリの摂取時、最小限になるように注意する
4 サプリの量が適切になるように気をつける

남 : 하지만 그 이름대로 어디까지나 '보조'니까, 평소 균형 있는 식생활에 유념하고 그래도 부족할 때 사용하는 것이 기본이라고 생각해요. 오히려 섭취 과잉이 되면 병을 야기할 가능성도 있다고들 하지 않아요? 그리고 그만큼 효과가 있는지도 솔직히 의문이고요.

남자는 이제부터 어떻게 합니까?

1 영양보조식품 효과에 관해 정확하게 검토한다
2 영양보조식품 섭취 전에 자신의 식생활을 재검토한다
3 영양보조식품 섭취할 때 최소한이 되도록 주의한다
4 영양보조식품 양이 적절해지도록 조심한다

해설 남자는 영양보조식품도 좋지만, 그것은 어디까지나 '보조'이므로, 평소 균형 있는 식생활에 유념하고 그때도 부족할 때 사용하는 것이 기본이라고 하고 있다.

어휘 健康補助食品 건강보조식품 | 今時 요즘, 요새 세상 | 肩凝り 어깨결림 | 慢性疲労 만성피로 | 目がかすむ 눈이 침침해지다 | 必須 필수 | あくまで(も) 어디까지나 | 心掛ける 유의하다, 명심하다 | 摂取過剰 섭취과잉 | 引き起こす 일으키다, 야기하다 | 適切に 적절하게

4番 Track 4-1-04

緊急速報を伝える「緊急メール」サービスについて話しています。女の人はこれから、どのようにこのメールを使いますか。

女：「緊急メール」サービスってどんなメールですか。
男：災害などの緊急時において、気象庁が提供する緊急の地震速報や津波警報など、避難情報を一定の地域の携帯電話に一斉に同時配信するサービスです。
女：あ、それすごく役に立ちそうですね。私、自分だけでなく、出張が多いから両親のことも心配だったんですが、このサービスを申し込んだら海外にいても少しは安心ですね。
男：申し訳ございませんが、このサービスは国内のみご利用いただけます。
女：あ、そうですか。でもいますぐ受信の申し込みをしたいんですが。私ABモードサービスの契約をしています。

4번

긴급속보를 전하는 '긴급문자' 서비스에 관해 이야기하고 있습니다. 여자는 앞으로 어떻게 이 문자를 사용합니까?

여 : '긴급문자' 서비스란 어떤 문자예요?
남 : 재해 등 긴급 시에 있어 기상청이 제공하는 긴급 지진 속보나 쓰나미경보 등, 피난정보를 일정 지역의 휴대전화에 일제히 동시에 발신하는 서비스입니다.
여 : 아, 그거 상당히 유용할 것 같군요. 저는 저뿐만이 아니라, 출장이 잦아서 부모님도 걱정스러웠는데, 이 서비스를 신청하면 해외에 있어도 조금은 안심이네요.
남 : 죄송합니다만, 이 서비스는 국내에서만 이용하실 수 있습니다.
여 : 아, 그래요? 그래도 지금 당장 수신 신청하고 싶은데요. 전 AB모드 서비스 계약을 했어요.

男：はい、かしこまりました。あ、現在そのサービスのご契約の方は、別途のお申し込みすることなくご利用いただけます。なお、機種によっては事前に受信設定が必要になる場合がございますので、機種をよくお確かめください。

女：あ、そうですか。

男：あと、このメールは通話中や電源を切っている場合、機内モードに設定している場合、電波の届きにくい場所にいる場合には「緊急メール」を受信することができませんので、ご注意ください。

女：はい、分かりました。

女の人はこれから、どのようにこのメールを使いますか。

1 地震や津波の時に、海外でも安心して家族の情報が分かるように使う

2 前もって受信設定せず、ケータイの種類に関係なく使う

3 自分がどのサービスの商品に加入しているか、確認してから使う

4 電波がよく届く場所で、いつも電源を入れたまま使う

남：네, 알겠습니다. 아, 현재 그 서비스를 계약하신 분은 별도로 신청하시지 않아도 이용하실 수 있습니다. 그리고 기종에 따라서는 사전에 수신설정이 필요한 경우가 있으니, 기종을 잘 확인해 주세요.

여：아, 그래요?

남：그리고 이 문자는 통화 중이나 전원을 껐을 경우, 기내모드(비행기모드)로 설정했을 경우, 전파가 도달하기 어려운 곳에 있을 때는 '긴급문자'를 수신할 수 없으니 주의해 주세요.

여：네, 알겠습니다.

여자는 앞으로 어떻게 이 문자를 사용합니까?

1 지진이나 쓰나미일 때, 해외에서도 안심하고 가족의 정보를 알 수 있도록 사용한다

2 미리 수신 설정하지 않고, 휴대전화 종류에 관계없이 사용한다

3 자신이 어느 서비스 상품에 가입하고 있는지 확인하고나서 사용한다

4 전파가 잘 도달되는 장소에서 언제나 전원을 켠 채 사용한다

해설 이 여자가 계약한 서비스는 따로 수신 신청하지 않아도 바로 '긴급문자'를 수신할 수 있는데 해외에서는 사용할 수 없다고 했으니 1번은 오답이고, 어느 서비스 상품에 가입해 있는지 이미 알고 있으니 3번도 오답이다. 전화가 꺼졌거나 전파가 도달하기 어려운 곳에서는 수신할 수 없다고 했으니, 전파가 잘 도달되는 장소에서 언제나 전원을 켠 채 사용해야 하므로, 4번이 정답이다.

어휘 緊急速報 긴급속보 | 災害 재해 | 提供 제공 | 速報 속보 | 警報 경보 | 避難 피난 | 一斉に 일제히

5番 Track 4-1-05

ケニアの旅行について話しています。女の人は何を注意しなければなりませんか。

女：今回アフリカ旅行に行ってみようと思うんだ。マサイ族の村も訪ねることができて、すごい楽しみ。健太君去年行ったから、なんか注意点とかあったら教えてよ。黄熱病の予防接種とかした方がいいかな。

男：僕は10月から11月にかけて行ったけど、あの時はしなかったよ。でもケニアは黄熱病の常在国だから、どちらかというとした方がいいよね。

女：そうか、分かった。あと、蚊取り線香とかたくさん 持っていった方がいいよね。

男：ホテルには殺虫剤や蚊帳の設備があるから、それはいいけど、昼間は携帯用の殺虫剤スプレーはいつも身に付けた方がいいね。あと、アフリカは日中は日差しが強いけど、地域によって朝晩は寒いから、風通しのいい長袖の服装がいいよ。

女：そうか。長袖のシャツも必要だね。

男：うん、肌の露出は絶対避けた方がいいね。あと、ツアーでマサイ村を訪れた時に写真はいくら撮ってもいいけど、それ以外の時は撮らないでね。

女：どうして？ 写真撮られるのが嫌なのかな。

男：そうじゃなくて、彼らが見学させているところは写真を撮らせて収入を得ているからだよ。だから見学を許可してないのに、写真撮られることは彼らとしては納得行かないんだよね。

女：なるほど。

5번

케냐여행에 관해 이야기하고 있습니다. 여자는 무엇을 주의해야 합니까?

여 : 이번에 아프리카여행 가 보려고 해. 마사이족 마을도 방문할 수 있어 정말 기대돼. 겐타 군 작년에 갔었으니 뭐 주의할 점 있으면 알려줘. 황열병 예방접종 같은 거 맞는 편이 좋을까?

남 : 나는 10월에서 11월에 걸쳐 갔었는데, 그때는 안 맞았어. 하지만 케냐는 황열병 상재국이니까 그래도 맞는 게 좋을 거야.

여 : 그래? 알았어. 그리고 모기향 같은 거 많이 가져가는 게 좋겠지?

남 : 호텔에는 살충제나 모기장 설비가 있으니 그건 됐는데, 낮에는 휴대용 살충제 스프레이는 항상 몸에 지니고 있는 게 좋아. 그리고 아프리카는 낮에는 햇살이 강하지만, 지역에 따라 아침저녁은 추우니까 통풍이 잘되는 긴소매 복장이 좋아.

여 : 그래? 긴소매 셔츠도 필요하구나.

남 : 응, 피부노출은 절대 피하는 게 좋아. 그리고 단체관광으로 마사이 마을을 방문했을 때는 얼마든지 사진 찍어도 되는데, 그때 외에는 찍지 마.

여 : 왜? 사진 찍히는 거 싫어하는 거야?

남 : 그게 아니라, 그들이 견학을 허가한 곳은 사진을 찍게 해서 수입을 얻고 있어서야. 그러니 견학을 허가하지 않았는데 사진 찍는 걸 그들 입장에서는 납득 못 하는 거지.

여 : 그렇구나.

女の人は何を注意しなければなりませんか。	여자는 무엇을 주의해야 합니까?
1 蚊除けのためになるべくたくさんの殺虫剤を用意する	1 모기 방지를 위해 될 수 있는 한 많은 살충제를 준비한다
2 日差しに肌を露出するのは避けて、許可されている場所だけで撮影する	2 햇볕에 피부를 노출하는 것을 피하고 허가된 장소에서만 촬영한다
3 多少暑くても通気性のいい長袖や短パンを用意する	3 다소 더워도 통풍이 잘되는 긴소매와 반바지를 준비한다
4 マサイ族の現金収入していない場所に入らないように気を付ける	4 마사이족의 현금 수입이 생기지 않는 장소에 들어가지 않도록 주의한다

해설 질문 내용은 준비물이 아니라 주의 사항이다. 남자는 낮의 강렬한 햇살을 피하기 위해 긴소매 복장이 필요하고, 마사이족 마을에 가서 정해진 경우 외 촬영하지 말라고 했지만, 출입 금지란 말은 안 했다. 즉, 여자가 주의해야 할 사항은 낮 시간에 피부 노출을 피하는 것과 허가되지 않은 곳에서 사진을 찍지 않는 것이다.

어휘 **訪ねる** 방문하다 | **黄熱病** (열대 지방의)황열병 | **予防接種** 예방 접종 | **常在国** 상재국 | **蚊取り線香** 모기향 | **殺虫剤** 살충제 | **蚊帳** 모기장 | **露出** 노출 | **避ける** 피하다 | **納得が行く** 납득이 가다

문제 2　**문제2에서는 우선 질문을 들으세요. 그 다음 문제용지의 선택지를 읽으세요. 읽을 시간이 있습니다. 그리고 이야기를 듣고 문제지의 1~4 중에서 가장 적당한 것을 하나 고르세요.**

例 Track 4-2-00

男の人と女の人が話しています。男の人の意見として正しいのはどれですか。

女：昨日のニュース見た？

男：ううん、何かあったの？

女：先日、地方のある市議会の女性議員が、生後7か月の長男を連れて議場に来たらしいよ。

男：へえ、市議会に？

女：うん、それでね、他の議員らとちょっともめてて、一時騒ぎになったんだって。

男：あ、それでどうなったの？

女：うん、その結果、議会の開会を遅らせたとして、厳重注意処分を受けたんだって。ひどいと思わない？

男：厳重注意処分を？

女：うん、そうよ。最近、政府もマスコミも、女性が活躍するために、仕事と育児を両立できる環境を作るとか言ってるのにね。

男：まあ、でも僕はちょっと違うと思うな。子連れ出勤が許容されるのは、他の従業員がみな同意している場合のみだと思うよ。最初からそういう方針で設立した会社で、また隔離された部署で、他の従業員もその方針に同意して入社していることが前提だと思う。

女：ふ～ん、… そう？

男：それに最も重要なのは、会社や同僚の負担を求めるより、父親に協力してもらうことが先だろう。

女：うん、そうかもしれないね。子供のことは全部母親に任せっきりっていうのも確かにおかしいわね。

男の人の意見として正しいのはどれですか。

1　子連れ出勤に賛成で、大いに勧めるべきだ
2　市議会に、子供を連れてきてはいけない
3　条件付きで、子連れ出勤に賛成している
4　子供の世話は、全部母親に任せるべきだ

예

남자와 여자가 이야기하고 있습니다. 남자의 의견으로 올바른 것은 어느 것입니까?

여 : 어제 뉴스 봤어?

남 : 아니, 무슨 일 있었어?

여 : 며칠 전, 지방의 어느 시의회 여성 의원이 생후 7개월 된 장남을 데리고 의회장에 왔나 봐.

남 : 에~, 시의회에?

여 : 응, 그래서 다른 의원들하고 좀 마찰을 빚는 바람에, 한때 소동이 벌어졌대.

남 : 아, 그래서 어떻게 됐어?

여 : 응, 그 결과 의회 개회가 늦어져서, 엄중주의처분을 받았대. 좀 심하지 않아?

남 : 엄중주의처분을?

여 : 응, 그래. 요즘 정부도 매스컴도 여성이 활약하기 위해서 일과 육아를 양립할 수 있는 환경을 만들겠다고 말했으면서 말이야.

남 : 글쎄, 하지만 난 좀 아니라고 봐. 아이를 데리고 출근하는 게 허용되는 것은 다른 종업원이 모두 동의했을 경우만이라고 생각해. 처음부터 그런 방침으로 설립한 회사에서, 또 격리된 부서에서 다른 종업원도 그 방침에 동의하고 입사한 것이 전제라고 생각해.

여 : 흠~, …그래?

남 : 게다가 가장 중요한 것은 회사나 동료의 부담을 요구하기보다, 아이 아빠가 협력하는 것이 먼저겠지.

여 : 응, 그럴지도 모르겠네. 자녀 문제는 전부 엄마에게만 맡기기만 하는 것도 확실히 이상한 거야.

남자의 의견으로 올바른 것은 어느 것입니까?

1 아이 동반 출근에 찬성하며, 크게 권장해야 한다
2 시의회에 아이를 데리고 와서는 안 된다
3 조건부로 아이 동반 출근에 찬성하고 있다
4 자녀 돌보는 것은 전부 엄마에게 맡겨야 한다

1番 Track 4-2-01

男の人と女の人が話しています。女の人はどうしてうれしくないのですか。

男：昨日あたりから、朝晩しのぎやすくなったね。もう暑くならなければいいけど。
女：そうね…。もう残暑はないのかしら…。
男：あれ、みちこさん、涼しくなったのがうれしくないみたいだね。
女：うん、ちょっとね…。実は、一昨日新しいエアコンを2台付け替えたのよ。
男：え、ほんとに。どうして？ もう夏も終わりなのに。
女：うん、リビングの方は前から壊れていたから、扇風機だけで、我慢していたのよ。で、寝室の方なんだけど、夜なんだか雨漏りみたいな音がするから、どうしたのかとずっと思っていたのよ。そうしたら、エアコンから、水がポタポタ落ちていた音だったのに気が付いたの。
男：ええ？ エアコンから水が落ちていたの？ 水は室外機のホースから外に出るだろ？
女：うん、外からも出ていたんだけど、室内の方からも、水が漏れていたのよ。
男：それって、カビが溜まっていたせいじゃないかな。それは身体に良くないな。
女：それでね、あと一カ月は残暑で暑いから、思い切って買い替えたのよ。そうしたら涼しくなっちゃって、新しいエアコンを使う機会が無くなっちゃって、残念な気持ちよ。
男：そうか。でも、来年出番があるからいいじゃない。

女の人はどうしてうれしくないのですか。

1 涼しいより暑い方が好きだから
2 エアコンの不調が改善しないから
3 新しいエアコンの出番がないから
4 新しいエアコンも使いにくいから

1번

남자와 여자가 이야기하고 있습니다. 여자는 왜 기쁘지 않습니까?

남 : 어제 무렵부터 아침저녁 견딜 만해졌어. 다시 더워지지 않으면 좋겠는데.
여 : 그러게…. 이제 늦더위는 없으려나….
남 : 어라? 미치코 씨, 시원해진 게 기쁘지 않은가 보네.
여 : 응, 좀 그래…. 실은 그저께 에어컨을 2대 새로 달았거든.
남 : 아, 진짜? 왜? 이미 여름도 끝나가는데.
여 : 응, 거실 쪽은 전부터 고장 나 있어서, 선풍기만으로 참고 지냈지. 그리고 침실 쪽 말인데, 밤에 뭔지 비새는 소리같은 게 들려서, 왜 그런가 쭉 생각해 봤어. 그러다 에어컨에서 물이 똑똑 떨어지는 소리란 걸 알았지.
남 : 뭐? 에어컨에서 물이 떨어졌어? 물은 실외기 호스로 밖으로 나가는 거 아냐?
여 : 응, 밖으로도 나가지만, 실내 쪽에서도 물이 새고 있었던 거야.
남 : 그거 곰팡이가 껴서 그런 거 아니야? 그거 몸에 좋지 않아.
여 : 그래서 앞으로 한 달은 늦더위로 더울 테니 눈 딱 감고 바꾼 거야. 그랬더니 서늘해져서, 새로 산 에어컨을 사용할 기회가 없어져서 아쉬운 마음이야.
남 : 그렇군. 하지만 내년에 활약할 차례가 올 테니 괜찮잖아.

여자는 왜 기쁘지 않습니까?

1 서늘한 것보다 더운 걸 좋아해서
2 에어컨 상태가 좋아지지 않아서
3 새로 산 에어컨을 쓸 일이 없어서
4 새 에어컨도 사용하기 불편해서

해설 여자는 앞으로 한 달 정도는 더울 거라 생각하고, 이참에 에어컨을 2대나 새로 설치했는데, 날이 서늘해져 사용할 기회가 없어져서 속상해 하고 있다.

4회

어휘 **残暑** 늦더위 | **雨漏り** 비가 샘, 또는 그 빗물 | **ポタポタ** (물방울이 떨어지는 모양)똑똑 | **漏れる** 새다 | **思い切って** 과감히, 눈 딱감고 | **出番** 나갈 차례

2番 Track 4-2-02

会社で男の人と女の人が話しています。男の人はどうして上司が怒ったと言っていますか。

男：どうしよう…。部長を怒らせちゃったかな。まずいなあ。

女：えっ？ どうしたの？

男：部長にお願いされた資料なんだけど、昨日までに先方に送らないといけなかったのに、かなり時間がかかって。そしたら、さっき先方からどうなってるんだって電話があったみたいなんだよね。

女：えっ？ それで、まだ送ってないの？

男：いや、今朝慌てて送ったんだけど、部長にチェックしてもらわないで送っちゃったから、内容どうなってるんだって言われちゃって。

女：そりゃ、そうなるわよ。

男：資料に問題があったら、お前が全部責任取れるのかって。

女：あらら、それじゃあ、怒られて当たり前ね。

男の人はどうして上司が怒ったと言っていますか。

1　昨日までに資料を完成させなかったから
2　相手に資料が届いていなかったから
3　資料を送る時、上司に連絡しなかったから
4　上司の確認なしに資料を送ったから

2번

회사에서 남자와 여자가 이야기하고 있습니다. 남자는 왜 상사가 화났다고 말하고 있습니까?

남 : 어떡하지…. 부장님을 열받게 했나? 큰일났네.

여 : 어머? 무슨 일이야?

남 : 부장님께서 부탁하신 자료 말인데, 어제까지 거래처에 보냈어야 했는데, 상당히 시간이 걸렸거든. 그랬더니 아까 거래처에서 어떻게 된 거냐고 전화가 온 것 같아.

여 : 어머? 그래서 아직 안 보냈어?

남 : 아니, 오늘 아침에 황급히 보냈는데, 부장님한테 체크받지 않고 보내 버려서, 내용이 어떻게 됐냐고 물어 보시는 거야.

여 : 그야 그렇게 되겠지.

남 : 자료에 문제가 있으면 네가 다 책임질 수 있냐고 하셨어.

여 : 어머머, 그럼, 혼나는 게 당연하지.

남자는 왜 상사가 화났다고 말하고 있습니까?

1 어제까지 자료를 완성하지 못 했기 때문에
2 상대방에게 자료가 도착하지 않았기 때문에
3 자료를 보낼 때 상사에게 연락하지 않았기 때문에
4 상사의 확인 없이 자료를 보냈기 때문에

해설 부장이 가장 화난 이유는 자신의 체크 없이 자료를 거래처에 보냈기 때문이다. 부장이 「資料に問題があったら、お前が全部責任取れるのか」라며, 나중에 문제가 생기면 책임을 질 수 있냐고 화를 냈다고 했으니, 정답은 4번이 된다.

어휘 **上司** 상사 | **怒る** 화나다, 열받다 | **まずい** 큰일이다 | **資料** 자료 | **先方** 거래처, 상대 | **慌てる** 당황하다, 허둥대다 | **内容** 내용 | **責任を取る** 책임을 지다 | **～て当たり前だ** ~하는 게 당연하다 | **完成** 완성 | **届く** 도착하다 | **確認** 확인 | **～なしに** ~없이

3番 🎧 Track 4-2-03

<ruby>女<rt>おんな</rt></ruby>の<ruby>留学生<rt>りゅうがくせい</rt></ruby>と<ruby>日本人<rt>にほんじん</rt></ruby>の<ruby>男<rt>おとこ</rt></ruby>の<ruby>人<rt>ひと</rt></ruby>が<ruby>話<rt>はな</rt></ruby>しています。<ruby>男<rt>おとこ</rt></ruby>の<ruby>人<rt>ひと</rt></ruby>が<ruby>勧<rt>すす</rt></ruby>める<ruby>改善法<rt>かいぜんほう</rt></ruby>は<ruby>何<rt>なん</rt></ruby>ですか。

女：山田さん、昨日ある人に「キムさんは、方向音痴ですか？」って、言われたんだけど、どういう意味？

男：ああ、それは、方向や方角に対する感覚が劣る人のことを言うんだよ。

女：ああ、なるほどね。私は確かに方向音痴かもね。道も何回も繰り返し通らないと覚えられないし、広い駐車場では、どこに車を止めたか覚えられないし。どうにかならないかしら？

男：そうだね、方向音痴を良くする方法はあるよ。

女：ホントに？ ぜひ、教えて。

男：うん、道を覚える時だけど、目印を決めること。それも動かないようなもの、たとえば進行方向の右側に郵便ポストがあったとか、後ろを振り返って、左手に神社があったなとか、確認することだよ。

女：ああ、そうね。ショッピングセンターで車をどこに止めたか忘れちゃう時も、常に目印を意識すればいいのよね。

男：そうだね。それと、お店から出る時は、入った時と同じ入り口から出るようにするといいよ。

女：ああ、そうだわね。違う出口から出るからいけないのよね。

男の人が勧める改善法は何ですか。

1 何回も同じ道を繰り返し通ること
2 不動な目印と同じ出入り口にすること
3 自分の前後左右を何回も確認すること
4 最初は動く目印と違う出入り口にすること

3번

여자 유학생과 일본인 남자가 이야기하고 있습니다. 남자가 권하는 개선법은 무엇입니까?

여：야마다 씨, 어제 어떤 사람한테 '김 씨는 길치세요?'란 말을 들었는데, 무슨 뜻이야？

남：아, 그건 방향이나 방위에 대한 감각이 떨어지는 사람을 말하는 거야.

여：아, 그렇구나. 나는 확실히 길치일지도 몰라. 길도 몇 번이고 반복해서 지나가지 않으면 기억하지 못하고, 넓은 주차장에서는 어디에 차를 세웠는지 기억 못하고. 어떻게 못 고칠까！

남：그래, 길치를 개선하는 방법은 있어.

여：정말? 꼭 가르쳐 줘.

남：응, 길을 기억할 때는 이정표를 정할 것. 그것도 움직이지 않는 것, 예를 들면 진행방향 오른쪽에 우체통이 있었다든가, 뒤를 돌아보고 왼편에 신사가 있었다든가, 확인하는 거야.

여：아, 그래. 쇼핑센터에서 차를 어디에 세웠는지 잊어버렸을 때도, 늘 이정표를 의식하면 되는 거네.

남：그렇지. 그리고 가게에서 나갈 때는 들어왔을 때와 같은 입구로 나가도록 하면 돼.

여：아, 그렇구나. 다른 출구로 나가니까 안 되는 거구나.

남자가 권하는 개선법은 무엇입니까?

1 몇 번이고 같은 길을 반복해서 지나갈 것
2 움직이지 않는 이정표와 같은 출입구로 할 것
3 자신의 전후좌우를 몇 번이고 확인할 것
4 처음에는 움직이는 이정표와 다른 출입구로 할 것

해설 남자는 움직이지 않는 이정표를 정하고, 가게를 들어가고 나갈 때는 같은 출입구를 이용하라고 했다. 「不動 부동」이 키포인트가 된다.

어휘 改善法<rt>かいぜんほう</rt> 개선법 | 方向音痴<rt>ほうこうおんち</rt> 방향치, 길치 | 方角<rt>ほうがく</rt> 방위, 방향 | 劣<rt>おと</rt>る 뒤떨어지다 | 目印<rt>めじるし</rt> 표지

4番 Track 4-2-04

男の人と女の人が話しています。男の人は女の人にどうしたらいいと言っていますか。

男：彩さん、もう新しい職場には慣れた？
女：それが…。毎日辛くて辛くて、泣いてばっかりです。
男：ええ？ そんなに仕事がきついの？
女：う～ん、新しい仕事がなかなか覚えられなくて、自分の能力のなさに落ち込んでしまうんです。
男：でも、新入社員だし当たり前でしょ。
女：はい、でも周りの人もイライラしているようで、自分が嫌になってしまうんです。
男：ああ、彩さんは真面目だからね。僕も最初は仕事が出来なくて、よく怒られたし、泣いたこともあったな。
女：え！ 先輩もそうだったんですか。どう克服したんですか。
男：そうだな。ある時期から開き直って、目の前の仕事だけに集中するようにしたんだよ。それに周りの人だって、新入社員の時は、皆できなかったと思うし。仕事なんて、毎日同じことをするんだから、半年もすれば、慣れちゃうしね。周りの人に「ダメな奴だと思われているんじゃないか…」なんて気にする必要はないよ。
女：ああ、そうですよね。なんか、気が楽になりました。

男の人は女の人にどうしたらいいと言っていますか。

1 辛い時は、思い切り泣くのがいい
2 目の前の仕事より、先の事を考える
3 新入社員は仕事はほどほどでよい
4 仕事も人間関係もそのうち慣れる

4번

남자와 여자가 이야기하고 있습니다. 남자는 여자에게 어떻게 하는 게 좋겠다고 말하고 있습니까?

남 : 아야 씨, 이제 새 직장에 적응했어?
여 : 그게…. 하루하루가 괴로워서 울기만하고 있어요.
남 : 뭐? 그렇게 일이 힘들어?
여 : 음, 새로운 업무를 좀처럼 익히지 못해서, 내 무능력에 낙담하고 있어요.
남 : 하지만 신입사원인데 당연하겠지.
여 : 네, 그런데 주위 사람들도 짜증내는 것 같아서, 제 자신이 싫어져요.
남 : 아, 아야 씨는 착실해서 그래. 나도 처음엔 업무를 제대로 못해서 자주 혼났고 운 적도 있었어.
여 : 네? 선배님도 그랬어요? 어떻게 극복하셨어요?
남 : 글쎄. 어떤 시기부터인가 태도를 싹 바꾸고 눈앞의 업무에만 집중하기로 했지. 그리고 주위 사람들도 신입사원이었을 때는 모두 못했을 거라고 생각했고. 업무 따위는 매일 똑같은 일을 하는 거니까, 반년만 지나면 익숙해질 거고. 주위 사람들한테 '무능한 녀석이라고 생각되는 거 아닐까…' 따위 신경 쓸 필요는 없어.
여 : 아, 그렇군요. 왠지 마음이 편해지네요.

남자는 여자에게 어떻게 하는 게 좋겠다고 말하고 있습니까?

1 괴로울 때는 실컷 우는 게 좋다
2 눈앞의 업무보다 나중 일을 생각한다
3 신입사원은 업무는 적당히 해도 된다
4 업무도 인간관계도 곧 적응한다

해설 남자는 자기 경험을 이야기하면서 눈앞의 업무에만 집중하면 매일 하는 업무이므로 익숙해지고, 주위 사람들에게 신경쓰지 않아도 되며 반년만 지나면 익숙해질 거라고 했다.

어휘 **落ち込む** 빠지다, 좋지 않은 상태가 되다 | **いらいらする** 짜증내다, 초조해하다 | **克服** 극복 | **開き直る** 정색하고 나서다, 갑자기 태도를 바꾸어 강하게 나오다 | **思い切り** 마음껏, 실컷 | **ほどほど** 적당함, 알맞은 정도

5番 🎧 Track 4-2-05

<ruby>女<rt>おんな</rt></ruby>の<ruby>人<rt>ひと</rt></ruby>がとある<ruby>芸術作品<rt>げいじゅつさくひん</rt></ruby>について<ruby>話<rt>はな</rt></ruby>しています。この<ruby>芸術作品<rt>げいじゅつさくひん</rt></ruby>のどういうところが<ruby>素晴<rt>すば</rt></ruby>らしいと<ruby>言<rt>い</rt></ruby>っていますか。

女：こちらの<ruby>作品<rt>さくひん</rt></ruby>はこの<ruby>画家<rt>がか</rt></ruby>の<ruby>代表作<rt>だいひょうさく</rt></ruby>の<ruby>一<rt>ひと</rt></ruby>つで、<ruby>晩年<rt>ばんねん</rt></ruby>によく<ruby>出入<rt>でい</rt></ruby>りしていたカフェを<ruby>描<rt>えが</rt></ruby>いたものです。<ruby>被写体自体<rt>ひしゃたいじたい</rt></ruby>は、これまで<ruby>通<rt>どお</rt></ruby>り<ruby>日常<rt>にちじょう</rt></ruby>のありふれた<ruby>風景<rt>ふうけい</rt></ruby>なのですが、この<ruby>作品<rt>さくひん</rt></ruby>は<ruby>彼<rt>かれ</rt></ruby>の<ruby>他<rt>ほか</rt></ruby>の<ruby>作品<rt>さくひん</rt></ruby>のように、すっと<ruby>心<rt>こころ</rt></ruby>に<ruby>入<rt>はい</rt></ruby>ってくるものがありませんでした。まず、<ruby>目<rt>め</rt></ruby>に<ruby>入<rt>はい</rt></ruby>るのは、<ruby>正面<rt>しょうめん</rt></ruby>のテーブルと、その<ruby>脇<rt>わき</rt></ruby>に<ruby>腰<rt>こし</rt></ruby>かける<ruby>初老<rt>しょろう</rt></ruby>の<ruby>男性<rt>だんせい</rt></ruby>です。<ruby>薄明<rt>うすあ</rt></ruby>かりの<ruby>店内<rt>てんない</rt></ruby>に<ruby>浮<rt>う</rt></ruby>かび<ruby>上<rt>あ</rt></ruby>がる<ruby>発色<rt>はっしょく</rt></ruby>のよいテーブルが、<ruby>男性<rt>だんせい</rt></ruby>の<ruby>苦悩<rt>くのう</rt></ruby>の<ruby>表情<rt>ひょうじょう</rt></ruby>を<ruby>際立<rt>きわだ</rt></ruby>たせています。<ruby>周囲<rt>しゅうい</rt></ruby>には、<ruby>淡<rt>あわ</rt></ruby>い<ruby>色<rt>いろ</rt></ruby>のテーブルが<ruby>置<rt>お</rt></ruby>かれており、そのうちのいくつかの<ruby>席<rt>せき</rt></ruby>には、<ruby>他<rt>ほか</rt></ruby>の<ruby>男性<rt>だんせい</rt></ruby>がぼんやりと<ruby>座<rt>すわ</rt></ruby>っています。どこにでもあるようなカフェに<ruby>何<rt>なに</rt></ruby>も<ruby>飲<rt>の</rt></ruby>まずにただ<ruby>座<rt>すわ</rt></ruby>っている<ruby>人々<rt>ひとびと</rt></ruby>。<ruby>作品自体<rt>さくひんじたい</rt></ruby>がディテールまで<ruby>丁寧<rt>ていねい</rt></ruby>に<ruby>描<rt>えが</rt></ruby>かれ、リアルなため、この<ruby>不自然<rt>ふしぜん</rt></ruby>さが<ruby>見<rt>み</rt></ruby>る<ruby>者<rt>もの</rt></ruby>の<ruby>想像力<rt>そうぞうりょく</rt></ruby>をかきたたせてくれます。<ruby>見<rt>み</rt></ruby>れば<ruby>見<rt>み</rt></ruby>るほど、この<ruby>不思議<rt>ふしぎ</rt></ruby>な<ruby>魅力<rt>みりょく</rt></ruby>の<ruby>虜<rt>とりこ</rt></ruby>になるようで、<ruby>実際<rt>じっさい</rt></ruby>に<ruby>作品<rt>さくひん</rt></ruby>を<ruby>始<rt>はじ</rt></ruby>めて<ruby>美術館<rt>びじゅつかん</rt></ruby>で<ruby>見<rt>み</rt></ruby>た<ruby>時<rt>とき</rt></ruby>は、<ruby>作品<rt>さくひん</rt></ruby>の<ruby>前<rt>まえ</rt></ruby>を<ruby>離<rt>はな</rt></ruby>れることができませんでした。<ruby>人<rt>ひと</rt></ruby>によって、また、その<ruby>時<rt>とき</rt></ruby>の<ruby>心<rt>こころ</rt></ruby>の<ruby>状態<rt>じょうたい</rt></ruby>によって、<ruby>受<rt>う</rt></ruby>け<ruby>取<rt>と</rt></ruby>り<ruby>方<rt>かた</rt></ruby>が<ruby>変<rt>か</rt></ruby>わってくる<ruby>面白<rt>おもしろ</rt></ruby>さがこの<ruby>作品<rt>さくひん</rt></ruby>にはあります。

この<ruby>芸術作品<rt>げいじゅつさくひん</rt></ruby>のどういうところが<ruby>素晴<rt>すば</rt></ruby>らしいと<ruby>言<rt>い</rt></ruby>っていますか。

1 <ruby>見<rt>み</rt></ruby>る<ruby>人<rt>ひと</rt></ruby>によっていろんな<ruby>見方<rt>みかた</rt></ruby>ができること
2 <ruby>日常<rt>にちじょう</rt></ruby>の<ruby>風景<rt>ふうけい</rt></ruby>をリアルに<ruby>描<rt>えが</rt></ruby>いていること
3 <ruby>見<rt>み</rt></ruby>る<ruby>人<rt>ひと</rt></ruby>に<ruby>元気<rt>げんき</rt></ruby>を<ruby>与<rt>あた</rt></ruby>えること
4 <ruby>色使<rt>いろづか</rt></ruby>いが<ruby>非常<rt>ひじょう</rt></ruby>に<ruby>豊<rt>ゆた</rt></ruby>かであること

5번

여자가 어떤 예술 작품에 대해서 이야기하고 있습니다. 이 예술 작품의 어떤 점이 훌륭하다고 말하고 있습니까?

여 : 이 작품은 이 화가의 대표작 중 하나로, 만년에 자주 드나들던 카페를 그린 것입니다. 피사체 자체는 지금까지 대로 일상의 흔한 풍경입니다만, 이 작품은 그의 다른 작품처럼, 쑥 마음에 들어오는 것이 없었습니다. 우선, 눈에 들어오는 것은 정면의 테이블과 그 옆에 걸터앉은 초로의 남성입니다. 희미한 가게 안에 떠오르는 발색 좋은 테이블이 남성의 고뇌하는 표정을 두드러지게 하고 있습니다. 주위에는 옅은 색의 테이블이 놓여 있고, 그중 몇몇 자리에는 다른 남성들이 멍하니 앉아 있습니다. 어디에나 있을 것 같은 카페에 아무것도 마시지 않고 그저 앉아 있는 사람들. 작품 자체가 디테일한 부분까지 꼼꼼하게 그려져 리얼하기 때문에, 이 부자연스러움이 보는 이의 상상력을 자극해 줍니다. 보면 볼수록 이 신기한 매력에 사로잡히는 것 같고, 실제로 작품을 처음으로 미술관에서 봤을 때는 작품 앞을 떠날 수가 없었습니다. 사람에 따라, 또 그때의 마음 상태에 따라서, 받아들이는 법이 바뀌는 재미가 이 작품에는 있습니다.

이 예술 작품의 어떤 점이 훌륭하다고 말하고 있습니까?

1 보는 사람에 따라 다양한 견해가 가능하다는 점
2 일상의 풍경을 리얼하게 그리고 있는 점
3 보는 사람에게 힘을 주는 점
4 배색이 매우 풍부한 점

4회

해설 결정적 힌트는 마지막 부분에 있다. 「<ruby>人<rt>ひと</rt></ruby>によって、また、その<ruby>時<rt>とき</rt></ruby>の<ruby>心<rt>こころ</rt></ruby>の<ruby>状態<rt>じょうたい</rt></ruby>によって、<ruby>受<rt>う</rt></ruby>け<ruby>取<rt>と</rt></ruby>り<ruby>方<rt>かた</rt></ruby>が<ruby>変<rt>か</rt></ruby>わってくる<ruby>面白<rt>おもしろ</rt></ruby>さがこの<ruby>作品<rt>さくひん</rt></ruby>」에는 있다고 했으니, 정답은 1번이다.

어휘 とある 어떤 | <ruby>芸術作品<rt>げいじゅつさくひん</rt></ruby> 예술 작품 | <ruby>画家<rt>がか</rt></ruby> 화가 | <ruby>代表作<rt>だいひょうさく</rt></ruby> 대표작 | <ruby>晩年<rt>ばんねん</rt></ruby> 만년 | <ruby>出入<rt>でい</rt></ruby>りする 드나들다 | <ruby>被写体<rt>ひしゃたい</rt></ruby> 피사체 | <ruby>自体<rt>じたい</rt></ruby> 자체 | これまで<ruby>通<rt>どお</rt></ruby>り 지금까지 대로 | <ruby>日常<rt>にちじょう</rt></ruby> 일상 | ありふれた〜 흔한~ | <ruby>風景<rt>ふうけい</rt></ruby> 풍경 | すっと 쑥 | <ruby>正面<rt>しょうめん</rt></ruby> 정면 | <ruby>脇<rt>わき</rt></ruby> 옆 | <ruby>腰<rt>こし</rt></ruby>かける 걸터앉다 | <ruby>初老<rt>しょろう</rt></ruby> 초로 | <ruby>薄明<rt>うすあ</rt></ruby>かり 희미한 | <ruby>店内<rt>てんない</rt></ruby> 가게 안 | <ruby>浮<rt>う</rt></ruby>かび<ruby>上<rt>あ</rt></ruby>がる 떠오르다 | <ruby>発色<rt>はっしょく</rt></ruby> 발색 | <ruby>苦悩<rt>くのう</rt></ruby> 고뇌

고뇌 | 表情 표정 | 際立つ 두드러지다 | 周囲 주위 | 淡い 옅다, 희미하다 | ぼんやりと 멍하니 | 丁寧に 꼼꼼하게 | 不自然さ 부자연스러움 | 想像力をかきたたせる 상상력을 자극하다 | 魅力 매력 | 虜になる 사로잡히다, 포로가 되다 | 美術館 미술관 | 離れる 떨어지다 | 受け取り方 받아들이는 법 | 見方 견해 | 色使い 배색 | 豊かだ 풍부하다

6番 Track 4-2-06

テレビで男の人が個人情報の問題について話しています。男の人は一番の問題は何だと言っていますか。

男：私たちは常日頃から個人情報が漏えいすることに対する危機感を持たなければなりません。個人情報保護法という法律が制定されて以来、かなりの年月が経っているものの、個人情報の流出問題は後を絶ちません。ネットの普及に伴い、誰でも様々な情報を容易に手に入れることができるようになりました。さらに、スマホやパソコンから自分の情報や写真などを発信するサービスが増えたことで、さらに多くの問題が生じています。ネットやネットでの情報発信のサービスの普及は、時代の流れに沿ったもので、どうしようもないことではありますが、それらを使用するにあたっては、十分注意しなければなりません。危険性を全く考慮せず、安易に自分の情報をネット上に発信することだけは決してやってはいけません。自分の利用しようとするサービスが安全なのか、よく確認するようにしましょう。

男の人は一番の問題は何だと言っていますか。

1 何も考えずに個人情報をネット上に公開すること
2 個人情報をちゃんと保護する法律がないこと
3 個人情報を発信するサービスが危険だということ
4 個人情報が簡単に手に入るサービスが増えたこと

6번

텔레비전에서 남자가 개인정보 문제에 관해 이야기하고 있습니다. 남자는 가장 큰 문제는 무엇이라고 말하고 있습니까?

남 : 우리는 평소부터 개인정보가 유출되는 것에 대한 위기감을 가져야 합니다. 개인정보 보호법이라는 법률이 제정된 이래, 상당한 세월이 흘렀지만, 개인정보 유출 문제는 끊이지 않고 있습니다. 인터넷의 보급에 따라 누구나 다양한 정보를 쉽게 입수할 수 있게 되었습니다. 게다가 스마트폰이나 컴퓨터로부터 자신의 정보나 사진 등을 발신하는 서비스가 증가함으로, 더욱 많은 문제가 발생하고 있습니다. 인터넷이나 인터넷에서의 정보 발신 서비스 보급은 시대의 흐름에 따른 것으로 어쩔 수 없는 일이기는 하지만, 그것들을 사용할 때는 충분히 주의하지 않으면 안 됩니다. 위험성을 전혀 고려하지 않고, 안이하게 자신의 정보를 인터넷상에 발신하는 것만은 결코 해서는 안 됩니다. 자신이 이용하려 하는 서비스가 안전한지, 잘 확인하도록 합시다.

남자는 가장 큰 문제는 무엇이라고 말하고 있습니까?

1 아무 생각 없이 개인정보를 인터넷상에 공개하는 것
2 개인정보를 제대로 보호하는 법률이 없는 것
3 개인정보를 발신하는 서비스가 위험하다는 것
4 개인정보를 간단히 입수하는 서비스가 늘어난 것

해설 남자는 스마트폰이나 컴퓨터로부터 자신의 정보나 사진 등을 발신하는 서비스가 증가함으로, 더욱 많은 문제가 발생하고 있다고 지적하면서, 「危険性を全く考慮せず、安易に自分の情報をネット上に発信」하는 것만큼은 결코 해서는 안 된다고 했으니, 정답은 1번이다.

어휘 個人情報 개인정보 | 常日頃から 평소부터 | 漏えい 누설 | 危機感 위기감 | 保護法 보호법 | 法律 법률 | 制定 제정 | ～て以来 ~한 이래 | 年月が経つ 세월이 흐르다 | ～ものの ~이지만 | 流出 유출 | 後を絶たない 끊이지 않다 | 普及 보급 | ～に伴い ~에 따라/함께 | 容易に 용이하게 | 手に入れる 입수하다 | 発信する 발신하다 | 時代の流れに沿う 시대의 흐름에 따르다 | どうしようもない 어쩔 수 없다 | ～にあたっては ~할 때는 | 危険性 위험성 | 全く 전혀 | 考慮 고려 | 安易に 안이하게 | ネット上 인터넷상 | 決して 결코

문제3 **문제3에서는 문제용지에 아무것도 인쇄되어 있지 않습니다. 이 문제는 전체로써 어떤 내용인가를 묻는 문제입니다. 이야기 앞에 질문은 없습니다. 먼저 이야기를 들어 주세요. 그리고 질문과 선택지를 듣고, 1~4 중에서 가장 적당한 것을 하나 고르세요.**

例 Track 4-3-00

男の人が話しています。

男：みなさん、勉強は順調に進んでいますか？成績がなかなか上がらなくて悩んでいる学生は多いと思います。ただでさえ好きでもない勉強をしなければならないのに、成績が上がらないなんて最悪ですよね。成績が上がらないのはいろいろな原因があります。まず一つ目に「勉強し始めるまでが長い」ことが挙げられます。勉強をなかなか始めないで机の片づけをしたり、プリント類を整理し始めたりします。また「自分の部屋で落ち着いて勉強する時間が取れないと勉強できない」というのが成績が良くない子の共通点です。成績が良い子は、朝ごはんを待っている間や風呂が沸くのを待っている時間、寝る直前のちょっとした時間、いわゆる「すき間」の時間で勉強する習慣がついています。それから最後に言いたいのは「実は勉強をしていない」ということです。家では今までどおり勉強しているし、試験前も机に向かって一生懸命勉強しているが、実は集中せず、上の空で勉強しているということです。

この人はどのようなテーマで話していますか。

1 勉強がきらいな学生の共通点
2 子供を勉強に集中させられるノーハウ
3 すき間の時間で勉強する学生の共通点
4 勉強しても成績が伸びない学生の共通点

예

남자가 이야기하고 있습니다.

남 : 여러분, 공부는 순조롭게 되고 있습니까? 성적이 좀처럼 오르지 않아 고민 중인 학생은 많으리라 생각합니다. 가뜩이나 좋아하지도 않는 공부를 해야하는데, 성적이 오르지 않으니 최악이지요. 성적이 오르지 않는 것은 여러 원인이 있습니다. 우선 첫 번째로 '공부를 시작할 때까지 시간이 걸린다'를 들 수 있습니다. 공부를 좀처럼 시작하지 않고, 책상 정리를 하거나, 프린트물 정리를 시작하거나 합니다. 또 '내 방에서 차분하게 공부할 시간이 없으면 공부 못 하겠다'고 하는 것이 성적이 좋지 못한 아이의 공통점입니다. 성적이 좋은 아이는 아침밥을 기다리는 동안이나 목욕물 끓는 것을 기다리고 있는 시간, 자기 직전의 잠깐의 시간, 이른바 '틈새' 시간에 공부하는 습관이 배어 있습니다. 그리고 마지막으로 하고 싶은 말은 '실은 공부를 안 하고 있다'는 것입니다. 집에서는 지금까지 대로 공부하고 있고, 시험 전에도 책상 앞에 앉아 열심히 공부하고 있지만, 실은 집중하지 않고, 건성으로 공부하고 있다는 사실입니다.

이 사람은 어떤 테마로 이야기하고 있습니까?

1 공부를 싫어하는 학생의 공통점
2 자녀를 공부에 집중시킬 수 있는 노하우
3 틈새 시간에 공부하는 학생의 공통점
4 공부해도 성적이 늘지 않는 학생의 공통점

1番 Track 4-3-01

テレビで女の人が話しています。

女：テレビをご覧の皆さん、こんなこと、ありませんか？ あれ？ 卵と牛乳はまだあったかしら？ ビールは冷蔵庫にまだあったはずだけど…、もう補充しないといけないわね。買いに行かなくちゃ…。こんなふうに思った時、自分で買い物に行かなくても、インターネットを使って食べ物や飲み物が自動的に補充される…。読みたい本や、聞きたい音楽や、見たい映画も、自分でチェックしなくても、人工知能が自分の好みに合うものをすすめてくる…。そんな時代がもうすぐやってくるかもしれません。こんなふうになったら、生活やビジネスは根底から変わるでしょうね。
さて、あなたは便利だと思いますか？ 余計なおせっかいだと思うでしょうか？

女の人はどのようなテーマで話していますか。

1 自動注文の時代へ
2 便利すぎる時代へ
3 自動注文の長所と短所
4 生活が一変する時代へ

1번

텔레비전에서 여자가 이야기하고 있습니다.

여 : 텔레비전을 보고 계신 여러분, 이런 적 없으세요? 어라? 달걀하고 우유가 아직 있던가? 맥주는 냉장고에 아직 있을 거고…, 이제 사다 놓아야겠군. 사러 가야지…. 이런 식으로 생각했을 때, 직접 장보러 가지 않아도, 인터넷을 사용해서 음식과 음료수가 자동적으로 보충되고…. 읽고 싶은 책과 듣고 싶은 음악, 보고 싶은 영화도 직접 체크하지 않아도 인공지능이 자신의 취향에 맞는 것을 추천해 주고…. 그런 시대가 곧 다가올지도 모릅니다. 이렇게 되면 생활과 비즈니스는 밑바닥부터 바뀔 것입니다.
그런데, 여러분은 편리하다고 생각하십니까? 쓸데없는 참견이라고 생각하실까요?

여자는 어떤 테마로 이야기하고 있습니까?

1 자동주문 시대로
2 너무 편리한 시대로
3 자동주문의 장점과 단점
4 생활이 완전히 바뀌는 시대로

해설 인터넷과 인공지능이 사람의 취향을 파악하여 굳이 사람이 움직이지 않아도 자동으로 알아서 해 주는 시대가 될 것이라고 말하고 있다. 즉, 사람이 일일이 어떤 물건이 아직 있나 떨어졌나 신경쓰지 않아도, 내 취향에 맞게 자동으로 주문해 주는 시대의 도래를 예상하고 있으므로, 정답은 1번이다.

어휘 補充 보충 | 人工知能 인공지능 | 根底 근저, 근본, 토대 | おせっかい 쓸데없는 참견, 또는 그런 사람 | 一変する 일변하다, 아주 달라지다

2番 Track 4-3-02

就職説明会で人事担当の社員が話しています。

男：最近、日本への留学生が急増したことや、企業のグローバル化が活発になったことにより、国籍を問わず世界から優秀な人材を確保したいと考えている企業が日本でも増えてきています。実は、わが社もその会社のうちの一つで、今後日本にいる優秀な留学生を積極的に採用していくことで、事業の多角化を進めていきたいと考えています。特に、母語、日本語に加え、様々な言語をネイティブ並みに話せる、語学力に富んだ人材は、今後の海外進出に本腰を入れたいわが社にとって必要不可欠な存在です。そういった人材には、本社で働きながら、現地スタッフとの橋渡しになったり、海外支社のリーダーになってほしいと期待しています。

人事担当の社員は何について話していますか。

1 現地スタッフの採用
2 海外にいる留学生の採用
3 語学に富んだ日本人の採用
4 日本にいる留学生の採用

2번

취업 설명회에서 인사 담당 직원이 이야기하고 있습니다.

남 : 최근, 일본으로의 유학생이 급증한 것과 기업의 글로벌화가 활발해짐에 따라, 국적을 불문하고 세계에서 우수한 인재를 확보하려고 하는 기업이 일본에서도 늘어나고 있습니다. 실은 우리 회사도 그 회사 중 하나로, 앞으로 일본에 있는 우수한 유학생을 적극적으로 채용해 감으로써, 사업의 다각화를 추진하려고 합니다.
특히 모국어, 일본어에 더하여, 다양한 언어를 원어민 수준으로 구사할 수 있는 어학 실력이 풍부한 인재는 앞으로의 해외 진출에 본격적으로 임하려는 우리 회사에 있어 필수불가결한 존재입니다.
그런 인재에게는 본사에서 일하면서 현지 스태프와의 가교 역할을 하거나 해외 지사의 리더가 되기를 기대하고 있습니다.

인사 담당 직원은 무엇에 관해 이야기하고 있습니까?

1 현지 스태프 채용
2 해외에 있는 유학생 채용
3 어학이 풍부한 일본인 채용
4 일본에 있는 유학생 채용

해설 첫머리에서 '국적을 불문하고 세계에서 우수한 인재를 확보하려고 하는 기업이 일본에서도 늘어나고 있다'라고 하며 우리 회사도 그렇다고 했다. 그러면서 「今後日本にいる優秀な留学生を積極的に採用していくことで、事業の多角化」를 추진하겠다고 하며, 외국어에 능통한 인재는 앞으로 우리 회사에 「必要不可欠な存在」라고 했다. 즉 일본에 있는 유학생을 채용하여 사업의 다각화를 추진하겠다는 말이 가장 핵심되는 내용이므로, 정답은 4번이 된다.

어휘 就職説明会 취업 설명회 | 人事担当 인사 담당 | 急増 급증 | 企業 기업 | グローバル化 글로벌화 | 活発 활발 | 国籍 국적 | ～を問わず ~을 불문하고 | 優秀 우수 | 人材 인재 | 確保 확보 | わが社 우리 회사 | 今後 앞으로 | 積極的 적극적 | 採用 채용 | 事業 사업 | 多角化 다각화 | 母語 모국어 | ～に加え ~에 더해 | ネイティブ並み 원어민 수준 | 語学力 어학력 | ～に富む ~이 풍부하다 | 海外進出 해외 진출 | 本腰を入れる 본격적으로 임하다 | ～にとって ~에 있어 | 必要不可欠 필수불가결 | 現地 현지 | 橋渡し 가교 | 支社 지사

4회

3番 Track 4-3-03

テレビで、レポーターが話しています。

女：世界的な戦争や紛争、災害により、エネルギー資源の安定な供給が困難な現代、私たちの電気の使用に対する意識や考え方も大きく様変わりしようとしています。節電に関する調査によると、消費電力の低い家電に買い替えたり、家電の使用を極力控えたりする人が増えているそうです。エアコンや暖房が必要な日中は、カフェやショッピングモールなどで過ごすようにしている人も多いといいます。また、自宅に太陽光パネルを設置して、発電をしているという家庭も増えているといいます。設置には費用がかかりますが、長い目で見ると、節電につながるという面で、こちらも注目されているそうです。

女の人は何について話していますか。

1 電気の使用量の抑え方
2 エネルギー供給を安定させる方法
3 太陽光を電気に変える仕組み
4 新しい家電に買い替える理由

3번

텔레비전에서 리포터가 이야기하고 있습니다.

여 : 세계적인 전쟁과 분쟁, 재해로 인해 에너지 자원의 안정적 공급이 어려운 현대, 우리의 전기 사용에 대한 의식과 사고방식도 크게 달라지려 하고 있습니다. 절전에 관한 조사에 따르면, 소비전력이 낮은 가전으로 교체하거나 가전 사용을 최대한 억제하거나 하는 사람이 늘고 있다고 합니다. 에어컨이나 난방이 필요한 낮에는 카페나 쇼핑몰 등에서 보내도록 하고 있는 사람도 많다고 합니다. 또한 집에 태양광 패널을 설치하여 발전을 하고 있다는 가정도 증가하고 있다고 합니다. 설치에는 비용이 들지만, 길게 보면 절전으로 이어진다는 면에서 이쪽도 주목받고 있다고 합니다.

여자는 무엇에 관해 이야기하고 있습니까?

1 전기 사용량 억제하는 방법
2 에너지 공급을 안정시키는 방법
3 태양광을 전기로 바꾸는 구조
4 새 가전으로 바꾸는 이유

해설 먼저 현대는 전쟁, 분쟁, 재해 등으로 인해 에너지 자원의 안정적 공급이 어려워져 전기 사용에 대한 의식과 사고방식도 크게 달라지려 하고 있다고 했다. 그러면서 「節電に関する調査」에 관한 언급을 하며, 「消費電力の低い家電に買い替えたり、～また、自宅に太陽光パネルを設置して、発電をしているという家庭」도 증가하고 있다고 했으니, 결국 여자가 이야기하고 있는 내용은 전기 사용량을 억제하는 방법이므로, 정답은 1번이 된다.

어휘 戦争 전쟁 | 紛争 분쟁 | 災害 재해 | エネルギー資源 에너지 자원 | 供給 공급 | 困難 곤란 | 現代 현대 | 様変わり 변화, 변모 | 節電 절전 | 消費電力 소비전력 | 家電 가전 | 買い替える 교체하다, 새로 사다 | 極力 최대한 | 控える 억제하다 | 暖房 난방 | 日中 낮 | 自宅 자택, 집 | 太陽光パネル 태양광 패널 | 設置 설치 | 発電 발전 | 費用 비용 | 長い目で見る 길게 보다, 멀리 보다 | つながる 이어지다 | 仕組み 구조

4番 Track 4-3-04

テレビで男の人が話しています。

男：やっぱり、繁盛する店や職場って活気がありますよね。活気のない所は、間違いなく繁盛していないですね。初めて行く店や職場でも、入る前になんとなく、それは感じるものです。きれいに掃除されていたり、元気な明るい声が飛び交っていたりすると、きっといい店なんだなと思いますね。そういう店は料理もサービスもほぼ間違いありませんね。職場も同じだと思います。では、どうしたら活気が出るようにできるのか。一つは「スピードあるキビキビした動き」。迅速に動くことで活気が出ます。二つ目は「明るく元気な声」。挨拶にしても打ち合わせや電話にしても、小さな声でボソボソ喋っている人がいますけど、それじゃあ全然職場に活気が出ませんね。そうそう、あとトイレの掃除が行き届いているかどうかは、すごく大切な要素だと思います。

男の人はどのようなテーマで話していますか。

1 繁盛しない店の雰囲気
2 繁盛する店の掃除方法
3 職場を活気付ける方法
4 活気ある職場とない職場

4번

텔레비전에서 남자가 이야기하고 있습니다.

남：역시 잘되는 가게나 직장은 활기가 있지요. 활기가 없는 곳은 틀림없이 잘 안 되는 곳입니다. 처음 가는 가게나 직장에서도 들어가기 전에 왠지 모르게, 그걸 느끼는 법입니다. 깨끗하게 청소되어 있거나 기운찬 밝은 목소리가 넘치거나 하면 분명히 좋은 가게일 거라고 생각합니다. 그런 가게는 요리도 서비스도 대부분 틀림없습니다. 직장도 마찬가지라고 생각합니다. 그럼, 어떻게 하면 활기를 생기게 할 수 있을까요? 첫 번째는 '속도감 있는 활기찬 움직임'. 신속하게 움직이는 것으로 활기가 생겨납니다. 두 번째는 '밝고 힘찬 목소리'. 인사든 미팅이나 전화든, 작은 소리로 소곤소곤 말하는 사람이 있습니다만, 그래서는 전혀 직장에 활기가 생겨나지 않습니다. 아, 맞다, 그리고 화장실 청소가 잘 되어 있는지 어떤지는 몹시 중요한 요소라고 생각합니다.

남자는 어떤 테마로 이야기하고 있습니까?

1 안 되는 가게의 분위기
2 잘되는 가게의 청소방법
3 직장을 활기 있게 하는 방법
4 활기 있는 직장과 없는 직장

해설 활기가 넘치는 가게와 직장이 좋다는 말을 하며 어떻게 하면 활기 넘치는 직장을 만들 수 있는가에 대한 방법을 설명하고 있다.

어휘 **繁盛** 번성, 번창 | **飛び交う** 이리저리 퍼지다 | **キビキビ** 팔팔하고 시원스런 모양 | **迅速に** 신속하게 | **ボソボソ** (작은 소리로 말하는 모양)소곤소곤 | **要素** 요소

5番 Track 4-3-05

女の人がビジネス研修会でコミュニケーションについて話しています。

女：コミュニケーション力向上のためには、相手を理解しようとする姿勢が大切になります。
相手は「何を」、「なぜ」伝えようとしているのか、聞き取ることが重要です。相手の話をきちんと理解するには、「いつ、どこで、どのように」などを聞き取ることも大切ですが、話し手の態度や声のトーンなどからも話し手の気持ちを汲み取ることで、彼らが伝えたい話やポイントがはっきり見えてきます。それから、話の間の間を読み取るようにしましょう。話の腰を折ったり、話を途中で遮ったりしないようにしましょう。質問や感想は話を聞き終わってからにしましょう。

女の人はどのようなテーマで話していますか。

1 聞くための基本練習とは
2 聞き上手になるためには
3 相手の本心を探る事とは
4 話し上手になるためには

5번

여자가 비즈니스 연수회에서 커뮤니케이션에 관해 이야기하고 있습니다.

여 : 커뮤니케이션 능력 향상을 위해서는 상대를 이해하려고 하는 자세가 중요해집니다.
상대는 '무엇을', '왜' 전하려고 하는지 알아듣는 게 중요합니다. 상대의 이야기를 제대로 이해하려면, '언제, 어디에서, 어떻게' 등을 알아듣는 것도 중요합니다만, 말하는 사람의 태도와 목소리 톤 등에서도 말하는 사람의 기분을 헤아리는 것으로, 그들이 전하고 싶은 이야기와 포인트가 분명히 보이기 시작합니다. 그리고 이야기 속에 숨겨진 의도를 파악하도록 합시다. 이야기를 방해하거나, 이야기를 도중에 가로막거나 하지 말도록 합시다. 질문과 감상은 이야기를 다 들은 다음에 합시다.

여자는 어떤 테마로 이야기하고 있습니까?

1 듣기 위한 기본연습이란
2 남의 이야기 잘 들어주는 사람이 되기 위해서는
3 상대의 본심을 헤아리는 것이란
4 이야기 잘하는 사람이 되기 위해서는

해설 여자는 커뮤니케이션 능력 중, 자신의 말솜씨보다 상대의 이야기를 잘 듣기 위한 방법과 해서는 안 되는 매너 등에 대해 말하고 있다.

어휘 汲み取る 짐작하다, 이해하다 | 間 대화 중 무언의 시간 | 読み取る 간파하다, 파악하다 | 話の腰を折る 말허리를 꺾다, 말참견하여 상대방의 이야기를 가로막다 | 遮る 막다, 방해하다 | 探る 찾다, 살피다

문제4 **문제4에서는 문제용지에 아무것도 인쇄되어 있지 않습니다. 먼저 문장을 들으세요. 그리고 그에 대한 대답을 듣고 1~3 중에서 가장 적당한 것을 하나 고르세요.**

例 Track 4-4-00

男：部長(ぶちょう)、地方(ちほう)に飛(と)ばされるんだって。

女：1 飛行機相当好(ひこうきそうとうす)きだからね。

2 責任取(せきにんと)るしかないからね。

3 実家(じっか)が地方(ちほう)だからね。

예

남 : 부장님, 지방으로 날아간대.

여 : 1 비행기 정말 좋아하니까.

2 책임질 수밖에 없을 테니까.

3 본가가 지방이니까.

1番 Track 4-4-01

男：あいつ、あそこまで仕事(しごと)ができないとは、開(あ)いた口(くち)がふさがらないな。

女：1 大丈夫(だいじょうぶ)？ 病院(びょういん)に行(い)った方(ほう)がいいんじゃない。

2 私(わたし)が閉(と)じてあげようか。

3 もうあきらめるしかないんだよ。

1번

남 : 저 녀석, 저렇게까지 일을 못하다니, 벌린 입이 다물어지지 않네.

여 : 1 괜찮아? 병원에 가는 게 낫지 않을까?

2 내가 닫아 줄까?

3 이제 포기할 수 밖에 없는 거야.

해설 남사는 「開(あ)いた口(くち)がふさがらない」라고 하며, 어떤 사람이 일을 너무 못한다고 푸념하고 있는데, 이에 대한 맞장구로 가장 적당한 반응은 3번이 된다. 「開(あ)く」가 들렸다고 해서 「閉(と)じる」에 낚이면 안 된다.

어휘 開(あ)いた口(くち)がふさがらない 어이가 없어 말이 안 나온다 | 閉(と)じる 닫다 | あきらめる 포기하다 | ～しかない ~할 수 밖에 없다

2番 Track 4-4-02

女：うわ～、すごい土砂降(どしゃぶ)りですね。

男：1 これでは暑(あつ)くてかなわないよ。

2 傘持(かさも)ってたけど、びしょ濡(ぬ)れになっちゃったよ。

3 そんなことないよ。がんばれば誰(だれ)だってできるって。

2번

여 : 와, 엄청나게 쏟아지는군요.

남 : 1 이래서는 더워서 못 살겠어.

2 우산 있었는데도 흠뻑 젖어 버렸어.

3 그렇지 않아. 열심히 하면 누구라도 할 수 있다니까.

해설 「土砂降(どしゃぶ)り」는 '억수같이 쏟아지는 장대비'를 말한다.

어휘 びしょ濡(ぬ)れ 비·땀·물 등에 흠뻑 젖은 상태

4회

3番 Track 4-4-03

女：あの二人が結婚するとは、思いもよりませんでした。
男：1　いや、本当にびっくりしちゃいました。
　　2　いつも仲が良かったですからね。
　　3　いろんな思いがあったんでしょうね。

3번

여 : 저 두 사람이 결혼할 줄이야, 생각도 못 했어요.
남 : 1 아니, 진짜 깜짝 놀랐어요.
　　2 항상 사이가 좋았으니까요.
　　3 여러 가지 생각이 있었겠네요.

해설 어떤 두 사람의 결혼 소식을 전하며 「思いもよりませんでした」라고 했다. 즉 전혀 예상도 못 했다는 말이니 가장 적당한 반응은 1번이 된다.

어휘 思いもよらない 생각도 못 하다 | 仲が良い 사이가 좋다

4番 Track 4-4-04

女：話の腰を折らないでよ。
男：1　ごめん、日ごろ興味を持っている話題になるとつい…。
　　2　重たくて女一人では持てないと思うよ。
　　3　私も以前腰を痛めて大変だったことがあるよ。

4번

여 : 이야기 도중에 끼어들지 좀 마.
남 : 1 미안해, 평소 흥미 있던 화제가 나오면 나도 모르게 그만….
　　2 무거워서 여자 혼자서는 들 수 없을 텐데.
　　3 나도 이전에 허리를 다쳐서 고생한 적 있어.

해설 「話の腰を折る」는 '남의 이야기 도중에 끼어들어, 방해하거나 막다'라는 의미이다.

어휘 話題 화제 | 痛める 아파하다, (병으로)괴로워하다

5番 Track 4-4-05

男：ちょっと丈が長いようですが。
女：1　少し緩くした方がいいかもしれません。
　　2　それじゃちょっとつめましょうか。
　　3　やや伸ばした方がいいでしょうね。

5번

남 : 좀 기장이 긴 것 같습니다만.
여 : 1 조금 헐겁게 하는 편이 좋을지도 모르겠습니다.
　　2 그럼, 조금 줄일까요?
　　3 약간 늘리는 편이 좋겠네요.

해설 「丈」는 '기장'을 의미하는데, 남자가 기장이 길다고 했으므로, 줄인다는 말이 들어간 대답이 적당하다. 「つめる」는 용법이 많은데, 여기서는 '길이를 줄이다'라는 의미이다. 「席をつめる 자리를 좁히다」도 함께 기억하자.

어휘 緩い 느슨하다 | やや 약간, 조금

6番 Track 4-4-06

男：最近駅前にオープンしたカフェ、お客さんがひっきりなしなんだって。
女：1　じゃあ、すぐ潰れちゃうかな。
　　2　じゃあ、今度行ってみようかな。
　　3　じゃあ、私の好みじゃないかな。

6번

남 : 최근 역 앞에 오픈한 카페, 손님이 끊이지 않는대.
여 : 1 그럼, 금방 망할까?
　　2 그럼, 다음에 가 볼까?
　　3 그럼, 내 취향이 아니려나?

해설 우선 「ひっきりなし」의 뜻을 알아야 한다. 남자는 역 앞에 오픈한 카페가 손님이 끊임 없이 몰려오는 인기 있는 카페라고 하고 있으므로, 이에 대한 반응으로 가장 적당한 것은 2번이다.

어휘 ひっきりなし 끊임 없음 | ~だって ~래 | 潰れる 망하다 | 好み 취향, 기호

7番 Track 4-4-07

女：課長、ヒット商品のおかげで、ここ数カ月の売り上げはうなぎのぼりです。
男：1　もっと頑張ってもらわないと、困るよ。
　　2　この調子が続くといいね。
　　3　このままだと、まずいかな。

7번

여 : 과장님, 히트 상품 덕분에 최근 몇 달간 매출이 크게 오르고 있습니다.
남 : 1 더 열심히 하지 않으면 곤란해.
　　2 이 상태가 계속 되면 좋겠는데.
　　3 이대로라면 난처할까?

해설 '매출이 크게 오르고 있다'라는 말을 들은 상사는 당연히 기분이 좋을 것이다. 부하 직원의 이 말에 가장 적당한 반응은 당연히 2번이 된다. 반면에 1번과 3번은 각각 「困る」, 「まずい」라는 부정적인 표현이 나오니 답이 될 수 없다.

어휘 ヒット商品 히트 상품 | ここ数カ月 최근 몇 달 동안 | 売り上げ 매출, 매상 | うなぎのぼり 수치가 급속히 오르는 모습 | 調子 상태

8番 Track 4-4-08

女：すっかり長居してしまいました。
男：1　あまり長居しては人に迷惑だから、そろそろ帰ってください。
　　2　まだいいんじゃないですか？ もっとゆっくりしてってください。
　　3　もうこんな時間ですか？ 私もぼちぼち出かけないと。

8번

여 : 너무 오래 있었군요.
남 : 1 너무 오래 있으면 남에게 피해를 주니 슬슬 돌아가 주세요.
　　2 아직 괜찮지 않아요? 좀 더 놀다 가세요.
　　3 벌써 이런 시간입니까? 저도 슬슬 나가야겠네요.

해설 「長居する」는 '한 곳에 오래 머문다'라는 의미이다. 주로 남의 집에 가서 오래 머물렀을 때 쓰는 말이다.

어휘 すっかり 아주, 완전 | ぼちぼち (→ぼつぼつ) 슬슬, 조금씩

4회

9番 Track 4-4-09

女：申し訳ありません、ちょうど名刺を切らしておりまして。

男：1 全然気にしないので、大丈夫です。

2 もしかして、テープ必要ですか。

3 でしたら、次回に頂戴します。

9번

여 : 죄송합니다. 마침 명함이 떨어져서요.

남 : 1 전혀 신경 쓰지 않으니 괜찮습니다.

2 혹시 테이프 필요하세요?

3 그럼, 다음에 받겠습니다.

해설 「切らす」는 '~을 다 쓰다'는 뜻이 있는데, 자연스러운 우리말로 '~이 떨어지다'라고 해석되어, 「米を切らす」라고 하면 '쌀이 떨어지다'라는 뜻이 된다. 여자가 「名刺を切らす」라고 했는데 이 말은 '명함이 떨어지다'는 뜻이므로, 가장 적당한 반응은 3번이 된다.

어휘 名刺を切らす 명함이 떨어지다 | もしかして 혹시 | 次回 다음 | 頂戴する 받다, (「受け取る」, 「もらう」의 겸양어)

10番 Track 4-4-10

女：部長、ようやく契約にこぎつけましたね。

男：1 早く手を打たなきゃならないから、もっと急げよ。

2 そうだね、これで契約を考え直すことになるよね。

3 これで一安心だ、ご苦労さんだった。

10번

여 : 부장님, 드디어 계약 달성이군요.

남 : 1 빨리 손을 써야 하니 좀 더 서둘러.

2 그러게, 이로써 계약을 다시 생각하게 되겠군.

3 이로써 한시름 놓았군, 수고 많았네.

해설 「こぎつける」는 '배를 저어 목적지에 도달하다'라는 의미인데, '노력해서 목표에 도달하다'라는 의미로 잘 쓰인다.

어휘 手を打つ 손을 쓰다, 대책을 강구하다

11番 Track 4-4-11

女：お父さんは欲しいものがあれば日本中どこにでも買い求めに行くよね。

男：1 おれは凝り性なんで。

2 おれは頑固なんで。

3 おれはせっかちなんで。

11번

여 : 아빠는 갖고 싶은 게 있으면 온 일본 어디에든 사러 갈 거지?

남 : 1 난 끝장을 봐야 하니까.

2 난 완고하니까.

3 난 성격 급하니까.

해설 「凝り性」는 '한 가지 일에 열중하여 만족할 때까지 끝까지 해내는 성격'을 말한다.

어휘 頑固だ 완고하다 | せっかちだ 성급하다, 성질 급하다

문제5 문제5에서는 긴 이야기를 듣습니다. 이 문제에는 연습은 없습니다. 문제용지에 메모를 해도 좋습니다.

1번, 2번

문제용지에는 아무것도 인쇄되어 있지 않습니다. 먼저 이야기를 들으세요. 그리고 질문과 선택지를 듣고 1~4 중에서 가장 적당한 것을 하나 고르세요.

1番 Track 4-5-01

会社で、男の社員と女の社員が話しています。

男：明日、久しぶりに子どもたちと一緒にどこか行こうと考えているんですが、どこかおすすめの場所、ありませんか。よくお子さんと一緒にお出かけになられてるって聞いたので、いろいろよくご存じなのかなって思いまして。

女：そうですね…。お子さん、男の子でしたっけ？

男：あ、はい。男の子３人です。

女：じゃあ、白尾山公園はどうですか。車で行くことになりますけど、山の中にある広い公園なんですけど、木と木の間にロープを張った橋がいくつもあって、それを渡ったり、トランポリンやブランコ、ジャングルジムなんかもあったりして、自然の中で体をいっぱい動かせますよ。

男：すごく楽しそうですね。でも、うちの子まだみんな未就学児で、まだちょっと早いかな。

女：それなら、ニッポンランドはどうですか。大きくない遊園地なんですけど、小さいお子さん向けの乗り物がたくさんあるんですよ。

男：ニッポンランドなら、行ったことがあります。子どもたちも大好きです。

女：あとは、近場だったら、富士こどもの国もいいですよ。去年、リニューアルして、新しく遊具もたくさんできて、ボール遊びもできる芝生広場もあるし、自転車やキックボードが走れるコースもあるんですよ。

男：上の二人がキックボード大好きなので、気に入ってくれるかもしれませんね。

1번

회사에서 남자 직원과 여자 직원이 이야기하고 있습니다.

남 : 내일, 오랜만에 아이들과 함께 어딘가 가려고 합니다만, 어디 추천할 만한 데 없을까요? 자주 아이들과 같이 가신다고 들어서 여러 가지 잘 알고 계시는가 해서요.

여 : 글쎄요…. 아이, 남자아이였나요?

남 : 아, 네. 남자아이 3명입니다.

여 : 그럼, 시라오산 공원은 어떠세요? 차로 가게 되는데 산속에 있는 넓은 공원인데요, 나무와 나무 사이에 밧줄을 친 다리가 여러 개 있는데, 그걸 건너기도 하고 트램펄린이나 그네, 정글짐 같은 것도 있어서, 자연 속에서 몸을 실컷 움직일 수 있어요.

남 : 정말 재미있을 것 같네요. 근데, 우리 애들 아직 다 미취학 아동들이라서 아직 좀 이르려나?

여 : 그럼, 닛폰랜드는 어떨까요? 크지 않은 유원지인데요, 어린아이용 놀이기구가 많이 있거든요.

남 : 닛폰랜드라면 가 본 적이 있어요. 아이들도 너무 좋아해요.

여 : 그리고 가까운 곳이라면 후지어린이나라도 좋아요. 작년에 리뉴얼을 해서 새 놀이기구도 많이 생겼고 공놀이도 할 수 있는 잔디광장도 있고, 자전거나 킥보드를 탈 수 있는 코스도 있거든요.

남 : 위 두 녀석은 킥보드를 매우 좋아하니, 마음에 들어할지도 모르겠네요.

女：それから、子ども科学体験館もいいですよ。いろんな実験を実演してくれたり、地震が体験できたり、プラネタリウムもあったりして、子どもも大人も楽しめますよ。

男：意外といろんなところがあるもんなんですね。そうですね、今回は近場で、まだ一回も行ったことないところに行ってみたいですね。

女：そうですよね。小さいお子さんは移動だけでも一苦労ですから。あ、そういえば、明日は天気はすぐれないみたいですよ。

男：そうなんですか。じゃあ、屋内の方がいいかもしれませんね。

女：そうした方が賢明でしょうね。

男：そうですね。外で遊ぶのは、また今度にしましょう。

男の人はどこに行くことにしましたか。

1 白尾山公園
2 ニッポンランド
3 富士子どもの国
4 子ども科学体験館

여 : 그리고 어린이 과학체험관도 좋아요. 다양한 실험을 실연해 주고 지진을 체험할 수 있고 플라네타리움도 있어, 어린이도 어른도 즐길 수 있어요.

남 : 의외로 다양한 곳이 있네요. 글쎄요, 이번에는 가깝고 아직 한번도 간 적이 없는 곳에 가 보고 싶네요.

여 : 그러게요. 어린 아이는 이동하는 것만으로도 힘들어 하니까요. 아, 그러고 보니, 내일은 날씨가 좋지 않은 것 같아요.

남 : 그래요? 그럼, 실내가 더 나을지도 모르겠네요.

여 : 그렇게 하는 것이 현명하겠지요.

남 : 그러게요. 밖에서 노는 건 다음 기회로 할게요.

남자는 어디로 가기로 했나요?

1 시라오산 공원
2 닛폰랜드
3 후지어린이니리
4 어린이 과학체험관

해설 남자의 부탁에 여자는 다양한 곳을 추천하고 있다. 대화 후반부에서 여자가 「そういえば、明日は天気はすぐれないみたい」라고 하자, 남자는 그렇다면 「屋内の方がいい」, 즉 실내 쪽이 좋겠다고 말했고, 마지막에 「外で遊ぶのは、また今度にしましょう」라고 했으니, 선택지 중에서 실내에서 즐길 수 있는 곳을 찾아야 하므로, 정답은 4번 어린이 과학체험관이 된다.

어휘 ご存じだ 아시다 | ロープを張る 밧줄을 치다 | 渡る 건너다 | トランポリン 트램펄린 | ブランコ 그네 | ジャングルジム 정글짐 | 自然 자연 | 動かす 움직이다 | 未就学児 미취학 아동 | 遊園地 유원지, 놀이동산 | お子さん向け 어린아이용 | 乗り物 놀이기구 | 近場 가까운 곳, 근처 | リニューアル 리뉴얼 | 遊具 놀이기구 | ボール遊び 공놀이 | 芝生広場 잔디광장 | 科学体験館 과학체험관 | 実験 실험 | 実演 실연 | 体験 체험 | プラネタリウム 플라네타리움 | 意外と 의외로 | 移動 이동 | 一苦労 상당히 힘듦, 고생함 | 天気がすぐれない 날씨가 나쁘다 | 屋内 실내 | 賢明 현명 | また今度にする 다음 기회로 하다

2番 Track 4-5-02

女の留学生と日本人の男の学生が話しています。

女：田中さんは、奈良出身でしょ。

男：うん、そうだけど。何で？

女：今度の連休に京都と奈良のお寺めぐりをしようと思っているのよ。奈良で、おすすめの宿泊場所はある？

男：そうだね。ホテルも、旅館もあるし、ちょっと値段を抑えて、ゲストハウスや、民泊サービスを利用することもできるし。

女：そうね、旅館は朝食と夕食付でしょ。温泉もついているところはあるの？

男：そうだね。南の方に行けばあるけど交通の便が悪いから、やっぱり、駅の周辺がいいんじゃないの？ 最近はゲストハウスも古民家風のものや、いろいろあるし。あと一般の民家に泊まるのもいいんじゃないかな？

女：なるほどね。ゲストハウスだと、他の国からきた人達と話もできそうだし楽しそうね。

男：うん、そうだね。ああ、そうだ！ ナンシーさんはお寺に泊まったことはあるの？

女：お寺か？ ああ、まだないわ。でも、朝が早いんじゃない？

男：ああ、お坊さんと一緒にお経体験するかもしれないからね。あと、最近、和風のホテルが新しく建ったんだって。

女：へえ、おもしろそうね。そこがいいかな？

男：建ったばっかりだから、口コミはあるかな？ ネットでチェックしてみて。駅のすぐ横だよ。

女：へえ、駅に近すぎるわね。やっぱり、知らない人とのコミュニケーションが出来そうなとこが私はいいかな。

男：そう、じゃ、ネットで確認してみて。

女の留学生は、宿泊場所としてどこを調べてみますか。

1 旅館　　2 ゲストハウス
3 和風ホテル　　4 お寺

2번

여자 유학생과 일본인 남학생이 이야기하고 있습니다.

여 : 다나카 씨는 나라 출신이지?

남 : 응, 그런데. 왜?

여 : 이번 연휴 때 교토와 나라 사찰 순례를 해 볼 생각이거든. 나라에 추천할 만한 숙박 장소 있을까?

남 : 글쎄. 호텔도 여관도 있고, 약간 가격을 저렴하게 해서 게스트하우스나 민박서비스를 이용할 수도 있고.

여 : 그렇구나. 여관은 조식 석식 포함이지? 온천도 포함되어 있는 곳 있을까?

남 : 글쎄, 남쪽에 가면 있긴 한데 교통편이 나빠서, 역시 역 주변이 좋지 않을까? 요즘은 게스트하우스도 고택 풍으로 지은 집이라든가, 여러 가지 있으니. 그리고 일반 민가에 묵는 것도 괜찮지 않겠어?

여 : 그렇구나. 게스트하우스라면 다른 나라에서 온 사람들과 얘기도 나눌 수 있을 것 같고 재미있을 것 같네.

남 : 응, 그렇지. 아, 맞아! 낸시 씨는 절에 묵은 적 있어?

여 : 절? 아, 아직 없어. 근데 아침에 일찍 일어나야 하지 않아?

남 : 아, 스님과 함께 불경 읽기 체험할지도 모르니까. 그리고 요즘 일본식 호텔이 새로이 지어졌대.

여 : 와, 재미있겠는데. 거기가 좋을까?

남 : 지어진 지 얼마 안 돼서 입소문 났으려나? 인터넷에서 체크해 봐. 역 바로 옆이야.

여 : 아, 역에서 너무 가깝네. 역시 모르는 사람과 커뮤니케이션 할 수 있는 곳이 나는 좋을 것 같아.

남 : 그래, 그럼, 인터넷에서 확인해 봐.

여자 유학생은 숙박 장소로 어디를 조사해 봅니까?

1 여관　　2 게스트하우스
3 일본식 호텔　　4 절

해설 나라 출신의 일본인이 여러 매력있는 숙소를 소개해 주었으나, 이 유학생은 다른 나라 사람들과 대화가 가능한 곳에 묵고 싶다고 했다. 그런 곳은 앞에서 말한 게스트하우스이다.

어휘 **めぐり** 한 바퀴 돎, 순환 | **値段を抑える** 가격을 억제하다 | **お坊さん** 스님 | **経** 경전 | **建つ** (건물이)서다 | **口コミ** 입소문, 평판

3번

먼저 이야기를 들으세요. 그리고 두 개의 질문을 듣고, 각각 문제용지의 1~4 중에서 가장 적당한 것을 하나 고르세요.

3番 Track 4-5-03

3人の学生が日本旅行の計画について話しています。

女1：今度の夏休みにみんなで行こうと思ってる旅行なんだけど、この「日本2都市周遊7日間」ってのはどうかな？

男　：東京の観光がメインで、それと行ってみたい都市をもう一つこの中から選ぶんだね。

女2：飛行機とホテルだけが手配されて、あとは自由行動だから、ネットでいろいろ調べなきゃいけないね。

女1：あと、「添乗員同行日本旅行7日間」っていうのもあって、これなら専用のバスで移動するから、観光地を効率よく回れるみたいだけど。

男　：でも、添乗員同行って費用がかさむよね。個人的には、東京だけ旅行してもいいと思うんだけど、東京だけのプランってないのかな？

女1：「東京フリー5日間」っていうのがあるけど。

男　：なるほど。あ、でもこっちの「エコノミー東京フリー5日間」の方がかなり安いよ。

女2：これ、航空会社未定って書いてあるけど、もしかしてLCCなんじゃない？ 私、飛行機はLCCじゃないのがいいな。

男　：でも、この安さは魅力的だよね。

女1：うーん、私はやっぱり東京だけじゃ嫌かな。添乗員同行じゃなければ、そんなに高いわけでもないし。

女2：私も同感。自分たちでいろいろ調べるのは楽しいし、いいんだけど、安すぎもちょっと不安かな。安心して旅行に行きたいからね。

3번

3명의 학생이 일본여행 계획에 대해 이야기하고 있습니다.

여1 : 이번 여름방학에 다같이 가려고 하는 여행 말인데, 이 '일본 2도시 주유 7일간'은 어떨까?

남 : 도쿄 관광이 메인이고, 그리고 가 보고 싶은 도시를 하나 더 이 중에서 선택하는구나.

여2 : 비행기와 호텔만 준비되고, 나머지는 자유행동이니까, 인터넷으로 여러 가지 알아봐야겠군.

여1 : 그리고 '가이드 동행 일본여행 7일간'이라는 것도 있는데, 이거라면 전용 버스로 이동하니까 관광지를 효율적으로 돌 수 있을 것 같아.

남 : 하지만, 가이드 동행은 비용이 늘어날 텐데. 개인적으로는 도쿄만 여행해도 될 것 같은데, 도쿄만 가는 플랜은 없나?

여1 : '도쿄프리 5일간'이란 게 있는데.

남 : 과연. 아, 근데 이쪽 '이코노미 도쿄프리 5일간'이 상당히 저렴해.

여2 : 이거 항공사 미정이라고 써 있는데, 혹시 LCC(저가항공사) 아니야? 나는 비행기는 LCC가 아니었으면 좋겠는데.

남 : 하지만 이 저렴함은 매력적이지.

여1 : 음~, 나는 역시 도쿄만 가는 건 별로야. 가이드 동행이 아니면 그렇게 비싸지도 않아.

여2 : 나도 동감. 우리가 직접 이것 저것 알아보는 게 재미있고 좋긴 한데, 너무 싼 것도 좀 불안하지 않아? 안심하고 여행가고 싶으니까.

男 ：じゃあ、他の人の意見も聞いてみてから、また相談して決めようか。

女1：オッケー。そうしよう。

質問 1

男の学生は、どのツアーがいいと言っていますか。

1 日本２都市周遊７日間
2 添乗員同行日本旅行７日間
3 東京フリー５日間
4 エコノミー東京フリー５日間

質問 2

女の学生らは、どのツアーがいいと言っていますか。

1 日本２都市周遊７日間
2 添乗員同行日本旅行７日間
3 東京フリー５日間
4 エコノミー東京フリー５日間

남 ：그럼, 다른 사람의 의견도 들어 보고 다시 상의해서 결정할까?

여1：OK. 그렇게 하자.

질문1

남학생은 어떤 투어가 좋다고 말하고 있습니까?

1 일본 2도시 주유 7일간
2 가이드 동행 일본여행 7일간
3 도쿄프리 5일간
4 이코노미 도쿄프리 5일간

질문2

여학생들은 어떤 투어가 좋다고 말하고 있습니까?

1 일본 2도시 주유 7일간
2 가이드 동행 일본여행 7일간
3 도쿄프리 5일간
4 이코노미 도쿄프리 5일간

4회

해설 질문 1 : 일본여행을 계획하고 있는 학생들의 대화인데, 남학생이 참가하고 싶은 투어는 4번이다. 우선 남학생은 가이드가 동행하면 비용이 늘어난다고 하며, 「個人的には、東京だけ旅行してもいいと思うんだけど、東京だけのプラン」은 없냐고 묻고 있다. 즉 남학생은 가이드가 없어도 좋으니, 저렴하면서 도쿄만 가는 플랜을 찾고 있는 것이다. 그러면서 「こっちの「エコノミー東京フリー５日間」の方がかなり安いよ」, 즉 '이코노미 도쿄프리 5일간'이 가격이 저렴하다고 하며 흥미를 보였는데, 여학생들이 저가 항공사란 이유와 도쿄에만 가는 투어에 대해 부정적 반응을 보이자 「でも、この安さは魅力的だよね」라고 하며 저렴한 가격을 이유로 이 투어로 결정하려 하고 있다.

질문 2 : 한 여학생이 「私はやっぱり東京だけじゃ嫌かな」라고 했고 다른 여학생도 이 말에 「私も同感」이라고 했으니 우선 도쿄에만 가는 3, 4번은 답이 될 수 없다. 그러면서 「添乗員同行じゃなければ、そんなに高いわけでもない」라고 했다. 즉 가이드가 없으면 그렇게 비싸지도 않고, 우리가 직접 조사해 보면 되니까 굳이 가이드는 필요없다고 했다. 따라서 여학생들이 참가하고 싶은 투어는 1번이 된다.

어휘 **都市** 도시 | **周遊** 주유, 일주 | **観光** 관광 | **手配する** 준비하다 | **自由行動** 자유 행동 | **あと** 그리고 | **添乗員** 가이드, 안내원 | **同行** 동행 | **専用** 전용 | **移動** 이동 | **観光地** 관광지 | **効率** 효율 | **回る** 돌아다니다 | **費用** 비용 | **かさむ** 불어나다, 늘어나다 | **個人的** 개인적 | **航空会社** 항공사 | **未定** 미정 | **もしかして** 혹시 | **LCC** 저가 항공사 | **魅力的** 매력적 | **同感** 동감

나의 점수는?

총 ______ 문제 정답

혹시 부족한 점수라도 실망하지 말고 해설을 보며 다시 확인하고 틀린 문제를 다시 풀어보세요. 실력이 점점 쌓여갈 것입니다.

JLPT N1 제5회 실전모의고사 정답

1교시 언어지식(문자·어휘)

문제 1　1 1　2 2　3 4　4 1　5 2　6 3

문제 2　7 1　8 2　9 1　10 3　11 2　12 1　13 4

문제 3　14 1　15 3　16 1　17 4　18 1　19 3

문제 4　20 4　21 3　22 2　23 1　24 4　25 4

1교시 언어지식(문법)

문제 5　26 3　27 2　28 2　29 4　30 1　31 4　32 2　33 3　34 4
35 1

문제 6　36 3　37 3　38 4　39 2　40 1

문제 7　41 3　42 4　43 1　44 4

1교시 언어지식(독해)

문제 8　45 1　46 3　47 4　48 2

문제 9　49 4　50 1　51 3　52 1　53 2　54 4　55 1　56 4

문제 10　57 4　58 2　59 2

문제 11　60 2　61 4

문제 12　62 3　63 2　64 3

문제 13　65 2　66 3

2교시 청해

문제 1　1 3　2 1　3 2　4 4　5 1

문제 2　1 2　2 3　3 2　4 2　5 1　6 3

문제 3　1 3　2 3　3 2　4 4　5 3

문제 4　1 2　2 3　3 2　4 3　5 1　6 3　7 3　8 3　9 2
10 1　11 1

문제 5　1 3　2 4　3 1 3　2 2

5회 실전모의고사 해설

1교시 언어지식(문자·어휘)

문제 1 ________의 단어의 읽는 법으로 가장 적당한 것을 1·2·3·4에서 하나 고르세요.

1 人々を悩ませている害虫を全部退治した。

1 たいじ　2 たいち　3 だいじ　4 だいち

사람들을 괴롭게 하는 해충을 전부 퇴치했다.

어휘 退治(たいじ) 퇴치 ✚「治」의 발음은「ち」와「じ」두 가지 음독이 있다는 것에 주의한다. ▶治療(ちりょう) 치료, 政治(せいじ) 정치

2 その修正案は検討に値する。

1 ねする　2 あたいする　3 ちする　4 かちする

그 수정안은 검토할 만하다.

어휘 修正案(しゅうせいあん) 수정안 | 検討(けんとう) 검토 | ~に値(あたい)する ~할 만하다, ~할 가치가 있다 ▶ 数値(すうち) 수치, 価値(かち) 가치, 値段(ねだん) 가격

3 次は、寄付金控除のご案内です。

1 くうしょ　2 くうじょ　3 こうしょ　4 こうじょ

다음은 기부금 공제 안내입니다.

어휘 寄付金(きふきん) 기부금 | 控除(こうじょ) 공제 ▶控訴(こうそ) 항소

4 試合は予想を覆す結果となった。

1 くつがえす　2 おびやかす　3 まぎらす　4 こころざす

시합은 예상을 뒤엎는 결과가 되었다.

어휘 試合(しあい) 시합 | 予想(よそう) 예상 | 覆(くつがえ)す 뒤엎다, 뒤집다 ▶ 覆(くつがえ)る 뒤집어지다, 覆(おお)う 덮다, 転覆(てんぷく) 전복, 覆面(ふくめん) 복면 | 脅(おびや)かす 위협하다 | 紛(まぎ)らす 얼버무리다 | 志(こころざ)す 뜻을 두다

5 領土問題をめぐり、両国の溝はさらに深まった。

1 ふち　2 みぞ　3 わく　4 やみ

영토 문제를 둘러싸고, 두 나라의 골은 더욱 깊어졌다.

어휘 領土問題(りょうどもんだい) 영토 문제 | ~をめぐり ~을 둘러싸고 | 両国(りょうこく) 두 나라 | 溝(みぞ) 도랑, 홈, (감정, 의견 등의)골 | さらに 더욱 | 深(ふか)まる 깊어지다 | 縁(ふち) 가장자리 | 枠(わく) 테두리 | 闇(やみ) 어둠

6 私の母は、80歳を過ぎて体力が<u>著しく</u>衰えてきたようだ。

1 はげしく　2 おびただしく　3 いちじるしく　4 めざましく

나의 어머니는 80세를 지나서 체력이 현저하게 쇠약해진 것 같다.

어휘 著(いちじる)しい 현저하다 | 衰(おとろ)える 쇠약하다, 쇠퇴하다 | 激(はげ)しい 세차다 | おびただしい 엄청나다 | 目覚(めざ)ましい 눈부시다

문제 2 (　　　) 안에 들어갈 가장 적당한 것을 1・2・3・4에서 하나 고르세요.

7 担当医は、難しい専門用語は（　　　）避け、わかりやすい言葉で説明してくれた。

1 極力　2 大幅に　3 即座に　4 軒並み

담당의는 어려운 전문용어는 최대한 피하며, 알기 쉬운 말로 설명해 주었다.

어휘 担当医(たんとうい) 담당의 | 専門用語(せんもんようご) 전문용어 | 極力(きょくりょく) 극력, 힘껏, 최대한 | 避(さ)ける 피하다 | 大幅(おおはば)に 대폭 | 即座(そくざ)に 즉석에서 | 軒並(のきな)み 일제히, 모두

8 仙台市は観光客減に（　　　）をかけるために、一刻も早く対策を立てるべきである。

1 鍵　2 歯止め　3 手間　4 拍車

센다이시는 관광객 감소에 제동을 걸기 위해, 한시라도 빨리 대책을 세워야 한다.

어휘 歯止(はど)めをかける 제동을 걸다, 제지하다 | 手間(てま)をかける 품(시간)을 들이다 | 拍車(はくしゃ)をかける 박차를 가하다

9 A社とB社の社長同士の合併の話し合いは、緊張した表情も見えたものの、まずは順調な（　　　）をうかがわせた。

1 すべりだし　2 ふりこみ　3 かけだし　4 もちこみ

A사와 B사의 사장끼리의 합병 협상은 긴장한 표정도 보이긴 했지만, 우선은 순조로운 출발을 엿보게 하였다.

어휘 合併(がっぺい) 합병 | 滑(すべ)り出(だ)し 출발, 시작 | うかがう 엿보다, 살피다, (기회를)노리다 | かけだし 초심자, 초보, 신참

5회

10 この授業では、歴史的事実を（　　　）観察することを通じて、日本経済の歴史について理解できるようになることを意図しています。

1 一気に　2 しいて　3 つぶさに　4 一概に

이 수업에서는 역사적 사실을 자세히 관찰하는 것을 통해, 일본 경제의 역사에 관해 이해할 수 있게 되는 것을 의도하고 있습니다.

어휘 授業 수업 | 歴史的事実 역사적 사실 | つぶさに ① 자세히, 상세히 ② 빠짐없이, 모두 | 観察する 관찰하다 | ~を通じて ~을 통해 | 意図 의도 | 一気に 단숨에 | しいて 억지로, 무리하여 | 一概に 몰아서, 싸잡아서

11 新型コロナウイルス感染症は、私たちの生活に（　　　）な影響を与えた。

1 盛大　2 甚大　3 絶大　4 巨大

신종 코로나바이러스 감염증은 우리 생활에 심대한 영향을 주었다.

어휘 新型コロナウイルス感染症 신종 코로나바이러스 감염증 | 甚大だ 심대하다, 몹시 크다 | 影響を与える 영향을 주다 | 盛大 성대 | 絶大 절대 | 巨大 거대

12 東日本大震災復興事業は、被災者の（　　　）努力と相まって、確かな成果を残した。

1 ひたむきな　2 うつろな　3 たくみな　4 おおまかな

동일본 대지진 부흥 사업은 이재민들의 한결같은 노력과 어울려 확실한 성과를 남겼다.

어휘 東日本大震災 동일본 대지진 | 復興事業 부흥 사업 | 被災者 이재민 | ひたむきな 한결같은 | 努力 노력 | ~と相まって ~와 어울려/맞물려/함께 | 成果 성과 | うつろな 속이 빈 | 巧みな 교묘한 | 大まかな 대략적인

13 他の産業との（　　　）もあり、林業だけを国有化するのはそう簡単な問題でない。

1 つれあい　2 とりあい　3 こみあい　4 かねあい

타 산업과의 균형도 있고, 임업만을 국유화하는 것은 그리 간단한 문제가 아니다.

어휘 兼ね合い 균형, 안배 | 林業 임업 | 国有化 국유화 | つれあい 일행(부부사이에서도 사용된다) | 取り合い 서로 빼앗음

문제 3 ＿＿＿＿의 단어의 의미가 가장 가까운 것을 1・2・3・4에서 하나 고르세요.

14 本日より閉店時間を1時間繰り上げて、18時とさせていただきます。

1 早めて　2 遅らせて　3 延ばして　4 取り戻して

오늘부터 폐점 시간을 1시간 앞당겨, 18시로 하겠습니다.

어휘 本日(ほんじつ)より 오늘부터 | 閉店(へいてん) 폐점 | 繰(く)り上(あ)げる (시간, 순서 등을 예정보다)앞당기다 | 早(はや)める 앞당기다 | 遅(おく)らせる 늦추다 | 延(の)ばす 연기하다, 연장하다 | 取(と)り戻(もど)す 되찾다, 만회하다

15 冬山は本当に危険。もし道に迷ったら、引き返すのが原則だ。

1 たちどまる　2 やめる　3 もどる　4 たえる

겨울 산은 정말로 위험. 만약 길을 잃으면, 되돌아가는 것이 원칙이다.

어휘 冬山(ふゆやま) 겨울 산 | 引(ひ)き返(かえ)す 되돌아가다, 되돌아오다 | 戻(もど)る 되돌아가다 | 立(た)ち止(ど)まる 멈춰서다 | 耐(た)える 견디다

16 友だちから借りていた借金をなし崩しにした。

1 少しずつ返した　2 一度に返した
3 返さないことにした　4 早く返した

친구에게 빌린 빚을 조금씩 갚았다.

어휘 借金(しゃっきん)をなし崩(くず)しにする 빚을 조금씩 갚다 | 少(すこ)しずつ返(かえ)す 조금씩 갚다 | 一度(いちど)に返(かえ)す 한 번에 갚다 | 返(かえ)さないことにする 갚지 않기로 하다 | 早(はや)く返(かえ)す 빨리 갚다

17 山田教授は自説を言い張った。

1 確かめた　2 立てた　3 捨てた　4 主張した

야마다 교수는 자기 의견을 주장했다.

어휘 教授(きょうじゅ) 교수 | 自説(じせつ) 자기 의견 | 言(い)い張(は)る 주장하다, 우기다 | 主張(しゅちょう)する 주장하다 | 確(たし)かめる 확인하다 | 立(た)てる 세우다 | 捨(す)てる 버리다

18 様々な規制緩和や海外との経済連携で、日本の企業は新たな市場を開拓することができた。

1 きりひらく　2 ふみきる　3 きりかえる　4 たちきる

다양한 규제완화와 해외와의 경제제휴로, 일본의 기업은 새로운 시장을 개척할 수가 있었다.

어휘 連携(れんけい) 제휴 | 開拓(かいたく) 개척 ▶ 拓(ひら)く 개척하다, 草分(くさわ)け 개척 | 切(き)り開(ひら)く 개척하다, 개간하다 | 踏(ふ)み切(き)る 단행하다 | 切(き)り替(か)える 바꾸다, 환전하다 | 断(た)ち切(き)る 끊다

5회

19 政府の発表によると、原発の寿命は40年が一つの目安になっているそうだ。

1 予想　2 兆し　3 基準　4 たより

정부 발표에 의하면, 원자력발전소의 수명은 40년이 하나의 기준이 되어 있다고 한다.

어휘 目安(めやす) ① 기준 ② 목표 ▶ 物差し(ものさし) 기준, 척도 | 兆し(きざし) 조짐, 징조 | 頼りになる(たよりになる) 의지가 되다

문제 4 다음 단어의 사용법으로 가장 적당한 것을 1・2・3・4에서 하나 고르세요.

20 潔い(いさぎよい) 미련 없이 깨끗하다

1 女性はシンプル且つ潔い服装の男性を好む。

2 この病院は安全で安心できる医療と潔い病室で評判になっている。

3 大晦日を迎え、家中の大掃除をしたら心まで潔くなった気分だ。

4 このアプリで「もう優柔不断ではない、すぱっと決断できる潔い性格の人」になれます。

1 여성은 심플하며 또한 깨끗한 복장의 남성을 선호한다.

2 이 병원은 안전하고 안심할 수 있는 의료와 깨끗한 병실로 호평을 받고 있다.

3 섣달그믐을 맞이해, 온집안 대청소를 했더니 마음까지 깨끗해진 기분이다.

4 이 앱으로 '더 이상 우유부단하지 않은, 주저없이 결단할 수 있는 깔끔한 성격의 사람'이 될 수 있습니다.

해설 1, 2, 3번은 모두 '청결'이란 의미로 쓰인 문장이다.

어휘 潔い(いさぎよい) ① 깨끗하다, 깔끔하다(미련 없이, 뒷끝 없이 *청소 등과 같은 청결을 의미하지 않음) ② 결백하다 | 且つ(かつ) 또한 | 評判だ(ひょうばんだ) 인기가 있다 | 優柔不断(ゆうじゅうふだん) 우유부단 | すぱっと (힘차게 거침없이 행하는 모양)싹, 썩

21 じれったい (뜻대로 되지 않아)애가 타다, 안타깝다, 감질나다

1 子供の時から集団になじむことが苦手で、今でもじれったい人間関係はなるべく避けたい。

2 みんなの前で誉められるのは何だかじれったい。

3 じれったい彼に自分から先に告白しようと思う。

4 自分の彼は重い荷物をさりげなく持ってくれるし、じれったい。

1 어린 시절부터 집단에 적응하는 게 서툴러서, 지금도 애가 타는 인간관계는 될 수 있으면 피하고 싶다.

2 모두의 앞에서 칭찬받는 것은 왠지 애가 탄다.

3 감질나는(답답한) 그에게 내가 먼저 고백하려고 한다.

4 나의 남자친구는 무거운 짐을 아무렇지 않게 들어 주고 애가 탄다.

해설 1번은 「厄介な人間関係(やっかいなにんげんかんけい) 귀찮은 인간관계」가 적당하다.

어휘 なじむ 친숙해지다, 어울리다 | 誉める(ほめる) 칭찬하다 | さりげない 아무렇지도 않은 듯하다

22 かねがね 이전부터, 진작부터

1 インターネットを通じて、世界中の膨大な情報をかねがね探し出せる。
2 スポーツ界において企業と地域の連携は、かねがね重視されてきている。
3 相手を不快にさせず、かねがね断るコツを教えてください。
4 大好きなお酒やたばこをかねがね断つのはどうしても難しいだろう。

1 인터넷을 통해 전 세계의 방대한 정보를 이전부터 찾아낼 수 있다.
2 스포츠계에 있어 기업과 지역의 제휴는 이전부터 중시되어 오고 있다.
3 상대를 불쾌하게 하지 않고, 이전부터 거절하는 요령을 알려 주세요.
4 몹시 좋아하는 술이나 담배를 이전부터 끊는 것은 아무래도 어려울 것이다.

해설 1번은 「即座(そくざ)に 즉석에서」, 3번은 「やんわり 넌지시, 부드럽게」, 4번은 「きっぱり 딱 잘라, 단호히」가 들어가야 자연스러운 문장이 된다.

어휘 膨大(ぼうだい) 방대 | 情報(じょうほう) 정보 | 探(さが)し出(だ)す 찾아내다 | 企業(きぎょう) 기업 | 地域(ちいき) 지역 | 連携(れんけい) 제휴 | 重視(じゅうし) 중시 | 不快(ふかい) 불쾌 | 断(ことわ)る 거절하다 | コツ 요령 | 断(た)つ 끊다 | どうしても 아무래도

23 相容(あいい)れない (서로)받아들일 수 없다, (서로의 주장과 입장, 의견 등이)상반되다

1 彼の主張の中には、同意できる意見もあれば、全く相容れないものもあった。
2 世の中には自分で自分を相容れなくて苦しんでいる人も、大勢いると思う。
3 偏見の目にさらされるのが怖くて、自分の子供の発達障害を相容れない親も多い。
4 日本は曖昧さや失敗を相容れないというイメージが強い。

1 그의 주장 중에는 동의할 수 있는 의견도 있고, 전혀 받아들일 수 없는 것도 있었다.
2 세상에는 자신이 자신을 받아들일 수 없어 괴로워하고 있는 사람도 많이 있을 것이다.
3 편견의 시선에 드러나는 것이 무서워서, 내 아이의 발달장애를 받아들일 수 없는 부모도 많다.
4 일본은 애매함과 실수를 받아들일 수 없는 이미지가 강하다.

해설 「相容(あいい)れない」는 상대방이 있어야 사용할 수 있는 단어이다. 따라서 2, 3, 4번은 쓸 수 없다.

어휘 偏見(へんけん) 편견 | さらす 드러내다 | 曖昧(あいまい)さ 애매함

24 潤(うるお)う ① 윤택해지다, 풍요로워지다 ② 물기를 띠다

1 甘い香りの潤う店内には、焼き立てのおいしいチーズケーキが並んでいる。
2 自分で考える力を潤うためには、視野を広げることが重要である。
3 首相は、電力に占める再生可能エネルギーの割合を20%とする目標を潤った。
4 これまで素通りしていた観光客を市内に呼び込み滞在してもらえれば、地元は潤うだろう。

1 달콤한 향기가 윤택한 가게 안에는 갓 구운 맛있는 치즈케이크가 진열되어 있다.
2 스스로 생각하는 힘을 윤택하게 하기 위해서는 시야를 넓히는 것이 중요하다.
3 수상은 전력에서 점유하는 재생 가능 에너지의 비율을 20%로 하는 목표를 윤택했다.
4 지금까지 그냥 지나쳤던 관광객을 시내로 끌어들여 체류하게 할 수 있으면, 현지는 윤택해질 것이다.

5회

해설 1번은 「漂う 감돌다, 표류하다」, 2번은 「養う 기르다, 양육하다」, 3번은 「掲げる 내걸다, 내세우다」가 들어가야 자연스러운 문장이 된다.

어휘 香り 향기 | 店内 가게 안 | 焼き立て~ 갓 구운~ | 視野を広げる 시야를 넓히다 | 首相 수상 | 電力 전력 | 占める 점유하다, 차지하다 | 再生可能エネルギー 재생 가능 에너지 | 割合 비율 | 目標 목표 | 素通り 그냥 지나침 | 観光客 관광객 | 呼び込む 끌어들이다, 불러들이다 | 滞在 체류 | 地元 현지

25 施錠 열쇠를 채움

1 飼料用トウモロコシの値上げの影響は大きく、牛乳にも施錠し始めている。
2 警察は容疑者の自宅から、パソコンやスマホなどの通信機器などを施錠した。
3 その会社は、地震で会社の施錠すら危ぶまれる事態に追い込まれた。
4 その倉庫には、ポンプや工具などが収納されており、普段は施錠されている。

1 사료용 옥수수 가격 인상의 영향은 커서, 우유에도 열쇠를 채우기 시작했다.
2 경찰은 용의자의 집에서 PC와 스마트폰 등의 통신기기 등을 열쇠를 채웠다.
3 그 회사는 지진으로 회사의 열쇠 채움마저 위태로운 사태에 내몰렸다.
4 그 창고에는 펌프와 공구 등이 수납되어 있어, 평소에는 열쇠가 채워져 있다.

해설 1번은 「波及 파급」, 2번은 「押収 압수」, 3번은 「存続 존속」이 들어가야 문맥이 맞게 된다.

어휘 飼料用 사료용 | トウモロコシ 옥수수 | 容疑者 용의자 | 自宅 집 | 通信機器 통신기기 | ~すら ~마저, ~조차 | 危ぶむ 위태로워하다, 의심하다 | 事態 사태 | 追い込む 내몰다 | 倉庫 창고 | ポンプ 펌프 | 工具 공구 | 収納 수납 | 普段 평소

1교시 언어지식(문법)

문제 5 다음 문장의 (　　　) 에 들어갈 가장 적당한 것을 1・2・3・4에서 하나 고르세요.

26 介護は育児と違い終わりが見えない（　　　）、介護を理由に離職する人は年間約10万人近くに上っている。

1 ごとき　　2 ながら　　3 ゆえに　　4 とはいえ

간병은 육아와 달리 끝이 보이지 않으므로, 간병을 이유로 직장을 떠나는 사람은 연간 약 10만 명 가까이에 달하고 있다.

문법포인트! ~ゆえに : ~라서, ~이므로 ('이유, 원인'을 나타내는 문형)
「AゆえにB」로 쓰여 「AだからB」라는 뜻이 되는데, A에는 '이유, 원인', B에는 '결과'가 온다. 일반 회화체보다는 주로 격식 차린 문장에서 주로 사용한다.

어휘 介護 간병, 개호 | 育児 육아 | 離職 직장을 떠남 | ~に上る ~에 달하다

27 彼の立場を思うと（　　　）が、いまさらながら、悔やみきれない。

1 分からなくてもない　　2 分からないでもない
3 分からなしにでもない　　4 分からなくてもいい

그의 입장을 생각하면 이해 못 하는 것도 아니지만, 새삼 너무도 아쉽다.

문법포인트! ⊘ 동사ない＋でもない : [동사] 할 것도 없다, [동사] 못 할 것도 없다
소극적이고 불확실한 기분을 나타낸다.

어휘 いまさらながら 이제와서, 새삼 | 悔やみきれない 아쉬움이 남을 만큼 아쉽다, 너무 아쉽다

28 山田教授は、血液型は血液中のタンパク質によるものであって、性格とは（　　　）関係ないと述べた。

1 いかに　　2 なんら　　3 かりに　　4 あえて

야마다 교수는 혈액형은 혈액 속의 단백질에 의한 것으로, 성격과는 전혀 관계가 없다고 논했다.

문법포인트! ⊘ なんら : (뒤에 부정표현이 나와) 전혀, 조금도
「なんらの～もない」 형태로도 쓰이며 '아무런 ~도 없다'란 의미가 된다.
예 なんらの利益もない。 아무런 이익도 없다.

어휘 教授 교수 | 血液型 혈액형 | 血液中 혈액 속 | タンパク質 단백질 | 述べる 논하다, 말하다

29 美術に関しては、天才とまでは（　　　）、かなり強い素質はあると思う。

1 言わなくまでも　　2 言えないまでに
3 言われないまでに　　4 言わないまでも

미술에 관해서는 천재까지는 아니더라도, 상당히 훌륭한 소질이 있다고 생각한다,

문법포인트! ⊘ 동사ない＋までも : ~는 하지 않더라도 (그 정도는 아니지만, 그런대로)

어휘 素質 소질

30 他国にはまだまだ（　　　）辛い肉体労働を強いられている貧しい子供がいる。

1 聞くにたえない　　2 聞くにかたい
3 聞くにたる　　4 聞くにかたくない

다른 나라에는 아직도 도저히 들을 수 없는 괴로운 육체노동을 강요당하고 있는 가난한 아이들이 있다.

문법포인트! ⊘ 동사기본형＋にたえない : 차마 [동사]할 수 없다 (주로 「見る, 聞く, 読む」와 함께 쓰여 '눈뜨고 못 보겠다, 차마 못 듣겠다, 도저히 읽을 수 없다' 등의 의미가 된다.)

어휘 強いる 강요하다 | 貧しい 가난하다

5회

31 よろしければ、製品を使用した後のご感想を（　　　）が、いかがでしょうか。
1 聞いていただきたくございます
2 聞いていただきたく存じます
3 聞かせていただきたくございます
4 聞かせていただきたく存じます

괜찮으시다면, 제품을 사용한 후의 감상을 듣고 싶습니다만, 어떠신지요?

문법포인트!

~(さ)せていただく : 화자가 어떤 행위를 해도 되겠냐고 허가를 구할 때 사용하는 표현으로, 「聞かせていただく」를 직역하면 '들려줌을 받다'인데, 상대에게 '들려 달라', 즉 '말해 달라'고 요구하는 표현이다. 그리고 「存じる」는 「思う・知る」의 겸양어인데, 이 문제에서는 「思う」의 뜻으로 사용되었다. 정답인 「聞かせていただきたく存じる」를 직역하면 '들려줌을 받고 싶다고 생각한다'가 되는데, 쉬운 말로 바꾸면 '듣고 싶으니 말해 달라', '듣고 싶다'는 의미가 된다. 참고로 2번처럼 사역동사가 아닌 일반동사 て형이 쓰이면 상대에게 어떤 행위를 해 달라고 요구하는 표현이 되므로, 「聞いていただきたく存じる」는 상대에게 화자의 말을 '듣기 바란다'는 의미가 된다. 문제에 나온 「ご感想」로 화자의 감상이 아니라 상대의 감상이란 것을 알 수 있으므로, 정답은 4번이다.

어휘 製品 제품 | 感想 감상

32 東京に行ったのは久々だが、親友には（　　　）でそのまま実家に向かった。
1 会えないあげく
2 会えずじまい
3 会うもがな
4 会えるのもしない

도쿄에 간 것은 오랜만이지만, 친구를 아쉽지만 못 만나고 그대로 본가로 향하였다.

문법포인트!

동사ない형＋ずじまいだ : 하려고 계획(생각했던 것·하고 싶었던 일)을 못한 채 끝나 아쉽다, ~못 하고 끝났다 (*「しない」는 「せずじまい」가 된다.)

33 今回の人生価値観に関する調査結果からは、家庭生活を大事にしたいと思いながら、仕事を（　　　）人が多い実情がうかがえる。
1 優先しきれない
2 優先するがゆえの
3 優先せざるを得ない
4 優先するに越したことはない

이번 인생 가치관에 관한 조사 결과에서는 가정생활을 소중히 여기고 싶으면서도, 일을 우선시할 수밖에 없는 사람들이 많은 실정을 엿볼 수 있다.

문법포인트!

~ざるを得ない : ~하지 않을 수 없다, ~할 수밖에 없다, ~해야 한다
동사 ない형에 접속하여 '그 [동사]를 하고 싶지 않지만, 어쩔 수 없이 할 수밖에 없다'는 의미를 나타내며, 대개 마이너스 표현이 나온다. 「する・来る」는 접속을 주의해야 한다.
예 中止する → 中止せざるを得ない 중지할 수밖에 없다, 중지해야 한다
来る → 来ざるを得ない 올 수밖에 없다, 와야 한다

어휘 人生価値観 인생 가치관 | 家庭生活 가정생활 | 大事にする 소중히 여기다 | ～ながら ~하면서도 | 優先 우선 | 実情 실정 | うかがう 엿보다

34 大事なことで討論中なのに、議題と関係のない話をするなんて（　　　）。
1 もってのほかもある　　2 もってのほかない
3 もってのほかもしない　　4 もってのほかだ
중요한 일로 토론 중인데, 의제와 관계없는 이야기를 하다니 당치도 않다.

문법포인트! ✓ もってのほかだ : 당치도 않다, 말도 안 된다

어휘 討論 토론 | 議題 의제

35 来週の会議資料を添付いたしました。お忙しいところ恐れ入りますが、（　　　）よろしくお願いいたします。
1 ご確認のほど　　2 ご確認いたすほど
3 ご確認くださるほど　　4 ご確認させていただくほど
다음주 회의 자료를 첨부했습니다. 바쁘실 텐데 죄송합니다만, 확인해 주시기를 부탁드리겠습니다.

문법포인트! ✓ ～のほど : (명사에 접속) ~해 주시기를

주로 비즈니스 메일 끝부분에서 상대에게 의뢰할 때 사용하는 존경 표현으로, 「恐縮ですが 죄송합니다만」, 「恐れ入りますが 죄송합니다만」, 「お手数をおかけしますが 귀찮게 해서 죄송합니다만」 등과 잘 어울린다. 「ご確認のほど 확인해 주시기를」는 「ご確認くださいますよう 확인해 주시기를」로 바꿀 수 있다. 「ご理解のほど 이해해 주시기를」, 「ご指導のほど 지도해 주시기를」, 「ご協力のほど 협력해 주시기를」도 함께 기억해 두자.

어휘 資料 자료 | 添付 첨부 | お忙しいところ 바쁘실 텐데 | 恐れ入る 죄송하다, 황송하다 | 確認 확인

5회

문제 6 다음 문장의 ＿＿★＿＿에 들어갈 가장 적당한 것을 1・2・3・4 에서 하나 고르세요.

36 場合によっては記録にさえ残らない出来事でも、＿＿＿ ＿＿＿ ＿★＿ ＿＿＿ があると思う。

1 場所　2 歴史　3 ならではの　4 その人や

경우에 따라서는 기록조차 남지 않는 사건이라도, 그 사람과 장소만의 역사가 있다고 생각한다.

정답문장 場合によっては記録にさえ残らない出来事でも、その人や場所ならではの歴史があると思う。

문법포인트! ✓ 명사 + ならではの : (명사)만의 (명사가 아니면 볼 수 없는, 생각할 수 없는, 있을 수 없는)

예 冬の北海道ならではの風景 겨울 홋카이도만의 풍경
その土地ならではの雰囲気 그 지방만의 분위기

어휘 場合によっては 경우에 따라서는 | 記録 기록 | ～さえ ~조차 | 出来事 사건, 일 | 歴史 역사

37 一昔前まで、日本は世界で最も安全な国と言われていたが、＿＿＿ ＿＿＿ ＿★＿ ＿＿＿。

1 自信を持って　2 言い切れなくなった
3 そう　4 現状では

예전만 해도, 일본은 세계에서 가장 안전한 나라라고 하였지만, 현재 상황으로서는 자신 있게 그렇게 단언할 수 없게 되었다.

정답문장 一昔前まで、日本は世界で最も安全な国と言われていたが、現状では自信を持ってそう言い切れなくなった。

문법포인트! ✓ 동사ます형 + 切る : 다 ~하다, 끝까지 ~하다
동사ます형 + 切れない : 다 ~할 수 없다, 끝까지 ~할 수 없다

예 言い切れない 단언할 수 없다, 잘라 말할 수 없다, 使い切れない 다 사용할 수 없다,
食べ切れない 다 먹을 수 없다

어휘 一昔前 예전 | 現状 현재 상황 | 言い切る 단언하다, 잘라 말하다

38 今回の試合の結果は ＿＿＿ ＿★＿ ＿＿＿ ＿＿＿ おかげで最後まで頑張れたと思います。

1 みなさんの　2 応援の　3 どうで　4 あれ

이번 시합은 결과는 어쨌든 여러분의 응원 덕분에 끝까지 힘낼 수 있었다고 생각합니다.

정답문장 今回の試合の結果はどうであれみなさんの応援のおかげで最後まで頑張れたと思います。

문법포인트! ✓ どうであれ : 어쨌든, 하여튼

39 雇用の安全網の外にいる ＿＿＿、＿★＿ ＿＿＿ ＿＿＿ べきである。

1 生活費を支給し　2 政府は新基金を創設して
3 再就職を支援する　4 労働者たちを救済するため

고용 안전망 밖에 있는 노동자들을 구제하기 위해, 정부는 신기금을 창설하여 생활비를 지급하고 재취업을 지원해야 한다.

정답문장 雇用の安全網の外にいる労働者たちを救済するため、政府は新基金を創設して生活費を支給し再就職を支援するべきである。

문법포인트! ⊙ 선택지를 보면 '생활비 지급', '신기금 창설', '재취업 지원'이란 표현이 보이는데, 이 모든 것은 바로 4번 「労働者たちを救済するため」이므로 4번이 가장 앞에 와야 한다. 그리고 이 모든 활동의 주어는 '정부'이므로 우선 4+2이 되어야 한다. 그리고 문장 맨 마지막에 「べきである」가 있는데, 앞에 올 수 있는 문장은 3번뿐이므로 1+3이 되고, 완성하면 4+2+1+3이 된다.

어휘 雇用 고용 | 安全網 안전망 | 労働者 노동자 | 救済 구제 | 政府 정부 | 新基金 신기금 | 創設 창설 | 生活費 생활비 | 支給 지급 | 再就職 재취업 | 支援 지원

40 あんなちっぽけな口喧嘩で離婚 ＿＿＿ ＿＿＿ ＿★＿ ＿＿＿ ことだ。

1 なんて　2 にまで　3 ありえない　4 発展してしまう

저런 사소한 말다툼으로 이혼까지 되어버리다니 말도 안 된다.

정답문장 あんなちっぽけな口喧嘩で離婚にまで発展してしまうなんてありえないことだ。

문법포인트! ⊙ ～なんて： ~다니, ~라니 (뒤에 놀라움, 뜻밖이다, 한심하다, 무시·경멸 등의 내용이 오는 경우가 많다.)

어휘 ちっぽけだ 보잘 것 없다

5회

문제 7 다음 글을 읽고, 글 전체의 취지에 입각해서 41 ~ 44 안에 들어갈 가장 적당한 것을 1 · 2 · 3 · 4에서 하나 고르세요.

할머니의 매실장아찌

올해도 드디어 장마철이 찾아왔다. 이 계절이 되면 항상, 할머니의 매실장아찌가 생각난다.

우리 친정에는 매실나무가 여러 그루 있어, 많은 열매를 수확할 수 있었다. 그리고 온 가족이 매실 꼭지를 도려내는 착실한 작업을 하고 있었다. 양이 많으면 많을수록, 힘든 작업이었으며, 간신히 그 일이 끝나면, 이번에는 매실장아찌를 만들게 된다. 매실장아찌 만들기는 매우 손이 많이 가는 작업으로, 또 이 계절이 찾아왔다며, 나도 모르게(41) 한숨이 새어 나오기도 했다.

3월에 예쁜 꽃을 피운 친정의 매실나무는 6월이 되면 많은 열매를 맺는다. 이 시기에는 시장에서도 매실이 나오므로, 집에 매실나무가 없어도 우리 집 매실장아찌를 만들 수 있다.

할머니가 담그는 매실장아찌는 저염이 아니었다. 어렸을 때는 '짜다!'고 생각했지만, 이렇게 담그는 것이 장기 보존할 수 있고, 한 해 두 해 시간이 지날수록(42) 맛도 순하게 바뀌어 맛있어진다. 친정 냉장고에는 10년 전에 담근 매실장아찌도 있을 정도로, 이쯤 되면 매실장아찌는 이제 우리집 가보라고 해도 좋다.

게다가, 매실장아찌뿐만 아니라, 그 부산물도 실컷 맛볼 수도 있었다. 매실에서 우러나온 매실식초는 여름철에 매실주스로 마시기도 했다. 더운 여름, 땀으로 염분을 잃은 몸에 매실의 신맛과 짠맛이 스며들어, 더위 먹음 예방과 피로 회복에 도움이 되었다. 지친 몸을 순식간에(43) 부활시켜 주는 것이었다. 또한 매실의 신맛은 체내 소화기관을 자극하여, 소화효소 분비를 촉진해 준다고 한다.

매실장아찌는 아주 오래전부터 영양이 풍부한 슈퍼푸드로서 일본인들에게 소중히 여겨져 왔는(44)데, 더위 먹음 예방과 피로 회복 이외에도, 혈액순환 촉진, 식욕 증진 등의 효과도 있는 몸에 좋은 건강식품이다. 일상생활 속에서 조금 피로를 느낄 때는 적극적으로 식사에 곁들여 섭취하기를 추천하고 싶다.

어휘 梅干し(うめぼし) 매실장아찌 | ヘタ 꼭지 | くり抜く(ぬ) 도려내다 | 地道だ(じみち) 착실하다, 견실하다 | 手間がかかる(てま) 손이 많이 가다 | 実をつける(み) 열매를 맺다 | 出回る(でまわ) (시장 등에)출하되다, 나오다 | 漬ける(つ) 담그다 | 減塩(げんえん) 저염 | 長期保存がきく(ちょうきほぞん) 장기 보존이 가능하다 | まろやかだ 순하다 | 副産物(ふくさんぶつ) 부산물 | にじみ出る(で) 스며나오다, 우러나다 | 梅酢(うめず) 매실식초 | 酸味(さんみ) 신맛 | 塩気(しおけ) 짠맛 | 染み入る(しい) 스며들다 | 夏バテ(なつ) 더위 먹음 | 消化器官(しょうかきかん) 소화기관 | 刺激(しげき) 자극 | 消化酵素(しょうかこうそ) 소화효소 | 血行促進(けっこうそくしん) 혈액순환 촉진 | ヘルシーな食品(しょくひん) 건강식품 | 食事に取り入れる(しょくじ と い) 식사에 곁들여 섭취하다

41	1 思うまま	2 思えて	3 思わず	4 思わぬ
	1 생각대로	2 생각되어	3 나도 모르게	4 예상 못한

해설 본문을 보면 할머니의 매실장아찌에 대한 추억을 말하고 있는데, 전체적으로 매실장아찌를 좋게 평가하고 있는 것을 알 수 있다. 하지만, 이 맛있는 매실장아찌를 만들기 위해서는 온 가족의 고생이 필요하다고도 했다. 그래서 매실장아찌를 만드는 계절이 찾아오면 '한숨이 새어 나오기도 했다'고 했는데, 3번 「思わず(おも) 나도 모르게」가 들어가야 문맥이 자연스럽다.

42 1 割くごとに 2 要するごとに 3 重なるごとに 4 追うごとに

1 할애할 때마다 2 필요할 때마다 3 겹칠 때마다 4 지날수록

해설 할머니가 만드는 매실장아찌는 상당히 짰다고 했는데, 이렇게 담그면 장기 보존할 수 있고, 맛도 순하게 바뀌어 맛있어진다고 했다. 선택지 중 4번이 들어가 「時間(じかん)を追(お)うごとに」가 되면 '시간이 지날수록'이란 뜻이 되는데 이 표현을 관용표현으로 기억해 두기 바란다. 참고로 「時間(じかん)を割(さ)く 시간을 할애하다/내다」도 함께 기억해 두자.

어휘 割(さ)く 할애하다 | 要(よう)する 필요하다 | 重(かさ)なる 겹치다 | 追(お)う 좇다

43 1 みるみる 2 かねてから 3 だしぬけに 4 じかに

1 순식간에 2 이전부터 3 느닷없이 4 직접

해설 앞에서 매실주스의 효과에 관해 언급하고 있는데, '더위 먹음 예방'과 함께 '피로 회복에 도움이 된다'고 하며 '지친 몸을 ~부활시켜 준다'고 했다. 선택지 중에 1번이 들어가 '순식간에 부활시켜 준다'가 되어야 문맥이 자연스럽다. 4번 「直(じか)に」는 '(사이에 매개체를 두지 않고)직접'이란 뜻이므로 답이 될 수 없다.

44 1 重宝しはじめた 2 重宝されはじめた
3 重宝してきた 4 重宝されてきた

1 소중히 여기기 시작했다 2 소중히 여겨지기 시작했다
3 소중히 여겨 왔다 4 소중히 여겨져 왔다

5회

해설 「重宝(ちょうほう)する」는 '소중히 여기다'란 의미이다. JLPT 시험에 자주 출제되는 단어이니 한자 및 용법 등을 잘 숙지해 두기 바란다. 앞에서 「梅干(うめぼ)しは、ずっと前(まえ)から栄養豊富(えいようほうふ)なスーパーフードとして日本人(にほんじん)に～ 매실장아찌는 아주 오래전부터 영양이 풍부한 슈퍼푸드로서 일본인들에게~」라고 했으니, 우선 「重宝(ちょうほう)される」가 와서 '(매실장아찌는 일본인들에게)소중히 여겨지다'가 되어야 한다. 그리고 '아주 오래전부터'라고 했으니 「重宝(ちょうほう)されてきた」가 되어 '(매실장아찌는 아주 오래전부터)소중히 여겨져 왔다'가 되어야 문장이 자연스럽다.

어휘 重宝(ちょうほう)する 소중히 여기다

문제 8 다음 (1)~(4)의 글을 읽고, 뒤에 나오는 질문에 대한 답으로 가장 적당한 것을 1 · 2 · 3 · 4에서 하나 고르세요.

(1)

저출산 문제가 심각화되고 있는 요즘, 사쿠라 시에서는 필요한 시간에 아이를 맡아 주는 새로운 보육 서비스를 도입하여, 올 4월부터 시험운영을 시작했다. 지금까지의 사쿠라 시의 인가 보육원 신청을 하기 위한 최저 근무조건은 '주 4일 및 하루 6시간 이상'으로, 이 이하로는 신청조차 접수해 주지 않았다. 인가 보육원에 떨어진 사람은 요금이 비싼 무인가 보육원에 맡기고 인가 보육원에 빈자리가 나기를 기다리는 것이 현 상황이다.

이 서비스는 육아 중인 여성이 (주)관혼상제나 급병, 리프레시, 또는 파트타임을 할 수 있는 환경을 정비, 다산화를 꾀한다고 한다. 파트타임 일이기 때문에 갑자기 일이 들어오는 경우도 많은데, 이 보육 서비스는 당일 신청해도 맡길 수 있다.

이 서비스 단골손님은 급한 볼일이 생긴 주부와 프리로 일하는 엄마들. 사쿠라 시는 올 4월부터 저출산 대책으로서, 시험적으로 시설을 운영할 거라고 한다.

(주) 관혼상제 : 사람이 태어나서 죽을 때까지, 또는 죽은 뒤에 가족이나 친족 사이에서 행해지는 행사 전반

45 이 글의 내용으로 가장 올바른 것은 무엇인가?

1 친정아버지 장례에 가기 위해, 이 보육 서비스를 이용할 수 있다.
2 이 보육 서비스의 목적은 저소득층의 경제적 부감을 경감하는 것이다.
3 이 보육 서비스를 받기 위해서는 사전예약이 필요하다.
4 이 보육 서비스는 풀타임으로 일하는 사람에게 유리하다.

어휘 少子化問題 저출산 문제 | 今時 요즘 | 預かる 맡다 | 預ける 맡기다 | 空き 빈 곳, 빈자리, 공석 | 冠婚葬祭 관혼상제 | 急病 급병 | 非常勤 파트타임 | 多産化 다산화 | ~が故に ~이기 때문에, ~라서 | 急遽 급거, 갑작스럽게 | 常連客 단골손님 | 通夜 (죽은 사람의 유해를 지키며)밤을 새움

해설 본문 내용 중 「冠婚葬祭 관혼상제'가 힌트이다.

(2)

대표이사 가와히토 쓰토무 사장님
2024년 9월 15일

국내영업기획부 우에다 마사오

인사이동에 관해 〈상신〉

저, 우에다는 지난 9월 10일부로 사령에 의해, 금년 10월 1일로 오키나와 지점으로의 전근을 명받았습니다. 그러나, 하기 이유에 의해 오키나와 지점 전근은 곤란합니다.

부디 재고하신 후, 임명을 철회해 주시기를 부탁드립니다.

내 용

1. 간호가 필요한 부모(83세 · 81세)와 동거하고 있으며, 부부가 자택 간호에 임하고 있습니다.
2. 도내 사립 고교 2학년인 딸과 도립 중학 3학년인 아들이 있습니다.
3. 따라서, 가족 동반 전근은 불가능하며, 단신부임도 포함해 극히 곤란합니다.

이상

46 이 글의 내용으로 올바른 것은 무엇인가?

1 우에다 씨는 이유 여하에 관계없이 다음 달 중에 오키나와 지점으로 전근해야만 한다.
2 우에다 씨는 다음 달부터 가족 모두가 오키나와에 전근하게 되어 있다.
3 우에다 씨는 부모님이 마음에 걸려 전근을 주저하고 있는 것 같다.
4 이 인사이동 발령을 담당하는 부서에서는 우에다 씨 부부만의 전근을 원하고 있는 것 같다.

어휘 取締役社長 대표이사 | 上申 상사에게 의견 · 사정을 아룀 | ～付け ~부 | 辞令 사령, 임명 | ～を以って ~로(시제명사에 붙어 그 시기를 이룸) | 何卒 부디, 아무쪼록 | 再考 재고 | 撤回 철회 | 要介護 요개호, 간호가 필요함 | 都内私立高校 도내 사립 고등학교 | 都立中学 도립 중학교 | 家族連れ 가족 동반 | 単身赴任 단신부임 | 極めて 극히 | いかんに関わらず 여하에 관계없이 | 家族お揃い 가족 모두 | 気がかり 마음에 걸림 | ちゅうちょする 주저하다 | 発令 발령

해설 본문에 「1. 要介護の親（83歳・81歳）と同居しており、夫婦で自宅介護に当たっております」라는 내용이 있다. 「介護」란 '고령자 또는 몸이 불편한 사람을 돌보는 행위'를 말한다. 즉 우에다 씨는 돌봐드려야 할 고령의 부모님이 계셔서 전근을 곤란해 하고 있다.

(3)

어느 인터넷 리서치 회사가 신입 때 자신과 비교해, 요즘 신입사원에게 부족한 점은 무엇이냐고 물어보니, '분위기 파악을 못한다'가 가장 많았으며, 다음으로 '상사와 선배에 대한 보고 · 연락 · 상담 등이 서툴다'로, 회답의 40%를 넘고 있었다. 그러나, 사회에 나온 지 얼마 안 되는 신입이라면 분위기 파악을 못하는 게 당연하다는 생각이 들기도 한다. 게다가 '일부러 사무실 분위기에 맞추려고 하지 않는' 신입도 있을지도 모르겠다.

또, 사회인의 기본이라고도 할 수 있는 '보고 · 연락 · 상담 방법'. 물론 아직 신입이라서 '무엇을 보고 해야 하나'라며 당황하는 경우도 많으리라 생각한다. 이와 같은 경우, 신입사원은 상사나 선배에게 (주1)간절공손한 지도를 받고 싶다'고 생각하지만, 상사와 선배사원 대다수는 '자신이 생각하고 행동으로 보여달라'고 요구하고 있다. 회사원의 의식조사 등에서 상사와 신입사원 사이에 이런 격차가 보인다. 근년의 신입사원은 어린 시절부터 소셜 · 네트워크 · 서비스(SNS)와 자란 세대이다. 인터넷 글자로 정보를 얻고, 그 문자에 의한 커뮤니케이션에 익숙해져 있는 신입에게 이제는 (주2)'찰떡 같은 호흡'은 통용되지 않는다는 것을 터득하는 편이 좋을지도 모르겠다. '이 정도라면 하나하나 가르치지 않아도 알겠지'라고 하지 말고, 어려운 용어나 전문적인 일은 확실하게 설명하는 것도 중요할 것이다.

(주1) 간절공손 : 세세한 부분까지주의가 미치고, 굉장히 정중하며 친절한 것
(주2) 찰떡 같은 호흡 : 두 명 이상이 무엇인가를 할 때, 호흡이 맞는 모습

47 이 글의 내용으로 올바른 것은 어느 것인가?

1 요즘 신입사원은 직장 분위기를 잘 헤아리는 것 같다.

2 요즘 상사와 신입은 서로에 대해 별다른 갭을 느끼지 않고 있는 것 같다.

3 요즘 신입은 SNS 덕분에 실제 커뮤니케이션에도 익숙해져 있다.

4 필자는 요즘 젊은이에 대해 관용적인 태도를 취하고 있는 것 같다.

어휘 今時 요즘 | 空気が読めない 분위기 파악을 못하다 | 次ぐ 뒤를 잇다 | 戸惑う 당황하다 | 懇切だ 자상하고 친절하다 | 隔たり 격차, 간격 | あうんの呼吸 찰떡 같은 호흡 | 心得る 터득하다, 이해하다 | 汲み取る 헤아리다, 추측하다 | 大して ～ない 그다지/별로 ~않다 | 寛容的 관용적

해설 본문 전체 내용을 보면 필자는 상사를 비롯한 기성 세대들에게 자기들 세대처럼 생각하지 말고, 젊은 세대를 좀더 이해해야 한다는 인식을 갖고 있다.

(4)

정부는 유전정보(게놈)를 활용하여 환자별로 최적 치료를 행하는 '게놈 의료' 실용화를 위한 추진 방침을 발표하였다.

국내 3곳의 바이오뱅크에서 집적하고 있는 유전정보 데이터형식을 갖추고, 연구에 유효 활용한다. 또한, 암과 일부 인지증, 희귀난치병 등에 관해, 발증에 영향을 주는 유전자 연구를 중점적으로 진행한다. 관계 부성에 의한 '게놈 의료 실현 추진 협의회'에서 결정하고, 내년도부터의 예산에 반영한다.

게놈 의료는 병의 원인이 되는 유전자를 규명하여 치료법을 개발하는 것 외에, 약의 효과나 부작용이 나오기 쉬운 체질의 차이도 유전정보에서 파악하여, 각각의 환자에게 적합한 약을 선택하는 등으로 치료 효과를 높이는 것. 실현하기 위해서는 많은 인원을 대상으로 한 조사에 의해, 유전자와 체질 등의 관련을 밝혀낼 필요가 있다.

48 '게놈 의료'에 관해 올바른 것은 어느 것인가?

1 '게놈 의료'의 실용화로 난치병 치료 등에 드는 의료비 부담을 상당히 줄일 수 있을 것 같다.

2 '게놈 의료'의 실용화는 희귀난치병 치료뿐만 아니라, 제약 분야에 대한 공헌도 기대되고 있다.

3 '게놈 의료'의 실용화로 암과 인지증 등, 대부분의 희귀난치병 완치가 예상되고 있다.

4 '게놈 의료'의 실용화는 정부의 투자를 받아, 국내 민간연구기관의 주도로 추진되고 있다.

어휘 ～に向けた ~를 위한 | 推進方針 추진 방침 | 集積 집적 | 認知症 인지증 | 希少難病 희귀난치병 | 発症 발증 | 突き止める 규명하다, 밝혀내다 | 把握 파악 | 省く 덜다, 줄이다, 생략하다 | 貢献 공헌 | 完治 완치

해설 '게놈 의료'의 본질은「がんや一部の認知症、希少難病などについて、発症に影響する遺伝子の研究」와「薬の効き目や副作用の出やすさといった体質の違いも遺伝情報から把握」하는 것이다. 하지만 '게놈의료'는 결코 만능의료는 아니다.

문제 9 다음의 (1)~(4)의 글을 읽고, 뒤에 나오는 질문에 대한 답으로 가장 적당한 것을 1·2·3·4에서 하나 고르세요.

(1)

자외선이 신경 쓰이는 피부가 아름다운 사람들은 외출할 때마다, 바지런히 선크림을 발라 자외선을 차단하려고 한다. 뿐만 아니라, 선글라스와 양산도 빼놓을 수 없다. 검게 그을린 피부는 기미나 주근깨의 원인이 되며, 피부암이 되기 쉽다고 하지만, 피부암은 일부 백인에게 관계된 경우가 많으며, 대부분의 도로가 아스팔트로 포장되어 있는 도시에서는 그 위험성은 적다. 왜냐하면 백색은 자외선을 반사하고, 흑색은 자외선을 흡수하기 때문이다.

여기서는 건강에 메리트가 되는 일광욕의 소중함에 관해 논해 보겠다.

그럼 일광욕은 건강과 어떤 관계가 있을까? 우선, 체내의 비타민D 생성이다. 비타민D는 태양 빛을 쬐는 것에 의해 만들어지며, 면역력을 높이며, 암세포를 정상 세포로 되돌리며, 골다공증 예방에도 효과적이라고 한다. 비타민D 레벨이 높은 사람은 대장암과 췌장암 등 다양한 암이 될 가능성을 20~80%까지 저하시키며, 고혈압과 당뇨병 발병율도 감소시키고, 심장병과 뇌경색도 예방한다고 한다. 그 밖에도 비타민D는 뼈를 튼튼하게 해서 성장하는 어린이나 노인에게 일광욕은 필수이다.

또한, 태양광은 '우울증'에도 효과가 있다. 사람에게 온화한 감정을 주는 작용을 하는 세로토닌이란 두내물질이 있다. 이 물질은 태양 빛을 쬐는 것에 의해, 분비량이 증가한다. 평소, 사소한 일에도 바로 욱하거나 안달하거나 하는 성격이라면, 태양광 부족이 원인일지도 모른다.

그 밖에도 일광욕은 뇌혈관 혈류를 향상시키므로 두통에도 효과가 있다. 혈류가 좋아지면 근육은 완화되며, 스트레스도 해소된다. 숙면과 냉방병에도 효과가 있으므로, 매일 10분 정도의 일광욕 습관은 현대인을 더욱 건강하게 하는 가장 간단한 방법일지도 모른다.

자외선은 종이나 유리에도 흡수되므로, 주로 실내에서 일하는 사람이라면 햇살이 잘 드는 곳에서도 일광욕은 가능하다. 또한 비타민D는 축적도 가능하므로, 만약, 올여름, 남쪽 섬에 갈 예정이 있다면, 선탠을 만끽하고, 태양광이 약한 겨울 시기에 대비하는 것은 어떨까.

49 일광욕이 건강에 메리트가 되는 점이 아닌 것은 어느 것인가?

1 마음이 온화해져서 화내기 쉬운 성격이 안 되게 된다.
2 암을 일으키거나 골절할 가능성이 낮아진다.
3 푹 잘 수 있고, '우울증' 치료에 도움이 된다.
4 뼈를 건강하게 하기 때문에, 고령자 장수 원인이 된다.

해설 일광욕이 우리에게 주는 건강상의 여러 메리트를 논했지만, 장수에 대한 언급은 없었다.

50 본문 내용과 맞는 것은 무엇인가?

1 비타민D의 생성을 위해 반드시 밖에서 산책 안 해도 된다.
2 특정의 인종만이 피부암이 된다.
3 몇 년이나 지하에서 일하고 있는 사람은 초조해져서, 일에서 잘못을 저지르기 쉽다.
4 여름의 일광욕 횟수에 따라, 세로토닌의 저축량이 결정된다.

5회

해설 '자외선은 종이나 유리에도 흡수되므로, 주로 실내에서 일하는 사람이라면 햇살이 잘 드는 곳에서도 일광욕은 가능하다'라고 했다. 즉 반드시 밖에 나가지 않아도 일광욕은 가능하다.

어휘 紫外線 자외선 | 美肌派 아름다운 피부파 | ~たびに ~할 때마다 | こまめに 바지런히 | 日焼け止めクリーム 선크림 | 塗る 바르다 | 遮る 차단하다 | それぱかりか 그뿐 아니라 | 日傘 양산 | 欠かす 빠트리다 | 日焼けする 피부가 타다 | 肌 피부 | シミ 기미 | ソバカス 주근깨 | 皮膚ガン 피부암 | 白人 백인 | 舗装 포장 | 反射 반사 | 吸収する 흡수하다 | 日光浴 일광욕 | 論じる 논하다 | 体内 체내 | 生成 생성 | 太陽 태양 | 光を浴びる 빛을 쬐다 | 免疫力 면역력 | 細胞 세포 | 正常 정상 | 骨粗しょう症 골다공증 | 予防 예방 | 効果的 효과적 | 大腸ガン 대장암 | すい臓ガン 췌장암 | 多様な~ 다양한~ | 可能性 가능성 | 低下 저하 | 高血圧 고혈압 | 糖尿病 당뇨병 | 発病率 발병율 | 減少 감소 | 心臓病 심장병 | 脳梗塞 뇌경색 | 骨 뼈 | お年寄り 노인 | 必須 필수 | 尚 또한, 그리고 | 太陽光 태양광 | うつ病 우울증 | 穏やかな 온화한 | 感情 감정 | 与える 주다 | 作用 작용 | セロトニン 세로토닌 | 頭内物質 두내물질 | 分泌量 분비량 | 増加 증가 | 普段 평소 | 切れる 욱하다 | いらいらする 안달하다, 짜증나다 | 性格 성격 | 不足 부족 | 脳血管 뇌혈관 | 血流 혈류 | 向上する 향상되다 | 頭痛 두통 | 筋肉 근육 | 緩む 완화되다 | 解消 해소 | 熟眠 숙면 | 冷房病 냉방병 | 利く 효과가 있다 | 習慣 습관 | 現代人 현대인 | 主に 주로 | 室内 실내 | 日差しが当たる 햇살이 들다 | 貯蓄 저축 | この夏 올여름 | 満喫 만끽 | 備える 대비하다

(2)

저는 회사에서 직원들의 건강이나 안전관리를 담당하는 산업의를 하고 있습니다만, 직원과의 면담 시 모두 피곤하구나라고 느낄 때가 많습니다. 우리들은 일하는 동안 무의식적으로 긴장하고 있습니다. 이 긴장감을 제대로 풀지 않으면 심신의 부진으로 이어져 버립니다. 포인트는 시간을 구분하는 것입니다. 식사하거나 커피나 차를 마시며 휴식을 취하는 것으로 업무로부터의 긴장감을 일시적으로 완화할 수 있습니다. 시간을 구분한다는 것은 긴장의 원인을 직접 제거하는 것이 아니라 휴식을 적극적으로 도입해 나가는 것을 의미합니다.

휴일에 다음날의 일을 대비해서 자료를 정리하거나 복습하며 보내는 것이 결코 해서는 안 된다고는 말하지 않지만, 그러면 매일의 긴장감은 몸에서 풀리지 않습니다. 만약 일주일에 하루밖에 쉴 수 없다면 쉬는 날 정도는 일에 관해서는 일절 생각하지 않는 편이 매일의 긴장감이 풀립니다. 잘할 수 있다면 단 하루라도 그 효과를 최대 몇 주에 걸쳐 발휘시킬 수 있습니다. 다만 그러기 위해서 피곤해서 쉬는 것이 아니라 피곤하기 전에 미리 휴식을 취하는 것이 중요합니다.

마라톤 선수는 목이 마르고 나서 물을 마시지 않습니다. 미리 급수 포인트를 정해 물을 마시고 있는 것입니다. 일에 대해서도 마찬가지로 피곤하고 나서 쉴 것이 아니라 피로가 쌓일 것 같은 시기에 쉬도록 합시다. 한 연구 결과에 따르면 사전에 휴가 예정을 계획해 둠으로써 행복도가 상승했다는 것이 있습니다.

여러분도 지금까지 한 번쯤은 휴일이 다가옴에 따라서 들뜬 경험이 있지 않을까요? 비록 짧은 휴일이라도 미리 기대하고 있는 예정을 계획함으로써 그 효과를 최대한 살릴 수 있다면 좋겠죠.

51 잘할 수 있다면이라고 했는데, 어떻게 하면 좋은가?

1 피곤을 느꼈다고 생각되면 하루 휴가를 내고, 그날은 일에 대해서는 일절 생각하지 않도록 한다.

2 지금까지 이상으로 일을 열심히 하여, 한꺼번에 휴가를 낼 수 있도록 한다.

3 피곤하기 전에 휴가 계획을 세우고 휴가 동안 일에 대해서는 일절 생각하지 않는다.

4 휴일에 다음날 업무 자료를 정리해 둠으로써 다음날 업무로 피곤하지 않도록 한다.

해설 단 하루를 쉬더라도 그 효과를 최대 몇 주에 걸쳐 발휘시키려면, 피곤해지기 전에 쉬면서, 쉴 때는 일에 관해서는 일절 생각하지 않는 것이 좋다는 내용이므로, 정답은 3번이다.

52 이 글에서 필자가 가장 하고 싶은 말은 무엇인가?

1 일과 쉬는 시간을 확실히 구분하고 긴장감을 끊음으로써 심신의 건강을 유지할 수 있다.

2 업무 중 휴식을 효율적으로 도입하는 것으로 작업의 효율이 올라간다.

3 긴장감을 끊기 위해서는 피곤하다고 느끼면 바로 휴식을 취해야 한다.

4 하루라도 휴일이 있으면 들떠 행복도가 올라가므로 적극적으로 휴식을 취하는 것이 좋다.

해설 일하면서 느끼는 긴장감은 심신의 부조로 이어질 수 있고, 그것을 예방하기 위해서는 일하는 시간과 휴식 시간을 구분하는 것이 포인트라고 했다. 또한 쉬는 날 정도는 일에 관해서는 일절 생각하지 않는 편이 좋다고 했으니, 정답은 1번이다.

어휘 産業医 산업의 | 無意識 무의식 | 緩める 긴장을 풀다, 완화하다 | 不調 상태가 나쁨, 부진함 | 区切る 구분짓다, 구획짓다 | 休憩 휴게, 휴식 | はさむ 끼우다 | 緩和する 완화하다 | 取り除く 제거하다 | 取り入れる 받아들이다, 도입하다 | 備える 대비하다, 갖추다 | 一切 일체, 일절 | ほぐれる (엉클어진 것, 긴장 등이)풀리다 | 発揮 발휘 | 幸福度 행복도 | 生かす 살리다 | 翌日 다음날 | 断ち切る 끊다, 자르다 | 保つ 유지하다, 지키다 | うきうき 들떠 있는 모양

(3)

올해 들어, 유럽연합(EU)의 주요 20개국 중, 절반 정도의 나라가 금융완화정책을 행하였다. 금융완화라는 것은 경기가 악화되었을 때, 은행이 현금을 발행함으로써 시중 통화량을 늘리거나, 국채를 사들이거나 해서, 자금조달을 용이하게 하는 정책을 의미한다.

현재 일본은 경제성장율, 물가, 기업의 투자, 금리가 역사적으로 최저수준에 머물고 있어 25년째 불황이라고 하는데, 미국을 비롯, 유럽과 아시아도 정도와 시간의 차는 있을지언정, 그다지 상황은 다르지 않다. 즉, '불황'이란 것은 바야흐로 전 세계가 안고 있는 국제적 문제이다.

불황의 원인을 명확히 설명하기란 어려울지도 모르겠다. 최근에는 젊은 세대의 취직률 저하와 함께, 만혼화에 의한 출산율도 감소하고 있다. 더욱이, 고령화에 의한 평균수명의 증가는 점점 미래에 대한 불안을 초래하고 있다. 그 때문에, 사람은 소비를 줄여, 저금으로 치닫게 된다. 소비가 한계점에 부딪혀, 돈의 순환이 나빠진다. 그 결과 경기가 정체되어 버리는 것이 디플레이션이다.

<u>나빠진 돈의 순환을 좋게 하기 위해</u>, 전문에도 논한 대로 각국을 대표하는 은행은 금리를 내리는 것이다. 저렴한 금리로 돈을 빌리기 쉬워진 민간은 개인은 주식이나 집을 사거나, 기업은 투자설비 등을 하거나 하게 된다. 또한 정부는 국채를 발행하고, 조달된 자금으로 공공사업 등을 시행한다. 그렇게 함으로써 고용은 창출되고, 수입이 발생한 민간은 다시 소비로 돌린다는 구조이다.

그러나 불황일 때에는 누구나가 소비를 줄이려고 하기 때문에, 이 대책은 효과를 발휘할 수 없게 될지도 모른다. 근본적인 대책은 없는 채, 부동산의 활성화나 정부의 사회적 간접자본 투자는 빚만을 증가시키는 결과를 초래할 수도 있다. 언제까지나 과거의 이론만을 계속 쫓아다닐 수는 없는 것이다.

그럼, 국가와 국민은 미래에 대비해, 어떻게 움직여야 할 것인가. 과학의 발전으로 전문직에서도 직장을 잃을 가능성이 있으며, 기업이 소유하고 있는 기술력은 언제든 타사나 타국에 추월당하는 시대가 되어 가고 있음을 인식하기 바란다. 정부는 과거의 실패를 반복하지 말고, 냉정한 사고로 미래 산업에 투자해야 할 것이며, 개인은 감소한 수입에 맞춘 삶을 모색해야만 한다.

53 나빠진 돈의 순환을 좋게 하기 위해서는 어떻게 하면 좋은가?

1 개인은 은행으로부터의 빚을 빨리 변제한다.
2 정부와 지방정부 등이 IT를 위한 광섬유케이블망을 정비한다.
3 민간기업은 기술혁신을 촉진하며, 남에게 추월당하지 않도록 한다.
4 각국을 대표하는 은행은 지금처럼 제로금리를 유지한다.

해설 은행이 금리를 내리면 '저렴한 금리로 돈을 빌리기 쉬워진 민간은 개인은 주식이나 집을 사거나, 기업은 투자 설비 등을 하거나 하게 된다. 또한 정부는 국채를 발행하고, 조달된 자금으로 공공사업 등을 시행한다. 그렇게 함으로써 고용은 창출되고, 수입이 발생한 민간은 다시 소비로 돌린다는 구조'라고 했다. 이 내용에 맞는 방법은 2번이다.

54 본문 내용과 맞는 것은 어느 것인가?

1 디플레이션이란 물건의 가격이 내려가고 돈의 가치도 계속 내려가는 상태를 말한다.
2 디플레이션에서 벗어나기 위해서는 물가 수준을 상승시켜, 기업의 설비투자를 원조해야 한다.
3 불황에서 빠져나오기 위해서는 개인은 저축을 중단하고, 소비로 치달아야 한다.
4 불황 해결을 위해서는 국가와 개인은 미래에 대한 새로운 한걸음을 내딛을 필요가 있다.

해설 마지막 단락이 힌트가 된다. '정부는 과거의 실패를 반복하지 말고, 냉정한 사고로 미래 산업에 투자해야 한 것이며, 개인은 감소한 수입에 맞춘 삶을 모색해야만 한다'라고 했다.

어휘 欧州連合 유럽연합 | 主要 주요 | ～のうち ~중 | 半分 절반 | 金融 금융 | 緩和 완화 | 政策 정책 | 景気 경기 | 悪化 악화 | 現金 현금 | 発行 발행 | 通貨の量 통화량 | 増やす 늘리다 | 国債 국채 | 買い上げる 사들이다 | 資金調達 자금조달 | 容易にする 용이하게 하다 | 経済成長率 경제성장률 | 物価 물가 | 企業 기업 | 投資 투자 | 金利 금리 | 歴史的 역사적 | 最低水準 최저수준 | 不況 불황 | ～を始め ~을 비롯 | 程度 정도 | 差 차 | さほど～ない 그다지 ~하지 않다 | すなわち 즉 | 抱える 안다 | 国際的 국제적 | 明確 명확 | 若い 젊다 | 世代 세대 | 就職率 취직율 | 低下 저하 | ～と共に ~와 함께 | 晩婚化 만혼화 | 出産率 출산율 | 減少 감소 | その上 더욱이 | 高齢化 고령화 | 平均寿命 평균수명 | 増加 증가 | ますます 점점 | 未来 미래 | 招く 초래하다 | そのゆえ 그 때문에 | 消費 소비 | 減らす 줄이다 | 貯金 저금 | 走る 치닫다 | 頭打ち 한계점 | 循環 순환 | 停滞 정체 | デフレ 디플레이션 | 前文 전문 | 述べる 논하다 | 各国 각국 | 代表 대표 | 民間 민간 | 個人 개인 | 株式 주식 | 設備 설비 | 政府 정부 | 公共事業 공공사업 | 雇用 고용 | 創出 창출 | 収入 수입 | さらに 다시 | 回す 돌리다 | 仕組み 구조 | 不況時 불황일 때 | 誰もが 누구나가 | 絞る 줄이다 | ～がちだ ~하는 경향이 있다 | 発揮 발휘 | 根本的 근본적 | 不在 부재 | ～のまま ~인 채 | 不動産 부동산 | 活性化 활성화 | 間接資本 간접자본 | 借金 빚 | 増加 증가 | もたらす 초래하다 | ～かねない ~할 수도 있다 | 過去 과거 | 論理 논리 | 追い続ける 계속 쫓다 | ～わけにはいかない ~할 수는 없다 | 国家 국가 | 国民 국민 | ～に備え ~에 대비해 | 科学 과학 | 発展 발전 | 専門職 전문직 | 職場 직장 | 無くす 잃다 | 可能性 가능성 | 所有 소유 | 技術力 기술력 | 他社 타사 | 他国 타국 | 追い越す 추월하다 | ～つつある ~하고 있는 중이다 | 認識 인식 | 繰り返す 반복하다 | 冷静 냉정 | 産業 산업 | 合わせる 맞추다 | 生き方 삶 | 模索 모색

(4)

초등학생 아들의 교과서를 보고 깜짝 놀란 적이 있다. 고작 초등학생 교과서쯤이야 했더니……, 요즘 아이들은 힘들겠다고 절실히 생각했다.

지금 돌이켜보면, 나는 공부를 못하는 아이였다. 특히 산수를 못해, 초2 때 공부했던 구구단을 못 외워서, 방과 후, 모두가 돌아간 교실에 남아 선생님과 단둘이서 구구단 연습을 하고 있었다.

이이는 사, 이삼은 육, …… 반복하여 외우고 있었다. 그러나 이 구구단 암송, 누구라도 외우기 쉬운 방법은 아닌 것 같으며, 다만 나의 '인지 특성'과 맞지 않았을 뿐인지도 모른다.

'인지 특성'이란, 사물을 이해하거나 기억하거나 하는 방법으로, 사람에 따라 개인차가 있다고 한다. 같은 것을 보아도, 이해한 내용과 반응이 다르다. 또 개인 내에서도, 시각, 청각, 촉각, 미각, 후각 등 오감에 차이가 있다는 것이 밝혀져 있다. 구체적으로는 시각적인 처리는 서툴러서, 도면이나 그림을 본 것만으로는 의미를 이해 못 하지만, 청각적인 처리는 잘하기 때문에 소리나 목소리를 들으면 과제를 해결할 수 있는 사람도 있다. 이것은 사람마다 제각각 잘하는 인풋, 아웃풋 방법이 있는 것과 관계하고 있다. 이처럼, 한 사람 한 사람에게 있는 독특한 인지를 '인지 특성'이라고 부른다.

소아신경전문의에 의하면, 사람에게는 타고난 감각의 강약이 있다고 한다. 예를 들면 보는 힘과 듣는 힘 등의 강약에 따라, 잘하는 학습법에 차이가 발생하며, 이로써 (주)습숙도의 차이도 발생하는 것이다. 또한 '인지 특성'은 태어날 때부터 어느 정도 정해져 있으며, 크게 바꾸기란 어렵다고 한다. 설령 바꾸기는 어려워도 <u>자신의 특성을 알고 있다는 것은 매우 의의가 있는 일이라고 생각한다</u>.

그러나 아쉽게도, 실제 학교 현장에서는 이 '인지 특성'이 거의 고려되어 온 것 같지 않다. '인지 특성'에 맞추어 즐겁게 배울 수 있는 방법을 궁리할 필요도 있다고 생각한다.

만약 선생님이나 부모님이 나의 특성을 파악하고 있었다면, 그 (구구단)보충수업도 하지 않고 해결되었을지도 모른다.

(주) 습숙도 : 습득의 정도

5회

55 <u>자신의 특성을 알고 있다는 것은 매우 의의가 있는 일이라고 생각한다</u>는 것은 왜인가?

1 선천적으로 갖고 있는 자신의 감각을 파악할 수 있어, 자기만의 학습이 가능하리라 생각하기 때문에
2 각각의 아이에게 맞는 다양한 구구단 학습 방법을 찾아내는 데 크게 도움이 되리라 생각하기 때문에
3 자신의 특성을 파악하는 것에 의해, 신체 각 기관, 특히 오감발달에 도움을 줄 거라고 생각하기 때문에
4 자신의 특성을 알고 있다는 것은 개성을 살리는 데 도움이 되리라 생각하기 때문에

해설 본문에서 「小児神経専門医によると、人には生まれつき持っている感覚の強弱があるという。たとえば視る力や聴く力などの強弱により、得意な学び方に違いが生じ、これで習熟度の違いも生じるわけである」라고 했다. 즉, 인지특성의 정확한 파악으로, 자신에게 맞는 학습 방법을 알 수 있다는 말이다.

56 이 글에서 필자가 가장 하고 싶은 말은 어느 것인가?

1 반복해서 구구단 일람표를 암송시키는 것만으로는 아이에게 구구단은 외우게 할 수 없다.
2 오감 중에서 어느 특정 감각이 뛰어난 사람은 다른 감각도 뛰어난 경우가 많다.
3 요즘 초등학생은 숙달도가 다르기 때문에 모두에게 똑같은 학습량이 주어지는 것은 부당하다.
4 앞으로의 교육 현장에서는 아이들 각자에게 적합한 공부 방법을 찾는 것이 중요하다.

해설 대개 필자가 하고 가장 하고 싶은 말이나, 그 글의 주제는 본문 마지막에 나오는 경우가 많다. 이 글에서도 「「認知特性」に応じ、楽しく覚えられる方法を工夫する必要もあると思う」가 결정적 힌트가 된다.

어휘 たかが 고작, 기껏해야 | ～と思いきや ~인줄 알았더니 | 今時 요즘 | つくづく 절실히, 곰곰이 | 思い返す 돌이켜보다, 회상하다 | 九九 구구단 | 唱える 외다, 소리내 읽다 | 暗唱 암송 | 認知特性 인지특성 | 物事 사물, 일 | 視覚 시각 | 聴覚 청각 | 触覚 촉각 | 味覚 미각 | 嗅覚 후각 | 独特 독특 | 小児神経専門医 소아신경전문의 | 生まれつき 타고난 | 強弱 강약 | 視る 보다 | 聴く 듣다 | 習熟度 습숙도(숙달도) | 生まれながらに 태어날 때부터 | 有意義だ 의의가 있다 | 考慮 고려 | 工夫 궁리 | とらえる 파악하다, 인식하다 | 補習 보습, 보충수업 | 先天的 선천적 | 自己流 자기류(자기만의 각각) | 区々な 다양한, 여러 가지 | 把握する 파악하다 | 各器官 각 기관 | 長ける 뛰어나다 | 当てはまる 적합하다, 들어맞다 | 探る 찾다

문제 10 다음 글을 읽고, 다음 질문에 대한 답으로 가장 적당한 것을 1·2·3·4에서 하나 고르세요.

인간의 몸속에는 하루 주기로 리듬을 맞춰주는 ①'체내시계'라는 것이 있으며, 보통, 낮에는 활동상태이고, 밤에는 휴식모드가 됩니다. 이 체내시계를 움직이고 있는 것이 뇌 속에서 시간을 관장하는 시계유전자입니다.

만약 당신의 체내시계 타입이 '초야간형'이나 '야간형'이라면, '1일 24시간이란 실생활' 시간과의 어긋남을 리셋할 필요가 있습니다.

체내시계의 어긋남을 리셋하는데 가장 효과적이고 누구라도 할 수 있는 간단한 방법이 아침에 일어나면 '아침 햇살을 쬐는' 방법입니다.

아침 5시부터 낮 12시까지의 오전 중의 태양광을 쬐면, 체내시계가 약간 늦는 사람은 앞당겨 조정할 수 있습니다. 왜냐하면, 눈으로 들어온 태양광은 체내시계를 관장하는 시계유전자에 직접 영향을 주어, 체내시계를 리셋해 주기 때문입니다. 아침에 일어나 우선 할 일은 커튼을 열어 창문에서 들어오는 아침 햇살을 쬐는 것입니다. 맑은 날이든 흐린 날이든 비 오는 날이든, 그날 날씨는 관계없습니다. 흐린 날이어도 조도(빛의 밝음을 나타내는 단위)는 1만 럭스나 됩니다. 이는 편의점의 5배의 밝기입니다. 시보를 듣고 시계의 어긋남을 고치는 것처럼, 매일 아침 아침 햇살을 눈으로 캐치하여, 체내시계의 어긋남을 리셋합니다.

도저히 자명종시계에 반응 못하겠다는 사람은 자기 전에 차광성 커튼을 열어 놓고, 아침 햇빛이 실내에 들어오도록 하고 나서 자는 것도 권해 드립니다. 그렇게 하면, 아침 햇살 속에서 빛을 느끼면서 눈을 뜰 수 있습니다.

여성의 경우에는 차광커튼을 연 채로 자는 것에 저항감이 있을지도 모르겠습니다만, 인간의 뇌는 눈을 감고 있어도 눈 안쪽에 있는 망막에서 빛을 감지하기 때문입니다. 매일 빠뜨리지 않고 같은 시간에 일어나, 아침 햇빛을 쬐고 있으면, 서서히 몸이 적응하여 아침형 생활패턴으로 이행시킬 수 있습니다.

여기서 중요한 것이 두 가지 있습니다. 첫 번째는 '매일 계속할 것'. 일과 학교 수업이 있는 평일뿐 아니라, 토일에도 될 수 있는 한 평일과 같은 시간에 일어나고, 일어나면 우선 아침 햇살을 쬡니다. 두 번째는 '토일에 몰아서 자지 말 것'.

주말에 몰아서 자 버리면, 월요일부터 금요일의 5일 동안에 걸쳐서 조정한 체내시계 어긋남이 이틀만에 원래상태로 돌아가 버리기 때문입니다. 그 결과, 월요일에 일어나지 못하게 되는 것입니다. 즉, 이른 아침 패턴에 적응하기 시작한 체내시계가 주말의 몰아자기에 의해 단번에 고장나 버리는 겁니다.

평일의 수면부족을 한번에 해소하려고 하는 주말의 몰아자기는 ②'백해무익'이라고 생각해 주세요.

57 ①체내시계란 무엇을 말하는가?

1 인간의 심신의 기능을 조정하는 것으로, 어긋남은 심장이 행한다.
2 인간의 생활리듬을 조정하는 것으로, 심장이 관장한다.
3 인간의 하루 호르몬 양을 조절하는 것으로, 어긋남은 뇌가 행한다.
4 인간의 생태리듬을 조절하는 것으로, 뇌가 관장한다.

해설 체내시계에 관한 설명이 바로 앞뒤에 있다. 체내시계는 하루 주기로 우리 몸의 리듬을 맞춰주며, 이 체내시계를 움직이고 있는 것이 「脳内(のうない)で時間(じかん)を刻(きざ)む時計遺伝子(とけいいでんし)」라고 했다.

58 이 글에서 ②백해무익이란 무엇을 의미하는가?

1 야간형 습관은 나쁜 일이 백 번 있어도, 좋은 일은 한 번도 없다는 의미
2 매일의 습관을 이틀동안 안 해서, 다시 조정 전 상태로 된다는 의미
3 야간형 체내시계를 아침으로 리셋하면, 심신에 좋은 일만 있다는 의미
4 매일의 습관을 하루 깨뜨려서, 신체 장기기능이 엉망이 된다는 의미

해설 힌트는 바로 윗문장에 있는 「朝早(あさはや)いパターンに慣(な)れ始(はじ)めていた体内時計(たいないとけい)が、週末(しゅうまつ)の寝(ね)だめによって一気(いっき)に狂(くる)ってしまう」이다. 즉 월요일~금요일까지 기껏 힘들게 조정에 성공한 체내시계를 주말 몰아자기로 다 망칠 수 있다는 의미이다.

59 필자가 이 글에서 전하고 싶은 말은 무엇인가?

1 체내시계의 어긋남을 리셋하려면, 매일 졸려도 정해진 시간에 일어나자.
2 한꺼번에 자거나 하지 말고 아침 햇살을 매일 쬐는 습관을 들여 체내시계 어긋남을 없애자.
3 체내시계 어긋남은 리셋해도, 바로 엉망이 되니 충분히 주의하자.
4 수면 저금은 체내시계를 엉망으로 만드는 원인이 되므로, 맑은 날에 충분히 아침 햇살을 쬐자.

해설 필자는 '야간형'이나 '초야간형'이라면, '1일 24시간이란 실생활' 시간과의 어긋남을 리셋할 필요가 있다고 하며, 이런 생활패턴을 고치기 위한 방법을 소개하고 있다. 누구나 쉽게 할 수 있는 방법으로는 아침 햇살 쬐는 것과 주말에 몰아자기를 하지 말아야 한다고 하고 있다.

어휘 刻(きざ)む ① 잘게 썰다 ② 새기다 ③ 잘게 구분하여 나아가다 | 超夜型(ちょうよるがた) 초야간형 | 夜型(よるがた) 야간형 | ズレ 차이, 어긋남 | 前倒(まえだお)し (어떤 계획이나 예산집행 등을) 당겨 시행함 | というのも 왜냐하면 | 司(つかさど)る 관리하다 | 働(はたら)きかける 영향을 주다, 압력을 가하다 | 照度(しょうど) 조도 | 時報(じほう) (방송 등)정확한 시간을 알리는 신호 | 遮光性(しゃこうせい) 차광성 | 網膜(もうまく) 망막 | 欠(か)かさず 빠놓지 않고, 빠뜨리지 않고 (欠(か)かす 빼다, 빠뜨리다) | 徐々(じょじょ)に 서서히 | 朝型(あさがた) 아침형 | 移行(いこう) 이행 | 寝(ね)だめ 잠을 한꺼번에 몰아서 자는 것 | 一気(いっき)に 한번에, 단숨에 | 狂(くる)う ① 미치다 ② 고장나다 ③ 틀어지다, 엉망이 되다 | 睡眠不足(すいみんぶそく) 수면부족 | 百害(ひゃくがい)あって一利(いちり)なし 백해무익 | 心臓(しんぞう) 심장 | 臓器(ぞうき) 장기 | 狂(くる)わす 미치게 하다, 고장 내다

5회

문제 11 다음 A와 B는 각각 대학의 가을 입학 실시에 관해 논한 글이다. A와 B를 모두 읽고, 다음의 물음에 대한 대답으로 가장 적당한 것을 1 · 2 · 3 · 4에서 하나 고르세요.

A

A대학은 현행 4월 봄 입학에서 9월 가을 입학으로 전면 이행하는 개혁을 실시하겠다고 발표했다. 세계 일류 대학은 오로지 9월 가을 입학이며, 4월 입학을 채용하고 있는 나라는 일본을 포함해 극히 일부라고 한다. 세계 풍조에 맞추는 것으로, 일본 학생들이 해외 대학에 유학하기 쉬워지고, 해외에서도 유학생이 오기 쉬워져, 한층 더 대학의 국제화를 도모하는 것이 목적이라고 한다. 하지만, 정말로 9월 가을 입학 이행이 대학의 국제화에 얼마나 공헌할까? 영어로 이수 가능한 과목을 늘리는 등, 대학의 국제화를 위해 먼저 해야 할 일은 다른 곳에 있지 않을까? 그보다도 9월 가을 입학으로 이행함으로써 3월 고교 졸업부터 대학 입학까지 공백기가 생겨, 소속된 곳이 없는 불안정함과 가정에 대한 경제적 부담 같은 문제 쪽이 많을 것이다.

B

A대학은 9월 가을 입학 실시를 위해 본격적으로 시동을 걸 방침을 밝혔다. 3년 후를 목표로 국제 표준 9월 가을 입학을 도입하여, 해외 대학과의 학술 및 인적 교류를 활발하게 할 계획이다. 그러나, 그 실현에는 몇 가지 극복해야 할 문제가 있다. 우선, 졸업과 취업 시기에 어긋남이 생기는 것이다. 9월에 입학한 학생의 졸업 시기는 8월인데 신규 졸업자 채용 시기는 지금까지 대로 4월이기 때문이다. 이 어긋남이 취업에 불리하다는 의견이 많다. 이 문제를 해결하기 위해서는 A대학과 함께 9월 가을 입학을 실시하는 대학이 늘어나고, 기업의 채용 시기도 지금까지의 4월 봄에서 4월 봄과 9월 가을 두 차례 실시하도록 고쳐야 한다. 그 때문에 현재 A대학은 단독으로 9월 가을 입학으로 이행하는 것이 아니라, 다른 대학과 제휴를 도모하며, 경제계에 변경을 촉구하고 있다.

60 A와 B 중 어느 한쪽에서만 기술되어 있는 정보는 무엇인가?

1 9월 가을 입학으로 이행하는 목적
2 9월 가을 입학으로 이행하는 목표 시기
3 9월 가을 입학으로 이행까지 해결해야 할 문제
4 해외 대학의 주요 입학 시기

해설 A, B 모두 A대학의 9월 가을학기 입학에 관한 내용인데, B의 첫 번째 단락을 보면 「3年後を目標に国際標準の9月の秋入学を導入」하고 「海外の大学との学術及び人的交流を活発にさせる考え」라고 했다. 즉 9월 가을 입학으로 이행하는 목표 시기에 관해서는 오로지 B에서만 언급하고 있으므로, 정답은 2번이다.

61 A와 B는 각각 9월 가을 입학에 관해 어떤 입장을 취하고 있는가?

1 A도 B도 부정적인 입장이다.
2 A도 B도 입장을 밝히지 않고 있다.
3 A는 입장을 밝히지 않았지만, B는 긍정적이다.
4 A는 부정적이지만, B는 입장을 밝히지 않고 있다.

해설 A는 「だが、本当に9月の秋入学への移行により大学の国際化にどれほど貢献」하겠냐며 부정적인 반응을 보이고 있다. 그러면서 먼저 해야 할 일이 있으며, 「それよりも9月の秋入学に移行することで、3月の高校卒業から大学入学まで空白期間が生じ、所属先のない不安定さや家庭への経済的な負担といった問題」가 많을 것이라고 주장하고 있다. 반면에 B는 자신의 의견보다는 외부에서 얻은 정보를 서술하면서, 9월 입학한 학생의 취업과 관련된 문제 해결을 위한 의견을 제시하고는 있으나, 9월 가을 입학에 관해서는 긍정도 부정도 아닌 태도를 취하고 있으니, 정답은 4번이 된다.

어휘 現行 현행 | 春入学 봄 입학 | 秋入学 가을 입학 | 全面 전면 | 移行 이행 | 改革 개혁 | 一流大学 일류 대학 | 専ら 오로지 | 採用 채용 | 含める 포함하다 | ごく 극히 | わずかだ 일부이다, 얼마 안 된다 | 風潮 풍조 | より一層 한층 더 | 国際化 국제화 | 図る 도모하다, 꾀하다 | 貢献 공헌 | 履修 이수 | 可能 가능 | 科目 과목 | 空白期間 공백 기간, 공백기 | 所属先 소속된 곳 | 負担 부담 | ～に向け ~을 위해 | 本格的 본격적 | 始動 시동 | 方針 방침 | 打ち出す 내세우다 | 国際標準 국제 표준 | 導入 도입 | 学術 학술 | 及び 및 | 人的交流 인적 교류 | 活発 활발 | 実現 실현 | 乗り越える 넘다, 극복하다 | ズレ 어긋남, 차이 | 新卒採用 신규 졸업자 채용 | 時期 시기 | これまで通り 지금까지 대로 | ～と共に ~와 함께 | 採用時期 채용 시기 | 改める 고치다, 바꾸다 | 単独で 단독으로 | 連携 제휴 | 経済界 경제계 | 変更 변경 | 促す 촉구하다, 재촉하다 | 主な 주요, 주된 | 否定的 부정적 | 明らかにする 밝히다 | 肯定的 긍정적

문제 12 다음 글을 읽고, 뒤에 나오는 질문에 대한 답으로 가장 적당한 것을 1·2·3·4에서 하나 고르세요.

환경보호에 배려하면서 전력의 안정적 공급을 어떻게 실현할 것인가. 정부와 전력회사 쌍방이 진지하게 대처해야만 한다.

경제산업성의 전문가 회의가 국가 에너지 정책의 지침이 되는 '에너지 기본 계획'의 재검토 논의를 시작했다. 초점의 한 가지는 기간전원인 석탄화력발전 활용책이다.

석탄화력은 연료를 안정적으로 조달할 수 있으며, 발전 원가도 싸다. 그 반면, 액화천연가스 화력의 2배의 이산화탄소(CO2)를 배출하는 등 환경 면에서 과제를 안고 있다.

온난화 대책의 틀인 '파리협정' 조약국인 일본은 2030년도에 배출량을 13년도 대비 26% 줄일 목표를 내걸고 있다.

국내에는 약 150기의 석탄화력 발전설비가 있다. 발전량 전체에서 차지하는 비율은 약 32%로, 2030년도의 정부 목표를 6포인트나 넘어서 있다. 게다가 신설계획이 40기 이상이다.

'탈석탄'의 세계적인 흐름에 따라, 일본도 석탄화력에 대한 과도한 의존을 피하기 위해, 지혜를 짜낼 것이 요구되고 있다.

환경성은 이번 달, C전력의 대형 석탄 화력발전소 계획에 대해, CO2 배출량의 추가 삭감책을 요구하는 의견서를 경제산업성에 제출하였다.

계획의 인가 권한을 가진 경제산업성도 C전력이 이미 결정한 노후 화력발전소 폐지계획을 추가하도록 권고하였다. 환경영향평가 심사대상 외인 발전소의 존폐에 언급한 것은 처음이다.

C전력은 T전력과 화력발전사업 통합을 추진하고 있으며, 합계 발전량은 국내 전체의 절반을 차지한다. 양사가 협력하면 낡은 화력발전소를 폐지하고, CO2 배출량이 비교적 적은 최신예 제품으로 교체할 여지는 크다.

환경성의 주장에 신중한 자세였던 경제산업성이 석탄화력 활용의 현실책을 제시한 것은 당연하다고 할 수 있다.

신설계획을 추진하는 다른 주요 전력회사에도 환경대책으로 협업을 촉구하기를 기대한다. 석탄화력에서 배출되는 CO2를 고압으로 지하에 가두는 기술의 실용화를 포함하여, 전문가 회의에서 논의를 심화하기 바란다.

에너지 기본 계획에서는 원자력발전의 중장기적 자리매김도 주요 테마이다.

에너지 안전보장상, 원자력발전 이용은 빼놓을 수 없다. 온실효과가스를 거의 배출하지 않는 원자력발전소는 파리협정의 목표에도 이바지한다.

자원이 부족한 일본의 에너지 자급률은 8%로 주요 선진국 중 가장 낮다. 원자력발전은 연료 가격이 안정되어 있는 우라늄을 사용한다. 에너지 안전보장상, 유효활용하는 것은 타당하다. 정부는 2030년도 발전량의 20~22%를 원자력발전으로 충당할 계획이다. 목표달성에는 후쿠시마 사고 후에 정지된 원자력발전소를 30기 정도 재가동시킬 필요가 있다. 현재 상황은 5기에 머물고 있다.

원자력발전을 기간전원으로 활용할 것이라면, 재가동에 대한 구체적인 대처를 강화해야 할 것이다.

62 '에너지 기본계획' 재검토 논의에서 정부와 전력회사가 진지하게 대처하는 것은 주로 무엇인가?

1 지구온난화 방지를 위해, 환경에 배려한 재생에너지를 개발하는 것
2 전력의 안정된 공급을 위해, 환경과 발전원가를 내리는 노력을 하는 것
3 지구온난화 방지를 위해, 환경에 배려한 발전방법을 재검토하고 구체적 대책을 짜는 것
4 환경보호에 배려하면서, '탈석유', '탈석탄' 흐름에 대처하는 것

해설 글의 전체 내용은 결국 정부와 전력회사는 지구온난화를 막으면서, 안전하면서도 안정된 전력 공급을 위한 재검토 논의를 하고 있다는 내용이다.

63 26% 줄일 목표를 내걸고 있다라고 했는데, 무엇을 의미하는가?

1 2030년까지의 17년 동안 화력발전 전력을 26% 줄이겠다는 의미
2 2030년까지 CO2배출량을 26% 줄이는 노력을 하겠다는 의미
3 2030년까지 CO2배출량을 26%까지 줄이는 체결을 했다는 의미
4 2013년의 CO2배출량을 30년 후에는 26%까지 줄이고 싶다는 의미

해설 지구온난화 등에 가장 큰 문제가 되고 있는 것은 바로 CO2이고, 2030년도에 CO2의 배출량을 2013년도 대비 26% 줄이겠다는 내용이다.

64 이 글에서 필자가 가장 하고 싶은 말은 무엇인가?

1 환경에 배려한 전력의 안정된 공급과 저가격화의 실현

2 세계의 흐름에 따른 신에너지의 개발과 안정된 공급

3 환경에 배려한 전력의 안정된 공급책에 대한 대처 강화

4 지구온난화 방지에 공헌하는 원자력발전 개발기술의 연구

해설 글의 앞머리에 나오는 「環境保護に配慮しながら電力の安定供給をどう実現」할 것인가가 이 글의 가장 큰 테마라고 할 수 있다. 저렴하지만 지구온난화 원인이 되는 화력발전소 문제해결을 언급하며, 글의 말미에서는 공해를 거의 배출하지 않는 원자력발전소를 적극 활용해야 한다고 주장하고 있다.

어휘 配慮 배려 | 双方 쌍방 | 真剣に 진지하게 | 取り組む 대처하다, 매달리다 | 有識者会議 전문가 회의 | 指針 지침 | 見直し 재검토, 재평가 | 焦点 초점 | 基幹電源 기간전원 | 石炭火力発電 석탄화력발전 | 燃料 연료 | 調達 조달 | 液化天然ガス 액화천연가스 | 二酸化炭素 이산화탄소 | 排出 배출 | 抱える 떠안다 | 枠組み 틀 | 締約国 체약국, 조약국 | 掲げる 내걸다, 내세우다 | 比率 비율 | ～に沿い ~에 따라 | 過度な 과도한 | 依存 의존 | 知恵を絞る 지혜를 짜다 | 大型 대형 | 追加 추가 | 削減 삭감 | 認可権限 인가 권한 | 既に 이미 | 老朽 노후 | 廃止 폐지 | 上積みする (위에)얹다, 쌓다, 보태다 | 勧告 권고 | 存廃 존폐 | 言及 언급 | 統合 통합 | 合計 합계 | 最新鋭 최신예 | 入れ替える 교체하다, 바꾸어 넣다 | 余地 여지 | 慎重 신중 | 大手 (경제시장에서)큰 손 | 協業 협업 | 促す 촉구하다 | 高圧 고압 | 閉じ込める 가두다 | 深める 깊게 하다, 심화하다 | 中長期的 중장기적 | 位置付け 위치매김, 자리매김 | 原発 원자력발전(소) | 欠かす 빠뜨리다, 빼다 | 温室効果ガス 온실효과가스 | ～に資する ~에 이바지하다 | 乏しい 부족하다, 결여되다 | 自給率 자급률 | ウラン 우라늄 | 妥当だ 타당하다 | 賄う 충당하다 | 再稼働 재가동 | 現状 현재 상황, 상태

5회

문제 13 오른쪽 페이지는 대학생활 협동조합이 학생용으로 게시한 아르바이트 안내이다. 아래 질문에 대한 답으로 가장 적당한 것을 1 · 2 · 3 · 4에서 하나 고르세요.

대학원생 링링 씨(26세, 여성)는 중국인이며 중국어에 더하여, 일본어, 영어, 한국어를 할 수 있는데, 통역이나 번역 실무경험은 없다. 대학이 여름방학 기간 중인 8월 1일부터 8월 15일까지, 일시귀국할 예정이다. 월, 수, 금은 오후 5시부터 9시까지 야간수업이 있다. 운전면허는 갖고 있지 않다.

65 링링 씨가 할 수 있는 아르바이트는 몇 개 있는가?

1 2
2 3
3 4
4 5

해설 이런 문제는 반드시 주어진 조건을 꼼꼼히 확인해야 한다. 1, 2번은 출근일을 협의할 수 있으니 가능하고, 3번은 「8/11～16の繁忙期に勤務できる方」이므로 귀국날짜와 겹쳐 할 수 없다. 4번은 「翻訳・通訳の経験のある方」이므로 할 수 없고, 5번은 면허가 없으므로 할 수 없으며, 6번은 남성을 구하므로 할 수 없다. 7번은 8/1~8/31 동안 「すべて出勤できる方」이니 할 수 없고, 8번은 8/10에 중국에 귀국해 있으므로 할 수 없다. 9번은 주 3회 이상 출근해야 하는데 15일 동안 일시 귀국하여 2주 동안 일할 수 없으므로 할 수 없고, 10번은 출근일을 협의할 수 있으니 가능하다. 11번은 「8/1～8/31の間20日以上」이니 할 수 없으므로, 할 수 있는 아르바이트는 3가지로, 정답은 2번이다.

66 링링 씨가 일시귀국에서 돌아온 후에 응모할 수 있는 아르바이트는 무엇인가?

1 번역 · 통역회사의 한일번역 · 통역 업무
2 호텔의 중국인 고객 대응 서포트 직원
3 패밀리 레스토랑 홀접객
4 수산가공공장의 포장 · 검품 업무

해설 이런 문제는 모든 항목을 볼 필요 없이, 선택지에 나와 있는 항목만 보면서 조건을 따져보면 된다. 우선 1번은 통번역 경험이 없으므로 할 수 없고, 2번은 기간(8/1~8/31에 모두 출근)이 맞지 않으므로 할 수 없다. 4번 역시 기간동안 20일 이상 출근해야 하는데 15일간 일시귀국하므로 할 수 없어, 가능한 아르바이트는 3번이다. 주 3회 이상 출근해야 하는데, 야간 수업이 있는 월수금 이외의 요일에 출근하면 가능하다.

어휘 生協(せいきょう) 생활 협동조합 | ～向(む)け ~용 | 掲示(けいじ) 게시 | 大学院生(だいがくいんせい) 대학원생 | ～に加(くわ)え ~에 더해 | 通訳(つうやく) 통역 | 翻訳(ほんやく) 번역 | 実務経験(じつむけいけん) 실무경험 | 一時帰国(いちじきこく) 일시귀국 | 夜間授業(やかんじゅぎょう) 야간수업 | 運転免許(うんてんめんきょ) 운전면허 | 応募(おうぼ) 응모 | 業務(ぎょうむ) 업무 | 接客(せっきゃく) 접객 | 水産加工工場(すいさんかこうこうじょう) 수산가공공장 | 梱包(こんぽう) 포장 | 検品(けんぴん) 검품

학생 아르바이트 정보

번호	직종	급여	응모자격	근무기간	근무시간
1	【선술집】 전단지 배포	시급 850엔	고등학생 이상 어느 분이라도	출근일 협의가능	토일공휴일 10 : 00~14 : 00
2	【현립 박물관】 영어로 해외 방문객 안내	시급 1,000엔	대학생 이상 일본어와 영어에 능통한 분	7/20~9/30 출근일 협의가능	
3	【다국적요리점】 홀 접객	시급 900엔	고등학생 이상 8/11~16 성수기에 근무할 수 있는 분	지금 바로 출근일 협의가능	
4	【번역 · 통역회사】 한일번역 · 통역 업무	경력에 따라 협의가능	번역 · 통역 경험이 있는 분 일본어와 한국에 능통한 분	지금 바로 출근일 협의가능	재택가능
5	【피자가게】 피자 배달	시급 1,000엔	원동기 이상의 면허를 갖고 있는 분	출근일 협의가능	
6	【편의점】 평일 야간 직원	시급 1,500엔	대학생 이상 남성분 주 4일이상 근무가능한 분	협의가능	평일 22 : 00~5 : 00
7	【호텔】 중국인 고객대응 서포트직원	시급 1,000엔	대학생 이상 일본어와 중국어에 능통한 분 지정 기간에 모두 출근 가능한 분	8/1~8/31 시프트제 주 5일	① 5 : 00~13 : 00 ②12 : 00~21 : 00 ① 또는 ② 중 선택
8	【야외 콘서트】 주차장 안내	일급 12,000엔	고등학생 이상 3번 모두 근무가능한 분	7/21, 7/29 8/10	15 : 00~22 : 00
9	【패밀리 레스토랑】 홀 접객	시급 950엔	고등학생 이상 주 3번 이상 근무가능한 분	지금 바로	17 : 00~22 : 00
10	【임차인 관리회사】 빌딩청소	일급 6,000엔	대학생 이상 토일 야간에 근무가능한 분	출근일 협의가능	토일만 20 : 00~24 : 00
11	【수산가공공장】 포장, 검품 업무	시급 800엔	고등학생 이상 어느 분이라도	8/1~8/31 사이 20일 이상	

어휘 職種 직종 | 給与 급여 | 応募資格 응모자격 | 勤務 근무 | 居酒屋 선술집 | チラシ配り 전단지 배포 | 時給 시급 | 出勤日 출근일 | 応相談 협의가능 | 土日 토일 | 祝日 공휴일 | 県立博物館 현립 박물관 | 来場者 방문객 | 堪能だ 능통하다 | 多国籍 다국적 | 繁忙期 성수기 | 在宅可能 재택가능 | 原付 원동기(엔진이나 모터를 단 이륜차) | 免許 면허 | 平日夜間 평일 야간 | シフト制 시프트제(요일, 시간 등을 종업원끼리 교대로 일하는 방식) | 週休2日 주 5일제 | 野外 야외 | 日給 일급 | 清掃 청소

문제 1 **문제1에서는 먼저 질문을 들으세요. 그리고 이야기를 듣고 문제용지의 1~4 중에서 가장 적당한 것을 하나 고르세요.**

例 Track 5-1-00

男の人と女の人が話しています。二人はどこで何時に待ち合わせますか。

男：あした、映画でも行こうか。

女：うん、いいわね。何見る？

男：先週から始まった「星のかなた」はどう？面白そうだよ。

女：あ、それね。私も見たいと思ったわ。で、何時のにする？

男：ちょっと待って、今スマホで調べてみるから… えとね… 5時50分と8時10分。

女：8時10分は遅すぎるからやめようね。

男：うん、そうだね。で、待ち合わせはどこにする？ 駅前でいい？

女：駅前はいつも人がいっぱいでわかりにくいよ。映画館の前にしない？

男：でも映画館の前は、道も狭いし車の往来が多くて危ないよ。

女：わかったわ。駅前ね。

男：よし、じゃ、5時半ぐらいでいい？

女：いや、あの映画今すごい人気だから、早く行かなくちゃいい席とれないよ。始まる1時間前にしようよ。

男：うん、わかった。じゃ、そういうことで。

二人はどこで何時に待ち合わせますか。

1 駅前で4時50分に
2 駅前で5時半に
3 映画館の前で4時50分に
4 映画館の前で5時半に

예

남자와 여자가 이야기하고 있습니다. 두 사람은 어디에서 몇 시에 만납니까?

남 : 내일 영화라도 보러 갈까?

여 : 응, 좋아. 뭐 볼까?

남 : 지난 주에 시작한 '별의 저편'은 어때? 재미있을 것 같아.

여 : 아, 그거. 나도 보고 싶었어. 그럼, 몇 시 걸로 할까?

남 : 잠깐만, 지금 스마트폰으로 알아볼 테니까… 음… 5시 50분하고 8시 10분.

여 : 8시 10분은 너무 늦으니까 보지 말자.

남 : 응, 그러네. 그럼, 어디서 만날까? 역 앞에서 만날까?

여 : 역 앞은 항상 사람들이 많아서 찾기 힘들어. 영화관 앞에서 만날까?

남 : 근데 영화관 앞은 길도 좁고 차도 많이 다녀서 위험해.

여 : 알았어. 역 앞으로 해.

남 : 좋아, 그럼 5시 반쯤에 만날까?

여 : 아니, 그 영화 지금 엄청 인기라서, 빨리 가지 않으면 좋은 자리 못 잡아. 시작하기 1시간 전에 만나자.

남 : 그래, 알았어. 그럼 그렇게 하자.

두 사람은 어디에서 몇 시에 만납니까?

1 역 앞에서 4시 50분에
2 역 앞에서 5시 반에
3 영화관 앞에서 4시 50분에
4 영화관 앞에서 5시 반에

1番 Track 5-1-01

会社のユニークな社内制度について話しています。女の人はどの制度がいいと言っていますか。

女：ねね、こんな独自の社内制度がある会社の社員はいいね。羨ましい限りよね。

男：本当にびっくりするほどの制度だね。この会社いいね。有給休暇の連続取得に10万円支給か。しかも四日以上の取得も可能だそうだよ。

女：社員が連続で休暇を取ると、会社としても他の社員としても負担は少なくないだろうに。

男：そりゃ、確かに影響はあるだろうけど、社員としてはまとめて休んだ方が効率的だし、リフレッシュして戻ってきたら、結果としてはモチベーションも向上すると思うよ。ナナコちゃんは何が一番気に入っているの。女性だからバーゲン半休かな。それともデートの支援金制度？

女：あ、それいいね。新しい服を買いたいのに平日にバーゲンが始まったら週末まで待ち遠しいもんね。あと、デートとかプライベートまで気を使ってもらうのはありがたいけど…、私はそれより最新のデバイス購入の方を援助してほしいな。

男：へえ、意外だね。そんなモバイル機器は男性の方が喜ぶんじゃない。

女：何言っているの。アーリーアダプターに女性と男性の区別はないの。

女の人はどの制度がいいと言っていますか。

1 女性や男性の差別のない平等な会社
2 社員のスタイルのために半日の休暇を認める会社
3 新しいテクノロジーに触れるように、購入金額を補助する会社
4 付き合っている人との関係が円満になるように応援する会社

1번

회사의 독특한 사내제도에 관해 이야기하고 있습니다. 여자는 어느 제도가 좋다고 말하고 있습니까?

여 : 저기, 이런 독자적인 사내제도가 있는 회사 사원은 좋겠어. 정말 부러워.

남 : 정말 깜짝 놀랄만한 제도야. 이 회사 좋네. 유급휴가 연속취득에 10만 엔 지급이야? 게다가 4일 이상 취득도 가능하대.

여 : 사원이 연속해서 휴가를 내면, 회사로서도 다른 사원으로서도 부담이 적지 않을 텐데.

남 : 그야 확실히 영향은 있겠지만, 사원으로서는 한꺼번에 쉬는 게 효율적이고, 재충전하고 돌아오면 결과적으로는 동기부여도 향상되리라 생각해. 나나코 씨는 뭐가 제일 맘에 들어? 여성이니까 바겐 반차려나? 아님 데이트 지원금 제도?

여 : 아, 그거 괜찮네. 새로운 옷을 사고 싶은데 평일에 바겐이 시작되면 주말까지 기다리기 너무 힘든 법이지. 그리고 데이트라든가 개인적인 것까지 신경써 주는 건 고마운데…, 나는 그것보다 최신 디바이스 구입 쪽을 원조해 주면 좋겠어.

남 : 어라, 뜻밖이네. 그런 모바일 기기는 남성 쪽이 좋아하지 않나?

여 : 무슨 말이야. 얼리어답터에 여성 남성 구별은 없다고.

여자는 어느 제도가 좋다고 말하고 있습니까?

1 여성과 남성 차별이 없는 평등한 회사
2 사원 스타일을 위해 반차 휴가를 인정하는 회사
3 새로운 테크놀리지에 접하도록 구입금액을 보조하는 회사
4 사귀는 사람과의 관계가 원만해지도록 응원하는 회사

해설 여러 가지 독특한 사내제도를 언급하고 있으나, 여자가 가장 원하는 제도는 최신 디바이스 구매를 보조해 주는 것이다. 참고로「バーゲン半休」는 평일에만 바겐세일을 해서 구입할 수 없다든가, 주말까지 기다리기 싫을 때 쓰는 휴가제도이다. 오전에 바겐세일에 가서 좋아하는 물건을 사고 오후에 회사에 출근하는 여자들이 많다고 하며, 실제로 가장 많이 쓰는 휴가라고 한다. 우리말로 하자면 '바겐반차' 정도가 될 것이다

어휘 独自 독자 | ～限りだ 너무 ～하다, ～하기 그지없다 | 有給休暇 유급휴가 | 支給 지급 | 効率的 효율적 | 支援金 지원금 | 待ち遠しい 빨리 왔으면 하고 기다려지다 | 援助 원조 | 平等 평등 | 円満だ 원만하다

2番 Track 5-1-02

子供の行動について話しています。女の人はこれからどうしますか。

女：うちの子供はまだ小学生なのに、反抗期が始まって戸惑っています。時には大泣きするからどうしたらいいか分からなくて…。

男：母親は「よかれ」と思って言ったつもりなのに、それがかえって子供にはストレスになったりします。そして親が見ると反抗ですが、子供にとっては独立心だったり、自我の芽生えなので、心の正常な発達現象と言えるでしょう。

女：普段、しつけだと思って叱ったりすると、言うこと聞かないから、本当に大変です。

男：この記録をみると、お母さんが子供によく使う言葉の中で「ちゃんと」とか、「さっさと」「きちんと」などの言葉が含まれていますが、小学生の低年齢にこの言葉の意味は伝わっていません。その基準を明確にしてあげないと、子供は混乱するばかりですね。

女：あ、そうですか。

男：たとえば外出の支度をしているときに、約束に遅れそうになったら、命令口調で「さっさとしなさい」とか習慣的に言っていませんか。その代わりに「～時までに駅に着かないと、ママ約束の時間に遅れちゃうから、急いでほしいの。」というように、具体的で穏やかに言ってみるのはどうですか。

女：あ、そうですね。自分の言い方を反省して頑張ってみます。

2번

아이의 행동에 관해 이야기하고 있습니다. 여자는 앞으로 어떻게 합니까?

여 : 우리 집 아이는 아직 초등학생인데, 반항기가 시작되서 좀 당황스러워요. 때로는 크게 울어대서 어쩌면 좋을지 몰라서….

남 : 엄마는 '잘되라'고 생각해서 말한 셈인데, 그것이 도리어 아이에게는 스트레스가 되거나 합니다. 그리고 부모가 보면 반항이지만, 아이에게 있어서는 독립심이거나, 자아가 싹트는 것이므로, 마음의 정상적인 발달현상이라고 할 수 있지요.

여 : 평소 가정교육이라 생각해 야단치거나 하면 말을 안 들어 정말 큰일이에요.

남 : 이 기록을 보면 어머니가 자녀에게 자주 쓰는 단어 중에 '제대로'라든가 '빨리빨리', '깔끔하게' 같은 단어가 포함되어 있습니다만, 초등학교 저학년에게 이런 단어의 의미는 전달이 안 됩니다. 그 기준을 명확하게 해 주지 않으면 아이들은 혼란스러울 뿐입니다.

여 : 아, 그렇군요.

남 : 예를 들면 외출 채비를 하고 있을 때, 약속에 늦을 것 같으면, 명령투로 '빨리빨리 좀 해'라든가 습관적으로 말하지 않으세요? 그 대신에 '~시까지 역에 도착하지 않으면, 엄마 약속시간에 늦게 되니까, 조금만 더 서둘러주렴'처럼, 구체적으로 부드럽게 말해 보는 건 어떨까요?

여 : 아, 그렇군요. 제 말투를 반성하고 노력해 보겠습니다.

<table>
<tr>
<td>

<ruby>女<rt>おんな</rt></ruby>の<ruby>人<rt>ひと</rt></ruby>はこれからどうしますか。

1 <ruby>習慣的<rt>しゅうかんてき</rt></ruby>な<ruby>口癖<rt>くちぐせ</rt></ruby>を<ruby>改善<rt>かいぜん</rt></ruby>し、<ruby>子供<rt>こども</rt></ruby>の<ruby>目線<rt>めせん</rt></ruby>になって<ruby>考<rt>かんが</rt></ruby>える

2 しつけを<ruby>教<rt>おし</rt></ruby>えることが<ruby>子供<rt>こども</rt></ruby>にはストレスになるので<ruby>注意<rt>ちゅうい</rt></ruby>する

3 <ruby>何<rt>なに</rt></ruby>かを<ruby>命令<rt>めいれい</rt></ruby>するときは<ruby>具体的<rt>ぐたいてき</rt></ruby>に<ruby>指示<rt>しじ</rt></ruby>する

4 <ruby>子供<rt>こども</rt></ruby>の<ruby>味方<rt>みかた</rt></ruby>になれる、はっきりとした<ruby>基準<rt>きじゅん</rt></ruby>を<ruby>決<rt>き</rt></ruby>める

</td>
<td>

여자는 앞으로 어떻게 합니까?

1 습관적인 말버릇을 개선하고, 아이 시선에 맞추어 생각한다

2 가정교육을 가르치는 것이 아이에게는 스트레스가 되므로 주의한다

3 무언가 명령할 때는 구체적으로 지시한다

4 아이 편이 될 수 있는 확실한 기준을 정한다

</td>
</tr>
</table>

해설 : 마지막에 남자는 아이에게 명령투보다 구체적이고 부드럽게 말하라고 했으며, 여자는 남자의 조언대로 반성하고 말투를 고치겠다고 했다.

어휘 : <ruby>反抗期<rt>はんこうき</rt></ruby> 반항기 | よかれ 잘되라(고 바라다) | <ruby>独立心<rt>どくりつしん</rt></ruby> 독립심 | <ruby>自我<rt>じが</rt></ruby>の<ruby>芽生<rt>めば</rt></ruby>え 자아의 싹틈 | しつけ 예의범절을 가르침 | <ruby>叱<rt>しか</rt></ruby>る 혼내다 | さっさと 빨랑빨랑 | <ruby>混乱<rt>こんらん</rt></ruby> 곤란 | <ruby>支度<rt>したく</rt></ruby> 준비 | <ruby>命令口調<rt>めいれいくちょう</rt></ruby> 명령어조 | <ruby>口癖<rt>くちぐせ</rt></ruby> 말버릇 | <ruby>改善<rt>かいぜん</rt></ruby> 개선 | <ruby>指示<rt>しじ</rt></ruby> 지시 | <ruby>味方<rt>みかた</rt></ruby> 자기 편

<table>
<tr>
<td>

3番 🎧 Track 5-1-03

ホテルでスタッフの<ruby>男<rt>おとこ</rt></ruby>の<ruby>人<rt>ひと</rt></ruby>と<ruby>女<rt>おんな</rt></ruby>の<ruby>人<rt>ひと</rt></ruby>が<ruby>話<rt>はな</rt></ruby>しています。<ruby>男<rt>おとこ</rt></ruby>の<ruby>人<rt>ひと</rt></ruby>はこのあとまず<ruby>最初<rt>さいしょ</rt></ruby>に<ruby>何<rt>なに</rt></ruby>をしますか。

男：<ruby>加藤<rt>かとう</rt></ruby>さん、さっき５０７<ruby>号室<rt>ごうしつ</rt></ruby>の<ruby>お客様<rt>きゃくさま</rt></ruby>から<ruby>電話<rt>でんわ</rt></ruby>があったって<ruby>聞<rt>き</rt></ruby>いたんですが、ご<ruby>用件<rt>ようけん</rt></ruby>は？

女：<ruby>実<rt>じつ</rt></ruby>は、<ruby>上<rt>うえ</rt></ruby>の<ruby>階<rt>かい</rt></ruby>が<ruby>騒<rt>さわ</rt></ruby>がしいので<ruby>注意<rt>ちゅうい</rt></ruby>してほしいとのことで。

男：５０７<ruby>号室<rt>ごうしつ</rt></ruby>の<ruby>真上<rt>まうえ</rt></ruby>は、６０７<ruby>号室<rt>ごうしつ</rt></ruby>だけど、<ruby>確<rt>たし</rt></ruby>か<ruby>今<rt>いま</rt></ruby>は<ruby>誰<rt>だれ</rt></ruby>もいないはずだと<ruby>思<rt>おも</rt></ruby>うんだけど…。

女：でしたら、<ruby>真上<rt>まうえ</rt></ruby>じゃなくて<ruby>隣<rt>となり</rt></ruby>や<ruby>真下<rt>ました</rt></ruby>の<ruby>階<rt>かい</rt></ruby>の<ruby>部屋<rt>へや</rt></ruby>かもしれませんね。

男：そうだね。<ruby>真上<rt>まうえ</rt></ruby>の<ruby>部屋<rt>へや</rt></ruby>ではないはずだから、<ruby>隣<rt>となり</rt></ruby>や<ruby>真下<rt>ました</rt></ruby>の<ruby>階<rt>かい</rt></ruby>の<ruby>部屋<rt>へや</rt></ruby>だとは<ruby>思<rt>おも</rt></ruby>うんだけど。<ruby>悪<rt>わる</rt></ruby>いけど、ちょっと<ruby>様子<rt>ようす</rt></ruby><ruby>見<rt>み</rt></ruby>てきてくれる？

女：いいですよ。あっ、<ruby>私<rt>わたし</rt></ruby><ruby>今<rt>いま</rt></ruby>から２０５<ruby>号室<rt>ごうしつ</rt></ruby>にタオルを<ruby>届<rt>とど</rt></ruby>けないといけないんですが。

男：じゃあ、それは<ruby>僕<rt>ぼく</rt></ruby>が<ruby>対応<rt>たいおう</rt></ruby>するから。

女：<ruby>了解<rt>りょうかい</rt></ruby>です。では、<ruby>行<rt>い</rt></ruby>ってきます。

男：<ruby>お願<rt>ねが</rt></ruby>いしますね。

</td>
<td>

3번

호텔에서 직원 남자와 여자가 이야기하고 있습니다. 남자는 이후 제일 먼저 무엇을 합니까?

남 : 가토 씨, 아까 507호실 손님으로부터 전화가 왔다고 들었습니다만, 용건은?

여 : 실은 위층이 시끄러우니, 주의 주기 바란다는 내용이었어요.

남 : 507호실 바로 위는 607호실인데, 분명히 지금은 아무도 없을 텐데….

여 : 그렇다면 바로 위가 아니라 옆방이나 바로 아래층 방일지도 모르겠네요.

남 : 그렇지. 바로 윗방은 아닐 테니까, 옆방이나 바로 아래층 방일 것 같긴 한데. 미안하지만 상황 좀 보고 와 주겠어?

여 : 좋습니다. 아, 저 지금부터 205호실로 수건을 갖다 줘야 하거든요.

남 : 그럼, 그건 내가 대응할 테니.

여 : 알겠습니다. 그럼, 다녀오겠습니다.

남 : 부탁해요.

</td>
</tr>
</table>

男の人はこのあとまず最初に何をしますか。

1　607号室の様子を見に行く
2　205号室にタオルを届ける
3　407号室の様子を見に行く
4　507号室の隣の部屋に行く

남자는 이후 제일 먼저 무엇을 합니까?

1 607호실의 상황을 보러 간다
2 205호실에 수건을 갖다 준다
3 407호실의 상황을 보러 간다
4 507호실 옆방에 간다

해설 남자는 여자에게 소음 문제를 해결하기 위해 다녀오라고 했는데, 여자가 205호실에 수건을 갖다줘야 한다고 하자, 남자는「それは僕が対応するから」라고 했다. 즉 남자는 여자 대신에 205호실에 수건은 갖다주겠다는 뜻이므로, 정답은 2번이 된다.

어휘 用件 용건 | 騒がしい 시끄럽다 | ～とのことだ ~라고 하다 | 真上 바로 위 | 確か 분명히 | 真下 바로 아래 | 様子 상황, 모습 | 届ける 갖다 주다 | 対応する 대응하다 | 了解です 알겠습니다

4番 Track 5-1-04

コンビニで女の店長と男の店員が話をしています。男の店員はまず最初に何をしますか。

女：山本君、ちょっと店を外すから、お店お願いね。
男：はい、分かりました。
女：今日はお客さん少ないから、レジはお客さんが来た時だけ入って、商品の補充をしといてくれる？
男：了解しました。
女：あ、その前に雨が降りそうだから、入り口に傘入れのビニールを用意してくれる？ そのまま傘を持って店に入って来られると、後で掃除が大変だから。
男：それなら、さっきやっておきましたよ。
女：さすが、山本君。後、補充が終わったら、トイレ掃除もお願いね。
男：トイレで思い出したんですけど。トイレの入り口に貼ってあるアルバイト募集の貼り紙なんですが、来月から時給が変わるって言ってませんでしたか。貼り紙の時給を直さなくてもいいですか。
女：あ、それね。それもやらないといけないんだけど、私が戻ったら一緒にやろうか。じゃあ、よろしくね。
男：了解です。お気をつけて。

4번

편의점에서 여자 점장과 남자 점원이 이야기를 하고 있습니다. 남자 점원은 제일 먼저 무엇을 합니까?

여 : 야마모토 군, 잠깐 가게를 비울 테니, 가게 부탁해.
남 : 네, 알겠습니다.
여 : 오늘은 손님이 적으니, 계산대에는 손님이 왔을 때만 들어 가고, 상품 보충 좀 해 줄래?
남 : 알겠습니다.
여 : 아, 그전에 비가 올 것 같으니, 입구에 우산 비닐을 준비해 줄래? 그대로 우산을 들고 가게로 들어오면 나중에 청소가 힘드니까.
남 : 그건, 아까 해 두었어요.
여 : 과연 야마모토 군. 그리고 보충이 끝나면 화장실 청소도 부탁해.
남 : 화장실에서 생각났습니다만, 화장실 입구에 붙어 있는 아르바이트 모집 벽보말인데요, 다음달부터 시급이 바뀐다고 하지 않았나요? 벽보 시급을 고치지 않아도 될까요?
여 : 아, 그거. 그것도 해야 하는데, 내가 돌아오면 같이 할까? 그럼, 잘 부탁해.
남 : 알겠습니다. 조심해 다녀오세요.

男の店員はまず最初に何をしますか。

1 トイレを掃除する
2 アルバイト募集の貼り紙を直す
3 傘入れのビニールを用意する
4 商品を補充する

남자 점원은 제일 먼저 무엇을 합니까?

1 화장실을 청소한다
2 아르바이트 모집의 벽보를 고친다
3 우산 비닐을 준비한다
4 상품을 보충한다

해설 여자가 가장 먼저 지시한 것은 '상품 보충'이다. 우산 비닐 준비도 지시했으나 이미 끝난 상태이고, 상품 보충이 끝나면 화장실 청소를 지시했다. 남자가 화장실 벽보에 쓰인 시급을 고쳐야 한다고 말하자 여자는「それもやらないといけないんだけど、私が戻ったら一緒にやろうか」라고 했다. 즉 화장실 청소는 상품 보충 다음에 하고, 벽보 시급 내용 정정은 여자가 외출에서 돌아오고 함께 하기로 했으므로, 가장 먼저 할 일은 4번이 된다.

어휘 店長 점장 | 店員 점원 | 店を外す 가게를 비우다 | レジ 계산대 | 商品 상품 | 補充 보충 | 了解する 알다, 이해하다 | 傘入れのビニール 우산(을 넣을) 비닐 | 用意する 준비하다 | 貼る 붙이다 | 募集 모집 | 貼り紙 벽보 | 時給 시급 | 直す 고치다

5番 Track 5-1-05

教育検定試験の申し込みの方法について話しています。男の人は試験の申し込みをするためにはどうすればいいですか。

男：教育検定試験の申し込みの方法について聞きたいですが、申し込みの場所や日時はどこで分かりますか。
女：受験希望地で分かりますが、まずは教育会議所のホームページで最寄りの受験希望地をお決めになってください。申し込み日時および申し込み場所は、各地の受験希望地によって異なることがございますので、受験希望地にお問い合わせください。
男：じゃ、まず自分の受験希望地を決めないといけないんですね。さっそく聞いてみます。
女：但し、受験日のおよそ3ヶ月前から、確認ができます。
男：試験は9月15日で今は5月半ばだから、しばらく待たなきゃだめですね。もしかして申し込みは受験者の代わりの者がしたり、ホームページでは不可能ですか。

5번

교육검정시험 신청 방법에 관해 이야기하고 있습니다. 남자는 시험 신청을 하기 위해서는 어떻게 하면 됩니까?

남 : 교육검정시험 신청 방법에 관해 묻고 싶은데요, 신청 장소와 일시는 어디에서 알 수 있을까요?
여 : 수험 희망지에서 알 수 있습니다만, 우선 교육회의소 홈페이지에서 가장 가까운 수험 희망지를 정해 주세요. 신청일시 및 신청장소는 각지 수험 희망지에 따라 다른 경우가 있사오니, 수험 희망지에 문의해 주세요.
남 : 그럼, 우선 저의 수험 희망지를 정하지 않으면 안 되겠군요. 즉시 물어 보겠습니다.
여 : 다만, 수험일로부터 대략 3개월 전부터 확인할 수 있습니다.
남 : 시험은 9월 15일이고 지금은 5월 중순이니 잠시 기다려야겠군요. 혹시 신청을 수험자의 대리인이 하거나 홈페이지에서는 불가능할까요?

女：はい、原則としては申し込みは受付窓口で行われていて、申込用紙に自筆で記入することになっておりますが、郵送やネットによる申込を受け付けているところもございますので、教育会議所のホームページでお調べください。

男：そしたら、受験料の払い方も同じですか。

女：そうです。原則としては窓口でお支払いいただけますが、郵送やネットを通してのお支払いもできるところもございます。

男：はい、分かりました。

男の人は試験の申し込みをするためにはどうすればいいですか。

1 自分が希望している受験地を決めるために、およそ1ヶ月ぐらい待つ
2 3ヶ月間待ってから、教育会議所のホームページで検索する
3 申込の代行が可能かどうか分かるように、最寄りの教育会議所を訪ねる
4 申込用紙を直筆で作成し、郵便で送付する

여 : 네, 원칙적으로는 신청은 접수 창구에서 하고 있으며, 신청용지에 자필로 기입하게 되어 있습니다만, 우편이나 인터넷에 의한 신청을 접수하는 곳도 있으니, 교육회의소 홈페이지에서 알아봐 주세요.

남 : 그럼, 수험료 지불방법도 같습니까?

여 : 그렇습니다. 원칙적으로는 창구에서 지불할 수 있습니다만, 우편이나 인터넷을 통한 지불이 가능한 곳도 있습니다.

남 : 네, 알겠습니다.

남자는 시험 신청을 하기 위해서는 어떻게 하면 됩니까?

1 자신이 희망하는 수험지를 정하기 위해 약 1개월 정도 기다린다
2 3개월간 기다리고 나서 교육회의소 홈페이지에서 검색한다
3 신청 대행이 가능한지 어떤지 알 수 있도록 가장 가까운 교육회의소를 방문한다
4 신청용지를 자필로 작성하고 우편으로 송부한다

해설 여자는 우선 수험 희망지를 결정하라고 했는데, 수험 희망지는 대략 수험일로부터 3개월 전부터 확인할 수 있다고 했다. 남자의 시험날짜는 9월 15일이고 지금이 5월 중순이라고 했으니, 한 달 정도 기다려 6월 중순이 되면 확인할 수 있게 된다.

어휘 最寄り 가장 가까움, 근처 | 異なる 다르다 | さっそく 즉시 | 但し 단, 다만 | 原則 원칙 | 自筆 자필 | 検索 검색 | 直筆 직필, 자필

문제 2 문제2에서는 우선 질문을 들으세요. 그 다음 문제용지의 선택지를 읽으세요. 읽을 시간이 있습니다. 그리고 이야기를 듣고 문제지의 1~4 중에서 가장 적당한 것을 하나 고르세요.

例 Track 5-2-00

男の人と女の人が話しています。男の人の意見として正しいのはどれですか。

女：昨日のニュース見た？

男：ううん、何かあったの？

女：先日、地方のある市議会の女性議員が、生後7か月の長男を連れて議場に来たらしいよ。

男：へえ、市議会に？

女：うん、それでね、他の議員らとちょっともめてて、一時騒ぎになったんだって。

男：あ、それでどうなったの？

女：うん、その結果、議会の開会を遅らせたとして、厳重注意処分を受けたんだって。ひどいと思わない？

男：厳重注意処分を？

女：うん、そうよ。最近、政府もマスコミも、女性が活躍するために、仕事と育児を両立できる環境を作るとか言ってるのにね。

男：まあ、でも僕はちょっと違うと思うな。子連れ出勤が許容されるのは、他の従業員がみな同意している場合のみだと思うよ。最初からそういう方針で設立した会社で、また隔離された部署で、他の従業員もその方針に同意して入社していることが前提だと思う。

女：ふ～ん、… そう？

男：それに最も重要なのは、会社や同僚の負担を求めるより、父親に協力してもらうことが先だろう。

女：うん、そうかもしれないね。子供のことは全部母親に任せっきりっていうのも確かにおかしいわね。

男の人の意見として正しいのはどれですか。

1 子連れ出勤に賛成で、大いに勧めるべきだ
2 市議会に、子供を連れてきてはいけない
3 条件付きで、子連れ出勤に賛成している
4 子供の世話は、全部母親に任せるべきだ

예

남자와 여자가 이야기하고 있습니다. 남자의 의견으로 올바른 것은 어느 것입니까?

여 : 어제 뉴스 봤어?

남 : 아니, 무슨 일 있었어?

여 : 며칠 전, 지방의 어느 시의회 여성 의원이 생후 7개월 된 장남을 데리고 의회장에 왔나 봐.

남 : 에~, 시의회에?

여 : 응, 그래서 다른 의원들하고 좀 마찰을 빚는 바람에, 한때 소동이 벌어졌대.

남 : 아, 그래서 어떻게 됐어?

여 : 응, 그 결과 의회 개회가 늦어져서, 엄중주의처분을 받았대. 좀 심하지 않아?

남 : 엄중주의처분을?

여 : 응, 그래. 요즘 정부도 매스컴도 여성이 활약하기 위해서 일과 육아를 양립할 수 있는 환경을 만들겠다고 말했으면서 말이야.

남 : 글쎄, 하지만 난 좀 아니라고 봐. 아이를 데리고 출근하는 게 허용되는 것은 다른 종업원이 모두 동의했을 경우만이라고 생각해. 처음부터 그런 방침으로 설립한 회사에서, 또 격리된 부서에서 다른 종업원도 그 방침에 동의하고 입사한 것이 전제라고 생각해.

여 : 흠~, …그래?

남 : 게다가 가장 중요한 것은 회사나 동료의 부담을 요구하기보다, 아이 아빠가 협력하는 것이 먼저겠지.

여 : 응, 그럴지도 모르겠네. 자녀 문제는 전부 엄마에게만 맡기기만 하는 것도 확실히 이상한 거야.

남자의 의견으로 올바른 것은 어느 것입니까?

1 아이 동반 출근에 찬성하며, 크게 권장해야 한다
2 시의회에 아이를 데리고 와서는 안 된다
3 조건부로 아이 동반 출근에 찬성하고 있다
4 자녀 돌보는 것은 전부 엄마에게 맡겨야 한다

1番 🎧 Track 5-2-01

<ruby>男<rt>おとこ</rt></ruby>の<ruby>人<rt>ひと</rt></ruby>と<ruby>女<rt>おんな</rt></ruby>の<ruby>人<rt>ひと</rt></ruby>が<ruby>電話<rt>でんわ</rt></ruby>で<ruby>話<rt>はな</rt></ruby>しています。<ruby>女<rt>おんな</rt></ruby>の<ruby>人<rt>ひと</rt></ruby>はどうして<ruby>次<rt>つぎ</rt></ruby>の<ruby>約束<rt>やくそく</rt></ruby>を<ruby>決<rt>き</rt></ruby>められないのですか。

男：もしもし、<ruby>岡田<rt>おかだ</rt></ruby>さん、<ruby>確認<rt>かくにん</rt></ruby>だけど。<ruby>明日<rt>あす</rt></ruby>11<ruby>時<rt>じ</rt></ruby>に<ruby>博物館<rt>はくぶつかん</rt></ruby>の<ruby>入<rt>い</rt></ruby>り<ruby>口<rt>ぐち</rt></ruby>に<ruby>行<rt>い</rt></ruby>けばいいね。

女：ああ、それが…。ちょうど<ruby>今<rt>いま</rt></ruby>メールしようと<ruby>思<rt>おも</rt></ruby>っていたのよ。

男：ええ？　なんか<ruby>元気<rt>げんき</rt></ruby>ないみたいだけど、どうしたの？

女：うん、ずっとお<ruby>腹<rt>なか</rt></ruby>の<ruby>調子<rt>ちょうし</rt></ruby>が<ruby>悪<rt>わる</rt></ruby>かったのに、<ruby>木曜日<rt>もくようび</rt></ruby>に<ruby>天<rt>てん</rt></ruby>ぷらを<ruby>食<rt>た</rt></ruby>べたのも<ruby>良<rt>よ</rt></ruby>くなかったのか？　<ruby>昨日<rt>きのう</rt></ruby>はずっと<ruby>絶食状態<rt>ぜっしょくじょうたい</rt></ruby>で<ruby>寝<rt>ね</rt></ruby>ていたのよ。<ruby>何<rt>なに</rt></ruby>か<ruby>腸<rt>ちょう</rt></ruby>がふやけて、<ruby>機能<rt>きのう</rt></ruby>していない<ruby>感<rt>かん</rt></ruby>じなの。

男：ええ、それはつらいよね。そうすると、<ruby>明日<rt>あす</rt></ruby>は<ruby>無理<rt>むり</rt></ruby>そうだね。

女：うん、<ruby>申<rt>もう</rt></ruby>し<ruby>訳<rt>わけ</rt></ruby>ないけど<ruby>明日<rt>あす</rt></ruby>の<ruby>約束<rt>やくそく</rt></ruby>は<ruby>延期<rt>えんき</rt></ruby>させてくれる？

男：うん、もちろんいいけど…。じゃ、<ruby>今度<rt>こんど</rt></ruby>はいつにしようか。

女：う～ん、そうね…。<ruby>明日<rt>あす</rt></ruby>、<ruby>医者<rt>いしゃ</rt></ruby>に<ruby>行<rt>い</rt></ruby>って<ruby>診<rt>み</rt></ruby>てもらうつもりだけど。<ruby>劇的<rt>げきてき</rt></ruby>に<ruby>回復<rt>かいふく</rt></ruby>するとは<ruby>思<rt>おも</rt></ruby>えないのよ。それに、<ruby>仕事<rt>しごと</rt></ruby>も<ruby>立<rt>た</rt></ruby>て<ruby>込<rt>こ</rt></ruby>んでいるし。

男：そうか。わかったよ。<ruby>仕事<rt>しごと</rt></ruby>も<ruby>無理<rt>むり</rt></ruby>しないで、<ruby>胃腸<rt>いちょう</rt></ruby>を<ruby>休<rt>やす</rt></ruby>めてね。また<ruby>連絡<rt>れんらく</rt></ruby><ruby>待<rt>ま</rt></ruby>っているよ。

女：うん、ごめんね。

<ruby>女<rt>おんな</rt></ruby>の<ruby>人<rt>ひと</rt></ruby>はどうして<ruby>次<rt>つぎ</rt></ruby>の<ruby>約束<rt>やくそく</rt></ruby>を<ruby>決<rt>き</rt></ruby>められないのですか。

1　メールをうつ<ruby>元気<rt>げんき</rt></ruby>もないから
2　すぐに<ruby>回復<rt>かいふく</rt></ruby>する<ruby>気<rt>き</rt></ruby>がしないから
3　<ruby>医者<rt>いしゃ</rt></ruby>に<ruby>外出<rt>がいしゅつ</rt></ruby>を<ruby>禁止<rt>きんし</rt></ruby>されているから
4　<ruby>仕事<rt>しごと</rt></ruby>の<ruby>予定<rt>よてい</rt></ruby>がわからないから

1번

남자와 여자가 전화로 이야기하고 있습니다. 여자는 왜 다음 약속을 결정하지 못하는 것입니까?

남 : 여보세요, 오카다 씨, 확인 좀 하려고 하는데. 내일 11시에 박물관 입구로 가면 되는 거지?

여 : 아, 그게 말이야…. 마침 지금 문자 보내려고 했었어.

남 : 응? 왠지 기운 없는 것 같은데, 무슨 일 있어?

여 : 응, 계속 배가 좀 이상했는데, 목요일에 튀김을 먹은 것도 안 좋았나? 어제부터 쭉 아무것도 못 먹고 누워만 있었어. 왠지 장이 불어 제 기능을 못 하고 있는 느낌이야.

남 : 아, 그거 괴롭겠다. 그럼, 내일은 무리겠네.

여 : 응, 미안한데 내일 약속은 연기해 줄래?

남 : 응, 물론 괜찮은데…. 그럼, 다음번은 언제로 할까?

여 : 음~. 글쎄…. 내일 의사한테 가서 진료받을 건데. 극적으로 회복될 것 같진 않아. 게다가 일도 밀려 있고.

남 : 그래? 알았어. 일도 무리하지 말고 위장을 쉬게 해. 또 연락 기다리고 있을게.

여 : 응, 미안해.

여자는 왜 다음 약속을 결정하지 못하는 것입니까?

1 문자 보낼 기운도 없어서
2 바로 회복될 것 같지 않아서
3 의사에게 외출을 금지당해서
4 업무 예정을 알 수 없어서

해설 배가 좀 이상해서 남자와의 약속을 지킬 수 없게 되었는데, 배의 상태로 보아 바로 회복될 것 같진 않다고 했다. 그래서 다음 약속을 잡을 수 없는 것이다.

어휘 <ruby>博物館<rt>はくぶつかん</rt></ruby> 박물관 | <ruby>調子<rt>ちょうし</rt></ruby> 상태, 컨디션 | <ruby>絶食状態<rt>ぜっしょくじょうたい</rt></ruby> 절식상태 | ふやける 붇다, 축 늘어지다 | <ruby>延期<rt>えんき</rt></ruby> 연기 | <ruby>劇的<rt>げきてき</rt></ruby>に 극적으로 | <ruby>回復<rt>かいふく</rt></ruby> 회복 | <ruby>立<rt>た</rt></ruby>て<ruby>込<rt>こ</rt></ruby>む (사람이 빽빽하거나 일이 겹쳐서)붐비다 | <ruby>胃腸<rt>いちょう</rt></ruby> 위장

2番 Track 5-2-02

女の人と男の人がとある会社の倒産について話しています。会社が倒産した原因は何だと言っていますか。

女：SEISHIBAが倒産したってニュース、見ましたか。

男：え、倒産したんですか！？ 潰れる、潰れるみたいな話はよく聞いていましたけど。本当にそうなるとは思わなかったなあ。

女：いや、最近は社長を交代させて、何とか経営を立て直して、営業利益も黒字になってたらしいんですけど。

男：じゃあ、どうしてなんですか。

女：それが、得意先の大手の会社が急に取引の中止を伝えてきたみたいで。

男：それで立ち行かなくなってしまったってわけですね。

女：そのようですね。

男：でも、どうして得意先は取引を突然やめたんですかね。

女：どうやら、その会社で巨額の負債が明るみに出ちゃったみたいなんです。

男：え、それはまずいですね。

女：そうですね、いずれにしても倒産は時間の問題だったかもしれませんね。

男：隠しごとをしてはいけませんよね。

会社が倒産した原因は何だと言っていますか。

1 業績不振
2 得意先の倒産
3 得意先との取引中止
4 巨額の借金

2번

여자와 남자가 어떤 회사의 도산에 관해 이야기하고 있습니다. 회사가 도산한 원인은 무엇이라고 말하고 있습니까?

여 : SEISHIBA가 도산했다는 뉴스 봤어요?

남 : 엣, 도산했나요!? 망한다, 망한다 같은 말은 자주 들었습니다만. 진짜 그렇게 될 줄은 몰랐네.

여 : 아니, 최근에는 사장을 교체해서 간신히 경영을 다시 일으켰고, 영업이익도 흑자가 된 것 같은데요.

남 : 그럼, 왜 그런 거예요?

여 : 그게 말인데, 단골 거래처 대기업 회사가 갑자기 거래중지를 전해온 것 같던데.

남 : 그래서 경영이 어려워진 것이군요.

여 : 그런 것 같네요.

남 : 근데, 왜 단골 거래처는 거래를 갑자기 중단한 건가요?

여 : 아무래도 그 회사에서 거액의 부채가 드러난 것 같아요.

남 : 아, 그건 큰일이네요.

여 : 그러게요. 어쨌든 도산은 시간 문제였을지도 모르겠네요.

남 : 숨겨서는 안 되지요.

회사가 도산한 원인은 무엇이라고 말하고 있습니까?

1 실적 부진
2 단골 거래처의 도산
3 단골 거래처와의 거래중지
4 거액의 빚

해설 사장 교체로 경영을 다시 일으켰고 영업이익도 흑자가 되었으나, 「得意先の大手の会社が急に取引の中止」를 전해온 것이 도산의 가장 큰 이유라고 했으니, 정답은 3번이다. 4번 '거액의 빚'은 어디까지나 단골 거래처가 거래를 중단한 이유이지, 도산의 직접적 원인은 될 수 없다.

어휘 倒産 도산 | 潰れる 망하다 | 交代 교체, 교대 | 何とか 간신히 | 経営 경영 | 立て直す 다시 일으키다 | 営業利益 영업이익 | 黒字 흑자 | 得意先 단골 거래처 | 大手の会社 대기업 회사 | 取引 거래 | 中止 중지 | 立ち行く (경영 등)순조롭다 | 巨額 거액 | 負債 부채 | 明るみに出る 드러나다, 공개되다 | 隠しごと 숨김, 비밀 | 業績不振 실적 부진

5회

3番 Track 5-2-03

男の学生と女の学生が話しています。男の人はどうして、アルバイトの応募に失敗したのですか。

女：佐藤君、来月の国家試験のアルバイトは確定したの？

男：それがさ。ダメだったんだよ。

女：ダメだった？ 申し込みは、ネットで先着順じゃないの？

男：うん、そう。昨日の夜８時から受付開始だったから、１０分前からパソコンの前に待機して申し込みに備えていたんだよ。

女：うん、私もしたことあるからわかるけど…、何人の募集枠だったの？

男：ええっと、３０人だったんだけどね。８時にすぐ「この仕事に申し込む」をクリックしたら、次に「労働規約の同意」って、出たから、その規約を読んでから「同意する」をクリックしたんだよ。そうしたらもう締め切られていたんだ。

女：佐藤君、ネットでの申し込みは初めてだったの？ そんなモタモタしてちゃダメじゃない。

男：遅かったのかな。みんな、規約を読まないで「同意する」を押しちゃうのかな。

女：あたりまえじゃない。８時からだったら、人気の場所の仕事は５分ぐらいで埋まっちゃうわよ。

男：１０分も前から、スタンバイしていたのに、本当にショックだよ。

女：まあ、経験だわね。

男の人はどうして、アルバイトの応募に失敗したのですか。

1 応募開始の１０分前に申し込んだから
2 「規約に同意」をクリックするのが遅かったから
3 「申し込む」のあと、「確定」を押さなかったから
4 「規約に同意」をよく読まないでクリックしたから

3번

남학생과 여학생이 이야기하고 있습니다. 남자는 왜 아르바이트 응모에 실패한 것입니까?

여 : 사토 군, 다음달 국가시험 아르바이트는 확정된 거야?

남 : 그게 말이야, 안 됐어.

여 : 안 됐어? 신청은 인터넷에서 선착순 아니었어?

남 : 응, 맞아. 어젯밤 8시부터 접수 개시여서, 10분 전부터 컴퓨터 앞에 대기하며 신청에 대비하고 있었지.

여 : 응, 나도 한 적 있어서 알고 있는데…, 몇 명 모집하는 거였지?

남 : 음~, 30명이었는데. 8시에 바로 '이 일에 신청한다'를 클릭했더니, 다음에 '노동규약 동의'라고 나와서 그 규약을 읽고 나서 '동의한다'를 클릭했지. 그랬더니 이미 마감되어 있던 거야.

여 : 사토 군, 인터넷으로 하는 신청은 처음이었어? 그렇게 꾸물대면 안 되잖아.

남 : 늦었었나? 모두 규약을 읽지 않고 '동의한다'를 눌러 버리는 건가?

여 : 당연하지. 8시부터였으면 인기 있는 곳 일은 5분 정도면 꽉 차 버려.

남 : 10분이나 전부터 스탠바이하고 있었는데, 진짜 쇼크였어.

여 : 좋은 경험했다고 생각해.

남자는 왜 아르바이트 응모에 실패한 것입니까?

1 응모개시 10분 전에 신청해서
2 '규약에 동의'를 클릭하는 게 늦어서
3 '신청한다' 후에 '확정'을 안 눌러서
4 '규약에 동의'를 잘 읽지 않고 클릭해서

해설 아르바이트 응모는 선착순 모집이었는데, 남자는 노동규약을 읽고 동의를 눌렀지만, 다른 사람들은 규약을 읽지 않고 '동의한다'를 눌러서 선착순 모집에 늦은 것이다.

어휘 **確定** 확정 | **先着順** 선착순 | **開始** 개시 | **待機** 대기 | **備える** 준비하다, 갖춰지다 | **募集枠** 모집 인원 (「枠」 범위의 제한) | **労働規約** 노동규약 | **締め切る** 마감하다 | **モタモタ** 우물쭈물, 꾸물꾸물 | **埋まる** 꽉 차다

4番 Track 5-2-04

男の人と女の人が話しています。男の人が国内旅行にしたいと言っている理由は何ですか。

男：今度の大型連休のヨーロッパ旅行なんだけど、国内旅行に変えてもいいかな？

女：えっ？ なんで急にそんなこと言うの？ すごい楽しみにしてたし、そのために今まで一生懸命お金も貯めてきたのに。

男：うん、そうはそうなんだけどさ…。

女：それに、もう飛行機のチケットからホテルの予約までしちゃってるじゃない。今キャンセルしたら、キャンセル料もたくさん取られちゃうわよ。

男：実は、今度大きなプロジェクトを任されることになりそうで、長期間休むわけにはいかなくなったんだよ。

女：えー。そんなのないわよ。

男：こんな機会は滅多にないからさ。チャンスをものにしたいんだ。

女：うーん。残念だけど、それなら、しょうがないかな。

男：その代わり、国内旅行を豪華にするから。ね？

女：あーあ。せっかく楽しみにしてたのに。

男の人が国内旅行にしたいと言っている理由は何ですか。

1 国内のほうが豪華に旅行ができるため
2 大切な仕事が入ったため
3 金銭的な余裕がなくなったため
4 国内旅行に行ける機会があまりないため

4번

남자와 여자가 이야기하고 있습니다. 남자가 국내여행을 하고 싶다고 하는 이유는 무엇입니까?

남 : 이번 황금연휴 유럽여행 말인데, 국내여행으로 바꿔도 될까?

여 : 어머? 왜 갑자기 그런 소리하는 거야? 굉장히 기대하고 있었고, 그러려고 지금까지 열심히 돈도 모았잖아.

남 : 응, 그건 그런데….

여 : 게다가 벌써 비행기표부터 호텔 예약까지 다 했잖아. 지금 취소하면 취소 수수료도 많이 내야 해.

남 : 실은, 이번에 큰 프로젝트를 맡게 될 것 같아서, 장기간 쉴 수 없게 되었거든.

여 : 아~, 그럴 수는 없지.

남 : 이런 기회는 좀처럼 없으니까. 기회를 잡고 싶어.

여 : 음~. 아쉽지만, 그렇다면 할 수 없겠지.

남 : 그 대신 국내여행을 호화롭게 할 테니까. 알겠지?

여 : 아~아, 모처럼 기대하고 있었는데.

남자가 국내여행을 하고 싶다고 하는 이유는 무엇입니까?

1 국내 쪽이 호화롭게 여행을 할 수 있기 때문에
2 중요한 일이 들어왔기 때문에
3 금전적 여유가 없어졌기 때문에
4 국내여행을 갈 기회가 별로 없기 때문에

해설 여자는 유럽여행에 가기 위해 저금도 하고 비행기와 호텔까지 예약해 두었다고 했다. 하지만 남자는 「実は、今度大きなプロジェクトを任されることになりそうで、長期間休むわけにはいかなくなった」라고 하며, 유럽여행에 긴 시간을 쓸 수 없으니, 국내여행을 호화롭게 가자고 하는 것이므로, 정답은 2번이다.

어휘 **大型連休** 황금연휴 | **貯める** 저금하다, 모으다 | **キャンセル料** 취소 수수료 | **任す** 맡기다 | **長期間** 장기간 | **～わけにはいかない** ~할 수는 없다 | **滅多にない** 좀처럼 없다 | **ものにする** 손에 넣다, 잡다, 내 것으로 하다 | **その代わり** 그 대신 | **豪華** 호화 | **金銭的** 금전적 | **余裕** 여유

5회

5番 Track 5-2-05

ラジオで男の人が話しています。男の人は、どんな人を高齢者というのだと言っていますか。

男：ええ、総人口の４人に１人が６５歳以上であり「超高齢化社会」といわれる日本ですが、高齢者とは一体どんな人を言うのでしょうか。体力がなくて仕事はできず、家でゴロゴロしていて、しかも病院にかかってばかりいる人。若い人に言わせれば、仕事もせずに年金や医療費ばかり使っている人…。だから、医療費が高くなる。僕らが年取ったころには年金がなくなる。でも、いわゆる高齢者と言われる人で、ヨボヨボの老人、寝たきりの老人の数は非常に少ないのです。ある統計では、９０歳以上の老人はわずか１５０万人、寝たきり老人の数もほぼ同数で、かなりの部分がダブっているので、「本当の高齢者」の数は率にして1.5%、６４人に１人なのです。

男の人は、どんな人を高齢者というのだと言っていますか。

1　体力的に働けず、寝たきりなどの人
2　体力があっても働かない６５歳以上の人
3　病院通いが仕事のような６５歳以上の人
4　年金で生活している６５歳から９０歳の人

5번

라디오에서 남자가 이야기하고 있습니다. 남자는 어떤 사람을 고령자라고 부르는 거라고 말하고 있습니까?

남 : 에, 총인구 4명 중 1명이 65세 이상이며 '초고령화 사회'라 불리는 일본입니다만, 고령자란 대체 어떤 사람을 말하는 걸까요? 체력이 떨어져 일은 못하고, 집에서 뒹굴뒹굴거리며, 더욱이 병원 신세만 지고 있는 사람. 젊은 사람들 표현을 빌리자면, 일도 안 하고 연금과 의료비만 써대는 사람…. 그래서 의료비가 비싸진다. 우리가 나이 먹었을 무렵에는 연금이 없어질 거다. 하지만 이른바 고령자라 불리는 사람들 중에서 제대로 걷지도 못하는 노인, 거동을 못해 누워만 있는 노인의 수는 아주 적습니다. 어느 통계에서는 90세 이상의 노인은 불과 150만 명, 누워만 있는 노인의 수도 거의 같은 수이며, 상당 부분이 겹치기 때문에 '진짜 고령자'의 수는 퍼센트로 해서 1.5%, 64명에 1명인 것입니다.

남자는 어떤 사람을 고령자라고 부르는 거라고 말하고 있습니까?

1 체력적으로 일할 수 없으며 누워만 있는 등의 사람
2 체력이 있어도 일하지 않는 65세 이상의 사람
3 병원통원이 출퇴근 같은 65세 이상의 사람
4 연금으로 생활하는 65세에서 90세의 사람

해설 누워만 있는 노인의 수가 많으므로 고령자의 기준을 단지 65세란 나이로 보지 말고 실제 신체상태, 건강상태로 판단하자고 말하고 있다.

어휘 **超高齢化社会** 초고령화 사회 | **ごろごろする** 빈둥거리다 | **よぼよぼ** 늙어서 쇠약해진 모양, 걸음걸이를 위태롭게 걷는 모양 | **寝たきり** 노쇠하거나 병들어 계속 누워 있음 | **ダブる** 중복되다, 겹쳐지다

6番 Track 5-2-06

テレビのニュースで男の人が話しています。Ｅ社が工場を閉鎖する理由は何ですか。

男：日本の大手、菓子メーカーであるＥ社は、８月２１日に国内にある二つの工場の生産を終了すると発表しました。Ｅ社は閉鎖理由として、国内生産拠点の整理・再配置を行って経営の効率化を図ることを挙げています。それら二つの工場は１９５３年に創設されました。それから６０年以上が経過し、建物や設備などの老朽化が進んでいたとみられます。また、生産していたキャラメルや飴製品、ガム製品などの販売が不振だったことも工場閉鎖につながったと思われます。Ｅ社の「ガム・キャラメル・キャンディー」カテゴリーの売上高は規模が小さく、年々縮小していました。

Ｅ社が工場を閉鎖する理由は何ですか。

1　老朽化した建物を再建するため
2　他の地域に大きな工場を建てるため
3　建物の老朽化と売上げ減少のため
4　生産拠点を移し経営を改善するため

6번

텔레비전 뉴스에서 남자가 이야기하고 있습니다. E사가 공장을 폐쇄하는 이유는 무엇입니까?

남 : 일본의 주요 과자 메이커인 E사는 8월 21일에 국내에 있는 두 곳 공장의 생산을 종료한다고 발표했습니다. E사는 폐쇄 이유로써, 국내생산거점의 정리 · 재배치를 행하여 경영효율화 도모를 들고 있습니다. 이 두 곳의 공장은 1953년에 창설되었습니다. 그로부터 60년 이상이 경과하여, 건물과 설비 등의 노후화가 진행된 걸로 보입니다. 또 생산하고 있던 캐러멜과 사탕 제품, 껌 제품 등의 판매가 부진했던 것도 공장폐쇄로 이어진 걸로 생각됩니다. E사의 '껌 · 캐러멜 · 캔디' 카테고리 매상고는 규모가 작고, 해마다 축소되고 있었습니다.

E사가 공장을 폐쇄하는 이유는 무엇입니까?

1 노후화된 건물을 재건하기 위해
2 다른 지역에 큰 공장을 짓기 때문에
3 건물 노후화와 매상 감소 때문에
4 생산거점을 옮겨 경영을 개선하기 위해

해설 지은지 60년 이상이 경과된 건물이라 노후화도 진행되었고, 이 두 공장에서 생산하던 제품의 판매 부진이 결정적인 폐쇄 이유이다.

어휘 閉鎖 폐쇄 | 拠点 거점 | 効率化 효율화 | 図る 도모하다 | 創設 창설, 창립 | 経過 경과 | 設備 설비 | 老朽化 노후화 | 不振 부진 | つながる 이어지다, 연결되다 | 規模 규모 | 縮小 축소

5회

문제3 문제3에서는 문제용지에 아무것도 인쇄되어 있지 않습니다. 이 문제는 전체로써 어떤 내용인가를 묻는 문제입니다. 이야기 앞에 질문은 없습니다. 먼저 이야기를 들어 주세요. 그리고 질문과 선택지를 듣고, 1~4 중에서 가장 적당한 것을 하나 고르세요.

例 Track 5-3-00

男の人が話しています。

男：みなさん、勉強は順調に進んでいますか？成績がなかなか上がらなくて悩んでいる学生は多いと思います。ただでさえ好きでもない勉強をしなければならないのに、成績が上がらないなんて最悪ですよね。成績が上がらないのはいろいろな原因があります。まず一つ目に「勉強し始めるまでが長い」ことが挙げられます。勉強をなかなか始めないで机の片づけをしたり、プリント類を整理し始めたりします。また「自分の部屋で落ち着いて勉強する時間が取れないと勉強できない」というのが成績が良くない子の共通点です。成績が良い子は、朝ごはんを待っている間や風呂が沸くのを待っている時間、寝る直前のちょっとした時間、いわゆる「すき間」の時間で勉強する習慣がついています。それから最後に言いたいのは「実は勉強をしていない」ということです。家では今までどおり勉強しているし、試験前も机に向かって一生懸命勉強しているが、実は集中せず、上の空で勉強しているということです。

この人はどのようなテーマで話していますか。

1 勉強がきらいな学生の共通点
2 子供を勉強に集中させられるノーハウ
3 すき間の時間で勉強する学生の共通点
4 勉強しても成績が伸びない学生の共通点

예

남자가 이야기하고 있습니다.

남 : 여러분, 공부는 순조롭게 되고 있습니까? 성적이 좀처럼 오르지 않아 고민 중인 학생은 많으리라 생각합니다. 가뜩이나 좋아하지도 않는 공부를 해야하는데, 성적이 오르지 않으니 최악이지요. 성적이 오르지 않는 것은 여러 원인이 있습니다. 우선 첫 번째로 '공부를 시작할 때까지 시간이 걸린다'를 들 수 있습니다. 공부를 좀처럼 시작하지 않고, 책상 정리를 하거나, 프린트물 정리를 시작하거나 합니다. 또 '내 방에서 차분하게 공부할 시간이 없으면 공부 못 하겠다'고 하는 것이 성적이 좋지 못한 아이의 공통점입니다. 성적이 좋은 아이는 아침밥을 기다리는 동안이나 목욕물 끓는 것을 기다리고 있는 시간, 자기 직전의 잠깐의 시간, 이른바 '틈새' 시간에 공부하는 습관이 배어 있습니다. 그리고 마지막으로 하고 싶은 말은 '실은 공부를 안 하고 있다'는 것입니다. 집에서는 지금까지 대로 공부하고 있고, 시험 전에도 책상 앞에 앉아 열심히 공부하고 있지만, 실은 집중하지 않고, 건성으로 공부하고 있다는 사실입니다.

이 사람은 어떤 테마로 이야기하고 있습니까?

1 공부를 싫어하는 학생의 공통점
2 자녀를 공부에 집중시킬 수 있는 노하우
3 틈새 시간에 공부하는 학생의 공통점
4 공부해도 성적이 늘지 않는 학생의 공통점

1番 Track 5-3-01

大学の講義で先生が話しています。

男：学生の皆さんは、普段どのくらい外来語を使っているか考えたことがありますか。外来語とは、外国語から入ってきた言葉を指し、一般的にカタカナで表される言葉を言います。外来語といえば、「テレビ」、「ビール」など、これまで日本になかった新しい概念を表し、日本語の一部として立派に定着しているものも数多く存在します。また、家の「台所」を「キッチン」とわざと言い換えることで、かっこよさやクールなイメージを表現することもあります。「パソコン」は一見すると、英語のように見えますが、これは日本人が外国語を使って独自に日本語にしたもので、和製語と言われます。特に、英語を使ったものが多いため、和製英語とも言われます。このようにカタカナで表された外国語にもいろいろなものがあります。今日は、学生の皆さんと一緒に普段からよく使われている外来語を分類してみようと思います。

先生は何について話していますか。

1 外来語の表記方法
2 外国語と外来語の違い
3 外来語の種類
4 外来語の役割

1번

대학 강의에서 선생님이 이야기하고 있습니다.

남 : 학생 여러분은 평소 어느 정도 외래어를 사용하고 있는지 생각한 적이 있습니까? 외래어란 외국어에서 들어온 단어를 가리키며, 일반적으로 가타카나로 표현되는 단어를 말합니다. 외래어라고 하면, '텔레비전', '맥주' 등, 지금까지 일본에 없었던 새로운 개념을 나타내며, 일본어의 일부로써 훌륭하게 정착한 것도 많이 존재합니다. 또, 집의 '부엌'을 '키친'이라고 일부러 바꿔 말하여, 멋짐이나 쿨한 이미지를 표현하는 경우도 합니다. '퍼스컴'은 언뜻 보면, 영어처럼 보이지만, 이것은 일본인이 외국어를 사용하여 독자적으로 일본어로 만든 것으로, '화제어(일본에서 만든 외래어)'라고 불립니다. 특히 영어를 사용한 것이 많기 때문에, 일본식 영어라고도 합니다. 이처럼 가타카나로 표현된 외국어에도 여러 가지가 있습니다. 오늘은 학생 여러분과 함께 평소부터 자주 사용되는 외래어를 분류해 보도록 하겠습니다.

선생님은 무엇에 관해 이야기하고 있습니까?

1 외래어 표기 방법
2 외국어와 외래어의 차이
3 외래어의 종류
4 외래어의 역할

해설 우선 남자는 학생들에게 외래어를 어느 정도 사용하고 있는지 생각한 적이 있냐고 묻고 있다. 그러면서 다양한 외래어의 종류에 대해 언급하며, 「このようにカタカナで表された外国語にもいろいろなもの」이 있고 「今日は、学生の皆さんと一緒に普段からよく使われている外来語を分類」해 보자고 했으니, 정답은 3번이 된다.

어휘 講義 강의 | 普段 평소 | 外来語 외래어 | 指す 가리키다 | 一般的 일반적 | 表す 나타내다 | ～といえば ~라 하면 | 概念 개념 | 立派に 훌륭하게 | 定着 정착 | 数多く 수많이, 허다히 | 言い換える 바꿔 말하다 | かっこよさ 멋짐 | クールな 쿨한 | 表現 표현 | 一見する 언뜻 보다 | 独自に 독자적으로 | 和製語 화제어(일본에서 만든 외래어) | 和製英語 일본식 영어 | 分類 분류 | 表記 표기 | 役割 역할

5회

2番 Track 5-3-02

ラジオである会社の社長が話しています。

男：私がどのようにしてここまで会社を大きくできたかは、母のおかげだと思います。母親は、私が小学校に入学する前に結核にかかってしまい、私はその病気を早く治したい一心で、15歳の時に八百屋の修行に出たんです。朝早くから夜遅くまで必死になって働きました。ご主人にはずいぶんよくしてもらい、商売に必要なことをていねいに教えていただきました。とにかくお客様に喜んでいただける仕入れをすることの大切さを、私は一番に学びましたね。19歳で最初の店を出し、店は鮮度を重視した戦略で繁盛し、2店舗目までは順調にいったのですが、25歳の時にある方の保証人になってしまったことで私は全てを失いました。あとに残ったのは莫大な借金とトラック一台だけでした。結局、そのトラック一台が、この業界に飛び込むきっかけになったんです。

社長は、どのようなテーマで話していますか。

1 母親の病気を治すため
2 八百屋の修行での学び
3 会社を興すまでの歩み
4 店を繁盛させる販売戦略

2번

라디오에서 어느 회사 사장이 이야기하고 있습니다.

남 : 제가 어떻게 해서 이렇게까지 회사를 크게 키울 수 있었냐 하면, 어머니 덕분이라고 생각합니다. 어머니는 제가 초등학교에 입학하기 전에 결핵에 걸렸는데, 저는 그 병을 빨리 고치고 싶은 일념에, 15살 때 채소가게에서 일을 배우기 시작한 것입니다. 아침 일찍부터 밤늦게까지 필사적으로 일했습니다. 주인아저씨께서도 아주 잘 대해 주셨고, 장사에 필요한 것을 꼼꼼히 알려 주셨습니다. 어쨌든 손님들이 마음에 들어 하실 수 있는 상품 매입의 소중함을, 저는 최고라고 배웠습니다. 19살 때 처음으로 가게를 냈었고, 가게는 신선도를 중시한 전략으로 번창하였으며, 두 번째 점포까지는 순조롭게 되었습니다만, 25살 때 어떤 분의 보증인이 되었다가 저는 모든 것을 잃고 말았습니다. 나중에 남은 것은 막대한 빚과 트럭 한 대뿐이었습니다. 결국 그 트럭 한 대가 이 업계에 뛰어든 계기가 된 것입니다.

사장은 어떤 테마로 이야기하고 있습니까?

1 어머니 병을 고치기 위해
2 채소가게 수행에서의 배움
3 회사를 일으킬 때까지의 발자취
4 가게를 번창시키는 판매전략

해설 본인의 회사를 지금의 규모로 키우기까지 있었던 일들을 회고하며 이야기하고 있다. 어머니의 병을 고치기 위해 돈을 벌려고 어린 나이에 뛰어든 일에서 많은 것을 배웠고, 성공과 실패를 경험하며 이 자리까지 왔다는 말을 하고 있다.

어휘 **修行** 수행 | **必死** 필사 | **鮮度** (신)선도 | **重視** 중시 | **戦略** 전략 | **繁盛** 번성 | **順調に** 순조롭게 | **失う** 잃다 | **莫大だ** 막대하다 | **借金** 돈을 꿈, 빚 | **飛び込む** 뛰어들다, 뛰어 들어가다 | **きっかけ** 계기 | **興す** 일으키다, 흥하게 하다 | **歩み** 발걸음, 변천, 흐름

3番 Track 5-3-03

テレビで男の人が「食べること」について話しています。

男：「食べるということは」生きるために必要な行為です。植物にしても動物にしても「他のものから命をいただく」ということで、何を食べても同じなのです。人間は草を食べても美味しいとは感じないのですが、それは人間の味覚が「人間に必要なもの」を見分けることができるからです。人間には栄養学とかメディアからの情報がありますから、「これは栄養がある」などと言いますが、動物はそんなことは分かりません。しかし動物のもっている味覚で自分に必要なものを見分けられます。
もちろん、人間も正常なら「美味しいものを食べる」ことが大切で、「あれが良い、これは体に悪い」等という知識は本来いらないのです。最近50年ほど、テレビや雑誌などで健康と食材のことが繰り返し取り上げられていますが、食べて不味いものが健康に良い食材といえるのかどうかは不明です。

男の人はどう考えていますか。

1 人間は栄養学に従って食べるべきだ
2 美味しいと感じるものが必要な食べ物だ
3 人間も動植物と同じものを食べるのが良い
4 まずいと感じるものが良い食べ物だ

3번

텔레비전에서 남자가 '먹는 것'에 관해 이야기하고 있습니다.

남 : '먹는다는 것은' 살아가기 위해 필요한 행위입니다. 식물이든 동물이든 '다른 생명의 목숨을 먹는' 것이며, 무엇을 먹더라도 마찬가지인 것입니다. 인간은 풀을 먹어도 맛있다고 느끼지 않는데, 그것은 인간의 미각이 '인간에 필요한 것'을 구분할 수 있기 때문입니다. 인간에게는 영양학이라든가 미디어로부터의 정보가 있으므로 '이건 영양이 있다'고 하지만, 동물은 그런 건 모릅니다. 그러나 동물이 갖고 있는 미각으로 자신에게 필요한 것을 구별할 수 있습니다.
물론 인간도 정상이라면 '맛있는 것을 먹는' 것이 중요하며, '저게 좋아, 이건 몸에 해로워' 같은 지식은 본래 필요 없는 것입니다. 최근 50년 정도 텔레비전과 잡지 등에서 건강과 식재료가 반복해서 다루어지고 있습니다만, 먹어서 맛없는 것이 건강에 좋은 식재료라고 할 수 있을지 어떤지는 분명하지 않습니다.

남자는 어떻게 생각하고 있습니까?

1 인간은 영양학에 따라 먹어야 한다
2 맛있게 느껴지는 것이 필요한 음식이다
3 인간도 동식물과 같은 것을 먹는 게 좋다
4 맛없게 느껴지는 것이 좋은 음식이다

해설 몸에 좋은 식재료에 대한 관심이 높아지고 있는 요즘이지만, 남자는 그런 건 됐고, 일단 맛있는 음식을 먹어야 한다고 주장하고 있다. 즉 먹어서 맛있으면 우리에게 필요한 음식이란 의미이다. 문장 마지막에 맛없는 음식이 건강에 좋다는 것은 아직 단정할 수 없다고 하였다.

어휘 **行為** 행위 | **見分ける** 분별하다, 구분하다 | **正常** 정상 | **知識** 지식 | **繰り返す** 반복하다 | **取り上げる** 들어올리다, 거론하다 | **～に従って** ~에 따라

5회

4番 Track 5-3-04

テレビで、レポーターが話しています。

男：近年、都市部で若者に人気の「シェアハウス」という言葉をご存じでしょうか。
これは、友人同士、あるいは知らない人たちが一つ屋根の下で一緒に住むことを指します。一般的なアパートやマンションとは異なり、キッチンやトイレ、お風呂などほとんどの施設を共同で使用するため、一緒に使うことへ煩わしさもありますが、それでもなお、人気の理由は何なのでしょうか。住人の人に聞いたところ、シェアハウスでは誰かと一緒に食事をしたり、夜遅くまで仕事やプライベートな話をすることもでき、いつでも誰かとつながっていることがその魅力だといいます。確かに現代社会では、昔に比べ、人と人が接する機会自体がかなり減ってきていると言われます。シェアハウスは、そんな時代に生きる若者にこそ、必要不可欠な存在なのかもしれません。

男の人は何について話していますか。

1 一般的な住宅とシェアハウスの違い
2 都市部の住宅事情の変化
3 若者のコミュニケーションの取り方
4 シェアハウスが若者に人気の理由

4번

텔레비전에서 리포터가 이야기하고 있습니다.

남：최근, 도시부에서 젊은이에게 인기 있는 '셰어하우스'라는 말을 알고 계십니까?
이것은 친구끼리 혹은 모르는 사람들이 한 지붕 밑에서 함께 사는 것을 가리킵니다. 일반적인 아파트나 맨션과는 달리, 주방이나 화장실, 욕실 등 대부분의 시설을 공동으로 사용하기 때문에, 함께 사용하는 것에 대한 번거로움도 있지만, 그래도 여전히 인기 있는 이유는 무엇일까요? 거주자에게 물어 보니, 셰어하우스에서는 누군가와 함께 식사를 하거나, 밤늦게까지 일이나 사적인 이야기를 할 수도 있고, 언제든지 누군가와 연결되어 있는 것이 그 매력이라고 합니다.
확실히 현대사회에서는 옛날에 비해 사람과 사람이 접할 기회 자체가 상당히 줄어 들었다고 합니다. 셰어하우스는 그런 시대에 사는 젊은이에게야 말로, 필요 불가결한 존재일지도 모릅니다.

남자는 무엇에 관해 이야기하고 있습니까?

1 일반적인 주택과 셰어하우스의 차이
2 도시부 주택 사정의 변화
3 젊은이의 커뮤니케이션 방식
4 셰어하우스가 젊은이에게 인기 있는 이유

해설 남자 리포터는 셰어하우스에 관한 이야기를 하며, 「人気の理由」에 관해 말하고 있다. 거주자에게 직접 물어 보니 「シェアハウスでは誰かと一緒に食事をしたり、夜遅くまで仕事やプライベートな話をすることもでき、いつでも誰かとつながっていることがその魅力」라고 답했다고 하며, 마지막에 「シェアハウスは、そんな時代に生きる若者にこそ、必要不可欠な存在」일지도 모르겠다고 했으니, 이 남자 리포터는 셰어하우스가 젊은이에게 인기 있는 이유를 말하고 있다는 것을 알 수 있다.

어휘 近年 최근, 근년 | 都市部 도시부 | 若者 젊은이 | ご存じだ 아시다, 「知る(알다)」의 존경어 | 友人 친구 | ～同士 ~끼리 | あるいは 혹은 | 屋根 지붕 | 指す 가리키다 | 一般的な 일반적인 | 異なる 다르다 | 施設 시설 | 共同 공동 | 煩わしさ 번거로움 | 住人 거주자, 주민 | 魅力 매력 | 接する 접하다 | 必要不可欠 필요 불가결 | 住宅事情 주택 사정

5番 Track 5-3-05

ラジオで男の人が話しています。

男：アメリカでは自動運転ができる自動車の法律整備が着々と進められているようです。ところで、タクシー料金の自由化さえできていない日本は、自動運転を認めることは可能なのでしょうか？ 自動運転により職を失う可能性のある職業としては、タクシー運転手、バス運転手、トラック運転手あたりがあげられます。しかし完全に自動運転化が社会に受け入れられて、台風などで、雨や風の強い日でも事故が起こらない状態になるにはまだまだ時間がかかりそうです。そういう意味で、自動運転が完全に普及するためには、まだ20年以上の歳月がかかると見ています。タクシーの料金ですら自由競争が許されていない日本では、20年で自動運転が普及するかどうかさえ疑問です。

男の人は車の自動運転についてどう考えていますか。

1 日本も自動運転の法律を急ぐべきだ
2 自動運転化による失業者対策が必要だ
3 日本では自動運転化の普及は難しい
4 安全な自動運転化は夢物語である

5번

라디오에서 남자가 이야기하고 있습니다.

남 : 미국에서는 자동운전을 할 수 있는 자동차 법률정비가 착착 진행되고 있는 것 같습니다. 그런데, 택시요금 자유화조차 되어 있지 못한 일본은 자동운전을 인정하는 것이 가능할까요? 자동운전에 의해 직업을 잃어버릴 가능성이 있는 직업으로는 택시운전수, 버스운전수, 트럭운전수 정도를 들 수 있습니다. 그러나 완전히 자동운전화가 사회에 받아들여져, 태풍 등으로 비바람이 강한 날에도 사고가 일어나지 않는 상태가 되려면 아직 시간이 걸릴 것 같습니다. 그런 의미에서 자동운전이 완전히 보급되기 위해서는 아직 20년 이상의 세월이 걸릴 것으로 보고 있습니다. 택시 요금조차 자유경쟁이 허용되지 않는 일본에서는 20년 안에 자동운전이 보급될지 어떨지마저 의문스럽습니다.

남자는 자동차의 자동운전에 관해 어떻게 생각하고 있습니까?

1 일본도 자동운전 법률을 서둘러야 한다
2 자동운전화에 의한 실업자대책이 필요하다
3 일본에서는 자동운전화의 보급은 어렵다
4 안전한 자동운전화는 꿈 같은 이야기이다

5회

해설 사람이 아닌 기계가 혼자 하는 자동운전이 미국에서 순조롭게 진행되고 있는 데 비해, 일본은 완전히 뒤처져 있다고 비판조로 말하고 있다.

어휘 失う 잃다 | ～あたり ~정도, 따위 | 普及 보급 | 歳月 세월 | 自由競争 자유경쟁 | 疑問 의문 | 失業者 실업자 | 対策 대책 | 夢物語 꿈같은 이야기

문제4 **문제4에서는 문제용지에 아무것도 인쇄되어 있지 않습니다. 먼저 문장을 들으세요. 그리고 그에 대한 대답을 듣고 1~3 중에서 가장 적당한 것을 하나 고르세요.**

例 Track 5-4-00

男：部長、地方に飛ばされるんだって。
女：1 飛行機相当好きだからね。
2 責任取るしかないからね。
3 実家が地方だからね。

예

남 : 부장님, 지방으로 날아간대.
여 : 1 비행기 정말 좋아하니까.
2 책임질 수밖에 없을 테니까.
3 본가가 지방이니까.

1番 Track 5-4-01

女：田中さん、ずいぶん焼けましたね。
男：1 本当にきれいな夕焼けだ。見に来るだけのことはあるよね。
2 あ、そう？ 今年の夏休みはグアム行ってきたよ。
3 ずっと雨だったが、梅雨明けで本格的な夏が始まったね。

1번

여 : 다나카 씨, 꽤 많이 탔네요.
남 : 1 정말 아름다운 저녁노을이네. 보러 올 만한 가치가 있어.
2 아, 그래? 올 여름휴가는 괌에 다녀왔어.
3 계속 비가 왔었는데, 장마가 끝나고 본격적인 여름이 시작됐어.

해설 우선 「焼ける」를 알아야 한다. '(음식 등이)구워지다'라는 의미와 '(선탠으로)피부가 타다'라는 의미가 있다. 이런 문제에서는 들린 단어나 표현이 또 들리면 대개 함정이라는 것을 명심하자.

어휘 夕焼け 저녁노을 | 梅雨明け 장마가 끝남

2番 Track 5-4-02

女：森川さんはいける口ですか。
男：1 あ、すみません。今日はちょっと都合が悪くて行けませんが…。
2 ご心配は要りません。どんなことがあっても必ず行きます。
3 いいえ、私下戸ですよ。ま、そう見えないとみんなに言われますが。

2번

여 : 모리카와 씨는 술 잘 드세요?
남 : 1 아, 죄송합니다. 오늘은 좀 사정이 좋지 못해 못 갑니다만….
2 걱정하실 필요 없습니다. 무슨 일이 있어도 반드시 가겠습니다.
3 아니요, 저 전혀 못 마셔요. 뭐, 그렇게 안 보인다고 모두가 말합니다만.

해설 「いける口」란 주로 '술을 잘 마시다'라는 의미이다. 반대로 「下戸」란 '전혀 술을 못 마시는 사람'을 의미한다.

어휘 都合が悪い 형편이 좋지 않다

3番 Track 5-4-03

男：最近(さいきん)、彼女(かのじょ)とぎくしゃくしちゃって。

女：1　お似合(にあ)いのカップルですもんね。

2　えっ、何(なに)かあったんですか。

3　いいな、うらやましい。

3번

남 : 요즘, 여자친구랑 좋지 않아요.

여 : 1 잘 어울리는 커플이잖아요.

2 어라, 무슨 일 있었어요?

3 좋겠다, 부러워.

해설 남자가 「ぎくしゃくする」라고 했는데, 이 말은 '인간관계가 어색하고 좋지 못하다'라는 뜻이다. 이 말을 들었다면 두 사람 사이에 '무슨 일이 있었냐?'라고 물어보는 것이 가장 적당한 반응일 것이다.

어휘 ぎくしゃくする 인간관계가 어색하고 좋지 못하다 | お似合(にあ)い 잘 어울림

4番 Track 5-4-04

男：この和菓子(わがし)、どのぐらいもちますか。

女：1　20個(こ)ぐらいなら私一人(わたしひとり)でも持(も)てますが、それ以上(いじょう)は無理(むり)でしょう。

2　こちらでお召(め)し上(あ)がりですか、それともお持(も)ち帰(かえ)りですか。

3　三日(みっか)ぐらいは大丈夫(だいじょうぶ)ですが、なるべくお早(はや)めにお召(め)し上(あ)がりください。

4번

남 : 이 화과자, 어느 정도 가나요?

여 : 1 20개 정도라면 저 혼자서도 들 수 있습니다만, 그 이상은 무리겠지요.

2 여기서 드시겠어요? 아니면 포장해 드릴까요?

3 3일 정도는 괜찮습니다만, 될 수 있으면 빨리 드셔 주세요.

해설 「もつ」의 용법을 묻는 문제이다. 시험에는 '① (비용 등)부담하다, ② (오래도록 그 상태를 계속)유지하다, 지속되다'라는 용법이 잘 나온다. 이 문제는 ②의 용법을 묻고 있는데 '음식이 상하지 않고 보존된다'라는 의미이다.

어휘 持(も)ち帰(かえ)り 가지고 돌아감, 포장해 감

5番 Track 5-4-05

男：これぐらいでへこたれるなよ。

女：1　うん、絶対(ぜったい)あきらめない。最後(さいご)までやり通(とお)すわ。

2　怒(おこ)ってないって、ちょっと疲(つか)れただけなんだから。

3　大丈夫(だいじょうぶ)。これくらいのことでびびらないって。

5번

남 : 이 정도로 좌절하면 안 돼.

여 : 1 응, 절대로 포기 안 할거야. 끝까지 다 해낼 거야.

2 화난 거 아냐, 조금 피곤한 것뿐이야.

3 괜찮아. 이 정도 일로 기죽지 않아.

해설 「へこたれる」는 '체력이 떨어져 지치다'라는 의미와 '기가 꺾여 약해지다, 좌절하다, 주저앉다'라는 의미가 있다.

어휘 やり通(とお)す (끝까지)완수하다, 해내다 | びびる 주눅 들다, 위축되다

6番 Track 5-4-06	6번
男：あんまり親をあてにしない方がいいと思うよ。	남 : 너무 부모님에게 의지하지 않는 편이 좋다고 생각해.
女：1 老後は私が面倒見ます。	여 : 1 노후는 제가 돌보겠습니다.
2 親に頼んで正解でした。	2 부모님께 부탁하길 잘했네요.
3 今、頑張って貯金してます。	3 지금 열심히 저축하고 있습니다.

해설 우선「あてにする」란 관용표현을 알아야 한다.이 표현은 '(남에게)기대다, 의지하다'라는 뜻이다. 남자가 너무 부모님께 의지하지 말라고 했고, 이에 대한 가장 적당한 반응은 '열심히 저금하고 있다'라고 한 3번이다. 즉 두 사람은 경제적으로 부모에게 의지하지 말자는 말을 하고 있는 것이다.

어휘 あてにする 기대다, 의지하다 | 老後 노후 | 面倒見る 돌보다 | 頼む 부탁하다 | ～て正解だ ~하기 잘했다 | 貯金 저금

7番 Track 5-4-07	7번
男：高橋君の企画書、文句のつけようがなかったよ。	남 : 다카하시 군의 기획서, 흠잡을 데가 없었어.
女：1 申し訳ありません、これから気をつけます。	여 : 1 죄송합니다, 앞으로 주의하겠습니다.
2 いいえ、別に文句を言っているつもりではありませんが。	2 아니요, 특별히 불평하고 있던 건 아닙니다만.
3 いいえ、とんでもありません。	3 아니요, 당치도 않으십니다.

해설 「文句をつける」는 '트집을 잡다, 꼬투리를 잡다'라는 의미이다.「文句のつけようがない」는 '트집 잡을 게 없다', 즉 '흠잡을 데 없이 완성도가 아주 높다'라는 의미이다.

어휘 文句を言う 불만을 말하다, 불평하다

8番 Track 5-4-08	8번
女：ちょっと高いわね、もう少し勉強してもらえないのかしら。	여 : 조금 비싸네, 좀 더 깎아 주실 수 없겠어요?
男：1 私でよければ、何でもおっしゃってください。	남 : 1 저라도 괜찮으시다면 뭐든지 말씀해 주세요.
2 私、勉強はちょっと苦手でして。	2 제가 공부는 좀 못해서요.
3 もちろん、お値引させていただきます。	3 물론 할인해 드리겠습니다.

해설 「勉強する」는 물론 초급에서 배운 단어지만, '공부하다'는 뜻 외에 '값을 깎다'란 뜻도 있음을 기억해 두기 바란다. 손님이 비싸니 좀 깎아 달라고 했고, 이에 대한 가장 적당한 반응은 3번이다. 2번에서도 「勉強」가 들렸지만 낚이지 않게 조심하기 바란다.

어휘 勉強する 값을 깎다 | 私でよければ 저라도 괜찮으시다면 | 苦手だ 못하다, 서툴다 | 値引する 에누리하다, 할인하다

9番 Track 5-4-09

女：じゃ、そろそろ忘年会もこれでお開きにしましょうか。

男：1　みなさん揃ったことだし、まず乾杯しましょう。

2　あ、もうこんな時間ですか。

3　では食べ物注文しましょうか。

9번

여 : 그럼, 슬슬 송년회도 이쯤에서 끝마칠까요?

남 : 1 여러분 다 모이셨으니, 우선 건배합시다.

2 아, 벌써 이런 시간인가요?

3 그럼 음식 주문할까요?

해설 「お開きにする」는 '끝내다, 끝마치다'라는 의미이다.

어휘 揃う 모이다, 갖추어지다

10番 Track 5-4-10

男：しまった、家に財布を忘れちゃったよ。悪いけど、立て替えといてくれる？

女：1　はい、いいですよ。

2　はい、ここで待ってますね。

3　はい、私が探してきます。

10번

남 : 아차, 집에 지갑을 두고 왔어. 미안한데, 대신 좀 내 줄래?

여 : 1 네, 좋아요.

2 네, 여기서 기다릴게요.

3 네, 제가 찾아올게요.

해설 남자가 지갑을 안 갖고 왔다고 하면서 「立て替えといてくれる」라고 했다. 「立て替える」는 '어떤 비용을 대신 내주다'라는 뜻이다. 즉 남자는 지갑을 안 갖고 왔으니 여자에게 비용을 대신 내 달라고 요구하고 있는 것이고, 이 말에 대해 좋다고 한 1번이 가장 적당한 반응이다.

어휘 しまった 아차 | 財布を忘れる 지갑을 두고 오다 | 立て替える 요금 등을 대신 내주다

5회

11番 Track 5-4-11

男：やっぱりだめだった。部長にさんざんしぼられたよ。

女：1　だから言わないことではないでしょ。

2　ほら、前もってしぼった方がいいって言ったでしょ。

3　いや、必ずしもそうとは限らないでしょ。

11번

남 : 역시 안 됐어. 부장님한테 무지하게 깨졌어.

여 : 1 거봐, 내가 뭐랬어?

2 봐, 미리 짜놓는 편이 좋다고 말했잖아.

3 아니, 꼭 그렇다고만은 할 수 없어.

해설 「しぼる」에는 '혼내다, 야단치다'라는 의미가 있는데, 이는 「油をしぼる 몹시·크게·호되게 야단치다」에서 나온 말이다. 「言わないことではない」는 '그렇게 될 것이라고 미리 말해 두었는데, 내 말 안 듣더니 꼴좋다'라는 의미로 상대를 비난하는 표현이다.

어휘 さんざん 몹시, 매우 | 前もって 미리 | ～とは限らない ~라고는 할 수 없다

문제5 문제5에서는 긴 이야기를 듣습니다. 이 문제에는 연습은 없습니다. 문제용지에 메모를 해도 좋습니다.

1번, 2번

문제용지에는 아무것도 인쇄되어 있지 않습니다. 먼저 이야기를 들으세요. 그리고 질문과 선택지를 듣고 1~4 중에서 가장 적당한 것을 하나 고르세요.

1番 Track 5-5-01

デパートで店員と客が話しています。

男：　すみません、友人の子供の一歳の誕生日プレゼントを探しているんですが、何かおススメはありませんか。

女1：一歳のお子様のお祝いでしたら、ベビー服や靴、おもちゃなどはいかがでしょうか。

男：　ベビー服が無難でいいんじゃないかな？ 赤ちゃんの時にしか着れないようなかわいい服買ってあげようよ。

女2：うーん…、でも服はもうたくさんもらっていると思うんだよね。靴も、一歳の時って思ったより履かないしね。

男：　確かにそうかもね。

女1：それでしたら、おもちゃはいかがでしょうか。只今、赤ちゃんにもやさしい木製のおもちゃがお買い求め安くなっております。種類も豊富に取り揃えております。

女2：へえーそれいいかも！ 見てみましょうよ。

男：　そうだね。でも、おもちゃもたくさんあるんじゃないのかなって。実は、おむつカバンとかも実用的でいいかなって思ってたんだよね。

女2：おむつカバンかあ。確かに悪くはないけど、それもあるんじゃないかな。

男：　最近は機能性の高いものが多いらしいから、とりあえず見てみようよ。いいものがなければ、買わなくてもいいんだからさ。

女2：分かったわ。

女の客は、何がいいと思っていますか。

1　ベビー服　　2　靴
3　おもちゃ　　4　おむつカバン

1번

백화점에서 점원과 손님이 이야기하고 있습니다.

남： 실례합니다. 친구 아이의 돌 선물을 찾고 있습니다만, 뭔가 추천할 만한 게 없을까요?

여1：돌잔치 선물이라면 아기 옷이나 신발, 장난감 등은 어떠실런지요?

남： 아기 옷이 무난해서 좋지 않을까? 아기 때만 입을 수 있는 예쁜 옷 사 주자.

여2：음…, 하지만 옷은 이미 많이 받았을 거야. 신발도 한 살 때는 생각보다 신지 않을테고.

남： 확실히 그럴지도.

여1：그렇다면 장난감은 어떠실런지요? 지금 아기들 건강에 좋은 원목 장난감이 저렴하게 나와 있습니다. 종류도 풍부하게 구비되어 있습니다.

여2：아~ 그거 괜찮을지도! 한번 봅시다.

남： 글쎄. 하지만, 장난감도 많이 있지 않을까? 사실 기저귀 가방 같은 것도 실용적이라 좋지 않을까 했거든.

여2：기저귀 가방 말이지? 하긴 나쁘진 않은데, 그것도 있지 않을까?

남： 요즘은 기능성이 높은 것들이 많은 것 같으니, 일단 보자고. 좋은 거 없으면 안 사도 되니까.

여2：알았어.

여자 손님은 뭐가 좋다고 생각하고 있습니까?

1 아기 옷　　2 신발
3 장난감　　4 기저귀 가방

해설 남녀가 백화점에서 돌 선물을 고르고 있는데, 아기 옷, 신발, 장난감 그리고 기저귀 가방이 거론되고 있다. 처음에 아기 옷과 신발을 고르지만, 여자가 옷은 이미 많이 받았을 것이고, 신발도 잘 신지 않을 것이라고 하였다. 그러자 여자 점원이 원목 장난감을 추천하였고, 이에 여자는「へえーそれいいかも！ 見てみましょうよ」라고 하며 적극적인 모습을 보였다. 하지만 남자는 장남감도 이미 많이 있을 거라며 대신 기저귀 가방을 추천하였다. 결국 두 사람은 기저귀 가방을 보러 가게 되지만, 여자가 가장하고 싶었던 선물은 3번 장난감이다.

어휘 店員 점원 | 友人 친구 | おススメ 추천 | お祝い 축하 선물 | ベビー服 아기 옷 | おもちゃ 장남감 | 無難 무난 | 木製 목제 | お買い求め 구매 | 種類 종류 | 豊富 풍부 | 取り揃える 갖추다, 구비하다 | おむつカバン 기저귀 가방 | 実用的 실용적 | 機能性 기능성 | とりあえず 우선, 일단

2番 Track 5-5-02

テレビで男の人が介護施設の女の人にインタビューしています。

男：今日は、介護施設で人材担当をしていらっしゃいます伊藤さんにお話しをうかがいます。介護現場での人材不足が深刻化しておりますが、伊藤さんの施設では幅広い層の方の採用を試みられているそうですね。

女：はい、アジアからのお若い方や、主婦の方、あとシルバーの方にもお手伝いいただいています。

男：そうですか。そのような方の仕事の内容や今後の活用についてもお話ししていただけますか。

女：はい、まず外国人の方ですが、やはり言葉で勘違いしたり、誤解が生じたりいたします。それで、日本人の介護士とペアになって働いてもらっています。今後も少しずつ増やしていきたいです。次に主婦の方達ですが、人材が不足しております。主婦の方々は、もともと介護職に抵抗感があるようなんですね。それで、最初はレクリエーション活動だとか、喫茶店運営などのお仕事から始めていただく工夫をしております。

男：そうですか。あと、注目すべきはシニア層の活用ですが、いかがでしょうか？

2번

텔레비전에서 남자가 개호시설 여자에게 인터뷰하고 있습니다.

남 : 오늘은 개호시설에서 인재담당을 하고 계신 이토 씨께 말씀을 여쭙겠습니다.
개호현장에서의 인재부족이 심각화되고 있습니다만, 이토 씨가 계신 시설에서는 폭넓은 층의 분들 채용을 시도하고 계시다고 하더군요.

여 : 네, 아시아에서 온 젊은 분들과 주부분들, 그리고 실버분들께도 도움을 받고 있습니다.

남 : 그렇군요. 그런 분들의 업무내용과 앞으로의 활용에 관해서도 말씀해 주시겠습니까?

여 : 네, 우선 외국분들입니다만, 역시 언어 때문에 착각하거나 오해가 발생하거나 합니다. 그래서 일본인 개호사와 짝이 되어 일하고 있습니다. 앞으로도 조금씩 늘려갈 생각입니다. 다음으로 주부분들인데요, 인재가 부족합니다. 주부분들은 원래 개호직에 저항감이 있는 것 같습니다. 그래서 처음에는 레크레이션 활동이라든가 찻집운영 같은 업무부터 시작하도록 궁리하고 있습니다.

남 : 그렇습니까? 그리고 주목해야 할 것은 시니어층의 활용입니다만, 어떠실는지요?

女：そうですね。この方達はシルバー人材センターから派遣していただいています。今の60代、70代の方達はまだまだ元気で、主に利用者さんのお傍に寄り添うようなお仕事をしていただいております。特に、男性の方が生き生きと楽しそうに働いておられる姿はほほえましくも、感動いたします。

男：へえ…。そうなんですか。定年退職された方達ですよね。

女：はい、そうです。もともと一流企業で働いていたサラリーマンです。エプロンをかけ、利用者さんのちょっとしたことのお世話や話し相手なども、非常に和やかな雰囲気でお手伝いしていただいています。今後は特に、これらの方の活用方法をていねいに探っていきたいと思っております。

女の人は今後どんな人材の活用が特に望まれると言っていますか。

1 外国人
2 主婦層
3 シルバーの女性
4 定年退職者の男性

여：글쎄요. 이분들은 실버인재센터에서 파견 나온 분들입니다. 지금의 60대, 70대 분들은 아직 건강하셔서, 주로 이용자분의 곁에 함께 있어 주시는 업무를 하고 계십니다. 특히 남성분들이 활기 있고 즐겁게 일하고 계시는 모습은 흐뭇하기도 하여 감동하고 있습니다.

남：아, 그렇습니까? 정년퇴직하신 분들이군요.

여：네, 그렇습니다. 원래는 일류기업에서 일하던 직장인이었습니다. 앞치마를 두르고, 이용자분들의 소소한 일을 돌봐주시며 말벗이 되어 주시는 등, 매우 온화한 분위기에서 도움을 주고 계십니다. 앞으로는 특히 이런 분들의 활용방법을 세심하게 찾아볼 생각입니다.

여자는 앞으로 어떤 인재 활용이 특히 요망된다고 말하고 있습니까?

1 외국인
2 주부층
3 실버 여성
4 정년퇴직자 남성

5회

해설 개호시설에서는 연령, 성별, 국적 등에 관계없이 폭넓은 층의 사람을 채용하고 있는데, 이중에서 가장 활약하고 있는 사람은 정년퇴직한 남성들이고, 앞으로도 이 분들의 활용방법을 찾아가겠다고 했다.

어휘 介護 개호, 간호 | 深刻化 심각화 | 幅広い 폭넓다 | 採用 채용 | 試みる 시험해 보다, 시도해 보다 | 今後 금후, 앞으로 | 生じる 발생하다, 생기다, 일어나다 | 抵抗感 저항감 | 工夫 궁리, 연구 | 寄り添う 바싹 (달라)붙다, 다가붙다 | ほほえましい 호감이 가다, 흐뭇하다 | 定年退職 정년퇴직 | 探る 살피다, 찾다

3번

먼저 이야기를 들으세요. 그리고 두 개의 질문을 듣고, 각각 문제용지의 1~4 중에서 가장 적당한 것을 하나 고르세요.

3番 Track 5-5-03

テレビでアナウンサーが目のお医者さんに質問しています。

女1：オフタイムなどに、のんびり長時間スマホを使いたい時、目の負担を軽くする姿勢や工夫があったら教えてください。

男1：そうですね。スマホはパソコンよりもさらに近い距離で見るので、毛様体筋の負担を減らすためには近くを楽に見るための度が入ったメガネの使用をおすすめします。また軽い近視の方は、裸眼でスマホを見る方が目に負担がかかりません。眼科医としては長時間のスマホは奨励しませんが、スマホを見る時の注意点をあげておきます。まず、30分ごとに1回、10分間の休憩をはさむことを心掛けましょう。次に、スマホを顔から30～40cmは離して、首を曲げずになるべく視線だけ下げて見るようにしましょう。また、意識的に瞬きを増やし、時々遠くを見ることを習慣にしましょう。最後にスマホ画面の照度を落としましょう。

⋮

女2：ああ、参考になるわね。こういうことに注意しなくちゃだめよね。

男2：うん、僕も最近目がしょぼしょぼするんだよ。スマホ病だね。

女2：私も肩は凝るし、首がつらいのよ。

男2：だったら、顔からスマホを離して、姿勢に気をつけた方がいいね。

女2：これから意識して見ることにするわ。

男2：僕も、いつもスマホをじっと見過ぎているから、ときどき外の緑なんかを見るようにしようっと。

女2：お互いに気をつけましょうね。

3번

텔레비전에서 아나운서가 안과 의사에게 질문하고 있습니다.

여1：여가시간에 느긋하게 장시간 스마트폰을 사용하고 싶을 때, 눈의 부담을 가볍게 하는 자세와 아이디어가 있으면 알려주세요.

남1：그래요, 스마트폰은 컴퓨터보다도 더욱 가까운 거리에서 보기 때문에, 모양체근의 부담을 줄이기 위해서는 가까운 곳을 편하게 보기 위한 도수가 들어간 안경 사용을 권합니다. 또한 가벼운 근시인 분은 맨눈으로 스마트폰를 보는 게 눈에 부담이 안 갑니다. 안과의로서는 장시간 스마트폰 사용은 장려하지 않습니다만, 스마트폰을 볼 때의 주의점을 들어 보겠습니다. 우선 30분마다 1번씩, 10분간의 휴식시간을 사이에 넣기를 명심합시다. 다음으로 스마트폰을 얼굴에서 30~40cm는 떨어뜨리고, 목을 구부리지 말고 될 수 있는 한 시선만 내려서 보도록 합시다. 또한 의식적으로 눈 깜빡임을 늘리고, 때때로 먼 데 보기를 습관화합시다. 마지막으로 스마트폰 화면의 밝기를 낮춥시다.

⋮

여2：아, 참고가 되네. 이런 것에 주의해야 하는구나.

남2：응, 나도 요즘 눈이 침침하게 되더라고. 스마트폰 병인가봐.

여2：나도 어깨 뻐근하고 목이 안 좋아.

남2：그럼, 얼굴에서 스마트폰을 멀리 떼고, 자세에 주의하는 게 좋아.

여2：앞으로 의식하며 보도록 해야겠어.

남2：나도 언제나 스마트폰을 꼼짝 않고 너무 오래 보고 있으니, 때때로 바깥에 숲 같은 곳을 보도록 해야겠어.

여2：서로 주의합시다.

質問 1	질문1
男の人が気を付けることは何ですか。	남자가 주의하는 것은 무엇입니까?
1 スマホ用のメガネをかける	1 스마트폰용 안경을 쓴다
2 スマホを見る時の姿勢	2 스마트폰을 볼 때의 자세
3 瞬きをして、遠くを見る	3 눈을 깜빡이며 먼 데를 본다
4 スマホの明るさの調整	4 스마트폰의 밝기 조정

質問 2	질문2
女の人が気を付けることは何ですか。	여자가 주의하는 것은 무엇입니까?
1 スマホ用のメガネをかける	1 스마트폰용 안경을 쓴다
2 スマホを見る時の姿勢	2 스마트폰을 볼 때의 자세
3 瞬きをして、遠くを見る	3 눈을 깜빡이며 먼 데를 본다
4 スマホの明るさの調整	4 스마트폰의 밝기 조정

해설 질문 1 : 남자는 스마트폰 때문에 생긴 눈의 불편함을 호소하고 있다. 이럴 때는 안과 의사는 눈을 자주 깜빡이고, 먼 데를 보라고 조언하였고 남자도 그렇게 하겠다고 했다.

질문 2 : 여자는 어깨가 결리고 목의 불편함을 호소하고 있고, 남자의 자세에 주의하라는 말에 동의했다.

어휘 姿勢(しせい) 자세 | 工夫(くふう) 연구, 궁리 | 毛様体筋(もうようたいきん) 모양체근(안근에 포함된 수정체를 조절하여 핀트를 맞추는 근육) | 裸眼(らがん) 나안, 맨눈(안경 등을 안 쓴 맨눈(의 시력)) | 奨励(しょうれい) 장려 | はさむ 끼다, 사이에 두다 | 心掛ける(こころがける) 주의하다, 명심하다 | 瞬き(まばたき) 눈을 깜빡임 | 照度(しょうど) 조도 | しょぼしょぼする 눈이 가물거리다 | 凝る(こる) 뻐근하다, 결리다 | 調整(ちょうせい) 조정

5회

memo